Gabriele Hoffmann
Das Haus an der Elbchaussee

Zu diesem Buch

Sie kamen aus Frankreich und kämpften hundert Jahre lang um den ersten Rang, um Reichtum, Macht und Ansehen in der Hansestadt Hamburg – die Godeffroys, am Ende des 18. Jahrhunderts eingewanderte Hugenotten. Cesar Godeffroy wurde schließlich zum Inbegriff des hanseatischen Kaufmanns und Reeders: Er stieg auf zum größten Segelschiffsreeder seiner Zeit, baute die modernste Werft an der Elbe und in Osnabrück das fortschrittlichste Stahlwerk Deutschlands. Die Gebrüder Godeffroy wollten aber auch im neuen Deutschen Reich groß werden. Dabei gerieten sie in den Kampf zwischen Bismarck und dem liberalen Bürgertum – es folgte der Sturz aus der Gesellschaft und aus der Geschichte. Gabriele Hoffmann entdeckte das Familienarchiv der Godeffroys und schrieb eine fesselnde Familiensaga, die zugleich ein repräsentatives Zeitbild des Bürgertums im Deutschland des 19. Jahrhunderts ist.

Gabriele Hoffmann ist promovierte Historikerin und Journalistin und hat viele erfolgreiche Biographien und Sachbücher geschrieben, unter anderem über August den Starken und Heinrich Böll. Zuletzt erschien von ihr »Frauen machen Geschichte. Von Kaiserin Theophanu bis Rosa Luxemburg«.

Gabriele Hoffmann
Das Haus an der Elbchaussee
Die Geschichte einer Reederfamilie

Mit 16 Farb- und 17 Schwarzweißbildern

Piper München Zürich

Ungekürzte Taschenbuchausgabe
Piper Verlag GmbH, München
August 2000
© 1998 Gabriele Hoffmann,
Verlag Die Hanse im Carlsen Verlag,
Hamburg
Für das Deutsche Schiffahrtsmuseum
herausgegeben von Uwe Schnall
Umschlag: Büro Hamburg
Stefanie Oberbeck, Katrin Hoffmann
Umschlagabbildung: Max Liebermann
(»Das Godeffroy'sche Landhaus im Hirschpark
von Nienstedten an der Elbe«, 1902; Elke Walford /
Fotowerkstatt Hamburger Kunsthalle)
Druck und Bindung: Clausen & Bosse, Leck
Printed in Germany   ISBN 3-492-23047-4

Inhalt

Vorwort: Das Landhaus   9

»Mögest Du das Vorbild Deiner Mitbürger werden
und der Ruhm Deiner Eltern«   13
   Der Erbe   13
   Die Stadt   19
   Das Haus am Alten Wandrahm   22
   Die Gesellschaft am Fluß   30
   Die Aufgabe   43

Erziehung eines Kaufmanns   47
   Schule   47
   Lehre   51
   Volontariat   61
   Ein Gentleman   63
   Die Probe   71

»Zur Ehre des hochgestellten Namens«   80
   »O, Adolph, welche Aussicht für Dich und mich!«   80
   »Meinem lieben Sohne Johan Cesar«   85
   »Der geliebte Papa«   95
   »Endlich, mein guter Gustav, scheint Dein
   Glücksstern wieder aufzugehen«   112
   »Zur Gründung Deines Glücks, mein lieber Alfred« 120

Wettfahrt um die Welt   122
   Auftakt   122
   Die Revolution   130
   Der Falke   145
   Die Goldländer   154
   Sovereign of the Seas – Herrscher der Meere   165

Der größte Reeder der Stadt   178
   »Gentlemen's seat auf ewige Zeiten«   178

Neue Ideen	188
Die erste Krise	201

Das Geflecht der Macht	224
»Volk wäre hier doch wohl Börsenaristokratie«	224
»Ihr Ehrenhaus«	228
Das Wunderbare	249
»Ich gebe das Fest nicht, man giebt es mir«	257
Die Herren des Staats	273

Das Stahlwerk	281
Das neue Land	281
Berichte aus der Südsee	297
Zwei Kriege	305
Stahl und Kohle	316
Vier Kaufleute	326

Der König der Südsee	335
Die zweite Krise	335
»furor consularis« – die Wut der Konsuln	342
Konkurrenz aus Hamburg	353
»Was wird unter *Kohlenstation* verstanden?«	362
Die dritte Krise	367

Der *Credit*	384
Die Hundemarke	384
»Überhaupt und zur Ehre Deutschlands«	393
»Trommelschlag und Trompetenschall«	403

»Das Funkeln im Licht nur ein Traum«	420

Anhang	
Notizen für Historiker	454
Anmerkungen	460
Archivalien und Literatur	483
Personen- und Firmenregister	509
Stammbaum	518

»Welch Leben, mein Guter! Wenn wir das leben könnten; wenn nicht Lust reich zu sein uns in ein Joch spannte, das Geisteskräfte niederdrückt.«

> Kaufmann Caspar Voght an seinen Compagnon
> Georg Heinrich Sieveking über das Leben von
> Wissenschaftlern und Schriftstellern

Die Familie Godeffroy spricht ihren Namen »Góddefroa« aus.
Freunde der Familie sagen auch »Góhd'froah«.
Die tausend Werftarbeiter am Reiherstieg meinten früher, sie arbeiteten »bi Goodefroo«. Die Kapitäne und Matrosen auf den Segelschiffen der Firma, noch einmal fünfhundert Mann, arbeiteten auch »bi Goodefroo«.
Heute sagen viele Hamburger schlicht und einfach »Gódefroi« und »Gódefroistraße«.
Ich sage »Gódefroa«. Warum? So ist es mir am bequemsten.

Vorwort: Das Landhaus

Das Haus Elbchaussee N° 499 in Blankenese hält die Erinnerung an den Namen Godeffroy wach. Der Staat Hamburg strich ihn unter einem Vorwand aus der Geschichte. Cesar Godeffroy ist seitdem nur noch der Südseekönig, der Kokosnüsse auf Segelschiffen importierte – alles andere ist vergessen.

Schon der Bau des Hauses war eine Sensation. Er machte Bauherrn und Architekten vor zweihundert Jahren berühmt. Andere reiche Überseekaufleute ließen sich von Christian Frederik Hansen eilig auch ein weißes Landhaus mit Säulen hoch über dem Ufer der Elbe bauen. Sie verwandelten den sandigen Fahrweg am Fluß in eine der großen Prachtstraßen der Welt. Ein Besitz an der Elbchaussee wurde zum Gradmesser kaufmännischen Erfolgs.

Die Geschichte des Hauses ist die Geschichte eines ungeheuren Familienehrgeizes. Ende des 18. Jahrhunderts waren die Godeffroys Außenseiter in Hamburg – Ausländer, Andersgläubige, Neureiche. Hundert Jahre später galt der Enkel des Bauherrn als der »eigentliche Repräsentant hanseatischen Bürgerstolzes«.

Ich erzähle, wie Cesar Godeffroy mit seinen drei Brüdern die Welt erobern wollte und zum Inbegriff des hanseatischen Kaufmanns und Reeders wurde. Er schickte seine Segelschiffe mit dem goldenen Falken in der Reedereiflagge um den Globus. Seine Brüder kämpften in Havanna, Valparaiso, San Francisco, in Australien, Afrika und Asien mit den Konkurrenten aus der Stadt, mit denen sie aufgewachsen waren. Cesar wurde der größte Reeder Hamburgs, vielleicht der größte Segelschiffsreeder der Welt, und Eigner des berühmten Clippers SOVEREIGN OF THE SEAS. *Er baute die modernste Werft an der Elbe und in Osnabrück das modernste Stahlwerk Deutschlands.*

Er wurde in und mit Hamburg groß. In der Regierung des Stadtstaates, in der Selbstverwaltung, im Parlament – überall saß schließlich ein Godeffroy. Die Brüder kontrollierten Banken und Zeitungen. Sie wollten auch in und mit dem neuen Deutschen Reich groß werden. Dabei gerieten sie in den Kampf zwischen Bismarck und dem liberalen Bürgertum. Einer spektakulären Zahlungseinstellung – Rettungsversuch Bismarcks, monatelange Kontroversen in den deutschen Zeitungen, erregte Reichstagsdebatten – folgte der Sturz aus der Gesellschaft und aus der Geschichte.

Ich kenne das Säulenhaus im Hirschpark seit meiner Kindheit, aber der Name Godeffroy hat mich erst beschäftigt, als ich auf einem Kopraschiff zu den Lau-Inseln, Fidschi, fuhr. Ich hatte auf Samoa bei einer samoanischen Familie in einem Haus ohne Wände gelebt und war in den alten Godeffroyschen Plantagen spazierengegangen. Nun stieß ich in den langen Stunden auf der grauen Koro-See im Pacific Island Yearbook immer wieder auf Godeffroys, the South Sea Kings, die Könige der Südsee. Das Haus an der Elbchaussee steht vor einem farbigdüsteren Hintergrund aus Geschichten von Waffenhändlern, Perlentauchern, Kannibalen und Blackbirdern, weißen Männern, die auf der Jagd nach schwarzen Vögeln – Arbeitern für die Plantagen – ganze Inseln entvölkerten. Der Kontrast zwischen den Inseln und Atollen der Südsee, die das Kopraschiff nur zwei-, dreimal im Jahr anläuft, um Kerosinfässer, Zementsäcke, Mehl, Zucker, Baumwollstoffe zu liefern und Kopra zu laden, und den weißen Landhäusern einer exclusiven europäischen Oberschicht machte mich neugierig: Was ist eigentlich ein hanseatischer Kaufmann?

Mit Hilfe einer Freundin, deren Ururgroßmutter zu dieser Oberschicht gehört hatte, fand ich das Familienarchiv Godeffroy. Es galt in der Forschung als verloren, seit sechzig Jahren hat es niemand mehr benutzt. Briefe der Großmutter Cesar Godeffroys über den idealen Bürger sind erhalten, Instruktionen seines Vaters über die Handlungsweise eines hanseatischen Kaufmanns, Briefe des Bruders Adolph, des Direktors der Hapag – ich habe Briefe von fünf Generationen von Kaufleuten und ihren Frauen gefunden und Antwort auf zahlreiche Fragen: Wie bauten sie die Firma aus, wie kämpften sie um einen Platz in der ersten Reihe der Gesellschaft und in der Politik, wie lebten sie in den Wintern in ihrem barocken Kontorhaus am Alten Wandrahm – heute steht dort die berühmte Speicherstadt – und in den Sommern an der Elbchaussee? Das Archiv hat große Lücken, vieles verbrannte im letzten Krieg. Doch deutlich wird: Cesar Godeffroy vertritt exemplarisch einen Typ von Kaufmann und Bürger, dessen große Zeit die Jahre zwischen Napoleon und Bismarck waren, der aber, zumindest als Ideal, als corporate identity der Hansestädte, bis heute weiterlebt und gepriesen wird.

Im Staatsarchiv Bremen fand ich die Berichte eines Wirtschaftsspions und die Lösung einer Frage, über die in der Kolonialliteratur viel gerätselt wurde: Wie kam es, daß ein Tycoon wie Godeffroy seine Zahlungen einstellen mußte?

Cesar Godeffroy war ein Abenteurer in Frack und Zylinder. Als er zur Welt kam, 1813, sah es so aus, als wären die Godeffroys am Ende: Sein Vater und sein Großvater liquidierten die Firma Joh. Ces. Godeffroy & Sohn.

»Mögest Du das Vorbild Deiner Mitbürger werden und der Ruhm Deiner Eltern«

Der Erbe

1.

Die junge Madame Godeffroy ist im achten Monat schwanger, als an der Hamburger Börse die Nachricht eintrifft, daß die dänischen Verbündeten zu den anrückenden Franzosen übergehen: Napoleons Soldaten werden die Stadt in wenigen Stunden zum zweiten Mal besetzen.

Der junge Cesar Godeffroy läßt die Leinenvorräte der Firma auf Lastwagen verladen und holt die Silberbarren aus der Bank. Mit seiner schwangeren Frau und den Kindern, seinen Eltern – der alte Cesar Godeffroy ist über siebzig –, mit Bedienten, Jungfern, Kindermädchen und Koch flieht er aus der Stadt.

Die junge Madame Godeffroy bringt am 1. Juli 1813 in Kiel einen Sohn zur Welt. Der Pastor tauft ihn auf die Namen Johan César. Seine Paten sind sein Großvater Johan César, seine Großmutter Antoinette und sein Vater Johan César.

Zahlreiche Kaufleute und ihre Familien sind aus Hamburg nach Kiel geflohen und bei Verwandten und Geschäftsfreunden in schon überfüllten Häusern untergekommen. Man macht täglich Besuch, von zwölf bis zwei, und die Herren treffen sich später am Tag noch einmal im Club Harmonie, um noch einmal jede Neuigkeit aus Hamburg zu besprechen. Die Franzosen haben der Stadt eine Strafe von 48 Millionen Francs auferlegt und dreißig Kaufleute als Geiseln verhaftet.

»Ich ziehe vor, die Hamburger bezahlen zu lassen«, soll Napoleon gesagt haben, »das ist die beste Art, Kaufleute zu bestrafen.« Bestrafen wofür, fragen die Herren in der Harmonie entrüstet, dafür, daß wir frei sein wollen?

Joh. Ces. Godeffroy & Sohn bezahlen von Kiel aus ihren Anteil an einer zweiten Straf-Contribution von 500 000 Francs, die Napoleon fordert: Der Großvater will sein Wohn- und Kontorhaus am Alten Wandrahm in Hamburg schützen. Sein Landhaus liegt an der Elbe im Dörfchen Dockenhuden bei Blankenese und damit in Dänemark, aber niemand weiß, wie lange das Haus noch vor den Franzosen sicher ist. Der Bruder des Großvaters, Pierre Godeffroy, wohnt im angrenzenden Park in seinem Weißen Haus und mußte Marschall Davout zum Dankgottesdienst begleiten und sich anhören, was der französische Pfarrer über »peuble rebelle« zu sagen hatte.

Pierre Godeffroy schreibt besorgte Briefe an seinen Bruder in Kiel und seine Töchter in England. Susanne ist mit Mann, Kindern und ihrer Schwester Charlotte in einem kleinen Segelboot, unter der Ladung versteckt, nach Helgoland und weiter nach London geflohen. Pierres Söhne Peter und Jacques sind Kavalleristen in der Hanseatischen Legion, die Hamburg befreien will und bei den russischen Truppen in Mecklenburg steht. Peter gehört auch dem Hanseatischen Direktorium an, der Exilvertretung der Republiken Hamburg, Bremen und Lübeck. Cesars Vater hat 150 Hamburger Bankomark für die Legion bezahlt und 800 für die Ausrüstung seiner Cousins.

Die Flüchtlinge in Kiel sehnen sich nach Hause. Sophie Godeffroy hat den kleinen Sohn Cesar entwöhnt und füttert ihn mit dem Löffel.

Napoleon verliert am 18. Oktober 1813 eine große Schlacht bei Leipzig. Doch im Norden bleibt der Krieg unentschieden. Jacques Godeffroy ist in Mecklenburg gefallen.

Marschall Davout baut Hamburg zur Festung aus. Er beschlagnahmt Pierre Godeffroys Holzlager für eine Elbbrücke. Im Dezember läßt er die Stadttore schließen: Er verbarrikadiert sich mit 40 000 Soldaten und 100 000 Einwohnern.

Der russische General Bennigsen schließt Hamburg mit 30 000 Mann ein.

Aus der belagerten Stadt dringen Nachrichten bis in den Club Harmonie in Kiel. Das Wohn- und Kontorhaus von *Joh. Ces. Godeffroy & Sohn* ist jetzt Militärhospital. Die großen Kirchen und die Börse sind Pferdeställe. Einwohner und Soldaten frieren und hungern. 8 000 sterben an Typhus, man wirft sie in Massengräber.

Pierre Godeffroy nennt Napoleon nur noch »Canaille« und »Scheusahl des menschlichen Geschlechts« und will nie wieder französisch sprechen. Die Landhäuser an der Elbe sind überfüllt mit Kranken und Alten, die zu schwach sind, um nach Holstein weiterzufliehen, und mit Kindern, die ihre Eltern verloren haben. Pierre hat russische Einquartierung, muß fünfzig Kosaken ernähren, hundert Pferde füttern. An seinem Frühstückstisch sitzen zehn bis zwölf Offiziere, unter dem Tisch ihre Hunde. Im Haus sieht es schlimmer aus als in seinen Schweineställen, »meine unterste Etage, besonders der gelbe Saal, die Diele und vier fordersten Cabinetter mit den darin stehenden Betten und Möblen sind total ruinirt – der unterste Theil meines Hauses ist unkennbar«, klagt er seinen Töchtern. Es sei ihm lieb, »daß mein Bruder in Kiel geblieben, denn mit Gleichgültigkeit war es nicht zu ertragen«.

In Kiel spricht Cesars Großmutter davon, im Frühling eine Reise ins Bad zu machen und ihren jüngsten Sohn August und seine Frau in Wien zu besuchen.

Der Winter wird lang und kalt.

Am 31. März 1814 ziehen der Zar und der König von Preußen in Paris ein. Napoleon ist geschlagen.

»Gottlob, daß man wieder frei wird denken, frei wird handeln können«, schreibt Cesars Großvater an *Eichborn & Co.*, Leinenhändler in Breslau, von denen er so lange nichts gehört hat, und sein Bruder schreibt den Töchtern: »Gott sei ewig Dank – ich bin wie besoffen vor Freude.«

2.

Ein Freudenfest folgt dem andern: Diners und Bälle in Cesars Elternhaus an der Binnenalster, bei Großonkel Pierre im Weißen Haus, bei Onkel und Tanten. Cesar wächst mit Geschichten aus der Franzosenzeit und dem Sommer der Befreiung auf.

Wie das Haus an der Binnenalster aussah und ob Cesars Eltern es gekauft oder gemietet hatten, habe ich nicht herausgefunden. Es lag ungefähr an der heutigen Ecke Jungfernstieg/Ballindamm. Ein Enkel Cesars berichtet in Aufzeichnungen für die Familie, daß Cesars Vater nach Abzug der Franzosen für die Einrichtung seines Hauses »ohne Leinenzeug« 16 000 Bankomark – Mark der Hamburger Bank – ausgab: Auch dieses Haus hat, wie das Wohn- und Geschäftshaus der Großeltern, unter der französischen Besatzung gelitten.

Cesars Großeltern sind, während Handwerker ihr Landhaus an der Elbe renovieren, in Wien, wo die Staatsmänner Europas auf einem Friedenskongreß über eine Neuordnung des Kontinents verhandeln. Cesars Vater schenkt der Mutter einen weißen Kaschmirschal, ein Paar Brillantringe und ein Halsband mit 140 echten Perlen »zur Erinnerung an unsere in diesem Jahre glücklich erfolgte Befreyung«, wie er im Hausstandskonto einträgt, Kosten: 4 390 Bankomark.

Gemeinsam mit den Kaufleuten Johan Hinrich Gossler und Heinrich Johann Merck bittet er den Senat, die beschlagnahmten Kontorhäuser am Alten Wandrahm zurückzugeben: Eine Beförderung des Handels müsse die vornehmste Aufgabe in der befreiten Vaterstadt sein. Sie erwarteten gerade jetzt bedeutendere Geschäfte zu machen als in ruhigeren Zeiten.

Cesars Vater hat wenig eigenes Kapital, aber er will die Geschäfte wiederaufnehmen und durch Erfolge den Großvater umstimmen: Der Großvater soll seine Entscheidung, die Firma *Joh. Ces. Godeffroy & Sohn* aufzulösen, rückgängig machen.

Der Großvater hat den Vater Anfang 1806 als Teilhaber in die Firma aufgenommen, doch Ende des Jahres besetzten die

Franzosen Hamburg zum ersten Mal. Napoleon verbot jeden Handel mit England, befahl dem Kontinent Europa eine Handelssperre. Die Geschäftsstille brachte *Joh. Ces. Godeffroy & Sohn* Verluste, die sie mit Schmuggel nicht ausgleichen konnten. Als Napoleon Hamburg 1810 zu einem Teil des Kaiserreichs machte, begann der Großvater seine »Handlungs Geschäfte« zu beenden: Er verlieh den größten Teil seines Kapitals an solide Häuser in London und machte »Im Namen Gottes« sein Testament. Seine Söhne Johan César und August sollen zu gleichen Teilen erben. Wenn der Großvater jedoch vor der Großmutter stirbt, soll sie Alleinerbin sein. Er überläßt es ihrem Gutdünken, Cesars Vater die Weiterführung der Firma mit einem kleinen Kapital zu ermöglichen. Der Bediente des Großvaters soll eine Geldsumme bekommen und »meine sämtlichen Kleidungsstücke und Leibwäsche«.

Cesars Vater ist ein lebhafter, tätiger Mann Anfang Dreißig. Doch wieder sieht es so aus, als würde Cesar niemals Erbe von *Joh. Ces. Godeffroy & Sohn* werden: Im Frühjahr 1815 verläßt Napoleon die Insel Elba und zieht in Paris ein. Wieder marschieren Armeen, wieder herrscht Geldmangel und die Geschäfte stocken. Trotzdem tritt Hamburg am 8. Juni 1815 in einen neuen Deutschen Bund ein, dem 34 souveräne Fürsten und vier freie Städte angehören: Hamburg, Bremen, Lübeck und Frankfurt am Main. Zehn Tage später besiegen die Preußen unter Blücher und die Engländer unter Wellington Napoleon bei Waterloo, südlich von Brüssel, endgültig.

»Hier ist die Freude, der Jubel unbeschreiblich«, berichten *Joh. Ces. Godeffroy & Sohn*, Hamburg, *Eichborn & Co.* in Breslau. »Der Donner der Kanonen, das Geläute der Glocken, das Flaggen aller Schiffe im mastenreichen Hafen ist ein imposanter, rührender Anblick! aufs Neue, und hoffentlich auf lange Zeit ist also der Welt der Friede wiedergegeben!«

Cesars Vater kauft das Vollschiff JENNY – vier Jahre alt, dreißig Meter lang, Rahsegel an drei Masten –, nennt es nach seiner Frau SOPHIE und schickt es mit Leinen nach Havanna. Die Frachtraten schnellen nach dem Sieg über Napoleon in die Höhe. Cesars Vater erzielt 1815 den beachtlichen Reingewinn von 141 883 Bankomark. Er schließt seine Bilanz mit dankbarem Herzen gegen Gott ab und bittet in seinem Geschäftsbuch »den Höchsten um seinen ferneren Segen, die mir obliegenden mancherley Lasten ohne Sorgen zu tragen«. Er kauft ein zweites Schiff, die Brigg ARIADNE, und läßt sich und seine Frau von Friedrich Gröger malen, von dem *man* sich malen läßt.

Cesars Vater ist auf dem Porträt ein leichtgebauter braunhaariger Mann mit einem großflächigen ovalen Gesicht, hoher Stirn und hochgeschwungenen Augenbrauen. Er sieht den Betrachter mit hellen braunen Augen konzentriert und forschend an. Er trägt Frack und Spitzenjabot, ist gepflegt und selbstbewußt. Trotz eines kleinen verbindlichen Lächelns sieht er angespannt aus. Er hat die Arme vor dem Körper verschränkt wie jemand, der nicht leicht aus sich herausgeht.
    Cesars Vater hat Sorgen. Seine Geschäfte und das Wohlergehen vieler Menschen lasten auf ihm. Seine Eltern beanspruchen ihn, sein Bruder mit Frau und Kindern. Seine Schwiegermutter und seine Schwägerin Dorette bekommen ihren Lebensunterhalt von ihm, zwei jüngere Geschwister seiner Frau, Ida und Wilhelm, wachsen bei ihm auf. Er hat jetzt drei Kinder: Helene, seine Älteste, Cesar und Adolph, der am 28. November 1814 zur Welt kam.
    Cesars Mutter ist zierlich, hat eine hohe breite Stirn und gerade dunkle Augenbrauen. Sie läßt sich in einem eleganten schmalen Kleid aus schwarzem Seidensamt malen. Ihr schweres dunkles Haar hängt in Locken auf die Schultern und auf ihrem Scheitel liegt, wie ein Diadem, ein dicker Zopf. Sie ist eine schöne, etwas herbe, sehr anmutige Frau, doch keine unbeschwerte. Sie sieht ernsthaft und verletzlich aus, auch eigensinnig.
    Sophie Lucie Godeffroy ist 1786 in Lindhorst geboren, südlich von Hamburg, als Älteste des Oberlandes-Oeconomie-Commissairs in Celle Johann Friedrich Meyer und seiner Frau Victoria Brauns. Ihr Vater, jüngster Sohn des Müllers in Lindhorst, hatte es durch Fleiß, Bildung und Leistung weit gebracht im fürstlichen Beamtentum. Sophie heiratete mit zwanzig

einen Hofrat der Justizkanzlei in Celle, Adolph August Hieronymus von Witzendorff. Er starb sieben Monate nach der Hochzeit an Schwindsucht. Drei Monate später bekam die Witwe einen Sohn, den sie Adolph nannte.

Der junge Cesar Godeffroy und Sophie von Witzendorff haben im November 1810 geheiratet. Es war eine Liebesheirat, Sophie, Tochter eines Beamten und Witwe eines Beamten, war arm.

Der kleine Adolph von Witzendorff ist fünfjährig im Februar 1813 gestorben, vier Monate, ehe Cesar zur Welt kam. Cesars Vater hört es nicht gern, wenn die Kinder darüber sprechen. Doch Cesars jüngerer Bruder Adolph wird ein robustes gutgelauntes Kind und scheint sich später wenig darum zu kümmern, daß er einen toten Jungen vertreten soll.

1817, am 8. Januar, kommt Cesars Bruder Gustav zur Welt.

Der Großvater will nun die Handlungsgeschäfte mit seinem Sohn fortsetzen – »auf unbestimmte Zeit«. Er ändert sein Testament. Augusts Erbteil darf nicht mehr sofort aus der Firma gezogen werden, der ältere Bruder soll dem jüngeren, der keine tätige Natur ist, jedes Jahr 50 000 Bankomark auszahlen und den stehenden Rest mit vier Prozent verzinsen. Weitere Änderung: In den Kleidungsstücken für den Bedienten »ist meine goldene Taschen Uhr nicht mit begriffen«.

Cesars Vater kauft ein drittes Schiff und nennt es CESAR.

Der Vater lehrt Cesar, was er selbst von seinen Eltern gelernt hat: Was es heißt, ein Kaufmann zu sein und ein Bürger.

Die Stadt

Mittelpunkt der Familie Johan Cesar Godeffroy ist der Ort, an dem das Geschäft liegt: das Wohn- und Kontorhaus der Großeltern am Alten Wandrahm. Wenn Cesar und seine Geschwister die Großeltern besuchen, lenkt Kutscher Johann den

Wagen von der Alster an die Elbe quer durch die Stadt – durch die Welt, in die Cesar hineinwächst und in der sein Platz schon vorherbestimmt ist.

Die Kutschfahrt beginnt am Jungfernstieg an der Alster, einer schönen breiten Promenade, auf der die feine Welt unter Linden spazierengeht. Ammen vom Land schieben Kinderwagen und halten Kinder an der Hand. Ein Café ist in die Alster hineingebaut, und es gibt ein Badeschiff, in dem Damen und Herren kalte und heiße Bäder nehmen und schwimmen lernen können.

Im Innern der Stadt sind die Straßen eng und düster. Über hunderttausend Menschen leben hier mit Tausenden von Pferden, Kühen, Hühnern in den Hinterhöfen der Fachwerkhäuser – Schweine hat der Senat kürzlich verboten. Hohe vierspännige Lastwagen rasseln über das schlechte Pflaster, die Fuhrleute gehen nebenher und knallen unablässig mit langen Peitschen. Fußgänger weichen klappernden Kotwagen aus, die den Inhalt der Toiletteneimer in den Häusern abholen, und hellblauen Tonnenwagen, die frisches Wasser bringen. Bäcker mit Tragkorb, Schlachter mit einer Holzmulde voll Fleisch auf der Schulter, Milchfrauen mit zwei roten Deckeleimern an einer Tragstange rufen und singen ihre Waren aus. Ratsdiener stolzieren zwischen den Straßenverkäufern einher, in schwarzer spanischer Tracht mit großer weiße Halskrause, unterm Arm einen Regenschirm aus roter Baumwolle.

Die Milchfrauen von den Elbinseln, die Fischhändler von Helgoland, die Obstverkäufer vom Südufer der Elbe sind in Ewern mit roten Segeln frühmorgens in die Stadt gekommen. Cesar kann von den Brücken aus durch das Kutschfenster in die Wasserstraßen Hamburgs sehen. Frachtewer und Schuten schieben sich in den Fleeten aneinander vorbei, die Ewerführer brüllen und fluchen. Sie haben Waren von den Schiffen geholt, die auf der Elbe liegen, und staken nun zu den Speichern an den Rückseiten der Wohn- und Geschäftshäuser. Viele Fachwerkspeicher sind im weichen Untergrund eingesunken, stützen sich schief und krumm aneinander. Sie haben kaum Fenster und in jedem Stockwerk eine Tür: Hoch oben stehen Speicherarbeiter und ziehen Warenballen und Fässer über Winden hinauf.

Von den Seeschiffen bringen die Ewerführer Zucker, Kaffee, Wein, Orangen aus Spanien und Eisenwaren aus England, von den Binnenschiffen, die vom Oberlauf der Elbe in die Stadt kommen, bringen sie Getreide, Wolle und auch das Leinen, das Cesars Vater nach Kuba und Mexiko weiterverkauft. Der Zwischenhandel macht Hamburg reich. Was man hier nicht findet, gibt es in Europa kaum zu kaufen. Die Stadt ist ein Markt, ein Markt der ganzen Welt. Jeden Tag geht der Vater in Frack und Zylinder zur Börse: Eine Versammlung von Kaufleuten und Maklern lenkt die Warenströme. Börse, Bank und Rathaus liegen in der Mitte der Stadt, Handel und Politik gehören zusammen – eine geheimnisvolle Welt, die auf Cesar wartet.

Die Kutsche rollt von der letzten Brücke, und Johann lenkt die Pferde nach links. Der Alte Wandrahm ist die vornehmste Straße Hamburgs. Früher einmal standen hier die Gestelle, in die die Färber das Tuch zum Trocknen und Glätten einspannten. Doch dann baute man eine aufsehenerregend breite Straße, elf Meter, und prachtvolle Häuser aus rotem Backstein, verzierte die Fenster mit weißen Stuckrahmen wie in Holland und die Portale mit Girlanden und Blütenbüscheln aus Sandstein, pflanzte Linden und Kastanien.

Großpapas Haus hat nur runde Steinschnecken auf beiden Seiten des Giebels und sieht streng aus. Der große Speicher auf der andern Straßenseite gehört ebenfalls dem Großpapa, mit Pferdestall und Wagenremise und Wohnungen für Kutscher und Angestellte der Firma.

Joh. Ces. Godeffroy & Sohn heißt die Firma, und Johan César Godeffroy heißen der Großpapa, der Papa und er selbst, Cesar. Auch die Brüder Adolph und Gustav fühlen sich bedeutend von klein auf, und doch ist ein Unterschied zwischen ihnen und Cesar: Er wird der *Sohn* im Firmenschild sein und eines Tages der Chef. Die Buchstaben *J. C. G. & S.* stehen auf der Reedereiflagge, die die Schiffe der Firma am Großmast führen, *J. C. G.* ist in Visitenkarten, Briefbögen und Menükarten der Eltern eingeprägt. Familie und Firma sind eine Einheit, lehrt der Vater, und eines Tages wird Cesar diese Einheit vertreten. Es gibt einen besonderen Ausdruck für das Gebilde aus Familie und Firma: *der Name*. Cesar muß einmal bedeutende Geschäfte in fernen Ländern machen, damit zu Hause *der Name* der Erste wird unter den anderen *Namen* in der Stadt.

Das Haus am Alten Wandrahm

1.

»Eine Treppe mit blanken Messing-Handstangen führte zum Windfang, den ein Diener öffnete ...«

So beginnt Cesars Enkelin Emmy Wehl, die für die Familie niederschrieb, wie es im Haus aussah, als ihr Großvater König der Südsee war. Wie es in seiner Kindheit aussah, ist nicht überliefert. Doch auch andere Enkelkinder großer Kaufleute, älter als Emmy Wehl, haben von Besuchen bei ihren Großeltern in den alten weitläufigen Häusern berichtet, die für sie aufregende Spielplätze waren. Cesar und seine Geschwister lebten ab 1818 selbst am Alten Wandrahm. Ich verwische das Umzugsdatum in meiner Rekonstruktion des Hauses, unterscheide nicht streng zwischen Cesar als Besucher – bis zum Alter von fünf Jahren – und Cesar zu Hause.

Vom Windfang geht man auf die Diele – das ist eine zweigeschossige Halle mit einer Glastür zum Innenhof. Eine Hamburger Diele ist vornehm eingerichtet. Große Schränke stehen auf den weißen und schwarzen Marmorfliesen und eine Uhr, deren Stundenschlag durchs ganze Haus dröhnt. Es gibt viel Platz für Fässer und Kisten, die der Hausknecht mit einer Winde auf die Speicherböden in den Dachgeschossen hochziehen kann. Wenn die Kinder beim Spielen auf der Diele zuviel Lärm machen, kommen die Herren aus dem Kontor.

Im Kontor, gleich rechts neben der Haustür, arbeiten Commis und Lehrlinge an hohen Doppelpulten. Gewehre und Säbel für die Schiffsleute hängen an den Wänden, und auf den Regalen liegen Seekarten und Warenproben. Vormittags kommen Makler, Ewerführer und Quartiersleute, die das Einlagern von Waren im Speicher übernehmen, Bäcker- und Schlachtermeister, die über Schiffsproviant verhandeln wollen, und – seltene und besondere Erlebnisse für Cesar – Kapitäne, die der Vater ins Privatkontor bittet und mittags zum Essen mit der Familie und den Leuten vom Kontor mitbringt.

Das tägliche Eßzimmer für sechzehn Personen liegt bei Godeffroys im Zwischengeschoß, am ersten Absatz der Dielentreppe. Was die Kinder fesselt: Nach dem Tischgebet holt der livrierte Diener das Essen aus einer Klappe in der Wand. Die Küche ist im Souterrain, und Hausmädchen haben die Schüsseln über eine verborgene Wirtschaftstreppe hochgetragen.

Die breite weißlackierte Dielentreppe führt zu den Salons im ersten Stock und zum Saal, der in den Speicher im Mittelhaus hineingebaut ist.

Abends, wenn die Kerzen auf den Kronen und Wandleuchtern brennen, sieht der Saal freundlich und festlich aus. Zu großen Essen decken die Diener Tischtücher aus schlesischem Leinen auf, das Tafelservice aus englischer Fayence und das Silberzeug aus Paris, das Cesars Eltern sich nach einem besonders erfolgreichen Geschäftsjahr gekauft haben. In den Ecken des Saals schimmern runde weiße Porzellanöfen, und auf einer Seite gibt es eine Estrade für die Musiker, die bei Bällen für Schwung sorgen. Wenn die Gäste eintreffen, stehen Cesar und seine ältere Schwester Helene, später auch die kleinen Brüder, neben den Eltern: *Man* legt in Hamburg Wert darauf, daß Kinder frühzeitig lernen, sich ungezwungen zu benehmen und *den Namen* zu vertreten.

Die Wohnräume liegen bei Godeffroys im zweiten Stock, zur Straße hin. Im Wohnzimmer sitzt am Fenster erst die Großmutter, später die Mutter mit ihrer Handarbeit. Es gibt einen runden Familientisch, ein gewaltiges Sofa und gepolsterte Roßhaarstühle. Die Fenster sind im Winter mit schweren Woll- und Damastvorhängen gegen die Kälte verwahrt.

Für Holz und Torf bezahlt der Vater 1 300 Bankomark im Jahr – genausoviel wie für Lohn, Kost und Logis von neun Bediensteten: zwei Diener, ein Hausknecht, zwei Hausmädchen, eine Jungfer, ein Koch, eine Unterköchin, eine Magd. Vaters Weinkeller kostet jährlich doppelt soviel wie die Dienerschaft: 2 500 Bankomark – die beiden Kutscher, die Nachtwächter und die Gärtner im Landhaus an der Elbe dabei nicht mitgerechnet – und die Loge im Theater halb soviel: 650 Mark. Für einen Ball geben die Eltern 1 400 Mark aus, für Weihnachten 1 600 und für ihre Kinder 3 200 im Jahr: Kleidung, Spielsachen, Privatlehrer und Gouvernanten.

Die Kinder haben ihre Zimmer im Mittelhaus, wo auch unverheiratete Angestellte wohnen. Lange Korridore führen vom Mittelhaus zum Speicher am Fleet. Dort gibt es das für alle Kinder Aufregendste im ganzen großen Haus: einen schwindelnden Blick durch die Holzröhre.

Die Röhre führt durch sämtliche Stockwerke hindurch bis zum Wasser des Fleets. In die Röhre leeren die Hausmädchen, was ein Geschäftsfreund des Großvaters in seinem Testament so beschreibt: »Mahagony Lenstuhl zur Commodität mit Pferdehaaren und catunenem Überzug und zinnernen Topf.« Auf dem Fleet schwappen Unrat und tote Hunde mit Ebbe und Flut am Haus vorbei. Bei Ebbe läuft das Fleet fast leer, Ratten kommen und der »Fleetenkieker«, der mit seinem Haken den Boden nach Wertvollem absucht, das aus den Ewern oder den Speichern ins Wasser gefallen ist.

Cesar und seine Brüder laufen nach den Unterrichtsstunden auf schmalen, steilen Holztreppen von einem Speicherboden zum nächsten bis ganz nach oben, wo es dunkel und unheimlich ist. Sie klettern über Säcke und Kisten, spielen Verstecken und naschen mit den Lehrlingen Rosinen. Es riecht nach Leinen, Kaffee, Zucker und Tabak, auch nach Tee und Indigo, die der Vater für Geschäftsfreunde in Philadelphia in Kommission verkauft, nach Mäusen und dem Kater des Hausknechts.

Mit den Quartiersleuten, die Zylinder und Schurzfell tragen, und den »Lüd von de Eck«, die der Hausknecht holt, wenn viel im Speicher zu tun ist, sprechen die Kinder plattdeutsch. Diese starken Männer sehen in Cesar den Erben, den künftigen Chef, und auch die Brüder richten sich nach ihm.

2.

Wichtigste Person im Haus am Alten Wandrahm ist bis zu seinem Tod der Großpapa. Er ist ein kleiner wohlgenährter Mann mit schwerem Kinn, großer Nase und einem halben Lächeln. Er hat den Sprung geschafft vom unbedeutenden Anfänger zum Millionär, hat *den Namen* gemacht.

Die Godeffroys sind Hugenotten aus La Rochelle in Frankreich, waren dort wohlhabende Kaufleute. Ein jüngerer Sohn wanderte aus, als Ludwig XIV. die Hugenotten – ein alter Spottname für Protestanten – 1685 verfolgen ließ, zog zum Kurfürsten von Brandenburg nach Müncheberg bei Frankfurt an der Oder. Seine Nachkommen wanderten zurück nach Westen – nach Berlin und weiter nach Hamburg, wo der Großpapa 1742 zur Welt kam. Sein Vater war nur ein Commis, ein angestellter Handlungsgehilfe, der mit der Gänsefeder an einem Doppelpult schrieb und rechnete für den reichsten Hugenotten Hamburgs, Pierre Boué, bis er sich endlich mit einem kleinen Weinhandel selbständig machen konnte. Als er starb, war der Großpapa sechzehn. Er erbte 3 000 Bankomark.

Als er vierundzwanzig war, 1766, gründete er mit einem Kompagnon die Firma *Joh. Ces. Godeffroy & Co.* Drei Jahre später konnte er das große Bürgerrecht erwerben. Dafür mußte er ein Erbe besitzen – ein Grundstück in Hamburg mit einem oder mehreren Gebäuden, das über eine bestimmte Summe hinaus nicht beliehen sein durfte –, er mußte ein Wappen vorweisen – als Wappentier wählte er einen Falken – und 150 Mark Species bezahlen. Als Großbürger durfte er ein Konto bei der Hamburger Bank eröffnen, Leinen zollfrei in Hamburg ein- und ausführen und die große Waage neben der Börse benutzen.

Er exportierte Leinen aus Schlesien und Westfalen in gechartertem Schiffsraum nach Frankreich und Spanien, importierte Wein und Rosinen, Kupfer aus Cádiz und Zucker und Kaffee. Die Kolonialmächte hinderten ausländische Kaufleute am direkten Handel mit ihren Kolonien, und Hamburger mußten Kolonialwaren in England, Frankreich und Spanien einkaufen. Der Großpapa heiratete Marie Emilie Boué, eine Verwandte des früheren Chefs seines Vaters. Nach neunjähriger kinderloser Ehe starb sie. Damals schätzte der jüngere Bruder des Großpapas, Pierre, seinen Besitz auf höchstens 3000 Bankomark, sein Erbteil, und der Großpapa, nun 36 Jahre alt, besaß auch noch nicht viel mehr.

Doch dann zeigte sich zum ersten Mal das Glück der Godeffroys. Onkel Isaac starb, ein Bruder von Cesars Urgroßvater, des Commis. Onkel Isaac war in jungen Jahren nach Surinam gegangen, dem Land zwischen Amazonas und Orinoco, und hinterließ nun seinen vier Neffen und fünf Nichten die Plantage Marienbos bei Paramaribo und 374 Sklaven. Als Land und Menschen verkauft waren, erhielt der Großpapa 42 571 holländische Florins. Dann starb sein Stiefbruder Jean Jacques, der auch in Surinam zu Wohlstand gekommen war, und Großpapa und Großonkel Pierre erbten jeder noch einmal 20 000 Florins.

Der Großvater heiratete im November 1779 die siebzehnjährige Antoinette Magdalena Matthiessen, Tochter von Hieronymus Matthiessen in Firma *Hieronymus Matthiessen & Sohn*, später *Matthiessen, Sillem & Co.*, Neuer Wall.

Er war zu einem denkbar günstigen Zeitpunkt durch Erbschaft zu Vermögen gekommen und durch Heirat zu Bekanntschaft. Hamburg stand am Beginn eines nie erlebten Wirtschaftsaufschwungs. Die Welt geriet in Revolutionskriegen durcheinander, und alte Handelsverbote galten nicht mehr. Die englischen Kolonien in Nordamerika hatten ihre Unabhängigkeit erklärt, und Hamburger Kaufleute rüsteten Schiffe nach New York, Boston, Philadelphia aus.

Cesars Großvater und sein Großonkel Pierre gehörten zu den ersten, die sich an der Finanzierung von Überseegeschäften beteiligten und schließlich eigene Schiffe nach Übersee schickten. Die Brüder Godeffroy, Senator Graepel, mit dem der Großvater in der Tischgesellschaft Einigkeit Karten spielte, und Berckemeyer vom Alten Wandrahm machten 1780 mit kleinen elenden Schiffen ihre erste Expedition nach Westindien. Als die Schiffe zurückkehrten, konnte der Großvater sein erstes Haus am Alten Wandrahm kaufen: den großen Speicher mit Wohnungen und Pferdestall, 1781, in dem Jahr, in dem Cesars Vater am 15. Oktober zur Welt kam.

Die Brüder Godeffroy beteiligten sich an einer Reise des ROHLAP nach Surinam und Martinique, eines Schiffes, das den Leinen- und Seidenhändlern Caspar Voght und Georg Heinrich Sieveking gehörte, Freunden von Conrad Matthiessen, dem Bruder von Cesars Großmutter Antoinette. Es kam mit Kaffee zurück, Zucker, Vanille. Weitere Beteiligungen folgten. Caspar Voght holte nun Tabak aus Baltimore, Gummiarabicum aus Afrika, Kaffee aus Mokka am Roten Meer. Der Großvater konnte 1786 das Wohn- und Kontorhaus am Alten Wandrahm und den größten Landbesitz an der Elbe kaufen. Er hatte jetzt einen Hofmeister, einen »Laquai«, einen Kutscher, vier Mägde und einen Stallburschen. Kein Hugenotte in Hamburg unterstützte die französisch-reformierte Kirche großzügiger als er.

Mit der französischen Revolution kamen Flüchtlinge und Kapital nach Hamburg. Der Stadtstaat wurde zum führenden Finanzplatz Europas, als französische Soldaten Holland besetzten und damit die Amsterdamer Börse ausschalteten. Die Brüder Godeffroy und ihre Freunde spekulierten mit Waren und mit Geld. Sie kauften billig Möbel in Frankreich ein, Kleider, Gemälde, Porzellan, Uhren, Tapeten. Kupferstiche kamen in ganzen Schiffsladungen nach Hamburg, bis die Preise fielen, weil kaum noch jemand Platz an seinen Wänden hatte. Conrad Matthiessen fuhr nach Paris, um das Geschäft mit den Assignaten zu studieren, dem Papiergeld der Revolution. Wer gute Verbindungen hatte, konnte in Paris Assignaten billig einkaufen und sie in der Provinz teuer verkaufen. Matthiessen und die Godeffroys verstanden es, politische Gerüchte zu nutzen, und machten ein großes Geschäft.

Großonkel Pierre wurde noch reicher als der Großvater – vielleicht, weil er mehrere Schiffe kaufte für Reisen nach Havanna, Venezuela, zu den La-Plata-Ländern, rund um Kap Horn nach Lima und nach Kalkutta, Indien. Der Großvater kaufte 1797 die PROVIDENTIA, ein Schiff mittlerer Größe, und schickte sie nach Havanna und Veracruz. Bei allem Familienzusammenhalt gab es auch Eifersucht und Neid zwischen den Brüdern und ihren Familien.

Für reich hielt sich in Hamburg, wer eine Million Bankomark besaß – wenig im Vergleich zu dem, was in Frankfurt am Main, Amsterdam, London als großes Kaufmannsvermögen galt. Typisch für Hamburg war der rasche Aufstieg neuer Männer, die durch Spekulationen schnelles Geld verdienten und deren Nachkommen langsam wieder untergingen.

Der Spekulationsrausch brach 1799 zusammen. 152 Firmen mußten ihre Zahlungen einstellen. Cesars Großvater kaufte mit einer Erbschaft seiner Frau noch ein Haus am Alten Wandrahm.

Zu Beginn der Franzosenzeit, 1806, schätzte der Versicherungsmakler Grasmeyer Johan Cesar Godeffroy auf zwei Millionen Bankomark. Sieben Kaufleute waren reicher als Godeffroy, vier genauso reich. Zum Vergleich: Damals veranschlagte die Armenanstalt das Existenzminimum für einen Erwachsenen auf 358 Mark 5 Schilling im Jahr. 80 % der Erwerbstätigen in Hamburg verdienten weniger als 400 Mark im Jahr.

3.

Reichtum allein besagt wenig über das Ansehen eines Kaufmanns, lernt Cesar. Ansehen gewinnt, wer als erster eine neue Geschäftsidee hat und etwas unternimmt, was noch keiner gewagt hat. Ansehen gewinnt, wer sich bei seinen »mercantilischen Handlungen«, wie der Vater sagt, von Grundsätzen leiten läßt.

Cesars Großvater und seine erfolgreichsten Freunde haben versucht, Regeln für vernünftiges kaufmännisches Verhalten zu erkennen. Sie wollten ihr Schicksal nicht länger For anheimgeben, der Glücksgöttin, sondern den Lauf ihr⸌ Glückskugel mit Vernunft und Überlegung beeinflussen. Zu den Regeln, die sie ihren Nachfolgern einschärfen, gehören Verhaltensweisen, die sich bei den großen Kaufleuten in Holland und England längst durchgesetzt haben, zumindest als Norm, die bei den Kaufleuten in den Ländern rings um die Ostsee aber und im deutschen Binnenland keineswegs üblich sind: Ehrlichkeit, Zuverlässigkeit, Pünktlichkeit. Ein Geschäftspartner muß sich auf das Wort des anderen verlassen können, sonst bricht jedes längerfristige Geschäft – und die Im- und Exportunternehmen von und nach Übersee sind sehr langfristig – zusammen.

Cesar und seine Brüder hören immer wieder die Geschichte, wie Großonkel Pierre sein berühmtes Haus am Jungfernstieg einem Herrn von außerhalb für lächerliche 50 000 Bankomark anbot. Der glaubte ihm nicht und lachte, nahm aber schließlich auf Drängen eines Freundes zum Spaß das Angebot an. Pierre verkaufte ihm tatsächlich das Haus und kaufte es für viel Geld zurück: Er wollte dem anderen beweisen, daß sein Wort gilt. Gleich wie widersinnig eine Zusage erscheinen mag – ein großer Kaufmann hält sein einmal gegebenes Wort.

Cesar, Adolph und Gustav müssen schon als Kinder Anfangsregeln für eine erfolgreiche Berufstätigkeit einüben: Aufmerksamkeit, Fleiß und Ordnung. Durch Ordnung habe er sein großes Vermögen verdient, behauptet Großonkel Pierre. Er hat armen Flüchtlingen während der Franzosenzeit großzügig geholfen, sich aber aufgeregt, wenn ein Kosak einen Hering stahl. Er hat seinen Töchtern auf kostspieligen Schmuggelwegen nach England geschrieben und sie gefragt, wo zwei Laken geblieben seien.

Der Großpapa und seine Freunde vergleichen ein Geschäft mit einer großen Maschine, bei der ein Teil ins andere greift und keines stocken darf, weil sonst alle durcheinandergeraten, Warenströme und Geldkreisläufe. Eine Firma beweise, wie eine einmal aufgezogene Maschine, die Geschicklichkeit des Menschen, meint John Parish. Parish hat mit Getreidehandel,

...häften und Truppentransporten über See ein Rie-
...n verdient und als reichster Mann an der Elbe die
...Söhnen überlassen und seine Geschäftsmemoiren
...Die Maschine Firma läuft in einem sehr störbaren
Gleichgewicht, und damit sie leicht und leise läuft und doch
mit geringstem Aufwand – sprich Kapital – ist das wichtigste
der »Credit« des Kaufmanns.

Der Credit ist etwas Kompliziertes, und doch kann auch ein
Junge sein Wesen schon verstehen: Der Credit ist das
Zutrauen, das andere in seine, Cesars, Fähigkeiten haben.

Der Credit ist der Gradmesser des Vertrauens, das ein Kaufmann an der Börse genießt. Wer Credit hat, kann mit weniger eigenem Kapital mehr und größere Geschäfte machen als andere. Der Credit sei das unschätzbare Juwel des Kaufmanns, das er sorgsam behüten müsse, hat John Parish gesagt. Die Wechsel eines Kaufmanns – seine schriftlichen Zahlungsversprechen – seien an der Börse geschätzt nicht aus Vertrauen in seine Zahlungsfähigkeit, sondern aus Vertrauen in seine Urteilsfähigkeit. Der Credit ist die Ehre des Kaufmanns.

Die Gesellschaft am Fluß

1.

Cesar und seine Geschwister leben von Mai bis November im Landhaus an der Elbe, und in jedem Frühjahr ist es eine spannende Frage, an welchem Tag die Familie hinauszieht. Koch und Unterköchin ziehen mit um, Mamas Jungfer, Kindermädchen und Hauslehrer. Am Alten Wandrahm bleiben nur einige Bediente, die von montags bis freitags für den Papa sorgen, der dann nach der Börse mit seinem Diener hinausfährt.

Die Pferde vor der Kutsche mit den Kindern traben zum Stadttor hinaus und über den Hamburger Berg, wo man Seiltänzerinnen sehen kann, Messerwerfer und Schlangen, die

Matrosen mitgebracht haben. Am Zollamt in Ottensen, gegenüber der Christianskirche, muß Johann halten und mit mißtrauischen dänischen Zollbeamten verhandeln, die die Kutsche nach Kaffee und Zucker durchsuchen wollen, die Kinder kriegen vor Aufregung ganz blanke Augen.

Sie fahren oben am Elbufer entlang, rechts liegen Felder und Wiesen, reetgedeckte Bauernhöfe und Windmühlen, links, tief unten, die Fischerdörfer. Die Kinder können weit über den glänzenden Fluß und seine Inseln sehen, die Segel der Schiffe stehen dunkel vor der Sonne. Langsam und lautlos mahlen die Räder im Sand. Ab Teufelsbrück führt der Weg unten am Wasser entlang, läuft später wieder über freies Feld. Prustend und schweifwedelnd gehen die müden Pferde Schritt. Dann sieht Cesar die Wipfel der alten Lindenallee, Johann knallt mit der Peitsche und die Pferde traben durch die beiden Torpfeiler zum Großen Haus. Hoch über dem Eingang steht »Der Ruhe weisem Genuß«.

Im Großen Haus wohnen, als Cesar noch klein ist, die Großeltern, später die Eltern. Man geht die Stufen zwischen den dicken beiden Säulen hoch und kommt in die weißgetäfelte Halle, die oben an den Wänden mit weißen Figuren geschmückt ist, die aus Italien oder Griechenland kommen und Reliefs heißen. Die Tür zum Gartensaal ist offen, und so geht man gleich weiter. Der Gartensaal ist oval, goldene Stühle stehen an der Wand und durch drei Fenster sieht man den Fluß. Zu beiden Seiten des Gartensaals liegen Salons, durch den rechten kommt man zum Speisesaal im rechten Flügel des Hauses. Auch er ist weiß und an Wänden und Decke mit Blumenranken verziert, und sein Parkett glänzt so stark, daß die Kinder auf Zehenspitzen große Schritte machen.

Im linken Flügel liegt, mit Blick auf den Park, das Schlafzimmer der Eltern. Ein riesiges Himmelbett steht darin, und ein Kamin wärmt es gemütlich, wenn Mama sich für Gesellschaften anzieht. Zur Elbseite hin liegen Mamas Schreibkabinett und Papas Ankleidezimmer. Über eine verborgene Treppe bringen Mamas Jungfer und Papas Diener heißes Wasser in Kannen und Schüsseln aus der Küche im Keller.

Im Keller sind die Wirtschaftsräume, die Wäsche- und Vorratskammern, der Weinkeller. In der Küche herrscht der Koch über blankes Kupfergeschirr, riesige Messer und einen Hackblock und läßt nicht jeden herein, vor allem nicht an den Wochenenden, wenn er zahlreiche Hilfskräfte aus dem Dorf dirigiert. In der Milchkammer gießt die Unterköchin nach dem Melken die Milch in große Satten, von denen sie später den Rahm abschöpft, und in kleine Satten für Dickmilch, die die Kinder mit Schwarzbrotkrümeln und Zucker essen. Wasser holen die Hausmädchen von der grüngestrichenen Pumpe, die links vor dem Großen Haus steht, umgeben von Fichten – ein Hauptversteck der Kinder.

Cesar und seine Geschwister wohnen im Kavaliershaus im Park, dem reetgedeckten alten Gutshaus. Die Eltern im Großen Haus benutzen einen Nachtstuhl, Kinder und Gäste im Kavaliershaus haben ein Außenklo, ein Plumpsklo. Natürlich könnte die Mama Wasserleitungen legen und ein water closet einbauen lassen, aber die Eltern meinen, dergleichen passe nicht zum Leben auf dem Lande. Außentoiletten sind jetzt modern und kalte Bäder. Laut englischen Geschäftsfreunden stärke und belebe es den Körper, einmal in der Woche kalt zu baden, und auch Godeffroys haben im Park ein Kaltes Bad, ein kleines Haus mit Badebecken und Umkleideraum.

Hinter dem Kavaliershaus ist der Wirtschaftshof. Im Stall stehen Pferde und Kühe, es gibt zwei Schweine, Hühner, Enten, Truthähne. Wiesen und Felder sind in manchen Jahren verpachtet, in anderen läßt Cesars Mutter Roggen, Kartoffeln, Buchweizen anbauen. Sie meint, Ruhe auf dem Lande heiße keineswegs Faulheit. Sie fühlt sich beengt im Stadthaus zwischen Straße und Fleet, fühlt sich leichter an der Elbe. Sophie Godeffroy ist eine passionierte Reiterin und liebt die »Gesellschaft muthiger Rosse«, wie sie sagt. Wenn sie einmal nicht reiten kann, fährt sie mit Helene in einem kleinen Wagen, den eine Eselin zieht, durch den Park. Sie leitet den Gutshof, sie läßt im Park Bäume auslichten und neue pflanzen. Cesars Vater sagt, sie sei die eigentliche Schöpferin von Dockenhuden.

Die Kinder laufen auf schmalen Pfaden durch das Korn, stehen unter der Windmühle und hören auf das Sausen der Flügel. Sie lernen in der Elbe schwimmen und sehen dem Dampfer nach, der nach England fährt. Solange sie klein sind, sammeln sie Muscheln im Sand, später schießen sie Möwen, reiten mit der Mama aus und gehen mit dem Papa auf die Jagd.

An den Wochenenden kommen Nachbarn, Freunde, Verwandte zu Besuch – Onkel Richard Parish mit Tante Susanne née Godeffroy und den Kindern Charles, Oscar und George, die Sillems, die Thierrys und Onkel Peter Godeffroy mit Tante Susette née von Oertzen und der kleinen Antonie. Caspar Voght fährt vor, ein kinderloser alter Herr, und manchmal kommen imposante alte Damen, Jugendfreundinnen der Großmama, wie Caroline Hanbury née Bohn mit Hannchen Sieveking née Reimarus. Ihr Vater war der berüchtigte Dr. Hermann Samuel Reimarus, lutherischer Theologe und Philosoph, der die Bibel und das Leben Jesu mit der Vernunft des Historikers nachprüfen wollte, was in Hamburg lange als unerhörte Gotteslästerung galt. Caroline Hanbury ist die Tochter des Buchhändlers Bohn, des Verlegers der Dichter Hagedorn und Klopstock. Ihr Sohn ist der beste Freund von Cesars Vater. Onkel Frederick Hanbury bringt seinen Sohn Frederick und die kleine Emmy mit.

Die Herren tragen Fräcke aus bunten Wollstoffen, helle Westen und um den Hals ein weißes Tuch. Sie tragen Baumwollhosen, strapazierfähig und waschbar, bequeme Schaftstiefel und hohe Zylinder. In der Stadt laufen noch alte Herren herum, die sich von der französischen Mode nicht trennen können: mit seidenen Kniehosen, silbernen Schuhschnallen und weißgepuderten Perücken. Aber Kaufleute wie die Godeffroys und ihre Freunde kleiden sich modern: englisch und bürgerlich.

Auch die Damen ziehen Baumwolle vor, ganz einfache Musselinkleider, die unter der Brust gerafft sind, ohne Ärmel, ohne Kragen – eine ungezwungene Sommermode. Allerdings sind diese Kleider sehr teuer, die dazugehörigen Kaschmirschals kostbar, und selbstverständlich trägt eine Dame, bei aller Liebe zur Natur, ein Korsett.

Wenn die Gäste vollzählig sind, gibt es ein kleines Mittagessen im Saal. Die Hamburger Tafeln sind berühmt, Reiseschriftsteller staunen, »daß man in den guten Häusern hier zu jeder Speise einen besonderen Wein giebt«. Zu jungen Bohnen und neuen Heringen trinke der Hamburger gewiß keinen anderen als Malagawein, zu neuen grünen Erbsen nur Burgunder, und Austern müßten in Champagner schwimmen.

Nach dem Tee schlendert die Gesellschaft durch den Park und bewundert neue Ausblicke auf den Fluß, die Sophie und die Gärtner angelegt haben, besucht die Obst- und Küchengärten und die Gewächshäuser, in denen Orangen und Ananas wachsen.

Cesar und seine Geschwister begleiten die Eltern zu Gegenbesuchen. Die Familien an der Elbe wetteifern miteinander, ihre Häuser und ihre Parks zu verschönern. Man geht durch Rosengärten, Glashäuser für Palmen und Orchideen, besieht die luxuriöse neue Welt, die Cesars Großeltern und ihre Freunde auf kargem Bauernland geschaffen haben – um sich daran zu erfreuen und um einflußreiche Hamburger zu übertrumpfen.

Die Godeffroys und ihre Freunde sind angesehene Kaufleute und doch eine Gesellschaft für sich: Sie gehören in Hamburg nicht wirklich dazu. Sie sind Bürger ohne politische Rechte. Cesars Großvater und Cesars Vater sind in der Republik der Kaufleute als Calvinisten von Mitsprache ausgeschlossen.

2.

Cesars Großvater war siebenundvierzig, die Großmutter siebenundzwanzig Jahre alt, als sie den aufsehenerregenden Lebensstil der Überseekaufleute an der Elbe begründeten.

Die großen Außenseiter trumpften im Westen der Stadt auf – die Erfolgreichen, die Neureichen, deren Eltern oder Großeltern aus England, Holland, Frankreich gekommen waren, Reformierte und Anglikaner zumeist, auch Mennoniten. Die meisten Außenseiter gehörten zu den ersten Kaufleuten, die Überseegeschäfte riskierten. Sie bauten sich ihre Landhäuser auf den Hügeln hoch über dem Fluß – sie wollten ihre Schiffe sehen und sie wollten gesehen werden.

Die lutherischen deutschen Kaufleute bauten im Osten der Stadt, in Hamm, Horn, Billwerder, und im Norden in den Walddörfern – den traditionellen Landhausgegenden auf hamburgischem Gebiet.

Es gibt Ausnahmen in dieser sommerlichen Trennung der Kaufleute nach Glauben, Herkunft und politischen Rechten, aber sie sind selten. Es hat auch schon früher Landsitze im Westen der Stadt gegeben. Aber die große Zeit an der späteren Elbchaussee begann mit den Außenseitern, die im Wirtschaftsboom am Ende des 18. Jahrhunderts reich geworden sind.

Cesars Großvater hat anfangs versucht, sich den Lutheranern anzuschließen, und im Osten Land gekauft, in Hamm, doch als 1786 der größte Besitz am Fluß zur Auktion kam, das Landgut des niederländischen Kaufmanns Berend Johann Rodde, ersteigerte er ihn für 33 100 Courantmark oder 22 000 Bankomark. Selbst die reichsten Kaufleute, sogar John Parish, bewohnten nur umgebaute Bauernhäuser. Cesars Großeltern aber beauftragten den dänischen Landesbaumeister Christian Frederik Hansen 1789 mit dem Bau eines neuen Hauses.

Hansen war damals noch ein unbekannter Mann, 33 Jahre alt. Dies war sein erster Privatauftrag. Er baute ein Landhaus mit wuchtigen Säulen auf einer breiten Eingangstreppe, klar und ruhig in der Komposition und nicht sehr groß, aber mit einer Ausstrahlung von gesammelter Kraft und Würde.

Das Haus machte ordentlich Sensation, wie die Godeffroys es lieben. Wer so baute, wußte Bescheid über die Demokratien im antiken Griechenland und Rom. Hansen hatte in Italien die Antike durch einen früheren Aufbruch der Bürger kennengelernt: durch die Landhäuser, die der Baumeister Andreas Palladio im 16. Jahrhundert für reiche Kaufleute aus Venedig baute. Architekten in England, Holland und Frankreich studierten Palladios Lehrbücher, und Politiker in Nordamerika, die für Menschenrechte, Demokratie und Republik kämpften, bauten sich Säulenhäuser nach dem Vorbild der Bürger der Antike auf ihren Plantagen an den Ufern des Potomac und am James River in Virginia.

Im gleichen Jahr, in dem Hansen mit dem Bau des Landhauses für Cesars Großeltern begann, brach in Frankreich die Revolution der Bürger gegen die Herrschaft des Adels aus. Hansen bekam aus dem Freundes- und Bekanntenkreis von Cesar und Antoinette Godeffroy einen Auftrag nach dem andern und konnte in dem Jahr, in dem das Godeffroyhaus fertig wurde, 1792, heiraten.

Für Pierre Godeffroy baute er ebenfalls mit Säulen, aber ohne Seitenflügel. Cesars Großonkel hatte für sich, seine Frau Catharina née Thornton und die zehn Kinder das Nachbargrundstück in Dockenhuden für 12 000 Courantmark gekauft. Die Baukosten für sein Weißes Haus betrugen angeblich nur 40 000 Bankomark: Wollten die neuen Leute auch großartig auftreten, so sollte es doch möglichst billig kommen. Damals strandete auf den Sänden vor Blankenese im Sturm ein Schiff aus Italien mit einer Ladung für den König von Preußen. Dessen Innenarchitekt Langhans hatte für das neue Marmorpalais in Potsdam Statuen und Reliefs in Gips abformen lassen. Blankeneser Fischer retteten die Kisten aus dem Wrack, doch Langhans meinte, ihr Inhalt sei unter Wasser verdorben, und sie kamen zur Auktion nach Altona. Aber niemand bot auf weiße Bilder von unbekannten Personen, die Abenteuer erlebten, von denen keiner je gehört hatte. Hansen bezahlte für sie kaum mehr als den Gipspreis, und Pierre Godeffroy bekam billig die Reliefs des Königs von Preußen in sein Haus.

Für den englischen Kaufmann John Blacker baute Hansen auf dem Krähenberg im Fischerdorf Blankenese ein Sommerhaus nach dem Vorbild des Parthenons in Athen, des Tempels der Göttin der Städte, der Wissenschaft und der Künste: Säulen ringsum und an den Schmalseiten Tempelgiebel. Auch Blacker wollte großartig, aber preiswert bauen, und so sind die Säulen, die von Ferne wie Marmor aussehen, in Wirklichkeit Baumstämme, an die Hansen Stroh nageln ließ, das die Maurer mit Putz überzogen.

Hansen baute für Balthasar Elias Abbéma, den Gesandten der Niederlande, und für John Thornton, dessen Stallgebäuden er die Form eines Halbmonds gab. Er baute für die Kaufleute und Konferenzräte Lawaetz und Baur aus dem dänischen Altona und Kaufmann Böhl, Lutheraner aus Hamburg. Der König holte Hansen nach Kopenhagen zurück, ernannte ihn zum Oberbaudirektor und später zum Direktor der Kunstakademie – eine große Karriere folgte den weißen Säulenhäusern am Fluß.

Die Kaufleute engagierten schottische, englische und französische Gärtner, ließen sich mit Ewern fruchtbaren Marschenboden vom Südufer der Elbe bringen und begannen, ihre baumlosen Hügel und kargen Wiesen in einen Landschaftspark zu verwandeln.

Über Cesars Großvater gehören die Godeffroys zu den Aufsteigern in der Stadt, den ehrgeizigen und erfolgreichen Überseekaufleuten. Über Cesars Großmutter gehören sie zu den Kaufleuten und ihren Frauen, die über eine Gesellschaft nachdenken, in der Vernunft und Toleranz die alte Ordnung nach Geburtsständen und Religionszugehörigkeit ersetzen.

Antoinette Godeffroy ist eine kleine Frau, die Spitzenkragen trägt und große Spitzenhauben, unter denen auf der Stirn schwarze Sechserlocken hervorgucken. Ihr geht viel im Kopf herum, sie hat vielleicht keine gute Zeiteinteilung, aber sie ist ein liebevoller großzügiger Mensch. Sie ist praktisch und realistisch, und zugleich kann sie sich hinreißen lassen von einer Idee. Sie ist fromm, ohne betulich zu sein, denkt nach, argumentiert – ein Kind des philosophischen Zeitalters. Ihr Bruder Conrad und sie sind lutherisch getauft wie ihr Vater, doch ihre Mutter war eine calvinistische Hugenottin: Auch der reiche Conrad Matthiessen ist von politischen Ämtern ausgeschlossen.

Die Verfassung ist der Stolz des Stadtstaates. Die höchste Gewalt liegt gleichermaßen beim Rat und der Erbgesessenen Bürgerschaft. Zum Rat gehören vier Bürgermeister und vierundzwanzig Ratsherrn. Zur Bürgerschaft gehören nur dreibis viertausend der hunderttausend Einwohner: Mitreden darf in Hamburg nur, wer ein Erbe – Grundstück und Vermögen – besitzt, wer männlich ist und wer der lutherischen Kirche angehört. Der Weg in die Kollegien der Politik führt durch die Kirchspiele, und so kann nur ein braver Lutheraner mitbestimmen, der seinen Pastor erfreut.

Mit dem Ausbruch der Revolution 1789 schienen die alten Hoffnungen der Aufklärer politische Wirklichkeit werden zu können. In Hamburg las man die Zeitungsberichte über die Revolution mit Wohlwollen. Die Franzosen wünschten sich nur, was die Hamburger schon lange hatten: eine Verfassung, die zum Besten des bürgerlichen Handels eingerichtet ist. Adlige durften in Hamburg kein Grundstück kaufen und waren damit von der Politik ausgeschlossen. Nun hieß es in der Stadt sogar, ein Handelsmann von Credit und Ansehen, der ehrlich sei und zuverlässig, habe größere Ehre und besitze mehr vom wahren Adel als ein verschwenderischer Junker. Der eigentliche Adel der Stadt sei der Kaufmann, verkündete der Schriftsteller Jonas Ludwig von Heß. Der höchste Adel aber sei ein von seinen Mitbürgern gewähltes Mitglied des Rats oder der Selbstverwaltung.

»Ich suche nichts als das sanfte Gefühl zum allgemeinen Besten nach meinen Kräften mitzuwirken«, schrieb Onkel Conrad an Caspar Voght. Caspar Voght hatte die erste Armenanstalt in Hamburg gegründet, die den Armen Arbeit verschaffte, und erzählte als alter Herr: »der Wunsch der Gemeinnützigkeit verzehrte mich«. Doch er und Georg Heinrich Sieveking wollten keine politischen Ämter in dieser bezopften Stadt haben. Erst sollten die Verhältnisse anders werden. Sie wünschten eine Trennung von Staat und Kirche. Sieveking gab zum Jahrestag der Erstürmung der Bastille für seine Freunde ein fröhliches Sommerfest in seinem Garten in Harvestehude an der Außenalster.

Im Januar 1793 ließen die Jakobiner den König in Paris enthaupten. Ganz Europa war empört. Von Sieveking hieß es nun in der Stadt, er sei ein Jakobiner und Verschwörer. Auch Caspar Voght wurde angegriffen und reiste nach England. Sieveking lebte von nun an im Sommer mit Frau und Kindern bei den Außenseitern an der Elbe. Er kaufte gemeinsam mit Conrad Matthiessen und Piter Poel, dem Besitzer der Zeitung Altonaischer Mercurius, einen Garten am Fluß, in Neumühlen.

Schließlich entspannten sich die Verhältnisse in Frankreich. Caspar Voght ging wieder ins Kontor und widmete sich in seinen Mußestunden seinem Park und der Gemeinnützigkeit. Er hatte in England eine »ornamented farm« kennengelernt, einen Bauernhof als Landschaftsgarten. Er begann, Landschaften für jede Jahreszeit zu schaffen, und ließ seinen Kühen klanglich zusammenpassende Glocken umhängen. Er wollte das Schöne mit dem Nützlichen verbinden, den Armen Arbeit in der Natur geben und damit ihre Not lindern, um so selbst zum wahren Glück des Lebens zu gelangen.

Als der Kaiser Voght für seine Verdienste um das Armenwesen in Wien einige Jahre später zum Reichsfreiherrn ernannte, hatte Onkel Conrad Probleme mit dem Adelstitel eines Kaufmanns, glaubte aber zu verstehen, weshalb Voght ihn angenommen hatte. Conrad fand die Mehrzahl der Kaufleute im Binnenland ungebildet und grob: »Wenn ich gleich ein guter Bürger bin und als Bürger leben und sterben werde, so gestehe ich, daß der Umgang mit Bürgern in Deutschland, sehr wenige Städte ausgenommen, wohl nicht zu den angenehmen gehören kann.«

Doch mehr und mehr regte sich im Binnenland ein neues Bürgertum. Journalisten wurden auf die Außenseiter an der Elbe aufmerksam. Die Brüder Godeffroy galten als Beispiele neuer Bürger, die den Adel in Leistung und Lebensführung übertrafen. Über ihre Landhäuser urteilten die Gemeinnützigen Unterhaltungsblätter in Leipzig: »Es sind Palläste, denen unter den Residenzschlössern der kleinen deutschen Fürsten wenige zu vergleichen sind.«

Großmama Antoinette schrieb Cesars Vater zum 15. Oktober 1806, er wurde 25 Jahre alt, einen Brief. Sie schrieb französisch, in der Sprache der eleganten Welt, die auch der Vater mit anderen jungen Kaufleuten bei einem Lehrer gelernt hat:

»Mögest Du das Vorbild Deiner Mitbürger werden und der Ruhm Deiner Eltern, so wie Du ihre Freude bist und ihr Glück.«

Diesen Brief hat der Vater für Cesar aufgehoben.

Der ideale Bürger ist tätig und handelt gemeinnützig, lernt Cesar. Der einzelne hat die Pflicht, zu seinem eigenen Wohl tätig zu sein und zum Wohl der bürgerlichen Gesellschaft. Der Wert des Reichtums liegt nicht im Vergnügen, Geld anzuhäufen, sondern darin, es auszugeben. Geld recht gebrauchen ist vernünftig. Recht gebrauchen heißt: den Reichtum genießen und der Allgemeinheit mit nützlichen Unternehmen dienen.

Nirgends klaffen Ideal und Wirklichkeit so weit auseinander wie beim Geld.

Sophie Godeffroy versorgt arme Fischersfrauen in Blankenese mit Flachs, damit das Spinnen ihnen wenigstens etwas Verdienst gibt – aber 120 Bankomark im Jahr für die Armen finden Cesars Eltern ausreichend. In den Landhäusern versanden Gespräche über Gemeinnützigkeit, wenn die Hausfrau zum Essen bittet und der Hausherr nach dem Essen an den Spieltisch – die Kaufleute spielen leidenschaftlich und hoch, Cesars Vater gewinnt und verliert Zehntausende.

Auch die Bewegung für eine Verfassungsreform ist in Hamburg erlahmt. Napoleons Beamte hatten 1810, als Hamburg französisch wurde, Staat und Kirche, Gerichtsbarkeit und Verwaltung getrennt und Calvinisten, Juden und Katholiken die gleichen politischen Rechte wie lutherischen Bürgern gegeben. Pierre Godeffroy war Municipalrat und sein Sohn Peter Mitglied der Handelskammer. Doch auf dem Wiener Kongreß haben die Fürsten die Welt auf ihren alten Platz zurückgedreht, die alte Obrigkeit ist wieder im Amt. Godeffroys sind wieder Außenseiter, gehören nicht dazu. Juden sind ganz ausgeschlossen, christliche Religionsverwandte – Reformierte, Mennoniten – dürfen immerhin seit 1814 die Versammlungen der Bürgerschaft besuchen und sich anhören, was andere zu sagen haben. 1819 beschließt der Rat, den christlichen Religionsverwandten die Ratsfähigkeit zu geben, doch dürfen sie den Kollegien, in denen die Entscheidungen fallen, nicht angehören. Bürgerlichen Gemeingeist hält der Rat für Schwindel. Onkel Conrad lebt seit Jahren in Paris.

3.

In Cesars Kindheit sind die reichen Außenseiter an der Elbe noch weitgehend unter sich. Während der Franzosenzeit ist wenig im Grundstückshandel am Fluß geschehen – 1808 hat Salomon Heine sich einen Besitz gekauft, ein jüdischer Wechselmakler und Bankier, der zu den Herren gehört, mit denen Cesars Vater sich zum Kartenspiel trifft. Erst als Hamburg wieder frei war, sind neue Familien an die Elbe gezogen. Der Kaufmann Daniel Ross aus Schottland hat den Parthenontempel von Blacker gekauft, der Konkurs machte. 1817 ist Wilhelm Brandt gekommen, ein Niederländer, der von Archangelsk und St. Petersburg aus die Kontinentalsperre durchbrach und sich nun von seinen Schmuggelmillionen ein Säulenhaus von Hansens Neffen Matthias Hansen bauen läßt. 1819 hat der jüdische Bankier Heckscher das Haus mit dem Halbmond gekauft, als Onkel John Thornton seine Firma auflöste und ins ruhige Lübeck zog, und 1820 kaufte Etatsrat Donner, Kaufmann in Altona, das alte Sieveking-Poel-Matthiessen-Haus in Neumühlen. Die Firma Sieveking hat die Franzosenzeit nicht überlebt, Papas Freund Karl Sieveking ist Jurist geworden. Neue Namen sind also an die Elbe gekommen, doch von wenigen Ausnahmen abgesehen immer noch aus den gleichen Kreisen: Nichtlutheraner, meist Reformierte und Juden, und dänische Etats- oder Konferenzräte aus Altona.

Den deutschen Staaten im Binnenland gegenüber aber rücken Hamburger Kaufleute zusammen. Die katholische Kirche hat lange das Streben nach Gewinn verurteilt und Kaufleute verachtet, und die alte Polemik gegen Zwischenhändler, die nur die Waren verteuerten, hört nicht auf. Zwar steht im neuen Brockhaus nun Erfreuliches über Kaufleute: Dieser »Stand gehört zu den nützlichsten und nothwendigsten in jedem Staate, der zu irgend einem Nationalwohlstande gelangen will«. Doch 1820 erscheint ein »Manuscript aus Süd-Deutschland«, vermutlich auf Veranlassung des württembergischen Königs, in dem es heißt, das Interesse der Hansestädte als englische Faktoreien sei auf Plünderung des übrigen Deutschlands und auf die Vernichtung seiner Industrie gerichtet. Die Vorwürfe, die früher dem einzelnen Kaufmann galten, kommen nun im neuen nationalen Gewand an alle gerichtet daher, und die Absicht wird auch gleich kundgetan: Die drei Küstenstädte Hamburg, Bremen und Lübeck müßten in einen deutschen Zollverband eingeschlossen werden, denn den Kaufleuten sei Deutschlands »allgemeines Interesse« fremd.

Die Hansestädter fühlen sich in ihrer staatlichen Freiheit bedroht und kontern: Sie führen die Produkte dem Verbraucher zu; die Produzenten im Binnenland kennen die Bedürfnisse der Kunden im Ausland nicht; der hanseatische Kaufmann zeige ihnen den internationalen Standard, der auf dem Weltmarkt gefragt sei.

Immer mehr Hamburger setzen Angriffen aus dem Binnenland einen Stolz auf die großen Kaufleute entgegen, die ihre Schiffe über die Ozeane schicken. Sie beginnen, mit Weltläufigkeit und Reichtum aufzutrumpfen – wie die Außenseiter an der Elbe.

Die Parkbäume wachsen heran. Das kahle Ufer verwandelt sich in eine märchenhafte Landschaft mit Ausblicken auf den Fluß und die Schiffe, die mit der Flut hereinziehen. An den Wochenenden kommen die Hamburger und staunen.

Wer Glück hat, erlebt, wie die Kanone des Konferenzrates Baur eines seiner Schiffe mit Böllerschüssen begrüßt. Der Konferenzrat hat in Blankenese einen Garten mit Kanonenberg, chinesischer Pagode und künstlicher Ruine angelegt, der seinerzeit großes Aufsehen erregte, aber nun schon etwas aus der Mode ist. Trotzdem zieht er immer noch zahlreiche Besucher an, die sonntags für vier Schilling – für die Armen – auf die Pagode klettern. Die neuesten Reiseführer empfehlen einen Besuch der prachtvollen Gartenanlagen der Brüder Cesar und Pierre Godeffroy, wo jedem anständig Gekleideten der Eintritt gegen ein Trinkgeld an die Gärtner erlaubt sei. Die Besitzer wollen zeigen, was sie geschaffen haben, und andere erfreuen, ihnen den Anblick der Schönheit gönnen, der sie moralisch bessern und zu Gott führen wird.

Die Aufgabe

Der Vater nimmt Cesar mit zum Hafen, wenn ein Schiff der Firma eingelaufen ist. Vom Elbufer führen Stege in den Fluß hinaus, und draußen, an den Duckdalben, den Pfahlbündeln im Strom, liegen die großen hölzernen Segelschiffe.

Cesar steht an Deck und spürt, wie das Schiff schwankt. Ein leichter Wind geht, Falle schlagen gegen die Masten und oben bläht sich die Flagge mit dem goldenen Falken aus dem Bürgerwappen der Godeffroys. Der Himmel ist hoch und weit, und das Wasser riecht gut. Die Kanonen, die das Schiff gegen Seeräuber schützen, blinken in der Sonne.

Er ist der Sohn, auf den der Vater wartet. Eines Tages wird er für *den Namen* den ersten Platz in der Stadt erkämpfen – als Kaufmann und als Bürger. Es kommt darauf an, der Beste in seinem Beruf zu werden.

Im Handel gibt es seit 1820 wieder Schwung, die Handelskrise, die 1817 einsetzte, ist vorüber. Damals gingen die Aufträge für Leinen zurück, die Frachtraten fielen und die SOPHIE lag im Sommer monatelang auf der Elbe. Der Vater setzte eine Anzeige in das Zeitungsblatt Börsenhalle und teilte mit, daß die SOPHIE unter Kapitän Doormann »in Ladung« liege und er hiermit auf diese Verschiffungsgelegenheit nach St. Thomas, Westindien, aufmerksam mache. Doch erst Ende Oktober ging die SOPHIE in See.

»Tief gebeugt über die erlittenen harten Verlüste schliesse ich heute meine Bücher des vorigen Jahres ab und bitte Gott, mir seinen Segen zu schenken, um sie durch Fleiß und Sparsamkeit wiedereinzuholen«, schrieb der Vater am Jahresende in das Geschäftsbuch. Sparsamkeit heißt: die Geschäftskosten senken. Der Vater fragt sich, ob er unvorsichtig war. Leinen aus England und Irland hat während der Kontinentalsperre das Leinen aus Schlesien, Sachsen und Westfalen verdrängt. Er kann schlesisches Leinen nur für Arbeitshosen und Arbeitsjacken, Säcke und Segel und nur in Mexiko und Westindien verkaufen, dort aber in guten Mengen: an arme weiße Pflanzer und an Sklaven auf den Plantagen.

Nun hat der Vater viele Aufträge und seine Schiffe sind gut ausgelastet. Er bleibt aber vorsichtig: Die spanischen und portugiesischen Kolonien in Amerika werden unabhängig und öffnen sich dem Handel, doch immer mehr Hamburger drängen auf die neuen Märkte. Er will den Pulk der Konkurrenten abhängen und schickt seine Schiffe nun auch nach Port-au-Prince, Haiti. Er verkauft den CESAR, kauft eine Brigg, die er CESAR UND HELENE nennt, und schickt sie nach Laguaira, Venezuela, danach geht sie auch in die Haitifahrt.

Cesars Großvater erlebt die neue Konjunktur im Welthandel nicht mehr. »Er war nie glücklicher als in den letzten Jahren und ist ohne alles Vorgefühl des Todes gestorben«, meinte sein alter Freund Caspar Vogt. Der Großpapa starb im Mai 1818, 76 Jahre alt, und im November 1818 starb die Großmama. Als Sachwerte und Bargeld zwischen den beiden Söhnen ausgeglichen waren, hatte jeder eine halbe Million Bankomark geerbt, ein Vermögen, das der Vater in seinem Geschäftsbuch groß nennt. Durch Fleiß und strenge Redlichkeit hat der Großvater sein Vermögen erworben, und mit Fleiß und strenger Redlichkeit will der Vater das Geschäft weiterführen. »Möge Gott auch mich segnen um für meine Kinder nur einen Theil von dem thun zu können was meine Eltern für mich Thaten.«

Sophie Godeffroy zeigt ihrem Sohn Cesar bei den großen Erwartungen seines Vaters einen Ruhepol, an dem ein Entspannen der Kräfte nicht nur erlaubt, sondern sogar gefordert ist: Sie lehrt Cesar die Hingabe an Gott. Cesar muß lernen, alles hinzunehmen, was kommt, denn es kommt von Gott. Die letzte Verantwortung liegt nicht bei ihm, Cesar. Er muß lernen, des himmlischen Vaters Führung wie ein folgsames Kind mit Liebe und Dankbarkeit zu erkennen. Das Leben mit seinen Verlusten ist so schwer, daß man es nur ertragen kann, wenn man sich hingibt und sich als von Gott Geführten versteht.

Sophie lehnt sich noch immer gegen den Tod ihres ersten Sohnes auf. Sie glaubt an das Weiterleben der Toten, glaubt an eine jenseitige Welt, die die diesseitige lenkt. Man muß vertrauen, wenn Verstand und Einsicht verzweifeln und die Welt und das Leben unerträglich erscheinen lassen.

Sie verbirgt ihren Kummer vor ihrem Mann. Cesar Godeffroy liebt seine Frau sehr und versucht, sie zu verstehen. Ihre verinnerlichte wehmütige Frömmigkeit ist ihm fremd. Er ist reformiert, sie ist lutherisch, aber in ihrem Freundeskreis zählen die Unterschiede der Religion nicht mehr. Unter ihrem Einfluß steigert sich mit den Jahren sein Gefühl einer persönlichen Verbundenheit mit Gott.

Auch Cesars Mutter hat den angespannten Ehrgeiz der neuen Bürger. Sie ist stolz auf ihren Vater, der es mit Leistung als Bildungsbürger zum höheren Beamten gebracht hat. Ihr verinnerlichter Glaube führt sie keineswegs in Konflikt mit ihrem gesellschaftlichen Geltungsbedürfnis: Gott hilft nur, wenn man sein möglichstes getan hat. Auch sie setzt Cesar unter Anpassungs- und Leistungsdruck.

Das Jahr 1822 bringt Veränderungen in der Familie.

Die letzten aus der Generation der Großeltern sterben: Großonkel Pierre in Hamburg und Großonkel Conrad in Paris, wo er für achtzig arme Familien gesorgt hat.

Onkel Carl Godeffroy, ein Sohn von Pierre, wird Ministerresident – Botschafter im Rang eines Ministers – der Hansestädte Hamburg, Bremen und Lübeck in St. Petersburg und verlobt sich mit Marianne Jenisch, der Tochter von Senator Martin Johann Jenisch. Beide Vorgänge sind eine Annäherung an die Hamburger Gesellschaft.

Cesars Vater kauft vier aufsehenerregend schöne Wagenpferde und einen englischen Landauer, ein in Hamburg noch nie gesehenes Gefährt: ein Cabriolet, das sich mit zwei zusammenklappbaren Verdecks wie eine Muschel öffnen und schließen läßt. Der Vater macht ordentlich Sensation, wenn er vierspännig im Landauer durch Hamburg an die Elbe fährt.

Wilhelm Meyer, Sophie Godeffroys jüngster Bruder, geht für *Joh. Ces. Godeffroy & Sohn* nach St. Thomas.

Ostern 1822 kommen Cesar und Adolph in die Schule nach Lübeck.

Erziehung eines Kaufmanns

Schule

Cesar und Adolph sind nur noch in den Schulferien zu Hause – im Juli vier Wochen an der Elbe, zu Weihnachten ein paar Tage am Alten Wandrahm.

Die meisten Kaufleute schätzen eine Ausbildung von vier bis sieben Jahren im Comptoir höher ein als den Besuch eines Gymnasiums und verachten Gelehrte als Hungerleider: Nur der Handel könne den Luxus mehren. Cesars Eltern sehen das anders. Ihre Söhnen sollen sich durch Bildung einen Vorsprung vor dem Gros der Kaufleute an der Börse sichern.

Die Auswahl der Schule war nicht einfach. Das Johanneum und das Akademische Gymnasium in Hamburg haben ihren guten Ruf seit Jahren verloren. Doch Karl Sieveking, Doctor iuris und Senatssyndikus, spricht mit Wärme von seinen Jahren am Katharineum in Lübeck. Auch der Ruf der alten Lateinschule neben der Katharinenkirche war nicht immer der beste – der Lübecker Rat mußte den Lehrern verbieten, im Schlafrock in der Klasse zu erscheinen. Aber nun versucht das Kollegium, dem Kaufmannsstand entgegenzukommen. Der Rat hat verordnet, es sei Aufgabe der Lehrer, »die Jugend nicht für eine vergangene Welt, sondern für Zeit und Ort, worin sie leben sollen, zu bilden«.

Cesar und Adolph wohnen in Lübeck bei Dr. Tiburtius, der am Katharineum Latein und Geographie unterrichtet. Auch in Hamburg hätten ihre Eltern sie in Pension gegeben. *Man findet, daß die Geselligkeit eines großen Handlungshauses zuviel Zerstreuung für heranwachsende Knaben biete.*

Ich bin nach Lübeck gefahren und hatte Glück: Das Gymnasium bewahrt die alten »Censuren u. Conduitenlisten« noch auf. In die Listen trugen die Lehrer zu Ostern, Michaelis und

Weihnachten ein, was sie über Betragen, Fleiß, Aufmerksamkeit und Fortschritte der Schüler zu sagen hatten.
Die Handschriften sind flüchtig, dies sind interne Listen – eine schwierige Quelle. Beispiel: Dr. Tiburtius setzte sich bei einem Verdacht lebhaft für Cesar ein, wobei aber nicht klar wird, was Cesar getan haben soll – vielleicht ging es um Abschreiben oder Lügen. Über den Schulalltag am Katharineum kann man in »Buddenbrooks« nachlesen, allerdings ist es der Alltag einer späteren Schülergeneration, sind es Erlebnisse eines Kaufmannssohns, der Künstler werden will: Thomas Mann erzählt von einer erstickenden Schulatmosphäre. Aus den »Censuren u. Conduitenlisten« der 1820er Jahre geht hervor, daß die Lehrer viel von den Schülern verlangten, die Kinder aber achteten. Die Klassen waren damals groß – Cesars Quinta hatte 66 Schüler –, es gab ein Kurssystem nach Leistungsstand und Fähigkeiten der Kinder, der Unterricht war lang, täglich von acht bis zwölf und von zwei bis fünf, auch sonnabends, dazu kam noch Zeit für Hausaufgaben.
Ich habe verglichen, was die Lehrer über Cesar und Adolph und später auch Gustav schrieben, und versucht, nach diesen Vergleichen erste Skizzen der Brüder zu entwerfen.

Cesar und Adolph kommen in die gleiche Klasse, die Septima. Cesar benimmt sich »bescheiden und gut«, ist fleißig und aufmerksam, nur im Schreiben könnte er sich mehr anstrengen. Adolph benimmt sich, »Kindische Spielereien abgerechnet gut und Folgsam«, und »giebt sich wie sein Bruder Mühe weiter zu kommen«. Im Herbst 1822 werden beide in die Sexta versetzt. Cesar macht das Rechnen Spaß. Er ist oft krank und versäumt fast ein Trimester, doch als er wieder in die Schule kommt, übertreffen seine Fortschritte die Erwartungen der Lehrer. Adolph dagegen beträgt sich nun »nicht immer ohne Tadel« und kann »nur durch beständiges Zureden« zum Zuhören gebracht werden. Aber er lernt leicht »und wird wohl werden«.

Ein Jahr später ist auch Cesar manchmal vorlaut und sein Fleiß läßt nach. Er lernt gut, besonders in Latein, Religion, deutscher Grammatik und Französisch, und ist den Lehrern

»lieb«, man »muß ihn etwas schärfer anfassen als manchen anderen, denn er hat gar herrliche Gaben«.

Cesar kommt Ostern 1825 vorzeitig in die Quarta. Sein Klassenlehrer ist nun Dr. Tiburtius – Schule total. Im Herbst, Cesar ist zwölf, versäumt er wieder viel wegen Krankheit, ihm ist oft schlecht, und die Lehrer sind enttäuscht, daß andere in der Klasse ihn an Kenntnissen übertreffen.

Seit Ostern 1824 ist auch Gustav am Katharineum. Sophie Godeffroy bekommt am 24. Mai 1824 noch einen Sohn, Alfred, den vierten der Brüder Godeffroy.

Gustav, sieben, ist wie seine Brüder anfangs gutwillig. Fleiß und Aufmerksamkeit sind nach einem Jahr »musterhaft und geben bei seinen vortrefflichen Anlagen die besten Hoffnungen«. Ein halbes Jahr später heißt es, er sei »windig, vorlaut«, und baue leider zuweilen darauf, »daß er dem Lehrer werth ist«. Auch Gustav ist oft krank. Weihnachten 1826 notiert ein Lehrer, »er ist nicht böse, aber verzogen«.

Von jedem der Brüder heißt es irgendwann einmal, er sei verzogen: Cesar ist nach einer Krankheit verzogen, Adolph ist verzogen, weil er dreist ist, dünkelhaft und vornehm tut, der kleine Gustav ist verzogen, weil er spielen und nicht hören will. Alle drei sind lebhaft und eifrig, als sie zur Schule kommen. Bei allen gibt es Disziplinprobleme im Alter von dreizehn, vierzehn Jahren. Danach verhalten die Brüder sich unterschiedlich.

Cesar, der hochbegabte Schüler, von dem seine Lehrer viel erwarten, läßt die Schule an sich abgleiten. Er ist der selbständigste der Brüder und braucht den Beifall der Lehrer nicht. Er hat seinen Platz im Leben, solange er seinen Vater nicht enttäuscht. Einige Lehrer beschweren sich, daß er sie manchmal weder zu hören noch zu sehen scheine. Sogar in Dr. Tiburtius Eintragungen ist Enttäuschung spürbar. Cesar macht keine Schularbeiten außer in Französisch – der Vater verlangt, daß er Französisch kann – und kommt trotzdem gut in der Klasse mit. Im letzten Schuljahr, der Untersekunda, ist er »im Ganzen ordentlich, und, bei großer Lebendigkeit, lenksam«. Er ist gut im Rechnen, Schreiben, im Kaufmännischen Unterricht –

Maße, Gewichte, Währungen – und interessiert sich jetzt für Geschichte. Ostern 1830 dann die letzten Eintragungen: Er sei fleißiger geworden, doch nehme er manches noch zu leicht.

Adolph kämpft um Aufmerksamkeit und Beifall. Er ist »plauderhaft« und liebt »den Verkehr mit der Nachbarschaft« und versucht, den Lehrern zu beweisen, daß sie ganz unbedeutend seien. Er ahmt Cesar nach, ist aber ungeschickter. Er schlägt sich in allen Fächern so durch außer in Französisch, wo er schlecht ist. Seine Gesundheit ist robust. Das Auffälligste an ihm aber bleibt, daß er, der mittlere Bruder, beachtet werden will. Ostern 1830 urteilt der Lehrer, der Kaufmännischen Unterricht gibt, zum letzten Mal: Er »nimmt alles zu leicht, ist ungenau im Einzelnen, und daher bleiben überall Lücken in seiner Kenntnis«.

Der kleine Gustav ist der gewandteste der Brüder, stimmt seine Wünsche und die der Lehrer am geschicktesten aufeinander ab. Er geht davon aus, daß Lehrer und Mitschüler ihm wohlwollen – alle kennen doch seine fabelhaften großen Brüder, und da ist nun er, Gustav, der Glanzpunkt des Dreiergestirns. Er hat eine rasche Auffassungsgabe und lernt gern. Die Lehrer halten mehr von ihm als von seinen Brüdern, außer Dr. Tiburtius, der unbeirrbar Cesar für bedeutend hält. Gustav ist lange krank und fehlt ein Jahr, trotzdem schafft er die Quarta bei Tiburtius in vier Trimestern statt in den üblichen sechs und kommt Michaelis 1830 in die Untertertia. Doch ohne seine Brüder fühlt er sich nicht wohl. Weihnachten 1830 verläßt er Lübeck vorzeitig.

Michaelis 1832 steht wieder ein Godeffroy in den Conduitenlisten, in Untersekunda, diesmal ohne Vornamen. Es könnte Gustav sein. Er ist der zweitbeste Schüler der Klasse. Im letzten Trimester läßt sein Interesse für die Schule schlagartig nach. Michaelis 1833 verläßt er, sechzehnjährig, das Gymnasium mit Obersekundareife.

Es gibt auch ein Urteil Cesar Godeffroys über seine Zeit am Katharineum: Jahre später schickt er seine Kinder nach Lübeck zur Schule.

Lehre

Cesar kann Ostern 1830 endlich zu seinem Vater in die kaufmännische Lehre gehen. Adolph muß sein Französisch in Lausanne verbessern, danach wird der Vater ihn zu Onkel Richard Parish ans Comptoir von *Parish & Co.,* Deichstraße, geben.
Lehrlingen ergeht es sehr unterschiedlich. Carl Woermann, Geburtsjahrgang 1813 wie Cesar und später sein Konkurrent in der Reederei, lebt im Haus seines Onkels und Prinzipals in einer kalten Dachkammer und würde es niemals wagen, sich nach den gemeinsamen Mahlzeiten nicht sofort zurückzuziehen. »Lehrlinge«, erzählt Conrad Warnecke, der 1832 beim alten Wachsmuth in der Steinstraße seine Lehre beginnt, »mußten um 6 Uhr aufstehen, den Schlüssel vom Prinzipal holen, das Haus aufschließen, den Ofen heizen und die Lampen reinigen. Sie hatten bis halb elf Uhr abends im Kontor zu bleiben und alsdann das Bett aufzusuchen. Einen um den anderen Sonntag hatten sie Ausgang, mußten aber am Abend bis 11 Uhr wieder im Hause sein.« *Wachsmuth & Krogmann* sind vierzig Jahre später in der Südsee schärfste Konkurrenten von *Joh. Ces. Godeffroy & Sohn.*

Cesar putzt keine Lampen im Kontor. Den Söhnen großer Häuser schmeicheln die Angestellten, rächen sich dafür aber mit Klatsch über die Zuchtlosigkeit, das Luxusleben und den Hochmut ihrer jungen Herren. Cesar repräsentiert bei gesellschaftlichen Anlässen wieder neben seinen Eltern *den Namen.*

Er muß jeden Morgen pünktlich um neun Uhr im Comptoir an seinem Pult stehen. Der Vater ist immer früh da, weil er meint, der Chef müsse ein gutes Beispiel geben. Am Vormittag liest er Briefe, und in der tiefen Stille im langen dunklen Comptoir hört Cesar nur das Kratzen der Gänsekiele, das Rascheln von Papier und selten ein leises Wort. Nach Durchsicht der Briefe bespricht der Vater die Antworten mit den beiden Commis. Sie formulieren ihre Briefe selbständig, mittags will der Vater alle zur Unterschrift sehen: französische Briefe, englische, spanische, deutsche, in kurzen und eindeutigen Sätzen und leicht lesbarer Schrift. Erst nachmittags, wenn er nach der Börse nicht mehr zurückkehrt und auch der Prokurist Eduard Faerber nach Hause gegangen ist, geht es im Comptoir laut und munter zu.

Nachmittags muß Cesar die Briefe in große Kopierbücher abschreiben – abschreiben ist die Aufgabe des jüngsten Lehrlings: Er soll sich den kaufmännischen Stil in den fremden Sprachen einprägen. Wenn es sehr viele Briefe sind, helfen der erste Lehrling und die Commis. An Posttagen – dienstags und freitags – arbeiten alle oft eilig und lange bei Talglichtern an ihren Pulten.

Zu Cesars Aufgaben gehört es auch, die Briefe auf die Postämter zu bringen, die abends um halb zehn schließen. Es gibt an die zwanzig Postanstalten mit fahrenden und reitenden Posten, die Preußische Post, die Hannoversche Post, die Schwedische Post, Cesar muß sich auf seiner Runde beeilen: Das Königlich Dänische Posthaus liegt in der ABC-Straße, das Fürstlich Thurn- und Taxissche am Aberg, das Großherzoglich Mecklenburgische in den Großen Bleichen. Mit den Briefen für die Reitpost nach England, die der Senat unterhält, muß er zum Stadtpostamt im Grimm laufen.

Cesars Vater sieht ein gutes Geschäft darin, die Postreiter durch moderne Dampfschiffe zu ersetzen. *Joh.Ces.Godeffroy & Sohn*, *Peter Hinrich Mohrmann* und *Ehlers & Feuerherd* wollen mit zwei Dampfern eine Linie nach London gründen, eine Aktiengesellschaft, und erbitten vom Senat 1831 das Privileg der Postbeförderung. Aber der Senat will seine Reitpost über Holland keiner Konkurrenz aussetzen. Die Folge: Eine englische Gesellschaft macht das Geschäft.

Der Lehrling Cesar muß auch auf die Bank gehen, wenn das Comptoir Bargeld braucht. In Hamburg sind dänische und mecklenburgische Münzen im Umlauf, hamburgische auch, aber wenige, hannoversche Münzen, preußische, schwedische, englische, sächsische und braunschweigische.

Kaufleute zahlen untereinander bargeldlos. Rechnungseinheit im bargeldlosen Zahlungsverkehr ist die Mark Banco oder

Bankomark. Sie beruht auf den Silberbarren, die die Kaufleute in der Hamburger Bank deponiert haben. Die Hamburger finden ihre Girobank schlichtweg vollkommen. Sie besteht seit 1619, und der Staat haftet für alle Schäden, die durch Feuer oder Diebstahl entstehen. Allerdings heißt es immer wieder, die Silbermillionen im Keller brächten keine Zinsen, während gleichzeitig der Handel unter Kapitalknappheit leide. Aber das seien, so einigt man sich auch immer wieder, eben die Kosten für Solidität und Rechtlichkeit.

Wenn im Comptoir wenig zu tun ist, muß Cesar alle Rechnungen, die ausgehen, noch einmal durchrechnen. Er wird sicher in Buchführung, Lagerdisposition, in der Begutachtung von Warenproben. Wenn ein Schiff abgeht, ist die schläfrige Geruhsamkeit wie weggeblasen. Dies sind die Tage, die Cesar liebt.

Kurz vor einer Ausreise bringen die Lehrlinge der Kunden die Frachtpapiere, und die Angestellten des Vaters sorgen für den Transport aller Güter an Bord. Die meisten Verschiffungen werden versichert, und auch in der Assekuranz muß Cesar sich auskennen. Die Prämien richten sich nach Größe der drohenden Gefahr – Krieg, Sturm, Eis, Piraten –, nach Entfernung des Bestimmungshafens und nach Alter des Schiffs.

Jede Aussendung ist ein neuer Einsatz im großen Spiel mit der Konkurrenz. Auch Mohrmann, der mit vierzehn Seglern der größte Reeder der Stadt ist, schickt seine Schiffe nach Havanna. *Joh. Ces. Godeffroy & Sohn* stehen mit nun vier Schiffen an fünfter Stelle unter den Reedern der Stadt.

Die Firma hat sich verändert. Cesars Großvater war noch merchant banker, Kaufmann und Finanzier: Er exportierte Leinen, importierte Kolonialwaren und finanzierte die Geschäfte anderer. Der Vater finanziert auch Geschäfte anderer, doch nur noch selten. Er macht die Firma zu einer Kaufmannsreederei: Er transportiert seine Waren auf eigenen Schiffen.

Aber der Warenaustausch mit überseeischen Ländern weitet sich langsamer aus als erwartet, seit der Senat Handelsverträge mit den neuen Republiken in Südamerika abgeschlossen hat. Er beträgt nur ein Neuntel des hamburgischen Handelsvolumens.

In Cesars erstem Lehrjahr schickt der Vater mehr Leinen als bisher nach Amerika, denn die Nachfrage ist groß. Aber in Mexiko kämpft General Santa Ana gegen die Regierung, und der Krieg stört den Handel. In Haiti hat ein Erdbeben großen Schaden verursacht, und der Vater muß die VESTA nach New York umdirigieren. In Havanna läuft der Leinenhandel gut, aber an den Retouren verliert der Vater: Für Zucker und Kaffee sind die Einkaufspreise in Havanna höher als die Verkaufspreise in Hamburg. Zur Glanzzeit des Großvaters sollte der Export von Leinen die ganze Reise bezahlen, und alles, was er für die Retouren erzielte, war zusätzlicher Gewinn. Heute rentiert sich Leinenexport nur noch, wenn die Rückfracht den Hauptgewinn bringt.

Die meisten Überseekaufleute schicken ihre Exporte auf Spekulation hinaus. Sie packen ein Schiff mit den verschiedensten Waren voll wie einen Kramladen und lassen sie im fremden Land durch den Kapitän oder einen Superkargo – einen Angestellten, der die Ladung begleitet – verkaufen. Der Superkargo kauft auch die Rückladung zusammen. Cesars Vater hat seinen Schwager Wilhelm Meyer nach St. Thomas geschickt, dem dänischen Freihafen und Sklavenmarkt in der Karibik, und während andere dort Verluste haben, macht er Gewinn: Für seine Schiffe liegen Retouren bereit, die Wilhelm in Ruhe gekauft hat, als die Preise günstig waren. Die Insel ist für *Joh. Ces. Godeffroy & Sohn* das Tor zum reichen Puerto Rico, dessen Kolonialmacht Spanien allen ausländischen Kaufleuten den Handel verbietet. Wilhelm schickt das Leinen mit spanischen Küstenseglern zu den Plantagen auf Puerto Rico. Die Küstenkapitäne weichen gewitzt den Seeräubern aus, die eine wahre Pest in der Karibik sind. Der Leinenabsatz über St. Thomas ist ruhig und stetig, aber nicht sehr groß.

Ein Kaufmann, sagt der Vater, braucht vor allem Phantasie, er muß immer wieder neue Geschäfte ersinnen. Er hat mehrere Jahre lang chinesischen Tee und Walöl für Mess. John C. Wm. H. Smith, Philadelphia, verkauft, die ihre Schiffe von Kanton nach Amsterdam oder Hamburg segeln ließen, und konnte sich 1827 zwei Schiffe in USA kaufen, ADELAIDE und DOCKENHUDEN. Er ist ein geschickter Kaufmann, der sich den Verhältnissen anzupassen weiß und sich, auch wenn sie schlecht sind und Konkurrenten aufgeben müssen, stetig nach vorne schiebt. Cesar kann im »Kontobuch 1815–1829« nachlesen, wie es dem Vater erging. Über jede Seite hat er »Cum Deo!« geschrieben, mit Gott. Im ersten Jahr, in dem er die Firma allein führte, betrug sein Privatvermögen 500 059 Bankomark. Es stieg und sank, betrug, kurz ehe Cesar in die Firma eintrat, 594 825. Zwischen zehn und fünfzehn Prozent dieser Summe gibt der Vater jährlich für den Hausstand aus.

In Cesars zweitem Lehrjahr belebt der Leinenhandel sich. Doch dann bricht die Cholera aus, im Mai 1831 in Rußland, im Juni in Riga, im Juli in Preußen. Die Fahrt die Elbe herunter wird verboten, das neugebleichte Leinen aus Sachsen bleibt unterwegs liegen, der Vater kann seine Schiffe nicht abgehen lassen.

Portwein gilt als gutes Mittel gegen Cholera und ist bald ausverkauft. Im Oktober erkranken die ersten Hamburger, im Tiefen Keller, einer Bettlerherberge. Zahlreiche Bürger verlassen die Stadt, 482 Kranke sterben. Die Cholera segelt weiter nach Westen, nach England, Amerika, Kanada.

In Cesars drittem Lehrjahr, im April 1832, bricht die Cholera in Hamburg wieder aus. Bis Dezember erkranken 3 349 Menschen, vorwiegend Arme, 1 652 sterben.

Aus St. Thomas kommt eine schlimme Nachricht für die Familie Godeffroy: Wilhelm Meyer ist gestorben, 29 Jahre alt.

Der Vater und Eduard Faerber haben lange Unterredungen. Faerber hat bei Godeffroys gelernt, hat Prokura und ist seit dem Tod des Großvaters Teilhaber, wie es sich für einen Prokuristen gehört. Nun will er sich selbständig machen. Der Vater wiederum will den Leinenhandel mit Mexiko ausbauen, andere sind dort in kurzer Zeit reich geworden. Doch man braucht einen Partner vor Ort, Mexiko ist ein unruhiges Land. Faerber hat Lust, nach Mexiko zu gehen, und der Vater wird Faerbers Firma mit zunächst 100 000 Bankomark finanzieren.

Die Godeffroy-Schiffe werden Leinen nach Veracruz bringen und von dort in Ballast nach Havanna gehen, wo sie Kaffee, Tabak und Zucker laden.

Schwerpunkt der Firma ist auch in Cesars drittem Lehrjahr Haiti, die Insel der Mulatten und Neger, die seit 1825 von Frankreich unabhängig ist. Godeffroys Schiffe müssen zahlreiche kleine Häfen anlaufen, um eine volle Ladung zu bekommen, was umständlich ist und teuer, dafür kann der Vater die Einkaufspreise diktieren. Er ersetzt ein älteres Schiff durch eine sieben Jahre alte schwedische Brigg, die Gustav taufen darf. GUSTAV, Kapitän Knaack, VESTA, Kapitän Behn, und CESAR UND HELENE, Kapitän Janssen, fahren nun nach Haiti. Die SOPHIE, Kapitän Lafrentz, fährt nach Mexiko und Kuba.

Cesar geht, wie alle Hamburger, immer wieder zum Hafen. Jedesmal gibt es dort Neues zu sehen. In alten Zeiten war das Nikolaifleet der Hafen der Stadt, aber als die Schiffahrt zunahm, legte man die Schiffe in das Tief vor der Mündung der Alster in die Elbe: Das ist der Binnenhafen, der nachts mit einem Baumstamm geschlossen ist. Jeden Morgen um sechs Uhr läutet eine Glocke, und der Baum mit der eisernen Kette wird wieder weggeschoben. Die Dampfschiffe, die regelmäßig nach London, Amsterdam und Hull gehen, dürfen hier nicht einfahren, man hat Angst vor Kesselexplosionen und Feuersbrünsten. Dampfer müssen auf der Elbe ankern, wo auch die Überseeschiffe in langer Reihe an den Duckdalben liegen.

Gezeiten und widrige Winde machen die Fahrt elbaufwärts von Cuxhaven für Segelschiffe beschwerlich. Am 2. Oktober 1833 kommt aus Glasgow das erste Bugsierdampfboot nach Hamburg, die ELBE, und holt gleich einen Domingofahrer herauf, was die Hamburger sich ansehen müssen. Auch bei Hochwasser und Sturmflut gehen sie zum Hafen. Die Sturmflutkanonen donnern in der Nacht vom 1. auf den 2. November 1833, und schon am 3. November hören die Einwohner wieder die Warnschüsse. Nachrichten von zahlreichen Havarien auf See laufen in der Stadt ein, und die Versicherer verlieren viel Geld.

Die Elbe friert fast jeden Winter zu, und an den Sonntagen

schlendern Spaziergänger auf dem Eis bis dicht an die eingefrorenen Segelschiffe. Die Reeder, die ihre Schiffe rechtzeitig vor dem Frost losschicken konnten, erfreuen sich an Schlittenpartien und am Mißgeschick ihrer Konkurrenten. Die Schlitten sausen dahin, die Schellen läuten wild, Pferdehufe krachen auf das Eis. Die Lehrlinge laufen Schlittschuh, essen und trinken in der Zeltstadt auf dem Eis und tanzen bis in die Nacht hinein. Morgens bringen die Milchbauern aus Wilhelmsburg die Milch mit Schlitten in die Stadt.

Die Menschen lassen es sich wohl ergehen. In Deutschland, Polen, Skandinavien trinken sie mehr Kaffee als früher und rauchen mehr Zigarren. Die Kaufleute fangen an, mit Kaffee zu spekulieren.

Warenspekulation kommt dem Vater gefährlich vor, er nimmt lieber Wechsel als Bezahlung für seine Exporte, das Wechselgeschäft ist oft ertragreicher als Warenspekulation.

Cesar, nun der rangälteste Lehrling, begleitet den Vater zur Börse. Frauen und Töchter von Kaufleuten dürfen zur Börsenzeit nicht in die Stadt, damit das Grüßen keinen Herrn von Geschäften abhält. Börsenzeit ist jetzt von halb drei bis halb vier, und wer zu spät kommt, muß bei den Türwächtern vier Schilling Strafe zahlen.

Die Börse ist die älteste in Deutschland, 1558 gegründet, und reichlich unbequem – ein zweistöckiges Holzgebäude mit hohem Kupferdach und drei Türmchen. Die Herren versammeln sich in der zugigen dunklen Halle im Untergeschoß und auf einem eingezäunten Platz davor – unter freiem Himmel, wo sie bei Regen und Wind ihre Zylinder festhalten müssen. In der Halle hängt an einem Pfeiler das »Schwarze Brett« mit den Namen der Kaufleute, die in den letzten Wochen Konkurs gemacht haben, und einem Urteil: unglücklich, leichtsinnig, mutwillig, boshaft. Cesar weiß, seit er denken kann, daß ein Konkurs das Ende des *Namens* ist. Wer »fallit« ist, wird »excludiret« – ausgeschlossen. Die Schandglocke im Niedergericht am Rathaus läutet, wenn der Name eines meineidigen Falliten auf das Brett geschrieben wird.

Im Börsensaal im Obergeschoß finden Warenauktionen statt, und Binnenländer auf Besuch sind regelmäßig überwältigt von den Unmassen herrlicher Waren, die in den angrenzenden Räumen aufgestapelt sind, und vom Geschrei beim Bieten.

Die Börse ist überwiegend eine Warenbörse, aber auch der Handel mit Effekten nimmt zu, vor allem mit hamburgischen und preußischen Staatspapieren, österreichischen, skandinavischen und russischen. Auch im Effektenhandel kommt es auf die genauen Kenntnisse der politischen und wirtschaftlichen Verhältnisse an. Als in Cesars erstem Lehrjahr 1830 die Julirevolution in Paris in ganz Europa politischen Aufruhr auslöste, wichen alle Fonds bedeutend – das heißt, die Kurse der Staatsanleihen fielen und ihre Besitzer beteten für die Wiederherstellung der bisherigen politischen Machtverhältnisse. Aber in Hamburg verlangten Einwohner vom Senat ein Wahlrecht wie Bürger. Junge jüdische Kaufleute sangen in einem Café an der Alster Freiheitslieder und forderten bürgerliche Gleichheit auch für Juden. Der Wirt warf sie hinaus, der Pöbel reagierte sich an den Machtlosen ab und schrie »Juden raus!«. Flugschriften griffen die reichen Kaufleute an, die im Luxus leben, während kleine Leute und Arme Angst vor dem Winter haben, vor Frost, Arbeitslosigkeit und Hunger. Es gab Straßenschlachten mit der Polizei, eine Schießerei in St. Pauli vor dem Bordell »Zu den sieben Sternen« mit Toten und Verwundeten – es hieß, der Pöbel habe die wilden Tiere aus den Schaubuden losgelassen.

Der Senat behauptete damals, daß sich nur Pöbel gegen ihn erhebe, den Ausländer angestiftet hätten. In Wirklichkeit waren die meisten Verhafteten kaufmännische Angestellte angesehener Firmen, Handwerker, Künstler am Stadttheater. Im Herbst hatten die deutschen Obrigkeiten alles wieder fest im Griff, und die Kurse der Staatsanleihen erholten sich.

Viele Kaufleute halten die Spekulation mit Staatspapieren für leichtsinnig, sogar unsolide. Als die Firma von Cesars Onkel Wilhelm Sillem im Frühjahr 1832 zusammenbrach, war Hannchen Sieveking, die alte Freundin von Großmama Antoinette, erbost: »Nie ist ein Haus mit solchen Verbindungen, soviel Geld, Credit und Freunde etabliert. Sie haben wie Spieler gewirtschaftet, mußten beim <u>Fondspiel</u> verlieren!« Richard Parish versuchte, den Zusammenbruch aufzufangen, doch es gelang ihm nicht. Cesars Vater schickte Sillem nach Mexiko, wo er als Teilhaber von *Faerber & Sillem* ein neues Vermögen erwerben und seine Ehre wiederherstellen kann.

Das Urteil, ob jemand gespielt oder klug gehandelt hat, hängt stark von seinem Erfolg ab. 1835 wird Ascan Wilhelm Lutteroth in den Senat gewählt, »der größte Fonds-Speculant an der hiesigen Börse«, wie jeder weiß, aber eben der erfolgreichste.

Im Börsensaal versammelt sich auch der Ehrbare Kaufmann – ursprünglich die Versammlung der zur See handelnden Kaufleute, nun die Gesamtheit aller selbständigen Handelsleute christlicher Religion, die an der Börse zugelassen sind und ein Bankkonto haben. Der Ehrbare Kaufmann wählt die Commerz-Deputation, einen Ausschuß aus sechs Kaufleuten, einem Schiffseigner und einem Protokollisten. Die Commerz-Deputation ist seit ihrer ersten Wahl im Jahre 1665 zu einer Macht in Hamburg geworden und hat entscheidenden Einfluß auf die Außen- und die Wirtschaftspolitik.

Als Cesars Onkel Peter Godeffroy Präses der Commerz-Deputation war – 1832, wieder ein Sieg der Godeffroys im Kampf gegen ihren Außenseiterstatus –, forderte er im Börsensaal die Zulassung jüdischer Kaufleute zur Börse. Doch der Ehrbare Kaufmann lehnte ab. Der Senat hatte gerade den ersten nicht-lutherischen Senator gewählt, den Kaufmann Peter Siemsen, deutsch-reformiert, das reichte vorerst an Liberalität.

In Cesars viertem Lehrjahr entscheiden Ehrbarer Kaufmann und Senat eine Frage, die sie seit Jahren beschäftigt: Soll Hamburg sich dem deutschen Zollverein anschließen oder weiter für Freihandel eintreten?

Der Zollverein besteht seit 1828 und umfaßt nun schon alle mittel- und süddeutschen Staaten außer Österreich. Die Mitglieder wollen die Binnenzölle zwischen den deutschen Ländern abbauen, sich dafür aber nach außen mit Zöllen abschotten. Das große Wort im Zollverein führt Preußen, das Österreichs überragenden Einfluß im Deutschen Bund unterminieren will.

Hamburg ist Transithafen für englische Industriewaren, die die Kaufleute in die Länder im Norden, im Osten und in die deutschen Länder im Süden verkaufen – in kleine deutsche Fürstentümer, deren Regierungen nun behaupten, sie könnten eine Industrie nur aufbauen, wenn sie ihr Land vor englischen Erzeugnissen schützen. Der Gedanke, irgendeine Industrie könne durch Abschotten vor Konkurrenz aufblühen, ruft in Hamburg Abscheu hervor. Cesars Vater ist entschiedener Freihändler: »Arbeitet der Deutsche erst so vollkommen wie der Ausländer, so bahnt er sich die Wege zu allen Märkten.«

Hamburg lehnt den Beitritt zum Zollverein ab. Die Kaufleute wollen den Handel mit der ganzen Welt nicht dem Ehrgeiz Preußens opfern. Süddeutsche Journalisten nennen die Hamburger unpatriotische Freibeuter, undeutsche Speichellecker der Engländer.

Das kann Cesar in den Lesezimmern der Börsenhalle lesen, einem Club der Kaufleute, Tempel des Handels, in dem der Vater sich außerhalb der Börsenzeit mit Geschäftsfreunden trifft.

Nach der Börse gehen Prinzipale und Commis, streng getrennt, in ein Café. Die Stadt hat zahlreiche Kaffeehäuser, in denen man auch frühstückt, Zeitung liest – Hamburg ist eine Zeitungsstadt, der Senat hält nicht viel von Pressezensur. Es gibt sogar ein Damen-Kaffeehaus, *Perrini & Josty*, eine sehr elegante Konditorei, in die Cesars Mutter und Schwester ohne Herrenbegleitung gehen können. Die Damen sitzen in einem großen Saal parterre an runden Marmortischchen und bestellen »de la Glace panachée mit Vanille und Ananas« oder eine andere Eissorte. In einem zweiten Saal mit verspiegelten Säulen, grünen Damastdiwanen und einem Springbrunnen können die Damen Zeitungen und Pariser Modejournale lesen.

Hamburg hat nun mit seinen Vorstädten St. Pauli und

St. Georg 140 000 Einwohner. Die Stadttore werden jeden Abend bei Eintritt der Dunkelheit geschlossen. Vor Beginn der Torsperre ertönt fünf Minuten lang eine helle Glocke, und alles eilt und rennt – unter reichen Kaufleuten gilt es als unfein, das Torgeld von vier Schillingen nicht zu sparen.

Binnenländern kommen die Kaufmannsrepublik Hamburg und ihr Hafen abenteuerlich bunt und aufregend vor. Doch Hamburger finden sich selbst und ihre Stadt s-teif und sehen nach England: Das ist das Land des Fortschritts. In England soll Cesar seine Erziehung zum Kaufmann abschließen.

Volontariat

Cesar reist mit Empfehlungsschreiben seines Vaters und seiner Onkel nach England, mit ledernen Koffern und lederner Zylinderschachtel. Gustav fährt nach Genf, um sein Französisch zu verbessern. Er ist immer noch sehr klein und zierlich, und Sophie hofft besorgt, er werde in der Schweiz wachsen.

England ist die größte Handelsmacht der Welt, der führende Industriestaat, ein Land der Technik und Erfindungen, Mittelpunkt eines kolonialen Weltreichs. Cesar soll sich umsehen, mit den Söhnen großer Handels- und Bankhäuser Bekanntschaften schließen, aus denen vielleicht einmal Geschäftsverbindungen werden. Sein Vater ist als junger Kaufmann nach Italien gereist, an die Stätten des klassischen Altertums, hat Tempel und Kirchen besichtigt. Cesars Generation von Kaufleuten fährt nach England, besucht Banken und Fabriken.

Wo Cesar Godeffroy sich in England aufhielt und wie lange, ist nicht überliefert. Vermutlich war er Volontär bei einer befreundeten Firma – in London, in Liverpool oder in Manchester. Er wird auch gereist sein und sich umgesehen haben wie viele Hamburger Kaufleute in England.

In London leben zahlreiche Verwandte Hamburger Familien und leiten dort Niederlassungen der Familienfirmen oder eigene Häuser. Onkel Richard Godeffroy, der jüngste Sohn von Großonkel Pierre, lebt in London, Hermann Sillem ebenfalls, Vaters Cousin von Großmama Antoinettes Seite her.

Die jungen Herren, die aus Hamburg als Volontäre kommen, kleiden sich in London elegant ein, lassen sich von ihren Onkeln oder Cousins in Clubs einführen, gehen in die Theater und genießen das Nachtleben. London hat jetzt eineinhalb Millionen Einwohner und ist das Zentrum der merchant bankers. Wer seinen Zahlungsverkehr über Londoner Häuser leitet, hat bei seinen Überseegeschäften nirgends auf der Welt Schwierigkeiten.

Auch in Liverpool hat Cesar Verwandte: Seine Schwester Helene hat im Juni 1833 den vierzehn Jahre älteren Kaufmann William Brancker aus Liverpool geheiratet. In Liverpool sieht man sich die Docks im Hafen an, die Lokomotivfabriken von Forrester, Eisenhütten und Eisengießereien. Die ortsansässige Eisenindustrie ist führend in der Herstellung von Roheisen. Hier werden Dampfmaschinen und Nähnadeln produziert.

Die Eisenbahnlinie Liverpool-Manchester ist im September 1830 eröffnet worden. In Hamburg sprechen die ersten vom Bau einer Linie nach Lübeck oder nach Berlin, aber die meisten Kaufleute winken ab – zu teuer. Doch kein Besucher versäumt in England eine Eisenbahnfahrt.

In Manchester leben Matthiessens und Sillems. Die Stadt ist eine Hochburg der Freihändler, die jeden Eingriff des Staates in die Wirtschaft entschieden ablehnen, Industriezentrum und Mittelpunkt der Baumwollindustrie. Hier arbeiten große Baumwollspinnereien und Baumwollwebereien, in denen Dampfmaschinen die Spinnmaschinen und die Webstühle antreiben. Hier gibt es Fabriken, in denen Hunderte von Arbeitern in riesigen Hallen nichts anderes als weitere Maschinen für die Textilindustrie produzieren. Cesar sieht selbst, daß die sächsischen und schlesischen Leinenweber mit ihren Heimwebstühlen dieser geballten Macht aus Technik und Kapital nicht mehr lange standhalten können. *Joh.Ces.Godef-*

froy & Sohn werden sich nach siebzig Jahren im Leinenhandel etwas Neues ausdenken müssen.

Cesar studiert besonders die Reederei. Fast der gesamte Export Manchesters für den Kontinent geht über Hull nach Hamburg. Dampfer, die nach Fahrplan verkehren, transportieren Twist und Manufakturwaren und bringen auf der Rückreise Rohstoffe mit, Wolle für England. Außer den Dampfern laufen 160 Segelschiffe jährlich zwischen Hull und Hamburg mit Ladungen, die hohe Frachtkosten nicht tragen: Getreide, Felle, auch Lumpen. Drei englische Reedereien haben eine Monopolstellung. Sie verdienen an den Frachtraten 50 % netto.

Jedes zweite Schiff, das Hamburg anläuft, führt die englische Flagge. In der Reederei könnte eine Zukunft für die Firma *Joh. Ces. Godeffroy & Sohn* liegen.

Sophie Godeffroy schreibt am 29. Januar 1835 ihrem Bruder Fritz Meyer, Rittmeister in Lüchow, Cesar sei nun zurück aus England und Gustav aus Genf. Gustav arbeite bereits tüchtig als Lehrling auf dem Comptoir von Parish, er sei zwei Zoll gewachsen, aber immer noch sehr klein.

Cesar ist nun Commis – Handlungsgehilfe – im Geschäft seines Vaters.

Ein Gentleman

1.

Der Vater erzieht Cesar zum Gentleman. Auch in Fragen des Verhaltens und der Lebensweise sehen reiche Kaufleute in Hamburg, Bremen und Lübeck nach England. Das Ideal des Gentleman öffnet die Schranke zwischen Bürgertum und Adel.

In England erben jüngere Söhne des niederen Adels, anders als in Deutschland, den Titel des Vaters nicht, und die Familien erwarten von ihnen, daß sie finanziell für sich sorgen. Söhne adliger Familien betreiben bürgerliche Geschäfte, und bürgerliche Unternehmer, die durch die Industrialisierung reich geworden sind, lassen ihre Söhne zu Gentlemen erziehen. Der Gentleman vereint ritterliches Benehmen und bürgerliches Leistungsdenken.

Wer ein Gentleman ist, gehört in England zur politikfähigen Oberschicht. Für das reaktionäre Deutschland liegt im Ideal des Gentleman politischer Zündstoff.

Karl Sieveking spricht aus, was für die Außenseiter am Fluß hinter dem Gentleman-Ideal steht, die Arbeitsdisziplin des alten Stadtbürgertums mit Prachtentfaltung des Adels verbinden. Sieveking ist Senatssyndikus und damit Mitglied der Regierung des Stadtstaates Hamburg und hat lange mit Baron Voght und mit Cesars Onkel Carl Godeffroy über den Gegensatz zwischen Bürgertum und Adel in Deutschland diskutiert. Er kommt zu dem Schluß: »Wir Freistädter haben zur Auflösung dieses Gegensatzes eine Mission. Es ist die des _plebejischen Rittertums_ in Krieg und Frieden, in Kunst und Wissenschaft.«

Das plebejische Rittertum im alten Rom ist aus der Plebs entstanden, dem Volk, und hat die alte adlige Elite, das patrizische Rittertum, hochgeehrt zur Seite geschoben. Angehörige des plebejischen Rittertums beherrschten Geschäftsleben und Politik.

Die neue Klasse großer Kaufleute ist dabei, das alte Stadtbürgertum beiseite zu schieben. Die Kaufleute und Gentlemen sind bereit, den Gegensatz zwischen den Ständen Adel und Bürgertum aufzulösen, indem sie sich selbst an die Spitze der Gesellschaft setzen. Eine neue Elite soll Deutschland in Krieg und Frieden führen, in Kunst und Wissenschaft.

2.

Neue Namen sind am Elbufer aufgetaucht, lutherische. Ein Besitz an der Elbe wird zum Gradmesser kaufmännischen Erfolgs.

Johann Heinrich Schröder, Sohn eines Hamburger Bürgermeisters, hat das Hansen-Haus mit dem halbmondförmigen Stall 1824 von Bankier Heckscher gekauft. Martin Sillem hat sich angekauft, den der Senat 1829 zum Bürgermeister wählte. Senator Martin Jenisch hat Land vom alten Caspar Voght gekauft und sich vom Architekten Franz Gustav Forsmann ein Landhaus bauen lassen. Richard Godeffroy ist mit Familie aus London zurückgekehrt und baut mit dem englischen Architekten Arthur Patrick Mee. In de Boost heißt der Besitz, der nicht weit vom Haus Cesar Godeffroys entfernt liegt.

Die Ausgegrenztheit der Außenseiter wird zur vornehmen Exclusivität. »Wohnen nun an dem Ufer der Bille die Plebejer, halten sich die Patricier an der Alster auf, so residiren an dem Gestade der Elbe die Könige«, stellt der Journalist Heinrich Smidt fest – für Karl Sieveking sicher ein halbgebildeter Mann, doch ein guter Beobachter.

An Sonn- und Festtagen bringen jetzt Dampfer und Pferdeomnibusse Ausflügler an die Elbe – seit 1830 führt eine gepflasterte Straße von Altona nach Blankenese. Am Anfang der neuen Chaussee müssen die Ausflügler Chausseegeld zahlen, um den Königen beim Unterhalt der Straße zu helfen. Der Garten von Sillem steht dem gebildeten Publikum zum Spazierengehen offen, und auch bei Godeffroys darf noch jeder die fremdartigen Gewächse bewundern, Douglasien, Sitkafichten und Rhododendren, die Madame Godeffroy anpflanzen läßt. Godeffroys haben ein Gärtnerhaus bauen lassen, 1831 vom jungen Alexis de Chateauneuf, das 3 300 Bankomark gekostet hat.

Eine Erweckungsbewegung hat die Elbchaussee erfaßt. Von der Überzeugung der Großeltern, man könne die Probleme dieser Welt mit Vernunft angehen, will man in den Landhäusern immer weniger wissen. Im Comptoir nimmt die Rationalität des Geschäftsbetriebs zu, im Privatleben gibt man sich einem Gefühlskult hin.

Dreißig Jahre lang war ein Rationalist Prediger in der französisch-reformierten Kirche, dann haben die Ältesten Merle d'Aubigné aus Genf geholt, einen Pietisten, und nun hat die ganze Gemeinde sich geöffnet: Glauben kann man nicht erklären, zum Glauben wird man erweckt. Auch die beiden Cesar Godeffroy, Vater und Sohn, sind Erweckte – Mystiker. Die Vorstellung, daß Gott den Lebensweg eines jeden mit Sorgfalt plane und lenke, gibt den Erweckten Mut.

Karl Sieveking gehört zeitweise ebenfalls zu den von Merle Erweckten. Als Pastor Johann Hinrich Wichern eine Anstalt für sittlich verwahrloste Jungen gründet, stellt Sieveking ihm ein Gartenhaus im Osten der Stadt zur Verfügung, das Rauhe Haus in Hamm. Wichern ist jung und beredt und hat eine Vorliebe für das Katholische und das fromme Mittelalter. Er hält Abendandachten in Sievekings Landhaus, will durch christliche Liebestätigkeit die Arbeiter und die Armen der Kirche zurückgewinnen. Godeffroys laden ihre Freunde im Osten der Stadt mit Wichern in den Westen ein. Ein Erweckungsabend an der Elbchaussee ist immer ein großes gesellschaftliches Ereignis. Die Erweckten lassen einen Teller für die Armen umgehen, und es kommt jedesmal ein ansehnlicher Betrag zusammen.

Nur Amalie Sieveking sind diese Summen für das Soziale nicht genug. Sie ist Karl Sievekings Cousine und hat 1832 in der Vorstadt St. Georg den »Weiblichen Verein für Armen- und Krankenpflege« gegründet. Zwei Drittel der Erwerbstätigen in Hamburg verdienen immer noch unter 400 Bankomark im Jahr. Im Winter, wenn die Schiffahrt ruht, ist die Arbeitslosigkeit besonders hoch. Frauen und Kinder müssen mitarbeiten, zehn, zwölf Stunden am Tag, wenn eine Familie zu essen haben soll. Amalie Sieveking fordert von ihren reichen Freunden, mit dem Herabdrücken der Löhne angesichts der allgemeinen Arbeitslosigkeit aufzuhören. Als die Herren ihr wiederholt erklären, wenn man höhere Löhne zahle, müsse man Bankrott machen, verlangt sie, man möge wenigstens zugeben, daß die niedrigen Löhne die Ursache der Armut seien und nicht etwa Trunksucht oder mangelnde Moral. Aber Armut ist, das weiß doch jeder, vor allem auf moralische Schwäche zurückzuführen. Wer Arbeit will, ernsthaft, der findet auch welche. Man muß die Armen zur Arbeit erziehen.

Der alte Baron Vogt müht sich, für arbeitsfähige Arme eine Wollgarnspinnerei zu gründen, und Cesars Vater unterstützt ihn dabei mit Geld. Cesar hat in England gesehen, daß diese halbe Hausindustrie keine Zukunft hat, aber es geht ja weniger um Erwerb als um Erziehung der Arbeiter. Karl Sieveking schickt Cesars Vater und Baron Vogt aus England Schriften über Arbeiterfragen, darunter das Pamphlet »Character of the trades unions«. Es enthalte »merkwürdige Aufschlüsse über die Verschwörungen der Arbeiter behufs Erhöhung des Tagelohns«, schreibt er im Begleitbrief. Er sei sehr verwundert über die Arbeiter, denn jedesmal, wenn sie sich zusammengeschlossen haben, um höhere Löhne zu fordern, sei doch immer nur eine Senkung des Lohns dabei herausgekommen und ein verstärkter Einsatz von Maschinen anstelle von Menschen.

Die Unterschiede zwischen den christlichen Religionen werden unerheblich vor den Unterschieden zwischen Arm und Reich. Die Reichen rücken zusammen. Sie sind reich, weil sie an Gott glauben, an die Familie und das Geschäft. Jeder steht da, wo Gott ihn hingestellt hat.

Auch Handwerksmeister und Ladenbesitzer fühlen sich von der Arbeitslosigkeit in ihrer Existenz bedroht. Sie wagen nicht, die großen Kaufleute offen anzugreifen. Aber als Gabriel Riesser, Jurist und Jude, den Senat im Sommer 1835 um die Zulassung der Juden zum Handwerk und zur Advokatur bittet, kommt es wieder zu üblen Angriffen auf Juden und ihre Familien, Schlägereien und Steinwürfen. Der Senat läßt die Rädelsführer verhaften, bestraft sie aber nicht, und Riesser verläßt Hamburg verbittert. Der Wirt der Alsterhalle will keine jüdischen Kaufleute mehr in seinem Lokal sehen – für Juden verboten. Allerdings schmeckt nun zahlreichen christlichen Kaufleuten sein Kuchen nicht mehr, und er muß bald verkaufen.

Heinrich Heine, Neffe von Salomon Heine, Dichter und politischer Schriftsteller, hat nur in Hamburg einen mutigen Verleger gefunden, Julius Campe. Immer wieder beschweren sich Staaten des Deutschen Bundes, daß die Zensur in Hamburg zu milde sei. Intellektuelle, sogar Atheisten, können in der Stadt meist unbehelligt leben. Darauf sind die großen Kaufleute weder stolz, noch haben sie etwas dagegen. Das sind Leute, die kein Geld von ihnen wollen.

Cesars Eltern sprechen viel von der Vorsehung und genießen ihr Leben, solange es hienieden dauert. Der Vater und die Onkel sind lebenslustig, fast leichtlebig bei aller geschäftlichen Zielstrebigkeit und faszinieren ihre oft drögen und eckigen Hamburger Freunde. Auch Cesar und seine Brüder sind lebhaft und einfallsreich, versehen die Herren mit Champagner und küssen den Damen die Hand.

Wie es jetzt bei den Königen zugeht, wenn die Gäste sonntags vorfahren, hat auch der Reporter Smidt beobachtet: »Von dem Wagen herab und an den Frühstückstisch, so ist es Sitte! Eine Tasse Bouillon, oder Chokolade mit Gebackenem macht den Anfang, dann folgt etwas Lachs, Chesterkäse, Cervelatwurst, frische Butter und Brod zum Imbiß. Portwein und Madeira, auch Malaga und Muskat erwecken Appetit, von den kräftigen Beefsteaks, dem frisch gesottenen Hummer, den eigelben Carbonaden zu genießen.« Nun macht man Pause: »Man läuft in dem Garten umher, beriecht die Blumen, benascht die Obstbäume, raucht Cigarren, trinkt Selterbrunnen mit Mosel und folgt dann willig dem Ruf der Tischglocke.« Das ist so gegen halb fünf. Nach einer vierstündigen Sitzung zu Tisch gibt es bei Mondschein im Garten Kaffee.

Wenn bei Godeffroys Onkel Fritz, Mutters Bruder, mit seiner Frau Franziska née von Ahrentscheid für einige Sommerwochen zu Gast ist, setzt er sich nach Tisch ans Klavier im Salon. Die Glastüren zum Speisesaal öffnen sich wieder, die Diener haben ihn zum Tanz hergerichtet, und Onkel Fritz spielt einen Walzer von Johann Strauß. Wer nicht tanzt, geht zum Spieltisch. Nach dem Tanzen gibt es Gesellschaftsspiele,

Pfänderspiele sind sehr beliebt, an denen alle teilnehmen können, jung und alt.

Kurz ehe die Gäste aufbrechen, schimmert in der Halle des Hauses Licht: »Dort prangen auf dem weiß gedeckten Tisch zierliche Butterbrödchen in allerlei Gestalten und in der Mitte steht die dampfende Bowle mit silbernem Deckel.«

Der Lebensstil an der Elbe ist möglichst englisch. Die Mahagonimöbel, die Standuhren, die Kutschen sind aus England. Cesars kleiner Bruder Alfred hat eine junge »Schottländerinn« als Kindermädchen, und der Kaufmann Wilhelm Oswald, der mit Ostafrika handelt, nennt sich nun William O'Swald. Die Seidenstoffe aus Paris haben im Frühjahr 1835 schottische Karos, und im Sommer sieht man in den Seebädern nur schottisch karierte Taftkleider. Die Damen tragen mehrere Unterröcke unter den weiten Röcken und breite Keulenärmel, die Taille ist ganz eng geschnürt.

Als Cesar und seine Brüder klein waren, ist Sophie mit ihnen nach Travemünde gefahren. Jetzt ist die englische Insel Helgoland Modebad. Cesar liebt die Insel sehr. Bäder auf Helgoland hält man für die kräftigsten des Nordmeers. Man kleidet sich in Badekarren um, die Bademeister dahin fahren, wo Wellen gegen den Strand schlagen. Die Damen baden meist unter Zeltkarren in einer »decenten Entfernung« von den Herren.

Auch beim Sport ist der Gentleman Vorbild. Als ein sehr passender Sport gilt das Reiten. Ernst Merck, *H. J. Merck & Co.*, Nachbarsohn am Alten Wandrahm und Freund der Brüder Godeffroy: »Man darf wohl dreist behaupten, daß das frühzeitige Erlernen der edlen und ritterlichen Reitkunst viel zur Entwicklung des Selbstvertrauens und der Unabhängigkeit des englischen Charakters beiträgt.«

Cesar hält mehrere Pferde, und sein Reitknecht Heinrich Henner trägt die himmelblaue Livrée der Godeffroyschen Bedienten. Im Juli 1835 findet das erste Hamburger Pferderennen statt, bei Wandsbek, das zu Dänemark gehört. Das Rennen ist ein gesellschaftliches Ereignis, das die neue Elite der großen Kaufleute mit der alten Elite des Adels vereint. Die Bahn ist 3 000 Ellen lang, Richter ist Prinz Carl von Preußen. In den ersten vier Rennen starten Jockeys, im letzten Herrenreiter. Cesar reitet in einer blauen Jacke mit weißen Ärmeln und mit weißer Mütze. Sieger wird ein Mr. Taylor-White auf der Stute *Sophie*.

Cesar gründet ein Jahr später, 1836, den ersten Ruderclub in Deutschland. Selbst in England gibt es erst einen Ruderclub. Mitglieder des H. R. C., des Hamburger Ruder-Clubs auf der Alster, sind die Freunde der Brüder Godeffroy – die Merck-Söhne Carl und Ernst, Charles Parish und Edgar Ross, ein Sillem, ein Abendroth, ein Gossler, ein Lutteroth, ein Schröder, ein Heckscher: Söhne von Kaufleuten, die entweder auch Kaufleute oder Juristen sind. Anführer der Jeunesse dorée ist Cesar.

Er läßt aus England leichte Boote kommen und legt die Clubuniform fest: lange weiße Hosen, weißes Hemd mit plissierter Brust, rot-weiße Jacke und blaue Mütze mit grün-weiß kariertem Seidenband. Die Ruderer wollen auf Wanderfahrten den Körper kräftigen und den Geist freimachen. Sie rudern morgens auf der Alster und an den Wochenenden die Bille hinauf oder die Elbe hinunter zu einem der Landhäuser, wo Schwestern und Cousinen und ihre Freundinnen sie zu Frühstück und Tanz erwarten. Cesar tanzt mit Emily Hanbury, deren Großeltern die Freunde seiner Großeltern waren und deren Eltern die Freunde seiner Eltern sind.

Heutzutage heiratet man aus Liebe, verabredete Ehen gelten als altmodisch. Für die Eltern, besonders für die Mütter, ist das sehr anstrengend: Sie müssen dafür sorgen, daß ihre Kinder mit den richtigen Partnern zusammenkommen – auf den großen Bällen im Winter, auf den Badereisen im Sommer, bei Pferderennen, Ruderausflügen und Geselligkeiten in den Landhäusern. Denn der Sinn der Ehe ist für Kaufmannskinder unverändert geblieben: money and connections, Geld und Geschäftsverbindungen.

Die jungen Männer sind nicht leicht zu beaufsichtigen, sie führen noch ein verborgenes Leben, über das sie mit den Müttern nicht sprechen, erst mit Bordellbesuchen, dann mit kleinen Freundinnen, manche der älteren etablieren sich in einer

Wohnung mit einer Person, die man nicht erwähnt. Aber es versteht sich, dafür sorgen Väter und Onkel, daß zu gegebener Zeit diese Personen mit Geld oder einem kleinen Laden abgefunden werden und verschwinden.

Die jungen Mädchen sind unter fester Aufsicht. Schwimmen, reiten, jagen, rudern, segeln, das alles dürfen junge Damen nicht, wer sollte sie begleiten. Die Zeiten, in denen ein Hannchen Sieveking ihre Freundin Caroline Hanbury laut um ihr geschäftliches Geschick beneidet hat, sind vorüber. Die ideale Frau ist jetzt zart, gemütvoll und furchtsam und will nur noch Gattin und Mutter sein. Selbst Sophie Godeffroy, die ihrem Bruder Fritz in ihren Briefen über ihre Freude an temperamentvollen Pferden erzählt hat, berichtet nun immer seltener über das, was sie tut, und immer häufiger über das, was ihre Söhne machen.

Ganz gleich wie spät es am Abend bei einer Geselligkeit wird: Die jungen Herren müssen pünktlich am nächsten Morgen auf ihren Comptoirs sein und fleißig arbeiten. Auf wirtschaftlicher Selbständigkeit und Reichtum beruht der Anspruch des Gentlemans, zur gesellschaftlichen Elite zu gehören.

Die Probe

1.

Eine Probe schließt Cesars Erziehung zum Kaufmann ab, eine Probe vor den Augen der ganzen Stadt. Sein Vater will noch einmal nach Frankreich und Italien reisen. Cesar, jetzt 22 Jahre alt, soll die Firma ein Jahr lang allein leiten.

Der Vater schreibt mit sauber geschnittener Gänsefeder, schwungvoll und fest, »Instructionen für meinen Sohn Cesar bey meiner Abreise aus Hamburg October 1835«.

Ich fand die Instruktionen im Familienarchiv Godeffroy. Sie sind etwas Besonderes, denn was Kaufleute früherer Zeiten persönlich über ihren Berufsalltag schrieben – wenn sie es überhaupt taten –, hat selten Erbfälle, Büroumzüge, Firmenverkäufe, -fusionen oder -auflösungen überdauert. Die Instruktionen zeigen im Spiegel der Geschäfte von Joh. Ces. Godeffroy & Sohn, was ein hanseatischer Kaufmann und Reeder im ersten Drittel des vorigen Jahrhunderts war und sein sollte.

Der Vater beginnt mit einer Präambel, einem Vorspruch. Er weiß, daß eine schwierige Zeit vor Cesar liegt: »Das uneingeschränkte Vertrauen, das Dir Dein Vater beweist, muß Dich natürlich in der öffentlichen Meinung höher stellen, man wird also mehr wie sonst von Dir erwarten, und dem mußt Du sowohl durch Fleiß, Aufmerksamkeit und Umsicht in den Geschäften, als auch durch ein ausgezeichnetes moralisches Betragen entsprechen. Sey fest in Deinem Betragen im Comptoir und an der Börse, überlege genau, ehe Du handelst, und sey freundlich und höflich gegen jeden.«

Geschäftsfreunde und Konkurrenten werden Cesar beobachten und sich ihre Meinung über den jungen Kaufmann bilden. Besonders wichtig ist daher »ein ausgezeichnetes moralisches Betragen«, und das heißt: Ehrlichkeit, zuverlässiges Einhalten von Absprachen, pünktliches Zahlen.

Der Vater läßt zwei wichtige »Hauptsachen« folgen:

»Daß der Gang der täglichen Geschäfte mit Gründtlichkeit betrieben werde ist die erste Hauptsache, es muß nichts liegen bleiben, nichts auf Morgen verschoben werden, was heute geschehen kann, sämtliche Bücher müssen immer à jour seyn: Du selbst mußt sie wöchentlich nachsehen.«

Die zweite Hauptsache: Pläne zu neuen Geschäften. Der Vater ermuntert Cesar dazu: »Du mußt solche in ruhigen Stunden entwerfen, wenigstens 24 Stunden überlegen, dann Deine Gehilfen zu Rathe ziehen und nur dann zur Ausführung schreiten, wenn Ihr alle sie rathsam findet.«

Die besten Ideen nutzen nichts, wenn man kein Geld hat:

»Ohne Geld kann man keine Geschäfte machen und ehe Du also Pläne zu neuen Unternehmungen entwirfst, mußt Du erst Deine Cassa zu Rathe ziehen.« Der Vater macht sich jeden Monat Übersichten über die Gelder der Firma und bittet Cesar, das fortzusetzen.

Drei Einzelheiten aus dem Alltag im Comptoir hält der Vater für so wichtig, daß er sie in die Präambel aufnimmt.

Erstens: Cesar muß immer flüssig sein. Er soll sich jeden Morgen davon überzeugen, daß alle Zahlungen pünktlich und ordentlich gemacht worden und genug Gelder für die laufenden Engagements der Woche da sind.

Zweitens: Cesar soll darauf bestehen, daß die Mitarbeiter morgens früh kommen, »gehe ihnen in diesem Punkte, wie in jedem anderen, mit dem Beispiele voran«.

Drittens: Cesar soll keinen Rat bei Außenstehenden holen, die Geschäfte der Firma gehen niemanden etwas an. Wenn etwas Unvorhergesehenes geschieht, soll er sich an Onkel Richard Godeffroy wenden.

Der Vater setzt ein schwungvolles liegendes S unter die Präambel und schreibt seine Anweisungen zu den laufenden Geschäften.

Seine größte Sorge ist, daß Cesar den Überblick über Ausgaben und Einnahmen behält. Er möge sich gegen Jahresende und im Januar vorsehen, wo viele unvermeidliche Ausgaben fällig werden wie Maklercourtage, der Lohn für Packer und Ewerführer. Auch könne es in Port-au-Prince, Haiti, zur Erhöhung des Ausfuhrzolls kommen.

Er listet auf, wohin die Schiffe mit Leinwand gehen sollen – es sind jetzt fünf, Cesar soll aber nicht fest an die Pläne des Vaters gebunden sein, sondern selbständig und nach Umständen handeln:

CESAR UND HELENE läuft im Oktober nach Port-au-Prince aus.

Die VESTA ist für eine Reise nach St. Ubes und Havanna verchartert, wenn der Interessent noch abspringt, muß sie bis zum Frühjahr in Hamburg bleiben und dann vielleicht auch nach Haiti gehen.

GUSTAV soll nach Veracruz oder New Orleans gehen, retour nach Umständen, vielleicht über Havanna.

SOPHIE geht direkt nach Havanna,

ADOLPH UND GUSTAV vielleicht wieder nach Buenos Aires, um noch einmal jerked beef, luftgetrocknetes Rindfleisch, von dort nach Havanna zu bringen. Cesar soll aber vorher mit den Geschäftspartnern in Buenos Aires und Havanna korrespondieren, Postschiffe nach Westindien und Südamerika segeln am 1. und 15. jeden Monats von England.

Für die Importwaren Kaffee, Zucker, Baumwolle, Tabak rät er Cesar, »verkaufe prompt ohne zu schleudern«. Gute Warenpreise wie in Cesars erstem Lehrjahr gibt es nicht mehr, der Verkauf von Waren hat in den letzten Jahren »Schaden gegeben und wir bezogen sie in der Regel nur von den Plätzen wo wir gegen unsere Lw. (Leinwand) Aussendungen keine Wechsel erhalten konnten.«

Nächster Punkt: die Jahresgehälter der Commis. Sie werden in Courantmark ausgezahlt, drei Courantmark entsprechen zwei Bankomark. Der Vater hat dem der ältesten Commis Heckmann eine jährliche Zulage von 200 Mark bis zum Spitzengehalt von 2 400 versprochen, 1835 soll Cesar ihm nun 2000 Courantmark auszahlen. Der zweite Commis von Spreckelsen ist so tüchtig, daß er ebensoviel haben soll wie Heckmann, doch weil er jünger ist, soll Cesar ihm nur 1 600 auszahlen, die fehlenden 400 wird der Vater ihm gesondert geben. Pinni, der älteste Lehrling, bekommt 120, Kayler, der jüngste, 60 Courantmark. Cesar kann seinem eigenen Konto 2 000 Mark gutschreiben.

Zum Schluß ermahnt der Vater ihn noch einmal, alle Rechnungen selbst nachzusehen, »dem Auge des aufmerksamen Chefs werden Fehler nicht entgehen«. Alles, was er unterschreibt, soll er nachprüfen und dabei erwägen, ob »das was berechnet ist richtig und Verabredungen und Usancen gemäß ist«. Und: »Bey allem was Du unterzeichnest mußt Du Zeit haben, daher ist es höchst wichtig daß alles im Voraus gemacht wird und nicht im letzten Augenblick vor Abgang der Post.«

Hier schimmern der Alltag durch und die Sorge des Vaters, wie Cesar die Probe bestehen wird. Doch nun ist es zu spät, die Entscheidung, ihm die Firma anzuvertrauen, ist gefallen.

2.

Die Eltern verlassen Dockenhuden am 25. Oktober 1835. Anfang November sind sie in Paris, wo Onkel August aus Wien und seine Frau Helene sie schon erwarten, und kurz darauf trifft Adolph aus Bordeaux in Paris ein. Mitte Februar 1836 begleitet er die Eltern nach Italien.

Sie reisen in zwei Wagen: Vater und Mutter in einer eleganten zweisitzigen Kutsche, die vier Pferde ziehen, mit Diener und Jungfer auf dem hinteren Bock, und Adolph in einem leichten vierrädrigen Einspänner mit dem Gepäck, mit zahlreichen Lederkoffern, Hut- und Zylinderschachteln, mit Picknick-Koffern aus Korbgeflecht, die Reiseservice und Reisebesteck enthalten, Reiseteetassen, Teekanne, Wasserkessel und Spiritusbrenner, und einem Mahagonikasten mit der Reiseapotheke. Ihr Reisemarschall Borletti reitet vorweg, um in einem guten Gasthaus Zimmer heizen zu lassen und Essen zu bestellen. Der Italiener Borletti ist damals Ende Zwanzig. Dreißig Jahre lang wird er Courier für Hamburger Familien wie die Godeffroy und die Jenisch sein.

Sie reisen nach Nizza, Pisa, Rom und Neapel, besuchen Herkulaneum und Pompeji und besteigen den Vesuv. Danach kehrt Adolph nach Hamburg zurück, und die Eltern verleben den Juni in Sorrent in einem heiteren Kreis reicher Kaufleute aus Hamburg und Bremen.

Der Sinn des Geldverdienens ist für die Kaufleute dieser Generation noch der Lebensgenuß in Luxus und Muße, die freie Zeit für Bildungsreisen, die Sorge für Gesundheit und Heiterkeit. Sie genießen die Natur und bilden sich bei der Betrachtung von Tempeln, Kirchen und Gemälden, die *man* gesehen haben muß – eine Auswahl, die Reiseschriftsteller getroffen haben und die gemeinsame Gesprächsthemen sichert.

Sie wollen den Süden sehen und mit Leuten ihresgleichen verkehren.

An der Elbchaussee warten Cesar und Adolph ungeduldig auf das Ende der Getreideernte: Sie wollen auf die Jagd gehen. Der Vater hat ein großes Jagdrevier von Dockenhuden bis Holm weit im Westen, aber solange das Getreide noch auf den Feldern steht, müssen sie sich gedulden. Adolph lädt schon mal Onkel Fritz zur Jagd ein und schickt ihm »aus des guten alten Papa's Keller« eine Kiste mit fünfzig Flaschen St. Estèphe: »Der gute alte Herr wird sich freuen, wenn er erfährt, dass er seinem lieben Schwager ohne sein Wissen ein cadeau machte.« Adolph ist ein betont forscher junger Mann geworden, der immer noch unbedingt auf sich aufmerksam machen will und dabei etwas unsicher im Ton ist.

Cesar schwört am 18. August 1836 den Bürgereid: »Ick lave und schwöre zu Gott dem Allmächtigen, dat ick düssem Rahde und düsser Stadt will truw und hold werden, Eer Bestes söken und Schaden affwenden, alse ich beste kan und mag ...« Der Wortlaut des Eides ist über dreihundert Jahre alt. Cesar schwört, keinen Aufstand gegen Rat und Stadt machen, sondern nach Kräften ihr Bestes suchen und Schaden von ihnen abwenden zu wollen.

Er ist nun verpflichtet, ins Bürgermilitär einzutreten. Der Bürger ist Grundbesitzer und Krieger, der seine Waffen selbst stellt. Cesar kauft sich vom Bürgermilitär los.

Ende August sind die Eltern in Genua. Der Vater ist krank. Er denkt an den Tod und beschäftigt sich mit seinem Besitz, stellt eine Übersicht auf »für meine liebe Sophie«. Ohne Helenes Mitgift von 30 000 Bankomark, die noch im Geschäft stehen, besitzt er, mit allen Außenständen, ein Kapital von 731 750 Bankomark. In der Firma ist angelegt und steht zu Buch ein Kapital von 1 180 816 Bankomark. Das Verhältnis von Eigenkapital zu Fremdkapital beträgt etwa fünf zu drei.

Cesar in Hamburg hat es nicht leicht. Der Export von deutschen Fabrikwaren ist stark angestiegen, und die Nachfrage nach Rückladungen in Westindien so hoch, daß die Pflanzer die Preise erhöhen. Die Speicher in Europa füllen sich, und die Verkaufspreise sinken, besonders für Zucker: Die Zollvereinsstaaten schützen ihre neuen Fabriken, die aus Runkelrüben Zucker machen, mit hohen Zöllen. Viele Importeure kommen in Geldverlegenheit. Cesar hat sich an die Instruktionen seines Vaters gehalten und hat verkauft, sobald die Schiffe einliefen.

Im Herbst 1836 herrscht plötzlich Mangel an Schiffen, denn die Ausfuhr deutscher Fabrikwaren steigt weiter. Die Reeder bekommen sehr gute Frachtraten, und viele bestellen neue Segler bei den Schiffbauern in Lübeck, Kiel und Apenrade.

Cesar hat Glück. Das erste Schiff, das der Vater für die Firma bauen ließ, die Bark ALFRED beim Schiffbauer Johann Lange in Vegesack an der Weser, ist im September 1836 fertig und kann nach Havanna auslaufen. Mit nun sechs Schiffen ist der Vater viertgrößter Reeder Hamburgs nach Mohrmann, Roosen und Wappäus.

Cesar und Adolph diskutieren Zukunftspläne. »Ich war der <u>erste</u> Hamburger Kaufmann, der aus Mocca Kaffee, aus Baltimore Taback, aus Surinam Kaffee, aus Afrika Gummie Hohlte«, hat der alte Baron Vogt gerade an Onkel Carl Godeffroy geschrieben. Der erste sein – das hat einen besonderen Glanz.

Unter den Kaufleuten der Stadt sind Ansätze einer Spezialisierung zu beobachten. Einige neigen verstärkt zu Finanzierungsgeschäften wie *H. J. Merck & Co.* oder auch *Joh. Berenberg, Gossler & Co.* Andere lassen ihre Bankgeschäfte auslaufen und konzentrieren sich mehr auf den Handel. Cesar reizt die Reederei.

Adolph will in Havanna eine Exportfirma gründen und Cesar der größte Havanna-Importeur in Hamburg werden.

Im Oktober 1836 kehren die Eltern zurück. Der Vater ist mit Cesars Geschäftsführung zufrieden. Er wird ihn nun als Teilhaber »paßlich« etablieren.

3.

Schule, Lehre, Volontariat im Ausland, Vertretung des Chefs, Teilhaberschaft – nun fehlt nur noch eine Heirat, die den Geschäftspartnern Kontinuität signalisiert.

Cesar Godeffroy jr. verlobt sich am 19. November 1836 mit Emily Hanbury. Er hat sich in die Frau verliebt, die seine Eltern für passend halten, und auch Emiliy hat sich so verliebt, wie ihre Eltern, der Kaufmann und englische Geschäftsträger Frederick Hanbury und seine Frau Anna, es sich nicht besser wünschen könnten. Allerdings ist diese Verbindung der Nachkommen französischer und englischer Kaufleute, die im 17. und 18. Jahrhundert nach Hamburg kamen, immer noch eine Heirat unter Außenseitern.

Emmy ist eine hübsche üppige Frau, zwei Jahre jünger als Cesar – am 7. April 1815 in Hamburg geboren – mit einem runden Gesicht, einer hohen runden Stirn und einem energischen Kinn. Sie ist ehrgeizig, liebt Luxus und legt großen Wert auf Kleider und Schmuck. Sie hat ein leichteres Gemüt als Cesars Mutter, ist aber ebenso fromm. Obwohl sie auf ihre Großmutter Caroline, die Buchhändlerstochter, stolz ist, fehlt ihr doch deren intellektuelle Neugier. Emmy entspricht vollkommen dem Frauenideal der Enkelinnengeneration, das Mädchen geistige Anstrengungen verwehrt.

Sie bringt eine Mitgift von 14 000 Bankomark mit in die Ehe. Den Winter über ist sie mit ihrer Aussteuer beschäftigt. Sie sucht mit Cesar Möbel aus, kauft Silbergerät, Wein, Wagen und Pferde.

Sophie Godeffroy richtet ebenfalls eine neue Wohnung ein. Die Eltern überlassen das Haus am Alten Wandrahm Cesar und Emmy und ziehen in die Esplanade N° 7. Die Esplanade ist eine neue Allee, die von der Brücke zwischen Außen- und Binnenalster zum Dammtor führt, 49 m breit, eine luxuriöse Promenaden- und Wohnstraße mit einer Viererreihe Linden in der Mitte. Der Architekt Ludwig Wimmel hat acht elegante Häuser nach Londoner Vorbild aneinandergebaut, mit Halbsäulen zu beiden Seiten der Eingangstür, mit Zement geputzt und weiß gestrichen. Die Gesellschaftsräume in der Beletage haben Fenster bis zum Boden und davor vergoldete Eisengitter.

Cesar wird zum 1. Januar 1837 Teilhaber. Das Haus am Alten Wandrahm N° 25 und der Speicher N° 29 gehören jetzt ihm – sein Schwiegervater hilft ihm beim Kauf mit einem Darlehen. Cesar darf sein erstes Schiff bestellen, eine Brigg bei Johann Lange in Vegesack, die EMMY.

Polterabend ist am 1. Februar. Nachmittags gibt es für das Brautpaar eine Überraschung auf der Esplanade: Spanische Musik erklingt, spanische Granden und ihre Damen sprengen vors Haus, Zigeuner und Zigeunerinnen, die Jeunesse dorée hat sich und ihre Pferde farbenprächtig herausgeputzt – Cesars und Emmys Freunde reiten eine Quadrille. Am Abend, vor Diner und Ball bei den Eltern der Braut in der Katharinenstraße, führen sechs Freundinnen von Emmy das Polterabendgedicht »Emilie« auf. Cousine Antonie Godeffroy als Sinnbild der guten Laune verspricht dem Brautpaar: »Verschütten Lavinen / Euch etwa den Weg, – / So will ich Euch dienen / Als Schaufel und Steg.« Adolph ist von Tony hingerissen.

Cesar und Emmy heiraten am 2. Februar 1837 in der Altonaer Hauptkirche.

Fünfzig Jahre später schreibt Robert Miles Sloman jr., der schärfste Konkurrent Cesar Godeffroys, auch wenn nun alle Menschen in aufgeregter Bewegung seien und es ruhige Behaglichkeit nicht mehr gebe, sei er doch froh, an all den herrlichen Verbesserungen des Jahrhunderts teilgehabt, die großen Umgestaltungen in Industrie und Handel erlebt zu haben. Damals, als er in das Geschäftsleben eintrat – auch er wird 1837 Teilhaber im Geschäft seines Vaters – »war alles gemütlich, nach meiner Ansicht freilich auch langweilig«.

Das finden 1837 auch Cesar und Adolph Godeffroy.

»Zur Ehre des hochgestellten Namens«

»O, Adolph, welche Aussicht für Dich und mich!«

»Euer Haus muß unter die allerersten Havannas gezählt, und wir müssen die größten Importeure havanesischer Produkte am hiesigen Platz werden«, schärft Cesar seinem Bruder ein.

Adolph und sein Teilhaber von Spreckelsen zeigen die Gründung der Firma *Godeffroy & Co.* in Havanna sowie ihre Bankverbindungen in London, Hamburg und New York am 1. Juni 1837 an. Sie verschicken Proben ihrer Unterschriften, an deren Schnörkeln und Verzierungen sie lange geübt haben.

Cesar war in London und hat mit dem Bankhaus Rothschild über die Finanzierung von Adolphs Firma verhandelt, doch die Konditionen mißfielen ihm. *Joh. Ces. Godeffroy & Sohn* haben für die neue Firma 50 000 Bankomark bereitgestellt – als Aussteuer oder Vorgriff auf Adolphs Erbteil. Der zuverlässige von Spreckelsen, der bei Godeffroys vom Lehrling zum Commis aufstieg, soll Adolphs Überschwang und Unbedachtsamkeit ausgleichen.

Adolph hatte kurz vor der Ausreise plötzlich keine Lust mehr, nach Havanna zu gehen: Er hat sich mit seiner Cousine Antonie Godeffroy verlobt, inoffiziell. Sein Vater ist verärgert. Tony ist ein nettes junges Mädchen, das nach dem Tod seiner Eltern bei der Großmutter von Oertzen in Wismar lebt. Aber Adolph ist nichts und hat nichts und will jetzt nur noch so schnell wie möglich aus Havanna zurückkehren.

Die neue Firma soll in Havanna Leinen und Fabrikwaren verkaufen – Nägel, Werkzeug, Draht – zur Hälfte für eigene Rechnung, zur Hälfte für *Joh. Ces. Godeffroy & Sohn*. Deren Schiffe laden Zucker und Kaffee für beide Firmen. Cesar wird in Hamburg auch Adolphs Anteil an den Retouren verkaufen und dafür einen Prozentsatz der Verkaufssumme einstreichen und ihm die Fracht berechnen. Der Vater hat Adolph für den Einkauf Limiten gesetzt, Höchstpreisgrenzen. Wenn die Preise höher sind, soll er nichts kaufen und nur Fracht von anderen Kaufleuten für die Schiffe besorgen.

Cesar feuert Adolph an: »Welche Pläne, bester Adolph! Große Tätigkeit ist erforderlich, dieselben auszuführen; unser alter Ruf wird sich indessen bewähren. O, Adolph, welche Aussicht für Dich und mich!«

Für den Vater sind Cesars Briefe »poetische Ausdrücke«. Er macht sich Sorgen. Die meisten junge Kaufleute, die nun nach Übersee gehen, überschätzen die Gewinnchancen, es gibt zahlreiche gescheiterte Existenzen. Auch in Hamburg hat von zehn Kaufleuten, die ehrgeizig in die Stadt kommen, höchstens einer Erfolg. Sogar William Brancker, Helenes Mann, steckt jetzt in Schwierigkeiten. Er muß liquidieren und Hamburg verlassen. Helene wird mit ihm nach New York gehen, wo er die Firma *Brancker, Godeffroy & Co.* gründen will.

Der Vater und Cesar haben die SOPHIE mit Leinen nach New Orleans und Havanna geschickt. Sie erwarten ihre Rückkehr im September 1837. Die Einkaufspreise für Zucker und Kaffee sind in Kuba günstig.

Den ersten Schreck bereitet Adolph Vater und Bruder Ende August: Er hat die SOPHIE in Ballast nach Buenos Aires segeln lassen, um Trockenfleisch nach Havanna zu holen.

Der Vater schreibt einen geharnischten Brief. Eine so weite Reise in Ballast sei für den Reeder zu teuer. Zum Fleischkauf sei ein Kapital von mindestens 50 000 Bankomark nötig, das beide Firmen auf sechs Monate vorfinanzieren müßten – auch das sei zu teuer. Adolph hätte sich nicht davon verwirren lassen dürfen, daß mit Fracht nach Hamburg wenig zu verdienen sei. Die Preise der Produkte in Kuba seien so günstig, daß sie jeden Verlust im Reedereigeschäft wettgemacht hätten, »und mußte diese Lage der Sache Sie gerade zu recht bedeutenden Sendungen p. Sophie bestimmen, sowohl für unsere als für Ihre Rechnung, bei denen wir wenigstens gegenseitig eine sehr schöne Provision verdient haben würden und auch noch einen Nutzen auf die Waaren gehabt haben würden«.

Briefe aus Hamburg und Havanna kreuzen sich. Adolph und von Spreckelsen hatten Klimafieber, lagen wochenlang im Bett und konnten keine Rückfracht für die Sophie bereitstellen, haben sie deshalb nach Buenos Aires geschickt. Erst Mitte Oktober trifft die Nachricht ein, Adolph sei wieder gesund. Trotzdem war seine erste große geschäftliche Entscheidung falsch.

Dann kommt der zweite Schreck: Nun übertreibt Adolph. Kaffee und Zucker sind so billig, daß er nicht nur die Sophie mit Produkten nach Hamburg schickt, sondern ein Schiff chartert, die Juliana. Aber die Charter kostet 7 000 Dollar, was beim Stand der Kaffeepreise in Europa zu hoch ist. Außerdem hat Adolph ein Liegegeld zugesagt.

Der Vater ist zornig. Die Jahreszeit ist zu weit fortgeschritten für die Bewilligung einer Liegezeit für das Schiff: »Zwischen Mitte und Ende Novbr. kann es hier sein, also zu Weihnachten, wenn wir Schlittschuh laufen. Sollen wir uns in Schlitten für nach Havanna abzuladende Güter bemühen?«

Die Juliana erreicht Hamburg Mitte Dezember als letztes Schiff aus Havanna, ehe starker Frost die Schiffahrt behindert. Der Alfred, den der optische Telegraf in Cuxhaven wenige Tage vor Weihnachten aus Havanna meldet, kommt nicht mehr die Elbe herauf. Neujahr taut es. Der Alfred segelt mit der Flut nach Hamburg, doch die Juliana ist reparaturbedürftig und kann den Hafen nicht verlassen. Dann friert die Elbe zu – *Godeffroy & Co.* müssen Liegegeld bezahlen.

Mit dem Frost ruhen die Geschäfte. Cesar leidet unter der Untätigkeit. Er schließt das Geschäftsjahr 1837 ab. Gesundheit und Heiterkeit des Vaters kehren zurück: Das Jahr brachte einen allgemeinen Konjunkturaufschwung, der sich auch bei Godeffroys zeigt.

Nicht alles lief gut. Sie haben ein Schiff verloren, den Gustav, auf der Reise nach Veracruz. Der Leinenverkauf bringt nun so oft Verluste, daß die schlesischen Häuser zögern, ihr Leinen von Godeffroys in Westindien verkaufen zu lassen.

Dagegen steht: Die Firma hat zwei neue Schiffe bekommen. Die Brigg EMMY ist im September in Vegesack vom Stapel gelaufen, und im November hat Cesar von Duckwitz in Bremen eine Brigg, Baujahr 1819, gekauft und sie JOHAN CESAR genannt. Er hat sie versuchsweise mit Manufakturwaren nach Rio de Janeiro geschickt – Kapitän van Dycke soll sich dort einmal umsehen. Die Firma besitzt jetzt sieben Schiffe.

Aus Faerbers Mexikogeschäft ziehen Godeffroys sich zurück. Faerber kann die Privatgeschäfte von Wilhelm Sillem nicht verhindern, des Fondsspielers, die den *Credit* der Firma untergraben. Der Vater hat die Bereitstellung von Geldern zum 31. 12. 1837 gekündigt. Er will nichts zu tun haben mit einer Firma, deren Moralität nicht unanfechtbar ist, sagt er.

Privat ist es Godeffroys in diesem Jahr gut ergangen, auch wenn sie einen Trauerfall hatten: Im Oktober ist Emmys Vater in Wiesbaden gestorben. Ihre Mutter lebt nun bei Cesars Eltern im Haus an der Esplanade. Emmy ist schwanger.

Sie bekommt am 24. Januar 1838, abends um halb acht, einen Sohn, Johan Cesar.

Adolph will nach Hamburg zurückkommen und Tony heiraten. Doch der Papa antwortet, vor 1840 sei an eine Rückkehr nicht zu denken.

Der dritte Schreck kommt Anfang 1838: Adolph ist nicht liquide, nicht flüssig. Er hat sich in Havanna Geld zu hohen Zinsen geliehen und kann es nicht zurückzahlen.

Adolphs Art, seine Geschäfte zu finanzieren, hat dem Vater von Anfang an mißfallen. Adolph nutzt den Kredit, den *Joh. Ces. Godeffroy & Sohn* ihm eingeräumt haben, immer voll aus. Einmal hat er, ohne es nach Hamburg mitzuteilen, mit Wechseln bezahlt, die, wenn sie schnell eingelöst worden wären, die Firma am Alten Wandrahm in große Verlegenheit gebracht hätten – das Geld war schon in Leinen für New Orleans festgelegt.

Diesmal ist der gute Papa sehr böse. Adolph hätte ihm seine Probleme nicht verschweigen und sich nicht anderswo teures

Geld leihen dürfen. Wenn er und von Spreckelsen meinen, daß sie auf die Dauer mit dem Geld, das *Joh. Ces. Godeffroy & Sohn* ihnen zur Verfügung stellen, nicht auskommen können, dann müßten sie sich nach einem kapitalkräftigen dritten Teilhaber umsehen.

Adolph drängt, Gustav, der nun am Alten Wandrahm im Comptoir arbeitet, solle nach Havanna kommen. Das schlägt der Vater ab: Adolph brauche nur einen Vertreter, um nach Europa reisen und heiraten zu können. Er werde noch für Jahre in Havanna bleiben müssen.

Adolph kommt immer wieder auf Heimkehr und Heirat zurück. Der Vater beziffert ihm klipp und klar das kaufmännische Ziel des Havanna-Aufenthalts. Er werde die Heirat erst zulassen, wenn Adolph sich eine unabhängige Lage gesichert hat: »Mag sie beschränkt sein, immerhin, nur soll sie unabhängig sein und hinreichend, um ohne Sorgen eine Frau nehmen zu können; mit einem Wort: Du mußt 100 000 Mark verdient haben oder doch wenigstens mit Deiner Aussteuer 125 000 Mark besitzen.« Wenn Adolph nicht einmal das in Havanna verdient, wäre es besser gewesen, gar nicht auszureisen.

Adolph bleibt beharrlich. Schließlich schreibt der Vater, wenn Adolph mit seiner Frau einige Jahre in Havanna leben wolle, habe er nichts mehr gegen eine Heirat: »Du kannst dann heirathen, wenn Du willst, wenn Du selbst als redlicher Mann glaubst, es hinsichtlicher Deiner Lage verantworten zu können. Aber dann kommst Du natürlich nicht eher nach Europa, bis Du ein reicher, vollkommen unabhängiger Mann bist.«

»Meinem lieben Sohne Johan Cesar«

1.

Cesar leitet die Firma 1838 zum zweiten Mal allein. Sein Vater hat sich seit Monaten auf »eine kleine italiänische Erfrischung« gefreut: Ende Juni zur Kur nach Kissingen, danach Paris und im September mit Gustav nach Italien. Der Papa wollte Tony mitnehmen, aber ihre Großmutter in Wismar ließ sie nicht fort. Cesars Mutter fällt es schwer, auf den Sommer an der Elbchaussee zu verzichten.

Nach der Abreise der Eltern öffnet Cesar das Kuvert, das der Vater ihm hinterlassen hat: »Meinem lieben Sohne Johan Cesar bey meiner Abreise im Juny 1838.« Der Vater will Cesar diesmal nur an wenige Regeln und Vorschriften binden und legt die Instruktion von 1835 bei. Er überläßt ihm das Geschäft mit dem uneingeschränktesten Vertrauen, mit voller Ruhe »und mit dem innigen Wunsche, daß die gütige Vorsehung Dir beystehen, Dich schützen und Deine Unternehmungen segnen möge«. Die wichtigsten Regeln:

»Führe die Geschäfte auf gewohnte <u>solide</u> Weise fort, passe sie den veränderten Zeiten an, aber <u>entferne</u> <u>Dich</u> <u>nie</u> <u>von</u> <u>Grundsätzen</u> <u>die</u> <u>alle</u> <u>die</u> <u>mercantilischen</u> <u>Handlungen</u> <u>Deines</u> <u>Großvaters</u> und <u>Deines</u> <u>Vaters</u> geleitet haben, sey fleißig, pünktlich in allen Geschäften, streng rechtlich, mache nicht mehr wie unsere Mittel bequem zulassen, und sey freundlich gegen jedermann.«

Der Vater mißtraut dem gegenwärtigen Aufschwung der Wirtschaft und wünscht Vorsicht bei Geschäftspartnern: »Bringe uns nicht mit neuen Häusern in Verbindung, wenn Du nicht ganz gewiß bist, daß sie ersten Ranges, sowohl in Hinsicht der Soliditaet als vorzüglich auch der Moralitaet sind.«

Nun kommt, worauf Cesar mit Spannung gewartet hat, die Entscheidung des Vaters zum Aufbau der Reederei: »Die Dir so sehr zusagende Rederey ist gewiß eine sehr schöne Branche, sobald sie thätig und sorgfältig betrieben wird, so wie es durch Dich Geschiehet; allein auch sie muß in den Grenzen der Mäßigung bleiben; der Kaufmann darf und muß nicht alles an einen Nagel hängen.« Der Vater erlaubt ihm, bis zu 200 000 Bankomark in Schiffen anzulegen, sobald die Gelder von *Faerber & Sillem* eingegangen sind. Er darf künftig den Gewinn aus der Reederei für den Ankauf weiterer Schiffe vorsehen, der Vater hofft, daß »Du im Stande seyn wirst jedes Jahr <u>ein neues Schiff</u> zu kaufen«, und außerdem noch kleine Summen für Reparaturen und Kupferung der Schiffe verwenden zu können. Aber Cesar soll ihn auf keinen Fall um eine Überschreitung dieser Summe angehen, das würde er nur ablehnen.

Der Vater hat Cesar alle Wünsche erfüllt. Nun wird er scharf: Cesar möge mehr Zeit und Sorgfalt auf die Korrespondenz verwenden, vor allem auf die Briefe an *Godeffroy & Co.* Schlecht geschriebene, flüchtig abgefaßte Briefe flößen kein Vertrauen ein, »ich blieb nie lange mit einem Hause in Verbindung, was schlechte Briefe sandte«. Die Schrift des Vaters wird unruhig: »Deines Bruders Briefe sind bisher noch nicht ein Mal mittelmäßig zu nennen, die Deinen lassen viel zu wünschen übrig.« Er könne unmöglich zulassen, daß Briefe in seinem Namen abgeschickt werden, die nicht die frühere Vollkommenheit in Stil, Schrift, Aufbau und Sprache haben. »Bedenke, mein lieber Sohn, bey allen deinen Handlungen als Kaufmann, daß Du nicht allein dich selbst vertrittst, sondern auch mich – dieser Gedanke, den ich Dich oft in Dein Gedächtniß zurückzurufen bitte, muß Dich noch vorsichtiger in allen Deinen Handlungen machen und in den Beschlüßen, die Du nehmen wirst, und wird Dich ohne Zweiffel von einer gewißen gefährlichen Einseitigkeit in Deinen Urtheilen bewahren, die ich seither zu bemerken hin und wieder Gelegenheit hatte und die Dich leicht zu Irrthümern verleiten könnte.«

2.

Cesar bestellt zwei Schiffe beim Schiffbauer von Somm in Hamburg, im April 1839 laufen die Brigg HELENE und die Bark VICTORIA – nach seiner Großmutter mütterlicherseits benannt – vom Stapel. Er schickt die HELENE nach Montevideo, die VICTORIA nach Havanna. Godeffroys sind jetzt mit neun Schiffen zweitgrößte Reeder hinter Roosen mit elf Schiffen – Mohrmann und Wappäus sind gestorben, ihre Firmen erloschen. Cesar auf den Fersen sind Vater und Sohn Sloman mit fünf Schiffen, Hertz mit vier und Merck mit drei Seglern.

Cesar ist sehr krank, muß liegen, der Arzt weiß nicht, was er hat. Die Eltern kehren Mitte April vorzeitig aus Rom zurück, reisen über Dresden, wo Alfred ein frommes Bildungsinstitut besucht, erfahren, daß es Cesar bessergeht. »Ich freue mich unendlich, ihn wiederzusehen«, sagt der Vater.

Ende Mai treffen sie an der Elbchaussee ein.

Sophie ist entsetzt: Cesar ist sehr schwach, Emmy schwanger, der kleine Cesar mit einem Hautausschlag bedeckt und überhaupt nicht gut. Cesar ist froh, die Eltern zu sehen.

Der Sommer an der Elbchaussee wird unruhig. Gustav kommt aus Sizilien, Adolph aus Havanna. Er und Tony heiraten am 20. Juli 1839. Cesar fährt nach Helgoland zur Erholung. Im September hat Alfred Schulferien.

Am 13. Oktober 1839 bekommt Emmy eine Tochter, Sophie.

Adolph und Tony reisen im Spätherbst nach Havanna, und Gustav, 22 Jahre alt, reist nach Rio de Janeiro. Der Vater hat entschieden, daß er einmal Teilhaber von *Joh. Ces. Godeffroy & Sohn* werden soll. Gustav sieht seiner Mutter ähnlich, er hat eine hohe Stirn, wellige Haare und eine lange Nase, ist klein geblieben und zierlich.

Das Haus an der Elbchaussee ist winterlich leer. Helene ist in New York, Adolph in Havanna, Gustav in Rio, Alfred in Dresden. Cesar sitzt wieder im Comptoir am Alten Wandrahm.

3.

Cesar ist einfallsreich und zielstrebig, was er versucht, glückt ihm. 1840 kann er vier Schiffe kaufen. Hamburg hat nun wieder fast den gleichen Schiffsraum wie 1798, und die Konjunktur hält an. Der Hafen ist zu klein für die Importe, es fehlt an Ewerführern und Arbeitsleuten, um die Waren schnell zu löschen. Neue Fabriken entstehen in der Stadt, für Zigarren, für Chemikalien, für Genever und Likör, für Möbel, Korbwaren und Musikinstrumente, und alles wird ausgeführt nach Übersee.

Adolphs Briefe klingen jetzt zufrieden. Seine Firma läuft gut. Onkel Fritz Meyer und Onkel Carl Godeffroy wollen mitverdienen am Geschäft in Übersee und Geld anlegen: Adolph kann 10 % zahlen im Gegensatz zu Cesar, der 3,5 % oder 4 % bietet für 50 000 auf drei Monate. Adolph ist jetzt Vater, Tony hat am 26. April 1840 einen Sohn zur Welt gebracht, Adolph Etienne, die Geburt dauerte qualvolle 36 Stunden. Adolph und Tony bewohnen ein geräumiges Haus mit Garten, sie finden ihr Leben monoton, weil es keine Geselligkeit gibt. Tony botanisiert, Adolph sammelt Käfer und hofft, daß sie bald reich beladen mit Schätzen heimkehren, »insbesondere aber mit klingender Münze«. In zwei Jahren müßte er das vom Vater gesetzte Ziel erreicht haben, dann kommen sie nach Hause, »um den Ocean nicht wieder zu durchkreuzen«.

Cesar tauft eines seiner neuen Schiffe ANTONIE und schickt es nach Havanna.

Gustav meldet aus Rio, das Brasiliengeschäft sei vorteilhafter als die kleinen Geschäfte mit Kuba und Haiti, aber komplizierter wegen der Ausfuhren. Die Brasilianer kennen keine deutschen Fabrikwaren und wollen sie auch nicht kennenlernen. Gustav muß versuchen, wie andere Hamburger, einen Dreieckshandel aufzubauen: mit Konsumgütern von Europa nach Buenos Aires, in Ballast nach Rio und zurück mit Kaffee.

Alfred, nun sechzehn, kehrt aus Dresden heim und wohnt unter der Woche beim französischen Prediger Merle d'Aubigné. Sophie ist glücklich, daß er wieder da ist. Er »ist ungewöhnlich klein, blas und zierlich«, findet sie. »Seine geistige Natur gehört auch nicht zu den ausgezeichneten; sein Herz und seine Gemüthart sind aber rein, kindlich, zart, gut.«

Cesar schickt die Bark ALFRED mit Passagieren nach Valparaiso und weiter die Westküste Amerikas hoch bis Mazatlan, Mexiko, um Rotholz zu laden. Die Reise dauert ein Jahr und bindet das Kapital lange, die Käufer der Ausfuhren zahlen zögernd. Aber Cesars Mut steigert sein Ansehen in der Stadt.

Cesar wohnt im Sommer mit Emmy und den Kindern im Kavaliershaus und fährt jeden Morgen um acht mit der »Dame Blanche« ins Comptoir, einer Kutsche mit sechzehn Plätzen, die den Besitzern der Parks gemeinsam gehört. Sie ist außen weiß lackiert, innen mit grünem Samt gepolstert, vier Schimmel ziehen sie, und Kutscher und Bedienter tragen weiße Livrée. Der Bediente auf dem hinteren Bock heißt Hermann und bläst bei jedem Halt melodisch seine Trompete. Nachmittags fährt die Kutsche um vier in Hamburg ab. Die Herren unterhalten sich auffallend angeregt und sind immer über alles informiert.

Im Herbst geht Cesar auf die Jagd – »mehr wie ich es eigentlich mit dem Familienleben verträglich finde«, meint seine Mutter. Cesar entzieht sich seiner Frau. Ihr Alltag dreht sich in altgewohnten Bahnen um Kinder und Kleider. Sein Leben wird immer ereignisreicher, er ist angespannt und kann sich schwer auf das freundlich-gleiche Leben mit kleinen Kindern umstellen. Während Emmy geduldiger und gelassener wird, auch weitschweifiger, wird Cesar schneller und härter.

Sophie meint, das Familienleben sei auch Aufgabe ihres Sohnes, »man kann viel Glück in der Ehe finden, aber der Mann muss durchaus innern Frieden mit hinein nehmen, soll das geträumte Glück nicht wie ein Schatten verschwinden«. Cesars Eltern sind Partner in der Ehe. Cesars Generation hat ein anderes Ehemodell. Emmy soll für ihn dasein.

4.

Cesars *Credit* im Staat der Kaufleute wächst, das Zutrauen, das andere in seine Urteilsfähigkeit haben. Die Versammlung des Ehrbaren Kaufmanns wählt ihn im Januar 1841 in die Commerzdeputation. Damit hat die Familie Johan Cesar Godeffroy ihr erstes Amt in der Stadt erobert.

Die Deputation vertritt die Interessen der Kaufleute gegenüber Senat und Bürgerschaft. Der Senat muß Fragen, die die Kaufmannschaft betreffen – das kann in Hamburg alles sein – erst mit ihr verhandeln, ehe er sich an die Bürgerschaft wendet. Die acht Deputierten können sich in die gesamte Verwaltung und in die Rechtsprechung einschalten. Sie behandeln in ihren Sitzungen große und kleine Probleme in gleicher Ausführlichkeit: Zollverein, Werftindustrie, Bankwesen, die Fahrrinne der Elbe, die immer noch nicht tief genug ist, obwohl der Senat sie von einem Dampfbagger bis Blankenese auf 4,30 m vertiefen ließ. Cesar wird Vorsitzender einer Kommission zu Fragen des Seeversicherungswesens, verhandelt später lange mit der Hafenbaukommission über einen neuen Kran für schwere Güter.

Im November 1841 legt Senatssyndikus Dr. Karl Sieveking der Commerzdeputation seine Schrift »Waurikauri« vor: Hanseatische Kaufleute sollen eine Kolonisationsgesellschaft gründen, die Insel Waurikauri kaufen und dort eine deutsche Kolonie ins Leben rufen. Die Insel gehört zur Chatham-Gruppe, östlich von Neuseeland. Sieveking möchte, daß deutsche Auswanderer gemeinsam siedeln, statt sich über die Welt zu zerstreuen. Menschen, die Deutschland wegen politischer und religiöser Bedrückung verlassen, sollen auf Waurikauri nach freier Verfassung in einem idealen Staat leben. Am sichersten wäre eine solche liberale Kolonie unter dem Schutz Englands. Sieveking hat mit einer New Zealand Company, Sitz London, die ihm die Insel für 10 000 Pfund Sterling angeboten hat, einen vorläufigen Vertrag geschlossen.

Die Commerzdeputierten beschäftigen sich eingehend mit Sievekings Plan. Sie haben alle das leidige Exportproblem: Mit

Leinenausfuhr ist es fast vorbei, und deutsche Fabrikwaren gibt es erst wenige und ihr Ruf ist schlecht. Bremer Reeder haben das Problem elegant gelöst. Sie laden Auswanderer nach USA und kommen mit Baumwolle und Tabak zurück. Zwischen zehn- und fünfzehntausend Auswanderer verlassen Deutschland jährlich über Bremen, über Hamburg oft kaum tausend – der Senat wollte bislang keine Ausländer in die Stadt lassen. Der Makler Sloman jr. hat gerade mit *Roß, Vidal & Co.* abgeschlossen: Die Firma wird 200 bis 240 Auswanderer für einen Gesamtpreis von 11 000 Talern nach Port Adelaide in Südaustralien bringen. Auswanderer könnten die dringend benötigte Ausfracht sein und später zu Käufern deutscher Güter werden.

Sievekings Plan geht durch die deutsche Presse und löst heftiges Pro und Kontra aus, Lobreden und Hohnlachen, und jeder Autor nennt die Insel anders – Warrekauri, Qaurikauri, Quarekauri.

Cesar findet es schade, daß die Insel soweit weg ist: Niemand kann genau sagen, ob sie zur Kolonisation geeignet oder unfruchtbar ist. »Eine hamburgische Colonie unter brittischem Schutze in der Südsee wäre doch eine großartige Sache!« schreibt er Onkel Carl Godeffroy, der nun Ministerpräsident der Hansestädte in Berlin ist.

Mehrere Reeder, zu denen auch *Joh. Ces. Godeffroy & Sohn* gehören, gründen Anfang 1842 ein Comité für Waurikauri und fordern zum Zeichnen von 400 Aktien zu je 1 000 Courantmark auf. Der Aktienverkauf ist schleppend. In Lübeck besteht wenig Interesse, man wolle sich aber den Bremern anschließen. In Bremen fragt man sich, wer denn in Hamburg gezeichnet habe. Cesar zeichnet fünf Aktien.

Dann fliegt die New Zealand Company auf: Das Foreign Office in London teilt mit, die Gesellschaft könne nicht verkaufen, was sie nicht besitze, die Insel gehöre ihm.

Wilhelm Hocker, Dichter und Weinhändler in St. Pauli, macht ein langes lustiges Spottgedicht, das die Hamburger eifrig kaufen. In der Fremde, sieben Monde von zu Hause entfernt, blühe das wahre Glück, der Reichtum:

> Dort könnt ihr euch an Walfischthran berauschen,
> Könnt unter flüsterndem Karakkabaum
> Mit einer schwarzen Dame Küsse tauschen,
> Verschweben in der Wollust selgem Raum.

Sechzig altlutherische Familien aus Posen melden sich in Hamburg und wollen nach Waurikauri, auch aus Ingolstadt, Stuttgart, aus Karlsruhe und Dresden, Hannover und Danzig treffen Anmeldungen ein. Die englische Regierung macht Syndikus Sieveking darauf aufmerksam, daß deutsche Siedler in Neuseeland und Australien immer willkommen seien, am liebsten hätte man Winzer vom Rhein.

Carl Godeffroy gratuliert Sieveking, daß es ihm gelungen sei, sich die Insel rechtzeitig wieder vom Hals zu schaffen. Das Verdienst, der erste gewesen zu sein, der den großartigen Gedanken der deutschen Kolonisation hatte, »wird Ihnen nun einmal verbleiben«.

5.

Cesar schickt die ARIADNE 1841 versuchsweise nach Singapur – Hamburger Schiffe müssen in englischen Kolonien außer Ostindien keine höheren Zölle mehr zahlen als englische Schiffe. Er beteiligt sich an der *Hamburger Dampfschifffahrts-Compagnie*, die mit den hölzernen Raddampfern ELBE und PATRIOT einen Seebäderdienst nach Helgoland und Norderney aufnimmt, und an der *Hanseatischen Dampfschifffahrts Gesellschaft*, einer Gründung von Robert Miles Sloman sen. Sie ist die erste Aktienreederei in Hamburg und soll sich in die Linie Hamburg–Hull drängen, die drei englische Reeder sich seit Jahren teilen. Die Hamburger Börse kann an einen Erfolg dieses Wagnisses nicht glauben und hält die Gründung der Aktiengesellschaft für Schwindel.

Vater und Sohn Robert Miles Sloman sind etwa so alt wie Vater und Sohn Godeffroy. Der Großvater, ein englischer Handelskapitän, ist 1793 nach Hamburg übergesiedelt. Sloman sen. ist in der Franzosenzeit völlig verarmt, hat sich als Schiffsmakler wieder hochgearbeitet und Schiffe unter den Namen seiner Kapitäne laufen lassen: Ein Makler darf nicht gleichzeitig Schiffseigner sein. Als Sloman jr. 1837 Teilhaber im Geschäft wurde, übernahm er die Maklerfirma. Sein Vater tritt nun als Reeder auf, aggressiv und einfallsreich. Er hat eine regelmäßige Paketfahrt nach New York aufgezogen, Segelschiffe nach Fahrplan, etwas ganz Neues für Hamburg. Die vier Schiffe nehmen Auswanderer mit und Post – Post wird in Pakete geschnürt, daher der Name Paketfahrt. Die Slomans sind vom gleichen unbändigen Ehrgeiz erfüllt wie die Godeffroys. Gesellschaftlich verkehren Godeffroys nicht mit Slomans – der Großvater Schiffskapitän führte ein Boardinghaus am Hafen, als Großvater Godeffroy in seinem Hansen-Landhaus an der Elbe den Ton angab. Außerdem steht ein Makler sowieso weit unter einem Kaufmann und Reeder.

Die neue Aktienreederei gibt zwei hölzerne Raddampfer auf Werften in Bremen und Bremerhaven in Auftrag, HAMBURG und MANCHESTER. Sie segeln nach Liverpool, wo sie Kessel und Niederdruckmaschinen bekommen. Die HAMBURG läuft am 28. August 1841 zum ersten Mal nach Hull aus.

Die drei englischen Reedereien, die sich das Geschäft teilen, fordern die Ablader in Hull zu einem Boykott der deutschen Dampfer auf und beginnen einen erbitterten Preiskrieg. Die Hamburger Aktionäre lancieren Artikel in die größeren Zeitungen im Binnenland, die die deutsche Kaufmannschaft zur Unterstützung der ersten deutschen Dampferlinie aufrufen, auch wenn die Engländer sie im Preis unterbieten. Für die Zeitungen wird die Erweiterung »unserer« Reederei schließlich zur »nationalen Sache«.

Die Hamburger Gesellschaft stockt ihr Aktienkapital auf und gibt einen dritten Dampfer in Auftrag, LEEDS – schon der Name der englischen Textilstadt ist eine erneute Kriegserklärung. Der Kurs der Aktien steigt, und bald wird mit ihnen an der Börse lebhaft spekuliert. Ein Jahr halten die Reeder in Hull durch, dann verständigen sie sich mit den Hamburger Aktionären. Das englische Monopol ist gebrochen.

Cesars Vater haben Ratenkampf und Pressekrieg nicht

gefallen, »überhaupt mag ich die jetzige Art der Geschäfte nicht; ich war sie nie gewohnt, kann diesen Geschmack im Alter nicht gewinnen«.

Prächtige Ladengeschäfte entstehen in Hamburg, die neuen Landungsplätze für Dampfschiffe sind fertig, und der Senat übergibt der Kaufmannschaft eine neue Börse.
Sie hat 3500 m² Grundfläche, ihr großer Saal ist weiß und drei Stockwerke hoch. Weiße Marmorleisten durchziehen seinen Fußboden aus schwarzem Asphalt und teilen ihn in Dreiecke ein. Die Dreiecke haben Messingzahlen und -buchstaben, und an den Säulen hängen Nummern: So findet man jeden Kaufmann an dem Platz, den er gemietet hat. Die Wände des Saals bestehen in allen Stockwerken aus Säulen und Bogengängen, hinter denen Korridore und Haupt- und Nebentreppen zu Sitzungssälen, Lese- und Konversationssälen führen. Das Gebäude ist gut geheizt, gut erleuchtet und frei von Zugluft.
Die Kaufleute versammeln sich am Sonnabend, dem 4. Dezember 1841, um ein Uhr zum letzten Mal im Gehege der alten Börse. Viele Zuschauer drängen sich am Straßenrand, an den Fenstern und auf den Dächern der umliegenden Häuser. Die Kirchenglocken läuten, und 1680 Kaufleute in Frack und Zylinder ziehen feierlich durch die Straßen zur neuen Börse. An der Spitze des Zuges gehen die acht Commerzdeputierten, unter ihnen Cesar Godeffroy.

Gustav gibt das Brasiliengeschäft auf und kehrt im Frühjahr 1842 nach Hamburg zurück.
Adolph will zum Sommer heimkehren. Er ist seinem Geschäft jetzt in Europa nützlicher als in Kuba, der Papa ist ganz dieser Ansicht, von Spreckelsen bleibt mit zwei Commis in Havanna. Außerdem verträgt Tony das Klima nicht und ist oft krank. Sie und Adolph sind wie ausgehungert nach Familie und Freunden, freuen sich auf Hamburg. Adolph: »Die Zukunft liegt wahrhaft lieblich vor uns.«
Cesar hat nun drei Kinder – am 7. Juli 1841 kam seine Tochter Charlotte zur Welt – und dreizehn Schiffe.

Hamburg besitzt nun endlich auch eine Eisenbahn, das Sinnbild der neuen Zeit: 16 km bis Bergedorf, eingleisig noch, aber immerhin die erste Station Richtung Berlin. Der Eisenbahnbau war äußerst schwierig, weil jeder Nachbarstaat größte Bedenken vorzutragen hatte. Der englische Ingenieur William Lindley hat drei Jahre gebaut. Im Bahnhof am Deichtor stehen vier englische Lokomotiven, zehn Güterwagen und neunzehn Personenwagen in zwei Klassen. Die Bahn soll am Sonnabend, dem 7. Mai 1842, eröffnet werden.

Der Himmel über der Stadt ist hoch und blau, der Wind weht aus Osten. Senatoren und Commerzdeputierte hoffen, daß das herrliche Wetter bis zur festlichen Einweihung anhält.

»Der geliebte Papa«

1.

Cesar Godeffroy sen. sitzt am Abend des 6. Mai in der Bibliothek seines Landhauses an der Elbchaussee und schreibt an seinen Schwager Fritz in Lüchow:

»Ehe Du diese Zeilen erhältst, wirst Du von dem namenlosen Unglück gehört haben, das Hamburg betroffen hat. Seit gestern morgen 1 Uhr wüthet eine grässliche Feuersbrunst in den Mauern unserer armen Stadt. Starker Wind, Wassermangel, grosse Dürre – alles vereinigte sich, um die Anstrengungen der Menschen, ihr Einhalt zu thun, zu vereiteln.

Gustav hat mit einer Anzahl Freunde und Bekannten übermässige Anstrengungen gemacht, um heute die grossen Bleichen zu retten – umsonst – in der Deichstraße hat das Feuer begonnen, gestern schon jene Straße mit dem Haus von Parish, den Hopfenmarkt, Neueburg, Bohnenstraße, Nicolai Kirche, Börsenhalle, Rathaus, Bank weggerafft ...«

Ernst Winkelmann, Verwalter des Königlich-Hannoverschen Oberpostamts, kehrt gegen ein Uhr früh – es ist Donnerstag, der 5. Mai 1842, Himmelfahrtstag – in seine Wohnung in der Deichstraße zurück. Er riecht etwas Brandiges und weckt seine Nachbarn. Die Männer sehen Flammen aus dem Speicher N° 44 schlagen, in dem Tabak und Lumpen lagern. Nachtwächter laufen herbei, drehen ihre Rasseln und rufen »Fü-er! Fü-er in de Diekstraat!« Die Türmer läuten die Sturmglocken.

Dr. Gustav Kirchenpauer, Sekretär der Commerzdeputation, wacht in seiner Wohnung am Jungfernstieg auf und schläft beruhigt wieder ein: Ein Feuer in der Deichstraße geht seine Companie der Bürgerwehr nichts an.

Spritzenmeister Repsold und die erste Feuerspritze mit 24 Mann fahren durch die nächtlichen Straßen zur Brandstätte. Der Rohrführer dringt in den brennenden Speicher ein, muß aber vor Glut und Qualm zurückweichen. Die Soldaten des Bürgermilitärs tragen Zigarrenkisten heraus. Der Giebel stürzt ein und begräbt sie, und die Löschmannschaften retten die Verunglückten. Der Nachbarspeicher brennt.

Die Flammen spiegeln sich im Wasser des Deichstraßenfleets. Zwölf Landspritzen mit je 24 Mann kommen über die Straßen und sieben Schiffsspritzen mit je 16 Mann auf den Wasserwegen. Die Hausbesitzer und ihre Bedienten versuchen, ihre Häuser zu schützen. Doch Getreide und Zucker in den Speichern flammen auf, und die Fachwerkbalken fangen Feuer.

Oberspritzenmeister Bieber, Polizeiherr Senator Hartung und vier Vertreter der Feuerkasse treffen ein. Die Spritzenmeister Bieber und Repsold bitten den Senator um die Erlaubnis, einige Häuser sprengen zu dürfen, um dem Feuer die Nahrung zu entziehen, doch er und die Herren von der Versicherung lehnen ab: Sie fürchten Regreßansprüche der Eigentümer, glauben, das Feuer sei mit Wasser noch aufzuhalten.

Doch allein im Speicher von *Vidal & Co.* lagern 350 Hektoliter Arrak, 50 tons Zucker, 50 tons Stocklack, 3 tons Chellack, 4 tons Gummi Damarh und 3,5 tons Kampfer. Das Feuer schleudert brennende Fässer hoch in die Luft und überspringt das sieben Meter breite Fleet.

Der Nachthimmel ist orangefarben und voller Rauch, Wände und Dächer prasseln und knacken, Ziegel fliegen glutsprühend durch die Luft. Leute schaffen Möbel auf die Straßen, Stühle, Betten, stellen Leitern an die Häuser und reichen lederne Wassereimer hinauf, Reiter bahnen sich einen Weg zwischen Menschen und Feuerspritzen, in den Ställen brüllt das Vieh. Das Militär sperrt die ersten Straßen. In einem Weinlager schlagen Arbeiter, Spritzenleute und Soldaten den Boden eines Weinfasses ein. Sie sind durstig und glauben, daß sie das Feuer bald gelöscht haben.

Gegen Morgen dreht der Wind auf Südwest, auf Westsüdwest und nimmt zu, mehrere Häuser am Rödingsmarkt brennen. Auf den Fleeten schwimmt brennender Alkohol, und die Schiffsspritzen müssen sich zurückziehen. Um zehn Uhr sind dreißig Häuser niedergebrannt.

Dr. Gustav Kirchenpauer ist in Ruhe aufgestanden. Als er gegen zehn immer noch Rauch und Flammen von seinem Fenster aus sieht und die Feuerglocke stärker läutet, geht er den Neuen Wall hinauf. Der Rödingsmarkt ist schon abgesperrt. Hier trifft er die Herren, die von ihren Parks an der Elbe in die Stadt gekommen sind. Er geht mit ihnen zur neuen Börse, sie klettern auf das Dach. Von dort sehen sie Rauch, aber nur wenige Flammen, das Feuer scheint von der Börse wegzuziehen, und sie sind beruhigt.

Kirchenpauer besucht Verwandte und Bekannte. Die Damen sind unruhig, die ersten lassen die Bedienten Droschken holen und schicken die Töchter mit dem Silberzeug aus der Stadt. Einige fangen an zu packen. Kirchenpauer hört, daß Oberspritzenmeister Bieber verletzt nach Hause gebracht wurde und Spritzenmeister Repsold nicht mehr sehen kann. Auf der Straße trifft er den jungen Repsold.

»Wir wissen nichts mehr anzufangen«, sagt er, »der Nicolaiturm ist verloren, alles ist verloren.«

Mittags um ein Uhr, gerade als Kandidat Hans Wendt mit der Mittagspredigt zu Ende kommt, wirbelte Glut am Turm der Nikolaikirche hoch.

Bürgermeister Benecke und die acht jüngsten Ratsherrn

haben sich, der Verfassung gemäß, bei Ausbruch des Feuers im Rathaus versammelt. Sie hören Spritzenmeister und Bürgerwehrkommandeure an, die Vorsteher der Feuerkasse und der Commerzdeputation und die englischen Ingenieure Lindley und Giles, die Sprengungen vorschlagen, und wiegeln jede neue Nachricht über das Feuer als Volksgerücht ab. Als die ersten Bürger melden, der Nikolaiturm habe Feuer gefangen, rufen die Senatoren sie zur Ordnung: Es sei unpatriotisch und gefährlich, dergleichen beunruhigende Gerüchte auszustreuen.

Doch die Schreiber im Rathaus packen die Hypothekenbücher der Stadt in Säcke und die Papiere der Kämmerei und lassen achtzehn große Wagen kommen, die die Akten in den Keller der St.-Michaeliskirche bringen sollen.

Um drei Uhr nachmittags brennt der Turm der Nikolaikirche wie eine große Fackel. Noch einmal ertönt das Glockenspiel, ein Schornsteinfegerjunge hat es in Bewegung gesetzt, die Leute sinken auf die Knie und beten, Tränen strömen über die Gesichter. Schmelzendes Kupfer fällt in glühend roten und grünen Fetzen herab. Um vier Uhr stürzt die Turmspitze auf das Kirchendach und setzt die Pastorenhäuser in Brand. Gegen Abend brennt der ganze Stadtteil.

Tausende sind in die Stadt gekommen, um das große Schauspiel aus der Nähe zu sehen, Zehntausende drängen hinaus. In den Straßen ist ein Rennen, Fahren, Toben, Drängen, Schreien, man kommt kaum noch vorwärts. Immer stärker wird der Sturm, den das Feuer selbst entfacht, und Glutschauer fallen herab. Man bringt Kinder und Greise, Schwache und Kranke in Tragstühlen fort. Nun hat der Senat Sprengungen mit Schießpulver gestattet.

Kirchenpauer ist am Nachmittag auf der Börse. Dort beraten die Commerzdeputierten, unter ihnen Cesar Godeffroy, was zu tun ist. Kirchenpauer läßt den Polier Doelcke Luftlöcher auf dem Dach der Börse mit Wolldecken umwickeln und Wassereimer aus der Nachbarschaft besorgen. Er packt die wertvollsten Papiere und Protokolle in Säcke und läßt sie mit den beiden Geldkisten in den Keller tragen. Die Deputierten glauben nicht an eine Gefahr für die Börse und erlauben, daß Abgebrannte mit ihren geretteten Möbeln und Kisten im großen Saal Obdach finden. Aber gegen Mitternacht schicken sie Kirchenpauer zum Rathaus, um zu erfragen, wer eigentlich die Löscharbeiten leite.

Die englischen Ingenieure erklären, das Rathaus müsse gesprengt werden. Um halb drei Uhr nachts verläßt der Senat das 500 Jahre alte Gebäude und zieht feierlich in alter Ordnung durch die furchtbar erleuchteten Straßen zum Stadthaus am Neuen Wall.

Mit 800 Pfund Pulver sprengen die Ingenieure den linken Teil des Rathauses mit dem Niedergericht. Mehr Pulver haben sie nicht. Das große Rathaus fängt Feuer, brennt mit allen Kaiserfiguren an der Fassade, den Zeichen der Reichsfreiheit Hamburgs. Die Bank brennt. Trümmer des Rathauses sind auf den Schatzkeller gefallen, den verschwiegene Männer unter Wasser gesetzt haben, damit die Gold- und Silberbarren der Bank nicht schmelzen. Kaum jemand ahnt, daß sie noch immer im Keller liegen, den an dieser Stelle jetzt nur eine Lage Bohlen bedeckt. Die letzten Wagen mit Akten fahren über die Bohlen davon.

Die Ingenieure sprengen nun am Neuen Wall.

Wir sind an Fotos und Filme großer Städte gewöhnt, die in den Kriegen des 20. Jahrhunderts zerstört wurden, sind mit der Kamera über Hiroshima geflogen. Damals war der Brand Hamburgs etwas so Ungeheures, Undenkbares wie im 18. Jahrhundert nur das Erdbeben von Lissabon.

Am Freitag morgen dreht der Wind, das Feuer gefährdet Katharinenstraße und Katharinenkirche, der Alte Wandrahm liegt in seiner Bahn. Die Hausbesitzer stellen gemeinsame Feuerwachen auf und lassen die Fenster vernageln, lassen Wasser in alle Stockwerke und auf die Speicherböden bringen und unablässig die Regenrinnen und damit Teile ihrer Häuser begießen.

Cesar Godeffroy sen. läßt sich von seinem Kutscher in die

Stadt fahren und ist den Freitag über am Alten Wandrahm tätig. Er ordnet an, Cesars und Emmys Möbel auf Wagen zu laden und an die Elbchaussee hinauszufahren. Abends berichtet er seinem Schwager: »Man hofft, das Feuer wird sich nicht nach der Seite des Wandrahm ausdehnen, indess wir haben Vorkehrungen getroffen und sind gefasst.«

Gustav steht den ganzen Tag an einer Feuerspritze auf den Großen Bleichen, die Spritzenmannschaften sind erschöpft, Bürger und Juden lösen sie ab. Die Ingenieure wollen den Gänsemarkt retten, und ihre Männer schießen mit Kanonen die Hotels am Jungfernstieg und das Haus von Salomon Heine ein, wobei der Oberfeuerwerker Wegmann zerrissen und der Oberleutnant Vorjans schwer verwundet wird. Gustav hört das Flammenmeer kommen, das Brausen wird stärker, ein furchtbarer Sturm reißt die Fenster aus, treibt einen Feuerregen in die Häuser. Das Stroh in den Ställen fängt Feuer, die Ware in den Speichern, und mit rasender Schnelligkeit brennen die Häuser bis zum Neuen Wall nieder.

Der altberühmte Jungfernstieg mit seinem Luxus und seiner Pracht verbrennt. Geretteter Hausrat verstopft die Promenade, die schreiende Menge kippt Möbel in die Alster. Als Linden und Grasnarbe zu brennen anfangen, stürzt alles in wilder Flucht davon, Wagen verkeilen sich ineinander oder fahren in kreischende Menschen. Auf der Alster entzünden sich Schiffe mit gerettetem Gut.

Plünderer mit Äxten dringen in verlassene Häuser ein, und in den vornehmen Austerkellern der Stadt feiert das Gesindel. Im Keller Ecke Burstah/Alterwall kreisen mit Champagner gefüllte Löscheimer und Pickelhauben um die Tische, bis das Haus zusammenstürzt und die Trunkenen begräbt. Fuhrleute verlangen Wucherpreise für einen Wagen, und andere, die teilweise von weit entfernten Orten gekommen sind, helfen und retten uneigennützig; der Amtmann von Schwarzenbek hat 200 Wagen mitgebracht.

»Ob der neue Jungfernstieg und die Esplanade gerettet sind«, schreibt Cesar Godeffroy sen., »weiss ich eben so wenig, wie die neue Börse – Cesar ist dort unausgesetzt – ich habe ihn nicht gesehen, nach einer mündlichen Botschaft von ihm soll sie noch stehen.« Der Vater ist in großer Sorge. »In welcher Stimmung ich Dir schreibe, wirst Du leicht denken, vorzüglich, wenn ich hinzufügen muss, dass Sophie seit Sonntag bedeutend krank ist und ihr Zustand mir Besorgnisse einflösst und wir meine arme Tochter, die hier Erholung finden sollte, in wenigen Tagen erwarten. Wahrlich viel auf ein Mal, so wandelbar ist das Glück hienieden. Indessen mein theurer Fritz, lass uns den Muth nicht sinken lassen, Ruhe und Fassung behalten und Vertrauen in den, in dessen Hand unser aller Schicksal ruht und der uns ein gütiger Vater ist.«

Als er den Brief siegelt, haben die Commerzdeputierten die Börse aufgegeben.

Die Nacht von Donnerstag auf Freitag und den Freitag über haben die Kaufleute in der Börse gearbeitet, seit 24 Stunden fast nichts gegessen. Am Freitag morgen mußten sie den Polier Doelcke mit verbrannten Füßen vom Dach tragen. Auf dem Dach steht die Feuerwehr aus Harburg, vom Südufer der Elbe, mit einer Spritze und hält den oberen Teil der Fassade naß. Unten haben Kaufleute und Soldaten vom Fleet zum Rohr eine Eimerkette gebildet. Sie lösen sich beim Pumpen ab. Die Spritzenleute weigern sich ein paarmal, weiterzuarbeiten, und werden durch einen Eimer mit bayrischem Bier, das Kirchenpauer aus einem Kaffeehaus bei der Börse holt, »in Spirit erhalten«.

Schließlich wird die Glut auf dem Dach unerträglich. Kirchenpauer sinkt in der Eimerkette erschöpft zusammen, Ernst Merck übernimmt seinen Platz. Dann geben die Kaufleute auf. Bibliothekar Dr. Adolph Soetbeer sucht noch aus der Bibliothek die kostbarsten Schätze heraus, die sie rasch in den Keller bringen, und der Präses der Commerzdeputation, Octavio Rudolph Schroeder, läßt die abgebrannten Flüchtlinge den Saal räumen. Einige geraten in Panik, weigern sich schreiend und müssen mit Gewalt durch das Prasseln der Flammen und das Krachen zusammenstürzender Häuser in Sicherheit gebracht werden. Hinter den Deputierten, die die Börse als letzte verlassen, fallen brennende Trümmer auf die Straße und versperren den Weg zurück. Die Börse ist in Rauch und Flammen gehüllt.

Der Commerzdeputierte Theodor Dill hat den Tumult bei der Räumung der Börse überhört, er hat im Keller Bücher gestapelt. Als er wieder hinaufkommt, ist die Halle leer. Doch dann sieht er zwei Freunde, die überall nach ihm gesucht haben. Auf der Straße stoßen sie auf sieben Arbeiter, die ihnen verzweifelt erzählen, daß sie alle vom Feuer eingeschlossen seien.

Die zehn Männer verteilen sich, jeder mit einem halben Eimer Wasser, in der Börse. Im Lesezimmer brennen Regenschirme in einem Ständer in der Ecke, sie treten das Feuer aus, Fenstervorhänge brennen, Dielen rauchen. Die Männer durchsuchen das ganze große Haus nach Wasser. Einen kleinen Vorrat auf dem Dach gießen sie über den glimmenden Fußboden im oberen Stock. Fünfzehn Eimer finden sie in der Küche des Kastellans. Als auch die aufgebraucht sind, gießen sie alles Flüssige, was sie noch finden können, in ein Faß, laufen mit Löffeln, Kellen, Schalen und tropfen es auf glimmende Balken und Bohlen. Erst als nichts mehr da ist, merken sie, daß die Feuer um die Börse niedriger brennen. Die Börse ist gerettet.

Die Retter, die sich selbst gerettet haben, läuten die Börsenglocke. Niemand hört sie. Sie stecken eine weiße Fahne auf das Börsendach. Niemand sieht sie. Einer der Arbeiter wagt es, einen Brief durch die glühenden und rauchenden Feuer ringsum zu bringen. Er kommt mit einer Wachmannschaft zurück. Die Börse liegt in der Stadt wie eine Insel in einem Trümmermeer.

Am Sonnabend bringt Militär die schweren Verbrecher, die man aus dem abgebrannten Spinnhaus evakuiert hat, zum Heiligengeistfeld vor der Stadt. Sie sind an den Füßen mit Kugeln und Blöcken beschwert und schlarren auf Holzpantoffeln bleich und teilnahmslos dahin.

Der Senat hat eine Bürgerpolizei gebildet, die die abgesperrten Brandgebiete bewacht. Räuberbanden dringen in verlassene Wohnungen ein. Militär aus Lübeck, Dänemark und

Hannover, um das der Senat zum Schutz vor Plünderern gebeten hat, marschiert in die Stadt.

Das Feuer hat sich bis zum Glockengießerwall gefressen. Die östliche Vorstadt St. Georg ist in Gefahr. Pferde und Wagen stehen dicht gedrängt in den Straßen, und die Einwohner tragen ihre Sachen aus den Häusern. Doch dann dreht der Wind und treibt die Flammen auf die Alster. Spritzenmänner aus Lübeck, Lauenburg, Lüneburg und Kiel bringen das Feuer zum Stillstand. Kurze Mühren N° 17 ist das letzte Haus, das verbrennt – von nun an heißt die Straße hier Brandsende.

Am Sonntagmorgen um halb zwölf ist der Brand unter Kontrolle. 60 000–70 000 Menschen sind geflohen, fast die Hälfte der Einwohner.

»Dem Feuer ist Einhalt gethan«, schreibt Cesar Godeffroy sen. seinem Schwager und Freund Fritz, »der Wandrahm steht, und wir haben nichts verlohren – ein schwacher Trost bey dem allgemeinen Elend.«

In den ersten Tagen und Nächten nach dem Brand ist die Stille zwischen den rauchenden Ruinen beklemmend. Man hört in den verlassenen Straßen nur hier und dort den gleichförmigen Tritt einer Wache und aus der Ferne den Takt des Pumpens beim Nachlöschen. Nachts beleuchtet die Glut aus der Tiefe der Keller kahle Wände und die Trümmermassen der ausgebrannten Kirchen. Wenn der Morgen dämmert, scheinen die Flammen in die Tiefe zurückzusinken, und nur Rauch und schwarze Brandmauern bleiben. Weit entfernt liegende Straßen und Gebäude sind auf einmal ganz nah.

Unter den Trümmern glimmt die Glut wochenlang fort. Die Spritzen werden erst am 26. Juni zurückgezogen, und noch Mitte August finden Arbeiter beim Aufräumen Brandstellen. Bürgerpolizei und Bürgermilitär aus Hamburg, Infanterie, Kavallerie und Artillerie aus Bremen, Cuxhaven und Stade, aus Magdeburg, Potsdam und Flensburg passen auf, daß keine Plünderer zugreifen.

2.

Die erste Besprechung der Commerzdeputierten nach dem Brand ist am Montag, dem 9. Mai, morgens um acht im Privathaus von Präses Schroeder. Die größte Sorge der Herren gilt dem *Credit* der Stadt. Weder in London noch in Deutschland, in Skandinavien, Rußland oder Übersee darf es heißen, die Hamburger seien so verarmt, daß man ihre Wechsel besser nicht annehme.

Der Silberschatz der Bank ist gerettet. Es ist ein Geheimnis, wo er liegt, der Senat läßt ihn schwer bewachen, die Bankzahlungen durch Ab- und Zuschreiben auf den Girokonten gehen ungehindert weiter. Börse wird heute im Logensaal der Freimaurer gehalten, um zwei Uhr, ein Notbüro der Bank ist ganz in der Nähe.

Der Präses berichtet, Herr Salomon Heine habe erklärt, alle auf ihn fälligen Wechsel sofort zahlen zu wollen. Einige Herren rufen, Herr Heine habe das bereits getan, und nun tue jeder dasselbe. Später ist man sich einig, daß Salomon Heines Vorbild die Stadt gerettet habe.

Problem an diesem Montagmorgen sind einige Handelshäuser zweiter und dritter Klasse, die durch das Feuer gelitten haben und schwer Geld herbeischaffen können. Die Versammelten beauftragen Cesar Godeffroy und Justus Ruperti, *H. J. Merck & Co.* – auch Rupertis Wohnhaus an der Binnenalster ist abgebrannt –, mit Salomon Heine, Oppenheimer und anderen Bankiers über eine Darlehens-Gesellschaft zu reden.

»Sophiens Zustand hat sich verschlimmert, mein Herz blutet – aber Gott hat mir Fassung gegeben, und ich will sie behalten, es mag die Entscheidung seyn, welche sie will – sobald sie da ist, hörst Du von mir!« Fritz soll nicht an die Elbchaussee kommen, er würde seine Schwester doch nicht sehen können. »Ein Nervenfieber bedroht das Leben der uns so Theuren, der Heissgeliebten.«

Sophie hat Typhus, der Vater weiß es noch nicht, fast täglich berichtet er Fritz von ihr, vom Brand. Beides beschäftigt, verwirrt ihn, »ich habe einige Mühe, Gedanken und Gedächtniß zusammen zu halten – indeß es wird schon wieder kommen – vorzüglich wenn Sie nur erhalten bleibt, und dazu ist seit 48 Stunden einige Hoffnung«, meint er Ende der Woche. Er vertraut auf Gott und auf ihre »vortreffliche Constitution«, erzählt: »Tausende haben alles verlohren, und ob die gegen Feuer Versicherten alle ihr Geld bekommen werden, ist zweifelhaft – aber auch die Wohlhabenden haben viel eingebüsst, selbst Leute wie Senator Jenisch konnten nur die kostbarsten Geräthe retten, und in welchem Zustande ist alles Gerettete, davon haben wir einen Beweis bey Cesars Möbeln, die hierher geflüchtet wurden, Parish haben nichts gerettet, nur Silberzeug.« Er selbst rechnet für sich mit einem Verlust von 62 000 Bankomark, denn er ist an einer Gesellschaft beteiligt, die durch das Feuer geschädigt ist. »Bleibt Sophie nur erhalten, so hab' ich Muth zu allem.« Er vermißt ihren »kräftigen Beistand in diesen schweren Tagen«. Neue Börse und Bank sind wieder eröffnet, »die ganze Kaufmannschaft, die ganze Stadt beseelt nur ein Gefühl, vereint dahin zu wirken, dass Hamburgs Ruf auch in dieser schrecklichen Catastrophe seinen alten Ruhm bewährt«.

1 681 Kaufleute gibt es in Hamburg, 430 sind abgebrannt. Das Feuer hat ein Drittel der Innenstadt vernichtet: 1 800 Häuser – das sind mit vermieteten Kellern und Wohnungen 4 219 Feuerstellen –, 102 Speicher, sieben Kirchen, zwei Synagogen, Rathaus, Bank, Archiv, alte Börse, Börsenhalle, das Zucht- und Armenhaus, das Spinnhaus, zwölf Bücherlager, vier Antiquariate, sieben Kunsthandlungen, 31 Buchdruckereien, sieben Apotheken, 60 Schulen, 94 Gast- und Speisewirtschaften, darunter die vierzehn größten Hotels, 590 Ladengeschäfte. 51 Menschen kamen um, über 100 sind verletzt, 20 000 obdachlos.

In St. Petersburg gibt der berühmte Klaviervirtuose Franz Liszt ein Konzert für die Abgebrannten, in Rom sammeln die deutschen Künstler Geld, in Göttingen die Studenten. Aus Frankfurt, Berlin, Hannover kommt Geld, aus Leipzig, Celle, Köln und Karlsruhe, Städte und Dörfer in Deutschland sammeln für Hamburg. Spenden kommen aus Österreich, Dänemark, Frankreich, England, Holland, den USA, Mexiko, Kuba, Brasilien – fast sieben Millionen Mark. Die Preußische Seehandlung, wie die Bank in Berlin heißt, bietet dem Senat ein Darlehen in Höhe von zwei Millionen preußischen Talern an. Die Commerzdeputierten wollen das Angebot annehmen, doch der Senat fürchtet eine politische Einmischung Preußens und lehnt ab.

Die Commerzdeputierten treffen sich täglich. Sie wünschen, daß der abgebrannte Teil der Stadt mit breiten geraden Straßen und Plätzen aufgebaut wird. Der Staat müsse den Grund und Boden dazu ankaufen und, falls man sich mit den Besitzern nicht einige, sie enteignen.

Die Eingabe der Commerzdeputation an den Senat liegt ab Dienstag, dem 17. Mai, an der Börse aus. Fast die gesamte Kaufmannschaft unterschreibt.

Am selben Dienstag berichtet Cesars Vater seinem Schwager, er hoffe nun, daß Sophie wieder gesund werde, es gehe ihr besser. Doch abends kehrt die zerstörerische Krankheit mit neuer Wut zurück. Am Donnerstag, dem 19. Mai 1842, um 2.40 Uhr am Nachmittag, »nahm Gott die so unendlich Geliebte wieder zu sich«, schreibt der Vater am Tag danach, »mir war sie alles, alles«.

Im Dörfchen Dockenhuden zimmert der Tischler einen Sarg aus Eichenholz, bringt das Wappen der Godeffroys auf beiden Seiten an und legt ihn mit weißer Seide aus. Sophie Godeffroy ist 56 Jahre alt geworden.

Der Vater gibt Cesar am Tag vor der Beerdigung ein schmales, dünnes Päckchen. Es enthält die Biographie des Oberlandes-Oeconomie-Commissairs Johann Friedrich Meyer, geschrieben von Dr. Theodor Hagemann, Chef der Justizkanzlei in Celle und Mitglied der Königlichen Landwirtschafts-Gesellschaft, erschienen 1820. Auf die Innenseite des silbernen Einwickelpapiers hat Sophie geschrieben »Zum Andenken für meine Kinder, die darin Aufmunterung zu allem Guten und Nützlichen finden«. Sie erinnert ihre Kinder an das Vorbild ihres Vaters, der Land zum Nutzen vieler Menschen kultivierte und der es ablehnte, Güter zu erwerben, »die der Rost und die Motten fressen«. Ein letztes Mal hat Sophie ihren Kindern auf einen kleinen Zettel geschrieben, was ihnen hilft, dieses Leben zu bestehen: ein ehrenwerter Name, ein Herz voll Vertrauen zur Vorsehung und Liebe zum Höchsten aus unbeschwertem Gewissen.

Der Vater und die Söhne bedecken den Sarg mit Blumen aus dem Garten.

Die Beerdigung ist am Montag, dem 23. Mai. Morgens um sechs tragen Cesar, Gustav, Alfred und William Brancker den Sarg zwischen den Säulen die Treppe hinunter und heben ihn auf den Trauerwagen. Der Vater und Cesar fahren in der ersten Kutsche, Gustav, Alfred und Brancker in der zweiten, alle Bedienten tragen Trauer. »Mein Begräbnis vor dem Damthor ist ein geräumiges schönes Gewölbe, mit weissen Marmor Fliesen ausgelegt, dort ruht Sophie neben meinen Eltern – den Gründern meines Glücks in dieser Welt, sie die Schöpferin und Erhalterin desselben während 32 Jahren – dort ruht mein Alles.«

Der Vater bleibt von nun an im Landhaus an der Elbchaussee, »mit Sophies Tod ist mein Leben hienieden beendigt«. Am 28. Juli schreibt er dem Schwager noch einmal: »Ich bin in dieser Welt fertig – ganz fertig.«

3.

Zwischen Trümmern und Ruinen wächst eine Barackenstadt. Gesellen und Arbeiter verlangen höheren Tagelohn und nehmen, wenn die Meister ihn verweigern, bei den Zimmerleuten Arbeit, die hölzerne Buden auf dem Jungfernstieg und der Esplanade aufstellen, um die Läden zu ersetzen. Schnaps- und Zigarrenbuden sind als erste fertig.

Cesar ist täglich in Besprechungen. Der Brand hat bewiesen, daß Regierung und Verwaltung unfähig sind. 845 aufgebrachte Bürger kommen in die erste Bürgerschaftssitzung nach dem

Brand – normalerweise kommen keine 250. Sie tagen von neun Uhr morgens bis zehn Uhr abends im Mädchenschlafsaal des Waisenhauses.

Auch der Senat ist in das Waisenhaus übergesiedelt.

Zahlreiche Bürger, an ihrer Spitze Dr. Kirchenpauer, unterschreiben eine Petition der Patriotischen Gesellschaft: Sie bitten den Senat, in der Bürgerschaft beantragen zu wollen, man möge eine Deputation ernennen, die einen Bericht machen solle über die Änderung unserer Verfassung und Verwaltung.

Die alten Herren im Senat sind entrüstet und fühlen sich an den »jakobinischen Kram« ihrer Jugendzeit erinnert. Bürgermeister Bartels warnt vor der »vorlauten Anmaßung« der Petenten. Ende Juni bekommen sie Bescheid: Der Senat halte den gegenwärtigen Zeitpunkt zur Anregung solcher Fragen für nicht geeignet.

Die Petenten ernennen zwanzig Männer, die genaue Forderungen an den Senat formulieren sollen: Präses Schroeder, Dill, Roß, Cesar Godeffroy gehören dazu. Noch wünschen die Herren keine Staatsreform, wollen nur den ungefügen Apparat aus Kollegien und Deputationen, die für alles und nichts zuständig sind, zum Funktionieren bringen. Der Senat erhält die zweite Petition Ende Juli. Er antwortet nicht.

Drei Monate später beschließen die Petenten, ihre Wünsche ausführlich zu begründen. Sie verlangen Trennung von Staat und Kirche, Trennung von Justiz und Verwaltung.

Der Senat schweigt. Aber im nächsten Jahr wählt er den Neuerer Gustav Kirchenpauer zum Senator. Es ist typisch für Hamburg, einen Opponenten in die Regierung aufzunehmen: Man zeigt der Gegenseite an, daß man auf sie hört, und schwächt sie zugleich.

Die Stadt wird vermessen. Überall flattern bunte Fähnlein, die Richtung und Breite neuer Straßen bezeichnen. 750 Grundstücke werden geschätzt, 309 700 m² enteignet. Enteignung, Neuaufteilung und Verkauf der Grundstücke dauern das ganze Jahr 1843.

Senat und Bürgerschaft haben zum Wiederaufbau eine Staatsanleihe von 34,4 Millionen Bankomark bewilligt – die

Preußische Seehandlung in Berlin macht die Anleihe: 94 % Auszahlung bei 3 % Zinsen, was als sehr günstig gilt. Die Architekten Gottfried Semper und Alexis de Chateauneuf schlagen ein einheitliches Stadtbild vor, eine weiße Architektur, die Binnenalster als zentrale Fläche, Stein und Wasser sollen ineinander übergehen. Die Straßen bekommen Steinpflaster und Bürgersteige, eine neue Hausnumerierung – rechts die geraden, links die ungeraden Nummern – und Gaslaternen anstelle der Walfischöllampen. Ingenieur William Lindley entwirft eine zentrale Wasserversorgung und ein Sielsystem.

Viele trauern um das alte schiefe krumme Hamburg mit seinen engen Gassen und Fachwerkhäusern. Doch die großen Kaufleute sind mit den Plänen für eine moderne Großstadt zufrieden. Ihr Drang nach politischen Reformen erlahmt. Der freche Heinrich Heine, Neffe des nun allseits verehrten Salomon Heine, meint, der Brand erweise sich als gutes Geschäft für die Stadt, und dichtet in »Deutschland, ein Wintermärchen«:

> Die Bank, die silberne Seele der Stadt,
> Und die Bücher, wo eingeschrieben
> Jedweden Mannes Banko-Wert,
> Gottlob! Sie sind uns geblieben!

»Cesar sieht blass und ernst aus«, hat der Vater im Juli nach Lüchow berichtet. »Er lernt sehr jung des Lebens ernste Seiten kennen, Gott wird ihm ja wohl glücklichere und heitere Tage schenken – sein ernstes tieffühlendes Gemüth hängt mit wahrer treuer Liebe an der unvergesslichen Mutter.«

Sobald die zweite Petition zur politischen Reform dem Senat Ende Juli 1842 überreicht ist, begleitet Cesar seine Frau und die drei Kinder nach Bad Kreuznach. Der kleine Cesar leidet immer noch an einem Hautausschlag, Emmy hat eine Odyssee von Arzt zu Arzt hinter sich und sucht in Kreuznach Hilfe. Cesar hat nun so viele Ehrenämter, daß er nicht lange bleiben kann. Gustav nimmt ihm schon eine zweiwöchige Geschäftsreise nach England ab.

Der Vater ist mit Helene in Dockenhuden. Adolph und

Tony sind immer noch nicht aus Havanna eingetroffen. Der Vater sorgt sich: »Dieses Jahr ist so unglücksbringend, dass man oft unwillkürlich zittern muß.«

Helene hat großen Kummer, doch noch war kaum Zeit für Vater und Brüder, ihr zuzuhören. William Brancker, jetzt 45 Jahre alt, ist zum zweiten Mal gescheitert, zwar nicht unehrenhaft, doch die Firma *Brancker, Godeffroy & Co.* ist aufgelöst. Er ist nach Wien gefahren, weil er sich dort Geschäfte erhofft, aber der Vater glaubt nicht an einen Erfolg: »Seine Aussichten für die Zukunft gehören zu den traurigsten.«

Ende August kommen endlich Adolph, Tony und Adolphito, der Vater findet seinen Sohn »unverändert, heiter, brav, kräftig an Körper und Seele«. Drei Wochen später muß Adolph nach St. Petersburg weiterreisen, dem Sitz großer Banken.

Cesar lädt im Herbst die ganze Familie »zur Aufheiterung des geliebten Papas« ins Landhaus ein. Emmy ist mit den Kindern aus Kreuznach zurück, dem Kleinen hat die Kur nicht geholfen. Helene mit Familie, Adolph, Tony und ihr Sohn und Tonys Schwester Auguste wohnen beim Vater an der Elbe. Alfred kommt aus Bremen, wo er bei Geschäftsfreunden in die Lehre geht, und aus Wien reisen Onkel August und Tante Helene an. Sie werden den Winter beim Papa verbringen, um ihm die trübe Jahreszeit zu erheitern.

Der Vater bemüht sich, ruhig und ergeben zu sein und seine Pflicht zu erfüllen. Am 11. November ist Sophies Geburtstag. Er wünscht sich den Tod. Vor einem Jahr haben sie noch gemeinsam heiter gefeiert, nun ist er allein. Er braucht all seine Kraft, um weiterzuleben, er ist müde, mag nur noch an seinen Freund Fritz schreiben, »ich bin zu wenigen anderen Beschäftigungen tauglich und schreibe auch nur dann gerne, wenn ich von ihr schreibe«.

Auch Weihnachten verbringen Kinder und Enkel bei ihm: »Sie haben einen Baum gehabt und sind mit Spielzeug beschenkt worden – es waren Tage häuslicher Freude und wehmutsvoller Erinnerungen.«

Das Haus an der Esplanade hat er aufgegeben, von *Joh. Ces. Godeffroy & Sohn* hat er sich zurückgezogen.

Er sucht eine Beschäftigung, weiß nicht, was er anfangen könnte mit sich. Fritz rät ihm, sich einem Studium zu widmen. Früher hätte ein wissenschaftliches Studium ihm Genuß gewährt, er hatte nie Zeit dazu – nun reizt es ihn nicht. Er war immer an eine Beschäftigung gewöhnt, »deren Erledigung mich zum freyen Manne machte«, nun hat er keine Beschäftigung, nun ist er nie frei. Er schreibt Briefe, kleine Aufzeichnungen, versucht zu lesen, weiß nicht, was er in den übrigen Stunden tun soll und hat doch keine innere Muße für ein Studium, keine Zeit. Er will nicht weg von der Elbchaussee, »wo so vieles ihre Schöpfung ist«, doch was soll er tun, wenn Helene abreist und die Söhne nach den Weihnachtstagen in die Stadt zurückziehen.

Freunde sagen ihm mitfühlend, ihm fehle die Hausfrau. Das weist er von sich, fast mit der alten Lebhaftigkeit. Natürlich habe Sophie die Leitung des Hauses gehabt, aber ihre Organisation sei so bewährt und eingefahren, daß der Haushalt auch ohne sie weiterlaufe. Außerdem – eine fehlende Hausfrau könne man immer einstellen. Aber Sophie war seine Ratgeberin, seine Freundin.

Er schläft schlecht, wandert nachts durch das öde dunkle Haus.

Am letzten Tag des Jahres schenkt er Cesar 15 000 und Gustav 5000 Bankomark für ihre Schäden beim Brand. Die Verluste der Godeffroys betragen alles in allem 75 000 Bankomark. Er will den Söhnen in den letzten Stunden des unglücklichen Jahres eine Freude machen.

Am Morgen des 1. Januar 1843 sitzt er wieder in der Bibliothek und schreibt, es ist sieben Uhr früh und noch dunkel: »Geraubt hat mir dieses Jahr mein einziges Glück.«

Am Nachmittag macht Syndikus Karl Sieveking mit seinen drei Söhnen eine Elbuferfahrt, eine Glückwunschcour bei Freunden und Bekannten. In Cesar Godeffroys warmer Stube trifft er einen großen häuslichen Kreis in freundlicher, friedlicher Stimmung. Nur Gustav fehlt.

Gustav ist in der zweiten Dezemberwoche mit dem GODEFFROY nach Valparaiso abgesegelt. Der GODEFFROY, ein Vollschiff, ist das größte Schiff, das die Firma je besessen hat. Doch seit zwei Jahren hat Cesar kein Schiff mehr gekauft, die Zeiten sind nicht danach. Gustav soll das Geschäft mit der Westküste Amerikas aufbauen und sich in China umsehen. Der Papa hat auf seinem Briefpapier mit dem schwarzen Trauerrand an Onkel Fritz in Lüchow geschrieben: »Die Trennung wird mir schwer, indeß auch hier muß das Hertz schweigen – das Wohl der Familie hienieden ist ja der Zweck dieser Reise – Gott weiss, ob ich ihn wiedersehe.«

»Endlich, mein guter Gustav, scheint Dein Glücksstern wieder aufzugehen«

1.

Cesar will jetzt *Joh. Ces. Godeffroy & Sohn* mit seinem Bruder Gustav zum größten Haus an der Westküste Südamerikas machen. Auch andere Firmen schicken ihre Vertreter von Rio an die Westküste, denn Chiles Krieg gegen Bolivien und Peru ist vorbei. Aber Godeffroys haben schon Erfahrung, vor dem Krieg sind ihre Schiffe nach Iquique in Chile, Arequipa in Peru und Guayaquil in Ecuador gefahren. Doch Monate werden vergehen, bis erste Nachrichten von Gustav kommen.

Cesar und Adolph überreden ihren Vater, wieder aufs Comptoir zu gehen, es wenigstens für einige Wochen zu versuchen. Der Sommer 1843 ist kalt und nass, doch im Juli wird das Wetter schön, und Cesar reist mit Emmy und den Kindern auf die Insel Norderney, die versucht, sich neben Helgoland als Modebad zu etablieren. Cesar kann sich nicht vorstellen, daß die Firma ohne ihn weiterläuft, kehrt nach einer Woche nach Hamburg zurück, fährt zehn Tage später wieder mit dem Dampfboot nach Norderney. Er gewinnt hoch bei Rouge et Noir und amüsiert sich nun exzellent, drei Wochen lang, und

Emmy schreibt dem Vater, auch sie amüsiere sich gut und der Hautausschlag des kleinen Cesar verliere sich täglich mehr. Adolph ist beim Papa an der Elbchaussee, startet fast jedes Wochenende in Pferderennen und nimmt Tony, Helene und Auguste zu den Rennen mit.

Als Cesar und Emmy zurückkommen, geht es dem Papa besser. Er findet wieder Vergnügen an kleinen Gesellschaften und lädt Wichern zu einer Bibelstunde ein, zu der über dreißig Personen kommen. Sein Weinverbrauch beläuft sich 1843 auf 1 938 Flaschen. Zu dem großen Fest, das Cesar und Emmy im Dezember am Alten Wandrahm geben, geht er nicht, spricht aber von seiner Freude und Genugtuung, daß es »ordentlich Sensation« in der Stadt mache.

2.

Gustavs Reise um Kap Horn nach Chile hat vier Monate gedauert. Weitere Monate vergehen, bis Cesar den ersten Bericht erhält: Nachdem Rio nicht lohnte, hat Gustav es jetzt wieder schwer. Es ist fast unmöglich, in Valparaiso an die richtigen Leute zu kommen.

Die alteingesessenen Firmen verteidigen ihre Marktanteile, und der lohnende Kupfererzhandel ist in englischer Hand. Nur Engländer können die Erze verhütten, und in England dürfen Erze nur auf englischen Schiffen eingeführt werden.

Gustav segelt die Küste hinauf und hinunter auf der Suche nach Kunden für seine Waren – die Segelschiffe haben einen Verkaufsraum mit Schnaps, Kaffee, Kleidern und Schuhen – und auf der Suche nach Waren für Europa wie Häuten und Alpakawolle. Der Handel mit den Küstenplätzen ist vielversprechend, und er stellt einen Herrn Schwarz als Mitarbeiter ein. Aber immer wieder verliert Gustav am Import, wenn er am Export verdient hat, und umgekehrt. Gerade als er Anfang 1844 glaubt, endlich in Valparaiso Fuß gefaßt zu haben, stellt die Firma, mit der er in Geschäftsbeziehungen treten konnte, ihre Zahlungen ein, und er muß um große Summen fürchten. Er schickt düstere Berichte nach Hamburg.

Brief auf Brief verläßt das Comptoir am Alten Wandrahm. Cesar, nun dreißig Jahre alt, zeigt sich nie wieder so unverhüllt wie in seinen Briefen an Gustav.

Gustav ist ein Rechner, Cesar ist ein Kämpfer. Er kann nicht aufgeben, meint, an seinen Plänen müsse man, wenn sie gut bedacht sind, festhalten. Er glaubt, wenn ein Kaufmann mutig und fleißig ist, zielstrebig und beharrlich, könne der Erfolg nicht ausbleiben. Er versteht, daß Gustav niedergeschlagen ist, doch Mut und Selbstvertrauen dürfe man niemals verlieren, das sei man sich und der Familie schuldig. Erfolg oder Mißerfolg im Beruf sind für Cesar Charakterfragen. Alles, was er braucht, um eine Welt zu beherrschen, findet er in sich: »Laß uns, mein guter Gustav, muthig der Zukunft entgegen gehen und unverdrossen arbeiten, damit wir unser Ziel erreichen und Du sollst sehen, dies wird geschehen.«

Gustav dagegen glaubt nicht an Belohnung für Verhalten. Er zieht Sicherheit in dieser Welt aus dem guten Funktionieren seines Verstandes, und so nimmt es ihn mit, wenn die Welt sich als nicht berechenbar erweist.

Gustav solle nicht länger über die Verluste brüten, rät Cesar. Nur weil er sich in der Wahl der Geschäftspartner geirrt habe, sähe er nun alles zu düster: »Deinen Kopf wünsche ich nur erst wieder rein von den alten Lappalien, damit Du an neue Unternehmungen denken kannst und magst und die ganze Maschine wieder in Schwung bringst!«

Cesar tröstet und tadelt, lobt und treibt Gustav an: »Alle Exporteure nach der Küste werden scheu vor uns, und betreiben wir das Geschäft mit ganzer Energie, so wird es nicht lange dauern, daß sie alle aus dem Felde sind.«

Cesar kauft wieder ein Schiff, nach dreieinhalbjähriger Pause, den Schoner CHARLOTTE. Er gibt ihm vier Kanonen und ein Dutzend Gewehre und Säbel mit und prahlt vor Gustav: »Er ist scharf wie das Ungewitter und segelt daher enorm. Für die

Küste geht das Fahrzeug vortrefflich und ist vor 1 1/2 Jahren neu gekupfert. Für eine Verminderung unserer Rhederei bin ich durchaus nicht – bessere Jahre dürfen wir bald dafür erwarten und dann sind wir mit einer ordentlichen Flotte am Platze.« Er habe einen »brillanten Kauf« gemacht.

Brillant ist sein Lieblingswort. Er will der Größte, Beste, Erste sein und der Strahlendste, Glänzendste. Aber brillant ist auch das Lieblingswort anderer Kaufleute, ein Modewort, das die Härte der erbitterten Konkurrenzkämpfe durch Leichtigkeit in Sprache und Benehmen überdecken soll.

Cesar gibt dem Schoner für die Reise um Kap Horn elf Mann Besatzung statt der üblichen zehn. Er verlangt schnelle Reisen von seinen Kapitänen, zahlt ihnen wenig Lohn, beteiligt sie aber am Gewinn, und so knüppeln sie Schiffe und Mannschaften. Er spart die Versicherungsprämie für seine Schiffe, glaubt, das Verlustrisiko durch Sorgfalt mindern zu können. »Machen wir alle unsere Einrichtungen auf Rhederei praktisch und großartig, so zweifle ich nicht an einem brillanten Erfolg«, schreibt er Gustav. Als Cesar auf einem Schiff auch einige Passagiere befördert, ordnet er an, »daß es stets noble an Bord hergeht, wie es sich für ein Godeffroysches Schiff eignet«.

Ende Juli 1844 kauft er die Bark HENRIETTA und schickt sie nach Port-au-Prince. Im Haiti-Geschäft ist die Firma immer noch führend, vier, fünf Schiffe gehen jedes Jahr dorthin. Doch im Vorjahr ist Boyer zurückgetreten, der Haiti lange fest regiert hat, und Cesar meint angesichts der Nachfolgekämpfe, daß größte Vorsicht im Geschäft erforderlich sei. Er will nun jährlich zwei, drei Schiffe nach Domingo senden, wo sich Bodenwerder und Osnabrücker Halblaken noch gut verkaufen. In Schlesien ist eine Revolte der Weber ausgebrochen. Hungrige Männer stürmten die Häuser der Fabrikanten und zerschlugen die Maschinenwebstühle. Die Fabrikanten riefen preußisches Militär zu Hilfe.

Das Westküstengeschäft muß einfach in Schwung kommen. »Metalle verdienen jede Beachtung«, mahnt Cesar. Das Kapital, das er in Waren für die Westküste investiert hat, ist schon

115

»übergroß«. Wenn Ostwinde die Schiffe auf der Heimreise behindern, kommt er mit seiner Cassa in die Enge, weil er keine Einnahmen aus dem Verkauf von Chinin, Tran, Walnüssen, Schildpatt, Zinn hat.

Adolph ist mit seinem Havanna-Haus gescheitert.
Er hat schon lange über die »fatalen Runkelrüben« geklagt: Der Rübenzucker drückt die Preise für Rohrzucker. Nun haben Sklavenaufstände den Zuckeranbau auf den Plantagen lahmgelegt, die Pflanzer in Kuba können sich keine Fabrikwaren aus Europa leisten, die Schiffe verlassen Hamburg oft nur mit ein paar Kisten Genever und Spielzeug im Laderaum.

Godeffroy & Co. stehen vor dem Bankrott.

Die Godeffroys brachten das Kunststück fertig, daß sich nach ein paar Jahren niemand mehr erinnerte, warum und wann die Firma Godeffroy & Co. aufgelöst wurde. Sie verbargen Adolphs Scheitern so perfekt, daß er in der Stadt bleiben und einen Neuanfang versuchen konnte. Später hieß es allgemein, er sei aus Havanna zurückgekehrt, als sein Vater starb. Nur einmal erzählte Adolph in einem Brief an seine Tante Marianne Godeffroy geb. Jenisch die Wahrheit: »Ich kam sehr jung und unerfahren nach Havanna, einem sehr gefährlichen Terrain, und zu einer Zeit, wo andauernd in Geschäften alles verkehrt ging. Ich verlor mehr als ich besaß und den Antheil meines Associés, der kein Vermögen hatte, mußte ich mittragen. Mein Vater half aus, die Summe wurde mir später bei seinem Tode abgezogen und was mir übrig blieb, war wenig.«

Ironie der Geschichte: Marianne Godeffroy war eine ordentliche Geschäftsfrau und legte den Brief ab. Er kam mit dem Nachlaß ihres Sohnes ins Staatsarchiv Hamburg, wo ihn jeder lesen kann.

Cesar Godeffroy sen. traut dem Urteil seiner Söhne nicht mehr. Er will, daß Cesar und Gustav das Geschäft an der Westküste aufgeben und Gustav nach Hause kommt. Die Söhne sollen ihn vor allen wichtigen Entscheidungen fragen.

Ein Kaufmann muß sich der Wirtschaftskonjunktur anpassen können – darüber spricht er immer wieder mit Cesar. Die gegenwärtige Lage des Handels biete wohl Gelegenheit, »die Existenz zu sichern, nicht aber große Schätze zu erwerben«.

Cesar bewegt hohe Summen bei hohem Risiko, arbeitet viel und verdient wenig – weil er zuviel Geld leiht, was große Kosten verursacht, und zu sehr auf die Zukunft spekuliert, wenn er Gelder in Schiffen festlegt: »Neue Schiffe bauen oder Ankäufe von Schiffen darf beides nur mit meiner besonderen Einwilligung geschehen.«

Cesars Briefe an Gustav klingen jetzt kleinlaut.

Doch Gustav will nicht nach Europa zurückkommen. Ihm ist es endlich gelungen, sich in das Geschäft zu drängen, das sich wirklich lohnt: Kupfererz. England ist dabei, ganz zum Freihandel überzugehen, und lockert die Restriktionen für nichtenglische Schiffe. Godeffroys Schiffe dürfen nun Erz nach England bringen. Gustav will in Valparaiso eine Niederlassung gründen und mehrere Mitarbeiter einstellen, die den Absatz europäischer Waren betreiben.

In Hamburg setzt der Winter früh und heftig ein. Zwei Godeffroy-Schiffe kommen gerade noch die Elbe hoch, ehe der Fluß zufriert. Die VICTORIA bringt aus Mazatlan Holz und mehrere Rehe für den Park an der Elbchaussee, die der Niederlassungsleiter der Bremer Partnerfirma *Haas, Denghusen & Co.* schickt. Der GODEFFROY bringt Kupfererz aus Chile.

Cesar erzielt einen glänzenden Preis dafür, die deutsche Industrie wächst. Er kauft in Schweden ein zwei Jahre altes Vollschiff und nennt es nach seinem jüngsten Bruder: Dieser ALFRED ist das größte Schiff, das unter Hamburger Flagge segelt. Cesar verpflichtet den Commis John Freundt, für drei Jahre nach Chile zu gehen.

Nun schreibt Cesar die Instruktionen für einen Kaufmann: »Ihre Beweggründe zu Handlungen müssen logisch sein und praktischer Art, und Sie werden dann nie Klagen von uns wegen der etwaigen daraus resultierenden schlechten Resultate hören. Denken Sie immer mit dem Amerikaner ›time is money‹

und Sie werden dadurch von jedem kleinlichen Handeln abgehalten werden.«

Im Bankhaus der Gebrüder Bethmann in Frankfurt am Main gehen die geheimen Aufzeichnungen ihres Gewährsmanns in Hamburg ein, Datum 10. Februar 1845. Über *Lutteroth & Co.* heißt es »erster Credit, bedeutendes Kapital«, über *W. M. O'Swald* »guter Credit«, über *Albrecht & Dill*, den Retter der neuen Börse, »vermögend, solide und sehr geachtet, bester Credit«. Auch *Joh. Ces. Godeffroy & Sohn* erscheinen in der geheimen Liste. »Sehr ausgedehntes Geschäft, besonders durch Rhederei, besitzen 12 Schiffe«, teilt der Gewährsmann mit, »über ihr Vermögen ist man nicht recht im klaren, und da sie sehr großes Kapital bedürfen, so benutzen sie sehr häufig ihre auswärtigen Kredite.« Andere trauen den Geschäftsideen der Godeffroys: »Brauchen oft Geld, haben aber auch.« Doch von bestem *Credit* ist keine Rede. Die junge Generation bei Godeffroy arbeitet in einer Weise mit geliehenem Geld, die der Gewährsmann der Frankfurter Bank nicht angebracht findet.

3.

Cesar ist seit Januar 1845 turnusmäßig Präses der Commerzdeputation. In diesem Jahr gibt es ein neues großes Thema unter den Kaufleuten: die Geldklemme. »Wir eilen mit Eisenbahnen«, lesen die Hamburger im Hamburgischen Correspondenten, »fabricieren mit Dampf und bleiben mit dem Vehikel dafür, mit unserem Geldverhältniß, beim alten, so wie es uns vor zwei Jahrhunderten ausreichte!« Geld ist da, die Zinsen sind niedrig. Aber es gibt keine Bank, die kleines Kapital zusammenfaßt und verleiht.

Cesar Godeffroy wird Vorsitzender eines Comités, das den Kapitalmarkt modernisieren und eine Diskontobank auf Aktienbasis gründen will. Eine solche Bank gibt es in ganz Deutschland noch nicht, wenn auch in vielen Orten darüber diskutiert wird. In Hamburg kommt es zu heftigen Auseinandersetzungen zwischen Kaufmannschaft und Senat.

Cesar gehört zu denjenigen, die verlangen, daß die neue Bank auch Banknoten ausgeben darf. Der Senat sieht darin eine Verletzung des staatlichen Münzmonopols und lehnt ab. Cesar spricht auf einer Versammlung der Aktienzeichner scharf gegen die »in den natürlichen Verhältnissen keineswegs gegründete, alles umfassende Bevormundung des Staates«.

Das Projekt geht im Frühjahr 1846 ein, als zwar zahlreiche Firmen Aktien zeichnen, jedoch in zu geringer Höhe. Für 1846 ist Cesar schon in die Deputation für Schiffahrt und Hafen gewählt worden, nun wählt man ihn für das Jahr darauf zum Bankbürger – er tritt in die Verwaltung der Staatsbank ein.

Der alte Cesar Godeffroy kränkelt seit Ende des Winters 1845. Cesar hofft, daß es dem Vater im Frühjahr bessergeht, doch seine Kräfte schwinden. Am 3. Juli 1845 stirbt er, 64 Jahre alt. Er stirbt an Sehnsucht nach seiner Frau.

Er hinterläßt seinen Kindern ein Privatvermögen von 625 411 Bankomark. Man hielt ihn in der Stadt immer für reicher als er war, denn er hat großartig gelebt. Die Kapitalanlage der Firma beträgt nun 1 648 292 Bankomark.

Cesar ist mit 32 Jahren Chef von *Joh. Ces. Godeffroy & Sohn*.

Im Spätherbst sitzen Cesar und Adolph im Keller des Landhauses an der Elbchaussee und teilen Papas Weinvorrat, 3 000 Flaschen. Draußen liegt nasses Laub auf den Wegen, der Himmel ist niedrig, Nebelschleier verbergen den Fluß. Geschäftlich war 1845 ein gutes Jahr, privat ein trauriges. Emmy hat im März einen toten Sohn geboren, und der Vater ist tot. Adolph will nicht in der Firma bleiben, als Teilhaber mit winzigem Kapital, eingequetscht zwischen Cesar und Gustav. Adolph will den Bürgereid leisten und sein Glück mit einer eigenen kleinen Im- und Exportfirma versuchen.

Die Verkaufspreise für Kupfererz sind hoch, und Cesar ärgert sich über seine Hamburger Konkurrenten, die Schiffe nach

Chile ausrüsten und dort die Einkaufspreise verderben werden. Er gönne ihnen die Verluste, schreibt er Gustav, er werde den ruhigen Beobachter spielen, bis den andern der Mut wieder gesunken sei. Sie würden sowieso keine Rückladungen in Chila erhalten, da ihnen die Erfahrung fehle: »Endlich, mein guter Gustav, scheint Dein Glücksstern wieder aufzugehen.«

Aber Gustav müsse gut aufpassen. Wenn er den ALFRED nicht beladen könne, solle er ihn nach Ostindien laufen lassen, wo er in Manila oder Batavia schon guten Employ finden werde. Denn »stehenbleiben dürfen wir nicht, uns auch nicht mit den einmal bekannten Transaktionen begnügen, sondern wir müssen immer vorwärts streben, stets neue Auswege, neue Operationen aufsuchen und die alten guten stark nebenher betreiben«.

»Zur Gründung Deines Glücks, mein lieber Alfred«

Alfred ist in Dresden und Hamburg zur Schule gegangen, hat in Bremen gelernt, in Lausanne sein Französisch aufpoliert und arbeitet seit Mai 1844 bei *Joh. Ces. Godeffroy & Sohn*. Auch er hat schon Sensation in der Stadt gemacht. Bei der ersten deutschen Ruderregatta – am 22. September 1844 auf der Alster, Hamburger Ruder-Club gegen den English Rowing Club der Engländer in Hamburg – ruderte er im Hauptrennen in der Sechsermannschaft mit. Der HRC gewann wider alles Erwarten und unter gewaltiger Begeisterung der Zuschauer.

Nun ist Alfred 21 Jahre alt. Er sieht Gustav ähnlich, ist witzig und unternehmend und stets um seine Gesundheit besorgt. Ihn hat die Lust gepackt, »selbst auszufahren, die Hausflagge, den Falken, auf allen Meeren wehen zu sehen«. Alfred bekommt von seinem großen Bruder, was Cesar sich manchmal selbst wünscht: ein einfaches Abenteuer. Alfred darf eine

Handelsexpedition in Gewässer leiten, die noch nie ein Hamburger Segler befahren hat, darf mit einem kleinen Schiff in die unbekannte blaue Ferne segeln. Cesar gibt ihm die Brigg HELENE mit einer hübsch assortierten Ladung. Alfred soll erst um Kap Horn zu Gustav segeln und dann weiter nach den Marquesas und nach Hawaii, dem Zentrum des Walfangs. 650 Schiffe mit 16 000 Mann Besatzung haben die Amerikaner 1845 für den Pottwalfang ausgerüstet. Die meisten Kapitäne ergänzen auf Hawaii, was sie für die Jagd brauchen. Alfred könnte ihnen Waren verkaufen und Tran einkaufen. Auf den Marquesas könnte er sich das Perlentauchen ansehen und Perlen, Schildkröten und Schildpatt kaufen.

Die HELENE liegt im Dezember 1845 auslaufbereit im Hafen und wartet auf Ostwind. Im Comptoir schreibt Cesar die Instruktionen für Alfred: »Zur Gründung Deines Glücks, mein lieber Alfred, wird hauptsächlich dieses Unternehmen gemacht. Gelingt es Deinen eifrigen Bemühungen, die Resultate günstig zu gestalten, so wirst Du in dem Gefühl, auch das Deinige zur Ehre des hochgestellten Namens und zur Aufrechterhaltung desselben gethan zu haben, den schönsten Lohn für die Entbehrungen finden.«

Wettfahrt um die Welt

Auftakt

1.

Immer mehr Hamburger schicken Schiffe nach Übersee, jagen sich auf der anderen Seite der Welt Handelsgeheimnisse ab und bauen selbst im verborgenen Geschäfte auf. Cesar liegt mit seinen Erzfrachtern weit vorn in der Wettfahrt um den ersten Platz unter den findigsten Kaufleuten der Stadt. Die Kapitalanlage der Firma übersteigt 1846 die Zwei-Millionen-Grenze.

Cesars Firma soll wie eine Dampfmaschine laufen. Die Maschine ist Symbol des Fortschritts, Symbol auch von Rationalität und Ästhetik kaufmännischen Handelns. Eine Geschäftsidee soll – wie die Explosion in einem Dampfkessel die Räder einer Maschine – ein Unternehmen nach dem andern in Bewegung bringen. Jedes Unternehmen muß Gewinn abwerfen und zum Schwungrad eines nächsten werden, das ein weiteres Unternehmen in Gang bringt. Cesar will eine Maschine aus mehreren Branchen, die, logisch und praktisch ineinander verzahnt, ihn zum größten Kaufmann und Reeder Hamburgs macht.

Die Niederlassung, die Gustav in Valparaiso gegründet hat, heißt *J. Freundt & Co.* John Freundt ist der Commis, den Cesar im April 1845 nach Chile geschickt hat, und Compagnons sind die Godeffroys, außerdem Schwarz, Gustavs ältester Mitarbeiter, und Friedrich Heyn, den Cesar als Superkargo eingestellt und Gustav als »a hard pushing man« empfohlen hat. Freundt leitet das Comptoir in Valparaiso, Schwarz besucht in Deutschland Messen und Fabriken und stellt die Exportladungen zusammen, und Heyn begleitet die Waren, die Godeffroys Erzfrachter bringen, auf kleinen Seglern die Küste hinauf und hinunter. Die Gewinne der Niederlassung gehen zu 60 % an die Godeffroys, zu 15 % an Freundt, 12,5 % an Schwarz, 10 % an Heyn, der Rest ist Reserve.

Bislang wurde chilenisches Erz in England verhüttet, nur dort konnte man im großen Stil aus dem kupferhaltigen Gestein das Metall herausschmelzen. 1846 gründet Cesar mit *L. R. Beit & Co.* und dem Kaufmann Siegmund Robinow das Elbkupferwerk. Eine Metallhütte an der Elbe, fern von Erzgruben und Bergleuten, ist eine Sensation.

Der entscheidende Einfall Cesars lag darin, sich mit *L. R. Beit & Co.* zusammenzutun. Der Firmengründer, ein portugiesisch-holländischer Jude, hat seit 1780 für die Hamburger Bank das Feinsilber aus unterschiedlichsten Münzen herausgeschmolzen. Der jetzige Chef Liepman Raphael Beit besitzt eine Silberschmelze, eine Gold- und Silberscheideanstalt und einige kleine Kupfergruben, die er gerade im Westerwald gekauft hat. Sein Neffe Dr. Ferdinand Beit hat erfolgreiche Versuche mit chilenischem Erz gemacht. Er übernimmt die technische Leitung des Elbkupferwerks. Er pachtet auf der Elbinsel Steinwärder Land vom Senat und läßt am Ufer Hallen mit Schmelz- und Raffinieröfen errichten, Werkstätten und Wohnhäuser für die Angestellten.

Zwei Millionen Pfund Erz braucht das Elbkupferwerk im Jahr, teilt Cesar John Freundt mit: »Sollten andere Häuser hierher senden, so brauchen Sie nur für das an 2 Millionen Pfund fehlende zu sorgen, denn was hierher kömmt, fällt uns ja sicher in die Hände.«

VICTORIA, ADOLPH und GODEFFROY kommen im Herbst 1847 mit insgesamt 1 497 197 Pfund Erz die Elbe herauf. Allein an Fracht verdient Cesar 61 000 Bankomark.

Er fügt seiner Maschine ein weiteres großes Schwungrad hinzu. Er läßt die Laderäume seiner Erzfrachter in Hamburg mit Kojen versehen. Seine Schiffe werden von nun an Rundreisen um die Welt machen: mit Auswanderern ums Kap der Guten Hoffnung nach Australien, in Ballast nach Südamerika und von dort mit Erz um Kap Horn nach Hause.

Er braucht mehr Schiffe, größere und schnellere. In Hamburg und Altona reichen die Werftkapazitäten für Neubauten nicht aus, die Löhne sind hoch, die Schiffe zu teuer. Er hat Schiffe in Kopenhagen, Stockholm, Valparaiso, den USA gekauft, neue und gebrauchte, und bestellt nun wieder ein Schiff in Stockholm, eine neue EMMY, noch größer als der ALFRED, der schon das größte Hamburger Schiff ist. Cesar will eine eigene Werft haben und macht von Somm, dem besten Schiffbauer Hamburgs, ein Angebot.

2.

Der Chef von *Joh. Ces. Godeffroy & Sohn* läßt sich und seine Frau malen. Der Maler Robert Schneider malt ihn wie einen Fürsten: als Befehlshaber. Cesar Godeffroy steht vor seinem Landhaus, die Linke auf einen Mauervorsprung gestützt, in der Rechten hält er ein Fernrohr. Links durch die Bäume Blick auf die Elbe mit Segelschiff – sein Feld die Welt. Hinter ihm eine gewaltige Hansen-Säule – Größe, Kraft, Macht. Die Inszenierung ist einfach, großartig, erprobt.

Cesar trägt Frack, weißes Hemd, weiße Weste, dunkle Krawatte, alles sehr korrekt und konventionell. Seine Frisur ist modisch überm rechten Ohr gebauscht, überm linken gelockt. Sein Gesicht ist groß und viereckig, die Stirn breit, die Nase kräftig, die Augen sind sehr groß und aufmerksam unter geschwungenen dunklen Brauen. Der Mund ist klein, schmale Lippen, das Kinn spitz. Das Auffallendste ist seine Haltung, vollkommen selbstsicher, gesammelt und entspannt zugleich – ein Mann, der über seinen Platz im Leben nicht zweifelt. So ist Cesar auch im Alltag: Er tritt mit dem Anspruch auf, daß das, was er will, auch geschieht.

Aber die Inszenierung muß dem Porträtmaler Schneider langweilig gewesen sein, ein bißchen mehr hat er hineingeschmuggelt, einen Hauch von Romantik, Abenteuer, junger Held. Cesar Godeffroy hat eine freundliche, weiche Gesichtshälfte und eine harte, hagere – etwas Angestrengtes und Strenges, Gehetztes liegt darin.

Das auffallendste an Emmys Porträt ist der Spitzenkragen, der wie ein kleines Cape über Schultern und Brüsten hängt und vorne mit einer Gemme zusammengesteckt ist. Die Spitze ist alt – auch hier Tradition, Weltläufigkeit, Reichtum. Emmy steht vor einem Kamin im Haus: Cesar ist der Herr außerhalb des Hauses, sie seine Vorsteherin im Innern. Beide Ehepartner vertreten *den Namen*. Sie stützt den rechten Ellbogen auf einen Tisch, auf dem eine Rose liegt, Symbol der Liebe und der Tugend.

Emmys prächtiges Abendkleid ist eng in der Taille und hat einen weiten Rock, sie muß recht stattlich sein. Sie trägt einen Stirnreif und hat Korkenzieherlocken über den Ohren. Ihre Stirn ist hoch, ihr Gesicht oval, der Mund fest geschlossen, die Augen skeptisch, etwas spöttisch sieht sie aus, ein wenig hochmütig. Auch sie wirkt verschlossen und auch sie steht vollkommen sicher da, von keines Zweifels Blässe geschwächt und nicht mit der Geste der großen Dame – sie ist da, das reicht.

Wenn der Maler Cesar mit einem Hauch von Abenteuer und Romantik umgibt, macht er bei Emmy alles wieder gut mit dick aufgetragener Biederkeit.

3.

Cesar hat seine Brüder in der Wettfahrt um die Welt wohlplaziert.

Alfreds Ausreise war lang und anstrengend, der Koch erkrankte, die Kombüse brannte aus, der Kapitän mochte die Autorität des verwöhnten jungen Herrn nicht recht anerkennen. In Südamerika erfuhr Alfred, daß der Handel mit den Walfängern in amerikanischer und britischer Hand sei, und gab die Reise nach Hawaii auf. Aber er war in Kalifornien, in der kleinen mexikanischen Missionssiedlung Yerba Buena, die in einer atemberaubend schönen Bucht liegt, dem sichersten Hafen der Westküste. Ein paar hundert Leute leben in der Siedlung, Mexikaner, Indianer, einige Neger, kaum Frauen. Wenn hier ein Schiff ankert, was selten geschieht, kommen die

Männer von den umliegenden Viehfarmen zum Einkauf und zahlen mit Biberfellen. Vierzig Hawaiianer jagen in der Bucht nach Seehunden und Ottern. Die Pelze sind kostbar in Europa, Cesar ist mit Alfreds Einkäufen zufrieden. Doch er ist auch etwas enttäuscht. Keiner seiner Brüder hat seine brillantesten Pläne verwirklicht: Alfred war nicht in Polynesien und Gustav nicht in China.

Gustav, nun Teilhaber von *Joh. Ces. Godeffroy & Sohn*, ist 1846 nach Hamburg zurückgekehrt. Er fand die Stadt verändert. Der Neuaufbau nach dem Brand ist ins Stocken geraten. Den großen Kaufleuten geht es gut, nicht aber den Kleinbürgern und den Armen. Die Lebensmittelpreise sind hoch, viele können die Miete nicht mehr bezahlen, Häuser und Etagen stehen leer. Die Hamburger sind politischer geworden, immer mehr fordern, daß die Bürgerschaft von allen Einwohnern gewählt werden soll. Alte Freunde, die nach dem Brand gemeinsam Reformen vom Senat verlangten, haben sich entzweit. Neuartige politische Vereine entstehen wie der Verein Hamburger Juristen und der Verein der Nichtgrundeigentümer.

Gustav ist jetzt dreißig. Selbst die jüngsten Mädchen aus der alten Godeffroy-Clique sind inzwischen verheiratet, Tonys Schwester Louise Godeffroy mit Dr. jur. Carl Merck, dem rothaarigen und scharfzüngigen Halbbruder von Ernst, und ihre Schwester Auguste mit Charles Parish. Am 1. März 1847 bekommen Cesar und Emmy wieder einen Sohn, Peter, und im April heiratet Gustav Emmys Schwester Sophie Hanbury. Sie ist zwanzig Jahre alt, liebenswürdig, nachdenklich und politisch interessiert.

Adolph kommt mit seiner kleinen Firma nur langsam voran. Er will aus Familienrücksichten »eine gewisse gesellschaftliche Stellung« aufrechterhalten, und so schmilzt sein kleines Kapital weiter: Seine und Tonys Verwandtschaft mit den richtigen Leuten kostet Geld. Doch wer große Geschäfte machen will, darf nicht durch sparsame Gewohnheiten anderen die Lust, reich zu sein, verderben.

Adolph sucht einen Ausgleich für fehlendes Vermögen: Adel. Er prüft das Bürgerwappen der Familie, die Form des Falken, fragt sich, ob nicht doch Löwen dazugehört haben und wie sie wohl aussahen. Er tut einen Cousin auf, der von Dresden nach Polen ging und dort als adlig gilt – Beweise für seinen Adel gebe es nicht, erfährt Adolph, aber angezweifelt worden sei er auch nicht.

Adolph steht mit seiner Adelssehnsucht nicht allein. In Hamburg wird Adel modern, zumal jetzt, wo der Pöbel unruhig zu werden beginnt. Enkel bürgerstolzer Aufklärer fangen an, sich illustre Vorfahren zuzulegen, und lassen ihre Wappen, die sie beim Bürgereid vorzeigen müssen, immer reicher und größer zeichnen. Als es einen »bal costumé« mit dem Motto »Hoffest« bei Jenisch gibt, erscheint *toute* Hamburg in großer Pracht. »Es war ein glänzendes Hoffest«, berichtet Karl Sieveking Bürgermeister Johan Smidt in Bremen, »es fragt sich nur, ob man recht daran tut, den Teufel dergestalt an die republikanische Wand zu malen.«

Adolph ist beliebt in der Stadt. Jeder kennt die vier Brüder Godeffroy, aber Adolph kennt jeden. Als Bürger engagiert er sich, wo es nicht viel kostet. Er gehört einem Comité zur Gründung einer Universität an und einem anderen zur Gründung einer Gemäldegalerie, ist Leutnant der Kavallerie im Bürgermilitär. Im Mai 1847 wählen die Aktionäre der neuen *Hapag* drei beliebte Kaufleute in die Direktion: Ferdinand Laeisz, Ernst Merck und Adolph Godeffroy.

Die Hamburg-Amerikanische Packetfahrt-Aktien-Gesellschaft ist die erste Hamburger Überseereederei auf Aktienbasis. Die Anregung zu ihrer Gründung kam von Schiffsmakler August Bolten, doch erst nach langem Hin und Her fanden sich 41 Aktionäre. Adolph hat zwei Aktien à 5000 Bankomark gezeichnet, Nr. 22 und Nr. 23. Zweck der Hapag ist »die regelmäßige Verbindung Hamburgs mit Nordamerika mittels Segelschiffen unter Hamburger Flagge«. Für Adolph ist das ein patriotischer, ein gemeinnütziger Gedanke. Die Hamburger wollen den Bremer Reedern Konkurrenz machen, die mit Auswanderern nach USA viel Geld verdienen. Von Bremen gehen Linien nach New York, Philadelphia und New Orleans, und Senator Arnold Duckwitz ist es gelungen, amerikanische Kaufleute für eine Dampfschiffahrtslinie USA–Bremerhaven zu interessieren. Sogar im deutschen Binnenland haben Leute Aktien dieser Linie gezeichnet, und ihr erster Dampfer, WASHINGTON, ist Anfang 1847 vom Stapel gelaufen. Man muß etwas dagegen tun in Hamburg.

Ferdinand Laeisz erhält bei der Wahl der Direktoren die meisten Stimmen, obwohl er nur eine Aktie gekauft hat. Er ist ein einfallsreicher Kaufmann. Er ist gelernter Buchbinder, stellte, als sein Gewerbe zu wenig einbrachte, mit Mutter und Schwester seidene Zylinderhüte her, die er einem befreundeten Kapitän nach Buenos Aires mitgab, 1825, wo sie ein Riesenerfolg wurden. Er fand die Fracht für die sperrigen Hüte zu teuer und errichtete Zweigfabriken in Bahia, Caracas, Valparaiso, Lima, Pernambuco, Rio und Havanna, sogar in Manila auf den Philippinen. Meist ließ er sich in Waren bezahlen, Zucker und Baumwolle, und so verlagerte sein Geschäft sich von seidenen Zylinderhüten zu Importen.

Ernst Merck, der *H. J. Merck & Co.* vertritt, hat wie Adolph ein großes Geschick, mit den unterschiedlichsten Menschen umzugehen. Der Senatorensohn genießt Gesellschaft, Reisen und Feste, sprudelt über vor Ideen und Projekten – ein dicker Mann mit gewaltigem Doppelkinn und blitzenden Augen. Die Firma Merck hat sich aus dem Warengeschäft zurückgezogen, besitzt keine Schiffe mehr und hat sich auf Finanzierungen verlegt.

Adolph übernimmt den Vorsitz in der Direktion. Die Direktoren arbeiten ehrenamtlich, jeder erhält ein großes Goldstück am Jahresende. Die *Hapag* hat kein eigenes Comptoir. Schiffsmakler Bolten sorgt für die »Herbeischaffung der Passagiere aus dem Innern«, und Agent Milberg führt die Bücher.

Die Direktoren bestellen drei Segelschiffe auf hamburgischen Werften – zu Preisen zwischen 94 000 und 110 000 Bankomark – und kaufen für 69 000 ein Schiff in Vegesack. Für die erste Klasse der DEUTSCHLAND sind ein Salon und ein ver-

Cesars Vater kauft das Vollschiff JENNY, *nennt es nach Cesars Mutter* SOPHIE *und schickt es mit Leinen nach Havanna.*

1 Aquarell von Jacob Böttger

Die Parkbäume wachsen heran. Das kahle Ufer verwandelt sich in eine märchenhafte Landschaft mit Ausblicken auf den Fluß und die Schiffe, die mit der Flut hereinziehen. An den Wochenenden kommen die Hamburger und staunen.

Elbblicke
2 von der Elbchaussee bei Neumühlen, Pinselarbeit
von L.M.A. Brammer, um 1835
3 Godeffroys Garten, kolorierte Federzeichnung
von T. Glashoff, 1820
4 bei Neumühlen, lavierter Kupferstich von Jess Bundsen, 1797

Aussicht über die Elbe bei Neumühlen.

1813 – **1830** – 1840 – 1850 – 1860 – 1870 – 1880 – 1913

Ab Teufelsbrück führt der Weg unten am Wasser entlang, läuft später wieder über freies Feld. Prustend und schweifwedelnd gehen die müden Pferde Schritt.

1813 – **1830** – **1840** – 1850 – 1860 – 1870 – 1880 – 1913

5 Farblithographie von Peter Suhr, um 1830

Cesar verlobt sich mit Emily Hanbury und darf sein erstes Schiff bestellen, eine Brigg beim Schiffbauer Johann Lange in Vegesack an der Weser, die EMMY.

1813 – **1830** – **1840** – 1850 – 1860 – 1870 – 1880 – 1913

6 EMMY, anonymes Ölgemälde, 1837

*Der A*LFRED*, den der optische Telegraf in Cuxhaven wenige Tage vor Weihnachten meldet, kommt nicht mehr die Elbe herauf. Neujahr taut es.*

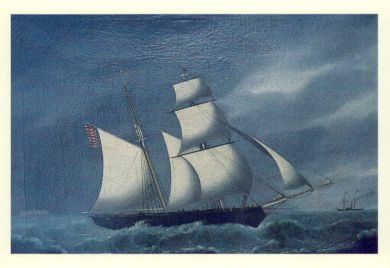

7 Schoner ARIADNE, anonymes Ölgemälde, undatiert.

1813 – 1830 – **1840** – **1850** – 1860 – 1870 – 1880 – 1913

schließbarer Damensalon vorgesehen – auch in besseren Kreisen müssen Frauen sich vor Vergewaltigungen schützen. Von den Salons gehen Zweierkabinen mit Waschtoilette ab, bei jedem Salon gibt es ein »Water Closet«. Adolph erklärt den Aktionären, daß jeder Passagier ein Bett für sich hat und reichlich Leinenzeug. Bettwäsche und Handtücher werden einmal in der Woche, Tischtücher dreimal wöchentlich gewechselt. Die Passagiere zweiter Klasse bekommen Geschirr gestellt, müssen sich aber ihr Bettzeug mitbringen.

Das Zwischendeck für 200 Passagiere ist ein sieben Fuß hoher Raum mit zwei Reihen Kojen auf jeder Seite. Jede Koje ist für vier Personen berechnet, auf Trennung von Männern und Frauen kann man keine Rücksicht nehmen. Aber ein »Patent-Ventilator« ist vorgesehen, »mittels dessen die verdickte Luft sehr leicht aus dem Schiff gepumpt« werden kann.

Natürlich ist eine Aktiengesellschaft dubios, aber in gewissem Sinne ist nun auch Adolph Reeder.

1847 ist ein Rezessionsjahr. Die Ernten sind schlecht, die Lebensmittelpreise steigen weiter, Menschen hungern. Im- und Exporte gehen zurück.

Im Oktober kommt der berühmte Freihändler Richard Cobden nach Hamburg, Kattunfabrikant aus Manchester, auf dessen Betreiben England einen Schutzzoll nach dem anderen abschafft. Die Hamburger Kaufleute geben ihm ein Festessen von 700 Gedecken, ein großes Herrenfest der Freiheit in Handel, Politik und Gewerbe. Die Reden und Toasts machen in Süddeutschland »viel Spectakel«. Man trinkt auf Deutschland, und Cobden ruft, die Hamburger seien für das westliche Europa, was Venedig einst dem östlichen bedeutet habe.

Ein halbes Jahr später bricht in Deutschland die Revolution aus.

Die Revolution

1.

Die Bürger in Deutschland kämpfen seit Frühjahr 1848 für Demokratie und nationale Einheit. Die Kaufleute und Reeder Godeffroy kämpfen mit: Cesar für eine deutsche Flotte, Adolph für eine neue Verfassung in Hamburg. Gustav wird Abgeordneter der Nationalversammlung in Frankfurt.

Den Anstoß zur Revolution gab die Februarrevolution in Frankreich, die sich am Streit um das Wahlrecht entzündete. Die Franzosen setzten ihren König ab und riefen die Republik aus. Landtagsabgeordnete in Heidelberg forderten die Republik und Wahlen zu einem gesamtdeutschen Parlament, das in Frankfurt tagen soll, dem Sitz des Deutschen Bundes und der Bundesversammlung.

In vielen deutschen Mittel- und Kleinstaaten treten die fürstlichen Regierungen aus Furcht vor den Bürgern zurück, und liberale Oppositionelle übernehmen Ministerämter. In Wien kämpfen Bürger und Studenten gegen das Militär, Staatskanzler Metternich flieht nach England. In Berlin erschießen die Soldaten des Königs zweihundert Bürger. Am Morgen danach neigt Friedrich Wilhelm IV. sich vor den Leichen, die Revolutionäre in den Schloßhof gelegt haben. Er reitet mit Generälen und Ministern hinter schwarzrotgoldenen Fahnen – den hochverräterischen Farben der Bürger – durch Berlin: ein bekehrter Bürgerkönig, der nun verspricht, für Demokratie und deutsche Einheit eintreten zu wollen. Seinen Bruder Prinz Wilhelm, der auf die Bürger schießen lassen wollte, schickt er nach England.

Der Prinz reist heimlich nach Hamburg und versteckt sich an der Elbchaussee bei Cesars Nachbarn O'Swald, dem preußischen Generalkonsul. Vierzehn Tage wartet er auf ein passendes Schiff, dann segelt er nach London.

In Frankfurt beschließt ein Vorparlament, daß das deutsche Volk eine Verfassunggebende Nationalversammlung wählen soll. Alle Männer, gleich wieviel sie besitzen, sollen wählen dürfen. Frauen sind ausgeschlossen.

Die Abgeordneten des deutschen Volkes ziehen am 18. Mai 1848 in festlichem Zug unter Geschützdonner und Glockengeläut in ihr Sitzungslokal, die Paulskirche in Frankfurt. Vor ihnen liegen zwei große Aufgaben: eine demokratische Verfassung mit den Grundrechten eines jeden Deutschen zu schaffen und einen Nationalstaat.

In Hamburg haben sich diejenigen, die nach dem Brand 1842 gemeinsam vom Senat eine Reform der rückständigen Verfassung forderten, in viele Richtungen aufgespalten. Immer mehr Hamburger führen politische Diskussionen bis in die Nächte, gründen Vereine, bekämpfen sich in öffentlichen Versammlungen und Zeitungsartikeln. Letzte große gemeinsame Forderung: Pressefreiheit. Die gewährt der Senat am 9. März.

Senat und Bürgerschaft setzen eine Reformkommission ein, die eine neue Verfassung entwerfen soll. Als auch Leute Mitglieder werden, von denen Demokraten nicht viel erwarten, gibt es Unruhe in den Straßen, und die Fensterscheiben von Senator Hudtwalcker gehen zu Bruch. Der Senat hat Angst, daß er sich nicht mehr auf das Bürgermilitär verlassen kann: Viele der bewaffneten Bürger sind Radikale, wie die Demokraten auch heißen. Der Senat empfiehlt daher der Reformkommission, die Forderungen der Radikalen zu berücksichtigen: politische Rechte für alle Steuerzahler; Aufhebung der Selbstergänzung des Senats; Trennung von Staat und Kirche.

Die wenigsten in der Stadt sind für ein allgemeines und gleiches Wahlrecht – wie sollen Besitzlose, die nicht einmal für ihr eigenes Wohl sorgen können, dem Gemeinwesen nützen. Nur der wirtschaftlich unabhängige Mann denke frei und sei geeignet zum Regieren, glaubten die Aufklärer, und das hat sich in Hamburg gehalten. Als Ende April Commis und Hafenarbeiter drei Abgeordnete für die Nationalversammlung mitwählen dürfen, entscheiden sich Arme und Reiche fast einmütig für zwei Kaufleute und einen Anwalt: für Edgar Ross, Ernst Merck und Dr. Gustav Heckscher.

le drei Abgeordneten sind Mitglieder in Cesars Ruderclub, kommen aus den Außenseiterfamilien am Fluß, aus denen die »Beaumonde« der Elbchaussee geworden ist. Edgar Ross, *Ross, Vidal & Co.*, Sohn eines Schotten, ist mit einer hugenottischen Vidal verheiratet und bewohnt Hansens Parthenontempel in Blankenese. Gustav Heckscher, der jüdische Bankierssohn, der im Hansen-Landhaus mit dem Halbmond aufwuchs, ist jetzt einer der führenden Anwälte Hamburgs. Ernst Merck gilt als Aristokrat, weil sein Vater Senator war und sein Halbbruder Carl dem Senat als Syndikus angehört.

Ross, Heckscher und Merck sollen in der Nationalversammlung die Handelsfreiheit verteidigen. Preußen hat verkündet, daß es ganz Deutschland in den Zollverein einbeziehen und so die deutsche Einheit verwirklichen wolle. Die Kaufleute und mit ihnen die Hamburger wollen aber, ebenso wie zahlreiche Süddeutsche, daß nicht Preußen die deutsche Einheit schafft, sondern der Deutsche Bund, die Gesamtheit der Länder.

2.

Ein dänisches Kriegsschiff blockiert die Elbmündung, und Cesar Godeffroy tritt mit einem flammenden Aufruf in den Hamburger Zeitungen am 5. Mai 1848 an die Öffentlichkeit: »Auf denn, Deutsche, wehrt euch und ergreift die Mittel, ein Joch und Fesseln abzuschütteln, die die deutsche Flagge nicht dulden und tragen darf! Bewaffnet Dampfböte und Kauffahrteischiffe und besetzt sie mit Männern, die entschlossen sind, unsere Flagge von der erniedrigenden Schmach zu befreien, und wenn auch teuer erkämpft, so wird der Sieg unser sein! Auf denn, erstehe, junge Marine, zur Verteidigung der deutschen Flagge!«

Die Unterzeichner *Joh. Ces. Godeffroy & Sohn* und *Rob. M. Sloman* fordern auf, morgen, Sonnabend, den 6. Mai, um zwei Uhr zu einer Versammlung in den Großen Saal der Börsenhalle zu kommen.

Die Hamburger haben bislang noch über jeden Ruf nach einer deutschen Marine gelacht. Nun ergreift Flottenbegeisterung die gesamte Küste: Der Deutsche Bund führt Krieg gegen Dänemark, der preußische General Wrangel hat mit einem Bundeskorps und preußischen Truppen die Eider überschritten.

Auch in Dänemark hat in den letzten Monaten eine starke demokratische und nationale Bewegung König und Adel in Schrecken versetzt und Einfluß gewonnen: Schleswig soll eine dänische Verfassung bekommen, auf Holstein könnte man verzichten. Der König von Dänemark ist zugleich Herzog von Schleswig und Holstein und als Herzog von Holstein Mitglied des Deutschen Bundes. Nun ist er aus dem Deutschen Bund ausgetreten, und dänische Truppen sind in Schleswig eingerückt. In Kiel ist jetzt eine provisorische Regierung entstanden, die will, daß beide Herzogtümer zum neuen Deutschland gehören. Ihre Anhänger berufen sich auf den dänischen König Christian I., der 1460 gelobte, die Herzogtümer Holstein und Schleswig »ewich tosamende ungedelt« zu lassen. Der Herzog von Augustenburg – alter Rivale des Königs um die Thronfolge – hat Preußen um Hilfe gerufen, woraufhin Dänemark preußische Handelsschiffe beschlagnahmte und die Elbe blockierte.

Adolph Godeffroy ist ein »warmer Schleswig-Holsteiner« und gehört einem Komitee an, das für »Lazarethe, in denen Freund und Feind in großer Zahl schwer verwundet liegt«, Spenden sammelt, Matratzen, Decken, Instrumente. »Unsere Damen zupfen alle Charpié«, erzählt er dem guten Onkel Carl Godeffroy in Berlin, als er ihn um eine Spende angeht, »machen Binden + dergl. – und so haben wir das belohnende Bewußtsein, doch <u>etwas</u> zur Hilfe und Linderung unserer siegenden Brüder + besiegten Feinde in dieser großen Zeit beigetragen zu haben.«

Cesars Rede auf der Versammlung am 6. Mai in der Börsenhalle erweckt eine ungeheure Begeisterung. Die Kaufleute gründen ein »Committee für eine deutsche Kriegs Marine«, das Sloman sen. und Cesar leiten. Cesar spendet als erster

5000 Bankomark. Drei Tage später setzt das Komitee eine »Aufforderung an Deutschland« in die Zeitungen, wieder blumig, kriegerisch, national. Alle Deutschen sollen Geld sammeln für eine deutsche Flotte, »ein Wahrzeichen von Deutschlands Einigkeit, Deutschlands Kraft«.

In den Küstenstädten, aber auch im Binnenland entstehen Flottenkomitees und Marineausschüsse, und Artikel über eine deutsche Kriegsmarine erscheinen in den Zeitungen. Den ganzen Sommer über sammeln Bürger und Bürgerinnen Spenden. In Schleswig-Holstein finanzieren sie drei Raddampfer, einen Schoner und zwölf Kanonenboote. Der Frauenverein in Rendsburg ist besonders rührig, und so heißt das Rendsburger Schiff denn auch FRAUENVEREIN.

Das Hamburger Komitee schickt Gustav Godeffroy nach London, wo er Geschütze kaufen, Offiziere einstellen und Kriegsdampfschiffe besichtigen soll. Von London fährt er nach Frankfurt. Die Bundesversammlung hat nun einen Marineausschuß, in dem der Hamburger Senator Lutteroth sitzt. Die Nationalversammlung hat auf Antrag von Edgar Ross ebenfalls einen Marineausschuß. Beide Ausschüsse treten am 16. Juni zusammen und ziehen Gustav Godeffroy zu ihren Beratungen hinzu. Ergebnis: Der Deutsche Bund gibt dem Hamburger Komitee 300 000 Taler.

Das Komitee kauft drei eiserne Raddampfer aus der Fahrt Hamburg–Hull. Da das Geld zu mehr nicht reicht, stellt Sloman dem Komitee vorläufig seinen Segler FRANKLIN zur Verfügung und Cesar den CESAR GODEFFROY, den Gustav noch in Valparaiso gekauft hat – aus Teakholz 1818 in Chittagong, Indien, erbaut. Der CESAR GODEFFROY bekommt 32 Geschütze und einen englischen Kapitän. Zu dieser »Hamburger Flotille« steuert der Bürgerverein von St. Pauli ein Ruderkanonenboot bei.

Gustav ist am 3. August wieder in Frankfurt, um abzurechnen. Doch nun laufen Friedensverhandlungen mit Dänemark, Kriegsschiffe sind nicht mehr aktuell. Gustavs Bericht geht an den Reichsminister des Innern – es gibt jetzt eine provisorische Reichsregierung: Die Nationalversammlung hat einen Reichsverweser als vorläufiges Oberhaupt des vereinten Deutschlands gewählt, den österreichischen Erzherzog Johann. Dieser Reichsverweser hat die Reichsminister ernannt. Die Regierungen der Bundesländer haben zugestimmt, der Bundestag hat seine Befugnisse auf die neue provisorische Regierung übertragen und sich aufgelöst. Gustav Heckscher ist jetzt Reichsjustizminister, Senator Arnold Duckwitz aus Bremen Reichsmarineminister.

Cesar Godeffroy und Senator Gustav Kirchenpauer übergeben die Hamburger Schiffe im Oktober 1848 der deutschen Flotte. Die Sachverständigen lehnen jedoch den FRANKLIN wegen Altersschwäche ab und machen den CESAR GODEFFROY, der ein zu schweres Geschützgewicht hat, zum Schulschiff. Das Reich übernimmt ihn für 70 000 Courantmark. Er wird nach Bremerhaven überführt und heißt nun DEUTSCHLAND.

Die Flottenbegeisterung der Hamburger Kaufleute ist in sich zusammengesunken. Die Elbblockade ist aufgehoben, andere Probleme beschäftigen die Gemüter. Preußen hat an Nationalversammlung und Reichsregierung vorbei mit Dänemark einen Waffenstillstand für sieben Monate abgeschlossen. Die Bürger in ganz Deutschland sind bedrückt über die preußische Militärmacht.

Gleichzeitig sind die Kaufleute froh, daß der Krieg zu Ende zu sein scheint. Truppendurchzüge kosten Geld, auch die Elbchaussee hatte Einquartierung. Die Börse, die sich für die Flotte erst so begeisterte, jubelt nun über den Waffenstillstand. Die deutsche und holsteinische Sache findet kaum noch Sympathien. Seit dem Waffenstillstand steigen die Eisenbahnpapiere. Die großen Segelschiffe kommen wieder mit der Flut die Elbe herauf, und ein gutes Herbstgeschäft verspricht, den flauen Sommer wettzumachen.

Cesar ist tief getroffen, als es in der Stadt heißt, er und Sloman hätten ihre alten Schiffe selbst nicht mehr brauchen können und den Staat beim Verkauf übervorteilt. In Hamburg kursiert ein Flugblatt mit dem Vers:

Kennst du die Stadt, wo voller Edelsinn
Man Schiffe giebt zur deutschen Flotte hin?
Das heißt für Geld, für schweres Geld
Ein Wrack, das in sich selbst zusammenfällt!

3.

Adolph Godeffroy kandidiert für die verfassunggebende Versammlung in Hamburg.

Die Reformkommission, die seit März über eine neue Verfassung berät, hat im Sommer immer noch nichts vorgelegt. Daraufhin schließen die demokratischen Vereine sich zusammen und verlangen auf großen Kundgebungen, alle Hamburger sollten eine verfassungsgebende Versammlung wählen – eine Konstituante, wie man kurz sagt.

Der erste demokratische Wahlkampf in seiner Geschichte beschäftigt den Stadtstaat den ganzen Herbst 1848 über. Alle volljährigen Männer haben aktives und passives Wahlrecht, ausgeschlossen sind Entmündigte, Wohlfahrtsempfänger, Sträflinge und Frauen. 188 Abgeordnete sollen in elf Wahlbezirken gewählt werden. Die beiden größten Parteien, die um Stimmen kämpfen, sind die Wühler und die Heuler.

Die Wühler im Liberalen Wahlkomitee sind Demokraten: ein breites Spektrum von Liberalen bis Sozialisten, in dem die Männer der »honetten Demokratie« aus dem Deutschen Klub unter dem Richter Dr. Hermann Baumeister den Ton angeben. Die Demokraten fordern gleiche Grundrechte für alle, gleich welchen Standes, Glaubens oder Vermögens, und Volksvertretung.

Für die Heuler im Patriotischen Verein sind die Wünsche der Wühler Anarchismus. Zu den Patrioten gehören gemäßigte Liberale und Konservative aus Handel und Börse, ihr führender Mann ist der Anwalt Dr. Carl Petersen. Die Patrioten wollen vor allem, daß ihre Mitglieder öffentliche Ämter bekommen. Sie wünschen »Ordnung und Freiheit mit Maaß«, zwar gleiche Rechte für alle Religionen, aber gleiches Wahlrecht bestenfalls für Steuerzahler.

Adolph Godeffroy ist ein Heuler. Die Godeffroys wollen seit Generationen Bürger mit politischen Rechten werden, nun fordern die Demokraten, den Bürgerstatus zu erweitern. 25 % der Einwohner erhalten im Revolutionsjahr Unterstützung von der Allgemeinen Armenanstalt. Die Patrioten meinen unbeirrbar, es wäre nicht gerecht, wenn die große Masse der Besitzlosen die kleine Zahl der Besitzenden überstimmen könnte.

Ihnen paßt auch nicht, daß der Bildungsverein der Arbeiter – 1845 gegründet unter dem Schutz der Patriotischen Gesellschaft – jetzt selbst eine Arbeiter- und Handwerkerbewegung aufbauen will und eine demokratische Verfassungsreform verlangt. Arbeiter sind Objekte der Fürsorge. Wenn sie selbst aktiv werden, sind sie weiter nichts als unwürdige Arme, und *man* zieht die Spendenhand von ihnen ab.

Der Wahlherbst hält Hamburg in Atem. In Berlin und in Wien ist die Revolution gescheitert, Militär und Monarchie haben die Bürger besiegt, die liberalen Märzminister sind entlassen. In Berlin oder Wien wäre ein Hamburger Patriot wie Adolph Godeffroy schon ein gefährlicher Anarchist.

In Hamburg siegen im Herbst der Revolution die Demokraten – zwei Drittel ihrer Kandidaten kommen durch. Adolph wird Ersatzmann der Konstituante. Wieder haben die Wähler mehr Großbürger als Kleinbürger gewählt: Ein Drittel der Abgeordneten sind Kaufleute. Die Konstituante tritt am 14. Dezember 1848 zu ihrer ersten Plenarsitzung zusammen.

Adolph ist jetzt zweiter Vorsitzender eines neugegründeten Vereins für Handelsfreiheit.

4.

Gustav Godeffroy wird Kandidat des Vereins für Handelsfreiheit und auf Adolphs Betreiben auch der Commerzdeputation, als Hamburg noch einen Abgeordneten für die Nationalversammlung wählt: Edgar Ross ist aus Gesundheitsgründen zurückgetreten, und Ernst Merck fordert aus Frankfurt als Ersatz einen konservativen Kaufmann an.

Die Demokraten in Hamburg wollen Gustav Godeffroy nicht wählen. Doch der Verein für Handelsfreiheit erklärt den Mitbürgern auf Handzetteln, die Straßenjungen in der Stadt verteilen, dies sei keine politische, sondern eine merkantilische Wahl: »Bedenkt, Hamburger, daß alle politische Freiheit Euch nichts nützt, wenn Ihr hungern müßt, und Alles, was unsern freien Handel schmälert, bringt Elend und Noth über Hamburg.« Vor der Sorge um den Freihandel verblassen alle Bedenken, und man einigt sich, Gustav sei der geeignete Mann, um die Hamburger Handelspolitik zu vertreten.

Die Hamburger wählen ihn am Sonntag, dem 10. Dezember, und am 30. Dezember treffen er und seine Frau in Frankfurt ein.

Sophie Godeffroy née Hanbury wird an diesem Tag 22 Jahre alt. Sie ist im dritten Monat schwanger. Sophie ist sanft, heiter und zufrieden, materiell anspruchsloser als ihre Schwester Emmy, aber geistig regsamer. Sie geht zu allen wichtigen Debatten in die Nationalversammlung.

Die Nationalversammlung hat die Grundrechte verkündet: das Reichsbürgerrecht mit Freizügigkeit und Gewerbefreiheit, die Gleichheit aller vor dem Gesetz – der Adel ist als Stand aufgehoben –, Freiheit der Person, Freiheit der Meinungsäußerung, Glaubens- und Gewissensfreiheit, Versammlungsfreiheit. Die Männer beanspruchen die neuen Freiheiten allein für sich.

Die Damentribüne in der Paulskirche ist immer vollbesetzt: Frauen nehmen brennenden Anteil an der Arbeit der Abgeordneten. Frauen haben in vielen Städten demokratische Frauenvereine gegründet und Geld gesammelt für politisch Verfolgte. Aber mitreden dürfen sie nicht. Sie dürfen nicht einmal zuhören und sich informieren, wie sie wollen. Nur auf zehn Prozent der Zuschauerplätze sind Frauen zugelassen.

Die Paulskirche ist ein rundes Gebäude, die Abgeordneten sitzen im Parterre auf Bänken, der Zuschauerberg steigt ringsum bis hoch zu den Fenstern an. Die Kirche ist immer überfüllt, es gibt kaum Gänge, keine Nebenräume, und wenn der Präsident des Parlaments sich mit anderen Herren beraten will, muß er das auf dem Paulsplatz tun. Störend und in den Folgen »unanständig«: Es gibt keine Toiletten. Ein steter Strom von Abgeordneten zieht in die umliegenden Kneipen und kommt von daher zurück. Kurz: Die Arbeitsbedingungen sind äußerst ungünstig.

Die Arbeitsleistung ist enorm. Die Abgeordneten haben eine Fülle von Problemen, die die alten Regierungen seit Jahrzehnten nicht lösen konnten, teils gelöst, teils entschärft. Die Versammlung ist von Nationalitätenkriegen wie dem in Schleswig-Holstein erschüttert worden und arbeitet unter der zunehmenden Drohung der Fürsten. Die wichtigsten Fragen jetzt: Welche Länder sollen zum neuen Reich gehören, wird es eine Republik sein oder eine Monarchie und wer soll Staatsoberhaupt werden?

Treffpunkt der Freihändler ist das Café Milani. Ernst Merck und Gustav Heckscher sind »Österreicher«, sind dafür, daß Österreich mit zum Reich gehört. Merck lacht über die Spießbürgerlichkeit vieler Abgeordneter. Die penibel gekleideten Hanseaten in ihren sauberen gebügelten Fräcken und weißen Westen fallen in der Paulskirche und in den Frankfurter Salons auf wie Paradiesvögel und sind auf der Straße angeblich vor demokratischen Prügeln nicht sicher. Hamburger und Bremer gelten als unpatriotische Krämer.

Gustavs Aufgabe in Frankfurt ist es, dafür zu sorgen, daß der Hamburger Hafen vom Zollgebiet des Reichs ausgeschlossen bleibt. Er hat einen schweren Stand im volkswirtschaftlichen Ausschuß, dessen Präsident, der Sachse Gottlob Eisenstuck, ein eifriger Schutzzöllner ist.

Gustav spricht nur einmal in der Paulskirche, am Donnerstag, dem 15. März 1849, als die Nationalversammlung über ein »Gesetz, den Schutz und die Fürsorge für deutsche überseeische Auswanderung betreffend« debattiert. Er will eine Abstimmung über das Gesetz verhindern, weil es die Freiheit der Reeder durch eine Aufsichtsbehörde beschneiden soll.

Er habe den Gesetzentwurf erst seit vier, fünf Tagen in Händen, sagt er, »und es ist mir, obgleich ich mir als Praktiker in dieser Hinsicht vielleicht ein Urtheil anmaßen kann, nicht möglich gewesen, bis jetzt von Sachverständigen meiner Vaterstadt die Ansichten und Meinungen über die Vorlage einzuholen, und ich möchte ohne solche kein Urtheil fällen ...
(Auf der Linken: Oh!)
Präsident: Meine Herren! Ich bitte um Ruhe!
Godeffroy: Meine Herren! Es soll ein Gesetz gemacht werden, welches ein für alle mal als Regel dasteht ... (Unruhe)
Präsident: Ich bitte um Ruhe, sonst kommen wir nicht zum Ende.
Godeffroy: Denn es scheint mir wünschenswerth, daß nicht wieder gleich Veränderungen gemacht werden.«
Herr Veit aus Berlin fragt, ob das Gesetz überhaupt in eine Verfassunggebende Versammlung gehört.
Herr Eisenstuck aus Chemnitz sagt, es sei aber eines der größten Bedürfnisse in Deutschland, die Auswanderung der hilfsbedürftigen Klassen durch die Gesetzvorlage zu regeln.
Gustav, klein und lebhaft, heißt in Frankfurt nur Reichskolibri. Merck meint, er sei für die Paulskirche zu dünkelhaft und süffisant, zu selbstgefällig: »Er ist es noch nicht gewohnt, vor Leuten aufzutreten, vor denen der Name Godeffroy allein nichts bedeutet, sondern – weil er ein Hamburger ist und außerdem an der Marine-Geschichte beteiligt war – Mißfallen erregt.« Außerdem sei er »einer von denen, die nicht begreifen wollen, daß hier das Individuum untergeht und nur die Partei einen Zweck erreichen kann«.
Gustav kann die Abstimmung über das Gesetz nicht verhindern, aber das spielt jetzt keine Rolle mehr. Zum letzten Mal brechen turbulente Tage in der Paulskirche an.

Sophie Godeffroy sitzt auf der Damentribüne, als die Abgeordneten am 21. März den Antrag, die erbliche Kaiserwürde dem König von Preußen zu übertragen, mit 283 zu 252 Stimmen ablehnen. Aber wer sonst kann Staatsoberhaupt sein?
Viele, die gegen den König sind, sehen trotzdem ein, daß es

begründet ist, das neue Reich unter den Schutz der preußischen Armee zu stellen, und viele, die für ihn stimmten, wissen zugleich, wie verfehlt es ist, einen König zum Oberhaupt einer Demokratie zu wählen, der sich von Gott gesandt fühlt und dem trotz seines Märzritts im Jahr zuvor nichts mehr zuwider ist als das Volk, das nun behauptet, es sei der eigentliche Souverän. Doch nur er und seine Armee haben die Macht, den neuen Staat, zu dem Österreich nicht mehr gehören wird, gegen die Nachbarländer, die kein geeintes Deutschland wünschen, zu behaupten und die neue Verfassung in allen deutschen Bundesländern durchzusetzen. Und niemand hat die Macht, mit ihm fertig zu werden, wenn er Gegner eines demokratischen Reichs wird.

Sophie ist auch bei der dritten und letzten Lesung der Verfassung am 28. März in der Paulskirche. Sie ist sehr bewegt, als 290 Abgeordnete den preußischen König zum Staatsoberhaupt und Kaiser der Deutschen wählen und 248 sich der Wahl enthalten. Gustav Godeffroy, Ernst Merck, Gabriel Riesser und Professor Christian Wurm – beide vertreten nichthamburgische Wahlkreise – stimmten für den preußischen König: Syndikus Banks, der Bevollmächtigte Hamburgs beim Bundesrat in Frankfurt, hat ihnen geraten, keine neutrale Stellung einzunehmen. Nur Gustav Heckscher brachte es nicht über sich, für Preußen zu stimmen, und enthielt sich. Nach diesem letzten Wahlgang verkündet der Präsident die Reichsverfassung.

Sophie berichtet am Sonnabend, dem 31. März, ihrer Freundin Auguste Parish née Godeffroy, die mit ihrem Mann Charles auf dem Gut Gottin in Mecklenburg lebt, von der Abstimmung: »Jubel und Freude beherrschte aber nur ganz wenige Gemüther, die Stimmung war ernst und der ganze sich kund gebende Ton ruhig und gemäßigt. Wenn die unterliegende Parthei so groß ist, wie es hier der Fall, und die Sympathien für dieselbe durchaus nicht allgemein erloschen, so kann es auch wohl kaum anders sein. Dennoch war es ein schöner und feierlicher Moment, als dem deutschen Kaiser beim Klange aller Glocken und unter dem donnernden Beifall der Tribünen und Gallerien von der Versammlung das erste Hoch gebracht wurde. Freitag Morgen ist nun eine Deputation von 32 Deputirten mit dem Präsidenten Simson an der Spitze nach Berlin abgegangen, unter ihnen Merck und Riesser. Dass der König von Preussen die Kaiserwürde nicht gleich unbedingt annehmen wird und kann, ist wohl mit Gewissheit anzunehmen. Die Zukunft wird uns noch viel Schweres und Trübes bringen, wir haben wohl noch Manches durchzumachen, ehe wir ein allgemein beglückendes Ziel erreichen.«

Friedrich Wilhelm IV. erklärt, er könne die Kaiserkrone nur mit Zustimmung aller deutschen Fürsten und freien Städte annehmen. Privat nennt er sie eine »Wurstbrezel von Meister Bäcker und Metzger«, eine Krone aus »Dreck und Letten gebacken«.

38 Staaten hat der Deutsche Bund, 28 stimmen der Verfassung der Nationalversammlung zu. Der König lehnt die Krone ab.

Mit seiner Ablehnung ist die Politik der Paulskirche gescheitert.

Gustav Godeffroy und Hermann Heinrich Meier aus Bremen treten noch in den Marineausschuß ein, Ernst Merck wird noch Reichsminister der Finanzen, um den Reichsverweser Erzherzog Johann nicht im Stich zu lassen. Aber es ist alles zu spät. Die Regierungen rufen die Abgeordneten zurück.

Sophie bekommt ihr Kind in Hamburg, am 15. Juli 1849, eine kleine Susanne.

Soldaten und Polizisten jagen die Abgeordneten der Nationalversammlung. In der Pfalz und in Baden verteidigen Liberale die Reichsverfassung mit Waffen, und die badische Armee tritt auf ihre Seite über. Aber dann marschieren preußische Truppen ein unter dem Kommando von Prinz Wilhelm, der aus England zurückgekehrt ist. Die Revolutionsarmee zieht sich in die Festung Rastatt zurück.

Die sechstausend Verteidiger der Festung Rastatt müssen am 23. Juli 1849 bedingungslos kapitulieren. Jeder zehnte wird standrechtlich erschossen. Die übrigen kommen als Hochverräter vor Gericht.

Das geht alles sehr schnell. Die Bürger sind in ganz Deutschland wie gelähmt.

5.

Die demokratischen Vereine in Hamburg haben Anfang Mai 1849 zur Volksbewaffnung aufgerufen. Zahlreiche Freiwillige melden sich, doch der Senat verbietet das Anwerben. Er hält einen Krieg gegen Preußen für aussichtslos.

Die Konstituante verabschiedet im Juli eine demokratische Verfassung: Wahlrecht für jeden volljährigen Mann; eine Bürgerschaft von 300 gewählten Abgeordneten wählt einen Senat aus neun Mitgliedern für sechs Jahre.

Zehntausend Demokraten veranstalten einen fröhlichen Festumzug. Zweitausend Patrioten erheben Einspruch. Der Senat fordert eine Überarbeitung der Verfassung.

Im August besetzen 8 000 preußische Soldaten Hamburg. In der Stadt heißt es, der Senat habe Preußen um Hilfe gegen die Demokraten gebeten. Preußen fordert ein scharfes Vorgehen gegen demokratische Vereine und Zeitungen und verlangt den Beitritt Hamburgs zum Dreikönigsbündnis Preußen, Hannover, Sachsen: Im Deutschen Bund ist alles wieder beim alten, und Preußen will seine Stellung gegenüber Österreich stärken. Die Bürgerschaft stimmt dem Beitritt zu. Trotzdem verläßt nur die Hälfte der Preußen die Stadt.

Eine Kommission aus neun Männern vom Patriotischen Verein überarbeitet jetzt die Verfassung, führend sind Gustav Kirchenpauer und Carl Petersen. Ihr Entwurf liegt im Mai 1850 vor: Wahlrecht zur Bürgerschaft haben nur Grundeigentümer und Inhaber von Ehrenämtern – weniger als ein Drittel der volljährigen Männer. Die Bürgerschaft nimmt die Verfassung der Neuner-Kommission am 23. Mai 1850 an.

Doch wieder warnt Preußen den Senat. Die preußischen Soldaten verlassen Hamburg im November, zwei Monate später rücken 5 000 Österreicher ein. Als sie abziehen, droht der

Deutsche Bund mit Bundestruppen, falls der Senat die Mai-Verfassung der Neuner einführt.

18. August 1852, mittags zwölf Uhr auf der Reede von Brake an der Weser: Staatsrat Hannibal Fischer versteigert die Bundesflotte. Als erste kommt die Segelfregatte DEUTSCHLAND ex CESAR GODEFFROY unter den Hammer.

Der Deutsche Bund kann die Flotte des demokratischen Reichsministeriums – 11 Kriegsschiffe und 26 Kanonenboote – nicht halten, denn die Länder wollen sie nicht bezahlen.

»Niemand mehr als 9 200 Thaler? Zum ersten, zum anderen, zum dritten.« Für 15 % ihres Schätzwerts geht die DEUTSCHLAND an *Roessingh & Laun*, Bremen.

Ein Jahr später ist die Versteigerung der Flotte beendet. Letzter Gegenstand der Auktion: ein Sarg.

Dieser Sarg wird zum Symbol in Erzählungen aus der Revolutionszeit, zum Teil der beginnenden Selbstverachtung des Bürgertums. Die Besiegten von Rastatt sind zu lebenslangen Zuchthausstrafen verurteilt, zahlreiche prominente Demokraten mußten ins Ausland fliehen. Die Bleibenden sind ohnmächtig, und viele fangen an, die militärischen Sieger zu bewundern.

Die ehrenvolle Geschichte der 1848er Revolution wird zum blinden Fleck im Bewußtsein der Bürger und ihrer Kinder, schließlich glaubt jedermann zu wissen, die Bürger selbst hätten sich mit ihrem ewigen Gerede im Parlament als unfähig zu Politik und Regierung gezeigt. In den Jahrzehnten nach der Revolution wandelt sich der idealistische Liberalismus des Bürgertums in einen rein wirtschaftlichen. Die Bürger konzentrieren ihre Kraft auf Industrie und Handel.

Für Cesar Godeffroy und seine Brüder hat die Revolution den Durchbruch gebracht: Sie sind keine politischen Außenseiter mehr. Die alte Verfassung gilt zwar weiter, aber nach den Verfassungsentwürfen der Konstituante und der Neuner-Kommission kümmert es in der Praxis niemanden mehr, daß Godeffroys Calvinisten sind. Sogar Juden sind nun an der Börse zugelassen.

Die Brüder Godeffroy haben bewiesen, daß sie aktiv sind und Ideen haben. Sie sind die junge Generation in der Kaufmannschaft, ohne gleich radikal oder demokratisch zu sein. Sie waren nirgends führend in der Revolution, aber sie haben sich sichtbar für das Gemeinwohl eingesetzt.

Der Ehrbare Kaufmann wählt Adolph in die Commerzdeputation. Cesar wird 1850 Altadjungierter der Commerzdeputation, das heißt Mitglied eines Beirats aus drei ehemaligen Präsidenten. Er kann sich nun jederzeit mit Vorschlägen an den Senat wenden, der verpflichtet ist, ihm zu antworten.

Der Falke

1.

Die Wirtschaftsflaute der vergangenen Jahre hat die Expansion von *Joh. Ces. Godeffroy & Sohn* nur gebremst. Ende 1849 setzt ein Konjunkturaufschwung ein, und alles, was Cesar sich ausgedacht hat, bekommt nun den großartigen Zug, von dem er so gerne spricht.

Das Elbkupferwerk macht schon im zweiten Bilanzjahr Gewinn.

Die Auswandererfahrt nach Australien wächst. Die VICTORIA, der GODEFFROY und der ALFRED haben Anfang 1848 sechshundert fromme Pietisten aus Herrnhut nach Melbourne gebracht. Ende des Jahres hat Cesar drei weitere Schiffe nach Adelaide geschickt. 1849 stellt er die Fahrt nach Haiti ein: Er braucht die Schiffe für Auswanderer.

Er besitzt nun zwei Werften.

Er ist mit den Brüdern Friedrich Heinrich und Joachim Eduard von Somm ins Geschäft gekommen, die von ihrem Vater her sechs nebeneinanderliegende Schiffszimmerplätze haben. Die Brüder bauen manchmal ein Schiff im Jahr, manchmal keins – das ist Hamburgs leistungsfähigste Werft. Cesar hat die Kämmerei gebeten, den Pachtvertrag der Stadt mit den von Somms auf seine Firma zu übertragen. Er wünsche, den Schiffbau »in einer auch für das Gemeinwesen nützlichen, großartigen und intelligenten Weise« zu betreiben.

Ein Jahr später bieten die Brüder Roosen ihre Werft am Reiherstieg zum Kauf an, sie macht seit Jahren nur noch Reparaturen. Cesar greift sofort zu. Dieser Teil des Reiherstiegs – eines Fahrwasserarms an der Insel Wilhelmsburg – gehört zum hannoverschen Ufer der Elbe: Die Schiffbauerzunft in Hamburg hat hier keinen Einfluß. Unternehmer brauchen hier die hohen städtischen Löhne nicht zu zahlen und können auch fremde Tagelöhner einstellen – in Hamburg macht die Zunft Jagd auf ausländische Werftarbeiter und Lohndrücker.

Cesar kauft die Werft am 22. Juni 1849 für 39 500 Courantmark und nennt sie *Godeffroys Werfte Reiherstieg*. Joachim Eduard von Somm wird sein Schiffbaumeister. Auf der Werft der Brüder von Somm werden nun Reparaturen ausgeführt, später überläßt Cesar sie dem älteren Bruder wieder ganz.

Cesar übernimmt mit der Reiherstiegwerft einen Arbeiterstamm von dreißig Schiffszimmerfamilien, die auf der Insel Wilhelmsburg wohnen, und zehn unverheiratete Arbeitsleute. Werkstätten und Schmiede gehören zu einer Werft, eine Kesselanlage zum Bereiten von Wasserdampf, mit dem die Arbeiter das Schiffsholz biegen und formen, Boote und kleine Fahrzeuge, Lagerschuppen für Tran, Teer und Pech, ein Holzhof, ein Wohnhaus für den Schiffbaumeister. Cesar investiert hohe Summen in die Modernisierung der Werft.

Die Einzelheiten über das Firmengeflecht, das Cesar Godeffroy aufbaut, suche ich mir aus Firmengeschichten, Schiffsverzeichnissen, Unternehmerporträts, Jubiläumsschriften zusammen – Firmen, die er begründete oder an denen er sich beteiligte, bestehen teilweise heute noch, wenn auch in veränderter Form. Oft kann ich die Glaubwürdigkeit von Nachrichtensplittern nicht überprüfen, manchmal bringen vertrauenswürdige Forscher in verschiedenen Aufsätzen einander widersprechende Angaben, weil die Quellen sich widerspre-

chen, fast immer bleiben finanzielle Transaktionen undeutlich.

Die Reiherstiegwerft liefert von 1850 an Jahr für Jahr zwei Tiefwassersegler aus bestem Eichenholz an Cesar Godeffroy – Barken, Vollschiffe, Briggs, Schoner. Die Neubauten reichen bei weitem nicht für seinen Bedarf. Das größte Schiff unter Hamburger Flagge ist nun der PETER GODEFFROY, den er 1851 von einer Stockholmer Werft kauft, ein Vollschiff von gut 43 m Länge.

Das Verhältnis von Eigenkapital zu Fremdkapital beträgt bei *Joh. Ces. Godeffroy & Sohn* um 1850 eins zu vier, was als gefährlich gilt. Cesar nutzt die Konjunktur voll aus und er verschätzt sich nicht: Die allgemeine Wirtschaftslage wird immer besser.

2.

Gefährlich ist auch die Konkurrenz, die Cesars Schiffe beobachtet, um seine besten Geschäfte nachzuahmen.

Kämpfer wie der alte Sloman gehören dazu, der seine Gegner sucht und angreift. Sloman erkennt schnell die Geschäftsidee eines anderen, verbessert sie und erdrückt den anderen mit dessen eigener Idee. Er hat neben seiner Linie nach New York Linien nach New Orleans, Quebec, Galveston in Texas und Brasilien eingerichtet. Er kommt Cesar im Indischen Ozean in die Quere und Adolph und der *Hapag* auf dem Nordatlantik.

Umgekehrt stiehlt die *Hapag* mit ihren vier Segelschiffen ihm die Passagiere. Er übertrumpft sie mit dem ersten Hamburger Dampfer, der nach New York fährt, der HELENE SLOMAN: für ihn in England gebaut, mit eisernem Rumpf und Schraubenantrieb – die führende britische *Cunard Line* schickt hölzerne Raddampfer über den Atlantik –, fast siebzig Meter lang und sieben breit, Höchstgeschwindigkeit neun Knoten. Nach ihrer ersten Reise im Mai 1850 feiert die Illustrirte Zeitung in Leipzig Slomans »Verdienste um Hamburgs maritime Ehre und Größe«. Sloman nimmt man das in Hamburg übel: Er ist nicht der Inbegriff des hanseatischen Reeders.

Die HELENE SLOMAN kommt auf ihrer dritten Reise im November 1850 mit 180 Passagieren an Bord vor den Neufundlandbänken in einen schweren Sturm. Eine Welle schlägt das Ruder weg, das Schiff treibt. Neun Tage und Nächte stehen Mannschaft und Passagiere an den Pumpen, dann nimmt ein englisches Postschiff sie bei schwerem Wetter an Bord. Neun Männer kommen ums Leben.

Sloman bleibt nun bei der Segelschiffahrt. Aber man verübelt ihm weiter, daß er immer wieder den Mund zu voll nimmt und so tut, als sei er der einzige kluge Mensch in Hamburg. Schließlich werfen Kämmerei und Senat ihm vor, er sei kein guter Bürger.

Er hat von der Kämmerei billig einen Platz auf der Elbinsel Steinwärder gepachtet, um hier Hamburgs erstes Trockendock zu bauen. Dazu holte er den Schiffbauer Bernhard Wencke aus Bremen. Die Preise für das Eindocken sind saftig. Dann wird bekannt, daß Sloman das gepachtete Land an Wencke teuer untervermietet hat. Die Kämmerei kündigt den Pachtvertrag und verlangt die Beseitigung des Docks. Sie wirft Sloman »nackte Geldmacherei« vor; um den Pachtvertrag zu bekommen, habe er »mit patriotischem Nimbus« seine Mitbürger düpiert. Sloman beharrt darauf, daß das Dock »keineswegs eine brillante Geldspeculation« sei, sondern »ein gemeinnütziges Unternehmen, von dem alle Hamburger Reeder Vorteil« hätten. Der Senat verklagt ihn vor Gericht.

Letztlich einigt man sich, und das Dock bleibt. Aber Sloman, nun der drittgrößte Reeder der Stadt, gehört nicht zu ihren angesehensten Bürgern: *Man* ist nicht überzeugt davon, daß er zugleich mit seinem eigenen Wohl auch das Wohl aller anstrebt. Im Wettrennen um Ehre und *Credit* genügt der bloße Erwerb von Reichtum nicht. Der alte Sloman sieht das nie ganz ein, aber sein Sohn macht später große wohltätige Stiftungen. Er ist noch gefährlicher als der Alte.

Ein gefährlicher Konkurrent ganz anderer Art ist Adolph Jacob Hertz. Er ist ein Geheimniskrämer, der phantasievoll seine eigenen verborgenen Wege geht und dabei alle übertrumpft. Er ist der Sohn eines Wechselmaklers, war einige Jahre Commis bei *F. G. Baur* in Altona und machte sich 1826 selbständig, fing ganz klein an, im Skandinaviengeschäft, und ist sehr angesehen in der Stadt.

Hertz liest in mehreren Sprachen Berichte von Reisenden und studiert die Bedürfnisse der Bewohner fremder Länder. Er will ungestört von Konkurrenten arbeiten, aber seine Hamburger Freunde lassen nie lange auf sich warten. Zweimal haben sie ihm schon das Geschäft verdorben, in Ostindien und in China. Seitdem schickt er seine Schiffe nach Sansibar und macht ganz gewöhnliche Geschäfte: Seine Kapitäne entladen Kaffee und Kautschuk in Hamburg, Elefantenzähne und Datteln und auch Palmöl aus Westafrika.

Aber dann sickert durch, daß noch andere Schiffe für Hertz fahren, Schiffe mit Mannschaften, die nie nach Hamburg kommen. In Marseille redet jemand, ein Franzose lacht laut in einer Bar, und in Hamburg tragen Makler das Gerücht in die Comptoirs: Hertz läßt Kaurischnecken aus Sansibar nach Westafrika bringen, in den Golf von Guinea. Dort bekommt er für die Schneckenschalen von afrikanischen und arabischen Händlern spanische Golddoublonen. Mit dem Gold segeln seine Kauri-Schiffe wieder nach Süden, nach Kapstadt, wo die Kapitäne die Goldkisten insgeheim den Kapitänen der nach Hamburg gehenden Schiffe der Firma übergeben. Diese großen Schiffe laden oft noch an der Westküste Palmöl – das Geheimnis ist doppelt verdeckt, denn jeder in Hamburg weiß ja, daß Schiffe von Hertz Sansibar und den Golf von Guinea anlaufen.

Hertz wußte aus seinen Reisebüchern, daß englische Kapitäne in Kalkutta und auf Ceylon von arabischen und indischen Händlern Kauris von den Malediven kaufen und sie in Westafrika verkaufen. Dort kaufen Sklavenhändler für Kauris im Landesinnern Menschen, die sie in Südamerika gegen Golddoublonen verkaufen, mit denen sie wiederum die Kauris bezahlen. Hertz fand heraus, daß Kaurischnecken auf Sansibar billiger sind als auf den Malediven. Die ostafrikanische Sorte ist in Westafrika nicht ganz so geschätzt, bringt aber auch gutes Gold, und er läßt sie für sich fischen – man legt einfach die richtigen Zweige ins seichte Seewasser und wartet auf die Schnecken. Hertz hat das Kauriogeschäft mühsam aufgebaut und eine kostspielige zweijährige Probereise mit einer Schonerbrigg finanziert.

Sein Geheimnis ist noch nicht rund in Hamburg, da hat schon William O'Swald den Einfall aufgegriffen.

Das Geschäft ist schnell zugrunde gerichtet. Jährlich kommen nun 5 000 Tonnen Kaurischnecken aus Sansibar nach Westafrika, der Absatz stockt, das letzte Schiff von Hertz muß zwölf Monate an der Küste von Guinea liegen, bis die Ladung mit Verlust verkauft ist. Hertz gibt den Kaurihandel 1849 auf und wird Reeder – ein sehr erfolgreicher. In diesem Jahr hat er drei Segelschiffe, 1852 schon acht, 1855 elf, die er an der Weser bauen läßt. Er fährt vorwiegend nach Ostindien, befrachtet für fremde Rechnung und hat ein eigenes Warengeschäft.

O'Swald bleibt auf Sansibar, obwohl das Kauriogeschäft tot ist, und errichtet sogar eine Niederlassung. Cesars Nachbar an der Elbchaussee kommt – anders als der Angreifer Sloman oder der Geheimniskrämer Hertz – durch verbissene Stetigkeit voran. Er ist in den 1820er Jahren, als er noch Wilhelm Oswald hieß, als Superkargo zweimal auf Schiffen der Preußischen Seehandlung mit einer Ladung Leinen um die Erde gesegelt. Die erste Reise dauerte drei Jahre, von Südamerika über Honolulu und die Philippinen nach Kanton, die zweite vier Jahre. Auf der zweiten Reise war das Schiff mit zwölf schweren Kanonen ausgerüstet, mit Flinten, Pistolen und dreißig Enterhaken – wozu braucht ein Kaufmann Enterhaken, fragt man sich in Hamburg. Aus der Seehandlung wurde die preußische Staatsbank und aus Wilhelm Oswald, dem Sohn ihres Hauptbuchhalters, William O'Swald: 1831 gründete er seine Firma in Hamburg. Seine Schiffe fahren immer noch schwerbewaffnet, wie die aller Nachbarn an der Elbchaussee auch, und er verkauft nun in Afrika Draht, Perlen, Baumwollstoff – und vermutlich Schnaps – und kauft Palmöl. Jede Reise, die weniger als 75 bis 100 % Gewinn bringt, betrachtet er als Mißerfolg. Seine Kapitäne müssen ausführliche Berichte abliefern. Die Kaufleute kennen in Ostafrika nur die Küstenplätze. Missionare bringen aus dem Innern Nachrichten von schneebedeckten Bergen und riesigen Seen.

Immer wieder lösen sich einzelne aus dem großen Pulk der kleineren Kaufleute und werden gefährlich. Da ist Carl Woermann, lange Leinenexporteur nach Mittel- und Südamerika, seit 1847 auch Reeder. Die Zahl seiner Schiffe nimmt jedes Jahr zu, 1855 hat er bereits acht und betreibt eine Linie nach Melbourne: Pünktlich alle sechs Wochen segelt ein Schiff mit Post und Passagieren ab – er ist plötzlich ein gefährlicher Konkurrent für Cesar. Woermanns größere Schiffe laden meist in Cardiff, England, Kohle für Indien oder Java und bringen Reis zurück, auch Walbarten – Fischbein – für Korsetts und Rattan für Möbel, das Woermann in einem eigenen Betrieb in Hamburg reinigen läßt. Seine kleineren Schiffe sind in der Afrikafahrt beschäftigt, Guinea, Liberia. Seit 1852 gehört er zum Vorstand der *Hapag*.

Etwa neunzig Reeder sind in den 1840er Jahren in Hamburg erschienen, die meisten haben kaum Bedeutung, aber Cesar muß sie im Auge haben – plötzlich wird einer gefährlich, plötzlich hat einer eine gute Idee, die er, Cesar, mit seinem größeren Kapital schneller verwirklichen kann, plötzlich stiehlt ihm einer eine Idee, hat einen tüchtigeren Superkargo oder Kapitän. Aber auch die Großen können gefährlich werden. Viele bedeutende Im- und Exporteure haben nur zwei, drei eigene Schiffe, aber stets genügend Kapital, um jede Geschäftschance zu nutzen.

Wenige Männer fangen als Superkargo oder Kapitän an und werden zu großen Kaufleuten wie O'Swald, aber es kommt vor. Viele sitzen wie Cesar seit ihrer Lehrzeit im Comptoir – wie Spinnen in ihren Netzen. Cesar ist nie über London hinausgekommen und über die jährliche Reise mit Emmy ins Bad, trotzdem spinnt er seine Fäden über die ganze Welt.

Voraussagen gibt es nicht. Bekannte Namen erlöschen plötzlich, wie Parish, die ihr Geschäft 1847 aufgaben. Unbekannte kommen aus Übersee zurück und spielen plötzlich mit

– wie August Behn, der vor zehn Jahren als kleiner Superkargo auf einer Bark von *Joh. Lange Sohn 'S Wwe & Co.*, Bremen, nach Singapur fuhr, dort eine Firma gründete, 1852 nach Hamburg zurückkommt und mit dem Schiff SINGAPORE, das er unterwegs in Aden gekauft hat, eine Reederei anfängt. Man kann nie wissen, was aus so einem Mann wird.

Jedes Hamburger Schiff führt am Heck die Flagge des Stadtstaates – weiße Burg im roten Feld – und am Großmast die Kontorflagge seines Reeders, die oft das Familienwappen zeigt – bei Godeffroys den Arm eines Falkners mit dem goldenen Falken oder bei Amsinck drei grüne Hülsenblätter. Das nicht wappenkundige Volk der Wasserkante sieht in diesen elitären Blättern drei Klöße und spricht von der »Klüttenflagg«. Auch die Anfangsbuchstaben der Firmen in den Flaggen ermuntern zu großer Poesie. In Schifferkreisen entschlüsselt man das W. & K. von *Wachsmuth & Krogmann* als »Wenig und Knapp« und das C. W. auf Woermanns Afrikaseglern als »Cognac und Whisky«. Godeffroys J. C. G. & S. heißt »Jesus Christus Gottes Sohn« und H.A.P.A.G. »Haben alle Passagiere auch Geld?« Die Reeder können sich ihre Spottnamen kaum erklären, doch andere meinen, Volksmund tue Wahrheit kund, zumindest ein bißchen.

3.

Cesar Godeffroy wird führend in der Hamburger Chilefahrt. Er bringt jetzt Auswanderer nach Chile. Die anderen Reeder kommen nicht gegen die Kojenzahl an, die er in seinen Erzfrachtern bietet, auch Johannes Marbs nicht, der größte Reeder Hamburgs. Die »Gesellschaft für nationale Auswanderung und Colonisation zu Stuttgart« siedelt Württemberger, Hessen und Westfalen bei Puerto Mountt an, südlich von Valdivia. Drei, vier Jahre später gehen fast alle Godeffroy-Schiffe mit Waren erst dorthin, ehe sie weiter nach Valdivia segeln. Insgesamt wandern 4 000 Menschen in den 1850er Jahren über Hamburg nach Chile aus, über die Hälfte mit *Joh. Ces. Godeffroy & Sohn*: Bierbrauer und Ingenieure, Bäcker, Maurer, Zimmerleute und Schlosser, alleinreisende junge Frauen – entweder als Dienstmädchen oder weil ein Verlobter sie nachkommen läßt. Wenn auf einem Schiff vorwiegend Familien reisen, sind zwei Drittel der Passagiere Kinder. Halbe Dörfer aus Schlesien und aus Brandenburg wandern aus, Leute, die Sekten angehören, Leute, die im reaktionären Deutschland keine Zukunft mehr für sich sehen, Leute aus guten Verhältnissen – Auswandern ist teuer, auch im Zwischendeck.

Die Fahrzeit um Kap Horn beträgt meist zwischen hundert und hundertzwanzig Tagen. Männer, Frauen und Kinder liegen und sitzen unten im Zwischendeck bei tagelang geschlossenen Luken, vier Erwachsene in einer Koje, seekrank, voller Angst in den Stürmen. Kajütpassagiere verachten die stinkenden Zwischendecker, aber niemand kann sich dort unten sauberhalten, jeder bekommt nur einen Liter Wasser am Tag. Immer noch gibt es Skorbut – Hamburger und Bremer Reedern ist Zitronensaft für Mannschaft und Zwischendecker zu teuer.

Cesar hat Schiffsverluste. Die EMMY verläßt Hamburg am 23. November 1850 mit 52 Passagieren. Am Tag vor Heiligabend läuft sie an den Kapverdischen Inseln auf. Passagiere und Mannschaft können sich retten, doch die Zuckerladung, die Cesar nach Chile schickt und nicht versichert hat, ist verdorben. Die Schiffbrüchigen sitzen drei Wochen fest, dann nimmt ein nordamerikanisches Schiff sie mit nach Rio de Janeiro. Hier warten sie auf ein Schiff nach Valparaiso. Einer der Geretteten, der Gärtner Eduard Beaumont aus Kornthal in Württemberg, wird später Stadtgärtner in Santiago.

Die zahlreichen Schweden unter den Passagieren wollen weiter nach Kalifornien – die EMMY sollte nach San Francisco gehen. Dort sieht Cesar ein ganz großes Geschäft. In Kalifornien ist Gold gefunden worden. Alfred Godeffroy und John Freundt sind nach Norden abgereist.

Die Goldländer

1.

Yerba Buena, das nun San Francisco heißt, ist ein Geisterort, als Alfred Godeffroy und John Freundt dort eintreffen. Die Häuser stehen leer, Handelsschiffe und Walfänger schwojen verlassen in der Bucht vor Anker. Einwohner und Seeleute sind in die Berge gelaufen, um Gold zu waschen, Gold zu graben.

Der Schreiner James Marshall, der bei Johann August Sutter aus Kandern im Schwarzwald arbeitet, hat beim Bau einer Sägemühle am American River, einem Nebenfluß des Sacramento, am 24. Januar 1848 Goldkörner im Wasser entdeckt. Wenige Wochen später stürmen die ersten Goldsucher auf Sutters Land. Der amerikanisch-mexikanische Krieg ist vorüber, und Mexiko muß Texas, Neu-Mexiko und Kalifornien an die USA abtreten: Die mexikanischen Gesetze gelten in Yerba Buena nicht mehr, amerikanische gibt es noch nicht.

In Südamerika, Nordamerika, in Europa, in China brechen Zehntausende nach Kalifornien auf. In Valparaiso legt der Hamburger Konsul Johann Jacob Rambach das Konsulat nieder und folgt Alfred Godeffroy. In New York gibt Martin Blumenthal auf Rat seines Vaters in Hamburg sein Geschäft auf. Albert Eduard Süwerkrop, Konsul in Honolulu, verläßt seinen Posten, und Jacob Pini, Konsul in Mazatlan, teilt dem Senat mit, daß »unvorhergesehene Umstände« ihn zwängen, seinen Wirkungskreis künftig in San Francisco zu suchen.

Desertionen gefährden in Chile und Peru Schiffe und Geschäfte, besonders bei *Joh. Ces. Godeffroy & Sohn*. Matrosen und Offiziere rennen fort, schleichen sich zu britischen und amerikanischen Kapitänen an Bord, die besser zahlen als Godeffroy, und segeln ins Goldland Kalifornien. Wer in Chile und Peru nicht wegläuft, läuft in San Francisco.

Alfreds Berichte treffen nach einer Reise von fünf bis sieben Monaten in Hamburg ein. Cesar empfiehlt Senat und Commerzdeputation, seinen Bruder zum Konsul für Kalifornien zu ernennen. Ein Konsul könne bei den Behörden darauf dringen, daß sie die Deserteure auf die Schiffe zurückbringen.

Alfred gründet mit William Sillem und John Freundt die Firma *Godeffroy, Sillem & Co*. Sillem ist Alfreds Cousin aus London, zwei Jahre jünger als er, ihre Großmütter waren die Schwestern Matthiessen. Die Cousins und Freundt wollen mit Waren für die Goldsucher ein Vermögen verdienen, vor allem mit Weizen und Bauholz aus Chile.

Im Frühjahr 1849 leben in San Francisco zwei- bis dreitausend Männer in zweihundert Zelten und Bretterbuden. Gin-Paläste und Spielhäuser erstrahlen abends in vollem Kerzenglanz. Polizei gibt es nicht.

Im Sommer ankern vierhundert verlassene Schiffe in der Bucht. Zehntausend Männer sind angekommen und zweihundert Frauen, die meisten Prostituierte. Banditen terrorisieren die Siedlung mit Messern und Pistolen. Die Goldsucher ziehen weiter, wenn sie ihre Ausrüstung zusammenhaben. Die Kaufleute leben aus Konserven und haben chinesische Diener.

Im Herbst stehen achthundert neue Häuser, ein Zirkus ist angekommen, mehrere Zeitungen erscheinen. Es gibt Dutzende von Spielsalons, zwei Kirchen, zwei Schulen und Hotels, deren Wände aus Maschendraht sind, mit Papier beklebt. Kalifornien hat jetzt einen Gouverneur und Staatsbeamte. Alfred Godeffroy ist mit Konsularspatent vom 9. November 1849 hamburgischer Konsul, weiß es aber noch nicht. Kaufleute aus Amerika, Europa, Asien, Australien schicken Waren in Massen. Aus China kommt Reis, aus Hawaii Gemüse, aus Manila Kaffee, aus Hamburg kommen Kontorbücher, Hemden und Möbel, eiserne Bettstellen und Blasebälge, Lampen, Kleider, Nägel und Zigarren, Käse, Kerzen und Schinken, Säbel und Blutegel. Die Waren liegen wie eine Barrikade auf dem Strand der Bucht, viele verderben.

Den ganzen Winter über regnet es. Die Kaufleute versenken, um über die ungepflasterten Straßen zu kommen, Unverkäufliches im Morast, Kisten mit Schlittschuhen, mit Kautabak. Die Wege zu den Goldminen sind unpassierbar, und während in San Francisco Lebensmitteln verschimmeln, hungern und frieren die Goldsucher in nassen Zelten. Viele sterben.

Im Frühjahr 1850 bauen die Kaufleute Speicher. Sie ziehen die verlassenen Schiffe nahe ans Ufer und wandeln sie in »storeships« um, in Läden. »Einige derselben sind jetzt schon ganz von Häusern umgeben und bilden einen Theil der Straße«, berichtet Alfred ein Jahr später.

Godeffroy, Sillem und Co. kaufen ein großes Grundstück mit zwei Häusern. Das Warengeschäft ist unsicher. Nur was knapp ist, erzielt astronomische Preise, alles andere bringt Verlust. Es sei daher der kaufmännischen Welt zu raten, schreibt Alfred an Syndikus Carl Merck, der als Nachfolger von Karl Sieveking für Auswärtige Angelegenheiten zuständig ist, »immer ihre Sendungen so viel wie möglich zu sortiren, da ein solcher fehlender Artikel für Verluste auf andere zahlt«.

Luxusartikel lassen sich gut verkaufen, denn erfolgreiche Goldgräber wollen mit bürgerlichem Prunk protzen – Sofas, Ölgemälde in Goldrahmen, Spiegel. Aber die Leute kaufen nur, was sie kennen. Englische Goldgräber wollen englische Unterhosen tragen, ganz gleich wie gut Unterwäsche aus anderen Ländern sein mag. Martin Blumenthal, der nun einen store in Sacramento City hat, schreibt seinem Vater, daß in den Minen viel Geld zu verdienen sei mit einer Sache, die in Hamburg billig ist: »französische Karten, die ans Licht gehalten werden müssen und Bilder dieser Art«.

Abraham Lucas Blumenthal besucht Cesar Godeffroy im Comptoir am Alten Wandrahm: Sein Sohn Martin habe hölzerne Fertighäuser geordert. Der junge Blumenthal kann Fertighäuser nach Art der Tiroler Gebirgshäuser, mit numerierten Teilen und einer Zeichnung, wie man sie aufstellt, für das Zehnfache des Herstellungswerts verkaufen. Cesar wird an der Finanzierung des Geschäfts verdienen und an der Fracht.

Er annonciert in der Zeitung für eine »Regelmäßige Packetfahrt zwischen Hamburg und Californien« mit Gütern, Kajüt- und Zwischendeckspassagieren – im April für »das schöne, schnellsegelnde kupferbodene hamburger Packet-Schiff

Adolph« und im Mai für das »ganz neue, schöne, kup[fer]dene, dreimastige Packet-Schiff San Francisco«, auf de[m] ein Arzt mitsegeln werde. Allerdings läuft statt dessen di[e klei]nere STEINWÄRDER aus. Doch in der Stadt heißt es, Godeffroy wolle nun sechzehn noch größere Schiffe als bisher bauen.

Kaum sind ADOLPH und STEINWÄRDER mit den Fertighäusern ausgelaufen, kommt von Martin Blumenthal Nachricht, er könne die Häuser doch nicht absetzen. Blumenthal senior erklärt sich für insolvent, der Sohn verweigert die Annahme der Häuser, Alfred muß sie für einen Spottpreis verschleudern. Cesar hat den Vorschuß verloren und bekommt von 18 000 Bankomark für die Fracht kaum etwas zu sehen. Er verklagt Blumenthal beim Handelsgericht. Die Richter verurteilen Blumenthal zu einem Jahr Zuchthaus. Später darf er zu seinem Sohn auswandern.

Konsul Alfred Godeffroy macht es sich zur »angenehmen Pflicht«, den Handelsinteressen Deutschlands und seiner geliebten Vaterstadt zu nützen, und erzählt Syndikus Merck vom Leben in San Francisco: »Alle sind hierher gekommen, ein Vermögen zu machen, und um diesen Zweck zu erreichen, ergreifen Grafen und Barone die Schauffel, sieht man Doctoren als Gehülfen in den Restaurants und unter den öffentlichen Stiefelputzern Vertreter aller Stände.« Elegante Waren treffen nun ein, Westen aus Seide und Satin, ein Flügel, eine Kutsche, jede Art Alkohol und Banjos, Geigen, Violas. »Die Landstraßen sowie die Straßen der Städte«, erzählt Alfred, »zeigen täglich Beispiele von Raub und Mord, nächtlich wird eingebrochen. Niemand wagt es mehr, ohne Waffen auszugehen noch sein Haus auf Minuten unbewacht zu lassen«.

Alfred und seine Partner arbeiten mit Auktionshäusern zusammen und lassen die Waren, die Cesar schickt, an die Platz- und Binnenhändler versteigern. Sie finanzieren Stores, die Läden im Innern des Landes, die alles führen müssen. Der Besitzer eines Store bezahlt die Waren erst, wenn er neue ordert, aber die Kreditzinsen sind hoch: 8–15 % im Monat. *Godeffroy, Sillem & Co.* machen Finanzierungen im kleinen und im großen, gelten als eine der teuersten Firmen, aber zugleich auch als First-Class-Geschäftshaus. Pfiffige Ideen rufen auch unter den Kaufleuten San Franciscos wohlwollendes Schmunzeln hervor. Silbermünzen sind knapp, preußische Taler und französische Ecu gelten als Dollar, preußische Fünfgroschenstücke als Vierteldollar. *Godeffroy, Sillem & Co.* importieren ein Faß Fünfgroschenstücke – Gewinn: über 100 %.

Die Stadt erfährt am 18. Oktober 1850, daß Kalifornien seit sechs Wochen ein Staat der USA ist, und es gibt eine Riesenfete. San Francisco hat nun 35 000 Einwohner – von denen kaum einer über dreißig ist –, sieben Kirchen, mehrere Theater, eine Pferderennbahn, zwei Stierkampfarenen. In den Straßen sieht man neben den roten Hemden der Goldgräber und den hohen Zylindern der Kaufleute nur elegante Herrenmode aus Paris, leuchtende Brokatwesten und pfundschwere Golduhren. Die Menschen sprechen von einem Kanal in Panama und einer Eisenbahn von New York nach San Francisco. Alfred: »Der ganze Handel des Pazifik, von China und Ostindien, würde dadurch dem New Yorker Kaufmann vor die Tore gelegt werden und eine Reise um die Welt eine Spazierfahrt von wenigen Monaten werden.«

Cesar hat 1850 fünf Schiffe nach San Francisco geschickt und stellt die Reisen nach Fahrplan ein: Es gibt keine Rückfrachten. Aber Alfred macht gute Geldgeschäfte.

Er ist jetzt als Konsul für 20 000 Deutsche in Kalifornien zuständig, 8 000 leben in der Stadt: Hamburger bitten um Auskünfte über ausgewanderte Verwandte, Frauen suchen ihre unterhaltspflichtigen Männer, Kapitäne desertierte Matrosen und verführte Schiffsjungen, und die Militärverwaltungen in Deutschland Wehrpflichtige, die statt zum Militär auf Goldsuche gegangen sind. Amerikanische Behörden wünschen Leumundszeugnisse und Erbscheine, Alfred muß Totenscheine ausstellen, Reisepässe, Unterschriften beurkunden.

Die Stadt wirkt nun bequem und sauber, und die Straßen sind mit starken Holzplanken belegt. Viermal hat San Francisco gebrannt, und jedesmal bauten die Einwohner es großzügiger und schöner wieder auf. Beim fünften Brand, im Mai 1851, brennen tausend Häuser, und beim sechsten Brand, am

22. Juni 1851, brennen auch *Godeffroy, Sillem & Co.* ab. Alfred nimmt sich ein Beispiel an den Amerikanern: »Sie scheinen nie daran zu denken, was sie verloren haben, sondern nur, wie sie es am schnellsten wieder verdienen können. Unglücksfälle scheinen sie nur noch zu größerer Energie anzutreiben, und nicht selten habe ich bemerkt, daß neue Häuser da bereits errichtet wurden, wo noch die Trümmer der letzten Feuersbrunst rauchten.«

Alfred baut wieder auf und zieht sich allmählich aus dem Warenhandel zurück. 1851 kommen nur fünf Schiffe aus Hamburg. Er verdient sein Geld weiter als Banker, mit Holz und Pelzen. Die verheirateten Kaufleute lassen nun Frauen und Kinder nachkommen. Damen besuchen Bälle und Promenadenkonzerte, die Männer liefern sich in den Straßen Wagenrennen, und die lange Duellgeschichte San Franciscos beginnt. Alfred wird mit Datum vom 29. Dezember 1851 auch preußischer Konsul.

Die Goldausbeute steigt 1852/53 auf ihren höchsten Stand: 100 000 Minenarbeiter fördern Gold für 60 Millionen Dollar. Im Landesinnern wachsen Städte, auch die Bergleute lassen Frauen und Kinder kommen. Ihre Ankunft, meint Alfred, sei »ein sicheres Zeichen einer höheren Civilisation und die beste Sicherheit für die Stabilität des Landes«.

Alfred ist eine Stütze der High-Society von San Francisco, zu der amerikanische Kaufleute mit klangvollen Namen aus großen Handelshäusern im Osten gehören und aus Pflanzerfamilien im Süden, aber außer Alfred kaum Deutsche. Er ist vielleicht der übermütigste der geselligen vier Brüder Godeffroy – aber vielleicht kann er nur am meisten aus sich herausgehen unter den übermütigen Geldverdienern in San Francisco. Sie laden zu Bällen und Maskeraden in ihre Häuser ein, die kleine Vermögen gekostet haben, und fahren feine Equipagen. Fast jeden Sonntag gibt es Pferderennen und Segelregatten in der Bucht. Alfred ist 1853 in Europa, besucht die Brüder, reist geschäftlich in die Schweiz und schafft es, noch rechtzeitig zu den Weihnachtsbällen wieder in San Francisco zu sein. In den großen Privathäusern biegen die Tische sich unter

Roastbeef, Enten, Truthahn, Schinken, Zunge, Austern, Plumpudding, Weinen und Kaffee, die Gesellschaft tanzt, spielt, führt Scharaden auf.

Das Neujahrsfest ist im Haus McAllister in der Stockton Street, und die Gäste sprechen noch lange über das Stegreifdrama »The Seasons«, die Jahreszeiten. Alfreds Freund Cutler McAllister, Junggeselle wie er und die Seele jeder Party, hat eine Schwäche für Scharaden, und Alfred hat von klein auf Übung. Hall McAllister, der Bruder und Rechtsanwalt, tritt als Frühling auf, in Hemdsärmeln, mit einem Kranz aus künstlichen Blumen im Haar. Richter Hager kommt im Leinentuch als Sommer und bewegt einen Federfächer. Alfred – »coyly carrying a pumpkin and a sheaf of straw«, steht später in der Zeitung – trägt als Herbst sittsam-neckisch einen Kürbis und ein Bündel Stroh, und Cutler McAllister ist der Winter in Pelzmütze und einem langen dunklen Morgenmantel und mit Fußsack. Der beliebte cotillon-leader Billy Boots verkörpert das neue Jahr. Er hat sich als Baby verkleidet und »brought down the house«, bringt die Gesellschaft so in Begeisterung, daß das Haus wankt. Nach den Scharaden gibt es Pfänderspiele, und das Pfändereinlösen ist Anlaß zu großem Gelächter. Die Gesellschaft gleicht einer Versammlung glücklicher erwachsener Kinder.

1854 hat die Stadt 50 000 Einwohner, der Grundstücksmarkt wird sehr lebhaft und spekulativ, die ersten Grundstücke auf der Halbinsel finden Käufer. Die Kalifornier können sich nun mit Weizen und Gemüse selbst versorgen, bauen Wein an und züchten Vieh. Alfred macht Finanzierungsgeschäfte.

Cesar ist zufrieden. Der Goldrausch hat seinen jüngsten Bruder etabliert, der in San Francisco dem hochgestellten Namen alle Ehre macht. Aber die Bark, die Cesar vor vier Jahren SAN FRANCISCO nannte, hat nie in der berühmten Bucht geankert. Sie segelt Jahr für Jahr in ein anderes Goldland: nach Australien.

2.

1848 haben drei Godeffroy-Schiffe Auswanderer nach Australien gebracht, 1849 ebenfalls drei, 1850 vier, 1851 fünf. Die Kolonialregierungen in New South Wales und Südaustralien wollen solide Leute ins Land ziehen, um ihm den Charakter der Sträflingskolonie zu nehmen. Deutsche – Winzer, Bergleute, Handwerker – sind hoch willkommen, wenn sie sich den englischen Sitten anpassen und nicht trinken.

Die Gouverneure handeln Verträge mit Auswandereragenturen oder mit Reedern aus und bestellen Auswanderer nach Geschlecht, Alter, Beruf, Familienstand. Die Regierungen legen die Passage ganz oder teilweise aus und stellen Siedlern Land zu Verfügung – die Konditionen sind unterschiedlich. *Joh. Ces. Godeffroy & Sohn* verpflichten sich, 2 000 verheiratete Auswanderer im Jahr 1852 nach Australien zu schaffen. Von der Firma beauftragte Agenten ziehen durch Deutschland und Österreich und werben Auswanderer an.

Wirtschaftsflüchtlinge und Menschen, die die Hoffnung auf bessere politische und soziale Zustände aufgegeben haben, verlassen Deutschland. 1850 wandern 80 000 aus, 1852 sind es 150 000, 1854 schon 230 000, die meisten gehen in die USA. In Hamburg fehlen Schiffe, die Frachtraten steigen. Cesar Godeffroy, Besitzer der Reiherstiegwerft, wird mit zwanzig Tiefwasserseglern zum größten Reeder Hamburgs.

Er versucht, in Australien Rückfracht zu bekommen. Dort gibt es nur Kupfererz und Wolle. Er tritt mit Firmen in Melbourne, Adelaide und Sydney in Verbindung, wird 1851 Aktionär der Burra-Burra-Kupfermine.

Sie liegt nördlich von Adelaide im Busch, und ihre Reichhaltigkeit macht sie zum achten Weltwunder. Er richtet eine regelmäßige »Passagier- und Packet-Fahrt« nach Südaustralien ein zur Beförderung von Auswanderern und zum Herbeiholen von Kupfererzen. 1852 baut er eine Geschäftsverbindung nach Tasmanien auf und gründet in Melbourne eine Niederlassung von *Joh. Ces. Godeffroy & Sohn*. Er will Hamburg zum europäischen Markt für australische Wolle machen:

Auf sein Betreiben drängt die Commerzdeputation den Senat, alle Auktionsabgaben abzuschaffen. Wenn Cesar in Australien nicht genügend Erz und Wolle bekommt, um ein Schiff voll zu beladen, läßt er es in Südostasien noch Reis holen.

Edward Hargreaves findet am 12. Februar 1851 am Summerhill Creak in den Blue Mountains Waschgold, etwa 165 Meilen von Sydney entfernt. Hargreaves ist ein professioneller Goldsucher, der aus Kalifornien nach Australien gekommen ist. Goldwaschen im australischen Busch ist mühselig, doch im Frühsommer sitzen 6 000 Männer am Summerhill Creak. Ein paar Monate später wird nördlich von Melbourne das große Goldfeld von Ballarat entdeckt. Die Zeitungen in Sydney berichten über immer neue Goldfelder.

Ladenbesitzer und Handwerker, Schafscherer und Fuhrleute greifen zu Hacke und Waschschüssel. Melbourne hat in den Jahren des Goldrauschs zeitweilig nur einen Polizisten. Kaufleute, die Waren bei *Joh. Ces. Godeffroy & Sohn* bestellt haben, ziehen zum Goldwaschen nach Ballarat, und als die HELENE im Frühjahr 1852 Adelaide anläuft, nimmt niemand Kapitän Andresen die Waren ab. Er muß sie, unter großen Schwierigkeiten, in einem Schuppen lagern. Dabei hat er noch Glück: Als Godeffroys REIHERSTIEG in Sydney einläuft, desertiert die gesamte Mannschaft.

Mit dem Gold in Australien werben *Joh. Ces. Godeffroy & Sohn* um Passagiere. Ein »Praktischer Rathgeber und Reisehandbuch für Deutsche Auswanderer nach Australien, insbesondere nach den Goldminen« erscheint. Der anonyme Verfasser schildert eine Reise mit dem CESAR GODEFFROY, vom 10. August bis zum 11. Dezember 1852, ums Kap der Guten Hoffnung nach Sydney. Die Passage nach Australien kostet im Zwischendeck 110 preußische Taler, in der Kajüte 300 – ein preußischer Taler entspricht zwei Bankomark oder drei Courantmark, das heißt die Überfahrt einer Person im Zwischendeck kostet etwa acht Monatslöhne eines guten Zimmermanns oder Maurers. Durchschnittsreisedauer: 117 Tage.

Der CESAR GODEFFROY, Baunummer 3 der Reiherstiegwerft, ist vor der Australienreise aus Rio de Janeiro zurückgekommen, wohin er 340 Soldaten der ehemaligen Schleswig-Holsteinischen Freiheits-Armee gebracht hat: Kriegsminister Barros hat sie für den Krieg gegen Argentinien angeworben als Deutsch-Brasilianische Legion. Die Bark wird in Hamburg vollkommen überholt. Sechzig Werftarbeiter sind wochenlang damit beschäftigt, einen neuen Großmast zu setzen, die Takelage zu erneuern, das Schiff zu streichen und den Namen CESAR GODEFFROY am Heck frisch zu vergolden.

Die Mannschaft verholt das Schiff an die Duckdalben draußen im Strom, wo schon viele andere große Schiffe liegen. Lastkähne bringen vergipste Fässer mit gebackenem Brot, mit Mehl, Salzfleisch und Dörrgemüse, das die Passagiere vier Monate lang essen werden, Wasserfässer und das große Gepäck der Auswanderer, Kleiderkisten mit doppelten Wänden, Tonnen mit Hemden oder Schuhen. Dann kommen die Auswanderer.

Am Kai herrscht Chaos. Die Reisenden müssen mit Kindern und kleinem Gepäck in Frachtewer steigen, schmale steile Treppen hinunter in ein schwankendes Boot, die Zwischendeckspassagiere mit Matratzen, Bettzeug und Geschirr. Träger der Reederei schleppen Bündel, Kisten und Taschen. In den Ewern fahren die Auswanderer staunend eine halbe Stunde wie durch eine Straße an den großen Seglern entlang bis sie den richtigen goldenen Namen am Heck sehen: CESAR GODEFFROY. Matrosen kurbeln das Passagiergepäck mit Lastenwinden an Bord und brüllendes Vieh, das unterwegs geschlachtet werden soll.

Ein Dampfschlepper bringt die Bark elbabwärts nach Stade, am nächsten Tag segelt sie bis Glückstadt, am dritten bis Cuxhaven. Dann folgen der großen Aufregung einer Abreise vier Monate Langeweile und fröhliche Spiele an Bord. Die Auswanderer segeln um die halbe Welt und sehen nur Wasser: Der CESAR GODEFFROY läuft keine Zwischenhäfen an.

1853 ist ein noch besseres Wirtschaftsjahr als 1852. Das Gold aus Australien schafft Optimismus in Europa, australische Kaufleute ordern Lebensmittel und Bauholz. Der Krimkrieg bricht aus – Rußland greift die Türkei an, der England und Frankreich beistehen –, und eine Kriegskonjunktur kurbelt die Wirtschaft noch mehr an. Die Nachfrage nach großen schnellen Schiffen steigt weiter, die Frachtraten verdoppeln und verdreifachen sich.

Die Reeder in Hamburg fordern schon lange, das Fahrwasser der Elbe zu vertiefen und die Sände vor Blankenese abzubaggern – bei niedrigem Wasserstand kommen ihre Schiffe den Fluß weder hinauf noch hinunter. Nun setzen Senat und Bürgerschaft eine außerordentliche Deputation für die Leitung der Fahrwasservertiefung ein. Der Senat schickt drei Vertreter in die Deputation, die Bürgerschaft fünf – einen für jedes Kirchspiel. Das lutherische Kirchspiel St. Petri wählt als seinen Vertreter den Calvinisten Gustav Godeffroy.

In diesem Jahr 1853 kommt Australien langsam wieder zur Besinnung. Viele Goldsucher kehren in die Städte an der Küste und in ihre Berufe zurück. Der Goldrausch hat die Sträflingskolonie verändert. In Adelaide und Melbourne hat sich die Einwohnerzahl vervierfacht. Der Handel Australiens verzehnfacht sich.

Die Auswanderung über Hamburg nimmt weiter zu. Cesar Godeffroy schickt jedes Jahr zehn bis zwölf große Schiffe nach Südaustralien. Er bestreitet keine drei Prozent der Schiffsankünfte – englische Schiffe laufen nach Hunderten ein. Aber sieben von acht Hamburger Schiffen, die Adelaide anlaufen, gehören ihm.

Sovereign of the Seas – Herrscher der Meere

1.

Das Jahr 1854 ist das goldene Jahr der Godeffroys. Hamburg ist die größte Handelsstadt Deutschlands, der größte Hafen auf dem Kontinent Europa, und Cesar Godeffroy ist ihr größter Reeder.

1854 bekommt die Firma acht Schiffe: vier Neubauten von der Reiherstiegwerft, einen von der Werft Wittenberg in Ueckermünde und den eisernen Raddampfer HELGOLAND, den *Caird & Co.* in Greenock, Schottland, bauen, außerdem kauft Cesar eine Brigg von einem Bremer Reeder und in New York den amerikanischen Clipper SOVEREIGN OF THE SEAS, Herrscher der Meere.

Cesar besitzt jetzt doppelt soviel Schiffsraum wie der alte Sloman und mehr als doppelt so viele Schiffe: Sloman hat dreizehn, Cesar neunundzwanzig. Über 500 Seeleute segeln auf seinen Schiffen, nun kommt noch die Mannschaft auf dem SOVEREIGN hinzu. Der SOVEREIGN OF THE SEAS ist weltberühmt: das vollkommene Holzschiff.

Die Rümpfe der Yankeeclipper sind fünf- bis siebenmal so lang wie breit, während sonst ein Tiefwassersegler meist drei- bis viermal länger als breit ist. Das Vorschiff eines Clippers ist scharf, schlank und spitz. Die Masten haben statt halber Schiffslänge dreiviertel, tragen bis zu 22 Rahen und führen Klüver- und Stagsegel, wo nur Platz ist. Clipper sind riesige Rennyachten, die sich Wettfahrten um die halbe Welt liefern. Sie sind teuer und sie werden nicht alt. Der schlanke Rumpf bietet wenig Laderaum, und die Heuerkosten sind hoch: Fahren sonst oft Besatzung von 20 bis 25 Mann auf Dreimastern – Cesar versucht, mit 16 auszukommen –, so müssen es auf einem Clipper hundert sein für das Zusammenspiel der vielen Segel. Clipper können zehn, zwölf Seemeilen die Stunde segeln, manchmal vierzehn, und ihre Kapitäne behaupten, es mit jedem Dampfer aufzunehmen. Erzählungen von den Wettfahrten der Clipper lösen in den Hafenkneipen und Kontors der Welt Begeisterung und Andacht aus.

Anlaß, sie zu bauen, war das Gold in Kalifornien: Passagiere wollten schnellstens in das Goldland, um ihre Claims abzustecken. Schnelle Rahsegler brauchten 1848/49 von New York um Kap Horn nach San Francisco 140 bis 220 Tage. Zwei Clipper schafften 1850 die Strecke in weniger als hundert Tagen – das ist Traumzeit. Da es in Kalifornien kaum Rückfracht gibt, versegeln die Clipper in Ballast nach Australien oder China, wo sie Tee laden. Sie müssen rechtzeitig zur Tee-Ernte dasein, denn nach der Ernte beginnen die berühmtesten Rennen mit dem ersten Tee der Saison, der die höchsten Preise bringt, Wettfahrten der Teeclipper von China nach London und New York, wo Kaufleute und Seeleute Wetten abschließen, welcher Clipper in diesem Jahr der erste sein wird.

Die berühmtesten Schiffbaumeister haben sich herausgefordert, wer den schnellsten Clipper bauen kann, unter ihnen Donald McKay in Boston. Er hat von 1849 bis 1851 dreizehn Clipper gebaut, sein vierzehnter sollte noch größer, noch schneller werden, er baute ihn für eigene Rechnung. Er ließ den SOVEREIGN OF THE SEAS am 19. Juni 1852 in das Bostoner Register eintragen – nach allgemeiner Expertenmeinung den schönsten Clipper der Welt.

Sein Bruder Laughlin McKay führte das Schiff auf der Jungfernreise nach San Francisco. Unterwegs brach ein Mast, trotzdem brauchte es nur 103 Tage. Auf der Rückreise stellte es seinen ersten Rekord auf: Honolulu–New York in 82 Tagen.

Doch der Goldrausch ist vorüber, kein Reeder in den USA will 100 000 Dollar für eine Rennyacht im Teegeschäft zahlen. Cesar kauft – für rund 200 000 Bankomark, am 24. Mai 1854.

Der Herrscher der Meere stellt auf seiner ersten Reise nach Europa den zweiten Rekord auf: New York–Liverpool in 13 Tagen und 23 Stunden. Der Clipper ist so groß, daß er nicht die Elbe herauf nach Hamburg kommen kann.

Cesar Godeffroy sah ihn wohl in England. Vielleicht fuhr die ganze Familie nach London und kam auf dem neuen eigenen Dampfer HELGOLAND *zurück, der im selben Sommer den Seebäderverkehr nach Helgoland aufnahm. Der* SOVEREIGN OF THE SEAS *ist eines der fünf, sechs schnellsten Segelschiffe, die jemals gebaut wurden.*

Cesar schickt den SOVEREIGN von London nach Australien. 84 Tage nach dem Ablegen läuft Kapitän Müller in den Hafen von Sydney ein. Am nächsten Tag steht in der Zeitung, der Clipper habe Spitzenleistungen von 22 Knoten und von 410 Seemeilen in 24 Stunden erreicht. Er macht von nun an für Cesar Reisen, die in der Australien- und Teefahrt Aufsehen erregen.

Der alte Sloman zieht nach. Er kauft den Clipper ELECTRIC, der kleiner ist als der SOVEREIGN, dafür aber die Elbe heraufkommen kann. Als er in Hamburg liegt, erregt er allgemeine Begeisterung. Doch selbst das wird ein Pluspunkt für Godeffroy: Wenn schon die ELECTRIC so herrlich ist, wie wunderbar muß dann erst der SOVEREIGN OF THE SEAS sein.

Die Namen der Godeffroy-Schiffe spiegeln die Godeffroys – wer sie sind, was sie haben, was sie wollen. Personennamen sind die älteste und größte Gruppe: CESAR GODEFFROY, der Chef, Vater oder der älteste Sohn, HELENE, ADOLPH, ANTONIE, ALFRED, EMMY, die Großmutter VICTORIA, der Großvater JOHAN CESAR, Cesars Töchter SOPHIE und CHARLOTTE, seine Nichte SUSANNE, seine Söhne PETER GODEFFROY und AUGUST. Der jüngste Sohn, geboren am 29. Oktober 1851, tauft sein erstes Schiff im goldenen Jahr. Diese Namen bleiben, auch wenn die Schiffe untergehen oder verkauft und durch neue ersetzt werden.

Cesars Vater hat nur einmal ein Schiff nach einem Besitz genannt – DOCKENHUDEN, das Haus an der Elbchaussee –, aber Cesar führt den Hamburgern vor, was er alles hat: das Elbkupferwerk auf dem STEINWÄRDER, die Werft am REIHERSTIEG, die Reparaturwerft auf dem GRASBROOK, Arbeiterhäuser auf den Elbinseln KEHRWIEDER, STINTFANG und WIL-

HELMSBURG, dann den WANDRAHM, wo er selbst wohnt und die Firma ihren Sitz hat, und den ISERBROOK, Land westlich von Blankenese, das er für die Jagd gekauft hat. Ein kaum beherrschter Besitzerstolz spiegelt sich in den Schiffsnamen dieser Jahre. Weder vorher noch nachher führt er seinen Mitbürgern so deutlich vor Augen, wie herrlich weit er es gebracht hat.

Eine dritte Gruppe, die kleinste, die aber von nun an rasch zunehmen wird, zeigt sein Programm als Reeder und Kaufmann: AUSTRALIA, SAN FRANCISCO, was eine Hoffnung blieb, HELGOLAND. Dann gab und gibt es ein paar ältere und meist kleine Schiffe, die Cesar kaufte und nicht umtaufte. Der Name SOVEREIGN OF THE SEAS fällt vollkommen heraus – romantischer Traum oder Omnipotenzphantasie, Zukunftsmusik oder Realität: Man kann es nach 150 Jahren nicht mehr feststellen, aber es ist gut möglich, daß Cesar Godeffroy damals der größte Segelschiffsreeder der Welt geworden ist.

1854 überschreitet das Kapital, das in seiner Firma arbeitet, die Vier-Millionen-Grenze, 1855 die Fünf-Millionen-Grenze. Den Wert seiner Schiffe setzt er mit zwei Millionen Bankomark an.

Auch andere in Hamburg nutzen die Konjunktur, verdienen größere Vermögen als Cesar und Gustav Godeffroy. Doch was die Godeffroys tun, fällt auf. Als Cesar den SOVEREIGN kauft, ist auf seiner Werft schon das Segelschiff der Zukunft im Bau.

Die Zukunft gehört den Halbclippern – Clippern ohne das extrem lange Vorschiff und dafür mit einem größeren Laderaum, die schnell sind, aber trotzdem stabil, und die mit weniger Mannschaft segeln. Cesar hat 1852 vom Clipper-Spezialisten Griffith in New York die Linien- und Spantenrisse und die Abmessungen für die Bemastung eines solchen Schiffs – die Baupläne – gekauft. Das Verhältnis Länge zu Breite beträgt fünf zu eins.

Seine Schiffe jagen über die Meere, doch wenn sie in die Elbe einlaufen, müssen sie lange auf den Lotsen warten, der gemächlich an Land sitzt und nicht immer Ausschau hält. Sloman und zahlreiche andere Reeder haben sich beim Senat über die Lotsen auf der Unterelbe und die schlechte Tonnenlegung beschwert, *Joh. Ces. Godeffroy & Sohn* haben dem Senat angeboten, einen Lotsenkutter auf eigene Rechnung zu bauen. Die Brüder wollen die Lotsen vom Land auf Kutter bringen, die einsatzbereit vor der Elbe kreuzen. Die Godeffroys wenden sich im Mai 1854 mit einem Notschrei über das Lotsenwesen in den Hamburger Nachrichten an die Öffentlichkeit, und die Commerzdeputation empfiehlt dem Senat, ihr Angebot anzunehmen. Nun wird auf Staatskosten ein Lotsenschoner in England gebaut.

2.

Adolph, dem Geschäftsführenden Direktor der *Hapag*, gelingt es 1854, die Gesellschaft in eine Dampferlinie umzuwandeln.

Er ist ein glänzender Redner und guter Zuhörer, argumentiert lebhaft und läßt sich nie zu einer unbedachten Äußerung oder einem zu scharfen Wort hinreissen. Cesar und Gustav unterstützen ihn, wo sie nur können, und doch ist der Weg zu Ansehen unter seinen Mitbürgern für ihn am mühseligsten. Er wird in kleine städtische Ehrenämter gewählt, ist Mitglied der Commerzdeputation, Ältester der französisch-reformierten Gemeinde und – sein großer Stolz – Rittmeister der Bürgermilitärkavallerie.

1854 ist das erste Jahr, in dem die *Hapag* mehr Auswanderer befördert als Sloman: 8 571 segeln mit Sloman, 8 610 mit der *Hapag*. Doch Sloman ist ein alter Fuchs und muß keine Aktionärsversammlung aus Kaufleuten von seinen Entscheidungen überzeugen.

Schon im Februar 1853 hat der Kaufmann Biancone angeregt, die Segler der *Hapag* durch Dampfer zu ersetzen. Damals glaubte Adolph, das sei ohne Regierungszuschüsse unrentabel. Aber als eine Bremer Firma mit zwei Raddampfern eine Linie Bremerhaven–New York einrichtet, beantragt die Direktion der *Hapag* den Bau von Dampfschiffen. Die Aktionäre lehnen ab.

Adolph sammelt Informationen, stellt Rentabilitätsberechnungen auf. Rückfracht gibt es kaum in den USA, die Ausfahrt muß drei Viertel der Einnahmen bringen. Ihm wird klar: Die Zukunft der Auswandererfahrten liegt bei Dampfschiffen, den Eisenbahnen des Ozeans, wie er sie nennt.

Er schlägt den Aktionären den Bau von zwei großen eisernen Schraubendampfern vor. Weniger als zehn Prozent der deutschen Auswanderung laufe über Hamburg, sagt er, die *Hapag* müsse die Initiative ergreifen. Der Bau der Schiffe erfordere 1,5 Millionen Bankomark, dafür stehe ein Gewinn von 24 % jährlich in Aussicht.

Die Aktionäre haben gerade ihre erste Dividende bekommen – 28 % für 1853, davon 8 % in bar und 20 % in neuen Aktien – und sind milde gestimmt. Die Generalversammlung im Januar 1854 beschließt einstimmig, zwei eiserne Schraubendampfer bei *Caird & Co*, Greenock, Schottland, zu bestellen: HAMMONIA und BORUSSIA, Dreimaster, die bei Maschinenschaden oder einem Bruch der Schraubenwelle unter Segeln weiterreisen.

Der Beschluß trifft den alten Sloman hart. Er geht mit einer Anzeige in den Hamburger Nachrichten an die Öffentlichkeit und unterbreitet Adolph ein »gentleman's agreement«, um »in einem Geschäft, zu welchem ich den Grund gelegt habe, nicht der Zweite zu sein.« Er schlägt vor, daß die *Hapag* nur einen Dampfer bestellt und er auch einen.

Die *Hapag* geht nicht darauf ein. Sloman bleibt bei Segelschiffen: Die Dampferpreise für die Überfahrt sind hoch, und immer mehr Menschen aus ärmeren Schichten wandern aus. Das Wettrennen zwischen Seglern und Dampfern auf dem Nordatlantik beginnt.

Adolph bekommt 1854 zum ersten Mal eine Tantieme: Die Aktionäre führen eine Gewinnbeteiligung der Direktoren ein.

3.

Alfred darf sich in Hamburg nicht mehr sehen lassen. *Godeffroy, Sillem & Co.* haben gegen gefälschte Sicherheiten Geld verliehen und können ihren Verbindlichkeiten nicht nachkommen. Alfred tritt sofort als Konsul zurück, als der Schwindel im Frühjahr 1854 auffliegt.

Der Betrüger heißt Henry Meiggs, ist ein frommer Yankee aus Neuengland, Holzkaufmann, Mitbegründer der Philharmonischen Gesellschaft von San Francisco und Stadtverordneter. Er hat sich schon früher mit Geld, das er von *Godeffroy, Sillem & Co.* lieh, an der allgemeinen Grundstücksspekulation in San Francisco beteiligt. Anfangs stellte er Grundstücke als Sicherheit, dann – für den Kauf eines besonders großen Geländes auf der Halbinsel, in der Nähe der North Beach – Bescheinigungen der Stadt. Alfred mußte glauben, Meiggs sei bevollmächtigt, für die Stadt Gelder bei ihm aufzunehmen. Ein eher zufälliger Nummernvergleich mit den Stadtbüchern zeigte ihm, daß Meiggs Blankoformulare in der Stadtverwaltung gestohlen hat.

Meiggs flieht mit seiner Familie und 300 000 Dollar, die ihm nicht gehören, nach Chile – er hat auch andere Gläubiger hereingelegt. John Freundt reist ihm sofort hinterher. Konsulatsverweser Carl Kirchhoff schreibt Syndikus Merck, vor diesem Betrug hätte auch der Vorsichtige sich nicht hüten können. Doch das ändert nichts daran, daß Alfred nicht liquide ist und geliehene Gelder nicht zurückzahlen kann.

Als John Freundt Meiggs in Chile findet, hat Meiggs das Geld dort schon in den Eisenbahnbau gesteckt. Freundt gelingt es, zehn Prozent des Verlustes zurückzubekommen. Meiggs überredet ihn, bei ihm zu bleiben. Freundt, ein »in jeder Beziehung unantastbarer Charakter«, wie der Hamburger Kaufmann Bendixen in San Francisco versichert, reist im Auftrag von Meiggs nach England, um Eisenbahnschienen zu kaufen. Er hat keinen reichen Bruder, der für ihn eintritt.

Cesar übernimmt Alfreds Verbindlichkeiten und verhindert den Bankrott von *Godeffroy, Sillem & Co.* Alfred schuldet *Joh.*

Ces. Godeffroy & Sohn schließlich eine beträchtliche Summe – von über 150 000 Dollar oder 300 000 Bankomark ist die Rede, aber manche an der Börse meinen, es müsse erheblich mehr sein. Für Cesar ist das Geld zweitrangig, wichtig ist *der Name*. Er muß für Alfred eintreten, wie sein Vater für Adolph und für den Schwiegersohn William Brancker eingetreten ist. Das ist die einzige Möglichkeit, aus dem Scheitern eines Familienmitglieds den *Credit* zu retten, das Vertrauen in den Namen. Eine solide Familie und Firma übernimmt den Schaden und stößt den Verursacher aus, bis er seine Schulden bei ihr bezahlt und alles wiedergutgemacht hat.

Helene lebt mit ihrer Familie in Wales auf dem Land, Brancker hat keinen neuen Berufsanfang gefunden.

Alfred muß nun zusehen, wie er in San Francisco zurechtkommt. Für Hamburg ist er, dreißig Jahre alt, erledigt.

Sein Cousin und Partner William Sillem hat gemeinsam mit seinen Brüdern gerade die väterliche Firma in London geerbt und versucht, dort wieder Fuß zu fassen – vergeblich, wie sich bald herausstellt. Er kehrt nach San Francisco zurück.

Alfred gilt von nun an als das schwarze Schaf der Godeffroys. Cesar kann die Gerüchte über seinen extravaganten Lebenswandel, über Leichtsinn und Spekulation nicht unterdrücken. Noch nach hundert Jahren weiß *man* in Hamburger und Bremer Familien von Alfred, »daß sein Haus 1854 schließen mußte, wobei man ihm besonders verübelte, jährlich 18 000 Dollar verzehrt zu haben«.

4.

6. November 1854, im Wohnzimmer von Gustav Godeffroy in der Büschstraße. Cesar, Adolph und Gustav, Emmy, Tony und Sophie warten. Manchmal steht Sophie auf und geht zu den Kindern – Susanne ist jetzt fünf, der kleine Gustav drei Jahre alt und das Baby Arthur Etienne sechs Monate. Die Brüder und ihre Frauen warten darauf, daß ein Polizeibeamter an die

Haustür klopft und Gustav auffordert, mit seinen Brüdern in die Senatssitzung zu kommen.

Der alte Peter Siemsen ist gestorben, der vor einundzwanzig Jahren als erster Reformierter Senator wurde. Nun wählt der Senat einen Nachfolger.

Die ganze Stadt wartet. Kutscher warten und Gratulanten, die Herren im Frack, die Damen im Seidenkleid. Kochtöpfe mit Bouillon und Platten mit belegten Broten stehen im besten Restaurant der Stadt bereit und beim Konditor silberne Teller mit feinen Kuchen. Auch die Weinhandlung Johann Lorenz Meyer, die seit über hundert Jahren Erfahrung bei Senatswahlen hat, wartet auf Nachricht, in welches Haus schnell geschickt werden muß. Soldaten und Musikkorps des Bürgermilitärs warten und die Armen der Stadt.

Im ehemaligen Waisenhaus an der Admiralitätsstraße trinken Bürgermeister, Senatoren und Syndici nach alter Sitte Kakao und essen eine gelbe Safranspeise. Sie tragen Habit, die feierliche düstere Amtstracht, was die Bedeutung einer Senatswahl unterstreicht, denn seit dem Revolutionsjahr 1848 genügen in Senatssitzungen Frack und weißes Halstuch. Zum Habit gehören der »Staltrock«, der pelzverbrämte Bürgermantel aus schwarzem Samt, ein weißer Mühlsteinkragen, Kniehosen, schwarze Seidenstrümpfe, Schuhe mit silbernen Schnallen und ein riesiger Hut, der in der Hand getragen wird. Die Herren wählen und losen aus vier Namen einen aus.

Im Wohnzimmer in der Büschstraße summt der Teekessel. Sophie gießt Tee in die Tassen, die der Diener den Brüdern und ihren Frauen reicht. Die Wahl zum Senator ist die höchste Auszeichnung für einen Bürger. Sie wäre das brillante Ende des Außenseiterstatus der Godeffroys. Einerseits ist es unsicher, welche Chancen Gustav nach Alfreds Desaster noch hat. Andererseits kann es sich nicht jede Familie und Firma leisten, dem Staat einen Staatsminister mit Büro und Schreibern auf Lebenszeit zu stellen. Viele Kaufleute betreiben daher ihre Ernennung zum Konsul – als Konsul eines anderen Landes können sie in Hamburg kein Amt ausüben und haben bei großen Anlässen doch Rang und Uniform.

Gustav hat sich große Mühe gegeben, sich seinen Mitbürgern als Senator zu empfehlen. Er ist seit zwei Jahren Vorsitzender des Vereins für Handelsfreiheit. Er hat im Februar 1853 die Elbstromkommission gegründet, die über die technischen, merkantilen und Zoll-Verhältnisse der Elbe berät. Er hat im April 1854 die Aufhebung der Akzise verlangt, der Verbrauchssteuer, die an den Stadttoren erhoben wird, und damit die Aufhebung der Torsperre.

Die Brüder hören fremde Stimmen, Schritte auf der Dielentreppe. Menschen sammeln sich vor dem Haus, mehr kommen vom Gänsemarkt. Der Polizeibeamte ist da mit der offiziellen Anzeige der »Erwählung des Ehrb. G. Godeffroy zu Rath«.

Das Zeremoniell einer Senatswahl und ein Volksfest brechen in das Haus ein. Die Hanseaten – Infanterie und Dragoner – bringen auf der Straße ein Ständchen, Menschen strömen auf die Diele und die Treppe hinauf, die Türen zu den Gesellschaftsräumen stehen nun offen, Freunde und Unbekannte gratulieren Gustav, aber er muß schnell aufs Rathaus. Der Polizeibeamte leitet ihn und seine beiden nächsten männlichen Verwandten, die ihn begleiten müssen, Cesar und Adolph, hinaus zur Kutsche. An der Pulverturmsbrücke steigen die Brüder aus und gehen zu Fuß weiter, Cesar und Adolph in ihren feierlichen schwarzen Bürgermänteln, Gustav in der Mitte. Er ist jetzt eine »Wohlweisheit«, das ist der Titel der kaufmännischen Senatoren.

Im Haus von Gustav Godeffroy ging so viel schief, daß er ein Jahr später, als Carl Petersen Senator wurde, diesem mit Ratschlägen half. Die Ratschläge waren so gut, daß Petersen während des nächsten Wahlgangs im März 1857 seinem noch unbekannten Kollegen aufschrieb, was Herr Godeffroy erlebt und ihm geraten hat. Das Erscheinen des Neugewählten auf dem Rathaus – der Kaufmann Max Theodor Hayn wurde Senator – habe nicht solche Eile, daß er nicht diese Zeilen in Ruhe lesen und danach seine Maßregeln treffen könne, der Skandal in seinem Hause werde dann immer noch groß genug sein.

Dreierlei ist für einen neugewählten Senator unbedingt wichtig. Erstens: den richtigen Reitendiener zu benachrichtigen, einen der Senatsdiener, die die Bürger bei Feiern engagieren können. »Ich hatte Dersau als Reitendiener und war mit ihm wohl zufrieden. Übergeben Sie ihm das Commando und schärfen Sie ihm ein mit Oekonomie zu Werke zu gehen. Es wird immer noch genug vergeudet.« Am ersten Tag braucht der Neugewählte sechs Lohndiener, am zweiten drei, am dritten zwei.

Zweitens: Sofort einen Sack Geld holen zu lassen, Münzen für 700 Courantmark. »Der Polizeybeamte, welcher Ihnen die officielle Anzeige bringt, erhält zwei Hamb. Dukaten«, über alle anderen Trinkgelder weiß der Reitendiener Bescheid, dem der neue Senator den Geldsack übergibt.

Drittens: eigene Leute zum Weinhändler zu schicken, wozu Gustav in der Eile nicht mehr kam. »Herr Godeffroy hat das Ungemach gehabt, daß die Hanseaten und sonstigen hungrigen und durstigen Seelen, die in großem Maß befriedigt werden müßen, ihm seinen feinen Wein ausgetrunken haben. In Erinnerung daran hat er mir den Rat – wie ich jetzt Ihnen – zukommen laßen, den nöthigen Wein zu diesem Zweck von dem Weinhändler Meyer sofort holen zu lassen. Der nicht gebrauchte Wein wird sogar zurückgenommen und schont man auf diese Weise den eigenen Wein, damit nicht Perlen vor die Säue geworfen werden.«

Am allerwichtigsten ist: »Wegen des Ceremoniells überlassen Sie sich Dersau – wie ein Kranker seiner Wartefrau. Eigenen Willen dürfen Sie in den ersten 8 Tagen nicht haben. Eben so wenig sind Sie Herr in Ihrem eigenen Haus.«

Als der neugewählte Senator Gustav Godeffroy mit seinen Brüdern in die Büschstraße zurückkehrt, ist der Tumult auf der Straße und im Haus noch größer geworden. Polizisten müssen Schaulustige, Gratulanten und bettelnde Arme zur Seite drängen, damit der Senator überhaupt ins Haus kommt.

Neben der Windfangtür steht jetzt Dersau, der einzige, der weiß, wie es zugehen muß bei einem neuen Senator. Dersau sieht sehr würdig aus in besticktem blauen Frack und weißen Seidenstrümpfen, einen kleinen Degen an der Seite und den dreieckigen Hut unterm Arm. Er nimmt Geschenke an, gibt Trinkgeld und sorgt dafür, daß Soldaten und alles, was sich meldet, zu essen und zu trinken bekommen. Die Armen sind so zahlreich, daß sie, statt die Mildtätigkeit des neuen Senators herauszustreichen, nur das frohbewegte Bild mit den düsteren Farben ihres Elends trüben. Dersau weiß, wie er sie los wird: Er bestellt sie auf Sonnabend wieder, dann wird er jedem vier bis acht Schilling geben.

Die vier Bürgermeister fahren in der prächtigen Staatsequipage mit dem Hamburger Wappen auf den Türen vor – der Kutscher und die beiden Diener hinten auf dem Wagen sind in bestickter Livrée, mit weißen Kniestrümpfen und silberbetreßtem dreieckigen Hut quer über dem Kopf. Die Senatoren folgen in ihren eigenen Kutschen, und auch ihre Diener tragen dreieckige Hüte.

Gustav muß nun acht Tage zu Hause bleiben. Dersau hält auf Ordnung und erlaubt Seiner Wohlweisheit nur abends im Dunkeln einen kurzen heimlichen Spaziergang. Die Schneider passen dem zierlichen Gustav schwarze Kniehosen für das Habit an, Rock und Weste in schwarz, Spitzenjabot und Spitzenmanschetten in Weiß. Gustav trägt das Habit zum ersten Mal beim Kirchgang am folgenden Sonntag, zu dem der gesamte Rat ihn geleitet.

Cesar und Adolph sind dabei, als Gustav feierlich von Senat und Bürgerschaft vereidigt wird. Der Vereidigung folgt ein Essen, bei dem die Senatoren wieder die gelbe Safranspeise bekommen und Kakao trinken. Jetzt erst darf Gustav am hufeisenförmigen Tisch in der Ratsstube Platz nehmen.

Was im Rat gesprochen wird, ist ein Geheimnis. Wenn der diensttuende Beamte an die Tür klopft, um Wünsche oder Mitteilungen, zum Beispiel der Commerzdeputation, zu überbringen, so öffnet der jüngste Herr – nun Gustav – nur eine winzige Klappe in Gesichtshöhe. Der Senat tritt nach außen stets geschlossen auf und sein Tun ist fast sakral.

Gustav und Sophie Godeffroy feiern seine Wahl zum Senator mit einem Fest am 15. März 1855 – mit lebenden Bildern, Souper und großem Ball. Statt Vasen mit frischen Blumen gibt es auf Winterfesten Silberplatten mit Pralinées in Seidenpapier, in dem Anzüglichkeiten versteckt sind, und Bonbons in silbernem Glanzpapier mit kleinen Seidenbändern und aufgeklebten Oblaten. Die Herren stecken die Bonbons in ihre hinteren Hosentaschen unterm Frack und bringen sie ihren Kindern mit.

Vor Cesars Augen verschwimmen die Teller mit den Bonbons. Die festliche Tafel sieht manchmal dunkel aus, sogar Emmys Brillanten hören dann auf zu strahlen: Cesar hat Kummer mit den Augen. An manchen Tagen hat er Schmerzen. Anfangs glaubte er, daß er nur überarbeitet sei, aber nun hat er immer häufiger Probleme mit der Korrespondenz im Comptoir, diktiert private Briefe einem Commis und läßt sich Briefe vorlesen. Die Ärzte haben ihm Ruhe empfohlen und ihm geraten, zu dem berühmten Augenarzt Albrecht Graefe nach Berlin zu fahren.

Gustavs Fest wird ein Erfolg. Erst weit nach Mitternacht ergreifen die Lohndiener die großen Teebretter und wehen mit ihnen die Kerzen in den Kronleuchtern aus.

Gustav heißt von nun an im vertrauten Kreis »der kleine Senator«. Unter den Freunden kursiert ein Spottgedicht:

Ja, groß ist die Ehre, der Mann freilich klein,
Welch Glück sonder Gleichen, Senator zu sein!

Der größte Reeder der Stadt

»Gentlemen's seat auf ewige Zeiten«

1.

Gustav baut sich ein Schloß an der Elbchaussee, hoch über dem Fluß, mit Türmen, gotischen Spitzbogen und Zinnen – eine Mischung aus arabischer Luxusvilla und Wehrburg. Er läßt über der Haustür das Wappen mit dem Falken anbringen und um die Tür ein steinernes farbiges Spruchband: »Gentlemen's seat auf ewige Zeiten.« Niemals sollen hier andere als seinesgleichen wohnen.

Gotik ist modern bei Gentlemen und solchen, die es werden wollen. Gustavs Schloß Beausite macht den Architekten Auguste de Meuron zum begehrten Mann. Der Altonaer Kaufmann Bernhard Donner übertrumpft Beausite mit dem Donner-Schloß. Er baut dort in Neumühlen, wo einmal Sievekings, Poels und Gustavs Großonkel Conrad in fröhlicher Sommerkommune lebten und den Anbruch einer neuen Zeit der Bürger feierten.

Großneffe Gustav aber ahmt englische Aristokraten nach. In England hat der Kampf der Arbeiter um höhere Löhne »upper class« und »middle class« davon überzeugt, daß sie zusammenhalten müssen. Adlige und Industrielle bauen sich als Landhäuser mittelalterliche Burgen mit Türmen und Zugbrücken. Man sieht mit weher Nostalgie auf ein Zeitalter zurück, in dem die niederen Klassen ihren Platz noch kannten.

Auch in Hamburg flackern immer häufiger Streiks auf. Maschinen verdrängen die gelernte Arbeit, ein Ungelernter an einer Maschine stellt das Vielfache dessen her, was ein Geselle in Handarbeit an einem Tag schafft. Die Handwerksmeister fordern statt dreizehnstündiger Arbeitstage nun vierzehnstündige für gleichen Lohn. Anfang 1854 ging der Senat mit

200 Soldaten gegen streikende Schiffszimmerer vor, aber erst als die Werftbesitzer zu Kompromissen bereit waren, nahmen die Schiffzimmerer die Arbeit wieder auf. Doch kurz darauf verlangten die Speicherarbeiter zwei Mark mehr in der Woche.

Der englische Architekt Gilbert Scott wird die Nikolaikirche, die seit dem Hamburger Brand zerstört ist, nun gotisch wieder aufbauen. Er versteht seine Auftraggeber. Ein großer Kaufmann und Landbesitzer, sagt er, fühle sich von der Vorsehung mit Vollmacht über andere ausgestattet und auf einen hohen Rang in der Gesellschaft gestellt – »in a position of authority and dignity« –, und keine falsche Bescheidenheit sollte ihn davon abhalten, das im Charakter seines Hauses eindeutig auszudrücken.

Mehr als zwei Türme aber wären aggressiv und protzig – Gustav hat zwei eckige Türme –, denn man will ja auch zeigen, daß ein solches Haus Ort eines glücklichen Familienlebens ist. Gotik steht auch für Christentum, Tugendhaftigkeit und anheimelnde Stimmung – Gastfreundschaft in der großen Halle bei prasselnden Feuern in den Kaminen und patriarchalische Besorgtheit um die alten Diener.

Gustavs Gäste bewundern seine hohe zweistöckige Halle in der Mitte des Hauses und den Saal mit Aussicht zum Fluß. Das Essen kommt mit dem Speiseaufzug aus dem Keller in die Hauptanrichte – es gibt drei Anrichteräume –, und von dort bringen Diener es in den Saal, sechs bis acht Gänge für die Herrendiners, bei denen die Geladenen wirtschaftliche und politische Geschäfte erledigen. Die Gesellschaftsräume liegen zur Flußseite, der Salon, in dem ein dreiseitiger Erker mit einem Panoramablick überwältigt, zwei Wohnzimmer und ein Turmzimmer mit Spitzbogengewölbe. Die Gäste gehen an farbigen Glasbildern in gotischen Fenstern vorüber, über Fußbodenmosaike aus Marmor, zwischen Säulen, an deren Füßen Diwane und Tischchen stehen. Piglhein – *man* läßt sein Haus von Piglhein ausstatten – hat üppige Orientteppiche geliefert, Plüsch und Fransen für Sessel und Sofas. Die Eichenholzmöbel – Stühle, Schränke, Schreibtisch im gotischen Stil – tragen das Godeffroysche Wappen mit dem Falken.

Von allen Gesellschaftsräumen aus können die Gäste auf die Terrasse und ein paar Stufen hinunter in den Park gehen, vom Saal aus auf eine offene Veranda mit gotischen Doppelsäulen und in den Blumengarten. Gustav hat den Garten im Stil der italienischen Renaissance anlegen lassen. Einflußreiche Kaufleute und Reeder erinnern sich jetzt gern an den Ruhm der Medici in Florenz, großer Kaufleute, die die Politik in Italien in die Hand nahmen, Herzöge wurden, Päpste. Gustavs Beete quellen über von brillanten Farben – rote Geranien, gelbe Pantoffelblumen, weiße Margeriten, blaue Lobelien. Das Gartenparterre liegt wie ein greller kostbarer Teppich vor dem Haus, darunter die Elbe, ein märchenhafter Hintergrund für Gustavs Feste – und nur für seine Gäste bestimmt.

Sein Großvater und seine Mutter freuten sich, wenn fremde Besucher Park und Gärten bewunderten. Doch heute muß man befürchten, daß »Rowdies« aus den Arbeitervierteln sich auf dem Rasen lagern, verbrecherische Heiden, die Beete zertrampeln, Blumen abreißen und Unrat hinterlassen. In England werden die Gittertore der Parks nun geschlossen und Menschenfallen in den Gehölzen aufgestellt.

Gustav versucht vergeblich, den Kirchenweg von Blankenese nach Nienstedten zu verlegen, den »Leichenweg«, der an der Haustür von Beausite vorbeiführt. George Parish hat vor ein paar Jahren den Nienstedter Pastor betrunken gemacht und unterschreiben lassen, daß er mit einer Verlegung einverstanden sei. Zu solchen Mitteln mag Gustav als Senator nicht greifen. Trotzdem gehen über ihn in den Elbgemeinden Geschichten um. Er hat den Müller John, von dem er die Windmühle in Nienstedten und Weideland für seinen Hunderttausend-Quadratmeter-Park gekauft hat, mit Dänischen Reichstalern statt mit Hamburger Talern bezahlt und ihn so um ein Viertel des Kaufpreises geprellt. Er hat Nienstedter Kirchenland auf 99 Jahre gepachtet und die Pacht dem arglosen Gemeindevorsteher für 25 Jahre im voraus bezahlt und ist so nach dänischem Gesetz Eigentümer des Landes geworden. Es gibt noch andere Geschichten über Gustav, die nicht ganz stimmen können, die aber zeigen, daß die kleinen Leute ihn für einen »griesen Foß« halten, einen listigen Fuchs, gierig, skrupellos und so hochmütig und eitel, daß er jedem Geschädigten unter die Nase reibt, wie er ihn hereingelegt hat.

2.

Cesar kauft im baumlosen Bauernland im Westen von Hamburg Heidestücke, Sandberge, kleine Moore, auch mal einen Acker, selten einen ganzen Hof. Er tauscht auch Land, hat einige Wiesen von seinem Großvater Godeffroy her, Pfänder für ausgeliehenes Geld. Er erwirbt im Lauf der Jahre 3300 preußische Morgen, etwa 825 Hektar – die Größe eines mittleren Guts in Holstein. Die Bauern glauben, daß er weit mehr hat, so verstreut und unübersichtlich ist sein Besitz.

Er pflanzt auf seinen Grundstücken Fichten und Kiefern an und, wo der Boden es zuläßt, Buchen, Eichen, Edelkastanien. Er verbessert so das Bauernland wie sein Großvater Meyer, schafft mit seinen Wäldern Nützliches und Schönes, das sich in fünfzig, achtzig Jahren in voller Pracht zeigen wird, noch lange nach seinem Tod.

Seinen neuen Waldstücken in Blankenese drückt er sein Symbol auf, den Falken. Aus dem »Butterberg« macht er den stolzen Falkenstein, aus »Plumpsmühlen« das Falkental, es gibt von nun an eine Falkenschlucht und an der Elbe ein Falkensteiner Ufer.

In Hamburg hat er 1852 am Alten Wandrahm das Nachbarhaus N° 26 gekauft. Er läßt die Wände zwischen den Häusern durchbrechen und im Erdgeschoß von N° 26 zwei große Kontore einrichten, in N° 25 bleibt nur sein Privatkontor. Der Eingang von N° 26, der in einem Torweg rechts am Haus liegt, wird Firmeneingang. Im ersten Stock bauen die Maurer über dem Hauptkontor einen neuen Saal und – in den Speicher des Mittelhauses von N° 26 hinein – einen neuen Ballsaal.

Die Maler streichen den neuen Saal weißlichgelb, wie alle Hamburger Eßzimmer, aber da Emmy die neuen Stühle bei Piglhein grün beziehen läßt, heißt er der Grüne Saal. An eine

Längswand kommt, wie in jeden Hamburger Saal, eine englische Anrichte, auf die ein Glas mit Pickles gehört, eine hohe Porzellanglocke für den Stiltonkäse, den Geschäftsfreunde jede Weihnachten aus England schicken und der wochenlang in einer feuchten Serviette nachreifen muß, und der »plât de mènage«, das silberne Gestell mit Essig, Öl, Senf, Salz und Pfeffer, den Zutaten, aus denen der Hausherr die Salatsauce selbst am Tisch bereitet. Die Küche bleibt im Souterrain von N° 25, aber auch dort unten gibt es eine Neuerung: ein Badezimmer, zum Hof hin.

Cesar Godeffroys neue Säle veranlassen Ernst Merck, die Wohngeschosse seines Hauses am Alten Wandrahm so auszubauen, daß zu seinen Bällen 300 Gäste kommen können. Der dicke Nachbar ist seit 1850 österreichischer Freiherr – der Kaiser hat ihn dazu ernannt, um ihn für die Finanzierung einer Eisenbahnlinie zu belohnen – und trägt bei großen Anlässen Orden auf der Uniform. Er hat das Haus im Herbst 1853 nach dem Tod seines Vaters übernommen, der seinen Kindern 3,6 Millionen Bankomark vererbte und als vermutlich reichster Kaufmann Hamburgs starb – genau weiß man das an der Börse nicht. Die ganze Stadt spricht von einem orientalischen Maskenball in Ernst Mercks Haus, bei dem die Kostüme über 1 000 Mark, eines sogar 2 500 Mark, gekostet haben sollen.

Justus Ruperti, Mercks zwanzig Jahre älterer Schwager und wie er Teilhaber von *H. J. Merck & Co.*, warnt ihn vor dem Hochmut des Reichtums. Auch andere in der Stadt beobachten, daß die reiche Klasse sich abkapselt, und beklagen einen Wandel des gesellschaftlichen Lebens, den Hang zu sinnlosem Luxus, das Aufgeben von Verantwortung und Fürsorge für Abhängige und Schwächere.

Cesar verschönert seinen Park an der Elbchaussee mit Teichen, Springbrunnen, einem Rosengarten, Obelisken und Statuen. Maurermeister Militzer aus Blankenese hat ihm einen Tunnel unter den Kirchweg gebaut und am Tunnel ein Portal mit einem Sandsteinrelief, das Urteil des Paris, angebracht. Es stammt aus dem Haus in der Großen Johannisstraße, in dem Emmys Urgroßvater Bohn seine Buchhandlung hatte und das beim Hamburger Brand stark beschädigt wurde. Cesars Gäste sind hingerissen, wenn er mit ihnen nach Tisch im Mondschein durch den Tunnel zur Aussichtsbank am Elbhang geht.

Er läßt wahre Rhododendronwälder anpflanzen, besitzt insgesamt 1 200 Büsche. Er hat 1852 den angrenzenden de-Boerschen Besitz hinzugekauft, und sein Park ist jetzt der schönste und größte an der Elbe. Aber Senator Jenisch hat nun zwei Häuser mit Orchideen und seltsamen Blumen, die man erst in jüngster Zeit in fernen Weltgegenden entdeckt hat – eine Magnetblume zum Beispiel, deren vogelähnliche Krone in Nord-Süd-Richtung zeigt, wie man den Topf auch dreht, oder eine Salutierblume: Wenn man sie in der Hand hält, springt eine kleine Blüte nach der anderen mit einem leisen Knall auf und stößt ein wenig Rauch aus wie eine kleine Kanone.

Cesar läßt ein Hirschgehege bauen, das großes Aufsehen erregt. Seine Gärtner dürfen Besucher einlassen, er hält an einer vergangenen Zeit fest, in der die Schönheit der Natur Mitbürger und Arme veredeln sollte. Die Besucher bewundern das Damwild und geben dem Park den Namen Hirschpark.

Kaum ist Gustavs Beausite fertig und bezogen, lassen Cesar und Emmy ihr Landhaus renovieren. Vor dem rechten Salon bauen sie eine überdachte Loggia mit Elbblick und einer Treppe zum Garten. Der Salon erhält eine Wanddekoration im fürstlichen Neurokokostil, die Stukkaturen im Vestibül und im Speisesaal läßt Cesar erneuern, nicht verändern. Doch er und Emmy kaufen neue Möbel, und Piglhein liefert dunklen Plüsch und Fransen in Hansens Landhaus.

Cesar lädt zu großen Jagddiners ein, zu denen auch Herzog Christian von Augustenburg kommt, der in einem verwinkelten altersgrauen Sommerhaus an der Elbe wohnt. Der Herzog ist Patenonkel von Cesars jüngstem Sohn August. Cesar jagt Rehe, Hirsche, Sauen und verbirgt dabei, daß er oft schlecht sieht. Zur Entenjagd nimmt er seine Söhne Cesar, Peter und August mit, Jagdgäste und Apportierhunde, und sein Wildmeister Heinrich Jordan paßt auf die Schießkünste der kleinen

Jungen auf. Im Januar lädt Cesar zu Treibjagden bei Wedel ein, und seine Gäste schießen Hasen und Füchse.

Von Emmy Godeffroy heißt es in Hamburg, sie sei anspruchsvoll, habe immer neue Wünsche und einen unbefriedigten Sinn. Sophie zeigt ihrer besten Freundin Therese Wesselhöft ein Gedicht, das sie für Emmy geschrieben hat:

> Du hast Diamanten und Perlen,
> Und alles, was Menschen Begehr,
> Und willst, kaum ist es zu glauben,
> Von Deinem Gemahl stets noch mehr.

Aber Glück müsse von innen kommen. Ein Lächeln von ihr sei schöner als Gold und Diamanten:

> Und schöner und herrlicher strahlet
> Als jegliche Perle der Welt
> Die Träne, vor Freude geweinet,
> Die hell aus dem Auge Dir fällt.

3.

Adolph kann sich seit 1853 ein eigenes Pferd leisten, den englischen Wallach Allan. Bis dahin ist er in Herrenreiten auf Gustavs Wallach Billy oder Cesars Stute Sunbeam gestartet und hat oft gesiegt. 1854 ist er Präsident des Hamburger-Lokstedter-Renn-Clubs geworden. Auf sein Betreiben pachtet der Club eine Rennbahn beim Dorf Horn und weiht sie im Juli 1855 mit einer Steeplechase ein, einem Jagdrennen um die halbe Stadt. Die Reiter hetzen vom Eppendorfer Baum über Wiesen und Zäune zur Hoheluft, wo sie die Isebeck überspringen oder durchreiten, und weiter zum Ziel, den Tribünen in Horn. Der Club ändert seinen Namen 1856 in Hamburger Renn-Club, stellt einen englischen Trainer ein, Richard Mac-Caw, und hat zwei Jahre später schon über 600 Mitglieder.

Adolph pflegt Familientraditionen, wo er sie entdecken kann. Er tritt in die Tischgesellschaft Einigkeit ein, in der sein Großvater Mitglied war, und geht einmal in der Woche um fünf Uhr in Streit's Hotel am Jungfernstieg zum Essen und

Kartenspiel. Nach zwei Jahren tritt er wieder aus: Diese Tradition ist langweilig und anstrengend.

Ahnenforschung dagegen lohnt immer. Je länger man forscht, um so älter wird die Familie und um so bedeutender werden die Ahnen, oft schließlich sogar erlaucht. Adolph gibt den Brüdern mit seiner Ahnenforschung Glanz.

Er hat seinem Sohn zum Rufnamen Adolph den Namen Etienne ausgesucht. Auch Gustav ist nun vom Wert der Ahnen für einen Gentleman überzeugt und hat seinen Jüngsten Arthur Etienne genannt. Ein Etienne, geboren um 1500, wohnte in Orléans. Tante Charlotte im Weißen Haus und Adolph nehmen an, daß er Vater ist von einem Jean. Das Geburtsdatum dieses Jean ist unbekannt, aber er trat zum neuen Glauben über und mußte nach La Rochelle ziehen. Dort starb er als Schöffe, ein Amt, das nach Adolphs Forschungen seinem Inhaber den erblichen Amtsadel bescherte.

La Rochelle heißt der Halbclipper, der seit 1853 auf der Reiherstiegwerft gebaut wird und 1855 vom Stapel läuft. Cesar signalisiert damit den Hamburgern: Die Godeffroys sind Notabeln in Hamburg, und ihre Vorfahren waren Notabeln in La Rochelle. Sie gehören zur Elite, in die Klasse zwischen Bürgertum und Adel, die es in Frankreich schon lange gibt.

Das jüngste der elf Kinder des Kaufmanns und Schöffen Jean hieß Benjamin, geboren 1589, Seigneur und Besitzer eines Landguts. Als er achtzig war, wurde er »in seiner Eigenschaft als Noble et Ecuyer für sich und seine Nachkommenschaft anerkannt«: Er hatte das Recht, La Rochelle zu Pferd zu verteidigen statt mit einem Spieß zu Fuß. Benjamin hatte 22 Kinder, das jüngste hieß César: Cesar der Erste nach Adolphs Zählung, 1640–1720.

Cesar I., Kaufmann, ging nach Müncheberg und nahm die Vorteile wahr, mit denen der Große Kurfürst Hugenotten anlockte und zu denen eine zehnjährige Befreiung von Einquartierung gehörte, vom Zwang, Soldaten in sein Haus aufzunehmen. Als alter Mann, der keine Geschäfte mehr betrieb, bat er den König 1714, ihn von dieser Pflicht wieder zu befreien, wies auf seinen französischen Adel hin und versicherte zugleich, er werde daraus keine Ansprüche an den König ableiten. Der König erließ ihm die Pflicht »als Einem von Adel, welcher keine bürgerliche Nahrung treibt« – adlig kann nur sein, wer keinen bürgerlichen Beruf ausübt.

Das konnten die Nachfahren sich nicht leisten. Cesar II. starb 1723 als Kaufmann, über den man weiter nichts weiß, in Berlin. Cesar III., geb. 1703 in Berlin, zog nach Hamburg, wurde Commis und Weinhändler und starb 1758. Cesar IV., 1742–1818, der Großvater der Brüder und Firmengründer, verdiente ein Vermögen.

Adolph arbeitet weiter an der Vergangenheit der Familie. Für die Zukunft hat jeder Bruder seine eigene Dynastie begründet: Auf Cesar VI. folgt Cesar VII., auf Adolph Adolphito und auf Gustav der kleine Gustav.

4.

Die Zahl der Kaufleute nimmt zu, und das Ideal kaufmännischen Handelns, das Cesars Vater seinem Sohn eindringlich beschrieben hat, fängt an, sich zu verändern. Cesar sollte der Erste in seinem Beruf werden – auch der Reichste, aber vor allem der Beste, der sich moralisch »einwandfrei« verhält. Nun weiß man nicht mehr alles über die Geschäftsführung eines jeden, und das Ideal, der Erste zu sein, verringert sich auf das einfache und eindeutige: der Reichste sein. An der Börse mißt man den Wert des einzelnen als Kaufmann zunehmend nur noch nach der Höhe seines Kapitals.

Auch der Sinn des Geldverdienens wandelt sich. Cesars Vater und Großvater wollten sich in noch jungen Jahren vom Geschäft zurückziehen, um ihren Reichtum, ihr Leben in Luxus und Muße auch voll genießen zu können. Ziel der Arbeit war es, sie einzustellen, wenn man genug verdient hatte, und es galt nur den richtigen Zeitpunkt zu finden, an dem das Vermögen einerseits schon möglichst groß und man andererseits noch möglichst jung war. Viele fanden den Absprung nie, aber das änderte nichts am Ideal.

Nun ist das Ziel gleichzeitig einfacher geworden und ins Unendliche verschoben. Nahziel ist die Bilanz am Ende des Geschäftsjahrs. Erfolgreich ist, wer in diesem Jahr mehr verdient als im vorigen. Damit ist der Endpunkt ins Unerreichbare verschoben, denn man kann immer weiter in jedem Jahr versuchen, sich noch eindrucksvoller zu übertrumpfen als im Vorjahr. Der Gelderwerb wird zum Selbstzweck.

Diese neue Entwicklung beschäftigt viele Bürger. Der Kaufmann wird zum Romanthema. Gustav Freytags »Soll und Haben« erscheint 1854.

Freytag preist den Typ des Kaufmanns, den Cesars Vater verkörperte – am Beispiel von *Eichborn & Co.* in Breslau, heißt es, mit denen Godeffroys jahrzehntelang im Leinengeschäft zusammenarbeiteten. Freytag stellt den redlichen Kaufmann und Bürger hoch über den Kaufmann neuen Typs, der nur Geld verdienen will, rücksichtslos nach Gewinn jagt und Gefühl und Verantwortung für seine Mitmenschen dem Gelderwerb opfert. Freytag ist ein liberaler Bürger und Antisemit. Die Adligen in seinem Roman sind überwiegend unfähig, hochmütig und dumm. Die Geldjuden sind finster und betrügerisch, einer von ihnen wird zum Mörder. Seine Helden sind die deutschen Kaufleute, allerdings auch ein Jude, dessen Finanzier-Vater ihm das Leben eines Gelehrten ermöglicht – tragischerweise ein kurzes.

Im Zeitalter der Zensur ist dies ein politisches Buch. Freytag knüpft, altdeutsch verbrämt, an die Ideale der Aufklärung an und breitet deutschen Nationalismus aus. Wichtig hier: Die Arbeitsleistung und die alten Tugenden des Kaufmanns und Bürgers, der beim Streben nach seinem Wohl auch das Wohl der Allgemeinheit im Blick hat, begründen seinen Anspruch, das Land zu regieren. Der Roman wird ein Bestseller. Adolph Godeffroy schätzt Gustav Freytag sehr.

An der Elbchaussee kauft sich August Joseph Schön an: Seine Reederei ist keine zehn Jahre alt, und er ist schon viertgrößter Reeder nach Cesar, Sloman und der *Hapag*. Auch Carl Woermann, der mit acht Schiffen an zwölfter Stelle steht, schafft 1855 den Aufstieg an die Elbchaussee.

Tony Godeffroys Schwester Louise und deren Ehemann, Syndikus Carl Merck, haben nun ein Landhaus in Blankenese. Ferdinand Beit, Cesars Partner im Elbkupferwerk, hat ein Haus mit Garten und Teich an der Elbchaussee. Carl Johannes Wesselhoeft, der Mann von Sophie Godeffroys bester Freundin Therese, hat das Haus des Herzogs von Augustenburg gemietet.

6000 Kaufleute kommen jetzt in Hamburg täglich an die Börse.

Neue Ideen

1.

Hamburg ist wieder aufgebaut und Geschäftsbesucher staunen. »Die glatte Oberfläche der Trottoire bewirkt, daß alle Menschen sehr schnell und leicht gehen«, schreibt ein Kaufmann aus Stockholm nach Hause. Der Anblick der Stadt sei heiter und froh. Ihre moderne Eleganz imponiert ihm. Die schnurgeraden Zeilen prächtiger Häuser, die mit heller Ölfarbe gestrichen sind, wirken manchmal einförmig, doch die Sauberkeit der Straßen, die reiche Kleidung der Passanten, die Samtanzüge der Schulkinder stimmen ihn optimistisch.

Vierspännige vollbesetzte Omnibusse fahren in dichter Folge durch die Straßen, rot-gelb gestrichene Postwagen aus Korbgeflecht rollen leicht dahin, Droschken rasseln im Trab, ihre Kutscher haben eine Zigarre im Mund und lassen die Peitschen wie Pistolen knallen. Hunde ziehen kleine Wagen voller Obst und Blumen, Esel rote Milchwagen und Wagen mit Brenntorf und Trinkwasser, und je vier dicke starke Kaltblüter aus Holstein, denen Messingringe um Kopf, Hals und Lenden klirren, sind vor riesige Lastwagen gespannt.

Viele Gäste großer Firmen kaufen sich nach dem ersten Besuch an der Börse elegante Kleidung, um hinter den Hamburger Herren nicht zurückzustehen. Eines der vornehmsten Schneidermagazine am Neuen Wall hat drei Säle mit gelbgebeizter Einrichtung: In Glasschränken und an Kleiderrechen hängen Tausende von Hosen, von Jackets, von Schoßröcken im gleichen Schnitt, in allen Farben, auf Seide gefüttert. Vornehm gekleidete Herren bedienen an langen Tischen, Stutzer posieren vor Spiegeln, und Buchhalter sitzen abseits an ihren Pulten. Bezahlt ein Kunde mit Geldnoten mehrerer Privatbanken seines Heimatlandes, rechnet ein Commis sie blitzschnell in die Landeswährung und weiter in Hamburger Courantmark um.

Der Neue Wall ist eine der »fashionabelsten« Straßen des neuen Hamburg. Im Erdgeschoß jeden Hauses gibt es Geschäfte, und die Besucher wandern an Glaswänden entlang, bewundern die Anordnung der Waren hinter den Scheiben, die unerhörteste Verschwendung an »articles du luxe«, Seiden, Kristall, Gold, Silber, staunen über Lager von Schals und Tüchern, über Magazine mit fertigen Pelzen, Läden voller Nippes aus Porzellan, Glas, Messing, über Zigarrenmagazine und Uhrenlager. Ganz neu: die Alsterarkaden, eine überdachte Uferstraße mit den schönsten Ladengeschäften.

Sehenswert ist auch der »Bazar«, eine Ladenpassage, die vom Jungfernstieg abgeht, mit Glasdach und Marmorfußboden, bevorzugter Treffpunkt von Damen und Herren, mit beliebten Geschäften an beiden Seiten – Gervilles Schuhladen, Sansons Parfümerie, Amyots Handschuhladen, ein Photographisches Atelier, ein Strohhutmagazin, ein Antiquitätenlager, Breitrücks Naturalienhandlung, eine nicht besonders gute Konditorei und am Ende die elegante Pariser Delikatessenhandlung »Comestibles«.

Immer wieder anziehend für Besucher: der Hafen mit den großen Seglern im Strom und den Anlegebrücken für Dampfschiffe. Auf den Kais geht es fast noch bunter zu als in der Innenstadt. Hier stehen die riesigen Lastwagen mit den messingklirrenden Kaltblütern in langen Reihen, hier gibt es

Gehege mit Ochsen, Schafen und Schweinen, die nach England gehen sollen, hier spazieren Commis und Makler, Flaneure und Seeleute aller Art vorbei: griechische Matrosen mit türkischem Fez, stutzerhafte Hamburger Matrosen in geblümten Hemden und mit Seidentüchern, Neger, Malaien, Chinesen.

Selbst die Hamburger staunen manchmal über die Menschen, die zu ihren Forschungsreisenden und Kapitänen gehören, im Oktober 1855 über die beiden hochgewachsenen Diener, die Heinrich Barth von seiner Expedition durch Nordafrika und den Sudan mitgebracht hat, und im November über den dreizehnjährigen Sklavenjungen von Kapitän Anstatt, Brigg CHARLES FERDINAND, Eigner *Joh. Ces. Godeffroy & Sohn*. Die Mutter des Jungen hat ihn für Schießpulver an einen afrikanischen Händler verkauft. Der verkaufte ihn weiter nach Fernando Po, dem Sklavenmarkt im Golf von Guinea. Aber der Junge floh auf ein englisches Schiff, das nach Peru ging. Der Kapitän schenkte ihn dort Kapitän Anstatt. Anstatts Schiff ging bei den Kapverdischen Inseln unter. Ein englisches Schiff rettete Jungen, Kapitän und Mannschaft. Zurück in Hamburg gab Anstatt den Jungen zu Pumpenmacher Friedrichsen in die Lehre. Friedrichsen läßt ihn in der Michaeliskirche taufen, am 25. November 1855 nachmittags zwischen drei und vier. Die Hamburger sitzen Kopf an Kopf in der Kirche, um die Mohrentaufe nicht zu versäumen. Als alles vorbei ist, stehen im Taufregister vier namentlich genannte und 67 »weitere« Paten.

Abends laden Kaufleute ihren Geschäftsbesuch gern in einen der zahlreichen Austernkeller ein, das sind unterirdische Restaurants, in denen zu fast allen Speisen Austern aus der Nordsee gehören – zum Beispiel in Wilkens europäisch berühmten Keller am Neuen Wall. Gasflammen erleuchten die von Vergoldung schimmernden Säle, und durch eine Glaswand im größten Saal können die Gäste zusehen, wie die Köche das Fleisch hauen, klopfen und braten. Wilkens bietet allein acht Varianten Beefsteak an. Der Kellner serviert dem Gast eine tiefe Schüssel mit entschalten Austern, unter denen ein zartes, saftiges und duftendes Steak liegt.

Ab 21 Uhr wird es voll bei Wilkens – Hamburg steht spät

auf und arbeitet lange. Bekannte treffen sich, verabredet oder zufällig, und in großen Cliquen zieht man weiter. In Hamburg kann jeder sich amüsieren, für jeden Geschmack gibt es etwas und in jeder Preisklasse: Bordelle jeder Art, Variétes, Zirkus, Theater, Konzerte, Tanzsäle. Am nächsten Vormittag ist der Gast zum Geschäftsfrühstück eingeladen – zu Austern, Beefsteak und englischem Portwein.

2.

Cesar Godeffroy ist immer auf der Suche nach neuen Geschäftsideen. Für einen Kaufmann ist es zu wenig, die bisherigen Geschäfte beständig und stabil zu betreiben, meint er. Wer oben bleiben will, muß sich der allgemeinen Wirtschaftsentwicklung anpassen und neue Geschäfte vorbereiten.

Eine Hochkonjunktur wie diese mit einem explosionsartigen Wachstum der Industrie hat die Welt noch nicht erlebt. Kohle und Eisen, Gummi, Guano und Petroleum heißen die Zauberworte des Fortschritts. Importe und Exporte nehmen immer noch zu, und das Kapitalbedürfnis von Industrie und Handel wächst weiter.

Cesar kann manchmal kaum sehen, hat Augenschmerzen, und Gustav muß für ihn Verhandlungen leiten, Verträge abschließen und wird doch dreimal in der Woche im Senat erwartet.

Cesar fährt mit der Eisenbahn nach Berlin zu Dr. Albrecht Graefe, dem berühmten Augenarzt, der als erster mit seinen Instrumenten in das Innere des Auges sehen kann. Graefe schlägt Cesar für Anfang 1856 eine Operation vor. Cesar wird wochenlang in Graefes Augenklinik im Dunkeln sitzen müssen.

Er bereitet seine Abwesenheit vor und holt Siegmund Robinow als anteilsberechtigten Prokuristen zu *Joh. Ces. Godeffroy & Sohn.* Auch Robinow kommt aus einer Außenseiterfamilie, er ist Jude, fünf Jahre älter als Cesar, ein tüchtiger Mann, der die väterliche Firma liquidieren mußte und als Agent eines

Londoner Hauses wieder hochkam. Er hat sich an der Gründung des Elbkupferwerks beteiligt und 1854 die Direktion der Elb-Zuckersiederei übernommen, zu deren Aktionären Cesar gehört. Robinow fängt zum 1. Januar 1856 am Alten Wandrahm an.

Für die Reederei ist 1855 ein Spitzenjahr gewesen und doch zeigen sich Schwachstellen in Cesars Reisen um die Welt. In Melbourne gab es 228 Zahlungseinstellungen und 74 in Geelong – der Warenmarkt ist übersättigt, die Burra-Burra-Kupfermine, das achte Weltwunder, ist erschöpft. In Südamerika sieht es nach Krieg aus, die Frachten für Metalle steigen zwar, doch Godeffroys könnten künftig weniger Erz bekommen. Die Auswanderer nach Chile und nach Kalifornien fahren nun lieber mit der neuen Eisenbahn von Chagres nach Panama als mit Godeffroys Segelschiffen um Kap Horn.

Cesar stellt die regelmäßige Linienfahrt nach Australien und Chile wieder ein. Seine Schiffe segeln nach Singapore, Batavia und Manila, nach Rangun und nach Akyab an der Mündung des Arakan, im Norden Burmas. Überall trifft er auf seine alten Konkurrenten, die wie er neue Fahrtgebiete suchen, ihre Absatzwege vervielfältigen, ihre Segelschiffe auf Trampfahrt schicken. Cesar beauftragt Agenten und Superkargos, Informationen über Landesprodukte, Handel und Gewinnspannen, Klima und Winde zu sammeln: Er läßt China erkunden, Indien und die Südsee.

China ist vielversprechend. Hamburger Trampschiffe fahren zwischen Bengalen, der australischen Ostküste und der Mündung des Amur – an der Börse nennt man das »Chinesische Küstenfahrt«. Auch Cesars Schiffe sind hier erfolgreich, aber eben nicht die einzigen.

Indien bietet eher günstige Gelegenheiten als regelmäßige Beschäftigung. Cesars Schiffe, eigene und gecharterte, holen Häute und Baumwolle aus Madras und Wolle aus Bombay. Zweimal schickt er Waren direkt von Hamburg nach Bombay, aber Briten und Angloinder beherrschen den Markt und wehren ihn ab.

Aus der Südsee erhält er Berichte, in denen sein Superkargo

August Unshelm Ladung für die bisherigen Ballastfahrten von Australien nach Südamerika verspricht.

Die Idee, August Unshelm auf eine Probereise in die Südsee zu schicken, stammt von Alfred Poppe, dem Niederlassungsleiter von *Joh. Ces. Godeffroy & Co.* in Valparaiso und früheren Prokuristen im Comptoir am Alten Wandrahm. Unshelm ist ein nicht mehr ganz junger Rheinländer aus Düsseldorf, von großer Tatkraft, verheiratet zwar, aber der richtige Mann für Tauschhandel und Perlenfischerei. Vielleicht will Poppe den rührigen und wortreichen Unshelm auch los sein, der hofft, sein Nachfolger zu werden.

In London ist gerade der Bericht von Marinekapitän John Erskine über seine Fahrt in den westlichen Pazifik im Buchhandel erschienen. Seit Kapitän James Cooks spektakulären Reisen vor sechzig Jahren hat es kaum Forschungsreisen dorthin gegeben. Auf den Samoainseln, so Erskine, leben 38 000 Polynesier und achtzehn Missionarsfamilien. Walfänger laufen die Inseln zur Verproviantierung an und haben einen großen Bedarf an Waren. Auf den Fidschiinseln gibt es seit zwanzig Jahren eine christliche Mission, doch die Fidschis sind eiserne Kannibalen – in einer Art und Weise, die zivilisierte Nationen nicht zu glauben vermögen, die jedoch kaum übertrieben werden könne. Der Handel im westlichen Pazifik sei fast piratisch. Kapitäne kleiner Schiffe aus Sydney holen Sandelholz, wenn es sein muß mit Gewalt, Trepang – das ist eine Seegurke, die getrocknet als Potenzmittel in China hohe Preise erzielt – sowie Schildkrötenpanzer und Kokosnußöl.

August Unshelm verläßt Valparaiso am 21. Februar 1855 auf der neuen Schonerbrigg STINTFANG, Kapitän Simonsen. Als Handelswaren hat er Waffen im Laderaum, Musketen mit Steinschloß, Feuersteine, Pulver in Fässern, Blei für Kugeln, große Messer, Handbeile und Äxte, außerdem rote Gesichtsfarbe, Mercurialsalbe gegen Syphilis und Läuse, Glasperlen, etwas Stoff. Er soll Kokosnußöl und Perlmutt eintauschen, wobei er als Gewinnaufschlag 25 bis 50 % berechnen muß, und er soll Kanaken und Europäer auf den Perlenbänken tauchen lassen: Die Brigg hat einen neuartigen Helmtauchanzug an Bord, der aussieht wie eine Ritterrüstung und in den eine Pumpe an Deck durch einen Schlauch Luft preßt.

Unshelm segelt zu den Gambiers und weiter zu den Paumutuinseln. Die Perlenbänke sind leergefischt oder geheim. Doch auf Mangarewa tauscht er von einem Franzosen Perlen im Wert von 2 500 Dollar ein. Im Mai 1855 erreicht er Apia.

Die Samoaner seien ungemein faul, liest Cesar in Unshelms Bericht, und betrachten sich als weit über den Weißen stehend, was zu verzeihen sei: »Die in Apia wohnenden Weißen sind größtentheils Leute von der schlimmsten Sorte, Glücksritter, junge verlaufene Taugenichtse, desertirte Matrosen u. dergl. – Gesetze existiren nicht, und im Nothfall würde es kein anderes Mittel geben als das Gesetz in die eigene Hand zu nehmen.« Jede Insel ist in kleine Distrikte aufgeteilt, jeder Distrikt hat einen Häuptling, und zwischen den Häuptlingen herrscht Kleinkrieg, »welcher oft einen allgemeinen Charakter annimmt, und dann sehr störend auf das Geschäft wirkt«.

Der Reichtum der Südsee erschließt sich nicht auf einer Fahrt ins Blaue. Cesar schickt Unshelm auf eine zweite Reise und gibt ihm den Schoner KEHRWIEDER, Kapitän Rachau. Rachau ist ein Mann wie Unshelm, zupackend, kaltblütig, entschlossener als Simonsen, sein Schiff durch ein Riff in die Lagune zu bringen, und stets bewaffnet.

Unshelm berichtet im Mai 1856 aus Apia, wenn er hier eine Agentur errichten dürfte, könnte Herr Godeffroy bedeutende Geschäfte machen. Er sei sicher, »jedes Jahr 800 bis 1000 t verschiedener Producte zu sammeln«, die die großen Schiffe des Hauses auf ihrer Ballastfahrt von Australien nach Valparaiso »ohne viel Kosten« abholen könnten.

Kokosnußöl erzielt gute Preise in Europa. Wale sind jetzt in der Südsee fast ausgerottet, aber der Bedarf der neuen chemischen Industrie an Ölen und Fetten steigt unaufhörlich.

Unshelm zieht mit seiner Frau Doris, vier Kindern und dem Commis Volkmann nach Apia. Er hat den KEHRWIEDER, Kapitän Rachau, und den Schoner CHARLOTTE, Kapitän Erichsen, zur Verfügung. Im Sommer 1857 verkauft er seine Waren mit 70 % Gewinn: Die durchschnittliche Gewinnspanne betrage in der Südsee 25 bis 30 %, aber auch die CHARLOTTE habe auf den Gambiers alle Waren mit »70 % Nutzen« verkauft. Er hört immer neue Gerüchte von neuentdeckten Inseln, von ungestörten Perlenbänken mit riesigen Perlen, will zu den Kingsmillinseln und in die wilden Salomons segeln.

Cesar liest auch Forderungen. Die CHARLOTTE sei zu groß für die Fahrt zwischen den Inseln und Riffen. Unshelm wolle mehr Freiheit von Hamburg bei seinen Entscheidungen. Sein Commis Volkmann passe ihm nicht, »schicken Sie aber keinen Dandy, sondern mehr einen practischen Menschen, der sich nicht scheut, nöthigenfalls mit zu arbeiten«. Er habe für die Firma ein großes Grundstück am Ufer zu 500 Dollar gekauft.

Cesar fühlt sich von dem Tempo überfahren, mit dem Unshelm Wohnhaus und Lager baut statt zu pachten. Unshelm antwortet gekränkt: »Die innere Einrichtung habe ich auf meine eigenen Kosten bescheiden-elegant gemacht, um meiner Familie den Aufenthalt in einem uncivilisirten Lande so erträglich und angenehm wie möglich zu machen.«

Für August Unshelm ist die Südsee die letzte große Chance im Berufsleben. Sein Chef dagegen will nicht zuviel Kapital festlegen in einer Zeit, in der Ideen und Möglichkeiten sich überschlagen.

Geld ist kaum noch zu vernünftigen Konditionen zu bekommen. In vielen deutschen Städten werden Banken als Aktiengesellschaften und Notenbanken gegründet, die erste war die Bank für Handel und Industrie 1853 in Darmstadt. Der Diskontsatz – der Betrag, der beim Einlösen eines Wechsels von seinem Nennbetrag abgezogen wird – steigt 1855 auf 6 % und bewegt sich 1856 zwischen 5 und 9 %. Gewohnt ist man 3 %.

Joh. Ces. Godeffroy & Sohn arbeiten mit anderen Handlungshäusern an der Gründung der Norddeutschen Bank. Ein Komitee der Gründerfirmen unter Vorsitz von Cesar Godeffroy hat im Juli 1855 beim Senat den Antrag zur Errichtung einer Aktienbank gestellt, die Wechsel diskontieren, Waren bevorschussen und Banknoten ausgeben soll. Der Senat hat das Recht, Banknoten auszugeben, verweigert, seitdem ruht die Gründung.

Plötzlich teilt im Juli 1856 ein anderer Kreis von Firmen an der Börse mit, er wolle die Vereinsbank gründen. Das Komitee der Norddeutschen Bank – jetzt unter Vorsitz von Gustav Godeffroy – erklärt am Tag darauf, seine Bank unverzüglich gründen zu wollen und auf das Notenausgaberecht zunächst zu verzichten.

Jede Bank wird mit einem Aktienkapital von 20 Millionen Bankomark gegründet. *Joh. Ces. Godeffroy & Sohn* beteiligen sich mit 500 000 Mark. Innerhalb von drei Tagen wird die Summe der von der Vereinsbank für die Öffentlichkeit aufgelegten Aktien um das Vierzigfache, die der Norddeutschen Bank um das Zweihundertfache überzeichnet: Wer 200 Aktien gezeichnet hat, bekommt eine.

Die erste Generalversammlung der Norddeutschen Bank wählt Gustav zum Vorsitzenden des Aufsichtsrats – man sagt noch Verwaltungsrat – und den Kaufmann Robert Kayser zu seinem Stellvertreter. Die Verwaltungsräte erhalten 10 % vom Reingewinn der Bank. Die Bank öffnet am 15. Oktober 1856. Der Konkurrenzkampf mit der Vereinsbank bleibt aus – beide Banken machen glänzende Geschäfte.

Gustav Godeffroy und Robert Kayser sind für ihre Firmen Teilhaber und Direktoren der neuen *Elbhütten-Affinir- und Handelsgesellschaft*, in der das Elbkupferwerk sowie Ferdinand Beits Gold- und Silber-Scheideanstalt und seine Silberschmelze aufgegangen sind. Robert Kayser gewinnt die Allgemeine Creditanstalt in Leipzig für den Plan, die Kupfer- und Silberschmelze in eine Aktiengesellschaft umzuwandeln. Cesar will seinen Kapitalanteil bei dieser Umstrukturierung vermindern.

Der Senat erteilt dem Elbkupferwerk im Dezember 1856 die Erlaubnis, Silbererze zu verschmelzen, die nicht mehr als 5% Arsenik enthalten, schreibt aber den Bau eines 85 m hohen Schornsteins vor. Jahre vergehen, bis der Schornstein fertig ist, dann ist er der höchste in Deutschland und ein Muß für sportliche Touristen: Sieben Meter unter seiner Oberkante ist eine Aussichtsgalerie mit drei Ruhebänken angebracht.

Die Firma *Joh. Ces. Godeffroy & Sohn* besitzt Aktien zahlreicher Unternehmen, der Nord-Deutschen Versicherungs-Gesellschaft, der Elbdampfschiffahrtskompagnie, ist mit kleineren Summen an der Hamburg-Bergedorfer Eisenbahn beteiligt, an der Elb-Zuckersiederei, der Elbölmühle in Glückstadt, am elektro-magnetischen Telegraphen zwischen Hamburg und Cuxhaven – hier gehört Adolph zum Direktorium –, an einer Dampfschiffslinie zwischen Hamburg und Barcelona. Gustav sitzt für die Firma in fünf Verwaltungsräten. Cesar spekuliert erfolgreich mit Aktien und Staatspapieren.

1857 beträgt die Kapitalanlage der Firma 8,5 Millionen Bankomark – drei Millionen mehr als im Jahr zuvor –, und die Geschäfte wachsen weiter.

Sir George Grey, früher Gouverneur von Neuseeland und New South Wales, jetzt Gouverneur der Kapprovinz in Südafrika, wendet sich an *Joh. Ces. Godeffroy & Sohn*. Die Firma soll Auswanderer für Britisch-Kaffraria anwerben und Passage und Ansiedlung vorfinanzieren. Grey denkt an 15 000 Personen, darunter möglichst viele unverheiratete junge Frauen.

In Britisch-Kaffraria leben 90 000 Xhosa, 400 Weiße und 3 000 Soldaten. Die Xhosa sind nach acht Kriegen mit den Briten gereizt und verzweifelt. Zwei Zauberer haben ihnen vorausgesagt, daß ihre Befreiung von den Weißen nahe bevorstehe. Sie sollen ihr Vieh und ihre Vorräte bis zu einem bestimmten Tag im Februar 1857 vernichten. An diesem Tag werde die Sonne im Westen aufgehen. Ihre gefallenen Häuptlinge und Helden werden aus dem Meer kommen und mit ihnen die Freiheit erkämpfen.

Die Xhosa schlachten ihr Vieh, 400 000 Stück, verbrennen ihr Getreide und hungern. Doch die Sonne geht weiter im Osten auf, und auf dem Meer sehen sie die Segel von vier englischen Kriegsschiffen, die Legionäre bringen, und Ende Februar landen noch einmal drei Kriegsschiffe in East London, dem Hafenstädtchen in der östlichen Kap-Provinz. Die Xhosa verlieren ihren Mut und sterben. Ein kleiner Rest zerstreut sich kampflos auf der Suche nach Nahrung.

Die Schiffe haben ehemalige Schleswig-Holstein-Kämpfer angelandet, die die Engländer 1853 für den Krimkrieg angeworben hatten. Damals charterten sie von Adolph Godeffroy die beiden ersten nagelneuen Hapag-Dampfer für den Transport der Legionäre nach Konstantinopel. Nun ist der Krieg vorbei, und Gouverneur Grey braucht Militärsiedler, die die überlebenden Xhosa in Schach halten und das leere Land vor schwarzen Einwanderern schützen.

Die 2 300 Legionäre haben nur 330 Frauen mitgebracht – vor der Einschiffung gab es Massentrauungen, aber die Militärverwaltung hatte nicht für genügend Bräute gesorgt. Grey läßt irische Mädchen für die Legionäre anwerben. Godeffroy soll Familien mit erwachsenen Töchtern schicken.

Gustav führt die Verhandlungen durch den Bevollmächtigten der Firma in Kapstadt, Wilhelm Berg, und schlägt einen Geschäftsumfang von 200 000 Pfund vor, etwa 2,6 Millionen Bankomark. Aber ehe alle Einzelheiten festgelegt sind, erschlagen die Sepoys, indische Soldaten in der Armee der Ostindischen Kompanie, ihre britischen Offiziere und deren Familien. Die Briten bringen eilig einen Großteil der Schleswig-Holsteiner Legionäre aus Afrika nach Indien. Grey und Godeffroy kommen überein, die Einwanderung zunächst nur bis zu einer Kostenhöhe von 50 000 Pfund durchzuführen, das sind 4 000 Personen. Ende August 1857 schließen sie den Vertrag.

Gouverneur Grey ernennt Senator Godeffroy zu seinem Bevollmächtigten mit dem Recht, Verträge mit Auswanderern in den deutschen Ländern in seinem Namen abzuschließen und Agenten dafür einzustellen. Die Siedler bekommen zunächst freie Passage und freie Landzuteilung, müssen sich aber verpflichten, beides innerhalb von acht Jahren zu bezahlen. Godeffroys schießen die gesamten Kosten vor und erhalten dafür 6prozentige Schuldscheine der Kapregierung. Der Gouverneur wünscht: Verheiratete respektablen Charakters, gesund, geimpft, kein Ehepartner über 45. Alleinstehende nur zwischen 18 und 30. Keine illegitimen Kinder. Alleinstehende Männer bekommen bei der Landung kein Handgeld von der Regierung. Unverheiratete Töchter müssen später nur die Hälfte des Handgelds zurückzahlen.

Gustav setzt sich mit *Dieseldorff & Co.*, Admiralitätsstraße, in Verbindung, die auf das Anwerben von Auswanderern spezialisiert sind. Er richtet eine »Packet- und Passagierfahrt nach der deutschen Colonie am Cap der guten Hoffnung« ein mit den »rühmlichst bekannten großen, schnellsegelnden, gekupferten und kupferbodenen Fregattschiffen« der Herren *Joh. Ces. Godeffroy & Sohn* in Hamburg.

Die erfahrenen Werber der Firma Dieseldorff verteilen in ganz Deutschland Aufrufe, legen in Dörfern und Städten den »Prospectus« von Godeffroy aus, annoncieren in Tageszeitungen: freie Passage bis auf 10 Thaler Preußisch Courant Anzahlung; jede Familie bekommt einen Bauplatz und 20 Acres gutes Ackerland, das sind 32 preußische Morgen, den Acre zu einem Pfund Sterling; jedes Kind bekommt, nach Alter gestaffelt, zusätzlich Land. »Das Klima ist gesund, dem deutschen ähnlich und entsprechen demselben die Erzeugnisse des Landbaus. Der Colonist kann demnach, hier wie auch dort dieselben Kleidungsstücke und Betten benutzen.« Mehr brauchen Auswanderungswillige nicht zu wissen.

Sie wissen aber mehr, und Gustav muß Grey bitten, das Tauglichkeitsalter auf 50 zu erhöhen und Kindern mehr Land zuzuweisen. Er hoffe, jährlich 2 000 Personen nach Britisch-Kaffraria bringen zu können, was aber nicht leicht sei, da in den deutschen Zeitungen stehe, den Legionären gehe es nicht gut, das Klima sei ungeeignet für Europäer, die Eingeborenen gefährlich, und die Legionäre hätten auf Land warten müssen. Er empfehle dem Gouverneur, an den Landungsplätzen vorläufige Unterkünfte für die Einwanderer zu errichten, die Landvermessung schnell vorzunehmen und Saatgut und Ackergerät bereitstellen zu lassen. Außerdem bittet er Grey um Geduld: Wer auswandern will, muß eine Genehmigung seiner Regierung einholen und ein polizeiliches Führungszeugnis und muß seinen Besitz verkaufen.

Die ersten Auswanderer sollen im April 1858 von Hamburg absegeln.

Der Augenarzt Albrecht Graefe operierte Cesar Godeffroy möglicherweise zweimal – die wenigen Hinweise auf eine Operation, die ich finden konnte, sprechen für Anfang 1856 und für Herbst 1857. Cesars Enkelin Emmy Wehl erzählte achtzig Jahre später, ihr Großvater sei falsch operiert worden. Vermutlich litt er an grünem Star, und Graefe konnte ihm mit dem Wissen der damaligen Zeit nicht helfen. Star kommt von starren: Der grüne Star ist eine Krankheit, bei der der Innendruck des Auges zu hoch ist. Cesar Godeffroy sah mal besser, mal schlechter, erlebte eine jahrelange quälende Leidenszeit voller Hoffnungen und Rückschläge. Angst um die Augen ist von nun an die dunkle Begleitmelodie seiner Erfolgsgeschichte.

Wer einen eisernen Segler oder einen Dampfer braucht, läßt ihn in England oder Schottland bauen. Eiserne Schiffsrümpfe und Dampfantrieb trauen Reeder deutschen Werften nicht zu. Aber die Schichau-Werft in Danzig hat 1854 einen eisernen Seedampfer gebaut, und *Früchtenicht & Breck*, Stettin, fangen an, ihre Werft in eine Eisenschiffbau-Aktiengesellschaft umzuwandeln, den Stettiner Vulcan. Cesar und Gustav Godeffroy beschließen, zum Eisenschiffbau überzugehen – als erste und für lange Zeit einzige Schiffbauer in Hamburg.

Den ganzen Sommer 1857 über verhandeln die Brüder mit ihrem alten Geschäftsfreund Ferdinand Beit, am 28. Oktober schließen sie mit ihm ab: Beit wird mit einem namhaften Kapital Teilhaber der neuen *Reiherstieg Schiffswerfte und Kesselschmiede*. Die drei Teilhaber stellen einen Werftdirektor ein, Adolph Ferber, und einen Konstrukteur, den flämischen Ingenieur Henri Deister. Cesar muß sich seine Segelschiffe aus Holz nun woanders bauen lassen, und die Reiherstiegwerft muß sich zum ersten Mal um Kunden bemühen.

Ihr Um- und Ausbau hat kaum begonnen, als schon zahlreiche Aufträge eingehen, die 1858, spätestens 1859 geliefert werden sollen: ein eisernes Segelschiff für die *Hapag* – das erste, das in Deutschland gebaut wird, Adolph läßt die Brüder nicht im Stich; ein Dampfbagger zur Fahrwasservertiefung, acht eiserne Prahme und ein Schleppdampfboot für Senat und Bürgerschaft; ein Feuerschiff für die Schiffahrts- und Hafendeputation; zwei eiserne Schleppdampfer – SPREE und HAVEL, Raddampfer mit 30 PS – und acht Schleppkähne, jeder fast 50 m lang, für die Norddeutsche Fluß-Dampfschiffahrts-Gesellschaft; ein Schleppdampfer für die russische Regierung; Dampfleichter und Leichter für mehrere Firmen und den ersten Alsterdampfer, die ALINA, ein Schrauben-Dampfboot, gut 12 m lang, mit einer Hochdruckmaschine von 6 PS.

Cesar will bei Segelschiffen bleiben. Dampfer erfordern viel Kapital und sind etwas für Aktiengesellschaften. Aber dann läßt er sich doch zwei Seedampfer bauen als Werbung für die Reiherstiegwerft: das Schraubendampfschiff SIR GEORGE GREY mit einer Niederdruckmaschine von 120 PS und den Raddampfer PATRIOT für die Helgolandfahrt mit einer Mitteldruckmaschine von 90 PS.

Godeffroys Werft wird führend in technischen Neuerungen für den Spezialschiffbau. Ihre jährliche Bauleistung: zehn bis zwölf Flußschiffe und ein bis zwei Seeschiffe. Die Bleche für die Rümpfe kommen noch aus England – die deutsche Eisenindustrie kann keine Bleche für den Schiffbau liefern. Auf der Werft arbeiten nun Schmiede, Schlosser, Dreher und Nieter, die Belegschaft steigt rasch auf 500 Mann. Die Reiherstiegwerft ist Hamburgs größtes Industrieunternehmen.

Die erste Krise

1.

Die erste Weltwirtschaftskrise bedroht *Joh. Ces. Godeffroy & Sohn* im November 1857. Im Dezember liegt Cesar wieder Nacht für Nacht wach. Die Sorge um den *Namen* zermürbt

Gustavs Nerven und erschüttert Adolphs Gemüt – auch seine kleine Firma steht vor dem Ende.

Der *Credit* der Godeffroys könnte Cesar und seine Brüder retten, das Vertrauen in ihr Urteil und ihre Redlichkeit. Aber das ist gerade die Hauptursache für die verheerenden Auswirkungen der Krise in Hamburg: Die Kaufleute trauen sich gegenseitig nicht mehr.

Die Franzosenzeit und der Brand der Stadt sind die beiden beliebtesten Gesprächsthemen in Gesellichkeiten, zu denen Fremde geladen sind. Nun kommt als drittes die große Krise hinzu.

Niemals hat es so viele Waren auf der Welt gegeben, niemals haben so viele Kaufleute so große Geschäfte gemacht. Die Warenpreise steigen, jeder spekuliert. Alle verdienen reichlich, in Europa und in Amerika, jeder ist mit Zahlungsversprechen zufrieden und gibt selber welche.

Die Kettenreaktion, die die Handelsgeschäfte zwischen Amerika, London, Hamburg und Skandinavien einbrechen läßt, beginnt in den USA – eine kleine Bank in Ohio macht als erste Bankrott, im Spätsommer 1857.

Mit dem Krimkrieg sind die russischen Getreidelieferungen nach Europa zurückgegangen, und die amerikanischen Farmer haben soviel Getreide angesät wie nie zuvor. Doch Europa hat 1857 selbst eine gute Getreideernte, die Farmer werden ihr Getreide nicht los, Geld wird knapp in den USA. Amerikanische und englische Kaufleute können ihre Waren nicht verkaufen. Aber viele von ihnen haben auf ihre noch unverkauften Waren Wechsel gezogen, um sich an Spekulationen mit Eisenbahnaktien zu beteiligen.

Im Oktober haben 1415 amerikanische Banken falliert, im November spricht man von 5000 Bankrotten in den USA. England folgt: Wer amerikanische Wechsel als Bezahlung angenommen hat, kann mit ihnen seine eigenen Rechnungen nicht mehr begleichen, da jeder diese Wechsel ablehnt.

Hamburg ist der bedeutendste Geldmarkt des Kontinents. Alle Hamburger Häuser besitzen englische Wechsel. Nun können sie mit ihnen nichts anfangen, weil niemand sie für sicher hält. Anfang November laufen Gerüchte durch die Comptoirs, daß die größten Häuser ihre Verbindlichkeiten nicht mehr bezahlen können.

Die Großhandelspreise sinken – Getreide fällt um ein Sechstel, Kolonialwaren fallen um ein Viertel.

Hamburg gerät in einen Strudel aus Wechselprotesten, Zahlungseinstellungen und Bankrotten. Man ist auf Wechselschwindeleien hereingefallen, hat selbst im Spekulationsrausch Wechsel in unverantwortlicher Höhe ausgestellt, hat andere gebeten, aus Gefälligkeit mit dafür einzustehen, und selbst für andere gutgesagt. Durchschnittlich beträgt das Verhältnis von Firmenkapital zu ausgestellten Wechseln in der Krise eins zu sechs – wer eine Million im Geschäft hat, hat für sechs Millionen Zahlungsversprechen unterschrieben. Die Stadt fragt sich, wer als nächster fällt.

Der Kaufmann Friedrich Engels an seinen Freund Dr. Karl Marx: »Die ganze Geschichte in Hamburg beruht auf der großartigsten Wechselreiterei, die je gesehen wurde. Zwischen Hamburg, London, Kopenhagen und Stockholm ist dies am tollsten getrieben worden. Der amerikanische crash und der Fall in Produkten brachte dann die ganze Geschichte an den Tag, und für den Moment ist Hamburg komerziell vernichtet.«

Keiner traut mehr dem Wort eines anderen. Die Speicher liegen bis obenhin voll mit Waren, aber keiner will zu den niedrigen Preisen verkaufen. Nichts zählt mehr als Silber, aber niemand will sein Silber in der Bank weggeben. Eine unermeßliche, unbeschreibliche Angst bemächtigt sich der Hamburger Börse.

Joh. Ces. Godeffroy & Sohn können Zahlungsversprechen nicht einlösen, sind nicht liquide.

Cesar ist im Landhaus an der Elbchaussee. Er soll sich auf Drängen seines Augenarztes von den Geschäften fernhalten und sich ausruhen. Gustav reist für die Firma in den ersten Novembertagen nach Berlin und besucht Marianne Godeffroy née Jenisch in ihrem Palais an der Wilhelmstraße, Ecke Leipziger Straße. Er spricht mit der Frau Tante über die »Geldverlegenheit«. Er bittet sie, Cesar und ihm eine Million Bankomark zu leihen.

Die Tante ist seit neun Jahren Witwe. Onkel Carl Godeffroy hat das Vermögen, das er von seinem Vater – Großonkel Pierre – erbte, geschickt vermehrt und seinen beiden Söhnen vermacht. Auch Marianne Godeffroy hat von ihrem Vater ein Vermögen geerbt, zwei Millionen, das sie ebenfalls überaus erfolgreich vermehrte. Sie ist steif und gutherzig.

Sie ist wieder in tiefer Trauer. Im März ist ihr ältester Bruder gestorben, Senator Martin Jenisch, der an der Elbe das Jenischhaus erbaute – auch von ihm erbte sie eine halbe Million, nun besitzt sie sechs Millionen –, und im April starb ihr ältester Sohn Carl in Kairo an der Schwindsucht. Ihr jüngster Sohn Wilhelm ist 23 Jahre alt und studiert Jura in Bonn.

Die Brüder Godeffroy haben sich über den kleinen reichen Cousin Willy immer ein wenig lustig gemacht, einen ungelenken Jungen, der sich in Gesellschaft in eine Ecke zurückzieht und mit niemandem spricht. Er wäre lieber Landwirt als Jurist, aber sein Onkel Gottlieb hat verhindert, daß er das Studium aufgibt, um sich »einer zwecklosen Existenz zu widmen, und auf dem Lande zu verbauern – dadurch würde sein moralischer Untergang herbeigeführt werden –, da er auf diese Weise seinen Namen, so wie seiner Mutter und seines Vaters Andenken unwürdig sein würde«. Man muß in der Gesellschaft für *den Namen* tätig sein.

Nun ist *der Name* in höchster Gefahr.

»Ich werde sehen, was ich thun kann«, sagt Marianne Godeffroy zu Gustav. »Wenn Sie in 4–6 Wochen nur nicht wieder in Verlegenheit sind.«

Als Gustav ihr die Hand geküßt hat und gegangen ist, weist sie ihren Geschäftsträger Andreas von Lengercke und ihren Bruder Gottlieb schriftlich an, den Brüdern Cesar und Gustav mit bis zu einer Million Bankomark zu helfen, »in dem zuversichtlichen Glauben, daß ich in Betreff der Beiden Brüder mit <u>Ehrenmännern</u> zu thun habe«. Die Herren müssen aber zuerst die Geschäfte der Brüder prüfen und dann über die Kreditvergabe entscheiden. Die Tante möchte, daß alles so geheim wie möglich geschieht, was auch Gustav wünsche, da niemand glauben soll, die Firma Godeffroy wanke.

Gottlieb Jenisch liest den Brief seiner Schwester in seinem Haus an der Binnenalster – Neuer Jungfernstieg 18, das weiße Haus mit dem goldenen Gitter am flachen Dach. Er leitet als Nachfolger seines Bruders Martin das väterliche Bankhaus *M. J. Jenisch*, das seit dem Hamburger Brand fast nur noch das Kapitalvermögen seiner Teilhaber und der Familienmitglieder anlegt und verwaltet. Er ist sechzig Jahre alt, verwitwet, ein sehr kluger und sehr häßlicher Mann. Er hat eine kleine eingedrückte Nase mit großen Nasenlöchern, weit abstehende Ohren, eine niedrige Stirn und einen vorstehenden Mund. Seine älteste Tochter hat sein Gesicht geerbt, und in den feinen Kreisen Hamburgs heißt es gehässig, die »Affen-Jenisch« heirate nicht, weil sie sich selbst sage, ein Freier könne nur an ihr Geld denken. Gottlieb Jenisch, das Affengesicht, ist ein »Börsenmatador« und kennt die geheimsten Geheimnisse in der Stadt. Die kleinen Leute halten ihn für einen guten Menschen.

Jenisch und Herr von Lengercke fahren am Morgen des 14. Novembers nach Beausite, wo Gustav, Cesar und Siegmund Robinow sie um zehn Uhr erwarten. Robinow legt Herrn Jenisch und Herrn von Lengercke eine Bilanz der Firma vor. *Joh. Ces. Godeffroy & Sohn* müssen im Dezember und Januar Wechsel für 1,5 Millionen einlösen. Robinow beantwortet alle Fragen der Herren zufriedenstellend, und Jenisch schätzt ihn als tüchtigen Geschäftsführer ein, der großes Vertrauen verdiene. Auch Cesar überzeugt ihn als Kaufmann. Cesar sagt, daß er bedeutende Kredite vergeben habe, die er im schlimmsten Fall einfordern könne, doch wolle er das bei den jetzigen kritischen Zeiten nicht tun, weil es üblen Eindruck machen könne. Nur aus diesem Grund wünsche er die Hilfe der Frau Tante.

Der Anteil von Eigenkapital zu Fremdkapital in der Firma beträgt 1 zu 2,4 – das ist für den erfahrenen Bankier Jenisch etwas viel Fremdkapital. Auf Geheimhaltung legt Jenisch keinen Wert, denn Mariannes Vertrauen in Cesar wird gerade jetzt den Ruf seiner Solidität noch mehr befestigen. Um zwölf Uhr trennen die Herren sich.

Das Urteil des Bankiers über die Brüder: »Das Geschäft ist allerdings sehr großartig, für ihre Verhältnisse wohl zu groß, doch sehr reell basiert, und ist von einer wirklichen Verlegenheit eigentlich nicht die Rede.« Er hält es für ausreichend, wenn Marianne den Brüdern eine Million in Staatspapieren leiht, die sie ihr nach spätestens achtzehn Monaten mit den darauf fälligen Zinsen zurückgeben. Als Sicherheit wird Cesar ihr neunzehn Schiffe verpfänden. Jenisch sieht keine Gefahr für die Million der Schwester: »Aus dem Status oder Bilanz geht genügend hervor, daß Cesar und Gustav zusammen wirklich über 2 Millionen Bancomark Vermögen haben, daher die Gefahr für Dich auch minder groß ist.«

»Liebe Madame Godeffroy …«, diktiert Cesar seinem neunzehnjährigen Sohn in der Bibliothek des Hirschparkhauses. »Schon oft und seit lange habe ich den sehnlichen Wunsch gehegt, selbst schreiben zu können, aber so rege, wie er heute in mir ist, war er nicht in meiner ganzen Leidenszeit, da ich Ihnen selbst so gerne meinen tiefgefühlten herzl. Dank, für Ihr so liebevolles Entgegenkommen gegen uns, hätte ausdrücken mögen.« Er rechne damit, daß die Krise sich noch verschlimmern könne, glaube aber, daß er und Gustav mit ihrer Hilfe »allen Verhältnissen gewachsen« seien.

»Mit meinen Augen fährt es fort, langsam besser zu gehen, und rechne ich mit Ergebung darauf, daß der Allerhöchste auch in dieser Hinsicht die stürmischen Zeiten ohne nachteilige Folgen gnädigst bei mir vorüber gehen lassen wird.« Er könne dem Wunsch nach Tätigkeit nicht mehr widerstehen, nächste Woche ziehe er zur Stadt. »Emmy sendet Ihnen die herzlichsten Grüße und fühlt ihr schönes weiches Herz alles mit mir.«

Die Krise in Hamburg ist die Stunde der Frauen. Emmy, Tony, Sophie Godeffroy und ihre Freundinnen trösten ihre Männer, sprechen ihnen Mut zu, beten mit ihnen.

Zwei, drei Wochen lang sieht es so aus, als wären *Joh. Ces. Godeffroy & Sohn* gerettet.

2.

Cesar, Gustav und Adolph gehen jeden Tag in die erregten Krisensitzungen der Commerzdeputation, des Senats und der Bürgerschaft.

Commerzdeputation und Senat tragen während der Krise einen Kampf um die Macht im Staat aus. Die Commerzdeputation sieht sich als »verfassungsmäßige Vertreterin der allgemeinen hiesigen Handelsinteressen«, was die Juristen im Senat schon lange empört. Die Kaufleute wollen Wirtschaftspolitik und Finanzpolitik allein machen, und die Senatoren, die Staatsminister, wollen das auch – aber nicht nur im Interesse der Kaufleute, sondern für alle Bürger und Einwohner.

Den Kaufleuten fällt gegen die Krise anfangs nicht mehr ein, als beim Senat gegen die »Verbreitung nachteiliger merkantilischer Gerüchte in hiesigen Blättern« zu protestieren und eine Pressezensur zu verlangen. Kommentar der Reform, einer demokratischen Zeitung aus den Revolutionsjahren: »Gräßlich rächt sich leider jetzt, daß seit Jahren in Hamburg nicht die Fähigsten die Ämter bekleiden, sondern die zu gewissen Familien und Freundschaftszirkeln gehörenden.« Der Senat lehnt eine Zensur ab.

Dann beginnen die Kaufleute, Rettungsvorschläge in verwirrender Fülle zu diskutieren und den Senat zu bestürmen, ihnen mit Steuergeldern zu helfen. Die Mehrheit der Senatoren ist empört. Seit Jahren verbitten die Kaufleute sich jede Einmischung – Zölle, Steuern, Gesetze – des Staates. Jetzt verlangen sie, daß die Allgemeinheit für ihre Verluste geradesteht. Eine solche bedenkliche Hilfestellung des Staates sei nur dann gerechtfertigt, heißt es im Senatsprotokoll, wenn die Verhältnisse derart werden sollten, »daß ihre Rückwirkung die Existenz aller Staatsangehörigen sowie des Staates auf das Directeste gefährden«.

Doch mit fortschreitender Krise ändern sich die Ansichten der kaufmännischen Senatoren. Man spricht jetzt von 105 Fallissements in der Stadt. Die Senatssitzungen bieten ein klägliches Schauspiel, muß Baron Testa, Gesandter bei den Hansestädten, seinem Außenminister Graf Buol nach Wien berichten, »da es den handeltreibenden Rathsgliedern der nöthigen Geistesruhe und Unbefangenheit ermangele, um über Staatsgeschäft zu verhandeln«.

Als Cesar die Eingabe der Commerzdeputation überbringt, der Staat möge für die Kaufleute eine Silberanleihe in Dänemark aufnehmen, lehnt der Senat noch ab. Dann schlägt die Commerzdeputation dem Senat vor, eine Belehnungskommission einzusetzen, die nicht leichtverderbliche Ware und solide Wertpapiere bis zu zwei Dritteln ihres Wertes belehnt. Die Verhandlungen mit der Senatskommission für Maßregeln in der Krise, der auch Gustav angehört, verlaufen stürmisch. Die Mitglieder der Börse – tagsüber mit Cesar an ihrer Spitze, abends mit Adolph – sind in aufgeregter Stimmung und wollen das Rathaus nicht verlassen, ehe sie die Zusage haben, daß der Staat hilft. Diesmal gibt der Senat nach. Er meint nun, die Krise bedrohe die Kaufmannschaft »und somit das ganze Gemeinwesen mit den größten Gefahren«. Die Belehnungskommission soll 10 bis 15 Millionen bekommen.

Dies ist der erste Sieg der Kaufleute.

Die Belehnungskommission stützt 193 Firmen, hält aber die Krise nicht auf. Die Börse ist erschüttert vom ungeahnten Verlust kaufmännischer Ehre. Die Herren sprechen von den ersten Wahnsinns- und Selbstmordfällen. Sie haben das Gefühl, die Civilisation selber sei bedroht.

3.

Adolph sorgt sich, ob seine Geschäftspartner durchhalten. Trotz der allgemeinen Aufregung redet er seiner Frau zu, ihre Augen vor dem Winter noch einmal Dr. Graefe in Berlin zu zeigen – Tony droht zu erblinden. Sie fragt Marianne Godeffroy, bei der sie als junges Mädchen zeitweise gelebt hat, ob sie mit Sohn und Jungfer bei ihr wohnen dürfe.

Zwei Tage später, am 25. November, steht Adolph vor dem Bankrott. Er sucht Hilfe in der Stadt, aber jeder hat mit sich selbst genug zu tun. Er sieht keinen anderen Ausweg, als sich an die Tante in Berlin zu wenden. Er braucht 75 000 Bankomark. Sicherheiten kann er nicht bieten.

Er berichtet Marianne Godeffroy brieflich von seinem Geschäftsgang – sie ist der erste Mensch außerhalb der engsten Familie, der von seinem Scheitern in Havanna erfährt. Er habe in den letzten Jahren sein Geschäft »in hübschen Schwung« gebracht, nun reißt die Krise ihn mit, ohne Hilfe von außen muß er die Zahlungen einstellen: »Der Gedanke ist mir furchtbar, die Veranlassung zu werden, dem in Hamburg so hochstehenden Namen Godeffroy diesen Makel anzuheften; ganz abgesehen von der Vernichtung meiner eigenen Stellung, die ich mir mit Hülfe Gottes unter meinen Mitbürgern erworben habe.« Er müßte als Direktor der *Hapag* und als Präses der Commerzdeputation für 1858 zurücktreten, und »wenn ich auch in Bezug auf mich das Unglück mit Mannesmuth zu ertragen wissen würde, so bricht mir dasselbe in Hinblick auf meine geliebte Tony doch fast das Herz!«

Die Tante, die Gott mit einem unermeßlichen Vermögen gesegnet habe, könne Tony und ihm leicht einen Dienst erweisen, »durch den Sie uns und den Namen, den ja auch Sie tragen, vor einem Flecken bewahren würden, über den ich nicht hinweg zu kommen vermag«. Onkel Carl hätte übrigens geholfen. Sie werde das befriedigende Gefühl haben, »die Familie vor Demüthigung bewahrt zu haben«. Für das Darlehen könne er ihr als Sicherheit nur sein Wort geben.

Marianne Godeffroy telegrafiert sofort eine Zusage, und während ihr Diener das Telegramm wegbringt, schreibt sie Adolph: »Als Sicherheit für mein Darlehen nehme ich Ihr Ehren-Wort als Unterpfand.«

Adolph findet die Depesche vor, als er von der Bürgerschaftssitzung am 27. November nach Hause kommt.

»Ich öffnete sie mit zitternder Hand – oh, mein Gott, welche Freude! – Sie sagen mir die Erfüllung meiner Bitte zu. Sie retten dadurch meine kaufmännische Ehre«, antwortet er sofort. »Oh, könnten Sie Tony's und meine Freudenthränen fließen sehen, Sie würden darin schon einigen Lohn für Ihre edelmüthige große That finden!«

Zu Tonys schweren Sorgen kommt eine neue hinzu: Charles Parish, der Mann ihrer Schwester Auguste, ist in Gottin in Mecklenburg gestorben. Tonys Schwester Louise Merck reist sofort nach Gottin, und Tony gibt die Reise nach Berlin auf. Sie dankt der Tante: »Gott wird meinem Adolph nun auch ferner helfen und beistehen, daß er fortkomme und Dir später in allem gerecht werde. An Fleiß, gutem Willen und Tüchtigkeit fehlt es ihm gewiß nicht, aber Glück gehört bei allen Unternehmungen.«

Davon spricht Adolph manchmal: vom Glück der Godeffroys.

Der Todesfall ist nur ein Vorwand. Tony gibt die Reise auf, weil sie Kosten sparen und bei Adolph bleiben will. Jeden Tag stellen große Häuser ihre Zahlungen ein.

Der Senat soll ganz mutlos geworden sein, berichtet Gottlieb Jenisch seiner Schwester. Er fragt, ob sie Adolph 4 % oder 5 % Zinsen berechnen wolle. Marianne will Adolph keine Zinsen berechnen: das heißt also höchstens 2 % oder 3 %. Drei, beschließt ihr Bruder.

Er besucht Tony, die sehr aufgeregt ist. Ihre kleine Cousine Susanne, die Tochter von Richard Godeffroy, die mit dem jungen Eiffe verlobt ist, muß ihre Hochzeit absagen, weil ihr Bräutigam fallit ist. Adolph will dem Diener kündigen. Das will Gottlieb Jenisch ihm ausreden, denn der Diener ist für die fast blinde Tony eine große Stütze.

Adolph ist im Rathaus, versucht im Auftrag der Commerzdeputation, eine Änderung des Wechselrechts durchzudrükken. Die Juristen im Senat lehnen empört jede rückwirkende Gesetzesänderung ab und schicken die Kaufleute nach Hause.

Adolph schreibt abends noch der Tante. Morgen muß er wieder in die Bürgerschaft. »Verzeihen Sie, wenn ich schon schließe, aber wir Männer werden jetzt so sehr durch eigenes Geschäft sowie durch öffentliche Dienste in Anspruch genommen, daß man sich am späten Abend, wie es jetzt ist, leicht ein wenig erschöpft fühlt und sich nach Ruhe sehnt.«

4.

Die kleinen Leute laufen in die Bureaus der Sparkassen, um ihre Gelder abzuheben. Von den Einlagen ist nur wenig bar vorrätig, was keiner wissen soll, um die Panik nicht zu vergrößern. Die Sparkassenleiter rufen die Polizei. Die Polizei treibt die aufgebrachten Kunden auseinander.

Der preußische Handelsminister schlägt dem Senat vor, daß die Preußische Bank eine Filiale in Hamburg errichtet, und verlangt als Gegenleistung nur, daß preußische Banknoten an hamburgischen Staatskassen zum Nennwert angenommen werden. David Hansemann, der siebzigjährige Direktor der Berliner Disconto-Gesellschaft, ein eindrucksvoller Finanzmann, trifft in Hamburg ein und verhandelt für Preußen. Der Senat lehnt entschieden ab. Hansemann ist über dieses »Zopftum« im Senat verärgert. Gustav erklärt ihm, warum die Hamburger ablehnen: »Timeo Danaos et dona ferentes!« Gustav liebt es, Kaufleute mit lateinischen Wendungen zu erschrecken, deren Übersetzung sie vergessen oder nie gewußt haben. David Hansemann aber ist Pastorensohn von der Elbinsel Finkenwerder und kennt seinen Vergil. »Ich fürchte die Danaer, auch wenn sie Geschenke bringen«, sagte Laokoon, als er das hölzerne Pferd vor Troja stehen sah, das Geschenk der Griechen an die belagerte Stadt, in dessen Bauch sich ihre Krieger versteckt hatten. Mit dem preußischen Papiergeld wollen auch die Preußen kommen.

Angst und Entmutigung breiten sich weiter aus. Gläubiger gehen mit Arbeitsleuten in die Speicher ihrer Schuldner und lassen auf Wagen laden, wovon sie meinen, daß es ihre Forderungen deckt. Die Schuldner rufen die Polizei. Die Bürgerschaftssitzungen sind stürmisch und bewegt. Jeder Sprecher glaubt, die Zauberformel zur Wiederbelebung des gesunkenen Vertrauens gefunden zu haben. Verschiedenartigste Wünsche und Pläne durchkreuzen sich, man streitet über Einzelheiten, versucht, längst abgeschmetterte Pläne wieder aufzugreifen. Was die Bürgerschaft will, lehnt der Senat ab, und was der Senat will, lehnt die Bürgerschaft ab. Auch die Zeitungen sind voller angeblicher Rettungsmittel, sind kaum gedruckt schon ausverkauft. In der Börse halten Kaufleute Reden von der Galerie herab.

Am 3. Dezember, nachmittags um halb drei, treffen sich zum ersten Mal Commerzdeputierte, Senatoren und Bankdirektoren, um gemeinsam zu beraten. Gustav ist einer der vier Senatoren, Adolph einer der fünf Commerzdeputierten.

Der Senat berät wieder von acht Uhr abends bis Mitternacht. Er lehnt die Anträge der Commerzdeputation als mit dem wahren Staatswohl nicht vereinbar ab, auch ihren Vorschlag, 30 Millionen Mark Papiergeld mit Zwangskurs auszugeben. Statt dessen schickt er den Kämmereischreiber Möring noch am selben Abend nach Berlin, um dort über eine Silberanleihe von vier Millionen bei der preußischen Hauptbank zu verhandeln. Syndikus Merck soll versuchen, über Gustav Heckscher, der Hamburg jetzt in Wien vertritt, eine Silberanleihe zu bekommen, und Carl Heine, Sohn und Nachfolger des verstorbenen Salomon Heine, soll nach London, Paris, Amsterdam und Kopenhagen telegrafieren.

Am nächsten Morgen ist die Stimmung an der Börse und auf den Straßen sehr gereizt, man befürchtet Unruhen. Die Commerzbürger sind empört, daß der Senat ihre sämtlichen Vorschläge wieder abgelehnt hat. Das sei nur damit zu erklären, daß die Mehrheit im Senat aus Rechtsgelehrten bestehe, die das drohende Unheil noch nicht erkennen. Aber vorgefaßte theoretische Grundsätze müßten zurücktreten, wenn es sich um das Gemeinwohl handele.

Syndikus Dr. jur. Carl Merck hält die Börse schlicht für kopflos. In der Hamburger Bank liegt soviel Silber wie nie zuvor, doch niemand will Silber hergeben. Das Mißtrauen ist so groß, daß Kapitäne, die in den Hafen einlaufen, ihre Ladung nicht abliefern wollen. Firmen, die Millionen besitzen, können ihre Frachten nicht bezahlen.

Mittags läßt der Senat mitteilen, er werde der Bürgerschaft die Errichtung einer Staats-Diskonto-Kasse vorschlagen, einer Kasse, die bares Geld gegen Wechsel ausgibt.

Die Kaufleute in der Börse rufen bravo.

Senat und Bürgerschaft tagen am Sonnabend, dem 5. Dezember, von morgens früh bis abends spät. 644 Bürger sind gekommen, die Debatten sind lang und erregt. Es geht um Einzelheiten der geplanten Staats-Diskonto-Kasse: Sie solle das Geld in Noten auszahlen und die Noten sollen einen Zwangskurs haben oder auch nicht. Als man nicht weiterkommt, fordert der Senat die Bürgerschaft auf, aus jedem der fünf Kirchspiele zwei Personen zu wählen und sie am Sonntag früh zu einer Beratung mit vier Delegierten des Senats zu entsenden.

Das Kirchspiel St. Nikolai wählt Adolph, der in der Deichstraße wohnt, das Kirchspiel St. Jakobi wählt Cesar.

Die Kommission am Sonntag morgen beschließt, der Staat solle für Wechsel kein Papiergeld auszahlen, sondern Münzen – damit entfalle die Frage eines Zwangskurses für Papiergeld.

Was noch keiner weiß: Die Existenz von *Joh. Ces. Godeffroy & Sohn* ist wieder bedroht. Ein Londoner Haus hat ihre Wechsel zurückgewiesen. Cesars und Gustavs Rettung hängt nun vom Verlauf des Machtkampfs zwischen Commerzdeputation und Senat ab.

Am Montag, dem 7. Dezember, schlägt der Senat der Bürgerschaft offiziell vor, eine Staats-Diskonto-Kasse zu errichten und dafür eine Staatsanleihe aufzunehmen. Die Bürgerschaft stimmt zu.

Aber die Diskussionen in der Stadt gehen unvermindert weiter. Wieder wollen bedeutende Mitglieder der Börse das Wechselrecht ändern, wieder glaubt der Senat, ablehnen zu müssen, »wenn nicht für alle Zukunft das Vertrauen auf die Gesetze und das Recht als Fundament unseres Staates und unserer Unabhängigkeit, ja unserer Existenz als Handelsstadt, vernichtet werden solle«.

Der Senat versucht überall in Europa, eine Silberanleihe für die Staats-Diskonto-Kasse zu bekommen, 15 Millionen jetzt, in Preußen, Sachsen, Frankreich, England – vergeblich. Preußen nennt die Hamburger Kaufleute leichtsinnig, sie mögen wie ihre Gewinne so auch ihre Risiken selbst tragen. Österreich hat noch nicht geantwortet.

Am Mittwoch, dem 9. Dezember, wenden sich vier der ersten Häuser über Vertrauensleute mit der Bitte an den Senat, ihnen für ihre dringlichen Zahlungsverpflichtungen Kredite in Höhe von 12 Millionen Bankomark zu gewähren. Der Senat lehnt ab.

Einige Stunden später wiederholt der Reeder August Joseph Schön das Gesuch im Auftrag der Commerzdeputation. Die Zahlungseinstellungen dieser vier Häuser würden fünf und mehr bedeutende Firmen mit sich ziehen, und wie viele dann folgen, wisse man nicht. Das Geld müsse aus der neuen Staats-Diskonto-Kasse kommen. Man warne vor einer unübersehbaren Katastrophe, »welche die Handelsgröße und den Wohlstand unseres Platzes für lange Zeit, vielleicht für immer vernichten und einen Staats-Banquerott unvermeidlich machen wird«. Wenn die vier Häuser das Geld nicht erhalten, würden Folgen eintreten, die »unser gesammtes Staatswesen in seinen Grundlagen erschüttern«.

Das ist eine massive Drohung der Kaufmannschaft, und der Senat nimmt sie ernst. Abends laufen bei Syndikus Merck erste Depeschen aus Wien ein. Am nächsten Tag gibt er Gustav Heckscher die Vollmacht, eine Anleihe von 15 Millionen in Silberbarren aufzunehmen. Der Senat beschließt, bei der Bürgerschaft zu beantragen, daß die österreichische Anleihe für die großen Häuser und nicht für eine Staats-Diskonto-Kasse verwendet werde.

Der Beschluß habe »zu äußerst warmen Debatten« geführt, verrät Senator Hudtwalcker, der dagegen war. Gustav Godeffroy stimmte mit den anderen kaufmännischen Senatoren dafür. Die »Gemütsbewegung mehr als die Arbeit haben meine Gesundheit erschüttert«, sagt später Senator Geffcken.

Die großen Häuser werden das Geld bekommen. Die Bürgerschaft stimmt am 12. Dezember zu. Senat und Bürgerschaft setzen eine Vertrauenskommission ein, der sie die Verfügung über zehn Millionen der Silberanleihe übertragen.

In der Stadt heißt es, daß sechs der größten Häuser die Wechselreiterei höchst schwindelhaft betrieben haben. Ein Haus habe zehnmal soviel Wechsel in Umlauf gebracht, wie es Eigenkapital besitze.

Als Cesar und Gustav bei der Vertrauenskommission den Antrag stellen, *Joh. Ces. Godeffroy & Sohn* 1,5 Millionen zu geben, sind die zehn Millionen schon verteilt.

In Wien ermächtigt die Regierung die Nationalbank zu einem Darlehen von 15 Millionen Bankomark zu 6 % auf ein Jahr. Während Polizeibeamte überlegen, wie sie 1800 Zentner Silberbarren aus den Gewölben der Bank in einen Sonderzug verladen und sicher nach Hamburg bringen, sind Godeffroys am Ende. Gottlieb Jenisch erfährt es am 13. Dezember.

Der Wiener Sonderzug mit den Silberbarren trifft am 15. Dezember um ein Uhr mittags in Hamburg ein. Schon am nächsten Tag kann Baron Testa seinem Außenminister Graf Buol nach Wien berichten, bis in die untersten Klassen der Bevölkerung höre man Äußerungen innigster Dankbarkeit für Seine Majestät den Kaiser und die Kaiserliche Regierung: »Das Vertrauen der Kaufleute unter sich kehrt allmählich zurück; jenes in den Staat ward durch das österreichische Anlehen wie durch einen Zauberstab hergestellt.«

5.

Cesar besucht Gottlieb Jenisch in seinem Haus an der Binnenalster und versichert ihm, die Tante und die übrigen Gläubiger würden nichts verlieren, selbst wenn er um den größten Teil seines Vermögens kommen sollte. Nur brauche er Zeit zur Abwicklung der Geschäfte. Cesar strahlt noch immer große Ruhe aus, doch Gottlieb Jenisch befürchtet, daß er sich nicht halten wird.

Jenisch macht sich Vorwürfe, daß er seiner Schwester nicht abgeraten hat, den Brüdern eine Million zu leihen. Er beruhigt die Schwester: Selbst wenn Godeffroys ihre Zahlungen einstellen, werden sie, nachdem ihr Geschäft abgewickelt ist und alle Gläubiger befriedigt sind, Vermögen übrigbehalten und ihr Geschäft auf kleinerer Basis fortsetzen können. »Godeffroys haben doch ein Vermögen von 2 Millionen nachgewiesen, die nicht so ganz verloren gehen können. Es ist aber im höchsten Grade traurig, daß es soweit gekommen ist. Der arme Gustav ist fast ganz herunter; es ist aber ein Glück, daß Cesar noch ruhig und besonnen ist.«

Die Vertrauenskommission arbeitet im geheimen, ohne Schreiber, ohne Protokolle. Selbst der Senat erfährt die Namen der Firmen nicht, mit denen sie verhandelt. Aber Gottlieb Jenisch, der Börsenmatador, kennt sie: Merck gehört dazu, Berenberg-Gossler und Donner. Die vornehmste Ecke des Alten Wandrahm wankt.

Cesar Godeffroy gibt nicht auf. Er verhandelt mit der Vertrauenskommission. Auch am 15. Dezember, dem Tag, an dem die Silberbarren eintreffen, sieht es schlecht für ihn aus.

Marianne Godeffroy in Berlin macht sich Sorgen. Wenn es zur Zahlungseinstellung kommt, darf Gustav nicht mehr im Senat erscheinen, bis geklärt ist, ob sie unehrenhaft ist oder nicht. Das Fernbleiben allein wäre schon eine Schande, und sie, ihr Sohn und ihre Nichten müßten damit rechnen, nicht mehr so gegrüßt zu werden, wie es sich gehört. Sie will Cesar und Gustav noch einmal helfen, damit die Ehre der Familie erhalten bleibt.

Ihr Bruder rät ihr entschieden ab, jetzt noch eine große Summe herzugeben. Er glaubt, daß es vorbei ist mit *Joh. Ces. Godeffroy & Sohn*. Sie kann immer noch den Brüdern einen Teil der Schulden erlassen und damit die Abwicklung beschleunigen, damit Gustav eher wieder im Senat erscheinen kann, »wodurch alle Ehre gerettet ist«. Die Zahlungseinstellung sei nicht so unehrenhaft, wie sie zu glauben scheine, »zumal in der jetzigen ganz beispiellosen Calamität. Es ist dieses noch kein Banquerott«.

Cesar kämpft weiter. Er hat sein Leben lang Menschen überzeugen können. Erst hat man ihm gesagt, die zehn Millionen seien schon vergeben. Nun kann er doch seinen Fall schildern, argumentieren, verhandeln. Hauptproblem für die Kommission: Er kann sich bei seinen entfernten überseeischen Geschäften nicht verpflichten, ihr das Geld vor Ablauf eines Jahres zurückzuzahlen.

Am Abend des 16. Dezember trägt er vor, daß er amerikanische Wechsel besitze. Sie seien unter den gegenwärtigen Verhältnissen nicht zu Geld zu machen, die Aussteller würden aber zahlen, wenn sie fällig seien. Der Vorsitzende sagt zu Cesar, man werde ihm am nächsten Vormittag Bescheid geben.

Aber bis Mittag ist wieder nichts entschieden.

Emmy hat das gleiche feste Gottvertrauen wie Cesars Mutter. Auch sie sagt, man müsse alles dem Höchsten anheimstellen, müsse demütig hinnehmen, was er schickt, denn er wisse, was gut sei. Diese Worte helfen Cesar, nicht darüber zu grübeln, wie alles geschehen konnte. Er kann Tatsachen ohne Selbstvorwürfe hinnehmen, und seine Energie darauf richten, die Folgen zu ändern. Trotzdem liegt er nachts angespannt wach.

Gustav, der verschlossenste der Brüder, quält sich damit, daß alles seine Schuld sei, wird nicht damit fertig, daß er einen Fehler gemacht und sich in London die falschen Geschäftspartner gesucht hat. Er verzweifelt an sich. Er findet eine Stütze, mit der er nicht gerechnet hat: Sophie, seine Frau. Sie ist soviel jünger als er, sieht vieles anders, er hat oft keine Zeit gehabt, mit ihr zu sprechen, fühlte sich so wichtig – die schnellen Reisen nach London, die großartigen Geschäftsabschlüsse, der Senat. Nun führt er lange Gespräche mit Sophie über Sinn und Inhalt des Lebens. Die Geschäfte dürfen den Menschen nicht ausschließlich beschäftigen, sagt sie, es gibt noch mehr im Leben, Wichtigeres als die Lust, reich zu sein.

Dann erklärt die Vertrauenskommission sich bereit, den Godeffroys mit 1,4 Millionen Bankomark zu helfen. Bedingung: Der Staat bekommt sein Geld als erster zurück, vor allen anderen Gläubigern der Firma.

Für Cesar und Gustav folgen noch einmal fünf aufregende Tage mit Verhandlungen. Gottlieb Jenisch will, daß seine Schwester die gleichen Rechte wie der Staat bekommt. Cesar befürchtet, daß dies den Herzog von Augustenburg, der ihm auch Geld geliehen hat, stutzig machen könnte – der wird die gleiche Sicherheit wie Madame Godeffroy verlangen, was aber der Vertrauenskommission nicht recht sein wird. Cesar zeigt Jenisch die Liste der Gläubiger in der von ihm angestrebten Reihenfolge für die Rückzahlung: der Staat Hamburg 1 400 000; Marianne Godeffroy 994 200; Herzog Christian August von Augustenburg 292 000; Onkel August Godeffroy in Wien 286 000; Cesars Schwiegermutter Anna Hanbury 35 000.

Aber es ist fraglich, ob der Herzog bereit ist, hinter Madame Godeffroy zurückzustehen. Er ist über Weihnachten auf seinem Gut Primkenau in Schlesien und beantwortet kein Telegramm. Wieder steigt *Joh. Ces. Godeffroy & Sohn* das Wasser bis zum Hals.

Nach vier Tagen ist das gesamte Comptoir am Alten Wandrahm nervös, erwartet von Stunde zu Stunde den Boten mit dem Telegramm des Herzogs. Wenn der Herzog nicht einverstanden ist, will Siegmund Robinow sofort nach Primkenau abreisen, um ihn mündlich zu überzeugen.

Jetzt, am vierten Tag des Wartens, ist Gottlieb Jenisch bereit, bei seinen Prioritätsforderungen nachzugeben – aber er sagt es Cesar nicht.

Das Telegramm kommt am fünften Tag, am 22. Dezember. Der Herzog ist einverstanden.

Noch ehe der Vertrag mit der Vertrauenskommission aufgesetzt ist, dürfen *Joh. Ces. Godeffroy & Sohn* den Staatskredit verwenden, eine erste Rate von 300 000 Bankomark. In der Stadt kursieren bereits die verschiedenartigsten Gerüchte darüber, daß die Brüder Godeffroy am Ende seien.

Am Tag vor Heiligabend, am 23. Dezember 1857 spätabends, unterzeichnen die Vertrauenskommission und Cesar Godeffroy den Vertrag. 1,4 Millionen Bankomark stehen ihm innerhalb der nächsten drei Monate zur Verfügung. Zinssatz: 7 %. Rückzahlung: die Hälfte spätestens am 30. Juni, die zweite Hälfte spätestens am 30. September 1858. Vereidigter Beauftragter der Vertrauenskommission in der Firma: Siegmund Robinow.

Cesar hat es geschafft.

Die Namen aller Darlehensempfänger sind geheim. Erst nach einigen Jahren bestreitet niemand mehr die Gerüchte, die trotzdem durchsickern. *H. J. Merck & Co.* haben mit fünf Millionen den Löwenanteil bekommen. Dann folgen Godeffroy mit 1,4 Millionen, *Joh. Berenberg, Gossler & Co.* mit 900 000 und *J. D. Mutzenbecher Söhne* mit 600 000. Für Conrad Hinrich Donner hatte die Kommission 700 000 bereitgestellt, doch die Firma konnte sich nach ein paar Tagen selbst helfen und verzichtete. Kleinere Summen gehen an vier weitere Firmen.

Am ersten Weihnachtsfeiertag sitzt Gustav im wappengeschmückten Eichenstuhl an seinem gotischen Schreibtisch in Beausite und schreibt seiner Frau Tante in Berlin mit zittriger Hand von den »furchtbaren Stunden und Tagen«, die hinter ihm liegen, von seiner Scham, von Gottlieb Jenischs Herzensgüte – »Die Zukunft liegt in Dunkel gehüllt vor uns«.

Er gibt der Tante Rechenschaft über sich. »Ich will ganz offen gegen Sie sein: Es ist mir in meinem Leben so gut gegangen, daß ich, mit Geschäften überhäuft, nur diesen Lohn kannte und gelebt habe. Die Vorsehung hat mich durch die Prüfung der Jetztzeit aus diesem Sicherheitsgefühl aufgerüttelt und ich hoffe, daß ich, wenngleich natürlich die irdischen Pflichten meine ernsteste Thätigkeit erfordern, doch den großen unersetzlichen Gewinn aus derselben ziehen werde, daß die irdischen Sorgen nicht allein die Menschen beschäftigen dürfen. Ich stelle der Vorsehung die weitere Entscheidung über unser Schicksal mit Ruhe und Ergebenheit anheim.«

Auch Cesar schreibt am ersten Weihnachtstag an Marianne Godeffroy. Er dankt ihr, ihre Freundschaft sei der beste Sporn, »mit Muth und Kraft« den schweren Verhältnissen entgegenzutreten. »Der Allgütige, der mich ja bisher so wunderbar beschützte, wird mich auch ferner nicht verlassen und mir die Kraft verleihen, meine Pflichten so zu erfüllen, wie ich es Ihnen und dem Namen schuldig bin«, diktiert er Emmy. »Die Wiederherstellung meiner Augen ist jetzt noch die größte Gnade, die ich vom Himmel erflehe, denn sie haben in den letzten Jahren in dem Geschäfte nur zu sehr gefehlt und zum thätigen Wirken und Streben bedarf ich ihrer jetzt mehr als je. Mein Bruder Gustav wird wahrscheinlich in nächster Woche auf 14 Tage nach England gehen, um seine Nerven zu stärken, die ganz unendlich gelitten haben. Auch die meinigen sind durch die großen Sorgen und schlaflosen Nächte stark erschüttert, aber mit Gottes Hülfe werden sie sich bald wieder erholen und freut es mich hinzufügen zu können, daß meine Augen sich neuerdings nicht verschlechtert haben.«

Gottlieb Jenisch nutzt ebenfalls die Feiertage, um seiner Schwester zu schreiben. »Ich glaube wohl, daß Gustav, dessen schwache Seite ist, eine zu große Meinung von seinem eigenen Urtheil zu haben, am meisten Schuld an ihrer jetzigen Verlegenheit hat; und wenn Cesar's Augenkrankheit nicht leider dazwischen gekomen wäre, sie auch nicht in der jetzigen traurigen Lage wären. Dieses scheint Gustav sehr zu fühlen und drückt ihn daher mehr wie Cesar, welch letzter seine Geisteskraft behalten hat.« Wirkliche Verluste hätten die Brüder noch gar nicht gehabt. Wieviel Geld sie verlieren, hänge davon ab, wie bald das Vertrauen an der Börse wiederhergestellt werde.

»Es ist allerdings ein peinliches Gefühl, <u>Staatsgelder</u> in Anspruch zu nehmen, doch muß man sich darüber hinwegsetzen.«

Den alten Sloman bedrückt es, daß Leute wie Gossler, Godeffroy und Merck ihre Kutschen verkaufen, Diener und Schreiber entlassen. Die Herren fühlen, daß sie nicht gut Staatsgelder nehmen und gleichzeitig ihre Lust, reich zu sein, zur Schau stellen können. Wenigstens nach außen muß man die Tugend der aufsteigenden Mittelklasse zeigen, die Sparsamkeit, auch wenn die Entlassung für einen Pferdeknecht, einen Diener, einen Commis eine Katastrophe bedeutet.

Von Tag zu Tag wird deutlicher, wie weit die Spekulation gegangen ist. In der Hoffnung auf höhere Preise haben Kaufleute Waren so lange zurückgehalten, bis sie verdarben. In ganz Hamburg wird ranzige Butter als Wagenschmiere angeboten.

Den Januar 1858 über wächst in der Stadt die Empörung,

daß nun der Handwerker und Arbeiter zahlen müsse, da sich der reiche Kaufmann verspekuliert habe. Auch weite Teile der Kaufmannschaft sind entrüstet über die Verteilung der Silberanleihe. Man redet gegen die Exklusivität weniger Häuser und fordert die Einführung einer repräsentativen Verfassung, erinnert sich an 1849, als man eine Konstituante wählte, und an ihren demokratischen Verfassungsentwurf.

Cesar bemüht sich, den SOVEREIGN OF THE SEAS zu verkaufen, was nicht einfach ist, schließlich kaufen ihn *Bates & Eggers*, Liverpool. Er muß den Staatskredit in voller Höhe ausnutzen, ruft die letzte Rate am 3. Februar ab, doch schon zehn Tage später kann er die erste Rückzahlung leisten und am 12. Juni 1858 überweist er die achte und letzte Rate an die Vertrauenskommission und begleicht die Zinsen in Höhe von knapp 30 000 Bankomark. *Joh. Ces. Godeffroy & Sohn* haben in der Krise eine halbe Million verloren, aber das stellt sich erst allmählich heraus, und sie behalten es für sich.

Adolph muß die Tante noch einmal um 25 000 Bankomark bitten, doch dann kann auch er seine Schulden schneller als erwartet zurückzahlen.

Während der Krise gab es 300 Zahlungseinstellungen in Hamburg, 150 Firmen haben Bankrott gemacht. Man kann es kaum glauben: In Bremen gab es nur 14 Bankrotte. Selbst in den schlimmsten Stadien der Krise sei viel Geld in Hamburg gewesen, erklärt Baron Testa seinem Außenminister. Kurz nach Ankunft der Silberbarren hätten die Hamburger Banken denselben Betrag dem Ausland als Darlehen bewilligt: 1,5 Millionen den Lübeckern, drei der Rostocker Bank und zehn der schwedischen Regierung. »Läßt sich da noch leugnen, daß es den Hamburgern bei etwas mehr Besonnenheit und weniger Egoismus leicht gewesen wäre, sich selbst aus der Not zu helfen?«

In Hamburg schätzt man die Gesamtverluste auf 200 Millionen Bankomark.

Der Senat berichtet der Bürgerschaft am 9. Juli 1858: Die letzte Rate der ausgeliehenen Millionen sei am 18. Juni zurückgezahlt worden, am Tag darauf seien die Silberbarren in einem

Sonderzug nach Wien zurückgegangen. Fünf der entliehenen 15 Millionen habe man gar nicht gebraucht und schon am 3. März zurückgeschickt. Der Staat habe den Kaufleuten zur Überwindung der Krise alles in allem 35 Millionen Bankomark bereitgestellt. Nach der Schlußabrechnung bleibe der Staatskasse ein Verlust von 220 000 Bankomark.

In der nächsten Sitzung der Commerzdeputation sagt Dr. Adolph Soetbeer, ihr Syndikus, es sei wünschenswert, diesen Staatsverlust »durch eine direkte Zahlung aus kaufmännischen Mitteln« zu ersetzen. Doch trotz längerer Beratung unter der Leitung von Präses Adolph Godeffroy finden die Herren keinen Weg, wie sie das machen könnten, und beschließen, die Sache auf sich beruhen zu lassen.

Die Frage, ob die Intervention des Staates richtig oder falsch war, beschäftigt Hamburger und Nationalökonomen. Adolph Wagner, Professor in Wien, meint, »einen höchst gefährlichen Präcedenzfall wird dieses Einstehen der Staatscasse für die Verluste und Sünden der Einzelnen immer bilden«. Albert Schäffle, später Professor in Tübingen: Diese Maßnahme bedeute einen Schritt »auf dem Wege des Staatscommunismus, und zwar jenes schlimmen Communismus, welcher die Kleinen für die Großen, das consumirende Publikum für verwegene Handelsmonopolisten ausbeutet«. Er verspottet die Phrasen, mit denen man unter Berufung auf das Gemeinwohl die Geschäftsführung dieser »ersten« Häuser zu decken bemüht war, obwohl allein Spekulation und Leichtsinn ihre Glaubwürdigkeit untergraben hätten.

Die Nationalökonomen lehnen eine unmittelbare Staatshilfe für einzelne Firmen entschieden ab. Das Freihandelssystem sei bankrott, eine Bindung der Freiheit durch Selbstverantwortung und allgemeine Kontrolle sei notwendig. Im Interesse von Staat und Gesellschaft müsse der Staat eine Aufsicht über das freie Unternehmertum ausüben.

Die Juristen im Senat wollen es nicht länger hinnehmen, daß die Kaufleute ihre eigene Wohlfahrt für das Gemeinwohl halten, vergessen die Drohung der Commerzdeputation mit einem Staatsbankrott nicht. Der Senat will endlich, so steht es im Senatsprotokoll vom 8. Juli 1858, »der auf der ganzen Welt nicht vorkommenden Anomalie« ein Ende machen, »daß die höchste Regierungs- und Verwaltungsbehörde nicht in demjenigen Collegium vertreten ist, welches, berufen über die Interessen des Handels zu wachen, ganz abgesondert von der übrigen Verwaltung, fast wie ein Staat im Staate dasteht«.

Das ist eine Kriegserklärung des Senats an die Commerzdeputation.

Das Geflecht der Macht

»Volk wäre hier doch wohl Börsenaristokratie«

In allen wichtigen politischen Gremien der Stadt sitzt ein Godeffroy. Die ehrenamtlichen Laufbahnen der drei Brüder hätten nicht besser geplant sein können.

Cesar ist seit neun Jahren Altadjungierter im Beirat der Commerzdeputation. Er kann sich über jeden Vorgang in Politik und Verwaltung informieren lassen und sich jederzeit direkt an den Senat wenden, der verpflichtet ist, ihm zu antworten.

Adolph hat die Commerzdeputation in den verschiedensten Verwaltungsgremien der Stadt vertreten: der Maklerordnung, der Zoll- und Akzisedeputation, der Teerhofdeputation, der Schiffahrts- und Hafendeputation, der Postverwaltungsdeputation. 1857 wird er Bankbürger und damit einer der fünf Männer, die die Hamburger Bank verwalten, 1858 Präses der Commerzdeputation.

Gustav durchläuft die Verwaltung als Senator – Minister auf Lebenszeit – ebenso wie sein Bruder Adolph als Commerzdeputierter und ist 1858 Bankherr. Dreimal in der Woche tagt er mit dem Rat in der fensterlosen Ratsstube im alten Waisenhaus, die Licht nur von oben bekommt, montags, mittwochs und freitags, meist von mittags halb eins bis sechs Uhr abends. Die Bürgermeister sitzen unter einem Baldachin hinter einem aktenüberladenen Tisch, Senatoren, Syndici und Sekretäre an zwei halbmondförmigen Tischen rechts und links von ihnen. Die Abstimmungen sind nach außen geheim: Der Senat tritt geschlossen auf – die Obrigkeit.

Es ist nichts Besonderes in Hamburg, wenn im Senat ein Sohn den Sitz des verstorbenen Vaters übernimmt. Es ist etwas ungewöhnlich, wenn zwei Präsidenten der Commerzdeputation aus einer Familie kommen, zwei Brüder wie Cesar und Adolph. Aber es ist nie dagewesen, daß drei Brüder gleichzeitig in den entscheidenden Gremien der Stadt sitzen.

Die Brüder Godeffroy müssen aufpassen, daß sie im Machtkampf der drei Parteien Senat, Commerzdeputation und Bürgerschaft ihre Plätze halten.

In der Bürgerschaft greifen die Demokraten 1858 den Senat an: Er habe in der Krise der Kaufleute seine Unfähigkeit bewiesen. Die Sprecher der fünf Kirchspiele fordern die Einführung einer repräsentativen Verfassung – Wahlrecht für alle männlichen Einwohner.

Der Senat wünscht ebenfalls Reformen: Trennung der Justiz von der Verwaltung, Einfluß des Senats auf die Finanzverwaltung und vor allem auf die Commerzdeputation.

Die Commerzdeputierten schließen sich mit den Demokraten zusammen, als bekannt wird, daß der Senat eine Verfassung vorbereitet. Heuler und Wühler aus der Revolutionszeit – Patrioten und Demokraten – verbünden sich gegen den Senat.

Gustav und Adolph stehen auf verschiedenen Seiten. Gustav ist für eine Stärkung des Senats. Adolph gehört zu den Kaufleuten, die gemeinsam mit den Demokraten zu einer Bürgerversammlung in der Tonhalle aufrufen. Ihr Schlachtruf: Der Senat will die Freiheit untergraben!

Die Tonhalle am Neuen Wall ist am 22. Januar 1859 brechend voll. Die Versammelten wählen ein geschäftsführendes Komitee: Adolph Godeffroy, Robert Kayser, Obergerichtsrat Dr. Johann Knauth, Edgar Ross und August Joseph Schön. Die Kaufleute haben alles im Griff. Sie legen den Versammelten eine Petition an den Senat vor: Beibehaltung der Commerzdeputation; Reform des Senats; Einführung der Verfassung, die die Bürgerschaft im Mai 1850 verabschiedet hat.

3521 Bürger unterschreiben in den nächsten Tagen die Petition. Sie stellen dem Obrigkeitsanspruch des Senats die »Souveränität des Volkes« entgegen.

»Volk wäre hier doch wohl Börsenaristokratie«, kontert Senator Dr. jur. Carl Petersen kühl.

Der Senat lehnt die Petition ab. Als Versammlungen und Unruhe in der Stadt nicht aufhören, lädt der Polizeisenator die Herren vom Tonhallenkomitee vor und verwarnt sie. Das Komitee erklärt daraufhin entrüstet, es werde an der öffentlichen Aussprache gehindert.

In den Straßen demonstrieren Bürger für die Freiheit, und die Bürgerschaft lehnt den Verfassungsentwurf des Senats ab. Schließlich bringt Senator Petersen einen Kompromiß zustande: Eine gewählte Bürgerschaft soll gemeinsam mit dem Senat eine neue Verfassung beraten.

Im August 1859 verabschieden Senat und Bürgerschaft ein Drei-Klassen-Wahlrecht für die Wahl von 192 Abgeordneten der neuen Bürgerschaft. Die erste Klasse: Alle Hamburger, die über 1 200 Courantmark im Jahr verdienen, über 25 Jahre alt und männlich sind, dürfen 84 Abgeordnete wählen. Die zweite Klasse: Die Grundeigentümer – die bisherigen Erbgesessenen Bürger – können außerdem 48 Abgeordnete wählen. Die dritte Klasse: Die Notabeln – die Männer, die ein Ehrenamt haben – wählen weitere 60 Abgeordnete. Cesar Godeffroy hat also drei Stimmen: als Steuerzahler, Grundeigentümer und Notabel.

Die dritte Klasse der Notabeln wählt als erste: 307 Wahlberechtigte wählen 60 Abgeordnete. Selbstverständlich kommt Cesar Godeffroy in die neue Bürgerschaft.

Die viel aufregenderen allgemeinen Wahlen der ersten Klasse sind im November. Die Tonhallenkoalition ist wieder auseinandergegangen, und ein demokratisches »Bürger Wahl-Comite« tritt gegen ein »Liberales Wahl-Comite« an. Adolph kandidiert für die Liberalen. Sie gewinnen haushoch. Adolph holt seinen Wahlkreis, ebenso wie Siegmund Robinow, der sich jetzt als Kaufmann wieder selbständig gemacht hat.

Die Grundeigentümer wählen als letzte: Zum letzten Mal versammelt sich die alte Erbgesessene Bürgerschaft in der ehemaligen Waisenhauskirche.

Die neue Bürgerschaft tagt im Saal der Patriotischen Gesellschaft, und der Senat hält alle Kutscher an, während der Sitzungen »nur im langsamen Schritt zu fahren wegen des Gerassels der Wagen und Pferdehufe auf dem Pflaster«.

Alterspräsident Robert Miles Sloman eröffnet am 6. Dezember 1859 die erste Sitzung. Die Bürgerschaft wählt den Handelsrichter Dr. Johannes Versmann zu ihrem Präsidenten – ein Friedensangebot der Liberalen an die Demokraten. 60 % der Abgeordneten sind Kaufleute, 25 % Akademiker – Richter, Rechtsanwälte, Lehrer –, die übrigen Landwirte aus den Hamburger Dörfern.

Im September 1860 wird die neue Verfassung verkündet. Es bleibt beim Drei-Klassen-Wahlrecht. Der Senat wird weiterhin auf Lebenszeit gewählt, hat aber nur noch 18 statt 24 Senatoren: Sechs Ratsmitglieder treten in das Obergericht über, das vom Senat abgetrennt wird. Die Sitzungen der Bürgerschaft sind öffentlich. Zur Entlastung des Plenums gibt es einen Bürgerausschuß aus zwanzig Abgeordneten, der nicht öffentlich tagt.

Sofort wird ein Godeffroy in den Bürgerausschuß gewählt – Adolph.

Es sieht so aus, als hätten die Kaufleute die besondere Stellung der Commerzdeputation im Staat gesichert.

Die Brüder Godeffroy sitzen auch nach der Verfassungsreform in der Regierung, im Parlament, in der Verwaltung. Sie gehören überall zur Spitzengruppe. Die besten Jahre des Bürgertums in Deutschland – 1855 bis 1865 – sind auch die besten Jahre der Godeffroys.

Adolph ist nun Vorsitzender des neuen Deutschen Nationalvereins in Hamburg, einer Honoratiorenvereinigung aus nord- und süddeutschen Liberalen und Demokraten, die an die Politik der Erbkaiserlichen in der Nationalversammlung anknüpft und schnell auf 25 000 Mitglieder anwächst. Adolph ist für ein geeintes Deutschland unter Preußens Führung. Der Druck Preußens auf die anderen deutschen Staaten hat nachgelassen: Prinz Wilhelm regiert jetzt für seinen Bruder, der wahnsinnig geworden ist. In ganz Deutschland hoffen Bürger auf ein Ende der Reaktion, auf ein neues liberales Zeitalter.

Adolphs alter Freund Ernst Merck ist für ein geeintes Deutschland unter Österreichs Führung. Er glaubt an einen

Krieg zwischen Preußen und Österreich und weiß nicht, ob ein vereintes Deutschland einen Krieg wert ist.

»Ihr Ehrenhaus«

1.

Joh. Ces. Godeffroy & Sohn gehören zu den Reedern, die im Frühjahr 1858 die Stagnation nach der Krise am schnellsten überwinden.

Die ersten Auswanderer nach Britisch-Kaffraria treffen am 10. April 1858 mit der Eisenbahn in Hamburg ein, Landarbeiterfamilien aus Preußen. Sie übernachten im Logierhaus Stadt Dresden, Eichholz N° 39, nicht weit vom Hafen. Zwei Tage später legt der CESAR GODEFFROY, Kapitän Störtenbecker, mit 148 Erwachsenen und 186 Kindern im Zwischendeck ab, 145 von ihnen sind unter zehn Jahre alt.

Das Schiff ist kaum die Elbe hinuntergesegelt, als der britische Konsul am Alten Wandrahm vorfährt: Lord Stanley, der Kolonialstaatssekretär in London, wünsche den Vertrag über die zu liefernden 4000 Einwanderer zu lösen, Gouverneur Grey könne Godeffroys bei der ungünstigen Steuerlage in Südafrika nicht bezahlen, und das Parlament in London werde sie nicht bezahlen.

Gustav reist sofort nach London und verhandelt mit Lord Stanley persönlich. Die Herren einigen sich auf 1 600 Einwanderer und 5 000 Pfund Schadensersatz für Godeffroys. Anfang Juni kann LA ROCHELLE mit neunzig Familien auslaufen.

Bis Februar 1859 treffen sechs Godeffroy-Schiffe mit 2 143 Einwanderern in Afrika ein. 1 600 unterstützt die Regierung, die übrigen zahlen einen Passagepreis, der um 50 % über dem mit Grey vereinbarten Preis liegt. In Kapstadt wenden sich nun britische Geschäftsleute und Farmer an Wilhelm Berg und bestellen Arbeiter und Dienstmädchen aus Deutschland.

Godeffroys bringen von Oktober 1859 bis September 1863 weitere Arbeitskräfte nach Afrika – insgesamt fast doch die von Grey geplanten 4 000 Auswanderer.

Gleich nach Gustavs Rückkehr aus London im Mai 1858 gibt es neue Aufregung in der Firma *Joh. Ces. Godeffroy & Sohn*. Beim Senat ist der Bericht von Konsul John Fehlandt in Valdivia eingetroffen, um den Syndikus Merck gebeten hat. Zeitungen in Santiago und Valparaiso haben Godeffroys beschuldigt, sie hätten die REIHERSTIEG mit Frachten und Menschen überfüllt und verdorbene Lebensmittel ausgegeben. Vierzehn von 143 Auswanderern waren an »Nervenfieber« verstorben, als die Brigg im Dezember 1857 in Valdivia ankam. Der Schneider Georg Haverbeck aus Göttingen hat sechs Kinder verloren.

Die Reeder stopfen immer mehr Menschen in ihre Schiffe, berechnen Lebensmittel und Trinkwasser immer knapper. Auf Hamburger Schiffen sterben mehr Auswanderer als auf Bremer Schiffen. Die meisten Toten gibt es auf Slomans Schiffen. Sein Segler HOWARD ist im Februar 1858 nach 96 Reisetagen in New York eingelaufen. 96 Tage gelten noch nicht als ungewöhnliche Katastrophenreise, obwohl die Durchschnittsreisedauer bei 30 Tagen liegt und der Rekord bei 16 Tagen – verantwortungsvolle Segelschiffsreedereien müssen mit langen Reisen rechnen. Von den 286 Passagieren des HOWARD sind 37 an Cholera gestorben und 100 bei der Ankunft so schwach, daß sie nicht mehr aus den Kojen kriechen können. Die New Yorker Zeitungen sind empört.

Fehlandt berichtet aus Valdivia, die Klagen über Lebensmittel seien grundlos, doch der Platz pro Person sei für eine Reise um Kap Horn viel zu gering, wenn bei tagelang geschlossenen Luken niemand an Deck kann und die Luft furchtbar ist von Erbrochenem und Exkrementen.

Aber Cesar Godeffroy hat die Gesetze eingehalten: Jedem Erwachsenen stehen nach § 6 der hamburgischen Verschiffungsordnung bei einer Deckshöhe von sechs Hamburger Fuß – das sind 1,71 m Höhe – 0,98 m² zu, bei einer Deckshöhe von fünfeinhalb Fuß – oder 1,57 m – immerhin 1,15 m².

Am Alten Wandrahm trifft ein Telegramm aus Kapstadt ein: 18 Kinder sind auf dem CESAR GODEFFROY an Scharlach gestorben, der Arzt habe nicht helfen können. Godeffroys telegrafieren sofort zurück, und Wilhelm Berg handelt schnell. Als das Schiff in East London angelegt hat, überreichen die Passagiere Kapitän Störtenbecker eine Dankadresse »für die über jede Erwartung vorzügliche und reichliche Verproviantierung und Bequemlichkeit« an Bord.

23 Afrikaauswanderer sterben auf LA ROCHELLE.

Joh. Ces. Godeffroy & Sohn äußern sich im März 1859 zu den Toten auf der REIHERSTIEG: »Grundlage zum Siechtum« seien allein Lebensmittel gewesen, die die Auswanderer mitgebracht hatten, insbesondere die Familie des Schneiders Haverbeck, »verdächtige Wurst und Pflaumenmus, in dem man einen neusilbernen Löffel hatte stecken lassen.«

Die Klagen reißen nicht ab. Der Arzt Dr. Henschel in Valparaiso beschwert sich, daß die Mannschaft einer Hamburger Brigg unter lebensgefährlichem Skorbut leide. Hamburger und Bremer Reeder weigern sich immer noch, ihren Schiffen Zitronensaft oder gesalzenes Gemüse wie Sauerkraut mitzugeben. Besonders auf Godeffroys langen Weltreisen gibt es zahllose Skorbutkranke. Auch unter den Syphiliskranken im Hospital von Valparaiso überwiegen Seeleute von Godeffroy-Schiffen.

Cesar bleibt in Chile der führende Hamburger Auswandererreeder. Doch die Weltwirtschaftskrise hat das Land hart getroffen, und als 1861 der Kupferpreis in Europa fällt, gehen Cesars Erzimporte stark zurück.

Seine Geschäfte in Australien dagegen weiten sich aus. Queensland trennt sich 1859 von New South Wales, und aus der Sträflingskolonie soll nun eine Siedlerkolonie werden. Der erste Gouverneur in Brisbane gibt Cesars Agenten Christian Heußler den Auftrag, 2 000 Auswanderer in Deutschland zu werben. Das ist der Anfang: In den nächsten acht Jahren bringt Cesar jährlich zwischen ein- und zweitausend Deutsche nach Brisbane. Auch das Problem der Rückfracht für die Auswandererschiffe entspannt sich wieder. In der Nähe von Newcastle, sechzig Meilen nördlich von Sydney, wird Kohle abgebaut, die in Ostasien guten Absatz findet.

Japan öffnet 1859 fünf Häfen für europäische Kaufleute, und in Hamburg entstehen die ersten großen China- und Japanhäuser. Cesar arbeitet in Shanghai und Hongkong mit W. *Pustau & Co.* zusammen. Er schickt SIR GEORGE GREY, den ersten in Hamburg gebauten Überseedampfer, nach China, verkauft ihn 1863 günstig in Shanghai, schickt zwei Jahre später den Dampfer CHINA und wieder ein Jahr später den kleinen Dampfer PEIHO – das ist der Weiße Fluß, der an Peking vorbeifließt.

Cesar sucht immer noch den Ort, an dem er ein Handelsmonopol aufbauen kann. Er gründet eine Niederlassung am Amur in Ostsibirien. Kapitän Störtenbecker bekommt nach seiner Scharlachreise eine neue SAN FRANCISCO, lädt Bauholz und Kohle und läuft vor Einbruch des Winters 1859 nach Nikolajewsk am Amur aus. Mit ihm segelt die STEINWÄRDER, Kapitän Prins.

Der Amur ist der Hauptfluß Ostsibiriens. Seine Mündung in das Ochotskische Meer ist höchstens vier Monate im Jahr eisfrei und voller Sandbänke. Mandschu und Mongolen leben am Fluß, Ewenken und Russen. Cesar schickt seinem Vertreter in Nikolajewsk, Friedrich August Lühdorf, einen zerlegten Flußschleppdampfer von der Reiherstiegwerft und einen Leichter.

Lühdorf denkt im Großen wie Cesar, hat ihn von Sibirien überzeugt. Die Profite sind hoch, denn die russische Regierung will das Land erschließen und bietet ausländischen Kaufleuten und besonders deutschen Häusern zahlreiche Anreize. Lühdorf betreibt auf eigene Rechnung eine Flußdampfschiffahrt. Cesar liefert ihm insgesamt vier Schleppdampfer, Bauholz aus Chile und Waren für die Pelzjäger: Waffen, Alkohol, Lebensmittel, Kleider, Bücher. Lühdorf schickt ihm Pelze: Zobel, Eichhörnchen, Marder, Füchse vom Oberlauf des Amur, auch mal Seeotter von der Küste, die in Kalifornien jetzt ausgerottet sind und in China Spitzenpreise bringen.

Vor Einbruch des sibirischen Winters 1860/61 laufen Störtenbecker und Prins mit Pelzen nach Süden – Störtenbecker nach Singapur, Prins nach Amsterdam. Ihre Zwei-Jahres-Reise zum Amur ist äußerst lohnend.

Cesar schickt ein zweites Seglerpaar zum Amur, JOHAN CESAR und CESAR UND HELENE. Er kauft ein Grundstück und ein Haus in Nikolajewsk, und Lühdorf wird hamburgischer Konsul. Die Schiffe kehren 1863 wieder vollbeladen mit Pelzen zurück. Cesar schickt das eine nach London, das andere nach New York, dort bekommt er Höchstpreise für beste Ware. Er schickt ein drittes Seglerpaar zum Amur und nach dessen Rückkehr drei große Schiffe. Doch selbst das ferne Ostsibirien ist kein Ort für ein Handelsmonopol. Amerikaner und Chinesen liefern sich einen scharfen Wettkampf um den Export des russischen Ostens.

2.

Cesars Sohn hat die Lehre bei seinem Vater beendet, und Cesar läßt für ihn die Schonerbrigg SUSANNE ausrüsten. Er soll wie seine Onkel Gustav und Alfred westwärts um Kap Horn segeln, soll in Apia prüfen, ob Godeffroys ein Handelsmonopol in der Südsee aufbauen können.

Cesars Sohn hat sich immer eifrig bemüht, die Erwartungen seines Vaters zu erfüllen. Er war ein zartes blondes Kind, litt viele Jahre unter einer hartnäckigen Hautkrankheit, war Kronprinz und Mittelpunkt der mütterlichen Fürsorge. Doch mit neun Jahren bekam er einen Bruder, Peter, und die Eltern schickten ihn, Cesar, fort, monatelang, über Weihnachten, mit einer Erzieherin zur Kur nach Gräfenberg in Franken. Vier Jahre danach bekam er noch einen Bruder, August. Er bleibt sein Leben lang eifersüchtig auf die jüngeren Brüder.

Er war ein sehr guter Schüler, paßte sich dem Vater an, der in allem nur seine eigene Meinung gelten läßt, einen aber, wenn man sich ihm fügt, großartig belohnt. Cesar ist härter als sein eigener Vater, ist viel mehr mit sich und der Firma beschäftigt, und Emmy ist weicher als Sophie. Der Sohn lernt von der Mutter, den Vater zu beschwichtigen und so den Druck im Haus zu vermindern. Auch später sieht es so aus, als erfülle er nur Pflichten, gutherzig und gerne zwar, aber als sei *Joh. Ces. Godeffroy & Sohn* nicht auch seine Firma.

Die SUSANNE verläßt Hamburg »beladen mit Waren und Gegenständen für den Tauschhandel mit den Wilden«, wie Cesars Sohn später seinen Kindern erzählt. Am Kap Horn ist er tagelang seekrank und kann seine Kabine nicht verlassen. Die Reise auf dem kleinen Schiff ist schrecklich, aber als seine Kinder ihn immer wieder danach fragen, erzählt er oft und gern von ihr und sagt, er habe sie trotzdem genossen.

Apia hat keinen Hafen, das Schiff wirft Anker in einer weiten Bucht. August Unshelm kommt an Bord, wortreich, überschwenglich und schnell etwas unsicher, denn der künftige Juniorchef ist zwar jung und unwissend, aber sehr vornehm. Die Luft ist heiß und feucht.

Samoanische Häuser unter Kokospalmen säumen die Bucht – wuschelige Palmdächer auf Holzsäulen, wie Teepavillons, doch ohne Wände. Die Samoaner sind Polynesier, größer als die Weißen, wohlgebaut und hellbraun, und sie grüßen Cesars Sohn freundlich: Talofa! Die Frauen bedecken ihre Brüste nicht.

Apia besteht aus einer Straße um die Bucht, ist genaugenommen eine Folge von Dörfern. Cesars Sohn versucht, sich ihre polynesischen Namen zu merken. Im Osten liegt die Halbinsel Mata-utu, im Westen die Halbinsel Mulinu-u. Dazwischen liegen Sogi, Savalalo, Matafele und Apia. In Matafele hat Unshelm Land für Godeffroys Faktorei gekauft.

Das Grundstück hat Front zur See. Unshelm hat es roden und einzäunen lassen und Store, Lager und Wohnhäuser aus Holz darauf gebaut – für seine Familie, für den Buchhalter Riedt und Familie, für den Küper Scheele und seine Frau, für die Unverheirateten, zu denen der neue Zimmermann Groth ziehen wird, den Cesars Sohn auf der SUSANNE mitgebracht hat.

Unshelms Frau Doris stammt aus Eutin in Holstein. Seine älteste Tochter heißt Augustita, der Sohn Emilito, dann folgen die kleinen Zwillinge Rosy und Amy. Auch Riedts haben

Zwillinge, Clara und Mary. Es gibt Enten und Hunde, Pferde und Katzen und Kühe. Die Kinder führen ein schönes freies Leben. Die Erwachsenen fühlen sich fern der Welt.

Die Familie Unshelm reitet mit Cesars Sohn in die Berge zu kühlen Wasserfällen, nimmt ihn mit zu Badeplätzen am Meer, wo er beim Ablaufen der Brandung leuchtendbunte Fische auf den Korallen sehen kann. In den süßen Quellen am Strand, die mit schwarzen Lavabrocken gefaßt sind, baden nackte Samoanerinnen. Ein Kriegskanu mit dreißig Ruderern gleitet vorbei. Auf dem Bug steht ein nackter Samoaner und tanzt.

Unshelm versucht, den künftigen Juniorchef davon zu überzeugen, daß es besser wäre, wenn er die Schoner der Firma selbst von Samoa aus auf Tauschfahrt schicken dürfte, statt über Valparaiso zeitraubend Order aus Hamburg einholen zu müssen. Er redet von der großen Zukunft der Agentur in Apia. Cesars Sohn antwortet mit Vorträgen über die Ehre der Firma und ihre Geschäftsprinzipien. Unshelm, mehr als doppelt so alt wie Cesars Sohn, schwankt zwischen Gönnerhaftigkeit und Respekt, spricht, um die Sache abzukürzen, von nun an von »Ihrem Ehrenhaus«. Er schildert Cesars Sohn die Weißen, die Wilden und das Geschäft.

Die Weißen sind untereinander zerstritten. Knapp hundert Weiße leben ständig in Apia. Die führenden Händler sind Briten und Amerikaner. Die Missionare gehören den verschiedensten Sekten an, so daß die wenigen weißen Frauen meist nicht miteinander verkehren.

Beachcomber – desertierte oder ausgesetzte Matrosen, entflohene Sträflinge aus Australien, Abenteurer – leben in Apia, der Stadt ohne Polizei und Gesetz, in primitiven Hütten am Strand mit polynesischen Frauen, die von ihren Clans ausgestoßen sind. Das idyllische Apia ist in der ganzen Südsee verrufen als »little Cairo«, als »hell of the Pacific«. Es gibt »grog shops« im Paradies, zweifelhafte »boarding houses«, Billardsäle und Kegelbahnen, obszöne Tanzhäuser, und überall geht es hoch her, wenn Walfänger und Kriegsschiffe in der Bucht liegen.

Auch zwischen den Tradern, den kleinen Händlern und Schonerkapitänen, gibt es ewig Klatsch und Streit, wenn sie nach Apia kommen. Sie sitzen auf den schattigen Veranden, trinken hart und erzählen von neuen Inseln und traumhaften Gewinnen. Jeder versucht, die Geheimnisse der anderen auszukundschaften. Einmal erhielt Unshelm Nachricht von seinem längst tot geglaubten Agenten auf Penrhyn, tausend Meilen nordöstlich von Samoa: Ein amerikanischer Trader hatte ihn an Bord gelockt, ihm dort Handschellen angelegt und seine ganze Ausbeute an Perlschalen und Kokosöl gestohlen.

Auf Fidschi sind drei Brüder Hennings aus Bremen Agenten für das Ehrenhaus. »Es muß schon jemand von der ganzen zivilisierten Welt ausgestoßen sein, um zwischen diesen Kannibalen leben zu können«, sagt Unshelm. Levuka auf der Insel Ovalau ist der Hauptort der Weißen, die bei der Menschenfresserbande leben, und auch dort werden noch große Essen abgehalten. Der mächtige Häuptling Thakombau rühmt sich, 800 Menschen gegessen zu haben.

Unshelm bemüht sich auf allen Inseln um die Freundschaft der Missionare. Missionare lehren die Wilden die Zivilisation, und das heißt zuallererst: ihre Blöße zu bedecken. Dazu eignen sich die Baumwollstoffe von *Joh. Ces. Godeffroy & Sohn* bestens. Es gibt auch Missionare, die weiße Händler von den Wilden fernhalten wollen, aber Unshelm wird mit allen fertig. Er ist brutal und gefühlvoll.

Die meisten Weißen sind für ihn Abschaum.

Die Wilden sind für ihn eingeborenes Pack. Sie sind bedürfnislos. Samoaner und Fidschis bedecken sich mit bemalter Baumrinde und glauben, daß sie von den weißen Händlern nichts brauchen. Bis jetzt lief eigentlich nur der Waffenhandel, aber nun ist Frieden. Man muß das Paradies zivilisieren.

Manche Weiße sehen in den Samoanern edle Wilde. Konsuln und Häuptlinge sitzen gemeinsam über straffällige Beachcomber zu Gericht. Die Wilden trinken keinen Alkohol, und das Benehmen Betrunkener stößt sie ab.

Auch Cesars Sohn glaubt, daß es Aufgabe der Weißen sei, die Wilden zu zivilisieren. Der zivilisierte Wilde wird im Store

Baumwollstoff kaufen und in der Faktorei für einen Mindestlohn arbeiten – jetzt verlangen die Samoaner den gleichen Lohn wie Weiße, wenn sie überhaupt bereit sind, für Geld zu arbeiten.

Sie sind selbstsüchtig und eifersüchtig. Es gibt vierzehn Distrikte auf den Inseln Samoas und jeder Distrikt kann einem der zahlreichen Häuptlinge – von denen es Tausende verschiedener Wichtigkeit gibt – einen Titel verleihen. Aber vier Distrikte sind wichtiger als die übrigen, und ihre Titel sind heiß umkämpft. Wer alle vier Titel hat, ist Tafaifa – der angesehenste Mann in der ganzen Inselgruppe. Der Erste sein, der Angesehenste – darum führen sie Krieg. Die weißen Siedler glaubten anfangs, es ginge in den Kriegen darum, wer König wird. Aber sie kennen kein Königtum. Es geht um eine zeremonielle Herrschaft, um die Ehre.

Die Politik ist ein Hindernis für den Handel, kann aber auch genutzt werden. Man kann einen Kandidaten unterstützen und beliefern, umgekehrt haben auch schon samoanische Parteien die Unterstützung einer Firma gesucht und Waffen gekauft.

Kaufen und Verkaufen kennen sie allerdings nicht: Sie bitten um Hilfe. Großzügigkeit ist die höchste Tugend in Samoa. Man macht Geschenke, damit andere Geschenke machen können. Wenn man jemanden beschenkt, nimmt er die Gabe für seine Familie an, und später dankt sein matai, sein Familienoberhaupt, auch noch dafür. Doch wenn ein Samoaner Hunger hat, greift er einfach zu. Was wächst, gehört allen Menschen, sagen sie.

Diebespack, sagt Unshelm.

Die Samoaner verachten die Weißen, die nur für sich und nur für Geld arbeiten. Aber sie bewundern ihre Schiffe und ihre Waffen.

Unshelm und Cesars Sohn sitzen nachts als Gäste der Häuptlinge in den Dörfern auf feinen Matten im Feuerschein und essen, was die jungen Männer zubereitet haben – in Kokosmilch gedünsteten Fisch, gebratene Spanferkel, Hühner, gedämpfte Brotfrucht, Taro und Yams. Cesars Sohn hört mit untergeschlagenen Beinen lange Reden an und schaut zu, wie die Taupoo, die Dorfjungfrau und Zeremonienmeisterin, Kawawurzeln zerkaut und in ein Holzgefäß mit Wasser spuckt. Er ekelt sich vor dem Getränk. Nach dem Essen singen die Samoaner und tanzen.

Tänzer und Tänzerinnen haben sich mit duftendem Kokosöl eingerieben und tragen feingeflochtene Matten um die Hüften. Sie beginnen mit sittsamen Sitztänzen, bei denen sie zu melodischen Liedern nur die Arme bewegen. Dann erhebt sich die Taupoo, die Trommeln werden wilder, sie wirft Matten und Bananenblätter weg. Später schläft Cesars Sohn unter dem Moskitonetz ein, das Unshelm für ihn mitgebracht hat, hört noch das Rascheln der Palmblätter im Wind und das Rauschen der Brandung am Riff. Unshelm breitet das Paradies vor ihm aus.

Das Geschäft ist einfach. Die Kapitäne der Firma segeln mit den Inselschonern von einem Dorf zum andern und haben den Laderaum voller Waren – Waffen und Baumwollstoffen vor allem. Die zeigen sie und ermuntern die Insulaner zum Ölpressen. Wer Öl hat, kann sich gleich etwas aussuchen, wer nicht, fängt am besten schnell mit dem Ölpressen an, denn der Kapitän wird auf seiner Rückfahrt wieder vorbeikommen

Dieses System hat zwei Nachteile, sagt Unshelm. Erstens: Wenn die Leute die Waren nicht immer vor Augen haben, machen sie nur nachlässig Öl. Zweitens: Die Konkurrenz ist gierig und tätig. Immer wieder kommt ein Schiff der Firma zu einer Insel, auf der gerade ein kleiner Kapitän aus Sydney alles Öl aufgekauft hat. Unshelm müßte in den Dörfern Läden einrichten, auf alle Inseln Händler setzen, ein Netz von Agenten über die Südsee spannen. Einmal im Jahr kommt dann ein Godeffroy-Schoner und holt das Öl nach Apia. Sechs Händler hat Unshelm schon: auf den samoanischen Inseln Savaii, Tutuila und Manua, dann auf Uvea und Futuna weiter westlich und in den Lau-Inseln.

Cesars Sohn segelt nach Tonga und besucht in Nukualofa König Georg I., der alle Inseln hier erobert und das Christentum eingeführt hat. Die Insel Tongatabu ist flach und fruchtbar, die Häuser haben Wände aus Schilfrohrgeflecht, fast alle Eingeborenen sind bekleidet – hier gibt es schon eine höhere Stufe der Zivilisation. Die Eingeborenen zahlen der Mission eine Kopfsteuer von 200 000 Mark jährlich – in Öl, das die Missionare Händlern wie Unshelm verkaufen müssen, denn ihre Missionsbrigg ist zu klein, um es selbst auf den Markt in Sydney zu bringen.

Der König und die höheren Beamten, eindrucksvolle große Gestalten, wohnen in europäisch eingerichteten Häusern. Es gibt Wände, Zäune, Kleider. Der König schenkt Cesars Sohn eine Kriegskeule aus dunklem Holz, ein altes Staatsstück.

Im Landhaus an der Elbchaussee schreiben Cesar und Emmy an einem Novembertag 1860 an den Sohn. Emmy schreibt, der Papa mache sich wegen seiner Augen wieder Hoffnung. Die Eltern haben Sehnsucht nach dem Sohn, »wir haben dich sehr lieb und denken viel an dich«.

Der Brief verläßt Hamburg nicht mehr. Der Sohn ist schon in England, in Hull, nimmt das Dampfschiff nach Hamburg.

Anfang 1861 arbeitet er wieder im Kontor. Der Papa hält das Südseegeschäft für aussichtsreich. Vor der Übermacht der Godeffroys muß die kleine Trader-Konkurrenz auf die Dauer ausbleiben. Der Sohn darf auf der Reiherstiegwerft zwei Spezialinselschoner von elf Meter Länge und vier Meter Breite bestellen. Die Firma ersucht den Senat »um Erteilung des Hamburger Consulates für Herrn August Unshelm auf den Navigator-Inseln«, wie Samoa auch heißt, und der Senat ernennt Unshelm am 15. Februar 1861 zum Konsul in Apia.

Cesar gibt Unshelm die Vollmacht, selbständig über die Handelsfahrten der Inselschiffe entscheiden zu dürfen. Die Warensendungen für ihn stellt nun der junge Herr Godeffroy zusammen. Die Südsee ist ein schönes Geschäftsgebiet für den Sohn.

Cesars Sohn wird am 1. Januar 1862 Teilhaber von *Joh. Ces. Godeffroy & Sohn*, genau 25 Jahre nach seinem Vater. Er ist, wie der Vater damals, 23 Jahre alt.

Cesar ist nun 48. Als er Teilhaber wurde, hat sein Vater ihm

Haus und Speicher verkauft und so gezeigt, daß er sich als Seniorchef von den alltäglichen Geschäften zurückziehen wollte. Davon ist nun keine Rede. Rückzug in ein luxuriöses Leben der Muße ist nicht Cesars Ziel. Im Gegenteil: Die Firma soll weiter expandieren.

1862 besitzen Cesar und Gustav gemeinsam 3,3 Millionen Bankomark Privatvermögen. In der Firma beträgt das Verhältnis von eigenem zu geliehenem Kapital eins zu zwei. Der Firma geht es glänzend, und Marianne Godeffroy hat ihr Darlehen aus der Krise bei Godeffroys angelegt.

Unshelms offizielle Geschäftsbriefe sind verloren, aber einige seiner geheimen Privatbriefe habe ich im Familienarchiv Godeffroy gefunden. Privatbriefe übergab ein Kapitän dem Firmeninhaber persönlich. Sie enthalten Gerüchte über Kunden und Konkurrenten, politische Nachrichten, Beurteilungen der Kapitäne und Commis, die persönlichen Sorgen Unshelms und seine privaten Bestellungen – neue Bücher, Journale, Wein, »auch noch 2 Dtz. gute weiße Hemden für mich, 1 Dtz. gute leichte Flanell Unterhemden, 4 niedrige Hüte sowie 1 Dtz. Paar lederne Schuhe No. 8 u. 9, welche freilich sehr theuer sind, aber hoffentlich auch lange halten werden.« Unshelm schrieb die Briefe mit letzten Neuigkeiten meist in Windeseile, das Schiff war schon ausklariert, der Kapitän stand im Kontor und wartete – sie sind im Ton frei. Sie zeigen die Godeffroys aus dem Blickwinkel eines leitenden Mitarbeiters, zeigen auch, wie sie mit ihren Angestellten umgingen.

»Mein lieber Herr Godeffroy«, schreibt August Unshelm am 26. Dezember 1861 an Cesars Sohn, »mein Geschäft gewinnt jetzt erst seinen rechten Schwung u. Bedeutung u. danke ich Ihnen für die kräftige Unterstützung.« Das Geschäft habe 1860 zwar Verlust gemacht, aber die nächsten zwölf Monate würden beweisen, daß es sich lohne. Die Missionare der London Missionary Society hätten den Klingelbeutel im Gottesdienst eingeführt, und die Ölproduktion habe sich seitdem in Samoa auf 600 tons verdoppelt.

Unshelm hat seine neue Vollmacht genutzt, um die Monatsgehälter der Kapitäne zu erhöhen, denn das Ehrenhaus bezahlt seine Angestellten schlecht. Kapitän Rachau, KEHRWIEDER, bekommt jetzt 60 Dollar, Kapitän Petersen, TENDER, 50 Dollar – ein Dollar Chile Courant entspricht in der Südsee einem US-Dollar. Außerdem will er den Kapitänen für jede Tonne Öl eine Prämie von einem Dollar geben. Andere Kapitäne hätten dasselbe, rechtfertigt er sich vor dem Juniorchef. Ein Mensch, der gut bezahlt wird, werde sich mehr anstrengen als einer, der wegen ungenügender Bezahlung mißmutig sei.

Er hat nun acht Händler und rechnet für 1862 mit 700 bis 800 tons Öl. Er braucht viel Ware, die in den Dorfläden in den Regalen liegt und lockt, leichte Baumwollstoffe in bunten Farben, nur so kann er die Konkurrenz besiegen, »um das Monopol zu haben«. Erst dann könne er die Preise festsetzen, wie Godeffroys es verlangen, noch müsse er vorsichtig sein, denn wenn sie zu hoch sind, kaufen die Samoaner nichts. Die meisten Artikel, die mit der HELENE kamen, hätten fast 100 % Gewinn gebracht.

Weihnachten habe er ganz groß gefeiert und einen fetten Ochsen gebraten, die anderen Händler »wollten bersten« über diese Werbung für die Firma Godeffroy, ganz Apia feierte mit, alle Stores blieben geschlossen, alle Schiffe hatten geflaggt: »Ein Schritt mehr die natives der Civilisation näher zu bringen! Die Priester dankten mir!!«

Unshelm wirbt noch mehr Händler für die Inseln an. Die Leute, die ganz allein unter Wilden leben können, sind meist Trunkenbolde und schwer an kaufmännische Ordnung zu gewöhnen. Manche beziehen Gehalt und Tantiemen, wie er selbst, die meisten wollen lieber frei sein und bekommen 50 % Gewinnanteil. Er vereinbart mit ihnen den Preis, für den er ihnen Öl abkauft: Wenn sie den Einkaufspreis bei den natives drücken, ist das ihr Gewinn. Ein Händler muß sich verpflichten, nur Waren der Firma zu beziehen. Unshelm liefert ihm ein Haus, ein Landungsboot, Karren, Pferde, Fässer, Waren – das alles kann er in Ruhe abbezahlen, wobei die Zinsen natürlich dem Gewinn gegengerechnet werden. Schon der Aufbau einer

Agentur ist ein Geschäft für die Godeffroys, sofern der Händler auf der Insel bleibt. Am besten er heiratet dort. Je mehr man seinen Gewinn drückt, um so länger muß er abbezahlen, und um so länger bindet man ihn an sich.

Unshelms Frau und Kinder reisen im Januar 1862 mit der HELENE nach Valparaiso. Doris Unshelm ist erschöpft, will fort von Samoa, sehnt sich nach alten Freunden in Chile, überhaupt nach Gesellschaft, und die Kinder müssen zur Schule. Unshelm schickt Alfred Poppe ein halbes Dutzend türkische Enten. Er wollte selbst in Chile Urlaub machen, doch die Godeffroys haben ihn gebeten, durch eine Urlaubsreise das Interesse des Geschäfts nicht zu gefährden. Er brauche einen guten Buchhalter – er selbst sei nur ein mittelmäßiger, und Riedt sei nach Ende seines Vertrages nun Händler auf Savaii.

Unshelm schlägt Cesars Sohn eine direkte Verbindung Apia–Hamburg vor, weil der Markt in Südamerika für die Ölmengen, die er zu schicken hoffe, zu klein sei. Die direkte Reise Apia-Hamburg würde höchstens vier Monate dauern. In zwei Jahren wolle er gerne Urlaub machen, er bittet auch Herrn Godeffroy um einen guten Buchhalter, der ihn nach einer Einarbeitungszeit vertreten könne: »Ein von Ihnen hierher zu sendender junger Mann dürfte keine zu großen Ansprüche machen, auch keine Familienverbindungen haben, welche spätere Concurrenz wachrufen könnte.« Er rate zu einem Inländer vom Rhein oder aus Westfalen.

Als Cesars Sohn ihn lobt, antwortet er, er werde immer bestrebt sein, »das große Vertrauen Ihres Ehrenhauses zu rechtfertigen«.

Cesar bestimmt die SOPHIE und die ALSTER für die direkte Fahrt Apia–Europa. Sie gehen mit dem Öl nach London.

Bald werde er die Warenpreise erhöhen und die Ölpreise drücken können, verspricht Unshelm, aber er müsse immer noch die »sehr zähe kleine Concurrenz« fürchten. Warenverkauf und Ölproduktion werden steigen, da alle natives »bis heute noch fast ebenso nackend aussehen wie früher.« Er fordert billige Textilien an, die nicht lange halten, denn der echte native will immer etwas Neues haben: »Wo also noch wenige oder keine Bedürfnisse sind, müssen solche geschaffen oder hervorgerufen werden.« Er werde, wie Herr Godeffroy es verlange, »alle Concurrenz tödten«.

Er will Zitronensaft herstellen und an englische Kriegsschiffe verkaufen. Er hat Land gekauft, das sei gut und zeitgemäß, denn bald würden die natives dahinterkommen, »daß solche Landverkäufe den Fremden in Besitz aller Ressourcen bringen.« Er will Baumwolle säen, in USA ist Bürgerkrieg, und die Baumwollpreise steigen.

Godeffroys bereiten ihm ein Wechselbad aus Lob und Tadel. Für große Pläne bekommt er Ermunterung, im Kleinen muß er sich für jede Ausgabe in Hamburg rechtfertigen, und wenn er protestiert, lassen sie ihn wissen, daß sie jederzeit bereit sind, das gesamte Südseegeschäft aufzugeben. Er beklagt sich, daß er nie erfährt, welchen Preis sie für sein Öl in London erzielen – er sei doch am Gewinn beteiligt. Er hat Sehnsucht nach seiner Frau und den Kindern, seine Arbeit in Apia ist monoton und mit vielen Verdrießlichkeiten verbunden, ohne geselliges Vergnügen, manchmal glaubt er, er vegetiere eben nur. Godeffroys möchten wieder nicht, daß er Urlaub macht, und er hat auch Angst, das Geschäft, das nun endlich Gewinn verspricht, in andere Hände zu geben. Seine Frau hat Auguste und Emil nach Deutschland zur Schule geschickt – ihre Entscheidung ist richtig, aber sie tut ihm weh.

Ende August 1862 machen Godeffroys ihm Aussicht, Nachfolger von Poppe zu werden – Niederlassungsleiter in Valparaiso, wo seine Freunde leben. Er bekommt neuen Mut, es lohne sich, bis dahin in Samoa zu bleiben. Er rechnet für 1862 mit mindestens 2 000 Dollar Tantieme – seiner ersten.

10. Januar 1863, ein Sonntagsbrief in Muße. Unshelm hat 1862 für 80 000 Dollar Waren verkauft, ihr Kostpreis war 56 979 Dollar, der Bruttogewinn 24 000 Dollar. Er hofft, daß der Gewinn auf seine großen Ölsendungen als reiner Überschuß betrachtet werden kann. Er hat nun über ein Dutzend fester Stationen – Küper und Commis, deren Verträge mit Godeffroys abgelaufen sind, wollen sich als Händler versuchen. Er schlägt ihnen auf die Großhandelspreise, die er

ihnen in Rechnung stellt, heimlich schon einen Vorweggewinn auf. Er sei sich nicht sicher, ob das kaufmännischer Redlichkeit entspreche, natürlich wolle er nur strict reelle Geschäfte machen, »welche dem Ehrennamen Ihres Hauses entsprechen«.

Der gemütliche Kapitän Bruhns bringt mit der ALSTER die Nachricht, daß Unshelm nun auch Konsul für Tonga und Fidschi sei, und er bringt Theodor Weber, einen dicklichen blonden Rheinländer, 18 Jahre alt. Es stellt sich heraus, daß er ein sehr guter Buchhalter ist, fleißig, energisch und überall beliebt. Er arbeitet auf, was liegengeblieben ist, macht die Buchhaltung für 1862 und verspricht ein glänzendes Resultat.

Die Buchhalter am Alten Wandrahm sind noch schneller. Im nächsten Brief wehrt Unshelm sich dagegen, daß der junge Herr Godeffroy sein Gewinn- und Verlustkonto 1862 mit dem per 1860 weggeschriebenen Verlust von 18 000 Dollar belasten will. Er sei nur am Gewinn beteiligt, nicht am Verlust der Firma. Er sei nun schon sieben Jahre hier und konnte noch nichts zur Seite legen. Sein Gehalt genüge kaum, die Unkosten zu decken. Nun wollen Godeffroys ihm den ersten Gewinn mindern. Er ist empört.

1863 droht ein Verlustjahr zu werden. Der Schoner ANITA geht mit allen Waren verloren, die Brigg GRASBROOK und der Schoner TENDER laufen beide auf Riffe auf und müssen repariert werden. Die Preise für die bedruckten Baumwollstoffe, die der CESAR GODEFFROY bringt, sind viel zu hoch. Die kleine Sydney-Konkurrenz bleibt keineswegs ermutigt aus, wie Herr Godeffroy glaubt. Ein britischer Kapitän Lyons stellt sich mit Sonderangeboten direkt vor Unshelms Tür und bietet schöne Druckstoffe für nichts an.

Im Juni wartet Unshelm dringend auf die Waffen, die der ALFRED bringen soll, »die Musketen, Pulver, Flinten etc. werden raschen Absatz zu hohen Preisen finden.« Er bestellt noch 400 bis 500 einläufige Jagdflinten und zweimal jährlich 200 bis 250 Fäßchen Pulver, außerdem eiserne Töpfe für Fidschi. Bei den Textilien haben Godeffroys wieder einmal an der falschen Stelle gespart: »Die eisernen Bänder um alle Ballen sollten galvanisirt sein«, mehrere Ballen sind durch Rost der Bänder beschädigt, »ein bedeutender Verlust!«

Die nächste schlechte Nachricht kommt von den Agenten der Firma in Fidschi: Die Brüder Hennings haben sich selbständig gemacht und firmieren jetzt als *F. & W. Hennings*. Das hat Unshelm schon lange befürchtet, weil er ihnen nicht genügend Ware liefern konnte und weil die Waren der Godeffroys zu teuer sind.

Auch das Tonga-Geschäft ist schwierig. Die Inseln liefern mehr Öl als Fidschi, aber er muß die Missionare mit Sovereigns bezahlen, und Geld wollen die Godeffroys ihm nicht geben.

Unshelm fordert von Cesars Sohn gute Fässer aus den USA an, damit nicht immer weiter ein Großteil der Ölladung auf der langen Seereise aus den Fässern leckt. Cesar junior schreibt zurück, auf Ceylon werde »Copprah« gemacht, getrocknetes Kokosnußfleisch. Das könne man in Hamburg auspressen.

Unshelm schickt Probesäcke – einige mit ganzen Kernen, andere mit kleinen Stücken.

Cesar junior will ihm zwei Bankomark Fracht für 300 Nüsse berechnen.

Nach Unshelms Kalkulation faßt ein Probesack 500 zerschnittene Nüsse. Er wehrt sich, daß wieder der Gewinn der Agentur und damit seine Tantieme beschnitten werden soll.

Theodor Weber rechnet ihm vor, was den Gewinn der Agentur in Apia in den vergangenen Jahren vermindert hat. Die Godeffroys diktierten die Preise, zu denen sie ihm die Waren in Rechnung stellten, und die Frachtraten. Sie streckten ihm Warenpreise und Frachtraten vor, als wären sie geliehenes Kapital, und berechneten ihm Zinsen, deren Höhe sie bestimmten. Sie stellen die Investitionen beim Aufbau des Südseegeschäfts der Agentur in Rechnung, als ob sie eine eigene Firma wäre, ohne daß Unshelm sich aber nach anderen Anbietern umsehen darf. Ihr Bestreben liegt darin, erklärt Weber, den Gewinn der Agentur niedrig zu halten und einen Vorwegverdienst in allem zu suchen, was sie der Agentur in Rechnung stellen. Sie machen mit ihm das gleiche wie er mit den Inselhändlern, nur haben sie keine Skrupel dabei.

Er ist überrascht vom Vorgehen des Ehrenhauses und verletzt und kann sich nicht wehren. Aber die Godeffroys sollen wenigstens wissen, daß er weiß, was sie tun, und ihn nicht für dumm halten. Er schreibt im August 1863 nach Hamburg: »Wenn Ihr <u>directer</u> Gewinn laut meinen Büchern diesmal noch (aber voraussichtlich das letztemal) fast null ist, so müssen Sie doch berücksichtigen, daß dieser Agentur von 1857 bis 1862 <u>allein</u> Dollar 34 881,52 Zinsen belastet wurden, also auf das Capital vorweg verdient sind, wogegen die in 1857 u. 1860 weggeschriebenen Verluste Dollar 20 215,47 betragen.«

Fünf Godeffroy-Schiffe liegen jetzt in der Bucht. Sein Stofflager ist voll, das Tragen von Kleidern ist immer noch kein Bedürfnis für die Samoaner. Das einzige, was wirklich gut zu verkaufen ist: Waffen. Er braucht mehr Jagdflinten, Pistolen, Äxte, Beile, Pulver, Hagel als bisher. Jagdflinten gehen schnell weg, aber ein besseres Gewehr würde auch einen besseren Preis bringen – »d. h. solidere Befestigung des Laufs am Stock«, damit das Gewehr auch als Keule dienen kann. Säbel will er nicht wieder haben. Er kann Taschentücher verkaufen – 600 Dutzend pro Jahr – und rote Unterhemden und schwarze Regenschirme, wenn sie groß sind und die Farbe echt ist. Alkohol kann er an Weiße gut verkaufen, aber nur die besseren Sachen, und Herr Godeffroy möge aufpassen, daß die Kisten auch voll sind.

Die jüngere Schwester seiner Frau kommt nach Samoa, und wieder verdienen die Godeffroys an ihrem Agenten. Unshelms Ton verrät Erschöpfung vom ewigen Ringen mit seinen Chefs um Geld.

»Geehrtester Herr Godeffroy«, heißt es im Brief vom 30. Januar 1864, »hätten Sie nicht vielleicht aus besonderer Rücksicht der Verhältnisse eine Ermäßigung in der Passage des Mädchens eintreten lassen können?«

3.

Gustav engagiert sich besonders in den Industrieunternehmen von *Joh. Ces. Godeffroy & Sohn*. Die Reiherstiegwerft hat volle Auftragsbücher. Der Hamburger Staat bestellt Arbeitsboote und die Russische Regierung Flußdampfer, Bugsierboote, Bagger – sechzehn Fahrzeuge beim ersten Auftrag, neun beim zweiten, darunter einen Seedampfer. Der Alsterdampfer ALINA war ein Erfolg, und Godeffroys haben fünf weitere gebaut, mit denen die Herren im Sommer morgens von ihren Landhäusern an der Außenalster ins Kontor fahren und die Damen zum Einkaufen. Die Werft baut den Raddampfer WELF für eine Forschungsreise des hannoverschen Barons von der Decken. O'Swald bringt den zerlegten Dampfer auf einer Bark nach Sansibar, wo Monteure von Godeffroy ihn zusammenbauen. Dem Sultan von Sansibar gefällt das so sehr, daß er den Dampfer STAR bestellt, 32 m lang, 50 PS, acht Bronzekanonen. Die Werft sucht für den Sultan einen Kapitän und einen Ingenieur und läßt für sie flotte Uniformen entwerfen.

Der Reiherstieg ist nicht mehr tief genug für moderne Dampfer. Godeffroys und Ferdinand Beit mieten von der Hamburger Finanzdeputation einen 27 000 m² großen Platz auf der Elbinsel Kleiner Grasbrook und bauen eine Werft an der Norderelbe – fünf Hellinge, eine Maschinenfabrik, eine Kesselschmiede, eine Gießerei, eine Tischlerei. 1863 zieht der Betrieb um, und ab 1. Juni 1864 heißt er *Reiherstieg Schiffswerfte und Maschinenfabrik*.

Die *Elbhütten-Affinir- und Handelsgesellschaft* dagegen hat sich nicht gut entwickelt. In Chile ist Krieg. Cesars Schiffe holen immer noch Erz, aber die Menge reicht nicht mehr für eine Kupferhütte an der Elbe, und sie wird stillgelegt. Ihre Direktoren Gustav Godeffroy, Robert Kayser und Ferdinand Beit sitzen auch im Verwaltungsrat der Norddeutschen Bank und sorgen dafür, daß eine Neugründung, die *Norddeutsche Affinerie*, die Gold- und Silberscheideanstalt von Beit kauft und weiterführt. Die Bank übernimmt den Hauptanteil an der neuen Aktiengesellschaft: Sie beteiligt sich damit zum ersten Mal an der Gründung eines Industriebetriebs.

Die Aktionäre der Bank haben das Bankkapital wegen ungenügender Verwendung herabgesetzt. Gustav reist nach Berlin und Wien, bahnt Geschäfte für die Bank an, ist monatelang in St. Petersburg und Moskau. Der Zar will Rußland industriell erschließen, Aktiengesellschaften sollen den Bau von Eisenbahnen finanzieren, die Regierung garantiert 5 % Zinsen auf Anlagekapital. Deutsche, englische, französische Banken unterbreiten den Behörden in Petersburg ihre Angebote. Gustav knüpft Verbindungen zur Disconto-Gesellschaft in Berlin, zu David Hansemann und seinem Sohn Adolph.

Die Dividende der Norddeutschen Bank steigt, der Börsenkurs ihrer Aktien ebenfalls, und die Aktionäre erhöhen 1865 das Bankkapital wieder. In diesem Jahr gibt es 9 % Dividende. Die Bank vergrößert ihre Büroräume und kauft das Nebengrundstück Alter Wall N° 12 an.

Adolph hat als Präses der Commerzdeputation einen äußerst riskanten Schritt gewagt: Er ist 1858 angestellter Direktor der *Hapag* geworden. Hamburger Kaufleute verachten Angestellte. Nur der Selbständige konnte bislang Kaufmann und Bürger sein, die Versammlungen des Ehrbaren Kaufmanns besuchen und ein Bankkonto haben. Erst seit September 1856 haben nach jahrelangem Kampf die Besitzer großer Fabriken laut Rat- und Bürgerschluß die Erlaubnis zum Besuch der Versammlung eines Ehrbaren Kaufmanns und – es steht ganz am Ende der Bekanntmachung des Senats – auch »die Directoren und Bevollmächtigten großer commerzieller Unternehmungen«. Adolph vertritt einen neuen Kaufmannstyp: den angestellten Direktor einer Aktiengesellschaft. Aber noch lange heißt es an der Börse: lieber frei als Sklave.

Adolphs erstes Jahr als Angestellter war von einer Dampferkatastrophe überschattet, dem Untergang der AUSTRIA. Am 1. September 1858 lief sie mit 538 Menschen an Bord nach New York aus. Am 13. September stand sie im Atlantik südlich von Neufundland. Um zwei Uhr nachmittags betraten der Vierte

Offizier und ein Matrose mit einem Eimer Teer und einer glühenden Eisenkette das Zwischendeck. Sie wollten es durch Ausräuchern desinfizieren. Aber der Eimer kippte um, und brennender Teer floß aus.

Anfang Oktober wartete ganz Hamburg täglich auf die neusten Zeitungen. Die Maschinen der AUSTRIA stoppten nicht, weil das Maschinenpersonal erstickt war. Die Matrosen konnten das Feuer nicht löschen, weil die Löschwasserrohre, die zum Wasser hinunterreichten, aus Blei waren und schmolzen. Die Passagiere waren in Panik, weil Kapitän und Offiziere planlos handelten. Ein einziges Rettungsboot kam unversehrt zu Wasser. Eine französische Brigg und eine norwegische Bark konnten nur 89 Menschen retten, nach anderen Berichten nur 67. Alle übrigen verbrannten oder ertranken.

Nach der Katastrophe kaufte die *Hapag* zwei neue Dampfer und hat nun fünf Dampfer und sechs Segelschiffe. Adolph kann den Aktionären 1860 berichten, daß die *Hapag* nur von der britischen Inman-Linie übertroffen werde: 12 879 Personen sind auf Hapag-Schiffen über den Nordatlantik gereist. Er einigt sich mit dem *Norddeutschen Lloyd* in Bremen: *Hapag* und *Lloyd* fahren im Sommer abwechselnd jede Woche von Hamburg und Bremerhaven, in den Wintermonaten vierzehntäglich.

Cesar versichert seine Schiffe meist nicht. Über die Jahre geht von drei Schiffen eins verloren. Das ist keine schlechtere Rate als bei anderen Reedern.

Der einzige Verlust in sechs Jahren: die Schonerbrigg STINTFANG, die 1860 von Rio de Janeiro nach Kapstadt segelt und nie ankommt. Doch 1863 verliert Cesar vier Schiffe: zwei Schoner in der Südsee und zwei große Schiffe in der Nordsee im selben Sturm – das Vollschiff WILHELMSBURG, auf der Heimreise von Queensland, in der Nacht vom 3. auf den 4. Dezember bei Terschelling, und am 5. Dezember die Brigg GRASBROOK, auf der Heimreise von Samoa, bei Ameland. 1864 verliert er drei Schiffe, 1865 zwei. In den nächsten drei Jahren verliert er kein Schiff.

Sein Vater hat die Tonnage der Firma in zwanzig Jahren verfünffacht. Er hat sie in zwanzig Jahren verachtfacht: auf 5800 Commerzlasten oder 17 400 Bruttoregistertonnen. Niemand in der Stadt besitzt so viele Schiffe wie er, in den meisten Jahren dreißig, 1862 sogar einunddreißig, die beiden kleinen Südseeschoner nicht mitgerechnet.

Aber Sloman hat ihn nun in der Tonnage überholt.

Das Wunderbare

1.

»... und möchte so gerne, wenn auch nicht alles erlangen, doch das Meiste erhalten, was die Inseln der Südsee und das sie umgebende Meer an Wunderbarem in der Natur-Welt enthält«, schreibt Cesar seinem Agenten in Apia. Unshelm hat ihm schon von seinen ersten Reisen in die Südsee merkwürdige Fische, Seespinnen, Chamäleons geschickt, und Cesars Kapitäne bringen immer mehr nie gesehene Pflanzen und Tiere mit, die einen großen Zauber auf Cesar ausüben.

Er will die Natur der Südsee und ihrer Völker erforschen. Er hat Dr. Eduard Graeffe aus Zürich eingestellt, 1859, Arzt und Naturforscher und 26 Jahre alt. Graeffe ordnet das Durcheinander, das sich auf den Speicherböden am Alten Wandrahm angesammelt hat, und zwei Jahre später schickt Cesar ihn als Arzt und Sammler zu Unshelm nach Apia.

»Dr. Graeffe ist ein Genie, aber fürchterlich unordentlich u. schmutzig, er machte aus meinen besten Zimmern bald einen wahren Schweinestall, u. es war ein Glück für ihn, daß meine Frau abwesend war«, liest Cesars Sohn dem Vater Ende 1862 vor. Unshelm hält es für ratsam, Graeffe nach seinem Wunsch seine Braut, eine Französin, nach Apia zu schicken, das würde ihn seßhafter zu machen. Graeffe scheine seine Pflichten mit Lust und Eifer zu erfüllen, und Unshelm rät ab, einem solchen Mann durch Contracte schwere Fesseln anzulegen.

Acht Monate später findet er Graeffes Sammlungen nicht der Ausstellung wert, neu seien nur Vogelbälge und Nester. Ihn stören die Trommeln, die ihm dauernd im Weg liegen, und ihn stört Graeffes Leben mit einer Samoanerin, das ihm keinesfalls die Achtung der anständigen weißen Bevölkerung sichere – wenn die Braut noch nicht abgereist sei, solle sie fernbleiben.

Wieder ein halbes Jahr später, im Sommer 1863, erlaubt Unshelm sich, ein hübsches großes Kanu von der Insel Niue zu senden, »welches auf der Alster furore machen dürfte«. Graeffes Braut, Mademoiselle Pençol, sei angekommen. Die Mademoiselle habe eine so schnelle Zunge, daß seiner Doris immer ganz anders werde. Er habe das Paar am 4. Juli getraut. Der Doktor wolle nun die Inseln am Äquator erforschen, und Unshelm glaube wohl, daß dort ein großes Feld für Naturforscher sei, »aber die Gefahren für ein Schiff sind ziemlich bedeutend, unter mit der Fahrt unbekannten Capitainen, u. werden die Sammlungen des Doctors, nur den mercantilischen Werth derselben betrachtend, die großen Kosten decken?« Er bitte um genaue Instruktionen aus Hamburg, ob er ihm wirklich ein Schiff geben soll.

Die Frage, ob Forschung materiell lohnt, interessiert Cesar nicht. Er ist zufrieden mit Graeffes Sendungen und stellt 1863 Johannes Schmeltz für die Sammlung Godeffroy ein, einen 24 Jahre alten Präparator. Schmeltz ist schroff und stößt manchen ab, wenn er wütend durch die Räume hinkt, aber er weiß viel, ist neugierig und geduldig und ein systematischer Kopf. Cesar gibt ihm eine Wohnung im Speicher N° 29.

Hamburg staunt über Cesar Godeffroys ungewöhnliches naturwissenschaftliches Interesse. Die Commerzdeputation hat Forschungsreisende finanziert, um Handelswege zu erkunden, aber einzelne Kaufleute engagieren sich meist wie Gustav oder Adolph Godeffroy, praktisch und nicht zu teuer, oder dekorativ wie Ernst Merck. Gustav hat Georg Neumayer 1856 freie Passage auf der LA ROCHELLE gegeben. Neumayer hat in Melbourne eine Wetterstation gegründet und erforscht Gezeiten, Strömungen, Stürme – einleuchtend für einen Reeder, der wünscht, daß die Reisen seiner Schiffe schneller und sicherer werden. Adolph hat den Vorläuferverein der Deutschen Gesellschaft zur Rettung Schiffbrüchiger 1861 mitbegründet, die 1865 auf die gesamte Küste ausgedehnt wird, und er sitzt im Verwaltungsrat der Seefahrtsschule auf Steinwerder, die seit 1862 künftige Kapitäne unterrichtet. Ernst Merck ist Präsident der Zoologischen Gesellschaft, seit 1863 gibt es am Dammtor einen Zoologischen Garten auf Aktienbasis, der Direktor heißt Alfred Brehm.

Cesar Godeffroys Sammlung soll auch den Einflußbereich seiner Firma demonstrieren, sein Forschungsreisender Graeffe auch Informationen über die Wirtschaft auf fernen Südseeinseln liefern. Doch aus Cesars Staunen über das Wunderbare in der Naturwelt ist ein neuer Wunsch gewachsen: Er will wissen, wie die Menschheit sich entwickelt hat. Bis vor wenigen Jahrzehnten hat die Bibel die Fragen nach dem Ursprung der Welt beantwortet. Noch Goethe meinte, daß es die Welt und die Menschen erst seit 6 000 Jahren gäbe. 1859 aber ist in England das Buch von Charles Darwin über die Entstehung aller Lebewesen aus gemeinsamen Urformen durch die Evolution erschienen. Wie soll das zugegangen sein? Wo sind die Menschen entstanden und wie haben sie sich über die Erde ausgebreitet?

Fast gleichzeitig mit Schmeltz stellt Cesar eine Frau ein – in einer Zeit, in der bürgerliche Frauen noch kaum angefangen haben, um das Recht auf Erwerbstätigkeit zu kämpfen. Als sie das erste Mal in seinem Kontor steht, wirft er sie hinaus. Als sie ein zweites Mal kommt, schickt er sie für zehn Jahre nach Australien.

2.

Amalie Dietrich geb. Nelle aus Siebenlehn in Sachsen ist 42 Jahre alt. Sie hat von ihrem Mann Wilhelm Dietrich das Bestimmen und Präparieren von Pflanzen gelernt. Ihr Mann hat gleich nach der Hochzeit seine Stellung als Apotheker gekündigt, um vom Verkauf von Pflanzen zu leben. Unter Gebildeten ist es Mode, eine Sammlung getrockneter Pflanzen zu besitzen – Farne, Moose, Gräser. Aber viel kann man mit Herbarien nicht verdienen.

Mit 27 Jahren bekam Amalie eine Tochter – Charitas. Ihr Mann war faul, verließ sie zeitweise, sie mußte die Familie ernähren. Sie wurde wortkarg, verschlossen. Sie machte Sammel- und Verkaufsreisen zu Universitäten, Apotheken, Schulen, zu Fuß nach Schlesien, Böhmen, nach Köln, den Tragkorb auf dem Rücken. Die Tochter blieb in Pflege. Amalie Dietrich hatte immer ein schlechtes Gewissen ihrem Kind gegenüber. Sie kaufte sich einen Wagen, den ein Hund zog, wanderte in die Salzburger Alpen. Wenn sie kein Geld hatte, schlief sie im Freien. Sie wanderte nach Bremen, Brüssel, nach Holland, um Meerespflanzen zu sammeln, diskutierte mit Direktoren botanischer Gärten, Universitätsprofessoren, die von ihrem Wissen beeindruckt waren. In Holland wurde sie krank, mußte in eine Klinik, kam mittellos wieder nach Hause. Ihr Mann war als Hauslehrer zu einem Grafen gegangen.

Diesmal konnte sie ihre Herbarien schnell verkaufen, konnte sich eine Bahnreise nach Hamburg leisten. Dort waren einige Botaniker so begeistert von der Qualität der Moosherbarien, daß sie Amalie Dietrich an Dr. Adolph Meyer weiter empfahlen, der in Barmbek eine Fabrik für Elfenbeinstöcke besaß und in einer Villa an der Alster wohnte. Er kaufte ihr alles ab, was sie noch hatte.

Meyer meint, ihr Leben wäre leichter, wenn sie sich anstellen ließe – er denkt an Cesar Godeffroy, der schon einen Naturforscher nach Samoa geschickt hat.

»Meinen Sie, daß er eine Frau anstellen würde?« fragt Amalie Dietrich.

Charitas Bischoff hat die Geschichte ihrer Mutter in einem Roman erzählt. Die Szenen, die sie beschreibt, und die Briefe, die sie abdruckt, sind zumindest gut erfunden. Sie hat Cesar Godeffroy selbst mehrfach getroffen und überliefert, wie er auf ihre Mutter und sie wirkte.

Sie fragt nach der Adresse von Cesar Godeffroy. Sie ist aufgeregt. Wenigstens das Haus will sie sich ansehen, in dem ein solcher Mann wohnt.

Der Alte Wandrahm ist eine düstere Straße mit hohen großen Häusern, N° 26 wirkt ernst und verschlossen. Sie wagt nicht, zur Haustür links zu gehen, geht rechts in den Torweg, der zu einem geräumigen Hof führt, den hohe Speicher einschließen. In der Mitte des Torwegs ist links eine Treppe zum Hochparterre. Auf der Tür steht »Kontor«. Sie klopft schüchtern. Jemand ruft von innen sehr laut »Herein!«.

Sie tritt in einen großen Raum, den eine Schranke in zwei ungleiche Teile trennt. Viele junge Leute stehen an hohen Pulten und schreiben eifrig. Ein junger Mann kommt an die Schranke und erkundigt sich nach ihren Wünschen. Sie fragt nach Herrn Godeffroy. Der junge Mann ist erstaunt, geht aber in einen Nebenraum.

Gleich darauf erscheint ein hochgewachsener stattlicher Herr. Sein scharfgeschnittenes Gesicht ist glattrasiert, die Züge haben etwas Festes, Strenges. Die ganze Haltung drückt Hoheit und Würde aus, und der Eindruck des Unnahbaren wird durch den tadellosen Anzug und den hohen steifen Vatermörder noch verschärft.

»Sie wünschen mich zu sprechen?« fragt er kurz, Mißbilligung, Staunen und Ungeduld in der Stimme. Als sie ihm erklärt hat, wer sie ist und was sie möchte, sagt er:

»Was denken Sie denn? Glauben Sie, daß wir Leute, die mal eben von der Straße hereinkommen, gleich anstellen? Wünschen Sie fremde Länder zu sehen, so bezahlen Sie einen Platz auf einem unserer Schiffe. Unsinn! – Noch dazu eine Frau! Was machen Sie sich wohl für einen Begriff von unseren Forderungen!«

Sie ist beschämt, gedemütigt. Sie hat nicht geahnt, wie hochmütig und schroff er ist. Aber sie hat auch einen dicken Kopf.

Ihre zweite Begegnung mit dem reichen Mann bereitet Amalie Dietrich gut vor. Sie bittet Professoren, die sie seit langem beliefert, um Zeugnisse und Empfehlungen, und Adolph Meyer spricht Godeffroy an der Börse an. Diesmal geht sie zur

Haustür. Ein Diener in hellblauer Livree meldet sie im Privatkontor:

»Frau Dietrich aus Sachsen mit einer Empfehlung von Herrn Dr. Meyer.«

Er läßt sie in den teppichbelegten Raum eintreten. Cesar Godeffroy steht hoch aufgerichtet an seinem Schreibtisch.

Sie hält ihm die Zeugnisse und Empfehlungen hin: »Würden Sie, bitte, einen Einblick in diese Papiere tun?«

Sie kommt überhaupt nicht auf die Idee, daß er kaum lesen kann. Für sie ist er groß, würdig, unnahbar.

»Sie kommen doch wieder? Nicht bange geworden, hm? Na, lassen Sie mal sehen!« Er will die Papiere seinem Sohn zeigen. »Sind Sie einverstanden, wenn wir Sie nach Australien schicken?«

Die lange Trennung von ihrer Tochter ist Amalie Dietrichs einziger Kummer. Aber nun kann sie Charitas auf eine höhere Töchterschule schicken und vielleicht auf ein Lehrerinnenseminar.

Amalie Dietrich, jetzt lebhaft, froh und ungeduldig, bereitet ihre Abreise vor. Cesar Godeffroy sorgt dafür, daß sie schießen lernt, mit Pistole und Gewehr, und Schmeltz lehrt sie, Vögel auszubalgen und Säugetiere und Fische auszunehmen und einzupökeln. Sie geht jeden Tag in den Speicher am Alten Wandrahm. Eines Morgens in der Pension steht plötzlich ihre Tochter vor ihr. Charitas ist fünfzehn und über Nacht aus Sachsen gekommen. Sie hat Angst, allein zurückzubleiben, will mit nach Australien. Das ist unmöglich.

Mutter und Tochter gehen gemeinsam auf den Speicher, und Charitas guckt durch die Luke, die unendlich hohe Hauswand endet unten direkt im Wasser: »Wie der Blick gehalten wurde von der trüben, träge dahinfliessenden Flut.«

Gemeinsam prüfen sie die Ausrüstung: ein Mikroskop. Eine Lupe. Pflanzenkunde, englisches Wörterbuch. 6 Insektenkästen, 6 Blechdosen mit Spiritus. 1 Schachtel Insektennadeln. 4 Beutel Hagel für das Gewehr, 10 Pfund Pulver, 1 Schachtel Zündhütchen. 2 Kisten Gift. 4 Kisten für lebendige Schlangen, 3 Fässer Salz, 100 Gläser mit großen Stöpseln …

3.

Amalie Dietrich geht am 15. Mai 1863 an Bord des Segelschiffs LA ROCHELLE. 450 Auswanderer reisen im Zwischendeck, sie bekommt eine Kajüte erster Klasse. Ihre Tochter weint.

81 Tage später segelt LA ROCHELLE den sich windenden Brisbane River hinauf. Amalie Dietrich fühlt sich einsam. Am nächsten Tag meldet sie sich bei Godeffroys Agenten, Christian Heußler, und sucht sich ein Häuschen am Fluß. Sie packt Mehl, Salz, Tee und Streichhölzer in ihre Schultertasche, setzt sich ihren großen Strohhut auf und wandert am Fluß entlang.

Amalie Dietrich ist glücklich. Sie versucht, den Kummer um ihre Tochter mit Gleichmut aufzufangen. Sie braucht für ihre Aufgabe Mut, Freudigkeit und innere Ruhe.

Amalie Dietrich an ihre Tochter: »Die Unbequemlichkeiten durch Hitze und Moskitos vergesse ich leicht über dem unendlichen Glücksgefühl, das mich beseelt, wenn ich auf Schritt und Tritt Schätze heben kann, die vor mir keiner geholt hat. Überall Neues, Unbekanntes! Ich durchschreite die weiten plains, durchwandere die Urwälder, ich lasse Bäume fällen, um die Holzarten, Blüten und Früchte zu sammeln, ich durchfahre im schmalen Kanoe Flüsse und Seen, suche Inseln auf und sammele, sammele!«

Ein Feuer im Haus zerstört, was mit dem nächsten Schiff nach Hamburg gehen sollte – Moose, Spinnen, Tausendfüßler, Schmetterlinge, Schädel und Skelette der Eingeborenen.

Cesar tröstet sie: »Wir können uns nur zu gut denken, wie unglücklich Sie hierüber sind, und auch wir beklagen diesen Verlust aufs tiefste. Solche Unglücksfälle liegen aber nicht in menschlicher Hand, und wollen mit Ergebung und Kraft getragen sein!«

Er ermuntert sie, den Verlust durch Tätigkeit schnell wettzumachen, und schickt ihr eine neue Ausrüstung. Er schreibt ihr jeden zweiten Monat, numeriert seine Briefe, diktiert Schmeltz. Er rät ihr, sich einen Mann als Hilfe zu suchen: »Arbeiten, die körperliche Kräfte beanspruchen, wie das weite

Tragen von Pflanzen und Tieren, das Packen von Kisten und Tonnen, kann ein anderer tun.«

Sie will den Brisbane River verlassen und nach Norden gehen, nach Rockhampton. »Wir freuen uns, daß Sie nördlicher gehen wollen, und möchten wir Sie nochmals bitten, nicht nur Skelette von dort vorkommenden großen Säugetieren, sondern auch möglichst Skelette und Schädel von Eingeborenen, sowie deren Waffen und Geräte zu senden. Diese Sachen sind sehr wichtig für die Völkerkunde.«

Cesars Schiffe bringen Kisten und Tonnen von Amalie Dietrich. Schmeltz packt vorsichtig Vogelbälge, Muscheln, Seesterne, Insekten aus und zeigt Cesar Tiere, die kaum ein Europäer kennt. Cesar knüpft Verbindungen zu den großen Forschungsinstituten in den Hauptstädten Europas an.

Die gelehrten Herren benennen Pflanzen und Tiere nach Amalie Dietrich – Nortonia Amalieae und Odynerus Dietrichianus zum Beispiel sind zwei bislang unbekannte Wespenarten –, und Cesar Godeffroy, der sonst stets an erster Stelle stehen will, freut sich darüber.

Er bittet sie um zwei Fuß lange Probeblöcke aller dort vorkommenden Bäume, »Orchideen hätten wir sehr gerne lebend«. Sie schickt ihm Ameisenigel und Fliegende Hunde, Schnabeltiere und Koalas in Spiritus. Sie schickt Tauben und die zwölf weißen und zwölf schwarzen Kakadus, die Schmeltz bei ihr bestellt hat.

Ihre Tapferkeit und ihr Fleiß imponieren Cesar, ihr Wissen, ihr Können, die Qualität ihrer Sammlungen. Er hat immer neue Wünsche, berät sich mit Schmeltz, läßt ihr mitteilen, was mit ihren Sendungen geschieht, die Beschreibung der Fische erfolge in Wien.

Schmeltz: »Känguruhs wollen Sie in Zukunft nicht mehr in Spiritus, sondern nur in trockenen Skeletten oder in Bälgen senden.«

Amalie Dietrich will weiter in den heißen Norden gehen, nach Mackay, und bei den Aborigines leben. Cesar diktiert Schmeltz, sie soll ihre Aufmerksamkeit den Werkzeugen, Waffen und Kanus der Ureinwohner zuwenden und studieren, wie

8 Die vereiste Elbe bei Neumühlen, Ölgemälde, 1839

9 Brigg ADOLPH, Hinterglasmalerei,
wohl von C. L. Weyts, undadiert

1813 – 1830 – **1840** – **1850** – 1860 – 1870 – 1880 – 1913

Immer mehr Hamburger schicken Schiffe nach Übersee, jagen sich auf der anderen Seite der Welt Handelsgeheimnisse ab und bauen selbst im Verborgenen Geschäfte auf.

1813 – 1830 – **1840** – **1850** – 1860 – 1870 – 1880 – 1913

10 Der Jonashafen mit den Landungsbrücken für Dampfschiffe, Aquarell von Peter Suhr, um 1845

Sir George Grey, Gouverneur von Britisch-Kaffraria, hat bei Godeffroys 15 000 Menschen bestellt: Verheiratete respektablen Charakters, gesund, geimpft, kein Ehepartner über 45. Keine unehelichen Kinder.

11 Peter Godeffroy mit Auswanderern im Sturm, Ölgemälde von Egide Linnig, 1855

Kennst du die Stadt, wo voller Edelsinn
Man Schiffe giebt zur deutschen Flotte hin?
Das heißt für Geld, für schweres Geld
Ein Wrack, das in sich selbst zusammenfällt!

12 Deutschland ex Cesar Godeffroy,
32 Geschütze, Stich.

1813 – 1830 – **1840** – **1850** – 1860 – 1870 – 1880 – 1913

Adlige, Industrielle und Kaufleute wie Senator Gustav Godeffroy bauen sich als Landhäuser mittelalterliche Burgen mit Türmen, gotischen Spitzbogen und Zinnen. Man sieht mit weher Nostalgie auf ein Zeitalter zurück, in dem die niederen Klassen ihren Platz noch kannten.

13 Beausite, Farblithographie von Wilhelm Heuer, 1857

Elternschlafzimmer – Bibliothek – Halle – Dienerzimmer – Saal – Anrichte

14 Das Godefroy'sche Landhaus, Stahlstich von Julius Gottheil, um 1860

15 Beausite mit Hapag-Dampfer SILESIA, Lithographie von Wilhelm Heuer, nach 1869

16 Stich von Julius Gottheil, um 1860

1813 – 1830 – 1840 – 1850 – **1860** – 1870 – 1880 – 1913

17 Niederhafen von der Kehrwiederspitze stromab

18 Deichstraßenfleet

1813 – 1830 – 1840 – 1850 – **1860** – **1870** – 1880 – 1913

19 Kleines Katharinenfleet

1813 – 1830 – 1840 – 1850 – **1860** – **1870** – 1880 – 1913

20 *Das Elend verdoppelt die Zahl der Auswanderer nach USA. Jede Woche geht ein* Hapag-*Dampfer nach New York ab.*

1813 – 1830 – 1840 – 1850 – **1860** – **1870** – 1880 – 1913

Direktor Adolph Godeffroy rechnet für die Überfahrt zehn Tage und sechs, sieben Tage für Löschen und Laden am Kai.

Godeffroys Reiherstieg-Schiffswerfte und Maschinenfabrik *ist mit nun 800 Arbeitern das größte Industrieunternehmen Hamburgs*

1813 – 1830 – 1840 – 1850 – **1860** – **1870** – 1880 – 1913

21 Holzstich von Rau nach einer Skizze von Haase

22, 23 *Cesar baut das modernste Stahlwerk in Deutschland, das Eisen- und Stahlwerk zu Osnabrück.* Die Firma *Joh. Ces. Godeffroy & Sohn* hat 70% der Aktien gezeichnet, weitere 20% kaufen Cesars Elbchaussee-Freunde.

1813 – 1830 – 1840 – 1850 – **1860** – **1870** – 1880 – 1913

sie jagen und fischen und wie sie ihre Geräte anfertigen. Sie soll die Lebensweise der Tiere in der Natur beobachten.

Ein Ochsentreiber und seine Frau nehmen sie mit in das Innere zum Lake Elphinstone. Zwei Ochsenkarren mit je zwölf Ochsen – den einen lenkt er, den andern seine Frau – bringen Lebensmittel zu abgelegenen Farmen und holen Wolle. Vier Woche fahren sie durch das heiße trockene stille Land. In einem Jahr wollen der Ochsentreiber und seine Frau wiederkommen und sie abholen.

»Ich gebe das Fest nicht, man giebt es mir«

1.

Neue Leute kommen an die Elbchaussee, nun eine breite Schicht von Wohlhabenden, die ihre Sommervillen etwas weiter im Land bauen, ohne Elbblick, aber mit großen Gärten. Der Zauber der Elbe reicht bis in die Dörfer der Geest. Auch die Kinder aus den Villen spielen im Sommer unten am Strom und gehen bei Ebbe auf dem festen Schlick weit nach Westen, wo aus dem Dunst Dampfer und Segelschiffe auftauchen.

Kaufleute, die bislang in gemieteten Häuser am Fluß lebten, haben nun genug Geld, um zu bauen. Die Brüder O'Swald kündigen das Landhaus, das ihr Vater im alten de Boerschen Park von Cesar Godeffroy gepachtet hat, und legen auf eigenem Grundstück einen Park mit einer privaten Landungsbrücke am Elbufer an. Carl Johannes Wesselhoeft und seine Frau Therese greifen zu, als ein Kaufmann aus der Familie Vidal sich nicht mehr an der Elbchaussee halten kann, und Johannes Eduard Mutzenbecher, der in Peru reich geworden ist und in der Krise 1857 Staatsgelder bekommen hat, kauft sich an, als nach dem Tod von Frau Konsul Emilie Rücker, einer Schwester von Marianne Godeffroy, die Erben den großen Besitz teilen.

Auch Robert Miles Sloman fühlt nun, daß er an die Elbchaussee gehört, und kauft Land von den Rückerschen Erben. Er besitzt eine gotische Villa an der Außenalster, Harvestehuder Weg N° 61, und geht oft zu Fuß hinaus an die Elbe, die Zeitung unter den Rock eingeknüpft als Schutz gegen den Westwind. Er läßt auf seinem neuen Besitz seltene Farne anpflanzen und Palmen in einem Glashaus ziehen, doch es nutzt nichts: Er gehört nicht zur Gesellschaft am Fluß. Die feinen Fäden, die hier die Familien miteinander verbinden, laufen an ihm, seiner Frau und seinen fünf Töchtern vorbei.

2.

Cesars Kinder sind heiratsfähig. Jedes Kind ist eine Chance, das Geflecht der Macht zu erweitern. Cesar verschwägert sich mit dem Altadjungierten August Joseph Schön, *A. J. Schön & Co.*, Alter Wandrahm, dem superreichen Selfmademan und mit zwanzig Schiffen bedeutendsten Westindienreeder Hamburgs.

Schön ist ein kleiner, etwas fetter, weißhaariger Mann mit dunklen Augenbrauen und einem aufmerksamen Blick – ein konzentrierter Mann wie Cesar, dessen Söhnen es so ergeht wie Cesars Söhnen: Es ist nicht einfach, einen solchen Mann zum Vater zu haben, oft entmutigend, vor allem für die zweiten und dritten Söhne, die die Firma nicht braucht.

Schön kauft seinem Zweiten, Matthias, die Herrschaft Brestau in der Niederlausitz, und der 22jährige verlobt sich im März 1860 mit der 18jährigen Charlotte Godeffroy.

Cesars Töchter, frisch, pausbäckig und blond, sind in Lübeck in Pension gewesen, bei Fräulein Plessing wie viele junge Damen aus Hamburg, und auch in Lübeck konfirmiert worden. Sie haben Englisch und Französisch gelernt, Klavierspielen und Singen und beim Hauspersonal ihrer Mutter Schneidern und Kochen. Sophie, die Älteste, hat in Wien bei Onkel August und Tante Helene den Kaufmann Constantin Curti getroffen und ihn 1859 im Landhaus an der Elbchaussee geheiratet. Eine Wiener Heirat ist nicht schlecht, aber Charlottes Verlobung mit Schöns Sohn ist für den Papa besser.

Onkel Adolph hat Pech gehabt. Adolphito ist, 18 Jahre alt, mit einer Zirkusreiterin nach Amerika durchgebrannt. Sie heißt Henriette Kohfahl, er hat sie in New York geheiratet, und nun, im April 1860, bekommt das Paar einen Sohn.

Charlotte heiratet im Oktober 1860 still im kleinsten Kreis, denn Sophie Godeffroy ist gestorben.

Emmy klebt Gustavs Todesanzeige in ihr Gesangbuch: »Auf meinem Landsitze an der Elbe entschlief nach längerem Krankenlager heute früh 1 Uhr zu einem besseren Leben meine innig geliebte Gattin Sophie geb. Hanbury, in ihrem 34sten Lebensjahr, tief betrauert von mir, meinen Kindern und Anverwandten. Hamburg, den 10ten August 1860. Gustav Godeffroy.«

Sophie hatte Tuberkulose, eine Krankheit, die die Lungen zerstört und an der jeder zweite, der sich ansteckt, stirbt. Sie lag seit Februar im Bett, war schon zu schwach für einen Klimawechsel, hatte Fieber, Kopfweh, Schmerzen, schrieb nur noch wenig mit zitternder Hand.

Gustav ist nun allein mit der elfjährigen Susanne, dem neunjährigen Gustav und dem sechsjährigen Etienne. Er stellt eine Hausdame und eine Gouvernante ein und geht auf Reisen. Wenn er in Hamburg ist, ist er abweisend und reizbar, sogar zu seinen Kindern. Er stürzt sich in Arbeit.

Der Winter 1862 ist heftig und kurz. Schon Ende Januar bricht das Eis auf der Elbe, die Schiffahrt ist offen und Tausende haben wieder Arbeit. Die Hamburger können behaglich in der Zeitung lesen: »*Ein verehrter und hochgeachteter Bürger unserer Vaterstadt*, ein Patriot in der vollsten Bedeutung des Wortes, Herr Cäsar Godeffroy, feierte am 2. Februar das schöne Fest seiner silbernen Hochzeit.« Der Reporter verspricht, »Lesern und Leserinnen einige von den Herrlichkeiten der drei Festtage« anzuvertrauen.

Am Abend des ersten Festtages gab es bei Adolph und Tony

in der Deichstraße selbstgedichtete Sketche. Im ersten, »Erinnerungen«, Blumenspiel in einem Akt, spielten die Frauen und Töchter der Familie, im zweiten, »Ein Gruß aus den Forsten«, die Söhne. Peter Godeffroy, vierzehn, war eine Fichte aus der Tannenkoppel, sein Cousin Frederik Hanbury eine Tanne aus Iserbrook, August und Gustav, beide elf Jahre alt, waren zwei kleine Setzlinge vom Falkenstein. Im Schwank »Die neue Heilmethode« trat Cesar junior als singender Apotheker auf, und zum Schluß stellten alle ein lebendes Bild und hielten die Namen Cesar und Emmy und das Familienwappen hoch.

Am Morgen des zweiten Festtages, eines Sonntags, standen Kutschen auf beiden Seiten des Alten Wandrahm: Empfang bei Godeffroys. Freunde und Bekannte grüßten und huldigten Herrn Godeffroy und seiner »liebenswürdigen noch immer schönen Gattin«. Der Reporter durfte sich die Geschenke ansehen und fand sie prachtvoll: zwei silberne Kandelaber von Emmys Mutter, ein herrlicher silberner Tischaufsatz im Stile Ludwigs XVI. von Gustav, schöne Damenarbeiten – das waren Stickereien – und frische Blumen. Nach dem Empfang fuhr der engste Familienkreis von sechzig Personen zu Gustav in die Büschstraße zum Festdiner.

Am Montagabend ist großer Ball bei Cesar und Emmy, zu dem »la ville et les Faubourgs« geladen sind, die Stadt und die Vororte. Diele und Treppe sind festlich geschmückt, die Salontüren stehen offen, in den Sälen brennen Hunderte von Wachskerzen auf Kronen und Leuchtern in warmem, goldenen Licht. Plötzlich sprengen auf prachtvollen Pferden spanische Granden mit ihren Damen und heldenhafte Zigeuner vors Haus – wie am Polterabend vor vielen Jahren. Das »ritterliche Costume, in welchem unsere jeunesse d'orée auf dem godeffroyschen Balle« erscheint, begeistert den Reporter, das eines Cavaliers koste über 1 000 Mark. Herren und Damen steigen ab und führen einen koketten Tanz zu spanischer Musik auf. Der Höhepunkt: eine Quadrille, acht Herren auf mutigen Rossen.

Herr Godeffroy ist tief bewegt: »Ich gebe das Fest nicht, man giebt es mir.«

Bis drei Uhr morgens ist Tanz, dann gewinnt der Alte

Wandrahm, »die ödeste der Gassen der Altstadt«, seine unheimliche Ruhe wieder.

Große Feste sind auch eine Selbstdarstellung der Firma und sollen das Zugehörigkeitsgefühl der Angestellten festigen. Cesar junior schildert Unshelm im fernen Apia die Silberhochzeit seiner Eltern und liest acht Monate später Unshelms gerührte Antwort, die endet: »Und möchte auch Ihnen bald eine holde Gattin zu Seite stehen, um Ihnen die oft dornigen Pfade dieses Erdenlebens in einen Blumengarten zu verwandeln, freilich wo Rosen sind, gibts auch Dornen, aber oft finden sich Dornen u. Disteln u. keine Rosen u. dann ist alles öde. – Entschuldigen Sie Excesse, aber das Hertz spricht! –«

Cesar junior, lebhaft, gesellig und in Herrenkreisen sehr beliebt, läßt sich Zeit mit dem Heiraten. Eine Heirat ist immer noch ein Beistandspakt von Familien. Cesar und seine Brüder haben den Außenseiterstatus der Godeffroys noch nicht endgültig abgelegt – die richtige Heirat steht noch aus.

Auch runde Geburtstage feiern Godeffroys aufwendig. Die Familie pflanzt zu Cesars Fünfzigsten eine Eiche an den Nordrand seines jungen Waldes in Iserbrook. Trotz des sommerlichen Geburtstagsfestes ist das Jahr 1863 traurig für Cesar und Emmy. Ihr Sohn Peter wird von einem Pferdehuf am Kopf getroffen, es ist ein schlimmer Unfall, der ihnen lange Sorgen macht. Cesar junior hält seinen Bruder Peter seitdem für mäßig begabt und macht Witze über Kaufmannssöhne, die zu dumm fürs Kontor sind und daher aufs Land oder zum Militär gehen müssen. Im November stirbt die älteste Tochter Sophie, 24 Jahre alt, Mutter eines kleinen Sohnes. Sie stirbt auf dem Schiff, das sie von Southampton nach Madeira bringen sollte, an Auszehrung. Auszehrung kann alles sein, von Tuberkulose bis Traurigkeit.

Cesar junior verlobt sich im März 1865 mit Elisabeth Donner. Sie heiraten am 23. Mai 1865 in der kleinen Heilig-Geist-Kirche in Altona. Nun endlich ist die Familie Johan Cesar Godeffroy mit alten Hamburger Familien verwandt – genaugenommen gleich mit allen.

Elisabeth Eleonore Donner, geb. am 3. September 1845 in Altona, ist die Tochter von Johann Julius Donner, Kaufmann und Königlich Sizilianischer Konsul in Altona, und der Juliane Storjohann, geboren in Wyk auf Föhr. Elisabeths ältere Schwester Juliane hat vor einem halben Jahr Johann Gossler, *Joh. Berenberg, Gossler & Co.*, Alter Wandrahm, geheiratet. Das Unternehmen besteht seit 1590 – ist eine der ganz wenigen alten Firmen in Hamburg. Die jetzigen Chefs und Herren Gossler sind schon mehrfach mit den Donners verwandt, außerdem sind sie mit den Amsincks verschwägert, seit dem 16. Jahrhundert Kaufleute in Hamburg, die wiederum mit den Schubacks. Cesar junior hat die alte Außenseiterposition der Godeffroys nun auch gesellschaftlich überwunden.

»Er ist sehr glücklich über seine Wahl und wir sind es natürlich mit ihm«, schreibt Emmy an Cousine Ida Müller geb. Meyer in Hannover, die Schwester von Cesars Mutter. Betty Donner sei rein und weich, anspruchslos und liebenswürdig.

Adolphitos Zirkusreiterin Henriette Kohfahl ist das nicht. Als er wieder in Hamburg Fuß fassen will – der kleine Sohn ist gestorben –, machen die Frauen der Familie das dem durchgebrannten Ehepaar klar, still und sehr nachdrücklich in Salons und bei Diners. Eines Tages bleibt die Zirkustänzerin nach einer Einladung in das Landhaus an der Elbchaussee weg. Aber sie rächt sich. Sie weigert sich, sich scheiden zu lassen, und Adolphito muß wieder nach Amerika gehen.

Emmy sorgt dafür – aus dem Hintergrund, still und eisenhart –, daß ihr Sohn Peter nicht die gleiche Dummheit macht wie sein Cousin. Peter lernt seit Frühjahr 1865 auf einem Gut in Holstein die Landwirtschaft. Als er sich bei einem Kuraufenthalt in Aachen mit einer Engländerin verlobt, die keiner kennt, ist es vernünftig, daß er – anders als Charlotte und Matthias Schön – noch ein Jahr mit der Hochzeit wartet. Man hört nie wieder von dieser Verlobung.

3.

Frauen führen die Familien im Kampf um die Spitzenpositionen in der Gesellschaft. Sie treffen sich zum Jour fixe, reihum in den Privathäusern, einmal in der Woche. Sie wissen, wer sich was leistet und was das kostet, wer wieviel verdient und wessen Kinder vielversprechend sind oder mißraten – kennen Finanzen und künftige Führungskräfte anderer Familienfirmen. Sie besprechen miteinander, wer eingeladen wird und wozu, bahnen neue Bekanntschaften an. Frauen entscheiden, wer zur Spitze der Gesellschaft gehört und kämpfen zugleich darum, selbst dazuzugehören.

Es ist Aufgabe der Frauen, ihre Familie als starke Formation in diesem Kampf zusammenzuhalten – in den meisten guten Familien ist der Mittwoch oder der Donnerstag Familientag. Emmy hat im Sommer wochenlang Verwandte zu Gast an der Elbchaussee. Die Enkelkinder aus Schlesien, Wien und Hamburg lernen, stolz auf den *Namen* zu sein. In der Loggia hängen bunte Tabellen mit Nationalflaggen und Kontorflaggen, und bei gutem Wetter stellt der Diener das Fernrohr auf. Fährt ein Godeffroy-Schiff vorbei, dippt es die Flagge mit dem goldenen Falken, und Emmy und die Kinder winken mit einem Tuch.

Zu Verwandten in anderen Städten hält Emmy Kontakt durch Briefe, gratuliert zu Familienfesten und Gedenktagen. Sie schreibt ungern und greift oft auf Floskeln zurück, aber ein schlichtes Wer-tut-was genügt schon. Sie ist eher zurückhaltend mit Informationen im Nachrichtennetz der Frauen und reagiert gelassen auf Gerüchte von Skandalen. Sie interessiert sich für Kinder, Mode und Gesundheit. Wer schwach ist in der Familie, Pflege und Fürsorge braucht, fühlt sich bei ihr aufgehoben. Ihre Tochter Charlotte bekommt ihre Kinder bei ihrer Mutter an der Elbchaussee.

Der Briefwechsel mit Verwandten in kleineren Städten hat auch eine praktische Seite: Hilfe bei der Suche nach Dienstboten. Als Emmy eine geübte und feine Kammerjungfer sucht, die schon in ansehnlichen Häusern und Familien gedient hat, wendet sie sich an Cousine Ida: »Die Jungfer muss einfach, aber gut frisieren, gut nähen und schneidern können und auch mit der feinen Wäsche Bescheid wissen, da sie alle meine Kragen und Ärmel und Taschentücher waschen und plätten muß, so wie auch ihre eigene Wäsche plätten muß. Ich habe alle Wäsche im Hause. Sie bekommt ihr Zimmer für sich, muß es aber rein halten. An Lohn gebe ich 100 bis 120 Th. cr. und 24 Th. zu Weihnacht. Sie hat Wäsche und sonst Alles frei d. h. Thee, Kaffee, Zucker etc.«

Die Briefwechsel der Frauen sind keineswegs nur Strategie. Die Frauen trösten sich bei Krankheit und Tod, versichern sich ihrer Freundschaft, ihrer Liebe, teilen ihre Freuden. Von einer Reise nach Bad Ems berichtet Emmy der Cousine: »Godeffroy meint sogar, daß seine Augen sich gebessert hätten; möchte er sich nicht irren!«

Strategie aber verrät sich in der Pflicht, regelmäßig schreiben zu müssen. Unter dem freundlichen und besorgten Auskunftgeben und Auskunftfordern zeigen sich immer wieder Kontrolle und Korrektur: Die Frauen klären ihre Urteile und ihr Verhalten ab, stellen consens her.

Die Öffentlichkeit ehrt Frauen, die wie Emily Godeffroy née Hanbury Ansehen und Würde ihrer Familie und Firma vertreten. Man grüßt sie höflich, wenn sie in ihren Equipagen durch die Straßen fahren. Senatorenfrauen spielen die erste Rolle in der Stadt, und der Syndikusfrau Louise Merck née Godeffroy macht man Platz, wenn sie in einem schweren dunkelgrünen Moireekleid mit breiten Brüsseler Spitzen und Perlenkette auf den Gesellschaften erscheint.

Auch mit ihren Kleidern stellen die Frauen sich und ihre Familien dar, halten auf Abstand und Würde. Die Hamburger Damen tragen, wenn sie Besorgungen machen oder Besuch, ihre Seidenkleider wie eine Uniform.

Emmy ist mit Ende Vierzig, Anfang Fünfzig eine hübsche Frau, freundlich und zufrieden. Ihr Haar ist in der Mitte gescheitelt, über den Ohren glatt gebauscht, und auf dem Scheitel sitzt die kokette Andeutung eines Häubchens, dessen Spitzenband über eine Schulter hängt. Ihre Besuchskleider sind hochgeschlossen, das Oberteil ist ganz schlicht und liegt eng an. Die Ärmel sind oben eng, unter den Ellbogen aber weit und an den Handgelenken zusammengefaßt. Der Rock ist riesig – der Reifrock adliger Rokokodamen, den Kaiserin Eugénie in Paris während einer Schwangerschaft, die sie verstecken wollte, wieder in Mode brachte, und der den Zeitgeist der Bürger traf. Mindestens neun Unterröcke liegen auf einem Gestell aus acht und mehr Reifen, die nach unten weiter werden. Einer dieser Unterröcke ist mit Roßhaar – französisch »crin« – abgesteift. Eine Krinoline können nur Frauen tragen, die nicht arbeiten. Sie ist wie ein Käfig, ein kostspieliges Privatgefängnis.

Wenn eine Dame sich setzen will, drückt sie die Krinoline mit der Hand vorne leicht an ihr Bein – der rückwärtige Rand des Reifengestells hebt sich. Eine wirkliche Dame weiß, ohne sich umzusehen, wann er in Sitzhöhe ist. Sie tritt rückwärts und läßt ihn auf dem Sitz bis zur Stuhllehne gleiten. Wenn sie sich nun mit geradem Rücken langsam auf die Stuhlkante setzt, legen sich die Reifen der Krinoline hinter ihr zusammen. Eine Dame verbirgt ihre Füße immer unter den Röcken.

Emmy, ihre Freundinnen und die Töchter gehen zu Vorträgen und Konzerten, besuchen Theater, Kostümfeste, Bälle. Sie besitzen Kleider aus feingestreiftem Taft, aus mattschimmerndem Atlas, aus damaszierter Seide. Zu Bällen tragen sie duftige Kleider aus Voile, einem weichen, fliegenden Stoff, mit tiefen Ausschnitten und Stufenröcken – die französische Kaiserin soll ein Seidenkleid mit 103 Tüllstufen besitzen.

Die Damen sind kostbar gekleidet, doch die Gespräche mit ihnen sind für Männer oft langweilig. Die Damen sind ungebildet und kommen wenig mit unterschiedlichen Menschen zusammen. Was auf der Welt geschieht, beurteilen sie nach Gesichtspunkten aus dem kleinen und lokalen Leben.

Dieses Urteil fand ich in den Lebenserinnerungen des Zeitgenossen Julius von Eckardt, der damals als Redakteur des Hamburgischen Correspondenten und der Hamburgischen Börsenhalle die gute Gesellschaft beobachtete.

Von Frauenemanzipation ist unter Damen der ersten Gesellschaft keine Rede. Jede dritte Frau ist erwerbstätig, aber nur als Dienstbote oder Fabrikhilfsarbeiterin. Frauen, die wie Emilie Wüstenfeld über Fortbildungsschulen für Mädchen nachdenken, kommen aus gebildeten und wohlhabenden Häusern, aber Damen halten sich von solchen Bestrebungen fern.

Als 1864 Krieg ausbricht, helfen auch sie. Der König von Dänemark ist gestorben, und der junge Herzog von Augustenburg, der Sohn von Cesars altem Freund, erklärt seinen Regierungsantritt als Friedrich VIII. von Schleswig. Dänemark wehrt sich, der Deutsche Bund schickt preußische und österreichische Truppen, in ganz Deutschland herrscht Begeisterung, daß Schleswig nun gerettet werden soll.

Kriegszeiten sind für Damen große Zeiten. Sie dürfen ihr Organisationstalent entfalten und mit wichtigen Herren der Stadt verhandeln. Damen aus mehreren Hilfsvereinen wollen einen eleganten Basar veranstalten, und Herr Streits stellt den Eßsaal seines Hotels am Jungfernstieg zur Verfügung. Vierzehn Tische reichen kaum für alle Spenden. In der Mitte des Saals sind die Handarbeiten der Damen der herzoglichen Familie ausgestellt. Die Herren überbieten sich bei der Versteigerung, die Räume sind zeitweilig überfüllt, der Basar bringt 36 104 Courantmark.

Dann ist der Krieg vorbei, und die Damen und ihre Töchter fallen in den alten beschäftigten Müßiggang zurück. Pauline Ruperti geb. Merck, *H. J. Merck & Co.*, seufzte einmal: »Ach, daß der liebe Gott uns so viel irdisches Gut gegeben hat, daß mir alles abgenommen wird und ich selbst zu wenig zu tun habe – ich wäre gewiß glücklicher, wenn wir weniger hätten!« Von der reichen Gundalena Sloman, der Ehefrau des alten Sloman, heißt es, sie gehe, sehr zum Mißfallen ihres Mannes, sogar manchmal selbst in die Küche.

Der bürgerliche Mittelstand orientiert sich an der ersten Gesellschaft, aber viele unvermögende Mädchen würden lieber Geld verdienen, als auf einen Ehemann warten zu müssen. Der Stadtstaat Hamburg ist weit liberaler als die meisten deutschen Staaten, nur hier findet Louise Otto einen Verleger für ihr

Buch »Das Recht der Frauen auf Erwerb« – die Dichterin, die 1848 gefordert hat, die Emanzipation der Bürger müsse auch eine Emanzipation der Bürgerinnen sein. Damals hat die Regierung in Preußen den Frauen verboten, politische Versammlungen zu besuchen, und die Regierung in Sachsen hat ihnen verboten, Zeitungen zu herauszugeben. Nun haben auch Senat und Bürgerschaft ein Gesetz gegen Frauen erlassen: Sie dürfen keine Bürgerinnen mehr sein.

Seit Jahrhunderten konnten sie den Bürgereid schwören und ein Erbe besitzen, selbständig ein Geschäft betreiben und ein Konto bei der Bank eröffnen. Die politischen Mitspracherechte, die mit dem Grundbesitz verbunden waren, ruhten bei Frauen. Aber mit dem Eid verpflichteten sie sich vor Gott, für das Wohlergehen der Stadt zu sorgen, für das Gemeinwohl. Nun bestimmt das Gesetz über Staatsangehörigkeit und Bürgerrecht vom 7. November 1864, daß jeder volljährige männliche Staatsangehörige das Bürgerrecht erwerben kann. Dieses neue Bürgerrecht gewährt nur noch einen Vorteil: das Wahlrecht zur Bürgerschaft, sofern der Bürger Steuern zahlt. Schon das alte Bürgerrecht gab Kauffrauen keine politischen Rechte. Aber nun nimmt man ihnen auch die Ehre und das Ansehen, Bürgerin zu sein in einer Stadt, in der bei jeder feierlichen Gelegenheit Reden über das Ideal des Bürgers gehalten werden. Das Gemeinwohl ist nicht mehr ihre Sache.

Emmy gibt sich Mühe, als gute Hausfrau zu gelten. Rezepte, die Cousine Ida ihr schickt, läßt sie vom Diener in die Küche bringen, damit der Koch sie ausprobiert. Im Landhaus steckt sie Blumensträuße in der Schrankstube hinter dem Saal, aber die meisten Sträuße steckt doch der Gärtner. Sie legt gern die Konfektschalen zu den Diners am Fenster aus, denn ihre Enkelkinder passen diesen Augenblick ab und rufen unter dem Fenster »Guten Morgen, Großmama«, und sie wirft ihnen Pralinen zu.

Später erinnern die Enkel sich besonders daran, daß Großmama im Haus am Alten Wandrahm im Wohnzimmer mit einer Handarbeit in ihrem Stuhl am Fenster saß.

Das ist die Haupttätigkeit der Damen: sticken. Adrett gekleidet sitzen sie in für sie maßgearbeiteten Lehnstühlen und sticken, und wenn sie sich am Jour fixe treffen, haben sie die Handarbeit dabei. Amalie Dietrich fängt sieben Meter lange Krokodile für Cesar Godeffroy – die Damen Godeffroy, ihre Cousinen, Tanten, Schwestern, Schwägerinnen, Nichten, Töchter, die Gesellschafterinnen, Gustavs Hausdame und die Gouvernante sticken. Zu Cesars und Emmys silberner Hochzeit haben 22 Damen Bezüge für drei Lehnstühle, fünf Schemel, vier Kissen, zwei Lampenschirme, einen Ofenschirm und eine Klavierdecke gestickt – Gobelinstickerei in Wolle. Sie stickten für den ovalen Gartensaal im Landhaus an der Elbchaussee, für den roten Salon und für Emmys Schreibkabinett – noch ein Fensterkissen, es zieht vom Fluß her.

Die Damen müssen bei jeder Hochzeit erneut sticken, und Gustavs Tochter Susanne, die mit dreizehn die Klavierdecke für Tante Emmy stickte, schreibt mit sechzehn ihrem Cousin Cesar und seiner Frau Betty, die auf Hochzeitsreise in Italien sind: »amüsiert euch recht schön, u. bleibt noch lange fort, denn sonst bekomme ich mein Hochzeitsgeschenk nicht fertig!«

Susanne zeigt den Jungverheirateten die bevorstehende zweite Heirat ihres Vaters an. Gustav hat den Kindern, die sich von ihm vernachlässigt fühlen und sich gegen eine Stiefmutter sträuben, energisch seine Wünsche mitgeteilt. Er ist ungeduldig mit seinen Söhnen, hart sogar zu Gustav – Etienne, der zweite, gilt als minderbegabt. Nur Susanne verschließt sich nicht vor ihrem Vater:

»Papa wird sich noch einmal verheirathen zu unser Aller Freude mit Madame Jadimérovsky (née Dreyer) aus Moscau, sie ist ebenso gut als liebenswürdig, klug, pfiffig und geschickt und wird uns gewiß eine gute Mutter werden, wir gehen ihr wenigstens mit Liebe und Vertrauen entgegen.« Dies sind Worte eines Erwachsenen, Gustavs oder der Gouvernante, die den Brief genehmigt hat. »Nun wird sich unser ganzes Hauswesen zum Vortheil verändern, es wird uns gewiß sonderbar vorkommen (ich werde meine selige Mama auch gewiß nie nie vergessen).«

Gustav heiratet Madame Julie Jadimérovsky am 3. September 1865 in Moskau. Sie ist 27 Jahre alt, Tochter eines reichen Kaufmanns und Ehrenbürgers von Moskau, seit sechs Jahren Witwe eines Mitglieds des Verwaltungsrats der Saratoff-Eisenbahn-Gesellschaft.

Julie – französisch ausgesprochen – ist keine Schönheit, jedoch sprach- und weltgewandt und außerordentlich elegant. Die Damen beneiden sie um ihren märchenhaften Brillantschmuck, Sterne und Halbmonde, im Haar zu tragen, Ohrringe und Broschen, Armbänder, Ringe. Sie tritt großartig auf und entzückend, ist Gustav an Arroganz und Witz gewachsen. In der Hamburger Gesellschaft ist ihr rollender Baß schnell bekannt, und in den Salons sammeln die Herren sich um sie, wenn sie mit russischem Akzent amüsante Geschichten und scharfe Kritiken von sich gibt. Gustav hat eine Weltdame geheiratet, Julie mit Baß und Brillanten. Er lädt nun wieder zu Geselligkeiten und Diners ein.

4.

Die Bürger feiern gern und prächtig in diesen Jahren. Cesar macht aus zwei Festen Traditionen in der Gesellschaft. An jedem ersten Januar lädt er zum Tannenbaumplündern und Neujahrsball in sein Stadthaus. Im Herbst lädt er in sein Landhaus zu Treibjagden in Iserbrook, Falkenstein und anderen seiner Wälder.

Morgens fährt Kutscher Friedrich mit der Brake am Haus vor, das ist ein offener Omnibus mit Seitensitzen, und bringt die Jäger hinaus. Friedrich hat die eleganten Füchse vorgespannt, für die Cesar eine Vorliebe hat, rötliche Pferde, deren Mähne und Schweif die gleiche Farbe haben wie das Fell. Nachmittags bringt Friedrich die Jäger wieder zurück, und während sie im Saal tafeln, kommt der Blockwagen aus dem Wald mit einem Gestell, an dem das erlegte Wild hängt. Die

Jäger legen die Strecke auf dem Rasen vor dem Haus, und Wildmeister Jordan und Förster Ziegenfuß in grüner Uniform und mit Hirschfänger stellen sich rechts und links davon auf. Die Jäger verblasen das Wild, und die Herren kommen die Treppe herunter und betrachten die Strecke.

Cesar und Emmy sind nie allein. Fast jeden Abend deckt die Dienerschaft im Saal des Landhauses zu Diners, und die kleinen Kinder der Familie, die im Kavaliershaus wohnen, verstecken sich in einem Busch und sehen zu, wie die Gäste in schönen Equipagen mit livrierten Dienern auf dem Bock am »grossen Haus« vorfahren. Cesar junior zieht fast täglich den Frack an und ißt bei seinen Eltern, auch wenn einmal keine Gäste da sind – der Sohn muß zur Verfügung stehen.

Cesar bietet seinen Hamburger Freunden Gäste, die sie nicht bei jedem Überseekaufmann treffen: Ernst Haeckel zum Beispiel, Professor der Zoologie in Jena, der Quallen erforscht und für Darwins Abstammungslehre – Vulgärfassung: Wir stammen vom Affen ab – kämpft. Oder Rudolf Virchow, Pathologe und Professor in Berlin, Mitglied des preußischen Abgeordnetenhauses, der die Schädel in Cesars Sammlung messen will. Oder den Bremer Adolf Bastian, der eine Völkerkunde begründet, drei Bände »Der Mensch in der Geschichte« geschrieben hat und Menschenrassen miteinander vergleicht. Zahlreiche der gelehrten Gäste bewegt die Frage, wie wir wurden, was wir sind. Sie denken nach über den weiten Weg vom Affen über die unzivilisierten Völker bis zu den Höhen der Zivilisation in Blankenese. Jeder Anwesende, Gelehrter oder Kaufmann, glaubt, daß die Wilden der Südsee oder Afrikas nur Zwischenstufen sind in der Entwicklung zur Höhe des Weißen, des weißen Mannes genauer gesagt, denn über Frauen, ihren Körperbau und ihren Verstand, weiß ein Virchow nur Gehässiges zu sagen.

Der Hausherr tranchiert das Roastbeef – wenn er schlecht sehen kann, macht Cesar junior das für ihn – und legt die Scheiben auf eine Platte, die der Diener herumreicht.

Bei großen Diners gibt es Menükarten mit dem Godeffroyschen Wappen: Zwei goldene Löwen, nun mit üppiger barocker Lockenpracht, halten die Wappentafel, auf der ein Falke mit Kappe auf einer behandschuhten Hand sitzt, golden auf blauem Grund, oben rechts und links ein Stern, unten drei verschlungene Cs: Cesar, der dritte Chef von *Joh. Ces. Godeffroy & Sohn*. Über der Wappentafel schwebt der Falke aus der Reedereiflagge – das Ganze entwickelt sich im Lauf der Jahre immer mehr Richtung Staatswappen. Links steht die Speisenfolge, rechts die Folge der Weine.

Nach dem Essen sitzt Cesar mit seinen Gästen auf den langen weißgestrichenen Bänken unter den Säulen. Im Keller gibt es nun eine Toilette, sehr fein mit Teppich und mit Gardinen vor dem Elbblick, Spiegel und Eau de Cologne und mit Wasserspülung, die die Enkel »fabelhaft!« finden.

Wenn am Alten Wandrahm zahlreiche Gäste kommen, bietet Emmy manchmal ein Buffet: klare Brühe – Diener helfen den Gästen, sich zu bedienen –, Gänseleberpastete und Perdreauxpasteten – das sind junge Rebhühner – und Truthahngelatine, Lachssalat und gebratenen Fasan, Rinderfilets auf Gärtnerinnenart, Rinderzungen in Gelee, italienischer Salat, Kartoffelsalat, Pudding nach Art der Kaiserin und Früchte in Champagner.

Ebenso bedeutsam in der Gesellschaft wie Hauseinladungen sind die Treffen außerhalb der Familienhäuser. Bei Ruderregatten, Pferderennen und neuartigen Ausstellungen spielen Cesar und seine Brüder Hauptrollen. Auf der Alster starten nun Achter, Vierer, Zweier und Einer. Auf der Rennbahn in Horn reiten bei den Flachrennen im Juli Jockeys – Cesar junior besitzt die vierjährige Fuchsstute Water Kelpie, gemeinsam mit einem Grafen Gollstein – und bei den Jagdrennen im Herbst die Herren, Cesar junior auf seinem braunen Wallach Galloway-Blade. Cesar und sein Sohn gehören zum Vorstand der Internationalen Landwirtschaftlichen Ausstellung im Juli 1863 – Aussteller aus 34 Staaten zeigen 3 876 Tiere in den Hallen auf dem Heiligengeistfeld und 2 941 Maschinen –, und Cesar hält die Preisrede bei der ersten Hundeausstellung in Deutschland.

Es gibt keine endlosen Sommerwochen mehr an der Elbe, jedenfalls nicht für Erwachsene.

Seinen größten gesellschaftlichen Erfolg hat Cesar mit einem spontanen Fest: Mit einer Schlittenpartie im Stil barocker Herrscher. Der Schnee fällt Ende Januar 1865 fußhoch, der Wind springt auf Ost, starker Frost setzt ein, der Himmel ist blau und der Schnee sehr fein – die herrlichste Schlittenbahn seit vielen Jahren. Cesar Godeffroy lädt für Montag, den 13. Februar ein.

Nach der Börsenzeit steigen Damen und Herren in dicken Pelzen am Alten Wandrahm in 25 Schlitten: In jedem Schlitten sitzt eine Dame, deren Cavalier auf dem hinten angebrachten Bock das Pferd lenkt. Jeder Cavalier hat livrierte Diener als Vorreiter mitgebracht. Vier stolze Braune sind vor einen sehr großen, mit Flaggen geschmückten Schlitten gespannt, in dem die Herren eines vortrefflichen Musikkorps mit blitzenden Instrumenten Platz nehmen.

Der Zug setzt sich in Bewegung, ein Herold im Kostüm führt ihn an, dann folgen Cesars beide Vorreiter auf Füchsen und sein Schlitten, den auch Füchse ziehen. Der Schlitten mit dem Orchester fährt in der Mitte des Zuges. Die Pferde traben durch die Stadt und über die Brücke zwischen Binnen- und Außenalster. Zuschauer stehen trotz der Kälte in dichten Reihen vom Berliner Bahnhof bis zum Dammtor.

Der Schlittenzug fährt auf die Elbe, vorbei an Altona, Neumühlen, Övelgönne, Teufelsbrück, wirft lange Schatten im glitzernden Schnee. In der roten Wintersonne leuchten am Hang die weißen Landhäuser von Hansen und protzige neue Kästen – Schön hat sich gerade das größte Landhaus an der Elbe gebaut, kurz vor Teufelsbrück, mehrstöckig, fast wie ein Hotel. Gustavs Beausite, erst zehn Jahre alt, wirkt nun schon zierlich. Die Schlitten biegen kurz vor Blankenese ins Land ein, in die im winterlichen Schmuck prangenden Gärten des Herrn Godeffroy, wo dunkelgrüne Tannen sich scharf vor dem weißen Schnee abzeichnen, fahren auf den gewundenen Wegen durch den Park und dann zu Jacobs Restaurant in Nienstedten zum Diner. Baron von Scheel-Plessen bringt einen Toast auf den Gastgeber aus, der »jede Jahreszeit zu benutzen wisse, um seinen Freunden frohe Stunden zu bereiten«. Nach dem Diner tanzt die Gesellschaft und gegen halb acht fährt sie im Schein von Fackeln durch das blaue Licht der Nacht über das Eis nach Hamburg zurück.

Aber wie kostspielig ein Fest auch ist, wie spät abends es auch endet – man ist zu gehöriger Stunde im Kontor und an der Börse, hat bis zum späten Nachmittag für andere als geschäftliche Dinge keine Zeit. »Hamburg ist die einzige mir bekannt gewordene große Handelsstadt«, berichtet der Journalist Julius von Eckardt, »in der Geschäftseifer und Arbeitssolidität auch von reichen Vätern auf die Söhne vererbt werden«.

Die Herren des Staats

1.

Die Firma *Joh. Ces. Godeffroy & Sohn* wird 1866 hundert Jahre alt. *Man* feiert solche Jubiläen nicht, gibt höchstens den Angestellten kleine Geldgeschenke. Nach hundert Jahren Aufstieg gehören Godeffroys zur Spitze der Gesellschaft:

Sie haben ihr Vermögen auf passendste Weise erworben – geerbt und mit einem Warengeschäft vermehrt. Sie haben die angesehensten Ehrenämter ausgeübt und gehören zum innersten Kreis der »Herren des Staats«, der Mitglieder des Senats, der Gerichte und der Deputationen. Sie sind mit alten hamburgischen Familien verwandt.

Aber letztlich entscheiden Feinheiten, wer *dazu*gehört und wer nicht. Immer wieder quälen sich erfolgreiche Kaufmanns- und Reederfamilien mit den bohrenden Fragen: Was haben die, was wir nicht haben, wieso sollen die uns voraus sein?

Slomans zum Beispiel haben in gleich zwei Generationen falsch geheiratet, zweimal die Töchter von bezahlten Dienern des Staats – der Alte vor sechzig Jahren die Tochter des Hafenmeisters in Tönning, der Junge die Tochter eines Hamburger

Stadtkommandanten. Es heißt, daß der junge Sloman bei der Wahl von fünf Schwiegersöhnen jetzt scharf aufpasse.

Der junge Sloman – er ist ein Jahr älter als Cesar – macht oft das Richtige, aber er macht es auf die falsche Weise. So kauft er jetzt das Rittergut Lammershagen in Holstein, an die 3 000 Hektar. Mehrere Hamburger besitzen ein Rittergut in Holstein, auch Carl und Marianne Godeffroy haben vor fünfundzwanzig Jahren eins gekauft, Lehmkuhlen. Aber seitdem weiß *man*, daß der holsteinische Landadel in seiner Mehrzahl hanseatische Kaufleute verachtet, ihre Zylinder belacht und einem heiteren nachbarschaftlichen Verkehr ausweicht. Man läuft Adligen nicht hinterher. *Man* kauft jetzt Rittergüter in Schleswig oder Mecklenburg.

Auch wer zu liberal und senatsfeindlich auftritt, wird in den Zirkel der Herren des Staats nicht aufgenommen.

Über die Ideale der Herren des Staats geben die Mitglieder des innersten und feinsten Kreises bei feierlichen Anlässen Auskunft: Adolph Godeffroy sagt in seiner Grabrede für Ernst von Merck, was es heißt, ein Kaufmann und ein Bürger zu sein.

Der dicke Merck ist im Juli 1863 in seinem Haus am Alten Wandrahm an einem Karbunkel im Nacken gestorben, 51 Jahre alt. Er war beliebt in der Stadt. Am Tag des Begräbnisses wehen die Fahnen auf halbmast, zahlreiche Läden haben geschlossen, der Leichenzug bewegt sich durch dichtes Gedränge eineinhalb Stunden vom Wandrahm zum Friedhof am Dammtor.

Adolph preist Merck am offenen Grab als Kaufmann: »Er erkannte seine Zeit, er stand nicht nur auf der Höhe derselben, sondern eilte ihr auch oft voraus, ihre Richtung anticipierend.« Und er preist ihn als Bürger: Merck sei trotz seines Adelstitels und seiner Orden Hamburgischer Bürger im besten Sinne geblieben und habe sich seiner Vaterstadt mit hingebendem Eifer gewidmet. Bürger sein heiße, »niemals seine Privatinteressen zu berücksichtigen, ohne gleichzeitig bestrebt zu sein, dem großen Ganzen Nutzen zu bringen«.

Als Kaufmann tatkräftig neue Ideen umsetzen und als Bürger dem Gemeinwohl nützen – dazu sind sie alle erzogen worden, die da schwarzgekleidet am Grab stehen. Die Ideale der Aufklärung werden seit siebzig Jahren weitergegeben. Damals haben brave Aufklärer unter den Großeltern sie dem Adel in Deutschland entgegengehalten. Nun halten die Nachfahren sie den neuen Bürgern entgegen, den Demokraten und Linken.

Deren Kritik an den Herren des Staats wächst, die unter sich ausmachen, was das Gemeinwohl ist. Demokraten sprechen von der Cliquenwirtschaft der Herren und ihrem Dilettantismus in der Verwaltung. Noch immer gibt es sauberes Trinkwasser nur für Reiche. Bei der letzten Choleraepidemie in Hamburg, im Sommer 1859, sind 1 300 Menschen gestorben, die meisten in den Armenvierteln der Stadt.

Vor siebzig Jahren sollte Leistung im Beruf den Platz des einzelnen in der bürgerlichen Gesellschaft bestimmen. Nun setzen die Herren des Staats ein Standesbewußtsein gegen die neuen Bürger mit ihrem endlich errungenen Wahlrecht, das dem des Adels nicht nachsteht. Nun ist es sehr die Frage, ob ein Cesar Godeffroy seinen eigenen Großvater in das Landhaus an der Elbchaussee einladen würde – jedenfalls kaum den jungen Firmengründer. Mit dem Urgroßvater – erst Commis, dann kleiner Weinhändler – würden die Brüder Godeffroy und ihre Frauen keinesfalls gesellschaftlich verkehren.

Die Herren des Staats kämpfen seit Jahren untereinander um die Macht. Nach der Krise 1857 haben die Kaufleute sich mit den Demokraten zusammengetan und vom Senat eine Verfassung erzwungen, die den Senat schwächt. Zwei Jahre später hat der Senat sich mit den Demokraten verbündet und die Commerzdeputation über ein neues Verwaltungsgesetz ausgehebelt. 1866 siegen die Juristen im Senat auch sichtbar über die Kaufmannschaft. Syndikus Dr. Adolph Soetbeer schließt das letzte Protokoll der Commerzdeputation – das erste trägt die Jahreszahl 1665. Nun gibt es nur noch eine Handelskammer.

Cesar ist Altadjungierter der Handelskammer – ein Ehrenposten bloß in einem Gremium, das dem Zentrum der Macht ferngerückt ist. Die Handelskammer muß ihre Anträge an die neue Deputation für Handel und Schiffahrt richten, in der Senatoren und Bürgerschaftsabgeordnete sitzen.

Die Kaufmannschaft ist nicht der Staat, und der Staat ist nicht nur für sie da. Allerdings ist das oft mehr Theorie als Praxis. Auch die Juristen im Senat kommen aus Kaufmannsfamilien, auch für sie ist Politik in erster Linie Wirtschaftspolitik. Die Mehrzahl der Bürgerschaftsabgeordneten sind Kaufleute, und in der neuen Deputation für Handel und Schiffahrt ist sofort wieder ein Godeffroy dabei: Adolph.

2.

Finanzsenator Gustav Godeffroy versucht, den Einfluß der Arbeiter auf den Staat auszuschließen.

Hamburg hat mit seinen Vorstädten St. Pauli und St. Georg 1865 rund 256 000 Einwohner. Jeder volljährige männliche Staatsangehörige kann das neue Bürgerrecht für 25 Courantmark erwerben und darf dann wählen, sofern er über 500 Courantmark im Jahr verdient und damit steuerpflichtig ist. Zur Zeit gibt es 50 000 Steuerpflichtige und mögliche Wähler. Gustav will die Steuergrenze auf 700 Mark anheben, dann verlieren 22 500 ihr Wahlrecht. Er will unterbinden, daß Werftarbeiter und Schneidergesellen ihre Vertreter ins Parlament schicken.

In ganz Deutschland organisieren Arbeiter sich in Vereinen und wollen für höheren Lohn, kürzere Arbeitszeiten und gleiches Wahlrecht kämpfen. In Hamburg haben Arbeiter Kassen gegründet, die ihre Mitglieder und deren Familien bei Arbeitslosigkeit unterstützen sollen, bei Unfall und Tod, Krankheit und Alter. Die Allgemeine Arbeiterunterstützungskasse hat Anfang 1865 schon 2 500 Mitglieder. In vielen Städten kommen Kassen nach Hamburger Muster auf.

Die Schiffbauer auf Godeffroys Reiherstiegwerft streiken im März 1865. Die Arbeiter wollen am wachsenden Wohlstand – die *Hapag* zahlt 1865 ihren Aktionären 20 % Dividende –

teilhaben. Kesselschmiede, Platzarbeiter, Eisenarbeiter verlangen Arbeitszeitverkürzung.

Die Polizei verhaftet Werftarbeiter und Vorstandsmitglieder der Unterstützungskasse. Das Gericht spricht die Hamburger frei und verurteilt die Ausländer zu Strafarbeitshaus und weist sie aus – einer der beiden ausländischen Kassenvorstände stammt aus Fallingbostel in der Lüneburger Heide, der andere aus Ulm. Begründung des Gerichts: Der § 28 des Gewerbegesetzes sichere Arbeitern und Arbeitgebern alle Freiheiten bei der Regelung des Lohns, und wer streike, nehme dem Arbeitgeber diese Freiheit und mache sich daher strafbar.

»Allah ist groß und Godeffroy ist Senator. Das sind die Freiheiten der Republik Hamburg«, schreibt die Zeitschrift Sozialdemokrat. Der Streik auf der Reiherstiegwerft endet nach zwei Wochen mit einem Teilerfolg, doch überall sind Arbeiter über die Gerichtsurteile empört. Hunderte treten der Unterstützungskasse bei, Tausende streiken.

Die Schiffstagelöhner auf den Frachtewern fordern eine Erhöhung ihres Wochenlohns von acht auf neun Mark. Die Schiffszimmerer fordern eine Erhöhung des Tagelohns von einer Mark zwölf Schillinge auf zwei Mark vier Schillinge. Die Tischler wollen nur von morgens sechs bis abends sieben und an Sonn- und Feiertagen nur bis nachmittags vier Uhr arbeiten.

2000 Schuhmacher versammeln sich in einem Gehölz außerhalb Hamburgs und im Juni 1500 Schneider. 3500 Stuhl- und Instrumentenmacher marschieren mit Trompeten und Fahnen über das Heiligengeistfeld und fordern Arbeitszeitverkürzung auf 61 Wochenstunden. Schlachter und Bäcker unternehmen »verhängnisvolle Lusttouren« ins Grüne, wo sie sich besprechen. Dienstmädchen beschließen auf einer Versammlung, in hohen Stockwerken keine Fenster ohne Sicherheitsvorkehrungen mehr zu putzen. Die Schreiber der Advokaten gründen einen Verein, und die Commis der Einzelhändler fordern früheren Ladenschluß: sonntags um zwölf, werktags um neun Uhr abends.

Die Arbeitervereine, die Lohnerhöhungen durchgesetzt haben, versammeln sich am 6. August 1865 zu ihrem ersten Gewerkschaftsfest: 10 000 Mann stellen sich auf dem Heiligengeistfeld auf, mit 120 Fahnen, mit Blaskapellen und Gesangvereinen. 400 Ordner mit Armbinden verteilen sich auf beiden Seiten des Zuges, und dann marschieren die Arbeiter zu einer Festwiese in Eppendorf.

Was die Bürger am meisten verwundert und erschreckt: Das sind ordentliche Leute, die da marschieren, in ihren Sonntagsanzügen, diszipliniert, die lernen wollen, sich bilden.

Niemand bestreitet, daß Arbeiter schlecht wohnen. Die Bevölkerung ist so stark angewachsen, daß auf den Innenhöfen Häuser gebaut wurden und nur noch schmale Gänge zu dunklen, feuchten und überfüllten Wohnungen führen. *Joh. Ces. Godeffroy & Sohn* beteiligen sich am dritten Versuch in zehn Jahren, eine gemeinnützige Baugesellschaft zu gründen. Die freie Wohltätigkeit ist in Hamburg stark zurückgegangen. Arbeiter, die mehr Lohn fordern, damit sie selbst für sich sorgen können, sind bedrohlich.

Gustav hat die Steuerreform seit sechs Jahren vorbereitet: Die Brand-, Entfestigungs- und Bürgermilitärsteuern sollen durch eine Einkommenssteuer von 3 % ersetzt werden. Schon seit 1861 ist die Torsperre aufgehoben, und die eisernen Stadttore, an denen kleine Steuern erhoben wurden, bleiben nachts offen. Die neue Einkommenssteuer ist, nach vielen Beratungskrisen, im Februar 1866 beschlußfähig. Der Senat folgt Finanzsenator Godeffroy und legt der Bürgerschaft ein Gesetz vor, nach dem Einkommen erst ab 700 Courantmark steuerpflichtig sind.

Die Bürgerschaft lehnt die Gesetzesvorlage ab. Die Mehrheit will Bürgern mit niedrigem Einkommen zwischen 500 und 700 Mark das Wahlrecht nicht nehmen und verlangt für sie einen Mindeststeuersatz von drei Mark.

Gustav will lieber ganz auf die Steuerreform verzichten als die bisherige Steuergrenze beibehalten. Doch der Senat steht nicht mehr geschlossen hinter ihm. Ergebnis langer Verhandlungen zwischen Bürgerschaftsabgeordneten und Senatoren:

Alle, die mehr als 500 Mark verdienen, sind einkommensteuerpflichtig, der Mindestsatz beträgt vier Mark.

Die Einwohner veranschlagen sich selbst zur neuen Einkommenssteuer. Viele Arbeiter, die unter 500 Mark im Jahr verdienen, geben nun ein höheres Einkommen an und zahlen freiwillig den Mindeststeuersatz, um wählen zu dürfen.

Während Gustav das Abschotten der Bürger nach unten zementieren wollte, versucht Adolph, ihr Abschotten nach oben, zum Adel, zu verhindern. Der Bürgerschaftsabgeordnete Hartwig Samson Hertz, Chefredakteur der demokratischen Reform, hat ein Gesetz gefordert, das Hamburgern die Annahme von Adelsdiplomen, Orden und Titeln verbietet. Die Bürgerschaft wählt im März 1866 einen Ausschuß, der über den Antrag beraten soll. Sie wählt Adolph Godeffroy und Hartwig Hertz mit gleich vielen Stimmen hinein.

Der Ausschuß lehnt den für Angehörige einer Bürgerrepublik unpassenden Prunk scharf ab und ist dafür, das »Grassiren der Titel- und Ordensmanie« durch ein Gesetz zu unterbinden. Nur Adolph Godeffroy ist anderer Meinung. Er schlägt vor, auf eine staatliche Regelung der Frage zu verzichten. Doch die Bürgerschaft setzt sich über sein Votum hinweg und verabschiedet im Juni 1866 ein Gesetz, das den Mitgliedern des Senats, der Gerichte und der Deputationen die Annahme von Orden, Adelsdiplomen und Ehrentiteln von Fürsten und fremden Regierungen während ihrer Amtszeit nicht gestattet.

3.

Cesar hat *den Namen* an die Spitze der Gesellschaft gebracht. Aber er gehört nicht mehr zu den reichsten Kaufleuten der Stadt. Sein Großvater hatte unter 41 Millionären in Hamburg den achten Platz, gemeinsam mit vier anderen. Sein Vater hielt sich unter den ersten fünfzehn bis zwanzig. Cesar gibt 110 000 Courantmark Jahreseinkommen bei der Steuerveranlagung

1866 an. 83 Personen in der Stadt besitzen drei Millionen Mark und mehr oder versteuern ein Jahreseinkommen von über 100 000. Mindestens 66 Personen sind reicher als er.

Die Steuerakten sind mit zahlreichen Unsicherheiten behaftet. Dennoch: Cesar ist zurückgefallen. Ferdinand Laeisz verdient schon mehr als er, Münchmeyer versteuert 168 000, beide Brüder Mutzenbecher jeder über 200 000, Wesselhoeft 220 000, sogar Carl Woermann 144 000. An der Spitze der Reichsten stehen drei Bankiers: Heine, Gossler, Jenisch.

Carl Heine, der reichste, hat Hamburg verlassen, obwohl Juden seit der Verfassungsreform endlich Bürger werden dürfen. Der kürzlich verstorbene Gabriel Riesser, der zu Cesars Lehrzeit nicht Anwalt werden durfte, ist 1859 zum Mitglied des Obergerichts in Hamburg gewählt worden – er war der erste jüdische Richter in Deutschland – und 1860 zum Vizepräsidenten der Bürgerschaft. Doch von allen Außenseitern, die am Anfang des Jahrhunderts in ihren Landhäusern an der Elbe miteinander Karten spielten, sind die Juden Außenseiter geblieben. Viele sind angesehen, aber sie gehören nicht zur Hamburger Gesellschaft, und mögen sie noch so reich sein, noch so gemeinnützig handeln.

Der Kaufmann mit dem höchsten Einkommen ist 1866 Georg Friedrich Vorwerk, ein alter Herr, der vor Jahren das von wildem Wein umsponnene Landhaus von Emmys Großeltern Hanbury in Flottbek gekauft hat. An zweiter und dritter Stelle stehen Schön, der Schwiegervater von Cesars Tochter Charlotte, und dessen Teilhaber Willink. Der alte Sloman steht an fünfter, der junge an achter Stelle – wenn man aber die Reederei des Alten und die Maklerfirma des Jungen nun, nach dem Tod des Vaters, zusammennimmt, stehen Slomans an dritter Stelle. Godeffroys verbessern ihre Position ebenfalls, wenn sie die Einkünfte der drei Teilhaber der Firma zusammenzählen. Sie könnten dann zwischen dem 25. und dem 30. Platz liegen.

Cesar und Gustav arbeiten mehr als ihr Vater. Die Firma ist größer und reicher als früher. Doch andere sind noch größer und noch reicher geworden. Cesar hat mit ihr in der Stadt an Boden verloren.

Das Stahlwerk

Das neue Land

1.

Die Herren des Staats fürchten das Schlimmste für Hamburgs Selbständigkeit. Preußen verlangt, daß sie einen Bündnisvertrag mit ihm und den Staaten nördlich des Mains unterschreiben. Wenn sie sich weigern, wird Hamburg preußische Provinz – wie das Königreich Hannover, Nassau, Kurhessen. Die freie Stadt Frankfurt am Main ist jetzt preußische Kreisstadt.

Preußens Aufrüstung hat den Gang der Geschäfte seit dem Frühjahr 1866 gelähmt. Preußen und Österreich, die vor zwei Jahre Dänemark besiegten und sich in Schleswig und Holstein teilten, haben sich über die gemeinsame Beute erzürnt. Preußen hat Hamburg im Juni aufgefordert, ihm Truppen für den Krieg gegen Österreich zur Verfügung zu stellen.

Die meisten Senatoren sympathisieren mit Österreich, doch als Preußen Österreich am 3. Juli 1866 bei Königgrätz in Böhmen besiegte, ist Hamburg sofort dem Bündnis gegen Österreich beigetreten und entging damit der Annexion durch Preußen – anders als Frankfurt.

Am Montag, dem 16. Juli, abends um halb sieben, besetzten Kürassiere und Husaren die Bahnhöfe in Frankfurt. 78 000 Einwohner hatte die Stadt. 20 000 preußische Soldaten marschierten ein.

Preußen forderte sechs Millionen Gulden Kriegskontributionen, den Lohn der Sieger. Acht Eisenbahnwaggons mit 1500 Zentner Silber fuhren am 20. Juli nach Berlin ab. Preußen verlangte weitere 25 Millionen. Bürgermeister Fellner erhängte sich an einer Kastanie in seinem Garten. Die Preußen schlossen sechs Zeitungen und brachten die Journalisten ins Gefängnis.

Hamburg ist von preußischen Soldaten umzingelt.

Die Herren des Staats übergeben das erste künstliche Hafenbecken am Samstag, dem 11. August 1866, dem Verkehr. Der neue Sandtorhafen ist ein offener Gezeitenhafen: Die Schiffe können unabhängig von Ebbe und Flut einlaufen und an Kais ent- und beladen werden. Es gibt Krane und Gleisanschluß.

Cesar steht vor einer Entscheidung. Die Segelschiffahrt ist auf einem Höhepunkt, auf dem sie sich nach Meinung vieler nicht halten wird. Vor vier Jahren besaß er 31 Schiffe, nun hat er noch 24. Er sucht einen neuen Geschäftszweig. Sein Sohn ist als Kaufmann nicht schnell genug. Ihm fehlen Unternehmungslust und Ideenreichtum, mit denen Cesar als junger Teilhaber Schwung in die Firma brachte. Dem Sohn fehlt der Wunsch, andere zu besiegen. Cesar muß die Firma so umstellen, daß sie wieder nach vorne kommt und *der Name* eines Tages auch ohne ihn zu den ersten der Stadt gehört.

Was Cesar nicht weiß: Auch Adolph hat Sorgen mit seinem Sohn. Der Direktorenposten bei der *Hapag* trägt »sehr hübsche Gewinne« ein, trotzdem mußte er Tante Marianne um ein Darlehen von 60 000 Bankomark bitten: Er habe beim Versuch, Adolphito in den USA beruflich zu helfen, Geld verloren, wolle aber in Hamburg keinen Kredit aufnehmen, um seine sonstige kaufmännische Tätigkeit vor Gerede zu bewahren und seine Stellung bei der *Hapag* nicht zu gefährden.

Die Hamburger Truppen kommen erst auf dem Kriegsschauplatz an, als der Krieg vorbei ist. Kaiser Napoleon III. will kein vereintes Deutschland unter Preußens Führung. Preußen ist auf einen Krieg gegen Frankreich nicht vorbereitet und stoppt seine Eroberungen an der Mainlinie.

Hamburg unterschreibt am 18. August 1866 den Bündnisvertrag mit Preußen. Der Senat muß sich an Verhandlungen über einen norddeutschen Bundesstaat beteiligen und schickt

Gustav Kirchenpauer nach Berlin. Aber es gibt weder Diskussionen noch eine Abstimmung über die Verfassung des neuen Staates. Kirchenpauer nennt sie nur »Machwerk«. Der Staat Hamburg verliert seine Souveränität, seine Hoheitsgewalt – Wirtschaftspolitik, Handelspolitik und Handelsflagge, Außenpolitik, Gesandtschaftsrecht und Konsulate, Militärhoheit, Post, Telegraf, Eisenbahn – alles zieht der neue Staat an sich.

Dieser Norddeutsche Bund, wie der neue Staat nördlich des Mains ab 1. Juli 1867 heißt, ist ein erweitertes Preußen. Bundespräsident ist der jeweilige König von Preußen. Er ernennt den Bundeskanzler: Bismarck, den preußischen Ministerpräsidenten. Die Einzelstaaten kommen in einem Bundesrat zusammen, in dem Preußen 17 von 43 Stimmen hat. Ein Reichstag geht aus allgemeinen, gleichen, direkten und geheimen Wahlen hervor. Der Reichstag ist ein Zugeständnis Bismarcks an die Liberalen, denn es gibt auch in Preußen Widerstände gegen ihn, und er muß mit den Liberalen regieren, wenn er sich halten will.

Zwei Bataillone des neuen preußischen Infanterieregiments Nr. 76 k gehen in Hamburg in Garnison.

In einem Punkt läßt Bismarck die drei Hansestädte Hamburg, Bremen und Lübeck vorerst in Ruhe: Sie bleiben Zollausland. Dafür müssen sie ein Aversum bezahlen, eine jährliche Zollpauschale an den Bund.

Nach dem Krieg 1866 stürzt eine Industriekrise die Arbeiter in großes Elend. In Schlesien werden Hunde und Katzen als Leckerbissen in den Wirtshäusern angeboten. Die Arbeiter halten Streiks für hoffnungslos.

Das Elend verdoppelt die Zahl der Auswanderer nach USA: Der *Hapag* geht es gut. Direktor Godeffroy baut neue Lager für Schiffsproviant, ein Trockendock, eine Landungsbrücke für Seedampfer, Auswandererhallen mit Gepäckabfertigung und Wartesälen. Die *Hapag* hat jetzt sechs Dampfer. Jede Woche geht einer nach New York ab. Adolph rechnet für die Überfahrt zehn Tage und sechs, sieben Tage für Löschen und

Laden am Kai. Er will die letzten Segelschiffe verkaufen und weitere Dampfer bestellen.

Der Kaufmann Dr. Siegmund Meyer aus Hannover kommt mit einer abenteuerlichen Geschichte zu Cesar Godeffroy. Ein Werkspion hat in der Gußstahlfabrik von Alfred Krupp in Essen ein Geheimnis gelüftet und damit eine Goldquelle im Teutoburger Wald aufgedeckt. Meyer sucht Kapitalgeber.

Sein Vater hat sich 1856 an der Gründung einer kleinen Eisenhütte beteiligt, die zehn Kilometer südlich von Osnabrück im Tal der Düte liegt: dem *Georgs-Marien-Bergwerks- und Hüttenverein*. König Georg V. erlaubte dem Verein, sich nach ihm und der Königin zu nennen, und wurde sein größter Aktionär. Altadlige Herren sitzen im Verwaltungsrat und Kaufleute aus Osnabrück und Hannover. Erzschächte und Kohlengruben gehören dem Verein und Arbeiterhäuser, denn um Facharbeiter in die abgelegene Gegend zu ziehen, gründete er die Siedlung Georgsmarienhütte. Die Aktionäre sahen nach acht Jahren ihre erste Dividende, aber 1865 betrug sie schon 6 %. Eisenhütte und Kohlebergwerk haben 1 800 Arbeiter. Die Hütte verkauft Roheisen vor allem an Alfred Krupp in Essen. Siegmund Meyer weiß nicht genau, wie Hüttendirektor Carl Wintzer dahinterkam, denn Krupp läßt keine Fremden in seine Werke: Er macht aus dem Roheisen der Georgsmarienhütte Bessemerstahl.

Stahl wird in Deutschland nur in kleinen Mengen hergestellt, ist ein teures Spezialprodukt für Messer und Werkzeuge und Teile von Werkzeugmaschinen. Stahl kommt aus England. Der Ingenieur Henry Bessemer in Sheffield hat sich 1856 ein Verfahren patentieren lassen, mit dem man Stahl in großen Mengen schnell und billig herstellen kann. Die fünf deutschen Werke, die – außer Krupp – Bessemerstahl herstellen, müssen ihre Erze für teures Geld aus England und Schweden importieren.

Das Problem: In Roheisen sind immer noch Stoffe, die den Stahl schwächen. Wenn man Sauerstoff an geschmolzenes Erz bringt, fängt der Kohlenstoff im Roheisen an zu brennen, und die Stoffe, die man loswerden will, verbrennen mit. Im Puddelverfahren beispielsweise läßt man heiße Luft über das flüssige Erz streichen, das Stahlarbeiter von Hand umrühren. Bessemer hatte eine andere Idee: Er preßt Luft von unten durch die Schmelze und verbrennt den Kohlenstoff bis zu einer beliebigen Menge – und stellt so Stahl von jedem Härtegrad her. Dazu hat Bessemer einen Konverter erfunden, einen Behälter, der wie eine große Birne aussieht. Vorteil des Bessemerverfahrens: Man erhält in derselben Zeit fünfzigmal soviel Stahl wie nach dem alten Puddelverfahren. Nachteil: Das Phosphat im Eisen verbrennt nicht mit. Die Stahlwerke brauchen also phosphatarmes Erz. Das gibt es in Deutschland bislang nur am Hüggel im Teutoburger Wald, einem Berg, der der Georgsmarienhütte gehört. Sie hat Krupp, ohne es zu wissen, einen erstklassigen Ausgangsstoff für seine Stahlproduktion geliefert.

Carl Wintzer ist sofort nach dieser Entdeckung zu Henry Bessemer gefahren und hat ein Gutachten über das Erz eingeholt. Wintzer will der Georgsmarienhütte nun ein Stahlwerk mit Walzwerk für Eisenbahnschienen angliedern und hat dem Verwaltungsrat Zeichnungen und Beschreibungen geschickt. Doch die adligen Aktionäre wollen sich nach der Eroberung Hannovers durch Preußen und der Flucht des Königs zurückziehen. Meyer schlägt Cesar vor, eine Aktiengesellschaft zu gründen und ein von der Hütte unabhängiges Stahlwerk zu bauen.

Cesar lädt Hüttendirektor Carl Wintzer und Obergerichtsrat Dr. Hermann Müller, den stellvertretenden Verwaltungsratsvorsitzenden der Hütte, zu einer Besprechung nach Hamburg ein. Ergebnis: Cesar wird das erste große, nach einheitlichem Plan entworfene Bessemer-Stahlwerk und damit das modernste Stahlwerk in Deutschland bauen.

Cesar Godeffroy und Hermann Müller schließen am 10. Juni 1867 in Bad Ems, dem mondänen Kurort der Superreichen an der Lahn, einen Vertrag. Müller hat am Stadtrand von Osnabrück ein passendes Grundstück gefunden, direkt am Bahnhof, was sehr günstig ist, wenn die Eisenbahnlinien

Köln–Bremen–Hamburg und Osnabrück–Oldenburg fertig sind. Cesar wird das Grundstück kaufen und es dem Stahlwerk gegen Aktien abtreten, und er wird das nötige Kapital für die Gründung im Kreis seiner Elbchaussee-Freunde beschaffen. Die Aktiengesellschaft erhält den Namen *Eisen- und Stahlwerk zu Osnabrück*. Das Werk soll Eisen- und Stahlwaren für Eisenbahnen, Schiffe und Brücken herstellen. Ein Bessemer-Werk mit zwei Konvertern ist vorgesehen, ein Hammerwerk, ein Walzwerk für Bandagen – das sind die äußeren Reifen der Eisenbahnräder –, eine Achsenfabrik und mechanische Werkstätten.

Cesar will sich an den Unternehmensentscheidungen der Hütte beteiligen, von deren Roheisen sein Stahlwerk abhängig sein wird, und kauft Aktien des Georgsmarienvereins. Das Roheisen aus dem Teutoburger Wald erhält auf der Pariser Weltausstellung 1867 die Silbermedaille, und die Produktion der Hütte steigt. Cesar erweitert seinen Aktienbesitz in den nächsten beiden Jahren auf 20 % der Aktien und wird damit zweitgrößter Aktionär nach Siegmund Meyer. Drittgrößter wird Cesars Freund Johannes Wesselhoeft. Die Hütte zahlt 9 % Dividende im Juni 1868 und in den folgenden drei Jahren 10 %, und sie baut einen sechsten Hochofen.

Der Aufsichtsrat des neuen Osnabrücker Stahlwerks tritt im September 1868 zum ersten Mal zusammen: Cesar Godeffroy, Johannes Wesselhoeft, Johannes Eduard Mutzenbecher, Senator Max Hayn, Dr. Hermann Müller und Carl Wintzer. Cesar wird Aufsichtsratsvorsitzender.

Joh. Ces. Godeffroy & Sohn haben mit 932 000 Reichstalern fast 70 % der Aktien gezeichnet. Weitere 20 % gehören Cesars Hamburger Freunden: Wesselhoeft hat für 100 000 Reichstaler gezeichnet, Hayn für 68 000, die beiden Brüder Mutzenbecher für 60 000, außerdem zeichneten Robert Kayser, Dr. Octavio Schroeder, Jacob Pini und Henry Schröder, London.

Aktien für 2 000 Reichstaler hat Cesar für »J. C. Godeffroy« gezeichnet. Seine Schwiegertochter Betty hat am 16. Februar 1867 eine Tochter Emily geboren und nun, am 10. August 1868, den Sohn, Erben und Nachfolger. »Am Montag erblickte der achte Johan Cesar das Licht der Welt«, schreibt Emmy an Cousine Ida in Hannover, »er wiegt neuneinhalb Pfund und ist sehr kräftig. Aber die liebe kleine Mutter nährt ihn wie die beste Amme.«

Die wichtigsten wirtschaftspolitischen Entscheidungen fallen nicht mehr in den Gremien, denen Cesar, Adolph und Gustav angehören. Adolph kandidiert im Norddeutschen Bund nicht noch einmal für die Bürgerschaft, und Cesar legt sein Amt als Altadjungierter der Handelskammer nieder.

Immer mehr große Kaufleute und Bürger ziehen sich aus der Selbstverwaltung und der vorwiegend nur noch kommunalen Politik zurück. Das Zentrum der Macht ist jetzt Berlin.

2.

Herrn Godeffroys geheimnisvolles Südseegeschäft gilt als das kühnste aller überseeischen Unternehmen der Stadt.

Cesar hat in der Zeitung gelesen, daß der »Vice-König der Karolinen-Inseln«, Kapitän Alfred Tetens, nach anderthalb Jahren bei den Kannibalen zurückgekehrt ist, und den Kapitän in sein Kontor bitten lassen. Tetens ist umsichtig, skrupellos und humorvoll, 30 Jahre alt, ein Holsteiner, der in Lübeck auf Cesars alte Schule ging. Doch die See rief ihn vorzeitig vom Katharineum ab, und mit fünfzehn war er als Schiffsjunge nach Australien unterwegs. Er erzählt Cesar von seltsamen Orten und eigenartigen Menschen.

Die Karolinen sind eine 3000 km lange Kette von tausend weitverstreuten Inseln, eine heiße, dampfende Welt gerade nördlich des Äquators. Dort gibt es dichtbewaldete Vulkane, die steil aufragen aus der blauen See, Palmeninselchen, über die das Meer bei Hurrikanen hinweggeht, und nackte Inseln, die bei Seebeben auftauchen und wieder verschwinden.

Auf den Palau-Inseln, sagt Tetens, wo merkwürdige Ruinen stehen, wie verlassene Festungen, habe er beim Häuptling Dr. Karl Semper getroffen, ohne Hosen, einen Gelehrten. Cesar kennt die Familie, sie hat ein Landhaus in Blankenese, Wollkaufleute, ein Bruder, der Architekt Gottfried Semper, ist jetzt für ein Opernhaus in Dresden im Gespräch.

Für Waren im Wert von 300 Mark, sagt Tetens, habe er in sechs Monaten bei den Kannibalen eine Schiffsladung Schildpatt und Trepang eingetauscht, getrocknete Seegurken, die in Hongkong nahezu 18 000 Mark erbrachten. Die Chinesen kochen eine Suppe davon, sie glauben, die steigere ihre Potenz.

Cesar will einen Großhandel mit Aphrodisiaka für China aufziehen. Tetens soll erkunden, ob er ein zweites Handelszentrum im Pazifik, neben Apia, aufbauen kann. Er gibt ihm die Vesta, die fünf Jahre in der chinesischen Küstenfahrt gewesen ist, eine 30 m lange Brigg, und läßt sie nach Tetens Angaben ausrüsten.

Tetens staunt über die Geschwindigkeit, mit der dies geschieht, über die Großzügigkeit und die Zweckmäßigkeit. Die Reiherstiegwerft baut ihm sofort ein kleines Dampfboot. Die Vesta erhält zwölf Geschütze. Tauschwaren kommen an Bord: Gewehre und bunte Baumwollstoffe, Streichhölzer, eiserne Kochtöpfe, Fischangeln.

Die Instruktionen für Tetens sind seitenlang, die Herren Godeffroy gehen auf jede Kleinigkeit ein und betonen immer wieder zwei Hauptprinzipien des Hauses: Geheimhaltung der Geschäfte – Tetens soll die Mannschaft »im Dunkel über das Geschäft« halten, damit sie in den Häfen nicht reden kann – und Abhängigkeit der Angestellten – Tetens soll bei der Wahl von Agenten für die Inseln darauf bedacht sein, »daß diese Kräfte sich nie unabhängig von uns machen können«.

Die Besatzung kommt an Bord – zwei Steuerleute und vierzehn Matrosen, Hamburger und Holsteiner, ausgesucht stämmige Leute – und Tetens Neufundländer Leo.

Als die Vesta ausläuft, läßt Tetens die Kanonen abfeuern. Das ist im Hafen streng verboten, was ihn herzlich wenig kümmert – er wird viele Jahre fort sein.

3.

Auf Cesars Schiffen LA ROCHELLE und WANDRAHM sind zahlreiche Auswanderer gestorben. Eine Untersuchungskommission der Regierung in Brisbane ist empört über das Elend an Bord, über die unzulänglichen Hamburger Gesetze und darüber, daß der Reeder Godeffroy diese Gesetze nicht einmal einhält.

In Hamburg ist bekannt, daß auf einigen Australienfahrern von Godeffroy das Essen miserabel ist, die Wasserfässer stinken und die Zwischendecker sich wegen Überfülle kaum bewegen können. Die Deputation für Auswandererwesen hat den Reedern im Juni 1866 eingeschärft, ihre Fahrzeuge nicht zu überladen und den Schiffsköchen streng auf die Finger zu passen.

Was aber soll ein Reeder tun: Er muß der Regierung, die für die Auswanderer zahlt, einen niedrigen Preis anbieten, um den Auftrag zu bekommen. Damit er Gewinn macht, muß er seine Schiffe auslasten. Cesar hat ein Orlogsdeck einziehen lassen, ein Deck zwischen Laderaum und Zwischendeck. Es erhält kein Tageslicht und Luft nur aus dem Zwischendeck.

Die Untersuchungskommission in Brisbane prangert an, daß die Auswanderer schwach, krank und viele zu alt sind – der Reeder hat nicht die bestellten Menschen geliefert. Die meisten stammen aus Ostpreußen, und der Bordarzt sagte vor der Kommission aus, die Ostpreußen seien keine gesunden Leute aufgrund ihrer Lebensumstände auf dem Lande, ihr durchschnittliches Lebensalter sei seit 1816 von 28 Jahren auf 25 Jahre gesunken.

Auf der Bark WANDRAHM – 44 m lang, 9 m breit – ist nach Hamburger Vorschrift Platz für 362 Passagiere, aber 423 sind mit ihr gekommen. In Hamburg werde jedes Auswandererschiff von vereidigten Regierungsbeamten überprüft, sagte der Arzt der Kommission, doch jeder in der Stadt wisse, was eine solche Untersuchung wert sei, zumal wenn die Eigner des Schiffs gleichzeitig Mitglieder der Regierung seien.

Die Passagiere mußten in ihren Kojen essen, was über die Monate einen Dreck jenseits aller Beschreibung verursachte, doch der Kapitän erlaubte nicht, die Decks mit Wasser zu reinigen, weil er Zucker im Laderaum hatte.

Neun alleinreisende Frauen wurden jede Nacht eingeschlossen, um sie vor Vergewaltigung zu schützen, in einen Raum von 6,2 m² – 1,70 m lang und 3.66 m breit.

Für die 423 Passagiere und 19 Mann Besatzung gab es vier Toiletten im Bug. Wenn das Schiff am Wind lief, waren die beiden Leeklos unter Wasser. Die Leute benutzten Töpfe. Sie hatten Durchfall und Typhus. Sie saßen in Gestank und Dunkelheit, denn die Laternen brannten in der verbrauchten Luft kaum. 46 Passagiere starben. Die Toten wurden nachts über Bord geworfen. Gottesdienste gab es nicht.

Godeffroy und Sloman sind die beiden größten Segelschiffsreeder im Hamburger Auswanderergeschäft, und bei Sloman sieht es nicht besser aus. Auf seinem LORD BROUGHAM sterben im Herbst 1867 von 383 Passagieren 75 an Cholera. Auf seinem LEIBNITZ sterben von 544 Passagieren 108. Der Segler hat vier Aborte, aber die Leute gehen nicht oft an Deck, weil es so beschwerlich ist, auch nicht, um ihre Töpfe zu leeren, und so läuft alles vom Zwischendeck auf das darunter liegende Orlogsdeck.

Zeitungen in USA und Europa berichten über »Sloman's Todtenschiffe«. Der wehrt sich. Nicht der Typhus sei Schuld am großen Sterben, sondern die Cholera, und die hätten die Auswanderer selbst mit an Bord gebracht. Doch als Slomans PALMERSTON mit 424 Auswanderern wegen einer Havarie im Oktober 1868 Plymouth anläuft, gibt es an Bord so viele Typhuskranke, daß der preußische Generalkonsul in London einschreiten muß. Sloman und der Kapitän kommen in Hamburg vor Gericht. Die Richter sprechen den Kapitän frei und verurteilen Sloman zu hundert Talern Strafe, weil er 224 Ballen ungereinigtes Haar befördern ließ.

Cesars Australienreisen gehen von neun bis zehn im Jahr auf drei bis zwei zurück, manchmal auf eine. Ein Grund: Die Einwanderungswelle nach Queensland ebbt ab. Ein zweiter: Sloman unterbietet Cesar im Preis, und die Regierung in Brisbane schließt jetzt mit ihm ab.

4.

Die Südseefahrt wird zum wichtigsten Zweig der Reederei Godeffroy. Fünf Schiffe gehen 1867 von Hamburg direkt nach Apia. Unshelm freut das nicht mehr. Er ist auf einer Reise nach Tonga und Fidschi mit dem Schoner CHARLOTTE im Orkan auf einer der Lau-Inseln gestrandet, im März 1864. Es gab keine Überlebenden.

Theodor Weber hat die Faktorei in Apia seitdem stellvertretend geleitet. Jetzt ist sein Vertrag mit Godeffroys abgelaufen, er ist nach Hamburg gekommen, und Cesar bespricht mit ihm, wie es weitergehen könnte.

Theodor Weber, nun 23 Jahre alt, hat eine schmale hohe Stirn, dicke Pausbacken und trägt eine Nickelbrille. Er hat lockiges Haar, Schnauzer und Bart und einen schläfrigen Blick. Alter und Blick täuschen.

Er hat sich in allen Konflikten zwischen Weißen und Samoanern gut gehalten. Das gemeinsame Gericht ist noch zu Unshelms Zeit gescheitert, weil die Häuptlinge nicht nur über Beachcomber, sondern auch über ehrenhafte Leute wie den Commis Volkmann und den Zimmermann Groth richten wollten. Die hatten sich mit samoanischen Polizisten geprügelt, als eine Frau, die die Polizei wegen Unsittlichkeit suchte, in Godeffroys Faktorei floh. Die Polizisten zerstörten das Haus für Ledige, und Unshelm verlangte 1 000 $ Schadensersatz von den Häuptlingen. In seinem Tod erkennen viele Samoaner die göttliche Gerechtigkeit. Die drei ehrenamtlichen Konsuln in Apia sitzen nun allein über Weiße zu Gericht: der Brite John Williams, der Amerikaner Jonas Coe und Theodor Weber.

Eine schreckliche Trockenheit hat die Samoaner in große Not gebracht, und Weber hat die Situation genutzt. Die Familienverbände in den Dörfern verkauften ihm Land, und die

Matais, die Familienoberhäupter, schicken ihm die jungen Männer, die für ihn Baumwolle anpflanzten. Auch in den Dörfern pflanzen Samoaner Baumwolle für Weber an. Godeffroys Baumwollernte hat sich vervierfacht. Weber ließ zwischen die Baumwolle Kokospalmen setzen, die in sieben bis zehn Jahren reif sein werden. Vier Jahre lang trägt die Baumwolle, und bis die Palmen tragen, kann Rindvieh unter ihnen weiden.

Weber hat jetzt überall in Samoa die Koprabereitung eingeführt. Die Samoaner holen das Fleisch mit langen Messern aus den aufgeschlagenen Nüssen und lassen es in der Sonne trocknen. Für sie ist es einfacher, Kopra zu machen als Öl, und für die Firma ist Kopra fünfmal soviel wert wie Öl. Der Transport in Säcken ist billiger als in Fässern, das in Europa gepreßte Öl ist reiner, und der Ölkuchen bringt als Viehfutter einen guten Preis. Kokosöl ist ein wichtiger Grundstoff für Seife, Kerzen, Speisefett.

Weber möchte mehr Land kaufen, aber Cesar meint, das Geld sei verloren. Wenn Weber Land umsonst bekomme oder fast umsonst, dann darf er Plantagen anlegen, sonst nicht.

Cesar bietet Weber an, Leiter der Faktorei in Apia zu werden. Weber hat kein Kapital, keine Familienverbindungen und kann sich nicht selbständig machen.

Webers einziges Interesse ist die Arbeit. Er hat durchschaut, wie die Firma Unshelms Gewinn minderte, und kann aufpassen, daß es ihm besser ergeht. Sein Ziel ist das eines jeden Angestellten in Übersee: die Selbständigkeit.

5.

In Hamburg sind die Meinungen über die Vorteile des Norddeutschen Bundes geteilt. Die Stadt ist nun vom preußisch-deutschen Zollverein umschlossen. »Freihäfler« und »Anschlüssler« liefern sich heftige Wortgefechte darüber, ob sie beitreten soll oder nicht. Die größten Reeder – Sloman, Godeffroy, Hertz, Schön, Laeisz – befürchten, daß der Zollanschluß das Lagern von Transitwaren unmöglich macht.

Nächster Reibungspunkt: die Flotte, die der Norddeutsche Bund baut. Hamburger Kaufleute finden Panzerschiffe viel zu teuer, und ihr Abgeordneter im Reichstag spricht gegen den Flottenbau. Der preußische Kriegs- und Marineminister von Roon antwortet empört, daß der deutsche Seehandel doch wohl einen Schutz durch die Kriegsmarine nicht entbehren könne.

Preußische Marineoffiziere wollen jetzt Karriere machen. Vor Ostasien, Ostafrika und Indien sollen Kriegsschiffe zum Schutz des Handels stationiert werden, vor der Ostküste von Nordamerika und Südamerika, der amerikanischen Westküste, im Mittelmeer. Die Kaufleute finden das übertrieben. Die alte Auffassung, daß Schiffe unter neutraler Flagge am besten fahren, gewinnt wieder Anhänger. Machtlosigkeit lasse den Kaufmann vorsichtig und gewissenhaft handeln, eine Flotte führe nur zu Kriegen. Außerdem würde sie dem Handel die guten Seeleute entziehen.

Einige Überseekaufleute begrüßen die deutsche Marine. Sie brauchen hin und wieder ein Kanonenboot, das säumigen Zahlern die Hütten in Brand schießt – es darf allerdings gerne die englische oder französische Flagge führen. Theodor Weber bittet Syndikus Merck um »ein gelegentliches Vorlaufen eines Kriegsschiffes einer deutschen Macht«. Cesar erklärt Carl Merck, daß Weber Kapitäne englischer oder amerikanischer Kriegsschiffe bitte, für ihn Forderungen durchzusetzen, was die Kapitäne gerne täten, aber oft lehnten die Amerikaner auch ab, weil sie keine entsprechenden Instruktionen hätten.

Senat und Bürgerschaft wollen keinesfalls den Geburtstag des preußischen Königs im März 1868 feiern, aber in der Bevölkerung, das teilt der preußische Gesandte von Kamptz Bismarck mit, trete »das Verständnis für die nationale Idee« immer unzweideutiger zutage. Von Syndikus Merck und Bürgermeister Kirchenpauer kann er das nicht melden.

Beim parlamentarischen Diner am 28. April 1868 im Berliner Schloß werden Bundesrat und Reichstag vor Tisch dem König vorgestellt. Bürgermeister Dr. Kirchenpauer muß sich zuerst mit den Bundesräten in der Roten-Adler-Kammer aufstellen. Er steht neben Dr. Curtius, dem Gesandten aus Lübeck.

»Lübeck nähert sich uns doch jetzt«, sagt der König und sieht Kirchenpauer an, »Hamburg will aber noch nicht recht.«

»Wir sind auch schon in der Annäherung begriffen«, sagt Kirchenpauer, »sind schon dabei, Zollämter und Abfertigungsstellen zu bauen.«

Bismarck greift schnell ein: »Ja, Majestät, die Herren nähren sich redlich, aber sie nähern sich vorsichtig!«

Das erregt allgemeine Heiterkeit.

Kirchenpauer wird in den Rittersaal beordert, wo die Reichstagsabgeordneten aufgestellt sind. König und Königin treten ein, Kirchenpauer stellt Roß und Hinrichsen vor. Der König fragt, was sie seien.

»Kaufleute, Euer Majestät.«

»Womit handeln Sie?«

Roß erzählt hastig etwas von China, Hinrichsen sagt, er suche die deutsche Industrie zu unterstützen. »Natürlich dachten wir aber alle an die bekannte Anekdote von der Gräfin Redern!« erzählt Kirchenpauer später Syndikus Merck.

Die Gräfin Redern, eine geborene Jenisch, hat in eine preußische Adelsfamilie geheiratet. Bei einem Fest fiel ihrem Tischnachbarn nichts ein, worüber er mit einer Krämerstochter reden könnte, und schließlich fragte er hochnäsig:

»Womit handelt denn Ihr Vater?«

»Mit Weisheit und Verstand«, antwortete sie.

Das einzige, was allen Hamburgern an Preußen gefällt, ist die neue Post, die es seit Januar 1868 gibt. Doch als im März die rote Hamburger Fahne mit den weißen Türmen eingezogen und die schwarzweißrote des Norddeutschen Bundes aufgezogen wird, ist die ganze Stadt wehmütig gestimmt, und als im Juli das Bürgermilitär zum letzten Mal durch die Straßen zieht, die Musikkapelle mit Glockenspiel voran, trauert sie. Cesar junior ist seit zwei Jahren bei der Kavallerie. Adolph ist als Hauptmann vor zehn Jahren ausgeschieden. Er muß sich das Ende nicht mit ansehen. Er war lange leidend und ist mit Tony nach Hall in Österreich zur Kur gefahren. Er hat sogar den

Vorsitz des Hamburger Renn-Clubs niedergelegt, Gustav ist sein Nachfolger.

Den Wachtdienst der Bürger ersetzt nun eine allgemeine Wehrpflicht.

In Berlin hält man es für notwendig, den 71jährigen König zu einem Staatsbesuch nach Hamburg zu schicken, um die Hamburger für Preußen einzunehmen. Der König wolle seine Herzogtümer Schleswig und Holstein besichtigen und bei der Gelegenheit Hamburg besuchen, heißt es offiziell.

Syndikus Merck ist dafür, daß man Wilhelm, den Kartätschenprinzen von 1849, reisen läßt, ohne von ihm Notiz zu nehmen. Mit Blumen, Fahnen, Blasmusik und einer Dampfbootfahrt habe man bereits den Reichstag beglückt, damit werde man demnächst auch den Juristen- und den Architektenverein beglücken. Der Senat habe für ein Diner keine »Localität« und kein Geld, und Hamburg werde doch kein Taler vom Aversum nachgelassen.

Adolph Godeffroy, von der Kur erholt zurück, schlägt vor, den König auf einen *Hapag*-Dampfer einzuladen.

Nun rüstet Hamburg, um Preußen zu beeindrucken.

Der König fährt am Sonntag, dem 20. September 1868, nachmittags, im offenen Wagen, von Blumen, Fahnen, Blasmusikern umgeben, zu den Landungsbrücken. Bürgermeister Dr. Kirchenpauer und Bürgermeister Dr. Sieveking geleiten ihn an Bord der HAMMONIA. Es regnet ununterbrochen.

Die Matrosen werfen die Leinen los, zwanzig, dreißig Dampfschiffe mit Bürgern umgeben die HAMMONIA, alle haben geflaggt. Adolph zeigt dem König das Schiff, der König geht brav treppab, treppauf und ist beeindruckt. Dann stehen alle im Regen an Deck und Tausende stehen am Elbufer und winken mit nassen Taschentüchern.

Um fünf Uhr geht man im Salon zu Tisch. Die Tafel für sechzig Herren ist in den Farben Schwarz-Weiß-Rot geschmückt, und kleine Leuchttürme aus Zucker tragen brennende Laternen. Die Schiffsköche haben ein Menü von 22 Gängen vorbereitet, Cesar steckt die Menükarte für Emmy ein. Es beginnt mit Austern und Champagner, Schildkrötensuppe, Lachs. Nach dem Braten – wahlweise Lamm oder Kalb, dazu Schloß Johannisberger 1857 – bringt Sieveking den Toast auf den König aus, die Gastgeber erheben sich, die Kapelle spielt »Heil dir im Siegerkranz«, und an Deck donnern die Kanonen.

Die HAMMONIA dreht bei Stade und fährt wieder elbaufwärts. Noch vor dem Dessert wird gemeldet, daß man jetzt Blankenese passiere, das prachtvoll illuminiert sei. Die Herren gehen hinaus in den Regen und die Finsternis, und der König betrachtet die Landhäuser, die mit Lampen, brennenden Teertonnen und bengalischem Feuer erleuchtet sind, und sein Adjutant ruft den jeweiligen Eigentümer heran.

Der König ist bester Laune, und er bleibt es auch, als es plötzlich heißt: »Wir sitzen fest!«

Der Kapitän ist auf eine Sandbank gelaufen.

Siegmund Robinow, der die HAMMONIA mit dem kleinen Schlepper des Ewerführers Maack begleitet, ist bereit, sein Schiff dem König zur Verfügung zu stellen. Flügeladjutant Graf Lehndorff hat Bedenken, doch Adolph Godeffroy versichert, »er wolle mit seinem Leben dafür einstehen, daß der König damit – wenngleich etwas unbequem – doch schnell und sicher nach Hamburg kommen werde«. Senator Max Hayn hat den König und tout le monde in sein Haus an der Binnenalster zur Soirée geladen, um halb neun soll das Brillantfeuerwerk beginnen.

Auch als der König bei Hayn vorfährt, ist er auffallend guter Laune. Ein stämmiger Matrose, flüstert man auf der Gesellschaft voll Hintersinn und doppelter Bedeutung, habe ihn aus dem kleinen Schlepper herausgehoben und auf seine besorgte Frage »Bin ich Ihnen auch nicht zu schwer?« gesagt: »Och, Majestät, for mi sünd Se gornicks!« – für mich sind Sie gar nichts.

Für den nächsten Abend hat der König die Herren in die preußische Kommandantur nach Altona eingeladen, und wieder bringt Cesar Emmy die Menükarte mit. Es ist ein gutes Essen – braune Suppe, Lachsforelle blau, Kalbfleisch oder

Rindfleischfilet, getrüffeltes Hühnerfilet, Pudding –, aber elegant ist es nicht.

Der König hat Theodor Weber auf Cesars Wunsch zum Konsul des Norddeutschen Bundes für Samoa, Tonga und Fidschi ernannt. *Joh. Ces. Godeffroy & Sohn* bitten im November 1868 Syndikus Merck, sich bei Bismarck dafür einzusetzen, daß ein Kriegsschiff des Bundes nach Samoa fährt. Man müsse den »im Übergang zur Civilisation begriffenen Bewohnern jener Gegenden« eine Machtentfaltung zeigen wie England, Frankreich und Amerika. Bismarck schickt trotzdem kein Kanonenboot.

Der Senat findet die hamburgischen Interessen oft verletzt, und Merck sieht in dem ganzen Wesen, das Berlin erzeugt, eine »allmähliche Aussaugung«.

Der preußische Gesandte von Kamptz berichtet Bismarck umgehend, daß Gustav Godeffroy nach einem Herrendiner zu einem französischen Legationssekretär sagte:

»Glauben Sie, daß wir Preußen lieben? Da würden Sie sehr irren, denn wir h a s s e n es jetzt sogar.«

Bismarck, dem die spöttische und zweideutige Art eines Gustav Godeffroy liegt, schreibt an den Rand: »Glaube ich gar nicht.«

Berichte aus der Südsee

1.

Kapitän Alfred Tetens hat 172 Tage nach seiner Abfahrt mit der Vesta Korror erreicht, die Hauptinsel der Palau-Gruppe. Auf der Weiterreise nimmt er zehn kriegerische junge Männer von Yap an Bord, die auf Palau Steinscheiben ausgehauen haben – Steingeld. Als Tetens Yap ansteuert, segeln ihm sechs große Kriegskanus unter dem Klang von Muscheltrompeten entgegen. Aber die Männer erinnern sich an ihn und drücken ihre Nasen auf Tetens Nase. Die Kanus schleppen die VESTA durch die enge Passage zwischen den Korallenfelsen in den Hafen.

Die Leute auf Yap sind tätowiert und sauber. Die Frauen färben ihre Zähne schwarz und spielen in der Politik eine große Rolle. Tetens darf Trepang fischen, wenn er aber etwas anderes macht, wird man ihn töten. Er eröffnet eine Niederlassung von *Joh. Ces. Godeffroy & Söhne* unter Mr. Simpson, der hier seit zwölf Jahren mit einer Yap-Frau verheiratet ist.

Tetens segelt von Inselgruppe zu Inselgruppe. Er spannt abends zur Sicherheit die Enternetze aus, lädt die Kanonen und stellt Wachtposten auf: Die Menschen auf den kleinen Inseln haben oft Hunger.

Er segelt zum Perlentauchen zur L'Echiquier-Gruppe, nördlich von Neuguinea. Hier sind die Eingeborenen ganz nackt und haben flatternde Löwenmähnen. Sie haben das Kopfhaar ihrer toten Verwandten und ihrer erschlagenen Feinde in ihr Haar geknüpft. Nun ist Tetens bei den Menschenfressern. In einem Dorf entdeckt er an Zweigen Menschenschädel und Knochen.

Auf der Rückreise nach Hongkong besucht er die Handelsstationen, die er auf einigen Inseln eingerichtet hat. Überall muß er seine Leute wieder an Bord nehmen, denn kaum hatte die VESTA die Station verlassen, gingen die Insulaner zum offenen Kampf vor. Doch seine Ausbeute an Trepang, Kokosöl, Schildpatt und Perlmutt ist gut.

Tetens zweite Reise ist aufregend wie die erste. Diesmal muß er auf vielen Inseln kämpfen. Die Leute von Artingal haben Korror überfallen und ziehen mit abgeschlagenen Köpfen triumphierend durch die Dörfer. Tetens wird Admiral einer Korrorflotte aus dreißig Kriegskanus, Hunderten kleiner Kanus und 1500 Kriegern. Doch ein Gewehrschuß trifft seinen rechten Oberschenkel, er bekommt Wundfieber. Die VESTA lädt Trepang und Kokosöl und geht zurück nach Hongkong.

Auf seiner dritten Reise bringt Tetens Baumwollreinigungsmaschinen, Baumwollpressen und fünfzig Chinesen nach Korror, wo sie unter Aufsicht eines Steuermanns eine Plantage anlegen, und segelt weiter nach Yap. Doch überall, wo er hinkommt, ist nun Krieg, und es genügt nicht mehr, daß der Neufundländer Leo Räuber und Mörder von Bord der VESTA jagt. Tetens greift noch einmal in eine Seeschlacht ein und erhält zum Dank den Kopf des gegnerischen Königs für die Sammlung Godeffroy. Bei einem Jagdausflug entlädt sich sein Gewehr, die Kugel zersplittert den Knochen, er muß monatelang sein Bein an Land ausheilen. Die VESTA nimmt die Chinesen wieder mit, weil es zu viele Kämpfe zwischen ihnen und den Korrorleuten gibt. Die dritte Reise zerschlägt Cesars Hoffnung, in den Karolinen ein zweites Handelszentrum aufzubauen.

Im März 1868 läuft Tetens krank in Hongkong ein. Nach seiner Rückkehr sorgt Cesar dafür, daß der Senat ihn als Wasserschout vereidigt: Er leitet eine Vorläuferbehörde des Seemannsamts.

2.

Cesar Godeffroy wird zum größten Kopfjäger der Südsee. Seine Segelschiffe bringen insgesamt 53 Skelette und 375 einzelne Schädel für die Sammlung Godeffroy nach Hamburg. Amalie Dietrich stiehlt für Cesar Leichen von Totenbäumen und von Friedhöfen.

Kinderskelette könne sie leicht bekommen, »denn die Leichen der Kinder werden meist nur in einen hohlen Baum gesteckt, der mit rot und weißer Farbe bestrichen wird«, schreibt sie ihrer Tochter Charitas. Krieger dagegen werden sehr feierlich in Baumwipfeln aufgebahrt. Die Ureinwohner fürchten, daß ihre toten Angehörigen in Europa weiße Männer werden und als solche schwer arbeiten müssen. Sie begraben sie jetzt versteckt in flachen Hügeln, »häufig in Ameisenhaufen, vor deren Eingang sie dann einige große Steine legen«.

Aus der Sammlung auf Godeffroys Speicher ist nun das Museum Godeffroy geworden. Es ist an bestimmten Wochentagen geöffnet, man kann auch nach Voranmeldung hingehen.

Cesar ist unersättlich. Er möchte so gerne den Vogel Manu-Mea haben, lateinisch Didunculus, der auf Fidschi vorkommt. Kapitän Rachau erzählt ihm, daß Herr Riedt auf Savaii ein paar dieser Vögel besitze. Cesar bittet Theodor Weber, ihm zu helfen, er werde sich mit Riedt schon über den Preis verständigen. »Sie thun uns einen wahren Gefallen, wenn Sie uns einige Exemplare dieser Vogelgattung verschaffen«, schreibt Cesar junior leicht entnervt nach Apia.

Auf Webers Vorschlag sammelt nun auch Andrew Garrett für Cesar, ein Amerikaner aus Vermont, der als 16jähriger Lehrling ausriß und auf einem Walfänger vor dem Mast fuhr, um Muscheln sammeln zu können. Er hat für die Harvard-Universität, Museen und Akademien gesammelt und lebt mit seiner samoanischen Frau auf Huahine, einer der Gesellschaftsinseln. Er aquarelliert die Fische der Südsee in ihrer unglaublichen Farbenpracht.

Cesar schickt im Frühjahr 1869 Jan Stanislaus Kubary mit einem Fünf-Jahres-Vertrag in die Südsee, einen polnischen Medizinstudenten, 22 Jahre alt, den die russische Polizei als Revolutionär sucht. Kubary hat ein Jahr am Museum Godeffroy gearbeitet, war einfach hingegangen und hatte seine Hilfe angeboten, Kustos Schmeltz und sein Mitarbeiter Krause empfehlen ihn warm. Kubary soll sich bei Graeffe in Samoa einarbeiten und dann auf die Palau-Inseln gehen und die Karolinen erforschen – das Gebiet ist nun Weber unterstellt. Kubary soll Gipsabdrücke von den Köpfen lebender Individuen nehmen.

Wissenschaftler glauben, daß sie lernen können, aus der Schädelform die Rasse eines Menschen zu erkennen: Sie wollen typische Grundformen der Schädel auffinden, wodurch es möglich sein werde, auf Rasse und Wanderungsbewegungen zu schließen – wo sind die Menschen entstanden, und wie haben sie sich über die Erde ausgebreitet? Sie sind besonders an Australnegern, Polynesiern und Mikronesiern interessiert, weil sie glauben, in ihnen unvermischte Menschenrassen gefunden zu haben. Zehn Jahre später kommen sie zu dem Ergebnis, daß die Hypothese, jedes Volk besitze eine unverwechselbare Schädelform, falsch ist.

Die Professoren sehen in dunklen Menschen frühere Entwicklungsphasen der menschlichen Kulturgeschichte: Jeder Weiße stehe über ihnen und zivilisiere sie, und sei er noch so habgierig und brutal. Die Professoren versehen Kaufleute mit Argumenten, die sie gut schlafen lassen, wenn sie riesige Profite in Übersee machen. Nur sehr wenige Professoren lehnen die Einteilung in niedere und höhere Kulturen ab: Völkerkundler haben wenig Geld für Reisen, wenig Sammlungen, wenig Veröffentlichungsmöglichkeiten, und ein Mann wie Cesar Godeffroy bietet ihnen all das.

Sein Museum gibt 1869 den vierten Katalog heraus, er verzeichnet 244 von Amalie Dietrich gesammelte Vogelarten. Ihre Pflanzen vom Brisbane River bestimmt Professor Heinrich Reichenbach in Hamburg, ihre Fische Albert Günther, Direktor der Zoologischen Abteilung des Britischen Museums in London, ihre Amphibien Professor Wilhelm Peters in Berlin. Schmeltz schickt die Herbarien nach Leipzig, die Seeigel nach Kopenhagen, die Moose nach Halle.

3.

Theodor Weber berichtet, daß es nach Jahren der Trockenheit 1868 auf Samoa geregnet hat. Die Samoaner haben wieder genug zu essen und hören sofort auf, Cesars Plantagen zu bearbeiten und ihre eigene Baumwolle zu pflücken. Dreiviertel der Baumwollernte verdirbt.

Weber schickt Kapitäne in die Gilberts und die Marshalls, um Arbeiter nach Samoa zu holen. Dort ist die Häuptlingsautorität erblich, und die Häuptlinge können ihren Leuten befehlen, was sie tun sollen – anders als auf Samoa, wo die Häuptlinge gewählt sind und abgesetzt werden können. In den Bars in Apia heißt es, daß manche Kapitäne die schwarzen Vögel mit Gewalt auf ihren Inseln einsammeln. Die Matrosen haben Angst vor den »schwarzen Jungs« auf den Marshallinseln, und ihre Waffen liegen unter den Rudersitzen. Sie nehmen auch schwarze Mädchen.

Auf Samoa sei er nicht von der Natur, sondern von den herrlichen Clippern überrascht worden, auf deren Masten die beinahe unbekannte Fahne des Norddeutschen Bundes flattere, berichtet der Franzose Théophile Aube in einem Reisebuch. Der schwarze preußische Adler beherrsche ausgedehnte Besitzungen: Kais, Wohnhäuser, Magazine, Schiffswerften – alles gehöre dem Haus Godeffroy. Jährlich kämen sechs große Schiffe aus Europa in Apia an und lüden das Kokosöl von zahlreichen Inseln zwischen Rotuma im Westen bis zu den unbekannten Archipelen Herzog von York und Herzog von Clarence im Norden. Godeffroy verkaufe Waren auf den Inseln mit 200 % Aufschlag und Kokosöl in Hamburg für das Doppelte des Einkaufspreises. Er habe jede Konkurrenz zerschmettert, nur einige Kaufleute aus Sydney versuchten aufzulesen, was er übrigläßt.

Cesar wünscht, es wäre so. Aube ist nur ein Kriegstreiber, der in Frankreich Angst schüren will, wenn er fragt, ob Preußen daran denke, eine Kolonie auf den Samoainseln zu gründen.

Die alte berühmte Godeffroy-Weltreise ist zusammengebrochen. Das Australiengeschäft, in dem Cesar fast zwanzig Jahre der führende Hamburger Reeder war, ist an Sloman gefallen. Das Westküstengeschäft hat sich nicht erholt, Cesar schickt noch Schiffe nach Chile, aber das ist kein Vergleich zu früher.

Kaffraria in Südafrika ist nicht zu Wohlstand gekommen, und auch das Pelzgeschäft in Ostsibirien bricht 1869 zusammen. Drei Schiffe hat Cesar 1866 an den Amur geschickt: Die AUSTRALIA geht auf der Rückreise beim Atoll Tabiteuea in den Gilbert-Inseln verloren; die SAN FRANCISCO meldet aus Hongkong, sie habe keine Pelze bekommen, und auch die VICTORIA ist leer umgekehrt. Die Pelztiere am Unterlauf des Amur sind fast ausgerottet.

Aber der Bau des Stahlwerks in Osnabrück kommt voran, und im Pazifik weitet Weber das Agentennetz aus und schließt einen Vertrag über Kopralieferungen mit der Wesleyanischen Mission in Tonga.

4.

Cesar gehört dem Komitee der ersten Internationalen Gartenbauausstellung vom 2. bis 12. September 1869 in Hamburg an. Cesar junior ist Sekretär des Komitees. Er hat gerade an der Außenalster das Haus N° 26 in der Klopstockstraße gekauft, in der auch Bettys Schwester Juliane Gossler mit Familie wohnt, und Betty ist dabei, das neue Haus einzurichten. Aber die Gartenbauausstellung hält die Familie in Atem.

Die Vorbereitungen dauern Monate. Gartenbaufirmen aus Nienstedten, Wandsbek und Ahrensburg bauen gläserne Warm- und Kalthäuser. Es geht um Märkte und um sehr viel Geld. Auf den großen Weltausstellungen – die erste war 1851 in London – zeigt jedes Industrieland seine technischen Neuheiten. Leistung und Vergleich ist jetzt auch die Devise bei Pflanzen und Tieren.

Cesar junior ist in diesem Jahr schon als Sekretär des Hamburger Renn-Clubs äußerst tätig gewesen. Das erste Norddeutsche Derby fand am 11. Juli 1869 auf der Rennbahn in Hamburg-Horn statt, eine Zuchtprüfung für dreijährige Vollblutpferde. Adolph Godeffroy hat das Derby jahrelang vorbereitet, ehe er aus Krankheitsgründen den Vorsitz des Renn-Clubs niederlegte, und sein Nachfolger und Bruder Gustav hat es kräftig gefördert. Das Derby war ein glanzvolles gesellschaftliches Ereignis. Alle Frauen der »Hamburger Sportsmen« traten elegant und effektvoll auf. Sieger des Derbys: Investment aus dem Rennstall Ulrich von Oertzen vor Rabulist aus dem Königlichen Hauptgestüt Graditz. Investment ist ein sehr passender Name für einen Sieger.

Auf der Gartenbauausstellung zeigen Gärtner und Landhausbesitzer aus ganz Europa ihre neuesten Züchtungen: Weintrauben, Ananas, Pfirsiche, Kohl, Spargel in Dosenqualität. Die Firma Linden aus Brüssel kommt mit fünfzig von ihr in Europa eingeführten Pflanzen, Passionsblumen aus Südamerika, Drachenlilien aus Neuseeland. Böckmann aus Lübeck schickt buntblättrige Pelargonien, die aber von der Pelargonie Feuerball übertrumpft werden, die Goeschke in

Kötzen gezüchtet hat. Johannes Wesselhoeft brilliert mit der Kultur von Zwergobstbäumen in Töpfen. Cesar stellt Pelargonien aus seinen Gewächshäusern an der Elbchaussee aus und Gustav Lilien, Yucca und Papyrus. Das Museum Godeffroy zeigt Pflanzen aus Brisbane, Früchte, Pilze und Algen aus der Südsee, Farne von Graeffe aus Fidschi und Samoa und fünfzig halbe Stammscheiben verschiedener Holzsorten von Amalie Dietrich aus Australien. Zahlreiche Preise werden verliehen, Gustavs Obergärtner Backenberg gehört zu den Preisrichtern. Cesar bekommt für die Stammscheiben eine Goldmedaille.

In einem Warmhaus baut ein Fotograf seine Kamera auf und fotografiert die zwanzig Herren des Ausstellungskomitees unter Palmen. In der Mitte der ersten Reihe steht Syndikus Merck als Vorsitzender, neben ihm Cesar Godeffroy.

Den Maler, der vor über 25 Jahren Cesar als jugendlichen Admiral zeigte, hat Cesar selbst bezahlt, ebenso den Fotografen, der ihn als festen Kaufherrn mit kühnem Blick porträtierte. Auf dem Gruppenfoto ist der berühmte Cesar Godeffroy, den Kapitäne und Händler in der Südsee zu fürchten beginnen und über den in den Außenministerien in London und Washington die ersten Berichte einlaufen, ein feister Mann in einem zu engen Gehrock, der unter den Armen kneift und über dem Bauch nicht ordentlich schließt – ein Mann, der im Sommer jeden Morgen um acht sein Haus verläßt, mit dem Vorortzug von Blankenese nach Hamburg fährt und nachmittags um fünf zurückkehrt.

Zwei Kriege

1.

Den Hamburger Kaufleuten ist klar, daß Bismarck ein deutsches Reich gründen will und einen Krieg gegen Frankreich vorbereitet, das keinen mächtigen Nachbarn wünscht. Aber als im Frühsommer 1870 die Zeitungen voll sind vom Streit um die spanische Thronfolge – Napoleon III. will Leopold von Hohenzollern nicht auf dem vakanten spanischen Thron sehen, Bismarck aber doch –, mag niemand glauben, daß eine solche dynastische Lappalie einen Krieg auslösen kann.

Preußen hat die Länder des Norddeutschen Bundes in die Kriegsvorbereitungen miteinbezogen. Cesar junior ist Schatzmeister des Vaterländischen Frauen-Hülfs-Vereins, der seit zwei Jahren besteht und nach dem Vorbild des Vaterländischen Frauen-Vereins in Berlin, Schirmherrin Königin Augusta, Krankenpflegerinnen für den Krieg ausbildet.

Cesar Godeffroy fährt am 4. Juli 1870 noch ruhig mit seinem Sohn Peter nach Mecklenburg, um Weisin zu übernehmen, ein kleines Rittergut bei Parchim, Bezirk Schwerin. Peter, nun 23 Jahre alt, ist gutmütig und wirkt manchmal ein bißchen plump und aufdringlich, weil er witzig sein will, es aber nicht kann. Cesar etabliert seinen mittleren Sohn paßlich. Auf dem Gut liegt eine Hypothek, die einen Kredit von *Joh. Ces. Godeffroy & Sohn* sichert, den Peter in den nächsten Jahren erwirtschaften und abzahlen muß. Weisin ist 561 Hektar groß und hat 775 000 Mark gekostet.

Am 19. Juli erklärt Frankreich Preußen den Krieg: Bismarck hat das Spiel gegenseitiger Provokation gewonnen. Als der Prinz seine Kandidatur zurückzog, verlangte in Bad Ems der französische Botschafter von König Wilhelm, er solle für immer eine Kandidatur des Prinzen verhindern. Das lehnte der König, der nie für die Kandidatur war, in einem Telegramm an Bismarck ab. Bismarck kürzte das Telegramm, verschärfte die

Ablehnung damit und gab diese von nun an berühmte Emser Depesche an die Presse: Ganz Frankreich ist empört über den barschen Ton des Königs von Preußen seinem Kaiser gegenüber. Die süddeutschen Staaten fühlen sich von Frankreich bedroht, Bismarck hilft mit Silbertalern nach, und Könige und Herzöge telegrafieren nach Berlin, daß sie ihre Streitkräfte dem Oberbefehl des Königs von Preußen unterstellen.

Der Norddeutsche Reichstag bewilligt die Kriegskredite am 21. Juli. Die Norddeutsche Bank beteiligt sich an der fünfprozentigen Kriegsanleihe des Norddeutschen Bundes mit einer Million Talern. Gustav und zahlreiche Hamburger glauben an den Sieg der Preußen und wollen mitverdienen am Krieg. Die Kaufmannschaft ist plötzlich propreußisch, und in der Börse hält Carl Koyemann, der Präses der Handelskammer, eine zündende Ansprache von der Treppe herab – »Wo es gilt, deutsche Ehre und deutsche Rechte zu wahren, da wollen wir nicht zurückstehen« – und die Kaufleute antworten mit einem dreifachen Hoch auf König Wilhelm.

»Der Lärm an der Börse etc. macht hier guten Eindruck«, schreibt Kirchenpauer aus Berlin an Merck. Die Senatoren kommen aus den Sommerferien zurück und bewilligen 500 000 Courantmark für den Krieg, eine Summe, die die Bürgerschaft auf Antrag von Laeisz sofort verdoppelt. Doch als der Kommandant von Altona, Generalmajor von Gersten-Hohenstein, auch Kommandant von Hamburg wird und den Kriegszustand in der Stadt austrommeln läßt, ist der Senat entrüstet über die Kompetenzüberschreitung und über die Beschränktheit dieses Menschen. Die Militärbehörden beschlagnahmen Holz, Schuten, Anker, Wagen, Fischernetze – schlimmer sei auch Davout in der Franzosenzeit nicht vorgegangen. Alle Senatoren sind empört, sogar die jüngeren, die Preußen bewundern.

August Godeffroy und Gustav Godeffroy junior reisen nach Berlin, um sich bei den Dragonern zu stellen. Die beiden neunzehnjährigen Vettern sind ein flottes Paar, sorglos, leichtsinnig, gutaussehend. Gustav junior ist waghalsig und unruhig und wird von seinem Vater übersehen. Auch August als der jüngste Sohn der Familie-Firma ist für Vater und Bruder nicht wichtig, aber der Liebling seiner Mutter, die ihn verwöhnt. Die Cousins sollen sich anpassen an die bürgerliche Familie, wissen aber nicht weshalb, denn sie zählen nicht viel. Sie weichen Forderungen aus und gehen eigene Wege.

Auch Betty ist kriegsbegeistert. Sie hält die täglichen Fortschritte des Feldzugs in ihrem kleinen Notizbuch fest.

3. August 1870: »Ich fuhr nach Altona, wo geflaggt war und die ganze Stadt im Jubel über den Krieg!«

7. August 1870: »Die ersten Gefangenen in Berlin angekommen vom Kriegsschauplatz.«

Drei deutsche Armeen dringen von der Pfalz aus nach Frankreich vor, eine drängt die französische Rheinarmee in die Festung Metz zurück und schließt sie ein.

Der preußische General Vogel von Falckenstein will die Elbmündung vor der französischen Flotte sichern und läßt alle Seezeichen einziehen und die Leuchtfeuer löschen. Die Reeder finden das voreilig. Die Flotte erscheint nicht, dafür stranden zahlreiche Handelsschiffe, und die Versicherungsgesellschaften haben empfindliche Verluste.

Der Krieg hindert die meisten kaufmännischen Unternehmungen. Der Handel stockt, kleine Leute werden brotlos – Maurer, Maler, Tischler verlieren mitten im Sommer ihre Arbeit und werden ohne Ersparnisse in den Winter gehen.

Cesar junior hat für den Vaterländischen Frauen-Hülfs-Verein viel zu tun. Er arbeitet auch im Unterstützungsverein für die einberufenen Wehrmänner mit. Damen sorgen dafür, daß Soldaten auf dem Bahnhof belegte Brote, Kaffee und Bouillon bekommen. Arbeiter dürfen nicht helfen. Der Senat verbietet den Sozialdemokraten alle Veranstaltungen, sie dürfen nicht einmal Spenden für bedürftige Soldatenfamilien sammeln. Sozialdemokraten sind keine Patrioten, die für das Gemeinwohl sorgen, ihnen steht ehrenamtliche Tätigkeit nicht zu.

Erste Nachrichten von Verwundeten treffen in der Stadt ein. So hat man sich den Krieg nicht vorgestellt.

Die Eisenbahn bringt Verwundete nach Hamburg. Der

Vaterländische Frauen-Hülfs-Verein organisiert ihre Pflege. Sie liegen in den Krankenhäusern, in Notbaracken, in Privathäusern. Cesar Godeffroy nimmt Verwundete im Kavaliershaus an der Elbchaussee auf, Heinrich Ohlendorff, der mit Guano aus Peru reich wird, in seinem Landhaus in Hamm.

Eine französische Armee, bei der sich Kaiser Napoleon befindet, versucht, Metz zu entsetzen. Zwei deutsche Armeen drängen sie ab und umzingeln sie bei Sedan. Sie ergibt sich am 2. September, und Kaiser Napoleon geht in Gefangenschaft.

Die Kaufleute lassen im unteren Börsenraum König und Armee hochleben, und das Aktiengeschäft ist wesentlich lebhafter als sonst.

Cesar und seine Brüder bewundern den Erfolg, bewundern Preußen. Dank der Siege der deutschen Armeen hat die Norddeutsche Bank die Kriegsanleihe des Norddeutschen Bundes rasch verkaufen können, ebenso fünfprozentige Bundesanleihen und fünfprozentige Bundesschatzanweisungen, alle mit reichlichem Gewinn, die Kurse steigen. 1870 wird ein großes Jahr – die Bank zahlt ihren Aktionären eine Dividende von 11,5 %.

Nach Sedan glauben alle, der Krieg sei nun vorbei, und sind froh darüber. Doch die Friedensverhandlungen mit der neuen republikanischen Regierung in Frankreich scheitern, weil Bismarck Elsaß-Lothringen fordert. Außenminister Favre erklärt, Frankreich sei zum Frieden bereit, werde aber keinen Zollbreit Land abtreten.

Die Deutschen beginnen, Paris einzuschließen.

Der Krieg wird zum Eroberungskrieg. Deutsche Industrielle wollen die Kohlengruben in Lothringen haben. Manche Hamburger sagen, das werde nur zu ewigen Unruhen führen, weil die Franzosen sich mit einem deutschen Lothringen nie abfinden werden. Cesar Godeffroy meint, man müsse es ihnen trotzdem wegnehmen, damit sie nie wieder einen Krieg anfangen können.

Betty notiert am 23. September 1870: »Brief von August, sie haben ihr Regiment gefunden und marschieren auf Paris zu.«

Die jungen Damen der Gesellschaft zupfen Scharpie und sind es doch herzlich leid.

Die ersten sechshundert französischen Kriegsgefangenen treffen am 1. Oktober in Hamburg ein. Der Senat hat von der *Hapag* die TEUTONIA gemietet, die als Gefängnisschiff in der Elbe verankert ist. Die *Hapag* sorgt für Logis und Beköstigung und erhält 12 Schilling Courant pro Mann und Tag. Adolph gibt den Gefangenen einen Schiffskoch, der aus Metz stammt und ihnen Weißbrot backt, und als sie über Langeweile klagen, schickt er ihnen eine Drehorgel an Bord.

Am 27. Oktober kapituliert Metz. Im November treten in Versailles Bayern, Württemberg, Baden und Hessen-Darmstadt dem Norddeutschen Bund bei, der zum Deutschen Reich werden soll.

Doch der Krieg geht weiter.

Viele Hamburger sorgen sich um ihre französischen Geschäftsfreunde – Straßburg beschossen, Paris belagert, das will man alles nicht. Die Soldaten hungern und frieren. Die Hamburger 76er haben Anfang Dezember schwere Verluste bei Orléans, zahlreiche Familien trauern.

»Jeder Prinz telegraphiert was anderes in die Welt hinein«, sagt Merck böse über die Kriegsbulletins. »Es waren sogar ›einige schöne Reitergefechte‹, als wenn man in einer Kunstreiterbude gewesen wäre.«

Der Winter wird hart. Die Elbe friert zu. Die Arbeiter hungern. Einige Unternehmer kündigen Arbeitern, die kurz vor Ausbruch des Krieges gestreikt haben, die Lauensteinsche Wagenfabrik zum Beispiel und die Reiherstiegwerft, und ersetzen sie durch billige Kriegsgefangene.

Sechs Frauenvereine vermitteln Soldatenfrauen Arbeit: Hühnerfedern sortieren, Strohmatten flechten, Tüten kleben, stricken. Stimmen kommen auf, daß es nach Einführung der allgemeinen Wehrpflicht Sache des Staates sei, für die Familien der Soldaten, Invalide und Hinterbliebene zu sorgen.

Das Weihnachtsgeschäft in den Läden der Stadt ist schlecht, die Festfreude fehlt.

Cesar Godeffroy ist niedergedrückt. In den letzten Dezembertagen diktiert er einen Brief an Amalie Dietrich, Nr. 48 – seit acht Jahren ist sie fort: »Der Krieg ist leider noch immer nicht beendigt u. unendliche Opfer sind es, die das Vaterland an Gut u. Bluth allwöchentlich für denselben zu bringen hat, aber trotzdem herrscht überall der selbe Muth u. dieselbe Ausdauer, sowie auch der feste Wille, nur einen Frieden zu schließen, der unser Vaterland für lange Zeit vor der Wiederholung solcher fürchterlicher Kriege sicher stellt.«

Sie ist jetzt mit dem Kanu am Großen Barriereriff, hat ihm von der Schönheit der Farben und Formen des Lebens im Meer erzählt. Der CESAR GODEFFROY ist mit neun Kisten von ihr auf der Unterelbe angekommen, sie hat weitere 26 an Bord der SAN FRANCISCO angekündigt. Cesar kennt ihre Pläne nicht. Es ist möglich, daß sie schon auf der Heimreise ist, aber er erwartet es eigentlich nicht: »Bleiben Sie noch ferner dort, so empfehlen wir Ihnen die größte Sparsamkeit zu beobachten, da jetzt wo für so viele Verwundete für verwaiste Familien zu sorgen ist, es für einen jeden eine heilige Pflicht ist, alle Extra-ausgaben zu vermeiden. Wir wissen, obgleich fern von hier, daß Sie dies ebenso fühlen werden wie wir, u. daß wir daher auch darauf rechnen können, unsere Vorschrift wegen Sparsamkeit von Ihnen genau befolgt zu sehen. Wenn wir Ihre Honorirung bestehen lassen wie bisher, so geschieht es, um Ihnen irgendwelche Enttäuschung oder selbst Kummer zu ersparen, u. wollen wir hoffen, daß der Friede recht bald kommen möge, damit wir keine Reduction eintreten zu lassen nöthig haben, die aber kommen muß, wenn der Krieg noch über den Winter hinaus dauern sollte.«

Amalie Dietrich verdient nicht einmal ein Prozent dessen, was Cesar Godeffroy als steuerpflichtiges Einkommen angibt.

Sie erhält diesen Brief nie. 53 Tage blockiert das Eis die Elbe, bis weit in den Februar 1871 hinein, und als es taut, ist der Krieg vorbei, das Deutsche Reich gegründet, und Cesar hält den Brief auf.

Frankreich muß Elsaß-Lothringen abtreten und fünf Milliarden Francs Kriegsentschädigung zahlen.

Reichstagsabgeordnete aus Berlin und Bremen drängen Reichskanzler Bismarck, Saigon zu annektieren, aber der lehnt ab. Die Vorteile, die man sich von Kolonien für Handel und Industrie des Mutterlandes verspreche, beruhten zum größten Teil auf Illusion: »Ich will überhaupt keine Kolonien, sie sind bloß zu Versorgungsposten gut.«

49 000 deutsche Soldaten sind gefallen und 139 000 französische. »Eine Saat des Hasses ist aufgegangen, die den Rest des Jahrhunderts vielleicht überleben wird«, schreibt Senator Versmann in sein Tagebuch.

Trotzdem begrüßt er die Reichseinheit. Die meisten Hamburger sind begeistert von Kaiser und Reich. Gustav Godeffroy stimmt im Senat dafür, Bismarck und Generalfeldmarschall von Moltke das Ehrenbürgerrecht zu verleihen.

Für Merck ist es ein Skandal, ausgerechnet Bismarck, der »unsere Unabhängigkeit angetastet hat«, mit dem Ehrenbürgerrecht für das zu belohnen, was er als Tyrann von Deutschland tat. Die Hamburger hätten ihr Gefühl für Selbständigkeit und Unabhängigkeit verloren: »Der Republikanismus ist den Leuten unter den Händen verschwunden.«

Von nun an werden Männer wie Syndikus Merck und Bürgermeister Kirchenpauer als Alt-Hamburger belächelt.

Das öffentliche Leben in der Stadt wird pompös. Der Senat tritt am Geburtstag des Kaisers am 22. März im vollen Habit auf – das trägt er von nun an immer häufiger, es war fast in Vergessenheit geraten, er läßt es noch prachtvoller ausstatten. Kirchenpauer durchlebt Qualen, wenn er damit in Berlin am Hof erscheinen muß.

Cesars vierjährige Enkelin Emmy steht mit ihrer Mutter an einem Fenster in der ersten Etage Glockengießerwall/Alsterdamm, wo Syndikus Merck und Tante Louise wohnen, und sieht die siegreichen Truppen in Hamburg einziehen, jubelnde Menschen, Offiziere zu Pferd, Eichenkränze auf Helmspitzen.

Cesar junior bekommt eine vaterländische Verdienstmedaille aus der Bronze eroberter Kanonen.

Für Cesar läuft im Mai 1871 auf der Reiherstiegwerft ein Dampfer vom Stapel. Er tauft ihn SEDAN und schickt ihn im

Juni nach China. SEDAN ist der erste deutsche Dampfer, der durch den neuen Suezkanal geht.

2.

Auch in Samoa ist Krieg, und er wird segensreich für *Joh. Ces. Godeffroy & Sohn.*

Die »Unionspartei« und die »Laupepa-Partei« tragen mit Waffen aus, wem die höchsten Titel und damit die größten Ehren in Samoa zustehen. Die eine Hälfte der Samoaner unterstützt einen Häuptling im Osten von Apia, die andere einen im Westen. Die Weißen versuchen, das Kriegschaos – es beginnt 1869 und dauert vier Jahre – auszunutzen und sich Waffen und Lebensmittel mit Land bezahlen zu lassen.

Das Recht, über Land zu verfügen, haben immer mehrere Samoaner zugleich, Männer und Frauen, und wenn nur einige von ihnen verkaufen, werden die anderen irgendwann widersprechen. Ein Weißer muß in Ruhe mit Häuptlingen und Titelträgern verschiedener Ranghöhen verhandeln und sich vergewissern, daß alle Dorfbewohner mit einem Verkauf einverstanden sind und ihn auch verstehen, nur dann gibt es keinen Streit um Land. Im Grunde ist Land in Samoa unverkäuflich, man kann nur die Erlaubnis erwerben, es zeitweise zu bebauen.

Die großen Häuptlinge beider Kriegsparteien kennen den Eigentumsbegriff der Weißen und erlassen kurz vor Kriegsausbruch Gesetze, die den Verkauf von Land an Weiße verbieten. Doch die drei Konsuln in Apia bestätigen diese Gesetze nicht. Sie bestätigen auch die Gesetze der Häuptlinge nicht, die Waffenverkauf verbieten.

Ein Landkauffieber bricht unter den Weißen aus. Wer irgend kann, kauft – egal was, wo, von wem, Hauptsache viel. Theodor Weber ist der größte Landkäufer der ersten beiden Kriegsjahre. Für Gewehre und Munition kaufen *Joh. Ces. Godeffroy & Sohn* 25 000 Acres oder 5000 Hektar. Cesar schickt Weber gebrauchte Gewehre und Kanonen aus dem

Deutsch-Französischen Krieg, die in Deutschland billig zu haben sind.

1871 bekommt Weber gefährliche Konkurrenz. George Collie geht in Apia an Land, Agent einer *Central Polynesian Land and Commercial Company*, einer Zentralpolynesischen Land- und Handelsgesellschaft, Sitz San Francisco. Collie verständigt sich mit dem Briten John Williams und dem Amerikaner Jonas Coe, die als Strohmänner für ihn in wenigen Wochen 25 000 Acres kaufen. Weber ist alarmiert.

Drahtzieher dieser Landkauf-Company ist ein Freundeskreis um den New Yorker Reeder William H. Webb. Die Herren wollen vorbereitet sein, falls Samoa ein zweites Hawaii wird, andererseits mit Landkäufen und Siedlungsplänen das Bedürfnis nach einer Dampferlinie schaffen, die ihre Regierung subventionieren müßte. Vielleicht annektiert Washington Samoa ja – die Regierung hat gerade Alaska gekauft, und Präsident Ulysses S. Grant hört gerne auf seine Freunde, zu denen auch William H. Webb gehört.

Die Aufregung in Apia steigert sich Anfang 1872. Webb und seine Compagnons haben in Washington einen ersten Erfolg: Commander Meade, U.S.S. NARRAGANSETT, sieht sich Pago Pago auf Tutuila an, den besten Hafen zwischen Amerika und Australien, und verhandelt mit dem für seine Einfalt bekannten Häuptling Mauga und mit niederrangigen Titelträgern. Sie unterschreiben einen Vertrag mit Commander Meade. Sie glauben, ein Schutzbündnis mit den USA zu schließen, in Wirklichkeit – der Vertrag ist englisch formuliert – unterzeichnen sie einen Nichtangriffspakt und garantieren den USA Rechte in Pago Pago. Der Commander tut so, als ob ganz Tutuila ein amerikanischer Bundesstaat sei. Darüber müssen alle Weißen lachen, zumal Mauga nun Pago Pago für die Hauptstadt von Samoa hält und sich für den obersten Häuptling von allen.

Die U.S.S. NARRAGANSETT dampft wieder ab, aber die Landkauf-Company schließt jetzt sehr merkwürdige Verträge. Sie kauft Land, das im Kaufvertrag nur vage beschrieben ist, und beim Preis bleibt unklar, ob er eine Anzahlung oder der

Endpreis sein soll. Später stellt sich heraus, daß die Company sich Vorkaufsrechte für 300 000 Acres sichert – für die Hälfte der Inselgruppe Samoa. Für ein, zwei Gewehre unterzeichnen die Samoaner Verträge, mit denen sie, ohne es zu wissen, der Company das Recht einräumen, zu einem beliebigen Zeitpunkt ihr Land zu kaufen – so haben andere Spekulanten die amerikanischen Indianer und die neuseeländischen Maoris um große Gebiete gebracht: Man muß nur noch eine Regierung finden, die bei den Wilden die Einhaltung von Verträgen durchsetzt.

Theodor Weber galt lange bei Landgeschäften als Muster gewissenhafter Sorgfalt, doch nun läßt auch er sich zu zweifelhaften Praktiken hinreißen. Er läßt Verkäufer und Zeugen Verträge unterschreiben, in denen die genaue Beschreibung des Landes fehlt, und er kauft von Leuten, die das Recht, Land zu verkaufen, nicht allein besitzen.

Auch Verkäufer sind in diesen Kriegsjahren oft Schwindler. Wiederholt entdecken Häuptlinge eines Dorfes, daß jemand, der außerhalb ihres Gerichtsbezirkes lebt, jedoch behauptet hat, er gehöre zum Dorf, ihr Land verkauft hat. Leute, die aus dem Krieg zurückkehren, müssen feststellen, daß Land, an dem sie Anrechte haben, von einem Häuptling verkauft wurde, der zu ihren Feinden hielt. In solchen Fällen machen die Konsuln den Kauf nach Kriegsende rückgängig.

Aber nicht immer. Der aufsehenerregendste Fall ist Webers Kauf des Dorfes Faleata, 125 Hektar im Gebiet Vaitele, Häuser, Gärten, Pflanzungen, Friedhöfe. Die Bewohner hielten zur Laupepa-Partei. Weber kaufte das Dorf für 51 Gewehre von zwei Häuptlingen der Unionspartei, einer von ihnen ist der angesehene Tamasese.

Weber behält das Land, obwohl nur wenige Samoaner den Verkauf als gültig ansehen. Sogar Tamasese will ihn rückgängig machen, aber er kann Weber nicht umstimmen. Für die Dorfbewohner bleibt Tamasese der, der ihr Land gestohlen hat. Sie müssen bei Freunden in anderen Dörfern leben. Auf ihrem Land arbeiten nun Kontraktarbeiter von fernen Inseln und hindern sie mit Gewalt, in ihre Häuser zurückzukehren.

Nach dem Krieg wollen die Weißen ihre Beute sichern – durch irgendeine Regierung in Washington, London oder Berlin, am liebsten die eigene, auf die sie sich die meisten Einflußmöglichkeiten ausrechnen. Gustav Godeffroy lanciert einen Artikel in eine Berliner Zeitung über die Bedeutung der polynesischen Baumwollplantagen seiner Firma für das Deutsche Reich. Von nun an versuchen Kaufleute immer wieder, ihre Regierung mit Gerüchten aufzustören, eine der anderen beiden Regierungen wolle Samoa schlucken.

Die Bars in Apia gehören zu den besten Gerüchteküchen der Welt. Bei den Trinkereien der Pflanzer, Händler und Seeoffiziere trinken Habgier, Mißgunst und Zanksucht mit. Jeder Besuch eines Kriegsschiffs steigert die Emotionen in den Briefen nach Hause, und die Verhältnisse in Samoa werden unübersichtlicher. Britische Kriegsschiffe kommen nun häufiger als früher, amerikanische, die sich lange nicht gezeigt haben, schauen mal vorbei, ab und an kommt ein französisches Kriegsschiff aus Tahiti, und 1872 kommt das erste deutsche.

Robert Louis Stevenson, der damals weltberühmte Autor der »Schatzinsel«, der sich auf die Seite der Samoaner stellte, hat Jahre später einen Nachruf auf Theodor Weber geschrieben. Der Nachruf ist das einzige wirklich gute Porträt von Weber. Ich will es hier bringen – eine bessere Chance, Weber kennenzulernen, gibt es nicht.

Theodor Weber kannte weder Furcht noch Skrupel, er war ein geschickter und dominierender Mann. Er sprach nie anders als mit äußerster Höflichkeit oder in scharfem Befehlston, er schien immer zu übertreiben. Er handelte in erster Linie für seine Firma. Der Hauptfeind Samoas war die Firma. Weber stand am Kopf der Firma, und das Konsulat stärkte ihm den Rücken. Von allen Weißen schadete er den rivalisierenden Händlern und den Samoanern am meisten. Trotzdem traf Stevenson nicht einen Menschen auf Samoa, der nicht voller Respekt von Weber sprach. Der Mann war ein Kämpfer, voll Eifer und Kühnheit, der Samoa liebte. Sein Name lebt noch in den Liedern von Samoa. Eines erzählt, wie Land und Nahrungsmittel nach und nach, als wäre das ein Naturgesetz, in die Hände von »Misi Ueba« gelangten und bald nichts mehr übrig sein wird für die Samoaner. Dies ist ein Nachruf, schreibt Stevenson, über den der Mann sich gefreut hätte.

Cesar Godeffroy ist nun Großgrundbesitzer in Samoa. Das Land hat kaum etwas gekostet, repräsentiert aber in den Büchern der Firma einen beträchtlichen Wert. Die Buchhalter am Alten Wandrahm müssen den Kaufpreis – die Waffen – hoch ansetzen: die alten preußischen Steinschloßgewehre zu 15 $ das Stück – Einkauf und Transport kosteten 1 1/2 $ – und kleine Schiffskanonen aus Eisen zu 150 bis 200 $ – sie kosteten zwischen 15 und 30 $ das Stück.

Cesar ist zufrieden mit Weber. Acht große Schiffe kommen 1871 aus Apia mit Kopra, Baumwolle und Guano von Baker Island – der sich allerdings schlecht in Hamburg verkauft, weil man Guano aus Südamerika vorzieht – und neun Schiffe 1872. Sie konnten nicht einmal alle Kopra mitnehmen, die in Godeffroys Faktorei in Apia lagert.

Stahl und Kohle

1.

Carl Wintzer, der Direktor des *Georgs-Marien-Bergwerks- und Hüttenvereins*, wäre sehr gern Direktor des neuen Stahlwerks in Osnabrück geworden. Doch der Aufsichtsratsvorsitzende Cesar Godeffroy hat im Herbst 1868 den Ingenieur Friedrich Gresser vom *Bochumer Verein* vorgezogen, einen großen, schönen, eleganten Mann mit sicherem Auftreten.

Wintzer ist tüchtig, aber er ist weitschweifig, verliert sich gern in Details, und sein Plan, das Stahlwerk in drei Stufen zu bauen, ist Cesar zu kleinlich. Gresser ist ein junger Mann voll

Temperament und Phantasie. Er darf Wintzers Plan aufgeben und »noch größer, noch moderner« bauen.

Wintzer hält Gresser für einen Blender, der mit seinen weitgreifenden Plänen die Herren des Aufsichtsrats berauscht. Wintzer und Gresser geraten scharf aneinander, und Gresser weist den Pförtner an, Wintzer nicht mehr in das Stahlwerk zu lassen. Wintzer teilt Herrn Godeffroy mit, daß er unter diesen Umständen die Überwachung der Entwicklung des Stahlwerks ablehnen müsse. Cesar hält an Gresser fest.

Der Bau geht zügig voran, Betriebsbeginn soll Juli 1870 sein. Doch der »Zug ins Große und Moderne« verzögert den Termin. Wintzer hatte für den Anfang eine Jahreskapazität von 6 250 Tonnen Stahl geplant. Gresser und der Aufsichtsrat entscheiden sich für 25 000 Tonnen – die Stahlpreise sind phantastisch gestiegen. Außerdem beschließt der Aufsichtsrat, das Walzwerk für Eisenbahnschienen jetzt schon zu bauen, und die Generalversammlung der Aktionäre stimmt im März 1870 zu. Für die Hamburger Herren ist die Finanzierung eines Schienenwalzwerks kein Problem. Eine zweite Aktienemission ist erst nach der vollständigen Einzahlung der ersten Rate, die zum 1. Juli 1871 vorgesehen ist, möglich, doch die Firma Mutzenbecher stellt die Bausumme als kurzfristigen Kredit bis Ende 1872 zur Verfügung.

Als erste Produktionsanlage ist die Bessemerhütte im November 1870 fertig und als letzte das Schienenwalzwerk im August 1871. Alles im Stahlwerk ist von außergewöhnlicher Qualität. Gresser und die Ingenieure waren zu einer Schulung bei Henry Bessemer in Sheffield, und Gresser stellt den Hamburger Herren eine Anfangsdividende von 22 % in Aussicht.

Während das Stahlwerk im Bau war, hat der *Georgs-Marien-Bergwerks- und Hüttenverein*, der dem Werk das Roheisen liefern soll, sich glänzend entwickelt. Die Hütte beliefert westfälische Stahlwerke, und ihr Roheisen erzielt Spitzenpreise. Cesar erhält im Juni 1870 auf seine Aktien eine Dividende von 8 %, 1871 von 16 % und 1872 von 33 %.

Der Verein braucht mehr Arbeiter und baut im Westen seiner Werkssiedlung Georgsmarienhütte die Siedlung Klein-

Amerika: Doppelfamilienhäuser aus grauem Schlackenstein, 400 m² Gartenland gleich am Haus, mit freistehendem Stall für Schwein und Ziege – es gibt kaum irgendwo bessere Arbeiterwohnungen als diese, auch wenn am Material gespart wird. Was nicht auf den schönen Grundrissen steht: Alle Wohnungen sind überfüllt, wer eine bekommen hat, vermietet Schlafplätze an ledige Arbeiter.

Wintzer treibt den Ausbau des Ortes Georgsmarienhütte voran, und der Aufsichtsrat gestattet es ihm auf Kosten der Dividende, teils um einen Arbeiterstamm zu ziehen, der vom Werk abhängt, teils aus sozialer Verantwortung. Schule, Friedhof und einen Wochenmarkt gibt es schon, Bahnhof und Postamt ebenfalls. Jetzt kommt eine Bäckerei dazu, 1872 ein werkseigenes Krankenhaus und ein Gesellschaftshaus mit Festsaal und Bühne in weiten Parkanlagen, im Jahr darauf Turnhalle, Kinderspielplatz und Gemeindegefängnis, als letztes eine Badeanstalt. Nun fehlt nur noch eine Kirche.

Ein großes Problem hat die Eisenhütte, das sich verschärft, als das Stahlwerk anfängt zu arbeiten: die Kohle. Der Verein hat seinen eigenen Kohlenschacht vor zwei, drei Jahren wegen Unrentabilität stillgelegt, doch die Kohle aus den staatlichen Zechen im Teutoburger Wald reicht nicht aus, und Hütte und Stahlwerk müssen 70 % ihres Bedarfs auf dem westfälischen Markt kaufen.

Bislang hatte die Hütte keine direkte Bahnverbindung zum Ruhrgebiet. Die Kohlenzüge fuhren auf weiten Umwegen zum Bahnhof Osnabrück, wo werkseigene Pferdefuhrwerke die Kohle abholten – hundert Gespanne mit zweihundert Pferden. Der Bahnhof war ständig verstopft, der Feldweg zur Hütte aufgeweicht, und manchmal hatte Wintzer nicht genügend Kohle für die Hochöfen. Nun gibt es endlich Gleise zwischen dem Bahnhof Osnabrück und der Hütte, die Köln-Mindener Eisenbahngesellschaft hat sie gebaut, die am 1. September 1871 auch die Strecke von Osnabrück nach Münster im Süden eröffnet und damit die direkte Verbindung ins Ruhrgebiet.

Doch die Hütte gerät in den Konkurrenzkampf der Eisenbahngesellschaften Westfalens um den Kohlentransportmarkt.

Die Köln-Mindener Eisenbahngesellschaft erklärt, sie werde nur Kohle aus dem Gelsenkirchener Revier transportieren, das an ihrer Strecke liegt. Die Eisenbahn schreibt der Hütte vor, Lieferverträge mit bestimmten Zechen abzuschließen, und diese Zechen wiederum diktieren der Hütte und dann auch dem Stahlwerk den Kohlenpreis.

Hütte und Stahlwerk haben es beim Kauf von Kohle und Verkauf von Roheisen und Stahl mit sechs Eisenbahngesellschaften zu tun: der Köln-Mindener, der Westfälischen, der Bergisch-Märkischen, der Hannoverschen, der Magdeburger-Halberstädter, der Magdeburger Leipziger Bahn. Alle lehnen es ab, ihre Wagen auf den Strecken einer anderen Gesellschaft laufen zu lassen. Die Hütte kauft selbst Waggons, aber auch mit der Annahme von Extrazügen tun die Gesellschaften sich schwer.

Das neue Stahlwerk hat große Anlaufschwierigkeiten. Was im Kleinen gelang, klappt im Großen nicht: Das Werk kann keinen guten Stahl gleichmäßig herstellen. Die Arbeiter beobachten Unkenntnis und Unverantwortlichkeit unter den Angestellten, Spannungen zwischen Ingenieuren, die vorgeben, alles zu wissen, und Meistern, die ihre praktischen Erfahrungen für sich behalten.

Der Aufsichtsrat kommt im März 1872 im braungetäfelten Frühstückszimmer des alten Hotels Dütting in Osnabrück zusammen. Die Kosten für das Stahlwerk haben die Kalkulation weit überschritten. Der Kredit von Mutzenbecher muß Ende des Jahres zurückgezahlt werden. Die Norddeutsche Bank hat Kredite zur Verfügung gestellt, die aber jetzt im März schon bis zu 400 000 Talern in Anspruch genommen worden sind. Mutzenbecher wünscht, daß die laufenden Kredite endlich durch neue Aktien abgelöst werden, die Kapitalkosten werden sonst zu hoch für das Werk.

Carl Wintzer und Dr. Hermann Müller stehen an einem Fenster und sprechen leise über die Überseefürsten von Hamburg. Die beiden Männer, die seit Jahren mit Verwaltungs- und Aufsichtsräten zu tun haben, sind von Godeffroy tief beeindruckt und meinen, daß er die übrigen Kaufleuten weit überrage.

Cesar zieht seine Uhr: »Bitte, wir können beginnen.«

Die Herren nehmen am Tisch Platz.

Cesar: »Ich muß zunächst der bitteren Enttäuschung Ausdruck geben, die uns die Entwicklung des Stahlwerks bereitet hat. Statt der versprochenen Dividende von 22 % gibt es nach einem halben Betriebsjahr einen Verlust von 156 000 Talern.«

Die Herren diskutieren, wie es soweit kommen konnte.

Cesar: »Ich gebe zu, ich habe mich durch das sichere Auftreten Gressers blenden lassen.«

Gresser soll ersetzt werden. Wintzer schlägt August Haarmann vor, Walzwerkchef der Heinrichshütte in Hattingen an der Ruhr, ein äußerst tüchtiger, aber, wie er warnt, für den Aufsichtsrat sicher unbequemer Mann.

Cesar: »Nun, schließlich liegt die letzte Entscheidung bei uns.«

Senator Hayn: »Ist er von Familie?«

Haarmann ist ein ehemaliger Bäckerlehrling, der sich sein Studium auf dem Königlichen Gewerbeinstitut in Berlin-Charlottenburg fünf Jahre lang als Bergmann mit oft zwei Schichten täglich verdient hat.

Die Herren schließen im April 1872 mit ihm ab.

August Haarmann nimmt Ingenieure und Meister fest in die Hand und läßt die Akkorde für die Stahlarbeiter scharf nachrechnen. Bandagenwalzwerk, Achsenfabrik, Schienenwalzwerk, Eisengießerei, die Steinfabrik für die feuerfeste Auskleidung der Öfen beginnen, regelmäßig zu produzieren. Der Aufsichtsrat gibt Vorzugsaktien aus, und die Öffentlichkeit zeichnet sofort, auch Cesar Godeffroy zeichnet. Mutzenbecher erhält sein Geld pünktlich zurück. Schon im November produziert Haarmann mehr Stahl als geplant, die Qualität ist erstklassig. Als das Geschäftsjahr im Juni 1873 abgeschlossen wird, ergibt sich ein Bruttogewinn von 1,4 Millionen Mark, und Aufsichtsrat und Direktor Haarmann verteilen nach Absetzung des vorjährigen Verlustes und sehr reichlichen

Abschreibungen eine Dividende von 10 %. Trotz der hohen Frachttarife der Köln-Mindener Eisenbahngesellschaft wachsen die Gewinne weiter. Die Preise für Stahlschienen sind von 1871 bis 1873 um über 50 % gestiegen.

2.

Wieder erlebt Cesar Godeffroy einen Wirtschaftsboom, der jeden vorherigen übertrifft. Die Sieges- und Einheitseuphorie im neuen Deutschen Reich heizt die Konjunktur, die 1868/69 einsetzte, weiter an.

Das neue preußische Aktienrechtsgesetz lockert die Aufsicht des Staates bei der Gründung von Aktiengesellschaften. Interessenten brauchen nur zehn Prozent des Aktiennennbetrags einzuzahlen, der Rest wird später fällig, in Raten. Man kann darauf spekulieren, daß man die ersten Aktien dann schon teuer verkauft hat und nun den Rest zum alten Preis fast geschenkt bekommt.

Die französischen Reparationsgelder, der Lohn der Sieger, sind 1872/73 fällig und verstärken den Gründungsboom. Frankreich zahlt bis September 1873 fünf Milliarden Francs und Zinsen, das sind 4,2 Milliarden Goldmark. Weit über die Hälfte davon kommt auf den Kapitalmarkt, weil die deutschen Bundesländer ihre Kriegsanleihen nun rasch zurückzahlen. Das Publikum hat sein Kapital wieder und sucht nach neuen profitträchtigen Geldanlagen. Das Aktienkapital verdreifacht sich, die Kurse steigen, tatsächlicher Wirtschaftsaufschwung und Spekulationsfieber sind nicht mehr zu unterscheiden.

Adolph Hansemann, Disconto-Gesellschaft, und Gerson Bleichröder, Bleichröder Bank, umwerben die Norddeutsche Bank und ihren Aufsichtsratsvorsitzenden Gustav Godeffroy. Die Norddeutsche Bank ist kapitalstark, und die Herren beteiligen sie an Gründungen in der Montanindustrie: Berliner Banken sind führend bei der Ausgabe neuer Aktien von Bergwerken und Maschinenfabriken im Ruhrgebiet und in Oberschlesien.

Joh. Ces. Godeffroy & Sohn beteiligen sich an der Gründung der *Deutschen Dampfschiffs-Rhederei zu Hamburg* – 1871, Aktienkapital 4,5 Millionen Mark, fünf Dampfer, Gustav ist im Vorstand. Nach zwei Jahren hat die Linie neun Dampfer. Später heißt sie *Kingsin-Linie* – »Goldener Stern« – und fährt nach Penang, Singapur, Hongkong und Shanghai, nimmt Fracht mit für Yokohama und Nagasaki.

Zwölf neue Dampferlinien fahren auf der Nordatlantikroute. Hinter der *Deutschen transatlantischen Dampfschifffahrts-Gesellschaft* – nach ihrem Reedereiemblem *Adler-Linie* genannt – steht, und das ist etwas Neues in Hamburg, binnenländisches Kapital: Berliner Banken, vorweg die Deutsche Bank, Gründungsjahr 1870. Robert Miles Sloman ist Vorsitzender des Geschäftsleitenden Ausschusses und bestellt acht Dampfer in England, jeden für tausend Passagiere.

Die *Hapag*-Aktionäre trauen zum ersten Mal der deutschen Industrie etwas zu: Direktor Godeffroy darf einen eisernen Seedampfer bei seinen Brüdern in Auftrag geben.

Auf der Reiherstiegwerft läuft 1871 der erste Eisbrecher vom Stapel. Adolph hat das *Comité für die Beseitigung künftiger Eissperren auf der Elbe* erst im Februar 1871 gegründet – früher hätte so etwas die Hamburger jahrelang beschäftigt, nun geht alles ruck, zuck. Reeder ist das Comité, der Betrieb liegt bei der *Hapag*. Der Eisbrecher bekommt den Namen EISBÄR.

Hamburg hat 300 000 Einwohner. Die Stadt vergibt zahlreiche Bauaufträge. Eisenbahnbrücken über die Elbe sind 1872 im Bau, Docks und Lagerhäuser auf Steinwerder, ein großes Lager für ausländische Hölzer. Grasbrookhafen und Schiffbauerhafen werden fertig – Tidehäfen mit Schuppen und Gleisanschluß.

Die Zahl der neuen Banken und Aktiengesellschaften in Hamburg nimmt so zu, daß es nicht genug Direktoren gibt. Kaufleute und Unternehmer sehen es als vaterländische Pflicht an, Deutschland in einen Industriestaat umzuwandeln. Lohnerhöhungen hindern das nur: Auch Arbeiter müssen ihre Pflicht tun.

Der Senat genehmigt 1872 den Abriß von tausend billigen Wohnungen für den Hafenausbau, ohne Ersatz zu schaffen. Arbeiter und Handwerksgesellen sind erbittert, die Streiks um höhere Löhne und Arbeitszeitverkürzung werden heftiger. Hausbesitzer schließen sich zusammen und verpflichten sich, nicht an Streikende und Sozialdemokraten zu vermieten.

Immer mehr Kaufleute leben nun großartig. Neureichen bleiben die Türen der feinen Hamburger Gesellschaft nicht mehr verschlossen. Die Gründer und ihre diamantstrahlenden Gattinnen sind neue Leute, »gegen welche wir Verpflichtungen haben!« In den Elbvororten schießen zahlreiche Villen hoch.

3.

Cesar will, daß die Georgsmarienhütte und das Stahlwerk eine sichere Kohlenbasis bekommen. Johannes Wesselhoeft, sein Stellvertreter im Aufsichtsrat des Stahlwerks, reist nach Bad Ems zur Kur. Er plaudert dort mit Industriellen aus dem Rheinland und aus Westfalen über Stahl und Kohle. Die Herren vermitteln die Verbindung zu Ernst Waldthausen, Essen.

Ernst Waldthausen kommt selbst nach Hamburg, und die Hauptaktionäre des Stahlwerks laden ihn in ihre Landhäuser an der Elbchaussee ein. Waldthausen ist ein rascher, dominierender Mann, zwei Jahre älter als Cesar, Chef einer ererbten Wollhandlung. Vieles ist den Herren vertraut – die Tatkraft, die Sucht, der Erste zu sein, das Außerordentliche zu leisten. Waldthausen hat in den 1850er Jahren die *Arenbergsche A.-G. für Bergbau und Hüttenbetrieb* gegründet und sich am Gußstahlwerk seines Jugendfreundes Alfred Krupp beteiligt, mit dem er sich aber überwarf. Er ist preußischer Kommerzienrat, Mitbegründer der Westdeutschen Versicherungs-Actien-Bank, Abgeordneter im Provinziallandtag, Präsident der Essener Handelskammer. Er will das Ruhrgebiet durch Eisenbahnen und Kanäle erschließen.

Als er ein junger Kaufmann war, erzählt Waldthausen den

Herren von der Elbchaussee, überwog noch der kümmerliche Stollenbergbau. Von Schächten hielt man nichts. Bis 1850 hat man Kohle nur südlich der Linie Oberhausen-Bochum-Dortmund-Unna gefördert, wo die Kohle bis dicht unter die Erdoberfläche reicht. Nördlich dieser Linie fällt das Karbon, die kohlehaltige Schicht, immer weiter in die Tiefe ab, und eine Mergelschicht bedeckt es, die an der Lippe 600–800 m dick ist. Aber im Norden sind die Kohleflöze stärker.

Die Hamburger Herren hören die Namen wagemutiger Kaufleute im Binnenland – Friedrich Harkort, der große Sohn der roten Erde, der zum ersten Mal die Mergeldecke durchstoßen ließ, 1832; Matthias Stinnes, der als erster in der Tiefe unter der Mergelschicht ein Kohlenflöz erbohrte. Waldthausen ist selbst in Gruben eingefahren. Er glaubt an den Reichtum des Steinkohlengebirges unter dem Ruhrgebiet. Aber auch wenn eine neue Bohrgesellschaft fündig wird, müssen die Herren mit einer langen Anlaufzeit rechnen, es dauert mehrere Jahre, bis ein Bergwerk fördert. Klüger wäre es vielleicht, in bestehende Zechen zu investieren. Waldthausen kann Anteile an den Zechen Neu-Wesel und Wolfsbank vermitteln.

Neu-Wesel bei Essen-Borbeck ist eine der ältesten Mergelzechen: Bohrbeginn 1839. Eine lange bunte Geschichte technischer Wagnisse folgte und großer Kümmernisse: Brände und Wassereinbrüche. Sie braucht jetzt einen neuen Schacht.

Wolfsbank, genau daneben, war schon 1575 Kohlewerk der Fürstäbtissinnen von Essen. 1839 hat man die Mergelschicht durchstoßen und das Karbon bei 17 m erreicht. Der zweite Schacht folgte 1846, aber erst sechs später Jahre erreichte man bei 75 m das Karbon. Dann: Wassereinbruch, Absaufen, Auspumpen, eine Pferdebahn in der Tiefe zwischen den Schächten eins und zwei, neue Schächte, neue Sohlen – ein langer zäher Kampf. Nun sind sie auf der vierten Sohle in 284 m Tiefe und haben im vorigen Jahr 144 348 Tonnen Kohle gefördert, nun ist das Ansetzen der nächsten Sohle in 348 m Tiefe fällig.

Beide Zechen haben Anschluß an die Station Berge-Borbeck der Köln-Mindener Eisenbahngesellschaft, die nach Osnabrück fährt – ein wichtiger Pluspunkt.

Ein Anteil an einem Kohlenbergwerk heißt Kux. Ein Bergwerk hat meist tausend Kuxe. Die Investitionen werden anteilsmäßig aufgebracht, die Gewinne anteilsmäßig ausgeschüttet.

Cesar und Gustav Godeffroy, Johannes Wesselhoeft, Johannes und Gustav Mutzenbecher wollen Kuxe beider Zechen kaufen. Sie gründen ein Konsortium und vereinbaren solidarische Haftung: Wenn einer von ihnen die Zubuße, das Geld für Investitionen, nicht aufbringen kann – undenkbar natürlich –, übernehmen die übrigen seine Kuxe. Die Norddeutsche Bank finanziert den Konsortialkauf. Der Anteil von *Joh. Ces. Godeffroy & Sohn* beträgt fast zwei Millionen Reichsmark.

Cesar kauft noch kleine Beteiligungen an mehreren Zechen, zum Beispiel an Carolus Magnus in Essen-Berge-Borbeck oder an Dorstfeld oder an Minister Stein, einer ganz neuen Zeche.

Die Aktionäre der Georgsmarienhütte wählen ihn im Mai 1873 in den Aufsichtsrat. Sie beschränken ihre Dividende auf 15 % und wollen den Kohlebergbau im Dütetal wieder eröffnen, nehmen dafür eine Hypothek von 700 000 Reichstalern bei der Norddeutschen Bank auf. Die Preise für Stahl und Kohle sind phantastisch, die Nachfrage hat sich verdoppelt.

Cesar macht noch einmal ein großes Spiel beim Umbau, Vorwärtsbringen und Sichern der Firma für die Familie. Er wird mit Stahl und Kohle ein Vermögen verdienen, den *Namen* wieder aufrücken lassen in der Stadt. Das Südseegeschäft wird er mit mäßigem Kapital für seinen Sohn optimieren, damit es wie ein Uhrwerk läuft. Plantagen werden dem Sohn die Monopolstellung im westlichen Pazifik sichern. Er braucht später nicht mehr Frachten hinterherzujagen, sondern kann seine Handelsware selbst produzieren.

Zwanzig Jahre war Cesar der größte Reeder der Stadt. Seine Flotte ist kleiner geworden, und sie veraltet. Er ist mit neunzehn Schiffen noch der zweitgrößte Segelschiffreeder – Sloman hat zwanzig und die doppelte Tonnage.

Wie ein riesiger Halbmond liegen die Inseln um Australien, von Tonga im Osten bis Palau im Norden. Jede Insel auf der

Karte ist in Wirklichkeit ein Archipel. Die Reisen seiner Schiffe kriechen als Lotlinien über die Seekarten – ein gigantisches Spinnennetz mit dem Alten Wandrahm als Mitte.
Gustav verläßt *Joh. Ces. Godeffroy & Sohn.*

Vier Kaufleute

1.

Gustav scheidet als Teilhaber aus, weil Cesar die Firma seiner Ansicht nach zu stark in der Südsee engagiert. Cesar will Plantagen anlegen, die erst nach Jahren Profit bringen. Gustav aber will beweglich bleiben, dabeisein können bei all dem Neuen, das sich jetzt im Deutschen Reich eröffnet. Er liebt das Risiko, Reisen, Verhandlungen, Konferenzen, liebt es, Reden zu halten, andere zu überzeugen.

Zeitungen und die Linken in der Bürgerschaft haben ihn im Frühjahr 1872 als Bodenspekulanten angegriffen: Er habe sein Wissen als Senator ausgenutzt, um sich zu bereichern. Das stimmt. Gleich nach dem Beschluß des Senats, das Industrie- und Wohngebiet der Stadt nach Hammerbrook im Osten auszuweiten, hat Gustav dort gemeinsam mit dem Immobilienhändler Rudolf Hirsekorn 1,5 Millionen m² gekauft. Cesar hat den Kauf finanziert und ebenfalls Grundstücke erworben.

Gustav will lieber mehr Geld verdienen als weiter Senator und Vorbild seiner Mitbürger sein. Aber Senator ist man lebenslang, nur sehr alte oder kranke Senatoren werden entlassen. Gustav ist der erste, der das Ideal, Kaufmann und Bürger zugleich zu sein, öffentlich aufbricht.

Als die Beteiligung von Senatoren an Grundstücksspekulationen im Senat zur Sprache kommt, sagt Gustav, er erkenne die Richtigkeit der Argumentation. Ein paar Tage später bittet er schriftlich um seine Entlassung aus dem Senat, kurz vor der Abreise nach Paris, wo Hansemann und Bleichröder und große Geschäfte mit dem Transfer der Reparationsgelder auf ihn warten. Aber er hat die Steuerdeputation und die Finanzdeputation hervorragend geleitet, der Senat antwortet nicht.

Gustav wird in Paris krank, muß Wochen im Hotelzimmer liegen, hat Schmerzen, will zur Erholung in ein Bad reisen. Er bittet Syndikus Merck Mitte Juni noch einmal, ihn aus dem Senat zu entlassen: »Ich fühle sehr wohl das Eigenthümliche, vielleicht Unhaltbare für einen Geschäftsmann, welcher an den verschiedenartigsten Unternehmungen beteiligt ist, zugleich Mitglied des Senats zu sein.«

»Die Republik geht verloren, weil die Bürger ihr fehlen«, sagt Senator Versmann, als Gustavs Brief eintrifft.

Gustav mahnt noch einmal. Der Senat läßt ihn am 11. September 1872 mit Bedauern gehen. Die Reform behauptet, Godeffroys Ausscheiden aus dem Senat sei diesem willkommen, da Godeffroys geschäftliche Tätigkeit ihn schon lange den amtlichen Aufgaben entziehe und auch vom Senat das Unpassende mancher Geschäfte mißbilligend empfunden werde.

Nachfolger Gustavs wird Adolph Ferdinand Hertz, *A. J. Hertz Söhne*. Gustav ist nun Senator im Ruhestand.

2.

Die Direktoren der Norddeutschen Bank am Alten Wall 14/16 haben gut zu tun in den beiden kleinen Direktionszimmern. Der alte Korrespondent Wiederhold und seine beiden Gehilfen im angrenzenden Zimmer – das Guckfenster steht offen – können die Korrespondenz allein unmöglich bewältigen. Die Gelder aus Frankreich – Fässer mit Fünffrancsstücken – treffen mit der Bahn ein, die Leute bekommen ihre Kriegsanleihe zurück, wollen ihr Geld neu anlegen, und darüber hinaus muß die Bank die Konvertierung der Bankomark in die neue Reichsmarkwährung vorbereiten – zwei Bankomark sind drei Reichsmark.

Der Aufsichtsrat stellt einen dritten Direktor ein, Max

Schinckel, 23 Jahre alt und nicht schüchtern. Jahre später, als er die Bank leitet, findet er seine Bemerkung von Anfang 1873 selbst »vielleicht etwas vorlaut«: Die Bank habe einen viel zu großen Teil ihres Eigenkapitals im Kuxen-Kauf der Brüder Godeffroy und ihrer Elbchaussee-Freunde festgelegt.

Senator Godeffroy kommt täglich in die Bank, wenn er in Hamburg ist. Max Schinckel mag das weltmännisch-liebenswürdige Wesen des Senators und seine große Beweglichkeit. Die Bank habe ihm »die Zuführung vieler interessanter, bald weniger guter, sehr oft aber auch gut ausfallender Geschäftsverbindungen« zu verdanken.

Der Senator macht den jungen Direktor mit frischgeadelten Spekulanten aus Berlin bekannt, lädt ihn ein, in Beausite mit Fürsten aus Schlesien, die zugleich Industrielle sind, zu speisen. Schinckel bewundert die Halle und die beiden mächtigen grünen Malachitvasen, die Zar und Zarin dem Senator geschenkt haben. Auch Gustavs Freunde Adolph Hansemann und Gerson Bleichröder sind nun geadelt: Reichskanzler Bismarck greift die alte Personalpolitik absolutistischer Könige auf, sich bei Regierungsantritt mit einem neuen Adel eine zuverlässige Hausmacht zu schaffen, und läßt den Kaiser Orden und Titel an führende Herren der Wirtschaft verteilen. Bismarcks Bankier Bleichröder ist der erste Jude, den der Kaiser adelt, und die Berliner Hofgesellschaft läßt es Bleichröder und vor allem seine Frau büßen.

Hansemann gründet die *Gelsenkirchener Bergwerks-AG*. Die Norddeutsche Bank beteiligt sich an der Gründung, und Gustav sitzt von nun an mit acht weiteren Bankiers im Aufsichtsrat.

Bismarck zwingt die Leute, die von ihm profitieren, hin und wieder, ihm zu helfen. Die Norddeutsche Bank hat mit Kriegsanleihen und Reparationsgeldern große Geschäfte gemacht. Bismarck schickt einen Bekannten zur Bank und zu den Brüdern Ohlendorff – Guanokaufmann Albert Ohlendorff ist im Aufsichtsrat – und läßt ausrichten, daß die »Hamburger bei der Neugestaltung des Deutschen Reichs viel zu gut weggekommen seien und jetzt auch mal etwas fürs Reich tun müssten«. Der Besitzer der Norddeutschen Allgemeinen Zeitung in Berlin, Auflage 10 000, sei leidend, und die Bank und die Ohlendorffs sollten die Zeitung kaufen. Die ursprünglich demokratische Zeitung ist Bismarcks Sprachrohr – die Regierung zahlt ihr jährlich 12 000 Taler dafür. Bismarcks Ansinnen geht möglicherweise auf einen Rat von Bleichröder zurück, der hier von Gustav einen Gefallen verlangt. Max Schinckel: »Es blieb uns gar nichts anderes übrig, als in den sauren Apfel zu beißen und uns an den benötigten 800 000 Mark hälftig zu beteiligen.« Von der Zeitung heißt es in Hamburg bald, sie sei Senator Godeffroys Blatt.

Gustav ist oft in Berlin und läßt sich auf den Festen der neuen Bankelite sehen. Die elegante Julie rollt den Baß, und ihre Brillanten blitzen. Gustav hält sich gut im großen Spiel der neuen Reichseliten um Geld und Einfluß. Auch in Berlin bewegt die Gesellschaft, so neu sie ist, wer *dazu*gehört und wer nicht so ganz. *Man* beurteilt kostspielige Feste danach, welcher Adel Einladungen angenommen hat und welcher tatsächlich kommt – alter oder nur neuer Adel. Der Bürger Senator Godeffroy hat den Rang eines Staatsministers im Ruhestand – er ist hanseatischer Kaufmann, eine Sonderspezies.

3.

Gustavs Ausscheiden schwächt *Joh. Ces. Godeffroy & Sohn*. Aber kein Wort dringt nach außen, und niemand erfährt mehr, als daß er einen Teil seines Vermögens in der Firma läßt. Cesar verkauft 1872 das de Boersche Anwesen, das an seinen Park grenzt – möglich, daß er Geld für Gustav braucht.

Bank und Werft scheinen die Domänen des Senators zu werden. Die *Reiherstieg-Schiffswerfte und Maschinenfabrik* ist mit nun 800 Arbeitern immer noch das größte Industrieunternehmen Hamburgs. In den drei Jahren nach der Reichsgründung liefert sie neben Hafen- und Flußfahrzeugen elf Schraubendampfer für den Seeverkehr. Eisen bezieht sie noch aus England, aber ab 1872 hat sie eine eigene Kesselschmiede.

Gustav tritt aus Cesars Schatten und wird zum größten Grundbesitzer an der Elbe. Er kauft den alten Parish-Besitz für 85 000 preußische Taler – oder 255 000 Reichsmark – von George Parish, dem letzten der Familie, der sich ab und zu in Hamburg blicken läßt – es heißt, daß er am St. Lawrence mit einer Frau lebt, die er beim Pokern gewonnen hat. Die Hälfte des Parks mit Wohnhaus und Ställen schenkt Gustav seiner Tochter Susanne. Sie hat Wilhelm Vorwerk geheiratet, den Sohn des reichsten Kaufmanns an der Elbchaussee. Das Elbufer von Jacobs in Nienstedten bis nach Blankenese gehört nun Godeffroys und ihren Verwandten.

Gustav ist jetzt 55 Jahre alt und wie beflügelt von den Veränderungen in seinem Leben. Er ist noch immer sehr zierlich und schlank. Seine Frau erwartet wieder ein Kind. Julie hatte im September 1868 einen Sohn geboren, Pierre Alexandre. Aber eine Wärmflasche war ausgelaufen, das heiße Wasser hatte den Säugling verbrüht, und er war gestorben.

Gustavs Tochter Olga kommt am 1. August 1873 zur Welt. Sie ist, wie sich später herausstellt, klein wie ihr Vater und scharfzüngig wie ihre Mutter.

Gustav und Julie reisen jedes Jahr nach Baden-Baden und wohnen im Hotel Stephanienbad mit Freunden und mit Julies Schwester und ihrem Mann aus Moskau. Herr Levé, Julies Schwager, denkt sich täglich ein Menü aus und bespricht es mit dem Koch, und die Gesellschaft trifft sich auf einer der beiden Eckveranden des Hotels zu sehr gemütlichen Essen. Gustav führt die Gesellschaft zu den Rennen nach Iffezheim. Als Max Schinckel in Baden-Baden ist, lädt Frau Senator Godeffroy ihn zum täglichen Essen in den eleganten Kreis ein.

4.

Alfred Godeffroy wird vollständig rehabilitiert.

Cesars jüngster Bruder ist seit einigen Jahren Teilhaber von *Mendocino Lumber Co.* und hat sein Office in San Francisco, N° 40 California Street, Raum 1. Das Sägewerk liegt in Mendocino, nördlich der Stadt. Die Firma beschäftigt 200 Arbeiter und verkauft Redwood bis nach Hawaii, Mexiko, Südamerika, ein witterungsbeständiges Schnittholz zum Hausbau.

Henry Meiggs, der Alfred, William Sillem und John Freundt vor Jahren hereinlegte und mit ihrem Geld verschwand, ist jetzt Eisenbahnkönig von Peru. Meiggs hat in Lima einen Brief an Sillem geschrieben, den Sillem seinem Cousin Alfred gab, der ihn an Cesar weiterschickte. Meiggs hat einen Wechsel über 20 000 Pfund Sterling beigelegt, »ten thousand pounds you will please present in my name to Mr. Alf. Godeffroy« – 10 000 Pfund möge er Alfred geben, das sind über 300 000 Reichsmark – als Anerkennung für die wertvollen Dienste, die er ihm geleistet habe. Das ist frech, aber in gewisser Weise ein Eingeständnis seines Betrugs.

William Sillem heiratet in Peru die Nichte von Henry Meiggs. Sie ist zwanzig Jahre jünger als Sillem, und vielleicht hat sie den Onkel zu Brief und Scheck veranlaßt.

Wenn Alfred es auch in Amerika nicht zu viel gebracht hat, jedenfalls im Vergleich zu seinen älteren Brüdern, so ist er jetzt doch respektabel, und die Brüder brauchen sich nicht mehr für ihn zu schämen.

5.

Gustav und Julie, Adolph und Tony kommen an schönen Sommerabenden zu Cesar und Emmy in das Landhaus an der Elbchaussee. Tante Tony ist Cesars Enkelkindern etwas unheimlich, weil sie eine dunkle Brille hat, fast blind ist und taub auf einem Ohr. Die Kinder wissen, daß ihr Großpapa auch schlecht sieht, aber sie vergessen es meist, weil er keine Brille trägt.

Die Brüder und ihre Frauen sitzen auf den weißen Bänken neben der Haustür oder, wenn es kühl ist, in der Halle. Dort steht ein rundes Wachstuchsofa, und zu jeder Seite des Sofas gibt es ein Rohrsofa, einen Tisch und zwei Sessel. Auf einen Tisch hat der Diener Schalen mit Früchten und Gebäck gestellt, auf den anderen den brodelnden Teekessel und große Teetassen. Cesars Schwiegertochter bereitet den Tee, und der Diener reicht die Tassen. Betty muß immer viel Tee aufgießen, denn die Godeffroys trinken jeder drei bis vier große Tassen.

Die Veränderungen der letzten Jahre haben die Phalanx der drei Brüder nicht aufgebrochen, obwohl sie beruflich auseinandertreiben und nicht mehr so genau über Geschäfte und Finanzen der anderen beiden orientiert sind wie früher. Als die Brüder anfingen, »zur Ehre des hochgestellten Namens« zu arbeiten, waren sie Kaufmannsreeder wie ihr Vater. Nun repräsentieren sie drei Typen von Kaufleuten.

Über Adolph hätte der Vater am meisten gestaunt: Adolph ist Angestellter und trotzdem angesehen. Und: Er ist keine Ausnahme mehr. Die angestellten Direktoren der Aktiengesellschaften bewegen Summen, von denen ihre Väter nicht einmal geträumt haben. Dabei gilt in Hamburg die Aktiengesellschaft immer noch nicht als beliebte Anlageform. Nach hanseatischer Auffassung soll ein Kaufmann mit seinem ganzen Vermögen und seiner vollen Persönlichkeit für ein Geschäft einstehen. Dieses Ideal wird um so höher gepriesen, je mehr man in der Praxis bei großen Firmen davon abgeht. Die jüngste Entwicklung: Immer mehr Entscheidungsbefugnisse und damit mehr Macht gehen von den Verwaltungs- oder Aufsichtsräten auf die Direktoren, von den Kapitaleignern auf die angestellten Unternehmer über. Allerdings: Wenn Dividende und Aktienkurs nicht stimmen, wird man sich einen neuen Direktor suchen. Das Maß für die Ehre eines Kaufmanns wie Adolph ist der aktuelle Gewinn der Aktionäre.

Gustav repräsentiert einen ganz anderen Kaufmannstyp. Für ihn zählt nur noch eins: Wieviel er verdient – nicht mehr womit und nicht mehr wie. Und niemand weiß es auch mehr genau. Gustav nennt sich selbst Geschäftsmann. Über seine Tätigkeit ist von nun an kaum mehr zu erfahren, als was Max Schinckel weiß: »Sein erhebliches Vermögen hat infolge seines stark entwickelten Unternehmungsgeistes viele Wandlungen erfahren.« Gustav ist an den verschiedenartigsten Unternehmungen beteiligt, vermittelt Geschäfte und Finanzierungen. Er agiert im Dreieck Hamburg/Handel, Berlin/Banken, Ruhrgebiet/Schwerindustrie. Er spricht gerne über das, was für ihn jetzt Lebensziel und Maß allen Handelns und Bewertens ist – Geldverdienen.

Cesar gibt seinen Brüdern mit *Joh. Ces. Godeffroy & Sohn* den soliden goldfarbenen Hintergrund des alten Handelshauses. Kaufmannsreederei ist der traditionell hochangesehene Geschäftszweig, den er in den Vordergrund schiebt: Handel auf eigenen Schiffen. Viel bedeutender aber sind seine Industriebeteiligungen. Cesar weitet sein altes Vorbild der großen Dampfmaschine – eines vertikalen Konzerns – auf moderne Wachstumsbranchen aus: Kohlenzeche – Eisenhütte – Stahlwerk – Werft – Schiffe – Überseehandel. Jeder Geschäftszweig soll mit dem nächsten verzahnt sein, um den Gewinn zu maximieren.

Aber für Cesar liegt die Lust, reich zu sein, noch immer in der Lebensführung, die sein Großvater an der Elbe für die damals neue Elite demonstrierte, die Oberschicht der tätigsten und reichsten Überseekaufleute. Er bleibt im Landhaus des Großvaters wohnen, obwohl es zu klein ist für die Gesellschaften, die nun üblich sind, und sein Park ist öffentlich – als inzwischen einziger an der Elbchaussee. Reichtum sei Lust und Verpflichtung, hieß es früher, Reichtum schaffe die Mittel zu nützlichen und ehrenvollen Unternehmen. Cesar baut sein Südseemuseum zu einer anerkannten Forschungsstätte aus.

Einige Jahre später werden Kaufleute, die nie soviel Geld verdient haben wie er, behaupten, sein Lebensstil sei der Grund für die Zahlungseinstellung der Firma geworden. Diese Behauptung ist falsch. Aber sie zeigt, wie die Wertmaßstäbe sich verschoben haben: Die große Zeit der hanseatischen Kaufleute und Bürger ist vorüber.

Auch andere Firmen verbinden Warengeschäft und Reederei mit Plantagenbesitz – O'Swald in Sansibar und Madagaskar, Adolph Woermann, der sehr tätige Sohn von Carl Woermann, in Kamerun. Woermann erklärt später seinen

Erfolg in Afrika mit seiner Nüchternheit: Er habe gewußt, daß gerade der Kaufmann keine Begeisterung bei seinem Geschäft haben dürfe.

Cesar Godeffroy ist von der Südsee begeistert.

Der König der Südsee

Die zweite Krise

1.

Hohe Glasschränke mit farbenprächtigen ausgestopften Vögeln stehen in Cesar Godeffroys Privatkontor am Alten Wandrahm. Die Vögel strömen einen eigentümlichen Geruch aus, und Cesars kleiner Enkelin Emmy ist daher immer sehr feierlich zu Mute, wenn sie ihren Großpapa besucht.

Cesars Nimbus wächst, sein Ansehen, sein Ruhm – es ist beinahe so, als würde von seinem geheimnisvollen Südseegeschäft ein Leuchten ausgehen, das die Menschen anzieht. Seine Kapitäne gehen durch die Straßen der Stadt, kräftige Gestalten in dunklen Sonntagsanzügen. Sie kommen von den grünen Fieberinseln am Äquator, deren Krieger so gefährlich sind, daß nicht einmal Missionare sich hinwagen.

Cesar hat die 6 000 Tonnen Kopra, die neun Schiffe 1872 brachten, für bis zu 450 Mark pro Tonne verkauft. Er schließt Lieferverträge mit Ölmühlen in Harburg, Leipzig, Berlin, Magdeburg. Er rechnet mit mindestens einem Drittel Reingewinn je Kopraladung. Tauschwaren kauft er jetzt meist in Sydney. In der *Faktorei von Johan Cesar Godeffroy* in Apia arbeiten 34 Angestellte: außer Theodor Weber ein Kassierer, elf Commis, ein Hafenmeister, zwei Ingenieure, zehn Schiffszimmerleute, zwei Böttcher, ein Arzt, ein Feldmesser, vier Plantagenaufseher. Fünf Schiffe kommen 1873 direkt von Apia nach Hamburg, sechs laufen über Tonga und die Marshalls.

In Tahiti sind nun *Wilkens & Co.* für Godeffroy tätig.

Kapitän Levisohn ist der kaltblütigste von Cesars Kapitänen, ein Jude aus Holstein. Als er den Laderaum der Brigg ISERBROOK auf Jaluit – sprich: Dschaluut – 1872 nicht vollbekommt, lädt er zum ersten Mal auf Neu-Britannien zu, einer Insel im Osten von Neu-Guinea. Ein Jahr später sucht Weber zwei Händler für Neu-Britannien aus. In den Bars von Apia heißt es, Weber stelle einem Bewerber nur drei Fragen: Kannst du die Sprache sprechen? Kannst du mit den Eingeborenen leben, ohne Streit mit ihnen anzufangen? Kannst du den Mund halten über die Geschäfte deines Chefs, wenn du mit weißen Männern trinkst?

Levisohn bringt die beiden Händler nach Matupi und Nogai, kleinen Inseln an der Ostspitze von Neu-Britannien. Die Häuptlinge erlauben ihnen, Hütten für Waren und Trockengestelle für Kopra zu bauen. Doch kaum ist Levisohn fortgesegelt, bekommen beide Händler Streit mit den Häuptlingen und fliehen zu einem englischen Händler in Port Hunter. Auf seiner nächsten Reise richtet Levisohn eine Handelsstation in Mioko in der Duke-of-York-Gruppe ein, Inseln zwischen Neu-Britannien und Neu-Irland, in der Nähe von Rabaul.

Levisohn ist ein Blackbirder, einer, der schwarze Vögel fängt oder »küstert«, wie die Deutschen das Anwerben und Transportieren von Arbeitern nennen. Levisohn bringt 1873 zum ersten Mal achtzig Arbeiter von den Karolinen nach Samoa. Der Blackbirder gibt einem Häuptling Gewehre, Schießpulver und Tabak, und die jungen Leute setzen ihr Kreuzchen im Beisein des Häuptlings und ihrer Verwandten unter den Vertrag. Sie verpflichten sich, fünf Jahre für einen Monatslohn von 1 $ in Waren zu arbeiten, das heißt für vier Meter Baumwollstoff oder ein Pfund Tabak. Die Grenze zwischen Freiwilligkeit und Zwang ist fließend. Steht das Kreuz auf dem Papier, gibt es kein Zurück mehr. Auf der monatelangen Reise zur Plantage sorgt die Schiffsmannschaft mit Stacheldraht, Peitschen und Revolvern dafür, daß niemand flieht.

Viele Weiße sind sich einig: Den Wilden tut die schwere Arbeit nur gut. Sterndale, ein Beauftragter der Regierung in Neuseeland, berichtet über Webers 358 Gilbertinen, Männer und Frauen: »Sie kommen schmutzig, faul und wild an, nach 6 Monaten Pflanzerarbeit gleichen sie nicht mehr denselben Wesen, und beim Ablauf ihrer Kontrakte sind sie so weit vorgeschritten, daß sie ebenso ungeeignet sind zur Gemeinschaft mit ihren brutalen Brüdern in ihrer Heimat, wie sie es ehemals für die Berührung mit der civilisierten Welt waren.«

Besondere Auszeichnung in Sterndales Augen: Bei schweren Verbrechen werden sie mit der neunschwänzigen Katze ausgepeitscht, wie es auf einem Kriegsschiff üblich ist.

Die Samoaner beharren darauf, daß die Landkäufe aus dem samoanischen Krieg ungültig, die Ländereien gestohlen seien. Als die deutsche Dampfkorvette NYMPHE in der Bucht von Apia ankert, verurteilt Kapitän von Blanc die Häuptlinge von Apia zu einer Strafe von 3 000 Mark für Kriegsschäden an Godeffroyschem Eigentum. Die Häuptlinge versprechen, Kopra zu machen, und die Korvette dampft ab.

Doch die Kopra kommt nicht, und Senator Godeffroy beklagt sich in Berlin beim Auswärtigen Amt über »Räubereien und Belästigungen« der Eingeborenen, die nicht zahlen, was der Kommandant der NYMPHE ihnen auferlegte. Als die Firma *F. C. Hedemann* im Oktober 1873 telegrafiert, die Einwohner von Levuka hätten sich gegen die Weißen bewaffnet, beordert der Chef der Admiralität, Albrecht von Stosch, Seiner Majestät Schiff ARCONA nach Fidschi. Cesar Godeffroy bittet sofort, die ARCONA auch nach Apia zur Eintreibung seiner Außenstände zu dirigieren. Stosch kommen solche Wünsche sehr gelegen: Er begründet mit ihnen seine Forderungen nach mehr Panzerfregatten, Korvetten, Kanonenbooten. Die Frage, ob ein Häuptling zahlt, wird zu einer Ehrenfrage der Kriegsmarine.

Kommandant von Reibnitz, SMS ARCONA, droht den Häuptlingen mit Gewalt, falls sie nicht Godeffroys den Besitz des Landes garantieren und die 3 000 Mark zahlen. Die Häuptlinge antworten, sie hätten sich mit Konsul Alfred Poppe – er ist aus Valparaiso gekommen, um Weber während eines Europaurlaubs zu vertreten – und den übrigen Konsuln geeinigt, die Landfrage demnächst mit Hilfe einer Kommission zu lösen.

Kommandant von Reibnitz ist so enttäuscht, daß er seine Matrosen ein Dorf niederbrennen läßt.

2.

Amalie Dietrich hat zehn Jahre in den Wüsten und Dschungeln Australiens gearbeitet. Nun kehrt sie nach Deutschland zurück. Am Morgen des 4. März 1873 läuft die SUSANNE GODEFFROY in Hamburg ein, und Charitas steht am Hafen.

Mutter und Tochter erkennen sich nicht. Die Tochter ist erwachsen, die Mutter gebeugt und weißhaarig. Sie trägt lose Tropenkleidung und Segelschuhe und hat als Handgepäck zwei Adler bei sich, ein Geschenk für Dr. Meyer.

Cesar ist tief bewegt, als er Amalie Dietrich begrüßt. Er bietet ihr eine Anstellung am Museum Godeffroy und eine Wohnung im Speicher am Alten Wandrahm an.

In diesem Jahr kommt der erste Band des *Journal des Museum Godeffroy* mit Berichten seiner Reisenden heraus. Cesar veröffentlicht auch die farbigen Zeichnungen pazifischer Fische von Andrew Garrett. Die Senckenbergische Naturforschende Gesellschaft nimmt Cesar Godeffroy als korrespondierendes Mitglied auf. Gelehrte aus ganz Europa besuchen die Schauräume des Museums in zwei Stockwerken des Hauses N° 26.

Amalie Dietrich ordnet ihre Sammelausbeute in den Präparierräumen im Speicher. Dort lernt die kleine Emmy die Forscherin kennen, »die mir in ihrer schmutzigen, unordentlichen Erscheinung unangenehm war«, wie sie später erinnert. Das kleine Mädchen sieht die Wunder der Welt nicht. Es denkt nur an das, was seine Mama ihm eingeschärft hat – Sauberkeit und Ordnung. Eine berufstätige Frau ist etwas Schmutziges und Unordentliches, und ein kleines Mädchen muß immer sauber und ordentlich sein – wer in einem Museum arbeitet, kann das nicht, also arbeitet ein Mädchen nicht in einem Museum.

Amalie Dietrich gibt sich Mühe, unscheinbar zu bleiben, bloß nicht als Frau gesehen zu werden, bloß kein Aufsehen zu erregen, bloß in Ruhe arbeiten zu dürfen. Doktoren und Professoren profilieren sich mit ihrer Hilfe, doch sie schreibt nichts, ist keine Konkurrenz. Im großen Katalog des Museums, der einige Jahre nach ihrer Rückkehr erscheint, wird nicht einmal ihr Name erwähnt.

Cesar schickt den Sammler Eduard Dämel nach Australien, verlängert den Vertrag von Jan Kubary um fünf Jahre, schickt den Apotheker Franz Hübner aus Nauen 1875 mit einem fotografischen Apparat nach Apia und den Sammler Theodor Kleinschmidt nach Fidschi. Die Anthropologische Gesellschaft in Berlin ernennt Cesar Godeffroy zum Ehrenmitglied.

Die Herren im Museum Godeffroy meinen, daß die Naturvölker vor der »Sonne der europäischen Cultur« vergehen. Alte Sitten und Gebräuche verschwinden, alte Waffen und Geräte sind kaum noch zu haben. Garrett schreibt, der größte Teil der Tahitianer trage nun europäische Kleider. Die Konkurrenz der Sammler sei groß und habe »den Eingeborenen höchst extravagante Ideen vom Werthe ihrer Dienstleistungen beigebracht«. Kubary schreibt, der Charakter des Palau-Insulaners »scheint im engeren Verkehr mit Weissen sich sehr verändert zu haben, denn Sittenlosigkeit, Habgier und Hinterlist sind drei Eigenschaften desselben, die neuere Beobachter erwähnen«. Alle Forscher beobachten sinkende Bevölkerungszahlen.

Kronprinzessin Victoria geht mit ihren Damen in Godeffroys Park spazieren. Sie ist privat nach Hamburg gekommen, um Emilie Wüstenfelds neue Gewerbeschule für Mädchen zu sehen, und hat mit Cesar Godeffroy schon eine Elbfahrt unternommen. Die kleine Emmy und ihr Bruder Cesar sollen im Zimmer spielen, weil das Wetter schlecht ist, doch nun springen sie der Kronprinzessin heimlich von Gebüsch zu Gebüsch nach.

Der Großpapa führt die Damen in den Rosengarten und läßt einen Strauß schneiden. Dann gehen die Damen allein weiter.

»Emmy, bist du da?« ruft plötzlich der Großpapa. »Komm schnell, ich habe noch eine besondere Rose vergessen, die bring schnell ihrer Kaiserlichen Hoheit.«

Emmy rennt der Prinzessin über den Rasen nach, und mit

einem Knicks hält sie die Rose hin: »Da, Kaiserliche Hoheit, die hatte Großpapa vergessen.«

»Danke schön, liebes Kind.« Die Prinzessin streichelt Emmys Wange, die Damen gehen weiter.

Emmy läuft zu ihrer Mama ins Kavaliershaus, um ihr von dem großen Erlebnis zu erzählen. Sie bekommt eine kalte Dusche, einen Tadel, weil sie den Gästen nachgeschlichen ist und dann noch die Rose im Regenmantel überreicht hat.

3.

Cesar kann ab 1873 mit der Eisenbahn direkt von Hamburg nach Osnabrück fahren. Das Stahlwerk erzielt Höchstpreise für seine Schienen. Die Georgsmarienhütte zahlt 10 % Dividende.

Die Hütte zeigt auf der Weltausstellung 1873 in Wien ihre »beachtenswerten Erfahrungen bei dem Bau von Arbeiterwohnungen« in Einzel- und Doppelhäusern. Die Wohnungen haben im Erdgeschoß Küche und Stube, 21 m² insgesamt, oben noch einmal 21 m², dazu Keller, Boden, Hof und dort für jede Familie die Toilette extra – ein seltener Standard.

Auch die Kohlebergwerke, an denen Cesar beteiligt ist, entwickeln sich gut. Der Kohlepreis ist von 1872 auf 1873 um 80 % gestiegen. Ein bitterer Schlag 1873: Auf der Zeche Neu-Wesel stürzen ein neuer Schacht und das Schachtgebäude ein. Die Herren von der Elbchaussee müssen auf ihre Kuxe zuzahlen. Sie besitzen nun auch die Zeche Vereinigte Nordsee bei Lühnen-Gahmen-Horstmar.

Cesar kauft eine neue Bark von einer Werft in Västervik, Schweden. Seine Schwiegertochter Betty tauft sie ELISABETH. Die Bark läuft am 21. Mai 1873 nach Apia aus. Eine Woche später wird ein neuer CESAR GODEFFROY auf der Werft von Marbs in Hamburg fertig und geht ebenfalls nach Apia.

Gottlieb Jenisch erfährt, daß sein Neffe Wilhelm Godeffroy Cousin Gustav für den Kauf des Parks von Parish 90 000 Mark zu 4,5 % Zinsen auf ein Jahr geliehen hat. Marianne Godeffroy ist gestorben, und Willy hat zum Vermögen seines Vaters auch das der Mutter geerbt. Das kluge alte wohlwollende Affengesicht Gottlieb Jenisch warnt den Neffen im Oktober 1873 davor, den Brüdern Godeffroy zu sehr zu vertrauen:

»Wenngleich ich Gustav wie seinen Bruder Cesar für sehr wohlhabend selbst reich halte, die bisher viel Geld verdient haben, so kann ich doch die Besorgnis nicht unterdrücken, daß beyde bey den vielen großartigen industriellen Unternehmungen, wodurch immer neue Capitalien absorbiert werden, zu weit gehen, und wenn einmal eine Crisis eintritt, sie fest sitzen, was Gott verhüten möge!«

Der erfahrene Bankier befürchtet nach den stürmischen Gründerjahren eine Krise:

»Fast alle, selbst gute Bank und Industrie Actien, wenn sie auch zum Theil noch immer hoch stehen, sind doch die letzte Zeit sehr bedeutend im Werth gefallen, und werden die wirklich guten Unternehmungen, durch die vielen Schwindeleyen, gar leicht in Mitleidenschaft gezogen. Für meinen Theil ist es mir eine große Beruhigung, daß ich mich auf alle diese Spekulationen gar nicht eingelassen habe.«

Noch während der Brief an seinen Empfänger in Berlin unterwegs ist, spricht Cesar schon mit der Norddeutschen Bank und den Vertretern von *J. H. Schröder & Co.*, London: *Joh. Ces. Godeffroy & Sohn* sitzen fest, haben kein Geld.

Cesar handelt mit der Norddeutschen Bank einen Kredit von 2,4 Millionen Reichsmark zu 5 % aus und mit *J. H. Schröder & Co.*, London, einen Kredit von 1,8 Millionen. Er muß dafür Kopraladungen verpfänden, sechzehn Segelschiffe, den neuen Steamer PIONIER, seinen Anteil am Steamer CHINA, Obligationen der Zeche Centrum, Hypotheken und Anteile an Grundstücken in Hammerbrook, außerdem Faktorei und Plantagen in Apia, die er mit 3,2 Millionen ansetzt – alles in allem Besitz im Buchwert von über 7 Millionen Reichsmark.

Im Dezember kann er der Bank und Schröder die erste Viertelmillion zurückzahlen.

Cesars *Credit* hält die Firma, das Vertrauen der Banken in sein Urteil.

In den Kreisen der deutschen Montanindustrie ist man über die Kreditklemme im Herbst 1873 besorgt, aber man ist nicht alarmiert. Noch im November 1873 stellen fünfzig Vertreter von Hütten und Stahlwerken bei einem Treffen in Düsseldorf fest, daß es, gemessen an der Nachfrage nach Eisen, keinesfalls eine Überproduktion gäbe. Erst später erkennen die Herren, daß 1873 die Krise beginnt, die zu einem jahrelangen Konjunktureinbruch wird, zu einer weltweiten Depression.

Die Preise fallen schon. Direktor August Haarmann vom Stahlwerk Osnabrück hat im April 1873 für eine Tonne Schienen noch 405 Mark bekommen. Ende 1873 bekommt er 312 Mark. 1874 fallen die Preise auf 240 Mark – den Stand von 1871.

Im Januar 1874 geben auch die Kohlepreise nach.

»furor consularis« – die Wut der Konsuln

1.

Cesar kauft den Premierminister von Samoa. Colonel Albert Steinberger will eine zentrale Regierung in Samoa schaffen. Er kommt im Spätsommer 1874 nach Hamburg und bittet Herrn Godeffroy, sein Unternehmen zu unterstützen.

Der Oberst aus Baltimore ist Anfang Dreißig, ein kleiner gutgebauter Mann mit dunklem Haar, schwarzen Augen und Schnurrbart, flott wie ein Spanier. Er hat die Leichtigkeit eines Gentleman, ist ein amüsanter Erzähler und ein großer Sportsman. Cesar lädt ihn an die Elbchaussee ein, und Emmy und Betty sind entzückt. Der Oberst macht den Damen Komplimente, geht mit Cesar junior auf die Jagd und bittet Cesar dringend, das Landhaus fotografieren zu lassen.

Der Oberst ist einer der jungen Freunde und Kriegskameraden von Ulysses Simpson Grant, Oberbefehlshaber der Nordstaaten im Bürgerkrieg, jetzt Präsident der USA. Mr. Webb, der Reeder aus New York, der die Polynesische Landkauf-Company gegründet hat, die für ein paar Gewehre die Vorkaufsrechte auf halb Samoa erwarb, will, daß sein Freund Grant Samoa annektiert. Der Präsident schickte auf Webbs Wunsch Steinberger, der nach dem Bürgerkrieg nicht recht Fuß fassen konnte, im August 1872 nach Apia. Der Oberst sollte einen Bericht schreiben, mit dem der Präsident die Zustimmung des Kongresses zur Annexion gewinnen könnte.

Hamilton Fish jedoch, Staatssekretär in Washington und zuständig für Außenpolitik, war gar nicht davon begeistert, daß der Präsident seinen Kriegskameraden einen so weitgreifenden Gefallen erweisen wollte. Fish wollte die USA nicht wegen einiger Landhaie in Konflikte mit London und Berlin bringen. Er wünschte, daß Steinberger in seinem Bericht die Landansprüche der Landkauf-Company für ungültig erklärte.

Steinberger verließ San Francisco im Juli 1873, stürzte sich in Apia in die Politik und versprach allen Parteien, was sie am liebsten hörten. Den Samoanern sagte er, die US-Regierung unterstütze die Landkauf-Company keineswegs, und unter amerikanischer Protektion wären sie auch Weber los. Alfred Poppe wiederum verstand, daß Steinberger Webers Landkäufe für gültig hielt. Als Steinberger vorschlug, die Landfrage noch ein Jahr ruhen zu lassen und dann eine Kommission aus Samoanern und Weißen zu wählen, waren alle erleichtert.

In den 55 Tagen, die der Oberst in Apia verbrachte, sah er, wie Poppe sieben große Schiffe beladen ließ. Steinberger war tief beeindruckt vom Reichtum Cesar Godeffroys.

Zurück in Baltimore, schickte er seinen Report an Hamilton Fish: Er habe zugunsten der Samoaner eingegriffen und alle Probleme in Samoa mit Leichtigkeit gelöst. Präsident Grant gab den Report im April 1874 an den Kongreß, doch eine Annexion Samoas fand nicht genügend Befürworter.

Nun verhandelt der Oberst mit Cesar Godeffroy. Steinberger will eine samoanische Zentralregierung bilden und ihr

Berater werden, ihr Premierminister. Ganz Indien ist voll von Briten, die Radschas und Maharadschas und ihre Regierungen beraten. Was Cesar nicht durchschaut: Der Oberst gibt sich als Bevollmächtigter der USA aus, obwohl Hamilton Fish die Pläne des Präsidentenschützlings nur inoffiziell duldet.

Cesar räumt dem künftigen Premier einen Kredit ein. Sobald Steinberger eine Lebensversicherung über 10 000 $ abgeschlossen und Cesar die Police geschickt hat, kann er sich in New York bei Adolphito und in San Francisco bei William Sillem bis zu 14 000 $ holen, Zinsfuß 6 %, die er der Faktorei in Apia zurückzahlen wird. Die Hälfte der Summe ist für eine Staatsyacht bestimmt, deren Eigentümer ein Strohmann Cesars sein wird.

Cesar Godeffroy und Albert Steinberger unterschreiben am 16. September 1874 einen neun Seiten langen Vertrag, Gustav Godeffroy unterschreibt als Zeuge. Steinbergers Regierung wird für die Wohlfahrt der samoanischen Bevölkerung arbeiten und für die Erschließung des Reichtums Samoas. Steinberger wird sich in allen wichtigen Fragen bei Godeffroys Rat holen, und das Interesse der Regierung wird mit dem der Firma übereinstimmen. Er erkennt die Landkäufe der Firma an. Die Regierung erläßt eine Kopfsteuer und gründet einen nationalen Schatz – »The National Treasury of Samoa« –, in den jedes Familienoberhaupt für sich und für jedes Familienmitglied sechzig Pfund gutgetrockneter einwandfreier Kopra und sechzig Pfund Kokosfasern einzahlen muß. Die Regierung verkauft diese Einnahmen für 1 1/2 Cent pro Pfund an Godeffroy. Nach zehn Jahren wird ein neuer Preis ausgehandelt. Von allen Verkäufen der Regierung an Godeffroy erhält Steinberger 10 %. Er erhält für jede Tonne Kopra oder Kakao, die Godeffroy ausführt, zwei Dollar. Godeffroy wird Bankier und Finanzagent der Regierung von Samoa und erhält das Monopol der Banknotenausgabe.

Mit dem Bankmonopol sichert Cesar seine Währungsgeschäfte in der Südsee. Anfangs ließ er Poppe aus Valparaiso chilenische Silberdollars nach Apia schicken. Nun führt er in Apia den bolivianischen Halbdollar ein, dessen Silbergehalt so niedrig ist, daß Poppe die Münzen in Südamerika billig einkaufen kann. Es gibt bald kein anderes Geld mehr in der westlichen Südsee. Kapitäne und Händler erhalten von den Insulanern nur noch bolivianische Halbdollars, und die einzige Firma, die Halbdollars in gutes Geld umwechselt, ist die Faktorei von Godeffroy. Sie nimmt nicht unter 10– 15 % Provision dafür.

Steinberger ist im November 1874 wieder in Baltimore und schreibt Hamilton Fish, Godeffroys seien hochgestellte und verantwortungsbewußte Leute – »elevated and conscientious people« –, und die Aktion des Kriegsschiffs ARCONA in Samoa werde nicht wiederholt. Sie hätten versprochen, daß die neue samoanische Regierung von Deutschland anerkannt werde. Er möchte von Fish mit soviel diplomatischer Macht ausgestattet werden, daß er Vorrang vor den Konsuln habe.

Seinen Vertrag mit Cesar Godeffroy verschweigt er.

Später heißt es, Steinberger habe noch Verträge mit anderen Firmen abgeschlossen – zum Beispiel mit der Landkauf-Company für 25 000 $. Sicher ist, daß er eine Übereinkunft mit Major John H. B. Latrobe, Baltimore, traf: Latrobe wird ihn mit anderen alten Kriegskameraden nach Samoa begleiten und als Oberbefehlshaber der samoanischen Streitkräfte von Steinbergers Profit 25 % einstreichen.

Cesar und Cesar junior drängen Steinberger – »time is money« – zur Abreise: »If you can make the natives work grand things can + will be done at Samoa« – wenn Sie die Eingeborenen zum Arbeiten bringen, können und werden große Dinge in Samoa geschehen.

Steinberger sucht sich in San Francisco auf der Werft von Ogden eine Schoneryacht aus, die William Sillem im Auftrag von Cesar bezahlt, 8 602 $. Der Oberst nennt sie PEERLESS, Unvergleichlich. Als er ausläuft, hat er Cesars Kredit ausgeschöpft.

Der Oberst und die PEERLESS werden überall bewundert. Er segelt sie in elf Tagen nach Honolulu und in weiteren elf nach Apia. Seine Kriegskameraden sind hübsch uniformiert und gut diszipliniert, und Kaufleute, Missionare und Samoaner sind beeindruckt. Er tritt als »special agent« der USA auf, der Laupepa, dem Träger des obersten Titels, und den Häuptlingen einen Brief des Präsidenten und Geschenke bringt: 100 Springfield-Gewehre, eine große und zwei kleine Kanonen, zwölf Revolver, eine Schmiede, Musikinstrumente, 100 Matrosenanzüge aus Flanell mit Mützen und drei US-Fahnen.

Im National Archive in Washington habe ich eine Kopie von Steinbergers Vertragsexemplar und die Briefe gelesen, die Godeffroys ihm schrieben: Es kam 1876 zu einer Untersuchung der Steinberger-Affäre im Kongreß. Der Archivar lachte über die Geschichte des Präsidentenschützlings und suchte mir auch die Kopierbücher von Samuel S. Foster heraus mit den Kopien der Briefe, die der US-Konsul erhielt und schrieb. Tropische Insekten haben vor 120 Jahren Löcher und Tunnelgänge in die Kopierbücher gefressen, und die Tinte des Konsuls ist verblaßt, aber seine Wut wirkt noch ganz frisch.

Oberst Steinberger lebt in den Dörfern und lernt Samoanisch, und Emma Coe, die schönste der schönen und geschäftstüchtigen Töchter von Jonas Coe und einer samoanischen Prinzessin, wird seine Geliebte.

Konsul Samuel S. Foster, Agent der Landkauf-Company, schickt einen Beschwerdebrief nach dem anderen nach Washington. Steinbergers Liebesleben läßt Hamilton Fish kalt, aber er schärft dem Oberst im Mai 1875 ein, er dürfe der neuen samoanischen Regierung nicht den Schutz der USA versprechen.

Steinberger hat kein Geld mehr und geht zu Alfred Poppe. Poppe sagt, bis jetzt habe Steinberger für Godeffroys noch gar nichts getan. Wenn die neue Regierung da sei, könne man über Geld reden.

Auf Godeffroys Plantage in Mulifanua sind Kontraktarbeiter von den Gilbertinseln weggelaufen. Steinberger läßt die Anführer fangen und wegen Aufruf zur Revolte ins Gefängnis stecken. Das bringt die britischen Pflanzer auf Samoa gegen ihn auf, die finden, daß er und seine Samoaner Godeffroy bevorzugen, während ihre eigene Regierung sie benachteilige.

Fidschi ist seit dem Vorjahr britisch – 2 000 landhungrige weiße Siedler sind in den letzten zehn Jahren nach Fidschi gekommen, die Häuptlinge haben sich an London gewandt und um Schutz gebeten –, und Gouverneur Gordon will die Unmenschlichkeiten beim Arbeiterhandel unterbinden.

Cesar in Hamburg macht sich Sorgen, wie er die Schulden bei der Norddeutschen Bank und bei Schröder, London zurückzahlen kann. Er will sein Ansehen in der Stadt aufpolieren und führt ihr sein Südseegeschäft vor: Für die Kopra, die die Samoaner Steinberger als Steuer abliefern werden, chartert er Schiffe bei Sloman, Hertz, Laeisz, Amsinck, Behn.

2.

In Osnabrück hält an einem Sonntag im Juni 1875 eine Pferdedroschke vor dem Haus, in dem Direktor August Haarmann wohnt. Cesar Godeffroy steigt aus und geht mühsam die Treppe zum ersten Stock hinauf. Er begrüßt Frau Haarmann und schenkt dem kleinen Sohn Allan eine große Südseemuschel.

Haarmann fällt auf, daß Herr Godeffroy sich nicht mehr so aufrecht hält wie früher. Die Herren sitzen bei Kaffee und Zigarren im Arbeitszimmer.

»Ich wollte vor der Aufsichtsratssitzung gern mit Ihnen die Vorschläge über die Verwendung des Gewinns besprechen. Ich habe bereits die schriftliche Zustimmung der Herren zu meinem Antrag, wieder die Dividende des Vorjahrs zu verteilen. Ich möchte aber vorher Ihre Zustimmung mit nach Hause nehmen.«

Haarmann ist dagegen, daß das Stahlwerk eine Dividende ausschüttet: Alles Geld müsse in das Werk gesteckt werden.

Die Schienenpreise sind auf 170 Mark pro Tonne gefallen. Deutsche und englische Anbieter liefern sich bei immer weiter zurückgehender Konjunktur erbitterte Preisschlachten auf dem Stahlmarkt. Die Eisenbahngesellschaften haben, um ihre sinkenden Einnahmen auszugleichen, die Frachttarife erhöht, die Köln-Mindener um 20 %.

Haarmann versucht rigoros, die Produktionskosten zu senken, und hat von 820 Arbeitern 160 entlassen. Die Leute nennen ihn »Vatter Grausam«. Stahlwerk und Georgsmarienhütte legen ihre Verwaltungen zusammen, und Haarmann entläßt Büroangestellte. Der Krankenstand durch Verletzungen steigt, jede Woche kommt es im Stahlwerk zu einem ernsthaften Unglück – Behälter platzen, glühendes Metall spritzt auf die Arbeiter. Lohnfortzahlung bei Krankheit gibt es nicht. Die Arbeiter nennen das Werk nur noch »Knochenmühle«.

Auch Carl Wintzer in der Hütte entläßt Arbeiter, 250 von 1 675, senkt die Löhne, erhöht die Arbeitszeit und steigert die Produktion. Neue Wohlfahrtseinrichungen gibt es nicht mehr. Der Aufsichtsrat mußte sich scharfe Kritik katholischer Aktionäre anhören – an den hohen Tantiemen, die die Herren sich bewilligen, vor allem aber an den Ausgaben für Arbeiterwohnungen, Schule und evangelische Kirchengemeinde.

Die Schienenproduktion steigt. Haarmann hat große Aufträge aus Rußland, was bei Gustav Godeffroys Verbindungen zu russischen Eisenbahngesellschaften nicht erstaunt. Das Werk hält sich gut im Konkurrenzkampf, aber Zinsen und Rückzahlung der Kredite für seinen Bau drücken den Gewinn.

»Ich arbeite nicht für die Aktionäre, sondern für die Erhaltung und Entwicklung des Werkes«, sagt Haarmann.

»Auch wir haben unsere bitteren Sorgen. Das Haus Godeffroy ist über 100 Jahre alt und hat viele tüchtige Männer hervorgebracht. Ich möchte nicht, daß diese lange Reihe durch mich unrühmlich abgeschlossen wird.«

Haarmann, erschrocken: »Steht es so, Herr Godeffroy?«

Cesar: »Wenn das Stahlwerk keine Dividende zahlt, sinkt der Kurs der Aktien und vermindert mein verfügbares Kapital so stark, daß mir nicht mehr sehr viel an eigenem übrigbleibt.«

Haarmann: »Sie könnten Ihre Aktien vorher zu dem bisherigen Kurs abstoßen.«

Cesar: »Wenn ich meine Papiere auf den Markt bringe, wirkt

das Überangebot bei der jetzigen Zurückhaltung an der Börse nicht anders als die Dividendenlosigkeit des Stahlwerks.«

Haarmann: »Wenn ich nicht zustimme –« Cesar: »Müßten wir notfalls den Beschluß ohne Sie fassen.«

Haarmann zeigt Cesar einen Brief mit dem Angebot eines Stahlwerks in Dortmund: Wenn nicht geschieht, was Haarmann will, wird er das Stahlwerk Osnabrück verlassen.

Der Aufsichtsratsvorsitzende Cesar Godeffroy besitzt 70 % der Aktien und kann den angestellten Direktor doch zu nichts zwingen. Ohne Dividende sinkt der Kurs der Aktien, wenn er Aktien verkauft, sinkt der Kurs ebenfalls, und wenn Haarmann kündigt, auch. Aber am Wert der Aktien hängt das Vertrauen, das die Banken Cesar entgegenbringen.

Cesar: »Ich wünsche Ihnen nicht, daß Ihr Abgang von der Bühne des Lebens so bitter sei wie der meine.«

Haarmann sieht düster vor sich hin.

Cesar Godeffroy ist noch in keinem Gespräch erfolglos geblieben. Er schlägt einen Handel vor: in diesem Jahr 6 % Dividende für die Vorzugsaktien, 4 % für die allgemeinen Aktien, und im nächsten Jahr, wenn die Verhältnisse sich nicht ändern, keinen Pfennig.

Haarmann: »Das ist Ihr Wort?«

Cesar: »Es gilt immer noch in Hamburg.«

Das Stahlwerk schüttet 1875 den Gewinn nach Cesars Vorschlag aus, die Georgsmarienhütte 5,5 % Dividende.

Cesar zahlt die Schulden an Schröder und die Norddeutsche Bank pünktlich zum 31. Dezember 1875 zurück.

1876 fallen die Schienenpreise auf 147 Mark pro Tonne – unter die Produktionskosten.

3.

Colonel Albert Steinberger kann Staatssekretär Hamilton Fish am 4. Juli 1875 mitteilen, daß er nun Premierminister von Samoa sei: »My duties are grave and laborious«, meine Pflichten sind schwer und mit viel Arbeit verbunden.

Steinberger hat die Häuptlinge unter der Mulinuu-Regierung geeint – sie heißt so nach ihrem Versammlungsort – und mit ihnen eine Verfassung nach amerikanischem Vorbild verabschiedet. Die Samoaner glauben, daß sie nun unter amerikanischem Schutz stehen. Steinberger ist als Sonderagent Washingtons zurückgetreten. Er fühlt sich frei und nur dem Wohl der Samoaner verpflichtet und seinen eigenen Geldnöten.

Er versucht, die Samoaner vor den Weißen zu schützen. Es tut ihm weh, daß die Trunkenheit unter Samoanern und jungen Halbsamoanern zunimmt, und er lizensiert die Saloons: Er vermindert ihre Anzahl und ihre Öffnungszeiten, besteuert Schnaps und schließt Bordelle. Das gefällt den Missionaren, aber nicht der weißen Beach-Partei.

Als er Steuern erhebt, werden die Samoaner sehr kühl.

Bei den Händlern in den Bars kommt der Verdacht auf, daß er mit Godeffroy zusammenarbeite: Er trifft sich immer wieder mit Poppe bei Wein und guten Zigarren.

Steinberger und seine Freunde genießen die Unruhe in Apia. Der pompöse und ungebildete Foster beklagt sich bei Hamilton Fish, daß Steinberger ihn auf offener Straße als Beamten in Ausübung seiner Pflicht beleidige, daß er sich öffentlich über ihn lustig mache, daß er ihn ganz übersehe. Steinberger mache die Welt glauben, die Samoaner seien hochzivilisierte Leute und fähig, sich selbst zu regieren, dabei seien sie kaum von der Barbarei entfernt. Schließlich fragt Foster bei Fish an, ob die US-Regierung Steinberger tatsächlich authorisiert habe, in Samoa eine Regierung zu bilden.

Als ein britisches Kriegsschiff Apia im Dezember 1875 anläuft, H. M. S. Barracouta, Captain Stevens, beschlagnahmt Konsul Foster mit Unterstützung von Stevens und des britischen Konsuls die Peerless.

Steinberger ist außer sich. Er überzieht Fish mit tausend Klagen über Foster, um seine schöne Jacht wiederzubekommen, die in Wirklichkeit Cesar Godeffroy gehört. Foster verkauft sie.

Premierminister Steinberger erläßt die Bestimmung, daß

von nun an Samoaner Weiße auch ohne Zustimmung ihres Konsuls verhaften dürfen. Das ist die Entmachtung der drei Konsuln: Die Gesetze der neuen Regierung gelten auch für Weiße.

Damit ist Steinberger zu weit gegangen.

Die Konsuln Williams, Foster und Poppe treffen sich an Bord der BARRACOUTA. Sie vermuten, daß Steinberger durch Strohmänner selbst Land kauft, was sie besonders erbost.

Alfred Poppe wartet noch immer auf die Kopfsteuern und den Nationalen Schatz. Er hat die Charterschiffe von Sloman, Hertz, Laeisz, Amsinck, Behn mit der üblichen Inselkopra beladen und fortgeschickt, damit in Hamburg nicht publik wird, was sich in Apia abspielt. Aber Godeffroys eigene Schiffe liegen nun zum Teil schon über sechs Monate in der Bucht, und die Kopra kommt nicht.

Die Antwort von Staatssekretär Hamilton Fish auf Fosters Frage nach Steinbergs Vollmachten trifft ein: Der Oberst sollte nur einen weiteren Bericht über Samoa schreiben, er sei nicht ermächtigt gewesen, die Unterstützung der USA für irgendeine Regierung auszusprechen, die er bilden oder bei deren Bildung er assistieren würde.

Captain Stevens und seine Seesoldaten kidnappen am 8. Februar 1876 den Premierminister von Samoa und setzen ihn an Bord der BARRACOUTA gefangen. Soldaten, Konsuln und Missionare marschieren nach Mulinuu zu Laupepa, dem Träger der obersten Titel. Die Soldaten fangen an zu schießen, und es kommt zur Schlacht von Mulinuu, der ersten zwischen Europäern und Samoanern: Vier Engländer sind tot und acht tödlich verwundet, drei Samoaner sind tot und fünf leicht verwundet.

Die BARRACOUTA verläßt Apia am 30. März mit Steinberger an Bord. Captain Stevens läuft Levuka an, wo Gouverneur Gordon ihm sagt, daß er ohne Auftrag und falsch gehandelt habe. Stevens läßt Steinberger frei.

Alle Regierungen handeln schnell: Washington entläßt Konsul Foster, London entläßt Konsul Williams und Captain Stevens, Berlin nimmt Konsul Poppes Mitteilung entgegen, er zöge sich von den Geschäften der Firma Godeffroy zurück, Konsul sei nun wieder Theodor Weber.

Keine der Regierungen will Samoa annektieren. Sie wünschen gute Handelsbeziehungen für ihre Kaufleute und Möglichkeiten für ihre Kriegsschiffe, Kohle zu bunkern. Aber vor allem wollen sie keinen Ärger untereinander bekommen – und schon gar nicht durch ehrgeizige Seeoffiziere und ehrenamtliche Konsuln. Bismarck spottet über »morbus consularis«, die Krankheit der Konsuln – britischen Diplomaten als »furor consularis« bekannt und lästig, die Wut der Konsuln in den Tropen.

Bismarck war sehr ärgerlich, als nach der Strafexpedition der ARCONA Zeitungen in USA, England und Australien den Deutschen vorwarfen, ein Kriegsschiff für den finanziellen Vorteil einer einzelnen Firma einzusetzen. Das Auswärtige Amt in Berlin findet es seitdem äußerst befremdlich, daß das Konsulat in Apia immer nur Eigentumsentschädigungen für *Joh. Ces. Godeffroy & Sohn* verlangt. Theodor Weber muß für Bismarck Berichte schreiben und ernste Briefe von ihm lesen.

Aber Weber ist findig. Die deutsche Regierung hat eine wissenschaftliche Expedition ausgerüstet: SMS GAZELLE mit Kommandant Kapitän zur See Freiherr Georg von Schleinitz trifft im Dezember 1875 in Tongatabu ein, wo Weber, frisch zurück aus Europa, zusteigt. Er sorgt für die Getränke an Bord. Nach vier Wochen mit ihm weiß Schleinitz alles über die Südsee.

Die Regierung in Berlin liest, was Weber ihrem Beobachter ins Ohr geblasen hat. Weber hat darauf geachtet, daß Schleinitz insbesondere die Fragen von Landbesitz und Kontraktarbeitern angemessen darstellt.

Oberst Steinberger heiratet in New York eine reiche Witwe und stirbt wenige Jahre später.

Konkurrenz aus Hamburg

1.

Die erste Reise des Kapitäns Joachim Meyer mit der Bark ELISABETH dauert vom 12. Mai 1875 bis zum 25. Juni 1876. Meyer übernimmt die ELISABETH am 1. Mai in Marseille. Eine Woche später ist die Kopraladung aus Apia gelöscht. Er läuft mit zwei Steuerleuten, vier Matrosen, drei Jungen aus, Koch, Zimmermann, Segelmacher, Leichtmatrose, Küper, Kajütsjunge.

Kapitän Joachim Meyer ist ein Sohn des Lotsen Hinrich Meyer aus Övelgönne, einem der Dörfer unterhalb der Elbchaussee. Joachims Bruder Hinrich war schon unter Herrn Godeffroys Vater Kapitän und hat 1848 die ersten Auswanderer für die Firma nach Australien gebracht. Joachims Bruder Jacob war jahrelang Kapitän des Halbclippers LA ROCHELLE. Joachim ging mit sechzehn zur See und wurde 1841 Steuermann bei Godeffroy, bekam sein erstes Kommando 1849 und führte zuletzt das Vollschiff VICTORIA. Er war mit ihr am Amur, hat schwere Orkane in der Südsee ohne ernste Schäden abgewettert und hat Rekordreisen von Hamburg um Kap Horn nach Apia gemacht, Bestzeiten, die 25 Jahre lang niemand unterschreitet. Im Oktober 1873 hat er die schwerbeladene VICTORIA bei Boulogne verloren. Nun ist er 56 Jahre alt, Witwer und Vater von sieben kleinen Kindern, die er vor dem Auslaufen in St. Pauli versorgen mußte.

In Sydney nimmt Meyer eine gemischte Ladung für Tonga und Samoa an Bord und 25 Pferde und 25 Hammel, wie er ins Schiffsjournal einträgt. In Tongatabu begegnet er der LAMMERSHAGEN von Sloman, die Auswanderer nach Neuseeland gebracht hat und für Godeffroy Kopra lädt. Meyer bringt 23 Pferde an Land und nimmt eine Teilladung Kopra an Bord.

Die ELISABETH segelt im Dezember weiter nach Apia – 600 Seemeilen, für die sie eine Woche braucht. Meyer löscht die Restladung aus Sydney und lädt Kopra, teils aus den Schuppen der Faktorei, teils direkt vom Schoner SAMOA. Er geht Ende Januar 1876 wieder nach Tonga, weil er nicht genug Kopra bekommen hat.

Von Tonga segelt er um Kap Horn zurück nach Europa. Bis Gibraltar braucht er 106 Tage. Er hat 1 326 607 Pfund Kopra an Bord, eine volle Ladung.

2.

Ruge, Hedemann & Co. haben sich 1875 in Apia niedergelassen, eine Tochterfirma von *Wachsmuth & Krogmann*, Hamburg. Als Cesar ein kleiner Junge war, besaßen *Wachsmuth & Krogmann* einen Kolonialwarenladen in der Steinstraße. *Man* verkehrte nicht mit Leuten, die einen Laden führen. Jetzt haben sie auch Niederlassungen in Fidschi – *Hedemann & Co.* – und in Tonga – *H. M. Ruge & Co.* In jeder Niederlassung arbeiten ein Dutzend Commis aus Hamburg, und Herr Ruge und Herr Hedemann lassen Kais und Lagerhäuser bauen und dirigieren eine Flotte von Inselschonern.

Cesar Godeffroy bestellt eine neue SOPHIE, aber *Wachsmuth & Krogmann* bestellen gleich mehrere Neubauten.

Weber kämpft mit Ruge um die 4 500 Tonnen Kopra, die nach Webers Schätzung jährlich in Samoa gemacht werden. In Tonga rechnet er mit mindestes 3 000 Tonnen pro Jahr für Godeffroy, er hat dreißig Agenturen dort, allein acht in der Vavau-Gruppe. Doch Ruge verschiebt auch hier das Gewicht zu Webers Ungunsten.

Weber wehrt sich. *Ruge, Hedemann & Co.* beschweren sich bei Bismarck, daß sie nie zu anderen Inseln segeln können, ohne dem deutschen Konsul, der zugleich Agent der Firma Godeffroy ist, ihre Geschäfte verraten zu müssen.

Nur gegen die Konkurrenz der kleinen Kapitäne und Händler, die schon Unshelm geärgert haben, ist Weber machtlos. Wenn die Koprapreise in Sydney und London hoch stehen, kommen sie auf ihren Schonern und überbieten seine Einkaufspreise. Einer dieser kleinen Kapitäne wird nördlich des

Äquators zu Godeffroys schlimmstem Konkurrenten: Eduard Hernsheim, den ein Onkel in Hamburg finanziert.

Eduard Hernsheim verläßt Singapur im Januar 1874 und segelt nach Osten. Sein Schoner CORAN ist aus Teakholz und hat zwischen den beiden Masten eine geräumige Kajüte, die Hernsheim bei einem Angriff leicht verteidigen kann. Zwei holländische Steuerleute und ein Zimmermann segeln mit ihm, ein chinesischer Koch, zwölf Malayen und Hernsheims chinesischer Diener Akow, der mit ihm schon einen Schiffbruch überlebt hat. Sechs Kanonen stehen an Deck, der Laderaum ist voller Tauschwaren – Gewehre, Messer, Äxte, Baumwollstoffe, Glasperlen. Vor Hernsheim liegen Inseln mit kostbaren Hölzern, Perlen, Schildpatt und Paradiesvogelfedern. Er braucht nur die Hände auszustrecken und die Schätze aufzusammeln.

Er ist 26 Jahre alt, hoch gewachsen und muskulös. Er ist in Mainz geboren, Sohn eines jüdischen Rechtsanwalts und sollte auch Jura studieren, doch als sein Vater starb, verließ er das Gymnasium und ging zur See. Er besuchte die Navigationsschule in Kiel und legte mit zwanzig sein Steuermanns- und Kapitänsexamen ab. Er trägt lockere chinesische Kleidung statt dicker Wollhemden wie die europäischen Seeleute. Manchmal, wenn er sich einsam fühlt und niedergeschlagen ist, schreibt er Tagebuch.

Seine erste Reise ist enttäuschend. Er sieht auf allen Inseln, daß die wertvollen Produkte nur in kleinen Mengen gesammelt werden. Jedes Stockwerk eines großen Warenhauses in Singapur enthält die Jahresernte einer Insel mit tausend hart arbeitenden Bewohnern. Auf den einsamsten Inseln der Javasee kennen die Eingeborenen den Wert ihrer Produkte und wissen fast mehr über europäische Handelsgüter als er.

Auf seiner zweiten Reise erreicht er an einem Abend Ende September die Palau-Inseln. Er sieht außerhalb des Riffs eine Bark: Godeffroys HELENE, Kapitän Levisohn. Levisohn hat die Lagune gerade verlassen.

Hernsheim und Levisohn sitzen an Deck der HELENE und

trinken und reden bis Mitternacht. Bei Tagesanbruch segelt Levisohn nach Osten. Hernsheim segelt durch die enge Durchfahrt im Riff in die Lagune von Korror.

Sechzig Yap-Leute, die Steingeld geschlagen haben, wollen mit ihm nach Yap segeln und als Bezahlung Trepang fischen. Hernsheim lädt die Steine. Kleingeld ist das nicht mehr. Seit Kapitän O'Keefe, ein Ire aus Amerika, den Yap-Leuten seine Schiffe als Geldtransporter anbietet – Bezahlung in Kopra –, ist es zu einer Inflation gekommen. Die meisten Steine wiegen zwischen 500 und 1 000 Kilogramm, die größten, die bislang 1,60 m nicht überschritten, messen nun 4 m.

Auf Yap findet Hernsheim, wie auf allen anderen Inseln, schon einen Godeffroy-Agenten. Weiße gibt es nun genug auf den Karolinen – jeder renommierte Häuptling hält sich einen weißen Ratgeber. Doch die gesamte Kopraproduktion einer Inselkette wie der Marshalls oder der Karolinen ist in den meisten Jahren nicht größer als 1 000 Tonnen – und um die schlagen sich die Händler.

Immer wieder trifft Hernsheim auf Levisohns Spuren, notiert niedergeschlagen in sein Tagebuch, der Godeffroysche Kapitän sei schon wieder hier eingetroffen, habe schon wieder dort eine Station errichtet, mache ihm auch da Konkurrenz.

Eduard und sein Bruder Franz, der aus Mexiko in die Südsee gekommen ist, gründen in Sydney Ende 1875 die Firma *Hernsheim & Co.* Franz reist nach Hamburg, um ihren Onkel Robertson zu einer größeren Kapitalbeteiligung zu überreden. Eduard segelt nach Neu-Britannien zu den Kannibalen, die ihre Nachbarn hassen und sich vor ihnen fürchten, die von Geistern gejagt sind, von gräßlichen Hautkrankheiten geplagt und schlecht ernährt. Sie haben wenige Produkte zu verkaufen und wollen seine Waren nicht.

Er handelt mit Waffen und mit Menschen. Für jeden schwarzen Jungen gibt er dem Häuptling ein Gewehr, eine Dose Pulver, eine Dose Zündhütchen und ein Pfund Tabak. Er baut ein Agentennetz auf mit verwahrlosten Trinkern, die rauflustig sind und mit dem Revolver schnell bei der Hand. Bessere Männer lehnen seine Angebote ab, sagen, sie wollten weder gefressen werden noch am Fieber sterben einem Seebeben.

2500 Seemeilen liegen zwischen Palau und Jaluit, 1 schen Jaluit und Neu-Britannien. Auf den langen Reisen zer bricht Hernsheim sich den Kopf, was er den Leuten verkaufen könnte. Dann hat er die Idee: Rauchschulen! Er gibt Pfeifen und Tabak aus, will sie süchtig machen nach etwas, was sich schneller verbraucht als Waffen, Stoffe oder Werkzeuge und was er heranschaffen kann. Tabak ist die ideale Handelsware. Einzige Gefahr: Wenn die Missionare den Eingeborenen Tabak verbieten, ist der Händler ausgepunktet. Die Missionare leben selbst vom Handel.

Der Godeffroysche Kapitän taucht nun mit der Bark ETIENNE regelmäßig in Melanesien auf, und wo Hernsheim eine Station hat, errichtet er eine daneben. Der Godeffroysche Kapitän wird eine Schreckfigur für Hernsheim, Auslöser tiefster Niedergeschlagenheit. Aber im Herbst 1877 bringt ein Missionsärzteschiff Levisohn nach Sydney ins Hospital, damit er dort die Verletzung durch einen vergifteten Eingeborenenpfeil auskuriert.

3.

Die flotten Cousins August und Gustav junior sind nun Kaufleute in der Südsee.

Gustav leitet in Tahiti die *Société Commerciale de l'Océanie A. G.*, die sein Vater und sein Onkel Cesar gemeinsam mit *Wilkens & Co.* 1876 gründen und deren Aufsichtsratsvorsitzender Cesar junior ist. Gustav heiratet in Papeete Marion Brander. Einerseits ist dies eine klassische Heirat, denn mit *Kost & Brander* arbeiten Godeffroys eng zusammen, andererseits ist sie doch etwas überstürzt – ohne die Hamburger Familie, die Ehefrau erst achtzehn und ihre Mutter Tahitianerin, natürlich eine Prinzessin. Gustav junior wird auf Betreiben seines Vaters und seines Onkel 1877 deutscher Konsul in Papeete. Er dirigiert sechs Schoner und kauft eine brigg, die er nach seiner schönen Frau Marion Godeffroy nennt.

August ist in Apia für das Samoageschäft zuständig, Weber für den gesamten Handel im Pazifik und die Plantagen. August erlebt ein anderes Samoa als sein älterer Bruder. Auf allen Inseln zusammen gibt es 204 Europäer und Amerikaner, vier Chinesen und 34 365 Samoaner. In den Dörfern stehen nun große weißgetünchte Kirchen zwischen den niedrigen Häusern mit den puscheligen Dächern, oft zwei, drei in einem Dorf, wahre Kathedralen, mit denen die Häuptlinge sich übertrumpfen. Helles Haar ist der letzte Schrei: Die Samoaner kalken ihr Haar, damit es steif absteht.

Apia ist jetzt eine kleine Stadt aus einstöckigen Holzhäusern. Orangenbäume säumen die Straße um die Bucht, und ihre reifen Früchte fallen klatschend auf die Erde. Das erste große Grundstück von Mata-utu aus nach Westen – eine Ansammlung von Häusern und Schuppen – gehört *Ruge, Hedemann & Co.* Herr Ruge ist ein jovialer alter Bursche, der viele Jahre in Mexiko verbracht hat und gar nicht dafür ist, irgendeine Art von Regierung in Samoa zuzulassen. Das übernächste Haus ist die Kneipe von Tom Tilton, dann folgt eine Kneipe und Bar der anderen. Apia ist unter Seeleuten immer noch beliebt – es gibt keine Quarantäne, keine Zollbehörde, keine Polizei. Allein sechs Lokale mit Akkordeonspielern machen nachts Lärm. Nach den Bars kommen die Häuser, in denen die samoanischen Ehefrauen der Godeffroy-Kapitäne wohnen, Mrs. Wendt zum Beispiel, deren Mann mit dem Peter Godeffroy seit Jahren zu allen Inseln zwischen Fidschi und Tahiti segelt. Es gibt auch Hotels, das neue Hotel Stadt Hamburg gegenüber von *Burns, Philp & Co.*, das miese Adler Hotel. Nach der Mission der katholischen französischen Maristen-Schwestern kommt Godeffroys Eigentum.

Godeffroys Laden zieht viele Menschen an, macht aber niemals so gute Geschäfte wie andere, die billiger verkaufen und zwischen zehn und zwanzig Kunden am Tag haben. Vor dem Wohnhaus steht ein Fahnenmast zwischen den Dattelpalmen. Eiserne Ketten laufen über das Dach und sind an starken

Pfählen befestigt – die Ketten halten das Haus fest, wenn einer der vielen schrecklichen Hurrikane über Apia hinwegfegt. Das Wohnhaus ist groß, im Vorderhaus liegen die Räume von August Godeffroy und das Kasino, im Hinterhaus die Zimmer der Angestellten, dazwischen ist der Eßsaal.

Neben dem Wohnhaus steht das zweistöckige Bürohaus. Es gibt ein Kopralager, ein Warenlager, Werkstätten, Schuppen, Häuser für die farbigen Arbeiter, Pferdeweiden. Am Ende steht das Baumwoll-Ginning-Gebäude mit Entkernungsmaschine und Presse, in dem Jungen zwischen acht und fünfzehn arbeiten. In den Bars glaubt man, Godeffroy würde viel Baumwolle exportieren, aber es ist nicht mehr viel.

August führt ein eintöniges Leben. Um ein Uhr wird im Eßsaal gefrühstückt – nur die verheirateten Angestellten essen in ihrem eigenen Haushalt. Nach Tisch sitzt man im Kasino, dem gemeinsamen Wohnzimmer. Abends wird um halb sieben gegessen. Einmal in der Woche ist Posttag. Sonst ist nicht viel zu tun. Man trinkt und man redet.

Manchmal reitet er zu den Plantagen. Auf Vailele sind 440 Hektar bepflanzt, Mulifanua ist noch mit Urwald bedeckt. Mulifanua untersteht Herrn Krause, einem rauhen Herrn, der seine Frau schlägt. Die Arbeiter von den Gilberts roden das Buschland so schnell sie können.

Auf den Gilberts, fünfzehn niedrigen Korallenatollen auf beiden Seiten des Äquators, tausend Meilen von Samoa entfernt, ist seit drei Jahren kein Regen gefallen. Das Wasser in den Brunnen ist schlecht, die Kokospalmen tragen nicht mehr, die Einwohner hungern. Männer, Frauen, Kinder fahren mit ihren Kanus den Arbeiterschiffen entgegen. Sie fragen selten, welcher Lohn ihnen geboten wird oder wohin es gehen soll. Sie wollen essen, sofort. Einige sterben auf der Reise nach Samoa.

Die Gilbertinen sind etwas kleiner als die Samoaner und dunkler, sie sind tätowiert und können wild werden, wenn man sie ärgert. Sie sind gute Arbeiter. Zweimal im Jahr kriegen sie einen neuen Lavalava, ein Lendentuch, aus Gründen der Dezenz, den müssen sie bezahlen. Sie kommen jetzt für vier Jahre und zwei Dollar im Monat, die sie am Ende der Kontraktzeit in Waren erhalten. Sie essen Mais, den sie selbst ernten und in Handmühlen mahlen. Sie bekommen ein halbes Pfund Salzfleisch pro Woche und jeden Donnerstag ein Pfund Reis. Sie bekommen eine Lehmpfeife geschenkt und ein- oder zweimal im Monat Tabak gratis. Wenn sie mehr rauchen wollen, müssen sie bezahlen. Um sechs Uhr morgens sagt ein Aufseher »go«, und sie fangen an zu arbeiten, roden den Busch 3 m breit und 120 m tief, schlagen alle Pflanzen ab – das ist eine Tagesarbeit, aber oft sind sie um ein oder zwei Uhr mittags fertig. Die großen Bäume werden extra gefällt. Nach sechs Wochen zünden sie den Busch an, an einem späten Nachmittag, er brennt nachts besser als in der heißen Sonne. Dann bepflanzen sie das Land mit Kokosnüssen und bauen zwischen diesen Baumwolle an. Die Kokospalmen tragen nach acht bis zehn Jahren, bis dahin ist Baumwolle das einzige Erzeugnis der Plantagen.

Die Frauen sind die schnellsten Pflückerinnen. Um elf Uhr stellen sie sich in einer Schlange vor die Waage auf der Veranda, und der Aufseher wiegt und notiert ihren Sack mit Baumwolle. Sechzig Pfund muß jede schaffen, einige pflücken hundert und bekommen dafür freie Stunden am Sonnabend, so daß sie fischen gehen können – etwas, was die anderen nur sonntags dürfen.

Diese Leute sind unterernährt und unterbezahlt, und die Samoaner ermutigen sie, wegzulaufen, um die Belohnung kassieren zu können, wenn sie sie zurückbringen. Die Samoaner verachten die Kontraktarbeiter, die mit ihrem schrecklichen Essen zufrieden sind und sich selten beklagen.

Die Gilbertinen würden lieber in Hawaii arbeiten, wo Essen und Behandlung besser sein sollen.

August erlebt das goldene Zeitalter des deutschen Handels in der Südsee, doch das Koprageschäft ist mühsam. Es gibt jetzt weniger Kopra als bei seiner Ankunft vor drei Jahren, und die Kopra aus den Dörfern in Samoa ist schlecht. Die Händler wiegen immer 10 bis 20 % zu wenig, und die Samoaner versuchen immer herauszufinden, wessen Waage »am wenigsten grausam« ist. Sie schmuggeln Muschelschalen und Kies zwischen die Kopra, und manchmal tauchen sie die Körbe in Salzwasser, damit die Kopra schwerer wird. Sie kriegt dann Mehltau, wird braun und riecht schlecht. Die Samoaner machen nur Kopra, wenn sie Geld für die Kirche brauchen oder für den Krieg.

Weber kauft immer noch Land und verkauft Waffen in großen Mengen, Ruge verkauft Waffen, alle Weißen tun das. Die Gewehre sind kräftig, denn die Samoaner benutzen sie auch als Keulen. Jeder Jugendliche in Samoa will ein Gewehr haben, sobald er tätowiert ist, und ein Junge, der von einem Schlachtfeld einen Kopf mitgebracht hat, selbst wenn der Kopf gestohlen ist, gilt als Held.

Weber wird hoch respektiert in Samoa. Er ist der größte Arbeitgeber in den Inseln und macht keine Unterschiede zwischen Männern verschiedener Nationalitäten. Er verlangt nur Tüchtigkeit.

Er neigt zu Übergewicht, hält Diät und reitet viel. Er hat sich Land hinter Apia gekauft, durch das ein Fluß strömt, mit Wasserfällen und Badeplätzen, und hat zwischen Bäumen ein Haus gebaut, mit Taubenschlag und Vogelvoliere. Dorthin zieht er sich oft sonntags mit seinen Freunden zurück. Unter der Woche lebt er bei seiner samoanischen Frau in einem Haus am Strand, etwas außerhalb von Apia. Er ist sehr stolz auf seine beiden Töchter.

Godeffroy hat seinen Sohn August in das Nest gesetzt, das Weber gemacht hat.

August ist der einzige Gentleman in Apia und als solcher nicht sehr angesehen.

»Was wird unter *Kohlenstation* verstanden?«

1.

Cesar und Gustav Godeffroy schildern dem Senat in Hamburg und Reichskanzler Bismarck in Berlin wiederholt den Wert der Plantagen in Samoa und bitten um den Schutz des Reichs für das Eigentum der Firma, um Kanonenboote. Auch Carl Woermann bemüht sich um Kanonenboote zum Schutz seines Besitzes in Kamerun. An der Börse allerdings ist man immer noch skeptisch gegenüber der kaiserlichen Marine.

Die Überseekaufleute wollen nicht, daß das Deutsche Reich Kolonien erwirbt, wünschen keine Beamtenblicke in ihre Waffen- und Alkoholgeschäfte – Schnaps ist die Basis des Handels in Westafrika, Gewehre halten den Südseehandel in Gang. Sie sind für freien Handel mit der ganzen Welt – ohne Einmischung eines Staates, ohne Bevorzugungen, Benachteiligungen, Zölle. Auch Cesar Godeffroy ist Freihändler, und seine Bitten um Kanonenboote, die säumigen Zahlern Eindruck machen sollen, sind keine Bitten um Kolonialerwerb.

Theodor Weber jedoch sieht das anders. Wenn schon eine Regierung Kolonialbeamte nach Samoa schickt, dann lieber die eigene als eine fremde. Seit Steinbergers Entführung geht es in Samoa wieder hoch her. Der neue britische Konsul hat sich sofort auf die Laupepa-Seite geschlagen, während der neue amerikanische Konsul zu taimua und faipule hält, Unter- und Oberhaus aus Steinbergers Verfassung, die nun als Parteien gelten. Konsul Weber mischt überall mit.

Bismarck weist ihn wiederholt zur Zurückhaltung an. Weber steckt sich hinter die Marine. Wenn er auf ihren Dampfkorvetten durch die Südsee reist, pflegt er für die Getränke zu sorgen. Die Offiziere sind bereit, einiges für ihn aufzustellen. Besonders erfolgreich ist dieses Schema des Zusammenspiels:

Weber wünscht einen Freundschaftsvertrag mit Tonga. Die Marine teilt seine Meinung, daß der beste Hafen für eine Kohlenstation Vavau sei, und wendet sich an das Auswärtige Amt. Die Herren im Amt bitten ihren Chef Bismarck um die Vollmacht für Kapitän Knorr, SMS Hertha – und auch für Konsul Weber – zum Abschluß eines Vertrags. Bismarck ist mißtrauisch: »Was wird unter dem Begriff ›Kohlenstation‹ verstanden?« schreibt er an den Rand des Referats über den Vertrag mit Tonga. »Ich bin bei der zu gebenden Vollmacht nicht ohne Sorge, daß wir durch faktisches Vorgehen der Marine schließlich doch in eine Gründung hineingeraten, die einer kaiserlichen deutschen Kolonie gleichsteht. Könnten wir nicht ohne Vertrag dort Gebäude mieten oder bauen und mit oder ohne solche die Kohle, die wir brauchen, dort niederlegen?« Aber er ist bereit, den Handel zu schützen, und so schließt Weber im November 1876 einen Vertrag mit dem König von Tonga, und das Deutsche Reich bekommt eine Kohlenstation in Vavau.

In Apia trifft der nächste amerikanische Konsul ein und ermutigt alle, die auf amerikanische Annexion hoffen. Ein britischer Commodore schafft ausgiebig Unruhe. Weber fürchtet, Steinberger könne zurückkommen. Er fordert 14 000 $ von taimua und faipule, den alten Steinberger-Kredit, mit dem der Oberst seine Jacht und die Uniformen seiner Freunde bezahlt hat: Wenn die Häuptlinge Godeffroy den Besitz der Plantagen garantieren, verzichte er auf das Geld.

2.

Cesar versucht, erneut in das Auswanderergeschäft nach Britisch-Kaffraria einzusteigen. Er bekommt einen Auftrag für 1 500 Erwachsene, wobei zwei Kinder als ein Erwachsener zählen, und muß sogar Schiffe chartern. Cesar junior versucht, Auswanderungsagent der britischen Regierung zu werden wie früher Onkel Gustav, aber ihm gelingt es nicht.

Niemand in Hamburg darf ahnen, daß die Sorgen des Königs der Südsee wachsen. Godeffroys stehen beim ersten offiziellen Besuch von Kronprinz Friedrich, Kronprinzessin

Victoria und ihres 18jährigen Sohnes Prinz Wilhelm im April 1877 da, wo sie immer stehen: ganz vorn.

Das Diner des Senats in der Kunsthalle, für 75 Herren, beginnt um 17.00 Uhr, und Cesar junior steckt die Menükarte für Betty ein. Wieder gibt es eines der festlichen Hamburger Mittagessen, das mit Schildkrötensuppe beginnt, dazu Sherry von 1834, der die »Linie« – den Äquator – passiert hat. Es gibt Rheinlachs mit Königsmosel 1868, Rinderfilet Gärtnerin mit einem 1858er Château Léonville-Poyféré und zur getrüffelten Poularde einen 1858er Clos de Vongeot. Man bleibt bei 1858, dem Jahr, in dem Kaiser Wilhelm die Regentschaft übernahm: ein Hermitage rouge zu Escalopes de foie Gras à la Parisienne, zu Schnitzel mit Gänseleberpastete nach Art der Pariserin. Weiter: ein Madeira von 1811 zu Bastion de homards au naturel – Hummer, dann Clos de Moutrachert 1858 zu einem Gemüsegericht, ein 1859er Wein zu Bekassine, ein 1864er zu Champagnergelee, weißem türkischen Nougat und Ananascreme, dann Vin d'Oporto rouge et blanc zu Butter und Käse und Château Lafite von 1864 zu Dessert und Früchten. Cesar Godeffroy junior, der Präses der Handelskammer, hält eine kleine Rede und läßt den Kronprinzen hochleben.

Die große Stadtführung am nächsten Tag machen Kronprinz und Kronprinzessin gemeinsam. Hamburg gilt nun als die »rußigste« Stadt Deutschlands. Cesar junior empfängt die Gäste in der Börse und hält eine Ansprache über die Geschäftslage. Seine Worte rühren den Kronprinzen so sehr, daß Seine Königliche Hoheit den Wunsch äußern, »daß sich dieselbe recht bald günstiger gestalten möge«. Er bittet sich im Lesezimmer ein Exemplar der Fidschi Times aus.

Abends um sieben sind Börse, Banken, die großen Hotels, die eleganten Läden erleuchtet. Auf der Binnenalster schwimmen 24 Boote mit Lampions im Halbkreis vor dem Hotel de l'Europa am Alsterdamm, in dem das Kronprinzenpaar wohnt, und beleuchtete Kutschen fahren um die Alster. Ab acht Uhr rollen Wagen mit Gästen an der Kunsthalle vor. Der Senat hat fast 800 Personen eingeladen, die Hälfte davon Bürgerschaftsabgeordnete und ihre Frauen. Die Damen kommen in großer Ballrobe, mit Rüschen und Pleureusen, Fächer und Cul de Paris – Gesäßpolster –, die Herren im Frack.

Kurz nach halb zehn verlassen Kronprinz, Kronprinzessin und Prinz die Kunsthalle und fahren zur Soirée beim preußischen Gesandten, wo sie die Spitzen der Hamburger Gesellschaft empfangen. Die Damen Godeffroy sind in bester Toilette erschienen, die Herren Godeffroy in Gala. »Wir alle wurden vorgestellt«, notiert Betty in ihr kleines Tagebuch.

3.

Augusta heißt die deutsche Kaiserin, und AUGUSTA heißt die Dampfkorvette, die ab Mai 1877 hinter Weber und seinem Bestreben steht, den Landerwerb aus dem samoanischen Krieg für Cesar Godeffroy zu sichern.

Bismarck fürchtet einerseits immer noch furor consularis, die Wut der Konsuln, als häufigste Quelle außenpolitischer Verwicklungen. Anderseits hat Weber seine Behauptung über den Appetit anderer Mächte auf Samoa so oft wiederholt, daß die Herren im Auswärtigen Amt sich auf Annexionsabsichten der USA, Australiens, Neuseelands, Englands vorbereiten. Jede Regierung will Samoa nur so lange nicht, wie auch keine andere es will.

Die AUGUSTA, Korvettenkapitän Hassenpflug, liegt bis Juli in Apia, und Weber schließt am 3. Juli ein Abkommen mit der samoanischen Regierungspartei und zwei Tage später mit der Opposition: 28 Häuptlinge wollen bei einem erneuten Kriegsausbruch in Samoa deutsches Eigentum schützen und keiner anderen Regierung mehr Rechte als der deutschen einräumen.

Bismarck schickt Weber diesen Vertrag ratifiziert zurück. Er bezwecke damit, den Deutschen auf den Inseln Sicherheit zu verschaffen, andererseits bei den Eingeborenen der Unterordnung unter andere Mächte vorzubeugen. Im übrigen rate er Weber noch einmal, keinerlei eigene Politik zu betreiben.

Cesar Godeffroy stellt mit seinem Sohn und Sekretär Übersichten über sein Privatvermögen, sein Geschäftsvermögen und die geliehenen Gelder zusammen. Weber hat 7 500 bis 8 000 Tonnen Kopra für 1877 veranschlagt, kann aber nur halb soviel liefern.

Ein Grund: Die Konkurrenz sahnt ab. Der zweite Grund möglicherweise: Von Schreibpult zu Schreibpult, die Hierarchieleiter der Firma hinauf, legt jeder Angestellte an den Zahlen, die er weitergibt, etwas zu, rundet auf – er will mehr Leistung zeigen als im Vorjahr, will gelobt werden, befördert. Ein Chef an der Spitze der Hierarchie muß aufpassen, daß er nicht das Bild einer Firma bekommt, die so gar nicht existiert. Aber wer sagt schon einem fast blinden Chef die Wahrheit, zumal wenn der Sohn sein Sekretär ist, den die Mutter mahnt, erzähl dem Papa nur, was ihn nicht aufregt, sonst geht es seinen Augen wieder schlechter.

Auch Gustav Godeffroy braucht Geld. Er verkauft die westliche Hälfte des Parks von Parish wieder – einen Teil an Senator Tesdorpf, einen an Kaufmann Roosen.

Adolph Godeffroy drücken ebenfalls Sorgen. Die *Hapag* hat ihre schärfste Konkurrentin, die Adler-Linie, durch Gustavs Vermittlung gekauft, für 10,8 Millionen, Gustav bekam 1/2 % der Kaufsumme. An diesem Kauf geht die *Hapag* fast zugrunde. Sie hat einen großen Schuldenberg, mußte ihr Aktienkapital im Verhältnis drei zu zwei zusammenlegen, und es ist fraglich, wann sie wieder eine ordentliche Dividende zahlen kann.

Die dritte Krise

1.

Joh. Ces. Godeffroy & Sohn haben Probleme, ihre Wechsel zu zahlen. Cesar will das Südseegeschäft ausgliedern, es in eine Aktiengesellschaft umwandeln und seinen Gläubigern statt Geld Aktien geben. Er hat August aus Apia gerufen, weil diese grundlegende Änderung in der Firma auch ihn als künftigen Teilhaber angeht.

Im November 1877 reist der Kaufmann Hugo Wolff von Bremen nach London, fährt mit dem Dampfer WESER nach New York und mit der Eisenbahn weiter nach San Francisco. Hermann Heinrich Meier, Chef von *H. H. Meier & Co.*, Bremen, hat Wolff mit einer Reise in die Südsee beauftragt: Er soll heimlich herausfinden, wie einträglich die Geschäfte der Godeffroys wirklich sind.

Meier hat im September in London für den *Norddeutschen Lloyd* mit Premierminister Julius Vogel, Neuseeland, über eine neue Dampfschiffslinie San Francisco–Auckland–Sydney verhandelt – vergeblich – und von ihm einen vielversprechenden Geheimbericht der neuseeländischen Regierung über Godeffroys Operationen bekommen. Der junge Wolff soll bei günstigen Resultaten seiner Erkundungsreise sofort ein Etablissement auf einer geeigneten Inselgruppe errichten.

Onkel August aus der Südsee ist Weihnachten 1877 im Haus am Alten Wandrahm. Cesars Enkelkinder aus Schlesien und Hamburg feiern jedes zweite Jahr bei den Großeltern, und von allen Weihnachtsfesten erinnert die kleine Emmy sich später vor allem an das Fest mit Onkel August. Es geschieht nichts Besonders, aber die Großmama ist froh.

Die Familie feiert im grünen Saal über dem großen Kontor. Ein riesiger Tisch mit einem Modell des Parks an der Elbchaussee N° 499 steht in der Mitte – mit allen Wegen und dem

Hirschgatter und mit Jägern und Gärtnern. Die winzigen Figuren beeindrucken die neunjährige Emmy mehr als der Weihnachtsbaum, der bis zur Saaldecke reicht.

Emmy bekommt ein Eßservice für Puppen, auf dem Huhn, Gemüse und zum Nachtisch Kuchen aus Marzipan angerichtet sind, und ihr Bruder Cesar bekommt einen Speicher mit Winde. Emmy hat schon ein kleines Kaffeeservice aus Meissner Porzellan und kann üben, wie sie einen Tisch decken muß. Sie hat auch einen Herd, den sie mit Holzkohle heizt. Sie steckt den Schornstein in die Ofentür im Kinderzimmer, und manchmal kocht ihre Mama mit ihr »unter maßloser Rauchentwicklung«.

Am 27. Dezember stirbt Antonie Godeffroy née Godeffroy in ihrer Wohnung in der Deichstraße. Adolph hat sich immer eine große Familie gewünscht. Nun ist er allein. Sein einziger Sohn ist noch mit der Zirkusreiterin Kohfahl verheiratet und lebt mit einer anderen Frau im Staat New York.

Die zweite Reise des Kapitäns Joachim Meyer mit der Bark ELISABETH dauert vom 26. Juli 1876 bis zum 7. Januar 1878.

Ein Schlepper bringt die ELISABETH aus dem Hafen von Marseille. Sie läuft direkt nach Tahiti. Sie hat kaum Tiefgang, denn im Laderaum sind nur 400 Kisten Likör.

Der norwegische Schiffsjunge Thorn Bendsen fällt im Südatlantik auf 40 Grad Breite beim Festmachen der Segel vom Außenklüverbaum über Bord. Der Wind weht zunehmend aus Südsüdost, Regenböen behindern die Sicht. Meyer wendet die Bark und segelt zurück, findet aber weder den Jungen noch die Rettungsboje.

Südlich von Australien gerät die ELISABETH in schwere westliche Stürme und verliert einen Teil ihres Kupferbeschlags. Meyer kann erst am 8. Dezember auf der Reede von Papeete den Anker fallen lassen, 135 Tage nach der Abfahrt.

Die Bark liegt zehn Monate vor Papeete. Gustav Godeffroy junior hat keine Ladung für sie. Meyer nimmt Guano, Kopra, Baumwolle, Perlschalen von Südseeschonern verschiedener Nationalität an Bord. Als er die ELISABETH Ende September, kurz vor der Hurrikansaison, für die Heimreise seeklar machen läßt, ist sie noch halb leer. Sie läuft um Kap Horn zurück und ist nach 103 Tagen in Hamburg.

Cesar arbeitet mit Cesar junior und August die Bilanz der Faktorei in Apia durch. Er verhandelt mit den Gläubigern über die Umwandlung seines Südseegeschäfts in eine Aktiengesellschaft. Die Aktionäre sollen neues Kapital mitbringen.

Die dritte Krise von *Joh. Ces. Godeffroy & Sohn* hat langsam, schleichend begonnen. Die Firma hat sich von der zweiten Krise nie recht erholt. Vierzig Jahre lang hat Cesar Wirtschaftsaufschwünge erlebt, die jeden vorherigen übertrafen, jedes Wagnis belohnten durch ihre unerwartete Kraft. Nun erlebt er eine andauernde Rezession.

Im Stahlwerk haben Unglücksfälle viel Geld gekostet. Das große Schwungrad im Schienenwalzwerk ist im November 1876 mitten in sausender Fahrt zersprungen und hat alles ringsum zertrümmert, das Walzwerk teilweise zerstört. Haarmann exportiert nun wieder Schienen und Schwellen, und die Straßenbahn in Paris wird auf Schienen aus Osnabrück laufen, aber an Dividende ist nicht zu denken. Die Direktoren des Stahlwerks und der Eisenhütte haben bis jetzt 22 % der Arbeiter entlassen und die Löhne um 25 % gesenkt. Die Arbeiterfamilien leben von Kartoffeln und Brot. Diebstähle im Werk und Betteleien der Frauen und Kinder in Osnabrück nehmen zu.

Auch die Kohlenzechen machen den Godeffroys große Sorgen. Die Brüder Mutzenbecher haben sich aus dem Consortium der Herren von der Elbchaussee zurückgezogen. Cesar, Gustav und Johannes Wesselhoeft mußten die Kuxe der Brüder übernehmen.

Als Mutzenbechers ausstiegen, stieg auch die Norddeutsche Bank aus, die den Consortialkauf finanziert hatte, Gustav konnte es nicht verhindern. Cesar mußte der Bank 1876 einen Wechsel für knapp zwei Millionen Reichsmark geben.

Für seine Kuxe gilt dasselbe wie für seine Stahlwerksaktien: Wenn die Kohlebergwerke keinen Gewinn ausschütten, sinkt ihr Wert. Wenn Cesar sie verkauft, sinkt ihr Wert ebenfalls, weil er so viele besitzt: 270 Kuxe von Wolfsbank und 270 von Neu-Wesel bei jeweils 1 000 insgesamt. Beide Zechen erfordern noch Zubußen, Investitionen.

Generaldirektor Rive hat die Zechen 1877 unter der Erde vereint und den eingestürzten Schacht von Neu-Wesel bis zur dritten Sohle wieder ausgebaut. Emil Kirdorf, der Generaldirektor der *Gelsenkirchener Bergwerks-AG*, in deren Aufsichtsrat Gustav die Norddeutsche Bank vertritt, hat Gustav allerdings geraten, sich von Herrn Rive zu trennen, er sei unzuverlässig. Gustav und Cesar können das nicht glauben.

Sie sind davon überzeugt, daß westfälische Kohle die englische vom deutschen Markt verdrängen kann. 6/7 der Kohle, die in Deutschland gekauft wird, kommt aus England, auch Hamburg kauft englische Kohle für die Gasbeleuchtung in den Straßen. Gustav hat im Herbst die »Kohlenausstellung Hamburg 1877« im Museum für Kunst und Gewerbe organisiert und dabei eng mit dem *Verein für die bergbaulichen Interessen im Oberbergamtsbezirk Dortmund* zusammengearbeitet: 53 Zechen und Bergwerksgesellschaften zeigten Proben ihrer Steinkohlen und erklärten den Ausstellungsbesuchern, welche Kohle für Lokomotiven, Hochöfen, Gaswerke oder Dampfer die beste sei. Im Katalog stehen Dankschreiben begeisterter Kunden – auch von der *Hapag*, Unterschrift Adolph Godeffroy, und der Marineleitung in Wilhelmshaven.

Doch der Transport von Kohle ist mit Schiffen aus England billiger als mit der Eisenbahn aus dem Ruhrgebiet. Gustav hat Bismarck vorgeschlagen, das Reich möge die Köln-Mindener -Eisenbahngesellschaft kaufen, deren Linie an Wolfsbank, Neu-Wesel, Georgsmarienhütte und dem Stahlwerk Osnabrück vorbei nach Hamburg führt.

Wie Cesar alle Wirtschaftsdaten auch dreht und wendet: Er kann nur versuchen, seine Firma irgendwie über Wasser zu halten, bis die allgemeine Wirtschaftslage sich bessert.

Cesar und seine Gläubiger gründen am 16. März 1878 die *Deutsche Handels- und Plantagengesellschaft der Südsee-Inseln zu Hamburg*. Die Gesellschaft erwirbt mit Datum vom

1. Januar alle Ländereien und Plantagen von *Joh. Ces. Godeffroy & Sohn* in der Südsee, ihre Faktorei in Apia, sechs Südseeschoner und die Schonerbrigg SUSANNE sowie Schulden und Forderungen – alles zusammen laut Bilanz vom 31. Dezember 1877 zum angenommenen Wert von vier Millionen Reichsmark.

Über diesen Buchwert hat es lange Diskussionen mit den Gläubigern gegeben. Cesar hatte ihn mit 8,1 Millionen Reichsmark angegeben. Aber diesmal konnte er sich nicht durchsetzen. Der Freundschaftsvertrag des Reichs mit Samoa, den Weber im Sommer 1877 ausgehandelt hat, steigert den Wert des Südseegeschäfts in den Augen der Herren weniger als Cesar hoffte.

Er hat auch kein neues Betriebskapital bekommen.

Das Aktienkapital beträgt fünf Millionen: 1 000 Aktien à 5000 Reichsmark. Es übernehmen: *Joh. Ces. Godeffroy & Sohn* 800 Stück, *Joh. Berenberg, Gossler & Co.* 60, *G. L. Gaiser*, der seit Jahren Kopraladungen kauft und bevorschußt, auch 60, *Gebr. Schröder u. Co.* 20, die Brüder Cesar und August Godeffroy gemeinsam 20, Gustav Godeffroy und C. G. Paschen gemeinsam 36 und Carl Scharf von *Scharf & Kayser* vier.

Theodor Weber und August Godeffroy leiten die Geschäfte in Apia weiter. August bekommt einen Vertrag bis zum 31. Dezember 1880: 10 000 Chiledollar jährlich und 2 % Gewinnbeteiligung.

Der Name der neuen Firma ist betont traditionell. Engländer und Amerikaner wissen gar nichts mit ihm anzufangen und sprechen bald nur noch von »the long Handel firm«, wobei sie das deutsche Wort Handel zum englischen handle verballhornen: die Firma mit dem langen Griff.

August Godeffroy verläßt Hamburg Anfang Mai 1878 mit dem Zug, erreicht in Brindisi den Dampfer nach Australien und fährt durch den Suezkanal. Im Landhaus an der Elbchaussee stellt seine Mutter sich vor, wo er nun wohl ist, was er nun wohl tut. »Daß der geliebte Sohn hier war, ist mir jetzt wie ein schöner geschwundener Traum«, schreibt sie Cousine

Ida in Hannover. Emmy und Cesar sind allein an der Elbe, Betty, Cesar junior und die Kinder kommen erst Ende Mai heraus. »Mein Cesar ist wohl und immer sehr thätig«, fügt sie hinzu.

2.

Der Wirtschaftsspion Hugo Wolff »in Hitze und Hetze« an *H. H. Meier & Co.* in Bremen, Apia, 13. Juli 1878.

Wolff hatte die größten Schwierigkeiten, von San Francisco in die Südsee zu kommen, denn es gibt nur ein Schiff nach Apia, die ADA MAY, die angeblich regelmäßig, jedenfalls sehr selten fährt. Er nahm den Postdampfer nach Honolulu, fuhr nach Sydney und mußte dort vier Monate warten, bis er den alten Kapitän Lyons kennenlernte, der im nächsten Jahr seinen Schoner verkaufen und nach England zurückkehren wollte und daher gesprächig war. Wolff wurde mit ihm handelseinig – »Natürlich mußte ich das unter der Maske eines Touristen und Naturschwärmers thun, da er mich als Kaufmann nicht mitgenommen haben würde.«

Er ist am 1. Juli in Apia angekommen und hat mit englischen und amerikanischen Kaufleuten und Inselkapitänen gesprochen und Matrosen Informationen abgekauft, um herauszufinden, ob der Gewinn aus dem Südseegeschäft die Mühe und das Risiko lohnen. Er hat die Firmen Godeffroy und Ruge besucht und, als Naturschwärmer, auch die Godeffroyschen Plantagen.

»Um das Endresultat meiner Untersuchungen gleich vorweg zu geben, muß ich sagen, daß das von Ihnen geplante Unternehmen mir nicht opportun erscheint«, schreibt Wolff. Er hält Premierminister Vogel von Neuseeland für optimistisch und dessen Berichterstatter Sterndale für dubios: »Die Inseln sind im Großen + Ganzen jedenfalls fruchtbar zu nennen, aber von dem außerordentlichen Produktenreichthum, der ihnen meistens zugeschrieben wird, verschwindet ein gut Theil des Glanzes bei näherer Bekanntschaft mit der Sachlage.«

Kokospalmen wachsen nur auf dem oft sehr schmalen Gürtel zwischen Meeresstrand und Gebirge. »Die Produktion ist somit eine beschränkte, und viele Hände sind offen, ihren Theil davon abzukriegen« – Godeffroy, Ruge, Händler aus Hongkong, San Francisco, Sydney, Auckland. Die Neuseeländer sind die schlimmsten, denn wenn sie ihre Waren nicht gleich verkaufen können, »so schlagen sie dieselben schließlich zu irgend einem Preise los, weil sie Geld od. Produkte haben *müssen,* + sie haben auf diese Weise die Warenpreise häufig bedeutend geschädigt. War ich doch selbst auf einer Auktion, wo sie die Manufakturen zu billigeren Preisen losschlugen, als man sie in Europa kaufen kann. Viele von diesen Leuten gehen nach einigen Reisen zugrunde, aber immer wieder treten Neue in die Reihe.« Herr Ruge und seine Partner haben sich ursprünglich hier größere Geschäfte versprochen: »Die Leute machen wenig Lärm + haben einen mäßigen Umsatz, aber ich glaube, daß sie allmählig Grund gewinnen gegen Godeffroy's, die natürlich alles versucht haben, um sie todt zu machen.«

Wolff hat sich verschiedentlich mit Ruge unterhalten. »Godeffroy's Auftreten, ihre großen Anlagen von Warenhäusern + dergl., die Menge Schiffe, die für sie herauskommen und die sehr häufig 4, 6, ja 10 Monate untäthig + mit voller Mannschaft an Bord im Hafen liegen, ihre Landkäufe – sie besitzen ca. 80 000/100 000 acres auf der Gruppe – imponieren sehr, kommt aber die Rede auf die Rentabilität der Etablissements, so begegnet man manchmal einem ungläubigen Lächeln.« 80 000/100 000 Acres sind 32 000/40 000 Hektar.

Zu den Gerüchten über Godeffroys neue Aktiengesellschaft, die »long-Handel-firm«, schreibt er: »Ruge, der als Concurrent den Dingen vielleicht die schärffste Deutung giebt, dafür als Hamburger auch am besten unterrichtet ist, meint, daß das ganze Manöver lediglich eine Convertierung alter Anleihen in Antheilscheine bedeute.« Außerdem sei »dadurch eine schöne Direktorenstelle für den jungen August Godeffroy, der als Dummkopf + swell hier allgemein anerkannt ist, geschaffen«. Swell ist das englische Modewort für einen aufgeblasenen Herrn von Familie.

Wolff rechnet Meier alles vor – die hohen Kosten einer Plantage, die Kosten der importierten Arbeiter. Vom Landbesitz der Firma Godeffroy seien bis jetzt vielleicht 1 200 Hektar in Kultur – das ist die Größe eines mittleren Gutes in Holstein. »Die Palmen tragen erst nach 8/10 Jahren + sind im 12ten Jahr auf gutem Lande ca. 1 $ per Jahr werth bis dahin aber ist Baumwolle das einzige Erzeugniß der Plantagen.« Wenn Meier Transportkosten der Baumwolle nach Apia bedenke, Reinigen, Packen, Verladen, Fracht, Versicherung nach Europa, so werde er keinen großen Profit herausrechnen können.

Wolff rechnet Meier auch das Koprageschäft genau vor. Der allergrößte Teil des Exports sei Kopra aus den Dörfern. Überall seien die Einkaufspreise hoch, selbst auf entfernten Inseln »ist die Zeit des Nutzens von 100 % auf die Waaren längst dahin«. Es sei kein günstiges Zeichen, daß keiner der Agenten und Zwischenhändler genug Geld verdiene, um sich frei zu machen, sie sollen vielmehr fast alle tief in Schulden bei den Firmen sein.

»Godeffroys sind jetzt auf allen Gruppen der Südsee, mit Ausnahme von Neukaledonien + den Salomons, bis hinauf neuerdings nach New Ireland + New Britain, wo verschiedene ihrer Händler erschlagen + gespießt wurden, und wohin sie kommen, machen sie die größten Anstrengungen, alle Anderen aus dem Felde zu schlagen, ohne Rücksicht auf die Kosten, die sie machen, und die hohen Preise, die sie zahlen. Trotz alledem ist es ihnen nie gelungen, das Monopol, das ihr ausgesprochener Endzweck ist + von welchem sie die endliche Bezahlung ihrer Mühe + Auslagen erwarten, an sich zu reißen.« Es hat lange nicht geregnet, und zur Zeit gibt es wenig Kopra. Godeffroys haben schon in Sydney und selbst in England Kopra kaufen müssen, um ihre Lieferungskontrakte in Europa erfüllen zu können.

Der Spion Wolff hat bei Ruge und bei Godeffroy versucht, sich anstellen zu lassen, aber beide haben abgewinkt, obwohl sie Commis brauchen, denn es will kaum jemand in die Südsee gehen: Sie sind mißtrauisch gegenüber einem angeblichen Commis, der sich eine Weltreise leisten kann. Er hat sich Einblick in den Steinberger-Godeffroy-Vertrag verschafft, wie verrät er nicht: »Godeffroys scheinen Maßnahmen ergriffen zu haben, die in den Rahmen der Kaufmännischen Integrität nicht recht hineinpassen.« Er will weitere Informationen über ihre Geschäfte sammeln und sich einen Schoner suchen, der ihn über Tonga und Auckland mitnimmt, eine Reise, die ihn als »seekränklichen Menschen« nicht sehr lockt.

Er teilt Meier noch schnell die neuesten politischen Nachrichten mit: Samoa ist seit der Ankunft des amerikanischen Kriegsschiffs ADAMS in großer Aufregung, denn die USA bekommen jetzt Pago Pago als Kohlenstation. Die Samoaner erwarten große Dinge als Entgelt, und waren daher sehr überrascht, als sie von der Korvette ARIADNE, Kapitän Bartholomäus von Werner, gezwungen wurden, eine alte Schuld an die Deutschen zu zahlen. Unter amerikanischer Leitung soll nun eine Regierung kommen und verschiedene Raubritter sind schon eingetroffen, um ihren Fang zu tun und den Samoanern den Grund und Boden wegzunehmen: »Ein größeres Lot von Schurken ist wohl nirgends zu finden, als in Apia.« Er wollte seinen Brief der ARIADNE mitgeben, aber die ändert plötzlich ihre Pläne, und er gibt ihn der ADA MAY nach San Francisco mit.

3.

Cesar Godeffroy geht in seinem Park an der Elbe spazieren. Er ist jetzt 65 Jahre alt. Die Umwandlung seines Südseegeschäfts in eine Aktiengesellschaft ist nur ein Aufschub, ein Atemholen.

Er hört die Stimmen seiner Enkelkinder. Emmy, die Älteste, ist zehn, der kleine Cesar, der in Hamburg zur Schule geht, neun, Elisabeth ist sieben, Carl Alfred vier und Oscar zwei Jahre alt. Die Kinderfrauen tragen bestickte Mützen, von denen lange Bänder bis auf die Waden herabhängen.

Er hat auf Weisin, Peters Gut in Mecklenburg, eine Hypothek aufgenommen. Cesar junior erzählt herum, die Firma habe das Gut beliehen, damit der leichtsinnige Peter keine Schulden machen könne. Aber Cesar hat sogar von Adolph Geld geliehen, 38 000 Reichsmark, die Hypothek ist auf den Speicher Alter Wandrahm N° 29 eingetragen.

Seine Enkel halten Kaninchen, die ihnen ausreißen oder sterben, der kleine Cesar hat Tauben und Emmy Hühner. Cesar will, daß die Kinder den Wert der Arbeit und des Geldes kennenlernen. Emmy verkauft die Eier und muß von ihrem Eiergeld das Kornfutter bezahlen. Die Kinder haben Beete, auf denen sie Gemüse ziehen. Sie fahren das Gemüse mit einem kleinen Blockwagen in die Nachbarschaft und verkaufen es an die Tanten. Sie helfen beim Heuwenden und häufeln mit ihren kleinen Harken auf den Grasflächen im Park, und sonnabends treten sie mit zur Löhnung an und bekommen fünfzig Pfennig.

Cesar unterhält sich oft mit seinen Leuten im Park. Obergärtner Jürgens hat stets ein, zwei Lehrlinge, die in den Treibhäusern aufpassen, daß die Jungs aus Blankenese keine Tomaten stehlen. Mehrere Gartenfrauen und zwei, drei Männer harken und fegen. Einer heißt Quell und fährt mit seinem Eselfuhrwerk Futter für die Kuh und das Schwein oder das zusammengeharkte Laub von den Wegen. Der Blumengarten ist meistens mit einer Kette für das allgemeine Publikum gesperrt, und auch die Enkelkinder dürfen mit ihrem kleinen Wagen nicht hinein. Aber im Gemüsegarten dürfen sie sich an Erdbeeren und Stachelbeeren satt essen.

Zahlreiche Hamburger wohnen jetzt an der Elbe, und zahlreiche Enkelkinder kommen an den Sommersonntagen zu ihren Großeltern heraus. Für die Kinder ist jeder Besuch ein Fest. Sie fahren »an die Elbe«, sagen sie, und denken doch an das ganze Land – an die Ufer mit den kleinen Lotsenhäusern am Strand, an die Felder, Dörfer, Mühlen, an die Landhäuser in den Parks.

Der alte Weg hinaus ist immer noch der schönste – mit der Pferdebahn oben an der Landungsbrücke in St. Pauli vorbei, vorbei an der gaffenden Menge vor der Kasperbude am Spielbudenplatz bis zum alten Altonaer Bahnhof und von dort weiter mit einer der wenigen Droschken zu der Einrichtung, die schon für Cesar und seine Brüder so aufregend war – zum Zoll bei der Ottenser Kirche, nun ist es der preußische. Bärbeißige Beamte in grünen Gehröcken suchen mit langen Stangen im Wagen nach Kaffee, Rohrzucker und Havannazigarren.

Dann geht es weiter im Zuckeltrab auf die Chaussee, vorbei an Landhäusern, die einmal großartig waren, nun aber verlassen und unheimlich sind und die Phantasie der Kinder beschäftigen wie der Besitz von Salomon Heine: das große, langsam verfallende Palmenhaus dicht an der Chaussee, neben dem Pförtnerhaus das Tor, das immer verschlossen ist, die verwahrlosten Gartenwege und Grasplätze, das verwilderte Buschwerk. Die ältere Generation hat bei Heines freundschaftlich verkehrt. Nun ist das Haus verschlossen, der freche Neffe Heinrich Heine, der in Wirklichkeit doch ein großer Dichter war, ist jämmerlich gestorben, auch Carl Heine ist tot, seine Erbin lebt in Paris.

Auf der Landseite der Chaussee ist bis zum Säulenhaus von Brandt wenig gebaut. Am Chausseerand wachsen Knicks, die hohen Hecken Holsteins, und Fußwege biegen ab, die durch die Felder laufen, und hinter Wiesen drehen sich die Flügel der Rolandsmühle. Wer frühmorgens unterwegs ist, sieht den vornehmen Kutscher der Etatsrätin Donner auf der Chaussee vierspännig Parade proben.

Ein schwarzweiß geringelter Schlagbaum liegt auf der Höhe des späteren Hohenzollernrings: Die Anlieger erheben Wegezoll für die Instandsetzung der Chaussee.

Cesar weiß: Die Öffentlichkeit im Deutschen Reich interessiert sich nicht für Kolonien. Bismarck sind sie zu kostspielig, und auch die Herren in Hamburg lehnen sie ab – sie würden nur Konkurrenz für ihre hart erkämpften Handelsgebiete bringen. Aber Weber muß für Cesar die Inseln sichern, die Nachschub an Kontraktarbeitern liefern. Die Gilbertinen gehen jetzt nach Hawaii. Weber muß auf New Britain, New Ireland, den Salomons Verträge mit den Kopfjägern machen.

Seine Enkelkinder sprechen nicht Plattdeutsch, so wie er und seine Brüder es auf den Speicherböden im Haus am Alten

Wandrahm vom Hausküper und den Quartiersleuten gelernt haben. Cesar nimmt sich vor, den Gärtnern zu sagen, sie sollten von nun an mit den Kindern platt sprechen.

4.

Hugo Wolff, der Spion aus Bremen, sammelt in Sydney Gerüchte. Herr Hedemann plaudert gern, er ist aus dem Geschäft ausgeschieden. Fidschi sei ohne Aussicht auf großen Erfolg: »Die Producenpreise sind sehr in die Höhe getrieben, besonders seit Godeffroys in den letzten Jahren durch Hennings Kopra aufkaufen lassen.«

Godeffroys kaufen in Sydney eine von den Salomons hereingekommene Ladung Kopra zu 17 Pfund die Tonne auf – die Einkaufspreise für Kopra sind enorm gestiegen. Aber die Verkaufspreise in London plötzlich auch – auf 26 Pfund.

Godeffroys geben die eigenartigsten Bestimmungshäfen an, um das Ziel einer Kopraladung in dichten Schleier zu hüllen. Sie klarieren den JOHAN CESAR nach Petropaulowsky, Kamtschatka, aus. In Wirklichkeit geht er nach Liverpool.

August Godeffroy »hat einen kleinen Dampfer für das Inselgeschäft angekauft + SÜDSEE (80 tons) taufen lassen, und ist dann mit der ARIADNE, die Sidney einen kurzen Besuch abgestattet hat, nach Samoa abgereist.«

In den Bars der Südsee, auf Veranden und Achterdecks erzählt man sich böse Gerüchte über August Godeffroy.

Es heißt, er habe in Sydney ein funkelndes, prunkendes Barmädchen aufgelesen, und sie sitze nun auf dem hohen Roß in Apia und drangsaliere die Angestellten der Firma. Der chinesische Koch habe gesehen, wie ein junger schwarzer Arbeiter aus New Britain – das sind die ganz wilden, einer dieser Kopfjäger – aus ihrem Zimmer gekommen sei. Sie habe ihn verführt, und nun weigerten sich einige der Commis, noch länger für Herrn August zu arbeiten.

Andere wollen wissen, daß Herr August nach Tahiti gereist

sei, zu Herrn Gustav, der übrigens dort böse wirtschafte. Die Brüder einer schönen Tahitianerin hätten Herrn August mit einem Rohrstock auf offener Straße verprügelt, weil er mit seinen Liebesabenteuern prahle und ihre Schwester in Verruf bringe. Die französische Regierung habe erwogen, gegen ihn vorzugehen, doch er sei bei erster Gelegenheit nach Apia abgereist.

Vielleicht können die Gerüchte sich nur an August heften, weil Weber nicht in Samoa ist: Die ARIADNE ist mit ihm an Bord aus der Bucht von Apia gedampft.

Kaufmann Weber jagt mit Kapitän von Werner auf der ARIADNE durch die Südsee. Sie schließen Verträge mit Häuptlingen, die schon lange davon träumen, einmal auf dem Deck eines Kriegsschiffs zu stehen. Die Häuptlinge berühren Webers Schreibfeder und sichern dem Deutschen Reich damit Gleichberechtigung mit anderen Nationen zu, zollfreien Handel, Recht auf Landkauf und eigene Gerichtsbarkeit auf den Inseln.

Die ARIADNE dampft und segelt nach Nordwesten, je nach Wetter, zu den Ellice-Inseln, den Gilbertinseln, über den Äquator in die Marshallinseln zum Jaluit-Atoll. Im Heizraum herrschen sechzig Grad, die Heizer werden ohnmächtig, und die Matrosen, die sie ersetzen, halten meist auch nur eine halbe Stunde durch. Die Männer haben oft Hunger, trotz der Salzfleischration, aber der Durst ist schlimmer. Täglich bekommt jeder einen Liter Wasser. Die Hitze ist so groß, daß sie nachts nackt in ihren Hängematten liegen.

Scharen von Haien umkreisen das Schiff. Sonntags angeln die Männer, schießen die Haie an Deck mit Revolvern tot. Sie schneiden die Gebisse als Souvenirs heraus und werfen die Haie wieder über Bord.

Die Häuptlinge der Marshalls berühren Webers Schreibfeder und treten dem Deutschen Reich den Hafen von Jaluit als Kohlenstation ab. Werner richtet in Jaluit ein deutsches Konsulat ein und will dem Auswärtigen Amt Franz Hernsheim als Konsul empfehlen.

Die ARIADNE läuft Richtung Neu-Guinea, zur kleinen Insel Mioko, wo Weber und Werner einen Godeffroy-Kapitän als Lotsen an Bord nehmen.

Eine Tagesreise von Mioko entfernt wartet Kapitän Eduard Hernsheim in seinem Haus auf Makada auf die ARIADNE. Hernsheim besitzt jetzt mehrere Schoner und kann seine Handelsstationen mit dem neuen Steamer PACIFIC inspizieren. Die Leute auf den Marshalls, Gilberts und Karolinen sind nun an Schiffsbiskuit, Bier und Schnaps gewöhnt. Einige Häuptlinge in den Marshalls kleiden ihre Frauen in Seide und kaufen ihnen Nähmaschinen. Auf Yap hat ein Häuptling 4 000 Mark für ein altes Maschinengewehr aus der Bayerischen Armee bezahlt.

Auch das Geschäft in New Britain und New Ireland wird endlich profitabel. Die Koprapreise in Europa steigen. Die letzte Ladung von 900 Tonnen, die Hernsheim seinem Onkel Robertson nach Hamburg schickte, hat einen Reingewinn von hunderttausend Mark gebracht. Es kommt vor, daß er für eine Tonne Kopra, die der Onkel für 400 Mark verkauft, hier mit Gütern bezahlt hat, die sechs Mark im Einkauf kosten. Godeffroys rechnen immer fest mit einem Drittel Gewinn. Hernsheim ist über ein Viertel höchst erfreut.

Aber selbst seine härtesten Händler sind entmutigt, haben das Fieber und wollen, wenn sie nach tagelanger Bewußtlosigkeit wieder zu sich kommen, fort auf freundlichere Inseln. Der Methodistenmissionar George Brown in Port Hunter hat im April vier Religionslehrer verloren. Sie sind erschlagen und aufgefressen worden, ihre Köpfe hängen irgendwo in den Dörfern des Dschungels. Vor ein paar Wochen ist einer der großen Vulkane auf New Ireland ausgebrochen. Der Meeresboden hat sich in einer Passage so gehoben, daß kein Schiff mehr hindurchkommt, Bimsstein schwimmt auf dem Wasser, und die Weißen können keinen Handel treiben. Alle seine Händler von New Ireland sind jetzt in Makada. Eingeborene haben Hernsheims Station in Raluana niedergebrannt.

Ein Häuptling hat Hernsheim aus Dankbarkeit für seine Hilfe in einem Kampf mit Nachbarn seine Tochter geschenkt. Wenn Hernsheim segelt, ist die Häuptlingstochter als Leibwache bei ihm an Bord und paßt auf, daß ihm nichts zustößt. Sie kann schwimmen und schießen wie er.

Die Masten und der enorme Schornstein der ARIADNE tauchen vor Hernsheims Haus auf.

Am Abend sitzen drei lebhafte Rheinländer Anfang Dreißig – auch Bartholomäus von Werner stammt vom Rhein – auf Hernsheims Veranda, trinken sich durch die Tropennacht und haben Heimweh. Werner sagt, er wolle die Häfen Mioko und Makada für das Deutsche Reich sichern, er müsse einfach verhindern, daß eine andere Nation Verträge mit den Häuptlingen macht. Weber – Bismarcks Warnung vor Augen, nicht zu weit zu gehen – will in Mioko und Makada nur Meistbegünstigungsverträge abschließen. Hernsheim kennt dort niemanden, mit dem Weber und Werner das könnten.

Die Kohlenvorräte, mit denen Kapitän von Werner in Makada gerechnet hat, sind durch den Steamer PACIFIC verringert. Hernsheim überredet einige Häuptlinge auf den umliegenden Inseln, mit Hunderten ihrer Männer nach Makada zu kommen und Holz für die Feuer auf dem Kriegsschiff zu schlagen. Große Geschäftigkeit stört das schläfrige heiße Makada auf.

Die drei Rheinländer beschließen, Makada und Mioko einfach für das Deutsche Reich zu kaufen – sollte das Auswärtige Amt verärgert sein, werden Godeffroys und Hernsheim die Häfen für eigene Rechnung übernehmen. Sie kaufen Makada vom Oberhäuptling »King Dick« für 400 Mark und Mioko für 200 Mark. Dolmetscher beim Kaufabschluß ist Hernsheims Freund, der Missionar George Brown.

Kapitän von Werner unterstützt den Kriegszug des Missionars gegen die Kopfjäger, die an Brandstiftungen in Port Hunter und Raluana beteiligt waren. Die weißen Ansiedler auf der Gazelle-Halbinsel schließen sich der Strafexpedition der Matrosen an. Strafexpedition heißt: Dörfer in Brand schießen, die großen Kriegsboote, die nicht brennen wollen, zerhacken, Männer erschießen, Frauen vergewaltigen, Gefangene an den Händen aufhängen und auspeitschen. Nicht immer ist das ganze Programm notwendig.

Die drei Rheinländer fahren auf der ARIADNE an den Küsten

von New Britain und New Ireland entlang. Sie entdecken einen Hafen, den sie gutgelaunt Weberhafen nennen. Sie laufen zu Fuß über die gebirgige kleine Insel Matupi und genießen den atemberaubenden Blick auf die Blanche Bay und die Hafeneinfahrt und die Vulkane auf New Ireland, von denen der eine, der kürzlich soviel Unheil angerichtet hat, noch dampft.

Matupi ist fieberfrei. Eduard Hernsheim will Makada verlassen und hier das Zentrum seiner Handelsstationen bauen.

Kaufmann Weber und Kapitän von Werner krönen ihre Vertragsserie am 24. Januar 1879 mit dem Abschluß eines Freundschaftsvertrags zwischen dem Deutschen Reich und Samoa. Der Abschluß zieht sich – mit Erpressungen und Ultimaten – über mehrere Tage hin. Die Häuptlinge erkennen nun den Landbesitz der Firma Godeffroy in Samoa an. Die Deutschen erhalten Handelsfreiheit und das Recht der Einfuhr von Kontraktarbeitern.

Theodor Weber soll nächstes Jahr in die Geschäftsleitung der »long Handel firm« in Hamburg eintreten.

5.

Cesar berechnet zum Jahresende 1878 sein Privatvermögen. Vor drei Jahren besaß er noch vier Millionen Reichsmark. 1,6 Millionen davon steckten im Geschäft. Landhaus und Park an der Elbchaussee veranschlagte er auf 1,2 Millionen, Wälder und Landbesitz im Westen von Blankenese, etwa 4 000 Morgen, auf 900 000.

Nun besitzt er nur noch zwei Millionen Reichsmark. 1,6 Millionen sind im Geschäft, Grundstücke und Häuser hat er verpfändet. Auf Landhaus und Park sind Hypotheken für eine Million eingetragen, auf Wald und Land im Westen für 600 000.

Cesar nimmt seine Aquarelle mit in die Vermögensübersicht auf: 9 000 Mark.

Auf dem Haushaltskonto standen bislang jedes Jahr über

200 000 Mark. Er streicht die Haushaltsausgaben für 1879 auf ein Viertel zusammen.

Joh. Ces. Godeffroy & Sohn haben sich von der Bank der Brüder Baring in Liverpool 50 000 Pfund für ein Vorschußgeschäft geliehen, das sind etwa eine Million Reichsmark. Die Firma hat 1878 mit 16 Millionen Mark Kapital gearbeitet, davon waren knapp vier Millionen Familienkapital – Buchwert, nach Cesars Einschätzung. Allein für die Verzinsung der fremden Gelder muß sie weit über eine halbe Million Mark im Jahr aufbringen.

Die Sage vom Reichtum ihrer Plantagen in der Südsee hält die Firma Godeffroy. Die Plantagen sind Cesars einzige Chance, Kredite zu bekommen und weiterarbeiten zu können, bis diese Wirtschaftskrise vorüber ist und Kohle- und Stahlpreise endlich steigen.

Hugo Wolff ist auf einem Dampfer unterwegs nach Deutschland. Er arbeitet an seinem Abschlußbericht für *H. H. Meier & Co.*, Bremen. Der Gewinn einer Handelsfirma Meier in der Südsee werde die Mühe und das Risiko nicht wert sein – die Koprapreise auf den Märkten von Sydney und Auckland fallen schon wieder. Und: Plantagenbau auf Samoa lohne für eine große Firma, die mit Angestellten und geliehenen Geldern arbeitet, nicht. Nur: »Dagegen kann ich über ein Argument zu seinen Gunsten schlecht hinwegkommen: Warum fahren Godeffroys fort mit der Anlage von Plantagen, wenn solche nicht nutzbringend sein sollten; es sind doch Leute von klarem Urtheil und sie verstehen zu rechnen.«

Hugo Wolff durchschaut das Geheimnis der Godeffroys nicht. Doch nüchtern zieht er das Fazit seiner Reise: Der »Ruf der Rentabilität« der Südseeunternehmungen der Godeffroys komme nur von dem »Nimbus«, den sie in Deutschland haben »und der auch mich in den Pacific hinausgezogen hatte«.

Der *Credit*

Die Hundemarke

1.

Die Godeffroys geraten in den Kampf zwischen Hamburg und dem Deutschen Reich.

Bislang haben die Hamburger Kaufleute mit dem Reich in Frieden gelebt. Bismarck hat seine Reichsgründung auf die nationalliberalen Freihändler gestützt: Sein Bündnis mit den Nationalliberalen versprach den Hanseaten auch im Reich die gemäßigt liberale Politik, die sie in ihrem Stadtstaat schätzen. Aber Krüger, ihr Gesandter in Berlin, hat Syndikus Merck schon 1876 gewarnt, daß Bismarck einen Umschwung in den Grundlagen des preußisch-deutschen Staates wünsche. Er wolle die Liberalen, die den Obrigkeitsstaat ablehnen, schwächen und konservative Kräfte im Reich stärken.

Bismarck wartet darauf, daß sich ihm eine Waffe bietet, mit der er die Nationalliberalen aus Regierung und Reichstag drängen kann.

Die Kohlenausstellung in Hamburg hat die Aufmerksamkeit der Öffentlichkeit auf Gustav Godeffroy gelenkt, was ihn immer freut. Ein Berliner Journalist interviewt ihn zum Zollstreit: Die Eisenzölle sind seit dem 1. Januar 1877 aufgehoben – ein Sieg der Freihändler im Reichstag –, aber die Schwerindustrie wehrt sich gegen die Zollfreiheit für Importe und fordert neue Schutzzölle. Gustavs Antworten lösen eine öffentliche Diskussion aus, und Gustav präzisiert seine Ansichten in zwei Aufsätzen, die in den Vaterländischen Blättern, einer Beilage der Hamburger Nachrichten, im November 1877 erscheinen – Überschrift: »Extremer Freihandel«.

Gustav, jahrelang Vorsitzender des Vereins für Freihandel und als Gallionsfigur der Freihändler in der Hamburger Politik groß geworden, schwenkt zu den Schutzzöllnern über. Er hat seiner alten Schwäche für lateinische Redensarten nachgegeben und »Audiatur et altera pars« über seine Artikel geschrieben, man möge auch die andere, die gegnerische Seite hören. Er schreibt hochmütig und unterhaltsam, bissig und primitiv. Er tritt als Praktiker auf, stellt sich über die Herren Theoretiker im Reichstag. Schutzzölle, erklärt er, würden zum Aufschwung der Exportindustrie und zu mehr Arbeitsplätzen führen. Er als Bergwerksbesitzer würde lieber Zölle zahlen als Steuern, denn Zöllen seien auch Ausländer unterworfen. Einfuhr ohne Zölle beraube die deutsche Industrie der Existenz.

Gustav vertritt die Linie des *Centralverbands deutscher Industrieller zur Förderung und Wahrung nationaler Arbeit*, dem er seit dessen Gründung 1876 angehört. Die Wortführer in den neuartigen Interessenverbänden der Unternehmer kommen aus der rheinisch-westfälischen Montanindustrie. Zwei Gedankengänge überschneiden und vermischen sich in der Argumentation des Centralverbands und in Gustav Godeffroys Argumentation:

Der eine kreist um das Ziel der Industriellen, keine Steuern – »Vermögensconfiscationen« laut Gustav – zu zahlen. Der zweite versucht, vielfältige Sachverhalte auf einen schlichten Nenner zu bringen: Alle Übel der andauernden Wirtschaftskrise kämen von der Überschwemmung des deutschen Marktes durch billiges englisches und französisches Eisen. Ein Schutzzoll würde die Nachfrage nach deutschem Eisen im Inland erhöhen und damit auch die Arbeitslöhne.

Doch Deutschland importiert längst nicht mehr soviel Roheisen wie früher und exportiert wesentlich mehr Stahlschienen als es importiert. Die Eisengießereien und Stahlwerke, die durch die Wirtschaftsdepression Schwierigkeiten haben, sind Firmen, die spekulativ mit wenig Eigenkapital gegründet worden sind und – wie das Stahlwerk Osnabrück – hohe Summen für Zinsen und Rückzahlung von Krediten aufbringen müssen. Die »Überschwemmungs- und Beschäftigungsthese« löst aber ein lautes Wortgefecht zwischen Freihändlern und Schutzzöllnern aus, das die Absicht der Industriellen, höheren Steuern zu entgehen, verdeckt und in dem Gustav kräftig mitredet.

Senator Godeffroys Bekehrung zur Schutzzollpartei ist so wichtig, daß Staatssekretär Ernst von Bülow Bismarck am Weihnachtstag 1877 darüber Vortrag hält – Bismarck feiert Weihnachten auf seinem Gut Varzin in Pommern.

Bismarck wünscht Zölle wie der Centralverband – nur aus anderen Gründen. Der Kanzler will das Reich von den Bundesstaaten unabhängiger machen und ihm eigene Einnahmen verschaffen. Doch Steuern muß der Reichstag ihm bewilligen, Zölle könnte er selbst erheben. Das Haushaltsrecht ist das vornehmste Recht des Parlaments. Bismarck aber will den Reichstag schwächen. Die Liberalen fordern jetzt sogar Reichsminister, die dem Reichstag gegenüber verantwortlich sind – bis jetzt helfen preußische Minister bei Bedarf in Bismarcks Regierung des Reichs aus. Bismarck will überhaupt keinen Parlamentarismus.

Auch die Großgrundbesitzer in Preußen fordern nun statt Freihandel Schutzzoll für Getreide: Amerikanisches und russisches Getreide haben ihre Exporte vom englischen Markt gedrängt, drängen sogar auf den deutschen Markt.

Bismarck sieht im Schutzzoll die Waffe gegen die Liberalen, nach der er sucht. Er übernimmt die Wirtschaftspolitik, die der Centralverband ihm anbietet, und fordert gleich im Januar 1878 eine gründliche Reform des Zoll- und Steuerwesens.

Im Januar 1878 erscheinen in den Vaterländischen Blättern zwei weitere Artikel von Senator Godeffroy, die die Berliner Börsenzeitung übernimmt. Gustav greift die Freihändler an, weil sie den bedauerlichen Auswüchsen der Sozialdemokratie Vorschub leisteten. Vereinsrecht und »schrankenlose Pressefreiheit« sind für ihn »zweifelhafte Errungenschaften der Neuzeit«. Er dagegen sei ein Patriot: Wenn er gegen den Freihandel auftrete, komme er damit »den Pflichten gegen meine Vaterstadt und das Vaterland« nach. Die nationalliberalen

Reichstagsabgeordneten nennt er Dilettanten und verlangt, daß sie Industrielle befragen, ehe sie Gesetze beschließen. Er wiederholt die Forderung des Centralverbands nach einem volkswirtschaftlichen Senat: Auch die Regierung müsse Geschäftsleute und Industrielle hören, die sich nicht in den Reichstag wählen lassen können, weil das sie zu viel Zeit koste. Er schließt als »alter Freihändler« mit »Animam meam salvavi!«, möge meine Seele gerettet werden.

In Hamburg wächst eine feindselige Stimmung gegen den Namen Godeffroy.

Die liberale Reform, jetzt die meistgelesene Zeitung der Stadt, bringt eine Karikatur über Bismarck, der mit den Einnahmen aus dem Schutzzoll das preußische Heer vergrößern wolle: Der Reichskanzler, der Reichstagsabgeordnete Mosle aus Bremen und Senator Godeffroy singen im Chor:
Frisch die Steuern her
Für das Militär,
Klagt der Handel dann,
Liegt uns nix daran.
Bismarck drängt im März 1878 die drei liberalen Minister aus seiner Regierung, auch den liberalen Finanzminister.

Die Hamburger Überseekaufleute wollen keine Staatseingriffe in den Handel, keine Verschärfung des internationalen Klimas, keine Handelskriege. Schutzzölle sind für die Handelskammer Neomerkantilismus, Wirtschaftspolitik aus der Zeit absolutistischer Könige. Die Kaufleute sind gegen das Bündnis von Staat und Montanindustrie auf Kosten der Liberalen, Demokraten und Sozialdemokraten.

Bismarck sucht lange vergebens einen neuen preußischen Finanzminister. Er fragt vier, fünf Männer, auch Gustav Godeffroy. Gustav lehnt ab. Sein Hauptinteresse ist das Geldverdienen. Doch er kandidiert bei den nächsten Reichstagswahlen.

2.

Bismarck wartet auf einen Anlaß, den Reichstag aufzulösen.

Am 11. Mai 1878 schießt der Klempnergeselle Max Hödel auf Kaiser Wilhelm, ohne ihn zu treffen. Die Sozialdemokratische Arbeiterpartei hat Hödel zwei Tage zuvor ausgeschlossen. Das kümmert Bismarck nicht. Er leitet dem Reichstag ein »Gesetz zur Abwehr sozialdemokratischer Ausschreitungen« zu. Die Abgeordneten wollen den Grundsatz der Rechtsgleichheit aller Bürger nicht durch ein Ausnahmegesetz unterlaufen und lehnen es mit 251 gegen 57 Stimmen ab.

Am 2. Juni 1878 verwundet der Attentäter Dr. Karl Nobiling den Kaiser schwer. Eine ungeheure Erregung ergreift Deutschland, die Zeitungen schüren Sozialistenfurcht. Die Sozialdemokraten bestreiten jede Verbindung mit dem Attentäter. Aber Bismarck nutzt die Erregung der Öffentlichkeit aus, löst den Reichstag auf und setzt Neuwahlen an.

Polizei durchsucht im ganzen Reich Wohnungen von Sozialdemokraten. Ihr geplanter Parteitag in Gotha wird verboten. Die Norddeutsche Allgemeine Zeitung, Bismarcks Hausblatt, spricht von der Notwendigkeit eines »innenpolitischen Kurswechsels«.

Der Centralverband deutscher Industrieller und der Verein deutscher Eisen- und Stahlindustrieller gründen ein Wahlkomitee, das Schutzzöllner als Kandidaten für die Reichstagswahl gewinnen soll. Das Komitee unterstützt hundert Kandidaten, deren »unbedingte Treue zur Industrie« nach einer Prüfung feststeht. Einer von ihnen: Gustav Godeffroy.

Die Kandidaten der Industrie sollen auf Wahlversammlungen über den Kampf um die Erhaltung der religiös-sittlichen Grundlagen des Volkslebens reden. Sie sollen der »mechanischen Weltanschauung« der Sozialdemokraten und Linksliberalen die organische Entfaltung des Individuums durch die »Erhaltung der heilsamen Zucht und Ordnung« gegenüberstellen. Nur eine neue Wirtschaftspolitik könne den Wohlstand des Volkes und damit die nationale Kraft garantieren.

Die Agrarier machen ebenfalls offensiven Wahlkampf. Sie

setzen die »Verdrängung des Ausländers vom deutschen Markt« gleich mit der Rettung der von Gott gegebenen Staatsordnung. Wanderredner hämmern das den Landarbeitern in Pommern und Ostpreußen ein.

Die liberalen Kandidaten reden von politischen Rechten des Reichstags und Demokratie – vergleichsweise komplizicrtere Themen als Zucht, Ordnung und Ausländerfeindlichkeit.

Gustav bekommt vier Wahlkreise angeboten, zwei Angebote prüft er: Im Wahlkreis Duisburg-Mülheim wollen ihn die Industriellen der Zentrumspartei aufstellen und im Wahlkreis Görlitz-Lauban in Niederschlesien die Konservative Partei, aber auch die Liberale Ordnungspartei. Gustav bespricht diese Angebote in Berlin mit dem Centralverband und entscheidet sich für die Liberale Ordnungspartei in Görlitz-Lauban.

Sein Ansehen in Berlin steigt. Er ist immer noch Präsident des Hamburger Renn-Clubs. Nun wählt der elegante Union-Club in Berlin ihn zum Vizepräsidenten.

Die Wahlen sind am 30. Juni 1878. Die beiden konservativen Parteien – die Deutschkonservativen und die Reichspartei – erzielen Gewinne auf Kosten der Nationalliberalen. Gustav allerdings unterliegt dem Kandidaten der Fortschrittspartei.

Der neue Reichstag nimmt das »Gesetz gegen die gemeingefährlichen Bestrebungen der Sozialdemokratie« an – mit den Stimmen der Nationalliberalen: Sie haben sich im Wahlkampf in ihrer Angst, Wählerstimmen zu verlieren, darauf festgelegt, im neuen Reichstag einem Ausnahmegesetz gegen die Sozialdemokratie zuzustimmen. Das Gesetz verbietet sozialdemokratische, sozialistische oder kommunistische Vereine, Versammlungen, Druckschriften, Geldsammlungen. Sozialdemokraten dürfen sich zwar an Reichstagswahlen beteiligen, aber nicht mehr politisch arbeiten.

Bismarck hat mit der Beschwörung der inneren und äußeren Gefahr Wähler von den Liberalen abgezogen. Zugleich hat er mit dem Sozialistengesetz die Industrie vor den Arbeitern und ihren Forderungen – der roten Gefahr – geschützt. Nun sichert er die Vormachtstellung des preußischen Adels in Militär und Beamtentum.

Die Handelskammer Hamburg hält am wirtschaftlichen Liberalismus fest. Doch der Gesandte Krüger meint, in ihrer eigenen Mitte seien die Ansichten schon geteilt, die Anhänger Bismarcks, voran Cesar Godeffroy junior und sein Schwager Berenberg-Gossler, würden Zulauf gewinnen.

Bismarck teilt dem Bundesrat im Dezember 1878 mit, er habe die Absicht, einen umfassenden Schutzzolltarif in Kraft zu setzen. Die Eisenindustrie ist begeistert und erhebt lautstark Maximalforderungen. Im Bundesrat kommt es wieder zu einem Zusammenstoß zwischen Bismarck und Kirchenpauer. Bismarck äußert zum ersten Mal versteckte Drohungen gegen die Hamburger Freihafenstellung.

3.

Senator Gustav Godeffroy reicht beim Strafgericht Hamburg Klage gegen Gerhard Busch, den verantwortlichen Redakteur der Reform, und seinen Mitarbeiter Dr. Lindwurm ein. Die Zeitung hat den Senator beschuldigt, seinen Bürgereid gebrochen zu haben. Gustav läßt die Klage mit 25 Anlagen drucken und schickt sie seinen Bekannten zu.

Die Reform hat Gustav in zwei Artikeln angegriffen. Im ersten lasen die Hamburger, Gustav Godeffroy errichte seinem politischen Charakter ein Denkmal, wie es unwürdiger nicht gedacht werden könne. Wenn die konservative Partei in moralischer Hinsicht angezweifelt werde, so habe sie das der Tatsache zu verdanken, daß der Name Godeffroy zuerst an ihrer Stirn stand. Godeffroy habe sich verschiedenen Parteien mit Hilfe des Centralverbands angedient, um in den Reichstag zu kommen. Es mache einen »widerwärtigen Eindruck, wenn Leute, die mit der Frömmigkeit oder wenigstens doch mit der Christlichkeit prunken, auch dem geschäftlichen Grundsatz huldigen: Was gemacht werden kann, wird gemacht«.

Im zweiten Artikel lasen die Hamburger, daß Gustav Godeffroy den Interessen des Staates vorsätzlich zuwiderhandle. Er sei im Grunde immer noch der Ansicht, für den vaterländischen Wohlstand sei nichts besser als das Wegräumen der Zollschranken. Dieses hamburgische Interesse sei aber seinem Privatinteresse zuwider, und daher mache er öffentlich die Leute glauben, man habe ihn durch Erwägungen, die ihm als Freihändler unbekannt geblieben seien, zum Schutzzöllner bekehrt. Ein solches Verhalten laufe schnurstracks dem zuwider, was er in seinem Bürgereid gelobt habe.

Gustav bittet das Gericht, Redakteur und Autor wegen Beleidigung zu zwei Jahren Gefängnis zu verurteilen.

Gustav bekommt vom Zaren einen Orden für seine Hilfe bei der Finanzierung russischer Unternehmen. Er steckt den Orden an seinen Frack und geht mit der diamantstrahlenden Julie in Gesellschaft. Die Reform bringt am 14. Dezember 1878 eine Karikatur »Zur Stanislaus-Dekorirung Godeffroy's«: In einer Zirkusmanege – unten stehen Clowns und Narren – klettert Gustav in gestreifter Jockey-Bluse, mit Kappe und Sporen an den Reitstiefeln eine Stange empor, auf der »Schutzzoll« steht, und heftet seinen Orden oben an ein Rad, an dem schon andere Orden hängen. Kopf der Fahnenstange ist eine Krone, an der Packzettel mit der Aufschrift »Adels-Diplom« baumeln:

> Er naht sich schon dem Gipfel,
> Wenn auch mit Noth und Müh'
> Ein ›von‹ wird sein das Tipfel,
> Das Tipfel auf dem i.

Syndikus Merck erscheint bei Gustav in der Büschstraße: Gustav müsse entweder den Orden zurückgeben oder auf Titel und Ehrenrechte eines Senators verzichten.

Der Senat hat dem »Gesetz gegen die Annahme fremder Orden, Adelsdiplome und Ehrentitel«, das die Bürgerschaft im Juni 1866 verabschiedete, damals nicht zugestimmt und es hat keine Rechtskraft erlangt. Aber Merck verweist auf einen Präzedenzfall, beruft sich auf Gebräuche: Senatsmitgliedern sei die Annahme von »Dekorationen« nicht gestattet.

Gustav sagt, er habe nicht gewußt, daß er auch als Senator

im Ruhestand keine Orden annehmen dürfe. Er stelle dem Senat alles anheim, aber an eine Rückgabe des Ordens sei jetzt nicht mehr zu denken.

Die Hamburger staunen: Gustav Godeffroy will lieber die »Hundemarke« eines Kaisers tragen, wie sie den Orden nennen, als republikanischer Senator a. D. sein.

In der Senatssitzung vom 3. Februar 1879 wird deutlich, was hinter der Ordensfrage steht: Besonders Bürgermeister Weber ist empört über Bismarcks Absicht, Hamburg in das Reichszollgebiet zu zwingen, und versteht nicht, wie jemand Bismarcks Anhänger sein kann. Er verlangt, daß Gustav Godeffroy den Titel Senator nicht mehr führen und keine Vorrechte eines Senators mehr in Anspruch nehmen darf.

Die Senatoren beschließen, den Namen Godeffroy im Staatshandbuch zu streichen.

Wieder erscheint eine Karikatur in der Reform: »Gustav's Pech«. Zwei riesige Hände halten ein Buch, auf dem »Staatskalender« steht. Aus den Seiten fällt der kleine Jockey Gustav, gestiefelt und gespornt, heraus:

> Herrn Godeffroy brachte viel Malheur
> Der russische Stanislausspender;
> Er ist gefallen, es schmerzt ihn sehr,
> Gar aus dem Staatskalender.

Das Urteil des Strafgerichts ergeht am 15. Mai 1879. Gustavs Klage wird stattgegeben. Das Gericht verurteilt den Redakteur zu einem Monat, den Autor zu sechs Wochen Gefängnis, weil beide die Ehre des Klägers gemindert hätten.

In der Urteilsbegründung heißt es, die Zeitung habe unwahre Tatsachen gebracht, die Gustav Godeffroy verächtlich machen und in der öffentlichen Meinung herabwürdigen. Zum Vorwurf, er habe unehrenhafte Mittel angewendet, um Reichstagskandidat zu werden, stellt das Gericht fest: Er habe sich nicht durch den Centralverband der Zentrumspartei antragen lassen, sondern die Partei habe sich um ihn bemüht.

Der Inhalt des alten Bürgereids und die Frage, ob Gustav

Godeffroy moralisch ein Bürger ist, sind juristisch nicht mehr recht faßbar. Zum Vorwurf der Reform, Godeffroy handle vorsätzlich gegen die Interessen des Staates Hamburg, um seine Privatinteressen zu fördern, sagt das Gericht: Wahr ist, daß Gustav Godeffroy erst Freihändler war und jetzt Schutzzöllner ist. Daraus erkenne man aber nicht, aus welchem Grund er seine Ansicht änderte. Das Strafgericht sähe es zudem als nicht erwiesen an, daß das hamburgische Gemeinwohl durch Schutzzölle und den Anschluß an das Zollsystem des Reichs gefährdet werde.

Für das Gericht sind die Artikel der Reform ein rechtswidriger Angriff auf die Ehre der Person Gustav Godeffroy. Aber die Zeitung hat nur geschrieben, was viele in der Stadt über Gustav denken. Und die, die das nicht denken, schütteln doch den Kopf: Es ist mißlich, wenn ein Kaufmann anfangen muß, seinen Namen, seinen guten Ruf als Bürger, vor Gericht einzuklagen.
    Die Godeffroys verlieren ihren alten *Credit* in der Stadt. Man traut ihnen als Kaufleuten und Bürger nicht mehr.
    Der Juniorchef von *Joh. Ces. Godeffroy & Sohn* ist von der Handelskammer, deren Präses er 1877 war, im Herbst 1878 nicht noch einmal als Notabelabgeordneter für drei Jahre in die Bürgerschaft gewählt worden, wie es doch üblich gewesen wäre. Auch Adolph Godeffroys Ansehen sinkt, obwohl er Freihändler geblieben ist. Die Aktionäre kreiden ihm die allgemeinen wirtschaftlichen Probleme der *Hapag* persönlich an.
    Man will die Godeffroys nicht mehr.

»Überhaupt und zur Ehre Deutschlands«

»Uns fehlt«, diktiert Cesar an Staatssekretär Ernst von Bülow, Auswärtiges Amt Berlin, 25. Januar 1879, »um das Unternehmen, welches täglich wächst, überhaupt und zur Ehre Deutschlands durchführen zu können, ein Betriebskapital von

2 bis 2 1/2 Millionen Mark.« Die seit sechs Jahren andauernde Wirtschaftskrise habe *Joh. Ces. Godeffroy & Sohn* empfindliche Verluste zugefügt. Die liquiden Mittel seien ohne Aussicht auf baldige Mobilisierung festgelegt, nur die Inselunternehmung sei noch unberührt.

Ernst von Bülow ist mit einer Hamburgerin von der Elbchaussee verheiratet, einer Nichte von Marianne Godeffroy geb. Jenisch, und kennt die Brüder Godeffroy: Cesar Godeffroy versucht, durch Mittelsmänner und Freunde wie Albrecht O'Swald Aktien der *Deutschen Handels- und Plantagengesellschaft* zu verkaufen – bislang vergeblich.

Cesar schlägt Bülow eine Woche später vor, die Preußische Seehandlung und die Reichsbank für die Firma Godeffroy zu interessieren. Bülow spricht in Berlin mit den leitenden Herren beider Banken. Sie weigern sich entschieden, Aktien der Gesellschaft zu kaufen.

Bülow antwortet Cesar höflich, die gleichen wirtschaftlichen Umstände, die die Firma Godeffroy wiederholt an den Rand des Ruins gebracht hätten, machten es jeglicher Dienststelle des Reichs unmöglich, die erforderliche Stütze zu stellen.

Die dritte Reise des Kapitäns Joachim Meyer mit der Bark ELISABETH hat am 26. Februar 1878 in Hamburg begonnen. 16 Mann Besatzung sind an Bord und 234 Auswanderer aus Pommern und Posen, darunter 90 Kinder bis zehn Jahre und elf Säuglinge. Meyer soll sie nach Australien bringen.

Südlich vom Kap der Guten Hoffnung bekommen zahlreiche Kinder Masern, sechs Kinder sterben. Der Schiffsmann Joseph Buchholz, 18 Jahre, geht beim Segelreffen über Bord und wird nicht wieder gefunden. Nach 105 Tagen, am 11. Juni, läßt Kapitän Meyer vor Port Adelaide den Anker fallen. Am selben Tag stirbt noch ein Kind.

Die ELISABETH nimmt Ladung für Sydney: 1 000 Sack Weizen, 500 Sack Mehl, 37 Kisten Stückgut. In Sydney muß Meyer seinen Ersten Steuermann abgeben: Olesen wird Kapitän auf dem Südseeschoner UPOLU. Die Godeffroy-Schoner haben eine Mannschaft aus Südseeinsulanern, nur Kapitän und Steuermann sind Deutsche. Nicht alle Schonerkapitäne haben ein gültiges Schifferpatent: Konsul Weber hat ihnen das Zeugnis ausgestellt, daß der von zwei Kapitänen geprüfte Inhaber fähig sei, kleine Schiffe in Südseegewässern zu führen.

Meyer holt eine Ladung Kohle in Newcastle und bringt sie nach Neuseeland. Von Auckland segelt er in Ballast und mit 14 Kolli Maschinenteilen und 50 Schafen nach Apia, wo er am 15. November ankommt. In Apia liegt keine Kopra bereit.

Der junge Godeffroy schickt die ELISABETH nach Norden. Sie ankert am 14. Dezember in der Lagune vor Maik Island, der nördlichsten der Gilbertinseln. Meyer lädt 224 615 Pfund Kopra. Die Bark geht am Neujahrstag 1879 nach dem Jaluit-Atoll in der Marshallgruppe. Hier liegt die ELISABETH zweieinhalb Monate. Kopra kommt nur kleckerweise, teils vom Land, teils vom Schoner OLOSEGA. Lebensmittel und Trinkwasser sind auf den Marshalls knapp und schlecht. Mehrere Männer erkranken. Meyer lädt 582 570 Pfund Kopra.

Er segelt Mitte März mit dem Passat westwärts nach Ponape in den Karolinen, um bei der Godeffroy-Agentur Proviant zu kaufen. Doch auch hier sind Lebensmittel knapp. Er segelt weiter zu den Truk-Inseln und liegt dort einen Monat.

Am 1. April vermerkt er im Schiffsjournal Krankheitsfälle unter der Mannschaft – Dysenterie, meint er, heftigen Durchfall, Darmentzündung. Er führt das auf schlechtes Trinkwasser zurück. Zeitweise sind fünf Mann gleichzeitig krank. Trotzdem wird weiter geladen: 487 987 Pfund Kopra und 36 597 Carosja-Nüsse, die sich für Knöpfe eignen.

Die ELISABETH verläßt Truk vollbeladen am 19. April Richtung Europa. Immer noch sind vier, fünf Mann krank. Sie segelt durch das indonesische Archipel zum Kap der Guten Hoffnung, eine langsame Reise mit quälenden Windstillen. Am 21. Mai erreicht sie den freien Ozean. An diesem Tag schreibt Steuermann Möller ins Journal: »Der Führer J. Meyer erkrankte an der Dysenterie in folge Erkältung und dem Trinkwasser. Es wurde ihm Medicin verabreicht wie in dem Doctorbuch verzeichnet ist, und pflegten ihn nach besten Kräften.«

Vier Wochen später, am 21. Juni 1879, schreibt Möller: »Der 1ste Steuermann P. Möller übernimmt nach dem Ableben des Cp. J. Meyer die Führung des Barkschiffes Elisabeth.«

Meyer war 59 Jahre alt, als er starb.

Die ELISABETH trifft am 3. September in Liverpool ein. Zwei Wochen später übernimmt Johann Hinrich Meyer das Kommando, der ältere Bruder des verstorbenen Kapitäns. Hinrich hat gemeinsam mit dem mittleren Bruder Jacob versucht, sich in der Chinafahrt selbständig zu machen, was nicht gelang, aber Cesar Godefroy nimmt keinen Angestellten zurück: Seine Kapitäne und Kaufleute dürfen sich nicht selbständig machen. Doch nun hat er noch einmal nach dem alten Meyer geschickt.

Frühmorgens am 3. Oktober bringt der Schlepper ROLAND die ELISABETH in den Hamburger Hafen.

Die Verhältnisse drohen in naher Zukunft zu einem erschütternden Ende zu führen, hat Cesar in seinem Brief vom 8. März 1879 an Ernst von Bülow diktiert. Er bitte um unmittelbare Angehung der höchsten Stelle – Bismarcks –, die ihrerseits auf die Seehandlung und die Reichsbank einwirken möge.

»Die Anmeldung von tüchtigen Leuten«, diktiert er, »behufs Niederlassung auf unseren Besitzungen in der Südsee nehmen in so ausgedehnter Weise zu, daß sich dort schnell eine stetig wachsende deutsche Kolonie bilden würde; deutsche Gesittung und deutscher Fleiß könnten inmitten der Südsee binnen kurzen Zeitraums ein wahres Eldorado schaffen, und ich vermag den schmerzlichen Gedanken noch nicht zu fassen, daß all' die Mühe und Arbeit, welche ich daran gewandt, um dazu den Grund zu legen, nun ganz vergeblich gewesen sein soll.«

Wie viele Auswanderungswillige sich bei der Firma Godeffroy für Samoa gemeldet haben, schreibt er nicht. Ihm ist jedes Mittel recht, um seine Firma zu retten. Hier versucht er es mit dem Lockmittel »deutsche Kolonie«.

Joh. Ces. Godeffroy & Sohn haben am Tag zuvor, am 7. März, ihre Teilhaberschaft an der Reiherstiegwerft – 7/20 –

Gustav Godeffroy überlassen. Die Werft hat einen Konkurrenten bekommen: *Blohm & Voß*. Gustav und Ferdinand Beit wollen zwei große Hellinge für Schiffe bis zu 180 m Länge bauen. Sie beschäftigen jetzt 1 249 Arbeiter.

Staatssekretär von Bülow spricht mit dem Reichskanzler: Adolph von Hansemann, Direktor der Disconto-Gesellschaft und Freund Senator Godeffroys, wolle der Firma Godeffroy Gelder vorstrecken, wenn das Auswärtige Amt eine Garantie dafür übernehme. Das lehnt Bismarck – »bei allem Interesse für das godeffroysche Unternehmen« – ab. Er schlägt vor, beim Bundesrat und beim Reichstag den Antrag einzubringen, Aktien anzukaufen oder eine namhafte Subvention zu gewähren. Bismarck: »Es werde sich das vom nationalen Standpunkt und unter den gehörigen Kautelen durchbringen lassen.«

Bismarck möchte, daß auch die großen Kaufleute sein Deutsches Reich stützen. Doch als in Hamburg durchsickert, er erwäge, Aktien der Plantagengesellschaft für das Reich zu kaufen, weckt das nur weiteres Mißtrauen gegen ihn.

Hansemanns Schwager Heinrich von Kusserow ist Vortragender Rat im Auswärtigen Amt und kolonialbegeistert. Hansemann und Kusserow sehen sich nach »potenten Associés« für Cesar Godeffroy um. Sie wollen die Firma flott halten, bis Bundesrat und Reichsrat sich entschieden haben, und zugleich dem Einwand zuvorkommen, die Regierung subventioniere nur das Haus Godeffroy. Doch in Berlin ist kein Geld aufzutreiben.

Senator Godeffroy – für Berlin ist Gustav Senator geblieben –, Staatssekretär von Bülow und der Reeder Waetjen aus Bremen treffen sich zu einer Besprechung. Doch das Mißtrauen gegen alles, was mit dem Namen Godeffroy zusammenhängt, ist so groß, daß niemand in Hamburg oder Bremen etwas mit Cesar zu tun haben will.

Das Bankhaus Baring Brothers in Liverpool allerdings ist angesichts einer Unterstützung Godeffroys durch die Reichsregierung bereit, seinen Akzeptkredit um 1,5 Millionen auszuweiten und zu verlängern. Cesar muß Barings dafür Aktien der Handels- und Plantagengesellschaft für ein Fünftel ihres

Nennbetrags verpfänden. Aber er kann keine Handelsgeschäfte machen, wenn keine Bank seine Wechsel annimmt.

Der Kredit ist nur kurzfristig. Doch er hilft, gemeinsam mit einem Kredit der Norddeutschen Bank, wieder einige Wochen weiter. Cesar ist immer noch ein glänzender Verhandlungspartner. Er hat bei Baring Brothers in Liverpool insgesamt 2 430 000 Reichsmark geliehen, bei John Henry Schröder in London 2 860 000 und bei der Norddeutschen Bank in Hamburg 2 800 000 – das meiste, um alte Kredite umzuschichten.

Emmy Godeffroy schreibt Anfang April an Cousine Ida Müller geb. Meyer in Hannover und erzählt von ihren Kindern. Die Schwiegertochter Betty ist oft erkältet, der Sohn Cesar nicht wohl, die fünf Enkel sind nicht kräftig. Die Tochter Charlotte war mit zwei Töchtern für sechs Wochen bei Emmy. Charlottes mittlere Tochter ist im Pensionat in Ludwigslust. Emmys Sohn Peter auf seinem Gut bei Parchim erlebt, wie alle Landwirte, eine schlechte Zeit und denke daher nicht an Heirat. »Mein August weilt fern sehr fern, muß ein arbeitsvolles und eigenthümliches Leben führen und ob und wann wir uns hienieden wiedersehen, das hängt von der gnädigen Fügung unseres Gottes ab; Ihm müssen wir <u>Alles</u> <u>Alles</u> anheimstellen.«

Von ihren größten Sorgen erzählt sie nichts und auch nichts davon, was es für sie bedeutet, mit einem Viertel des gewohnten Haushaltsgeldes auszukommen: »Was soll ich Dir nun noch von meinem theuren Cesar sagen, ich finde ihn recht angegriffen, da sein armer Kopf zu viel denken und arbeiten muß, die Augen entbehrt er allzusehr, das ist wohl zu begreifen. Was mich anbelangt, so lebe ich nur für ihn.«

Eine gute Familiennachricht: Adolph ist in Wiesbaden auf Hochzeitsreise. Er hat am 22. März Harriet Milberg geb. Schröder geheiratet, eine Tochter des alten Johann Heinrich Schröder, der an der Elbchaussee im Hansen-Haus mit dem Halbmond wohnt. Sie ist 21 Jahre jünger als Adolph, der nun 63 ist, eine Witwe mit drei halberwachsenen Kindern – er hat sich immer Kinder gewünscht. Emmy mag die neue Frau, sie passe zu den Godeffroys, aber Tony werde sie ihr nicht so schnell ersetzen können.

Zwei Tage vor seiner Heirat hat Adolph eine Aktionärsversammlung der *Hapag* geleitet. Die Gesellschaft hat 7 % Dividende für 1878 gezahlt, alle glauben, ein Anspringen der Wirtschaftskonjunktur zu spüren. Bismarck versucht jetzt, die Hamburger Kaufleute zu bestechen, bietet ihnen das »Zuckerbrot der Korruption«, wie er sagt: Zollvorteile für deutsche Reeder. Adolph will das nicht, will keine Benachteiligungen von Ausländern in deutschen Häfen, kein Einmischen des Staates auch noch in die Geschäfte der Reeder, und die Versammelten klatschen stürmisch, als er ausruft: »Wir bedürfen des Schutzes gar nicht, wir wollen ihn nicht, wir können auf eigenen Füßen stehen und halten uns jedermann gewachsen. Unter dem Schutze krankt alles, wir verlangen nur frische Luft und freie Bewegung.«

Drei Wochen später schreibt Emmy wieder an Ida. Sie sehnt sich nach August: »Wenn wir unsere Söhne nicht unter Gottes stetigem Schutz wüßten, wie sollten wir armen Eltern über die schweren und langen Trennungen hinwegkommen?« Der Frühling läßt in diesem Jahr auf sich warten, sie und Cesar wollen hinaus an die Elbe ziehen, sobald es warm ist: »Rauhe Witterung lieben weder Cesar noch ich, wir merken, daß die Jugend längst hinter uns liegt.«

Er werde vor Juli keine Kopra haben, hat August seinem Bruder in Hamburg mitgeteilt. Trotzdem sind die großen Segelschiffe Anfang März in der Bucht von Apia eingetroffen und liegen und warten. Cesar junior hat nur den JOHAN CESAR in Hamburg behalten, er hat es nicht gewagt, mehr Schiffe für alle sichtbar im Hafen zu lassen, und andere Beschäftigung hat er nicht für sie.

Anfang 1878 herrschte Dürre in Samoa. Ende 1878 boykottierten die Samoaner Theodor Weber und machten keine Kopra. Nun, im Mai 1879, gibt es Krieg: Die Häuptlinge der Puletua-Partei hängen sich ihre Gewehre um und rufen Malietoa wieder einmal zum Träger des obersten Titels aus.

Weber, der Ende 1879 nach Hamburg reisen will, treibt den Ausbau der Plantagen voran. Er hat jetzt 1 210 Kontraktarbeiter, 1 700 Hektar sind bepflanzt. Er läßt breite Straßen bauen, Hecken aus blühenden Büschen pflanzen, hält 500 Stück Rindvieh unter Kokospalmen, Pferde, Maultiere, Esel, Schweine und Geflügel. Besuchern kommen die Godeffroy-Plantagen wie ein Märchenland vor.

Aber es gibt nur eine bestimmte Menge Kopra auf den Inseln und nicht mehr.

In Hamburg ist die heiße Phase des Kampfes gegen Bismarck angebrochen. Die Senatoren sind entrüstet über das neue Zolltarifgesetz, das ihnen als Regierungsentwurf vorliegt und das aus einem Entwurf des Centralverbands deutscher Industrieller entstanden ist.

Aber im Bundesrat stimmen nur die Hansestädte und Oldenburg gegen das Gesetz. Im Reichstag gestatten die Abgeordneten dem Kanzler schon bei der zweiten Lesung, die Eisenzölle sofort erheben zu lassen – zehn Mark pro importierter Tonne.

Ernst Gossler, *Joh. Berenberg, Gossler & Co.*, ist Präses der Handelskammer. Er ist Schutzzöllner, was ihm bis jetzt in der Stadt nicht geschadet hat, aber nun spricht er öffentlich davon, daß der Zeitpunkt gekommen sei, über den Beitritt Hamburgs zum Zollgebiet des Reichs zu verhandeln. Die Handelskammer bittet umgehend die Deputation für Handel und Schiffahrt, Gossler aus der Handelskammer und aus der Bürgerschaft zu entlassen. Er muß seine Ämter aufgeben.

Die Freihafenstellung Hamburgs und Bremens ist die letzte sichtbare Bastion des Widerstands gegen Bismarcks neues konservatives Reich. Bismarck läßt den preußischen Gesandten bei den Hansestädten, von Wentzel, Ende Mai fragen, ob man in absehbarer Zeit mit dem Eintritt der beiden Hansestädte in den Zollverein rechnen könne.

Nein, läßt der Senat durch Bürgermeister Kirchenpauer antworten.

Der norwegische Schiffsjunge Thorn Bendsen fällt im Südatlantik beim Festmachen der Segel vom Außenklüverbaum über Bord. Kapitän Meyer wendet die Bark und segelt zurück, findet aber weder den Jungen noch die Rettungsboje.

24, 25 Mannschaften von Segelschiffen

1813 – 1830 – 1840 – 1850 – 1860 – **1870** – **1880** – 1913

26, 27 *Das idyllische Apia ist in der ganzen Südsee verrufen als »little Cairo«, als »hell of the Pacific«. Es gibt grog shops im Paradies, zweifelhafte boarding houses, und überall geht es hoch her, wenn Walfänger und Kriegsschiffe in der Bucht liegen.*

1813 – 1830 – 1840 – 1850 – 1860 – **1870** – **1880** – 1913

28 *Amalie Dietrich hat zehn Jahre in den Wüsten und Dschungeln Australiens für Cesar Godeffroy geforscht. Nun kehrt sie auf der* Susanne Godeffroy *nach Deutschland zurück. Sie hat im Handgepäck zwei Adler.*

Kaufmann Weber jagt mit Kapitän von Werner auf der Ariadne *durch die Südsee. Strafexpedition heißt: Dörfer in Brand schießen, Kriegsboote zerhacken, Männer erschießen, Frauen vergewaltigen, Gefangene an den Händen aufhängen und auspeitschen. Nicht immer ist das ganze Programm notwendig.*

29 Oberdeck-Korvette Ariadne

30 rechts Korvette Hertha, links Korvette Elisabeth

31 Schrauben-Fregatte Gazelle im Winterquartier

1813 – 1830 – 1840 – 1850 – 1860 – **1870** – **1880** – 1913

Für die Enkelkinder war das Landhaus an der Elbchaussee ihr wahres Zuhause. Sie fanden es mit Möbeln überladen, die Halle mit dem Wachstuchsofa ungemütlich, aber sie liebten es.

1813 – 1830 – 1840 – 1850 – 1860 – 1870 – **1880** – **1913**

32 Das Godeffroysche Landhaus
im Hirschpark von Nienstedten an der Elbe,
Gemälde von Max Liebermann, 1902.

33 Hapag-*Dampfer* Deutschland – *der schnellste Dampfer der Welt. Ende des Jahrhunderts setzte ein wirtschaftlicher Aufschwung ein. Doch die Führung in der Politik behaupteten der Kaiser und seine adligen Freunde: Eine feudale Oberschicht regierte einen modernen Industriestaat.*

Das Stahlwerk Osnabrück schüttet die erste Dividende seit Jahren aus. Vielleicht ist das schlimmste nun überstanden.

Gustav klagt Bismarcks Bankier Gerson von Bleichröder, daß er viel Geld durch verunglückte Spekulationen im westfälischen Bergbau verloren habe. Er hoffe, Bleichröder werde die Osnabrücker Werke salvieren – die USA hätten für den Eisenbahnbau großen Bedarf an Eisen und Stahl. Bleichröder gibt ihm gute Ratschläge, aber kein Geld.

Cesar leiht wieder Geld von Adolph und läßt auch auf N° 25, das alte Wohn- und Kontorhaus am Alten Wandrahm, eine Hypothek auf Adolphs Namen eintragen. Er verpfändet das Museum für 500 000.– Reichsmark an Wilhelm Godeffroy.

Der Reichstag berät im Juni 1879 über den Freundschaftsvertrag mit Samoa, den Konsul Weber und Kapitän von Werner im Januar abgeschlossen haben. Staatssekretär von Bülow erklärt den Abgeordneten, die Regierung halte es für ihre Pflicht, die Besitztitel für deutsches Grundeigentum gesetzlich festzustellen. Deutschland wolle weder Kolonien gründen noch Monopole halten, nur gutes und gleiches Recht für seine Schiffahrt und seinen Handel sichern.

Die Regierung hat Informationen für die Abgeordneten in einem Weißbuch zusammengestellt. Kapitän Bartholomäus von Werner schreibt in seinem Bericht, es werde einleuchten, daß der Südseehandel von großer Bedeutung sei, wenn er nur angäbe, daß allein das Haus Godeffroy 1877 im westlichen Teil der Südsee einen Gewinn von einer Million Mark hatte: »Dabei ist ferner zu erwägen, daß der Handel erst im Werden begriffen ist, daß die Samoa-Inseln mit der Zeit den 20- bis 30fachen Ertrag liefern werden.«

Die Abgeordneten stimmen dem Vertrag am 16. Juni zu.

Am Tag nach der Abstimmung suchen *Joh. Ces. Godeffroy & Sohn* bei der Reichsregierung um Gewähr eines Vorschusses aus Reichsmitteln nach – erfolglos. Im Juli ersucht Cesar Godeffroy um eine Anleihe von drei Millionen Reichsmark. Er wird wieder abgewiesen, weil die Reichsregierung es für unangemessen hält, eine Anleihe zu geben.

August Godeffroy in Samoa hat auch im Juli keine Kopra. Drei Godeffroy-Schiffe holen Kopra aus Tonga. Gustav junior in Tahiti hat ebenfalls keine Kopra, und Geld hat er auch nicht: Sein Vater hat die *Société Commerciale de l'Océanie* und damit Cesar junior gebeten, Gustav Geld zu senden, damit er als deutscher Konsul bei Schiffsbesuch repräsentieren könne.

August schickt die Bark ETIENNE, Kapitän Hoyer, zu den Cook-Inseln. Sie strandet bei Rarotonga.

Er schickt drei Schiffe nach Fidschi zu William Hennings – SAN FRANCISCO, PETER GODEFFROY und LA ROCHELLE: »Cheer up and help a poor fellow who finds himself in a corner«, schreibt er ihm am 4. August, Hilf einem armen Kerl, der mit dem Rücken an der Wand steht.

William Hennings hat keine Kopra. Aber der Klatsch über drei große leere Schiffe reist auch aus Fidschi schnell nach Sydney und weiter per Telegraf nach Europa.

Der PETER GODEFFROY verläßt Levuka. Der Matrose und Kapitänssohn Johann Christian Hoyer schreibt im November aus Java seiner Mutter in Flensburg, die gesamte Mannschaft sei erbärmlich krank, weil das Trinkwasser an Bord verdorben ist. Sie sollen nun mit einer Zuckerladung nach Europa gehen. Dort soll das Schiff dann gründlich überholt werden.

Godeffroys große Kopraschiffe aus Samoa bleiben in diesem Jahr aus – und damit fast die Hälfte der angenommenen Einnahmen aus dem Kaprageschäft.

Die Preise für Stahlschienen sind auf 124 Mark die Tonne gefallen, die Aktien der Osnabrücker Werke verlieren wieder an Wert, die Pfänder, die Cesar der Norddeutscher Bank gegeben hat, reichen nicht mehr aus, die Bank verlangt weitere Sicherheiten für ihren Kredit. Die Firma kann der Bank noch einmal Deckung verschaffen.

Dann passiert es: Baring Brothers lösen einen Wechsel nicht ein, den Godeffroys ausgestellt haben.

Wenn die eigene Bank einen Wechsel der Firma zurückweist, wird niemand mehr den Zahlungsversprechen der Godeffroys glauben. Ihre Geschäfte sind beendet.

Cesar junior reist sofort nach London, dem Hauptsitz der Bank, reist von London nach Berlin und teilt der Reichsregierung mit, daß Baring Brothers sich plötzlich weigerten, den bisher gewährten Kredit zu verlängern. Die Firma lasse sich nur halten, wenn die Regierung ihr unverzüglich eine sehr ansehnliche Summen bewillige.

Die Regierung schlägt die Bitte ab.

Am 1. Dezember 1879 stellen *Joh. Ces. Godeffroy & Sohn* ihre Zahlungen ein.

»Trommelschlag und Trompetenschall«

1.

Der Fall »dieses alten angesehenen Handlungshauses« habe in Hamburger Geschäftskreisen Bestürzung ausgelöst, schreibt der preußische Gesandte von Wentzel am Tag der Zahlungseinstellung an Bismarck.

Gustav Godeffroy versichert am Tag darauf dem Generaldirektor der *Gelsenkirchener Bergwerks-AG*, Emil Kirdorf, daß eine geschäftliche Verbindung zwischen ihm und der Firma Godeffroy nicht mehr bestehe. Kirdorf antwortet umgehend mit einem Kondolenzbrief: »Ich bedaure Ihre Verwandten wegen des ihnen zugestoßenen Unglücks und spreche namentlich Ihnen mein besonderes Mitleid aus.«

Gustav unterrichtet auch Bankier von Bleichröder über den Eintritt des »für mich tief schmerzlichen, jede frohe Lebenslust tödenden Familien Ereignisses«.

Aber die Godeffroys kämpfen weiter. Gustav legt in seinem Brief an Bleichröder eine Mine: England beabsichtige, die Verlegenheit der Godeffroys zu benutzen, um auf Samoa festen Fuß zu fassen. Das ist sozusagen eine Altmine: Cesar und Gustav haben sie schon früher benutzt, wenn sie Kanonenboote in der Südsee brauchten, um Forderungen einzutreiben, aber kaum jemand in Berlin hat sich über sie aufgeregt. Diesmal zündet sie.

Bleichröder ist Bismarcks vornehmster Zuträger. Bankier und Kanzler halten wenig von kolonialen Geschäften, aber aus innenpolitischen Gründen könnte dem Kanzler jetzt die Rettung einer großen Hamburger Firma gelegen kommen. Bismarck ist in Varzin, er ist krank. Bleichröder schreibt dem Sohn Herbert von Bismarck: »Sollten seine Durchlaucht ein Interesse für diese Angelegenheit haben, so bitte ich um ein Wort, um mich über den Gang des Ganzen durch den Bruder, Gustav Godeffroy, genau orientieren zu lassen.«

Seine Durchlaucht hat Interesse. Bismarck hat Schutzzölle durchgesetzt, um Großgrundbesitzer im Osten und Großindustrielle im Westen an sich zu binden. Nun will er die Überseekaufleute wieder für sich gewinnen. Hier bietet sich ihm die Gelegenheit, einem weltbekannten Kaufmann zu helfen und so den Hanseaten zu zeigen, was er alles für sie tun könnte – wenn sie endlich aufhören würden, sich gegen das neue Reich zu sträuben, wenn sie ihre Freihafenstellung gutwillig aufgeben und sich der neuen konservativen Führungsschicht in Preußen-Deutschland aus Agrariern, Industriellen und Bankiers anschließen. Bislang hat die Reichsregierung alle Anträge Cesar Godeffroys auf ihre Hilfe abgewiesen. Nun, wo es um Hamburgs Eintritt in das Zollgebiet des Reichs geht, könnte die Firma für Bismarck ein Hilfsmittel in seinem Kampf und gleichzeitigen Werben um Hamburg sein.

Herbert von Bismarck antwortet Bleichröder umgehend, der Kanzler erwarte weitere Informationen, werde aber trotz seines Interesses aus eigener Initiative nicht Regierungsgelder zur Verfügung stellen.

Bismarck will angemessen und öffentlich gebeten werden.

Das ist kein Problem. Die Godeffroys können Redakteure und Korrespondenten beeinflussen. Zeitungen in ganz Deutschland berichten in ihrem Sinn. Den Anfang macht der Export, die Zeitschrift des *Centralvereins für Handelsgeographie und Förderung deutscher Interessen im Ausland* in Berlin, hinter dem Kapitän zur See Freiherr Georg von Schleinitz steht, ehemaliger Kommandant der SMS G<small>AZELLE</small> und einer der ersten von Webers Marinefreunden. Die Zeitschrift wünscht, daß ein Berliner Bankenkonsortium Geld für Godeffroy beschafft, und ruft ihre Leser auf, die Aktien der Plantagengesellschaft, die als Pfand bei Baring liegen, für Deutschland zu retten. Alle Leser, die Aktien übernehmen wollen, sollen sich melden – »bindende Verpflichtungen entstehen hieraus nicht«.

In der Frankfurter Zeitung heißt es, Godeffroys seien das Opfer einer englischen Intrige. Die Stockung sei eingetreten, weil die Godeffroys große Summen in die Osnabrücker Werke gesteckt hätten. Aber die Südsee-Etablissements der Firma seien wirklich lukrativ, zumal jetzt, wo die Landübertragungen in Samoa unter dem Schutz des Reichs stünden und die Investitionen in Plantagen richtig beginnen könnten. Barings wollten lieber das Pfand für ihren Kredit behalten als Geld zurückbekommen: »Es wäre ein vortreffliches Geschäft, die jetzt völlig gesicherten, von Jahr zu Jahr werthvoller werdenden G'schen Besitzungen auf den Samoa-Inseln zu einem Fünftel ihres jetzigen wahren Werthes zu acquiriren.«

Gustav schreibt Bleichröder, die Südseeplantagen zu retten, würde nicht viel kosten, sie aber an England fallen zu lassen, würde Deutschlands Position im Pazifik schwächen oder zerstören. Gustav war immer der Ansicht, ein Geschäftsmann investiere Kapital und Intelligenz nur, wenn Gewinn winke. Nun, wo es um Verlust geht, wird er national und sentimental: »Ein so treuer, dem Reichskanzler nahestehender, einflußreicher Herr, wie Sie es sind, wird dafür sorgen, daß der Lorbeer, welchen unser eiserner Kanzler sich in der alten Welt um die Schläfen gewunden, auch nicht ein einziges, allerdings schwerwiegendes Blatt in der neuen Welt verliere.« Der Brief enthält auch Praktisches: Gustav bittet Bleichröder, sich sofort mit Bankier Adolph von Hansemann und dessen Schwager Heinrich von Kusserow vom Auswärtigen Amt in Verbindung zu setzen, um die Bemühungen zur Rettung der deutschen Interessen in der Südsee zu koordinieren.

Cesar verhandelt Tag für Tag – mit Tom Baring, der am

3. Dezember aus Liverpool in Hamburg eintraf und das Geld seiner Bank retten will, mit dem Aufsichtsrat der Plantagengesellschaft, in dem Ernst Gossler und Cesar junior sitzen, mit John Gossler, *Joh. Berenberg, Gossler & Co.*, Bettys Schwager, der einerseits Cesars Gläubiger ist, ihn andererseits verehrt und ihm beistehen und helfen will. Die allgemeine Teilnahme in Hamburg an der Zahlungseinstellung der Godeffroys ist groß, aber Syndikus Merck bezweifelt, daß man ihnen helfen könne.

Cesar geht es nicht gut. Er leidet körperlich, hat seit November einen Gürtelrosenausschlag, ein Husten quält ihn. Sein Leben lang hat er sich angespannt, Neues, Großartiges ausgedacht, die Maschine in Schwung gehalten trotz seiner zunehmenden Blindheit. Nun ist er 67 und nach sechs Jahren Wirtschaftsdepression ein alter Mann – zu müde, um selbst nach Berlin zu fahren. Cesar junior aber hat in Verhandlungen nicht das Gewicht und den Einfluß wie früher sein Vater. Gustav begleitet seinen Neffen nach Berlin zu wichtigen Gesprächen mit Hansemann und Kusserow.

Kusserows phantastische Tagträume von Besitzungen Deutschlands in der weiten Welt und von Größe und Macht des Vaterlands werden im Auswärtigen Amt allgemein belächelt. Auch Hansemann träumt von der Südsee, und auch seine Kolonialträume stören Bismarck wenig: Im Amt treffen täglich Briefe von Leuten ein, die in aller Welt Land, das ihnen gar nicht gehört, mit deutschen Auswanderern zum Blühen bringen wollen und dafür nur ein paar Regimenter Infanterie mit einer Batterie Kanonen brauchen, um die sie Bismarck hiermit bitten. Dreißig Aktenordner mit diesen Briefen stehen neun Jahre nach der Reichsgründung im Amt.

Kusserow und Hansemann sind bereit, Godeffroys zu helfen.

Die Freihändler greifen das Thema Godeffroy auf. In der Presse überkreuzen sich zwei Fragen: 1. Soll der Staat die Wirtschaft subventionieren? 2. Wollen wir Kolonien? Die Freihandels-Correspondenz, die in Berlin erscheint und in Börsenkreisen viel gelesen wird, findet es erklärlich, daß Godeffroys Gläubiger eine Intervention des Staates wünschen, und warnt die Reichsregierung davor, in das Konkursverfahren einer Firma einzugreifen und aus ihm eine politische Frage zu machen, eine englische Intrige, einen geheimen Auftrag der englischen Regierung an das Bankhaus Baring. Die regierungstreue Presse malt dagegen den deutschen Südseehandel in leuchtenden Farben. Für die Norddeutsche Allgemeine Zeitung, Bismarcks Posaune, ist Finanzhilfe für Godeffroy eine nationale Pflicht. Das Berliner Tagblatt will den Reichstag entmachten: Es schlägt vor, der patriotischen Regierung die Sanierung der Godeffroys zu übertragen, da sonst das »allgemeine Wohl nachweislich« Schaden erleide.

Bleichröder hat auf Gustavs Drängen zu einer Besprechung am Sonntag, dem 14. Dezember, in Berlin eingeladen – Gustav, Cesar junior, John Gossler, Tom Baring, Hansemann und Bleichröder selbst treffen sich. Hansemann ist bereit, ein Bankenkonsortium zu gründen, das seinerseits eine neue Aktiengesellschaft gründet, die das gesamte Eigentum der Plantagengesellschaft – der »long Handel firm« – übernimmt.

Die Herren beraten am nächsten Tag weiter, nun ist auch Adolf von Scholz dabei, Unterstaatssekretär im Reichsschatzamt. Die neue Aktiengesellschaft soll *Deutsche Seehandels-Gesellschaft* heißen und mit 10 bis 12 Millionen Mark ausgestattet werden. Die Bankiers wünschen, daß der Reichstag ein Gesetz erläßt, das den Aktionären die Dividende garantiert.

Am selben Montag, den 15. Dezember, bittet Kronprinz Friedrich um Aufklärung über den Fall Godeffroy. Kusserow eilt in das Kronprinzenpalais Unter den Linden. Der Kronprinz begrüße »in den bisherigen Ergebnissen unserer Südseepolitik die Morgenröte einer von Ihm seit langem gewünschten Entwicklung«, erzählt Kusserow später.

Staatssekretär Ernst von Bülow ist verstorben, Graf Otto zu Stolberg-Wernigerode ist sein Nachfolger im Auswärtigen Amt. Er unterrichtet Bismarck schriftlich vom Plan der Bankiers, eine neue Aktiengesellschaft zu gründen: »Voraussetzung bei diesem Projekt ist die Bethätigung des Reichs-Interesses durch reichsgesetzliche Gewährung einer, nur subsidiären Dividenden-Garantie.«

»Wie hoch?« schreibt Bismarck an den Rand.

Die Bankiers wünschen eine Reichsgarantie für 4,5 % Dividende – mehr als 300 000 Reichsmark im Jahr soll der Staat allerdings nicht zuzahlen müssen.

Bismarck ist einverstanden und läßt seine Mitarbeiter die Vorlage für das Gesetz ausarbeiten.

Gustav und Cesar junior verhandeln am 21. und 22. Dezember noch einmal in Berlin mit Hansemann, Bleichröder, Scholz und einem Herrn vom Finanzministerium: Die Plantagengesellschaft ist am Ende. Sie braucht 1,2 Millionen für einen ungedeckten Wechsel, der in vier Wochen fällig wird.

Die Herren einigen sich.

Die Plantagengesellschaft wird der *Deutschen Seehandels-Gesellschaft* anbieten, ihr Unternehmen auf sie zu übertragen. Die 1,2 Millionen werden als Anzahlung sofort nach Gründung der Seehandels-Gesellschaft fällig. Die Seehandels-Gesellschaft braucht sich aber erst bis zum 1. Mai 1880 zu entscheiden, ob sie überhaupt kaufen will – bis dahin muß das Gesetz über die Dividendengarantie den Reichstag passiert haben –, und falls alles sich zerschlägt, wird die Plantagengesellschaft die 1,2 Millionen plus 5 % Zinsen aufs Jahr bis zum 1. Oktober 1880 zurückzahlen.

Kaiser Wilhelm stimmt in den letzten Dezembertagen der Vorlage Bismarcks an den Reichstag zu. Auch der Kaiser ist davon überzeugt, daß ohne die Initiative der Regierung und der Banken Cesar Godeffroys samoanische Besitzungen britischen Interessen zum Opfer fallen.

Graf Münster, der deutsche Botschafter in London, ist alarmiert. Er bombardiert Bleichröder mit Briefen, sieht in dem Samoawagnis den Beginn einer Politik, die ihm Angst einjage, Bleichröder möge Bismarck in diesem Sinne beeinflussen. Die Kosten einer Kolonialpolitik seien unerschwinglich, die Barings hätten kein Interesse an den Godeffroy-Plantagen und die britische Regierung rühre keinen Finger, um ihre dortigen

Gebiete zu vergrößern: »Also kein Colonial Unsinn, kein Samoa Schwindel!«

Emmy Godeffroy schreibt ihrer Cousine Ida Müller am 29. Dezember: »Sehr traurige Wochen liegen hinter uns und haben mein armer Cesar und ich geistig und körperlich recht darunter gelitten.« Cesar sei körperlich leidend, wenn auch nicht krank. »Seine Nerven haben gelitten und deswegen will seine sonst so prächtige Elasticität noch nicht wieder hervortreten. Der gütige treue Gott wird uns nicht verlassen; Er wird uns gewiß vor größerem Kummer und größerem Leiden bewahren; Er steht uns fühlbar bei in diesen schweren Zeiten, weshalb wir unablässig Ihm danken und Ihn loben und preisen sollen und es auch nie aufhören zu thun.«

Emmy schreibt ruhig weiter – Bettys Wochenbett sei gut überstanden, sie habe im November eine Tochter bekommen, Clara, ihr sechstes Kind. Das letzte Wort über *Joh. Ces. Godeffroy & Sohn* ist noch lange nicht gesprochen.

2.

Bismarck schickt am 1. Januar 1880 aus Varzin den Erlaß nach Berlin, das Reich möge einer bekannten Hamburger Firma, die in eine Notlage geraten sei – »aus Gründen, deren Ursprung nicht in ihrem Südsee-Geschäft lag« – die zu ihrer Erhaltung nötigen Mittel zuführen.

Aber an der Börse in Hamburg will man von der Unterstützung einer notleidenden Firma nichts wissen. Der Tüchtige komme voran, nicht der Untüchtige, der vom Staat gehalten und hochgepäppelt werde, heißt es. Die Reform berichtet von einem allgemeinen Kopfschütteln über die Versuche, die Angelegenheiten in der Südsee aufzubauschen, und weist auf andere Firmen – Ruge und Hernsheim – hin, die keine Hilfe fordern, weil sie »die Umfänge ihrer Geschäfte ihren Kräften angepaßt« hätten. Cesar Godeffroy sei nach Hamburger Meinung an seiner Großartigkeit zugrunde gegangen – dieses ganze System von Segelschiffen, die entfernte Inseln anlaufen, sei viel zu teuer für die Produkte, die man damit bekommt.

Ein Bankenkonsortium aus Disconto-Gesellschaft, Bleichröder Bank und Deutscher Bank fordert die Öffentlichkeit am 12. Januar zur Zeichnung von Aktien der *Deutschen Seehandels-Gesellschaft* auf. Die Aktien würden einen jährlichen Reinertrag von mindestens 4,5 % bringen, für die das Reich eine Zinsgarantie übernehmen wolle bis zu 3 % des eingezahlten Grundkapitals von zehn Millionen oder 300 000 im Jahr.

An der Hamburger Börse heißt es, die Banken würden nur auf Bismarcks Drängen handeln. Die Reform bringt eine Sonderbeilage über das Südseegeschäft der Godeffroys und Bismarcks neue obrigkeitsstaatliche Politik. Auf einer Karikatur nimmt Bismarck aus einer Schachtel, auf deren Seite »Kolonialpolitik« steht, kleine Spielzeugpalmen, -schiffe, -neger:

Viel Geld das Geschäft zwar kosten kann
Mit Südseegesellschaftsgründern,
Doch schloß es willig der kluge Mann:
So bietet ein neues Spielzeug er an
In Deutschland den großen Kindern.

In ganz Deutschland zeichnen Leute Aktien, es gibt doppelt so viele Interessenten wie die drei Banken erwartet haben: 887 Aktionäre für 11 905 000 Mark. Hamburger und Bremer zeichnen nichts. Bismarck ist böse, heißt es aus Berlin. Die Norddeutsche Allgemeine Zeitung nennt dieses Nichtzeichnen unpatriotisches Verhalten und will die Hansestädte vor den Richterstuhl der öffentlichen Meinung ziehen.

»Godeffroy hatte«, antwortet gelassen die Hamburgische Börsenhalle, die Zeitung der eher konservativen Kaufleute, »als er sein Unternehmen in der Südsee begann, kaum an patriotische Gründe gedacht. Er hat exportiert und importiert und hatte auch Glück dabei gehabt. In diesem Hergang sind keine patriotischen Taten zu sehen.« Die hanseatischen Kaufleute, denen Bismarck mit seiner Hilfe für die Firma Godeffroy ein Angebot machen wollte – seht, dieses kann ich auch für euch tun –, lehnen das Angebot des Kanzlers als verfehlt ab.

Die konstituierende Generalversammmlung der *Deutschen Seehandels-Gesellschaft* ist am 23. Februar in Berlin. Hansemann von der Disconto-Gesellschaft, Bleichröder von der Bleichröder Bank und Wallich von der Deutschen Bank treten an die Spitze der neuen Gesellschaft. Sie schließen einen Vertrag mit der Plantagengesellschaft, dem die Bevollmächtigten von Baring beitreten. Die Seehandels-Gesellschaft übernimmt das gesamte Eigentum der Plantagengesellschaft und gibt ihr als Anzahlung 1,2 Millionen Mark – damit sie ihren Wechselverpflichtungen nachkommen kann.

Bankier Bleichröder und Staatssekretär Burchard vom Reichsschatzamt formulieren den endgültigen Entwurf eines Gesetzes zur Unterstützung der Seehandels-Gesellschaft, und Bismarck leitet ihn Anfang April dem Bundesrat zu.

Der Senat in Hamburg will die Zinsgarantie ablehnen. Allgemeine Meinung: Es gehe nicht an, daß das Reich eine bankrotte Firma stützt und diese dann andere Konkurrenten tot macht. Aber Ministerresident Krüger rät den Senatoren, dem Gesetz zuzustimmen: Senat und Reichsregierung verhandeln jetzt erbittert über den Zollanschluß, und da die Mehrheit im Bundesrat für das Gesetz sei, hätte ein Nein aus Hamburg keinen Effekt außer Verärgerung.

Der Senat stimmt zu, der Bundesrat stimmt zu, und Bismarck leitet den Gesetzentwurf an den Reichstag.

3.

H. H. Meier – Hermann Heinrich –, Bremer Kaufmann und Reeder und Reichstagsabgeordneter der Nationalliberalen für den Wahlkreis Schaumburg-Lippe, macht sich Notizen für die Reichstagsdebatte über die Samoa-Vorlage. Das Gesetz und seine Anlagen sind 72 Seiten stark. Die Regierung begründet die Vorlage mit der drohenden Übernahme der Godeffroy-Plantagen durch Engländer – ein Verlust, der »eine schwer zu überwindende Schädigung Deutschlands, seines Ansehens und seiner kommerziellen Stellung in der ganzen Südsee« zur Folge haben müsse. Meier liest vom »nationalen Charakter« der neuen Aktiengesellschaft, von »nationaler Aufgabe«, »nationalen Gedanken«, »nationalem Zweck«, »nationalem Interesse«.

Anlage A mit Unteranlagen erinnert an einen schlechten Abenteuerroman. Im letzten November war Bürgerkrieg in Samoa, dreißig Tote. Korvettenkapitän Deinhard, Kommandant von SMD BISMARCK, sammelte 330 Gewehre ein, dreißig Kriegskanus und »Apparate zum Kopfabschneiden«. Deinhard sorgte für Ordnung auf Samoa, setzte einen König ein – obwohl die Samoaner immer noch keine Könige kennen – und erließ Aufrufe:

»Häuptlinge! Ich theile Euch Folgendes mit ... Das ist alles. Ich bin Deinhard.«

»Häuptlinge! Dieses ist meine Anweisung ...«

»Häuptlinge! Ich mache euch jetzt Folgendes Kund ...«

Meier hat die Briefe seines Spions Hugo Wolff sorgsam aufgehoben. Er ist entschieden dagegen, daß der Staat einzelne Firmen stützt, aber er ist kein guter Redner. Hauptsprecher seiner Partei wird Dr. Ludwig Bamberger sein, vom linken Flügel der Nationalliberalen, Banker und im Reichstag für Wirtschaftsfragen zuständig. Bamberger ist Freihändler wie Meier und gegen Bismarcks neue Politik. Doch bislang hat Bismarck alle Gesetzentwürfe durchgebracht.

Meier fährt nach Berlin. Er wohnt wie immer im alten Hotel du Nord Unter den Linden. Die 1. Lesung der Samoa-Vorlage – am Donnerstag, dem 22. April 1880 – beginnt harmlos. Bamberger sagt, die Zeitungen in Bremen und Hamburg würden sich abfällig über die Vorlage äußern. Regierungsvertreter Heinrich von Kusserow antwortet, das sei nur böswillige Gesinnung. Bamberger findet diese Berichterstattung aber sachlicher als die der Regierungsblätter: Wenn die Reichsregierung so gut Bescheid wüßte, wie sie es sollte, dann hätte sie den Gesetzentwurf dem Reichstag nicht vorgelegt.

Die Stimmung im Saal wird lebhafter.

Bamberger fragt nach den Bilanzen der Firma Godeffroy. Regierungsvertreter von Kusserow spricht vom nationalen

Interesse und sagt, der leitende Gedanke der Vorlage sei die Anbahnung einer Kolonialpolitik. Das ist nicht ungeschickt von Kusserow, denn es gibt nationalliberale Freihändler, die sich für Kolonialpolitik interessierten, allerdings auch konservative Schutzzöllner, die sie strikt ablehnen.

Aber Bamberger läßt sich nicht ablenken. Das Regierungsmaterial habe ihn über die Rentabilität der Seehandels-Gesellschaft im unklaren gelassen, daher habe er sich selbst informiert. Nun bringt er Zahlen und Analysen von Hugo Wolff, des Spions aus Bremen. Bambergers Rede wirkt ungeheuer massiv, niederschmetternd. Die Regierungsseite ist auf solche Überlegungen nicht vorbereitet. Fürst Hermann zu Hohenlohe-Langenburg ist gegen krämerhaftes Nachrechnen: Das politische Ansehen Deutschlands in jenen Ländern stehe auf dem Spiel. Bamberger: »Nun kommt das, was immer noch bleibt, wenn man gar keine andern Argumente hat, die Enthüllung der nationalen Fahne unter Trommelschlag und Trompetenschall, die nur gehört zu werden brauchen, damit das Urteil verwirrt wird.«

Im Foyer des Abgeordnetenhauses rufen seine Zahlen Staunen hervor. Die Reichstagsabgeordneten sind ehrenamtliche Politiker, und ihre Möglichkeiten, sich unabhängig von der Regierung zu informieren, sind begrenzt. Die Meinungen über die Samoa-Vorlage sind nun auch bei den Konservativen geteilt. Annahme oder Ablehnung werde davon abhängen, ob Bismarck Kusserow im Reichstag unterstütze, heißt es.

Auch am nächsten Tag, Freitag, dem 23. April, erscheint Bismarck nicht. Heute erklärt H. H. Meier, Bremen, den Abgeordneten, nur auf dem Papier sähe alles so günstig aus: »Doch der Buchwert, meine Herren, ist ein fiktiver Wert, da können Sie soviel ansetzen, wie Sie wollen.« Er habe selbst einmal gedacht, in der Südsee sei viel Geld zu verdienen. Aber von Sydney und Auckland laufen diese kleinen Schiffe zu allen Inseln vor und tauschen Waren gegen Waren um, »wogegen das Haus Godeffroy gar nicht mehr konkurrieren konnte und deshalb seine Geschäfte hat einstellen müssen, weil es nicht genug Kopra kriegen konnte«.

Am Dienstag, dem 27. April, fällt im Reichstag die Entscheidung. Viele Sprecher fordern die Annahme der Samoa-Vorlage – wegen der Ehre Deutschlands, viele forderten ihre Ablehnung – auch wegen der Ehre Deutschlands. Bamberger greift noch einmal ein. Er wolle ganz genau beantworten, was das Ausland sagen werde, wenn der Reichstag den Antrag der Regierung nicht genehmige: »Gar nichts.« Das könne ein jeder in den ausländischen Zeitungen nachprüfen. Auf den Reichstag sähen nur die Bankiers mit den unbezahlten Godeffroyschen Wechseln, die der gute deutsche Michel zahlen solle. Er rate, sie nicht zu zahlen.

Die Abgeordneten stimmen namentlich über die Samoa-Vorlage ab. 112 Abgeordnete stimmen dafür, 128 dagegen. 144 Abgeordnete fehlten. In den Kreisen der Überstimmten heißt es, die meisten Enthaltsamen hätten die Premiere einer neuen Faust-Inszenierung besucht – eine Legende, die sich in der deutschen Kolonialgeschichtsschreibung hält: Wo ist der deutsche Parlamentarier, wenn er nicht Politik macht? Im Faust. Es muß sich um eine Schüleraufführung gehandelt haben: Die Abstimmung war zwischen 14.00 und 15.00 Uhr.

4.

Bismarck hat drei Tage vor Beginn der Reichstagsdebatte Preußen beim Bundesrat beantragen lassen, Altona und Hamburgs Vorstadt St. Pauli in das Zollgebiet des Reichs einzubeziehen.

Der Kanzler hat das Einverständnis des Bundesstaates Hamburg nicht eingeholt. Bürgermeister Kirchenpauer tritt aus Protest als Bevollmächtigter beim Bundesrat zurück.

Die Handelskammer beruft den Ehrbaren Kaufmann ein, die Vollversammlung der an der Börse zugelassenen Kaufleute. Selbst Kaufleute, die im Zollanschluß kein Unglück sehen, verurteilen die Verletzung der Hamburg verfassungsmäßig verbürgten Rechte scharf. 50 000 Protestunterschriften kommen innerhalb von drei Tagen in der Stadt zusammen und gehen an den Bundesrat.

Bismarck antwortet mit einer Pressekampagne gegen Hamburg. Noch einmal gerät Gustav Godeffroy unter Beschuß: Die Reform greift ihn und die Norddeutsche Bank an, die an der Norddeutschen Allgemeinen Zeitung beteiligt ist. Mit Hamburger Geld werde gegen Hamburger Interessen agitiert.

Die Bankkundschaft ist mißgestimmt, und die Direktoren der Bank fürchten, Kunden zu verlieren. Sie bitten Albertus Ohlendorff, ihnen die Zeitungsanteile zu irgendeinem Preis abzukaufen, was er auch tut.

Den ganzen Sommer 1880 über halten die große Aufregung und die heftigen Diskussionen in Hamburg und im Reich an.

Im Herbst schreiben 32 Handelshäuser unter Federführung von *Joh. Berenberg, Gossler & Co.* in einem offenen Brief an Bismarck, sie seien für den Zollanschluß, wenn Hamburg einen großen Freihafen bekomme, und nennen die Gegner des Anschlusses »undeutsch«.

1730 Firmen unterschreiben eine Protesterklärung: Wenn das Reich eine Neubegrenzung des Freihafengebiets fordert, dann nur unter Mitwirkung der gesetzgebenden Faktoren in Hamburg. Bismarck solle sich an die Reichsverfassung halten.

Während der Streit um den Zollanschluß lautstark weitergeht, verhandeln im geheimen ab Dezember 1880 Senator Versmann, der Nachfolger Kirchenpauers beim Bundesrat, und Oberzollinspektor Klostermann vom preußischen Finanzministerium. Ergebnis im Frühjahr: Der Staat Hamburg tritt dem Zollverein bei; er behält jedoch einen Bezirk an der Elbe mit Freihafenstatus, in dem Großhandel und Exportindustrie wie bisher Waren lagern und weiterverarbeiten können, unabhängig von den geltenden Zollbestimmungen; in diesem Freihafen darf aber niemand mehr wohnen.

Im Juni 1881 stimmt die Bürgerschaft nach langen und heftigen Debatten zu.

Die Brüder Ohlendorff bekommen Anerkennungsschreiben von Bismarck, er läßt sie später in den Adelsstand erheben.

Godeffroys sind in der Öffentlichkeit verstummt.

5.

Cesar Godeffroy ist es im April 1880, noch einige Tage vor der Reichstagsabstimmung, gelungen, mit seinen Gläubigern einen außergerichtlichen Vergleich zu vereinbaren. Öffentlich bestellte Administratoren von *Joh. Ces. Godeffroy & Sohn* – ehrenamtliche Geschäftsverwalter oder -abwickler – werden Senator Adolph Tesdorpf, Albertus Ohlendorff, Albrecht O'Swald und Oscar Ruperti.

Die *Deutsche Seehandels-Gesellschaft* tritt nach der Ablehnung der Reichsgarantie von ihrem Vertrag mit der *Deutschen Handels- und Plantagengesellschaft* zurück und will ihre Anzahlung von 1,2 Millionen wiederhaben. Daraufhin stellt Cesars »long Handel firm« ihre Zahlungen ein.

Der Koprapreis fällt in diesem Frühjahr 1880 von 400 Mark pro Tonne auf 200 Mark. Godeffroys müssen ihre Vermögenswerte nun erst recht billig abgeben. Bankier Bleichröder möchte von der Südseegeschichte am liebsten die Finger lassen, aber Bankier Hansemann kauft gern ein Unternehmen, wenn der Preis tief steht. Die Deutsche Bank, die mit seiner Disconto-Gesellschaft in dauerhafte Geschäftsverbindung kommen will, schließt sich ihm an. Ehe Hansemann aktiv wird, fragt er Bismarck. Bismarck antwortet, daß er, der Kaiser und weite Kreise der Nation sich freuen würden, wenn Hansemann »den vaterländischen Interessen« einen Dienst erzeige und die Banken zur Erhaltung des Unternehmens beitrügen.

Die Verhandlungen Hansemanns und Bleichröders mit Godeffroys ziehen sich den ganzen Sommer und Herbst 1880 und Winter 1881 hin. Cesar und Gustav geben den Bankiers keinen Einblick in die Bücher. Hansemann und Bleichröder sind mehrfach davor, alles fallenzulassen.

Doch schließlich gründen Disconto-Gesellschaft, Bleichröder Bank und Deutsche Bank am 20. März 1881 eine neue Gesellschaft unter dem alten Namen *Deutsche Handels- und Plantagengesellschaft*. Die neue Gesellschaft kauft die Godeffroyschen Plantagen und Faktoreien auf Samoa und Mioko.

Die *Deutsche Seehandels-Gesellschaft* erhält für ihre Forderung von 1,2 Millionen verzinsbare Obligationen, Schuldverschreibungen. Die Gläubiger der alten »long Handel firm« erhalten gegen Aufrechnung ihrer Ansprüche für 2,5 Millionen Mark Aktien mit einer Vorzugsdividende von 5 %. Die Aktionäre der alten Firma – hauptsächlich die Firma Godeffroy also –, deren Kapital im Verhältnis zwei zu eins zusammengelegt wird, erhalten ebenfalls für 2,5 Millionen Aktien.

Cesar junior ist Direktor der neuen Gesellschaft und bekommt 1 650 Reichsmark im Monat. August Godeffroy ist ihr Agent in Apia. Theodor Weber ist Mitglied des Verwaltungsrats, Cesar junior ebenfalls, Vorsitzender ist Carl Scharf, stellvertretender Vorsitzender Ernst Gossler.

Zahlreiche Zeitungen, besonders in Süddeutschland, haben nach der Reichstagsabstimmung plötzlich das Scheitern der Samoa-Vorlage bedauert. Immer mehr Leute glauben, Deutschland brauche Kolonien als Absatzmärkte, glauben zugleich, nationale Interessen seien wichtiger als Rentabilität.

Bismarck ist nach wie vor gegen jedes koloniale Abenteuer. Hansemann bestürmt ihn mehrfach, das Ziel seines Engagements in der Südsee seien deutsche Kolonien, und Weber schlägt ihm die Annexion Samoas vor. Bismarcks Antwort: »Keine Annexion, kein Protektorat.«

Aber im Reichstagswahlkampf 1881 behauptet er, der Reichstag habe ihn bei der Samoa-Garantie im Stich gelassen. Die Linksliberalen hätten seine Bemühungen, deutschen Einfluß in Übersee zu fördern, sabotiert, und das Zentrum hätte in einer Frage, die die Existenzbedingungen des Deutschen Reichs angehe, die »reichsfeindlichen Bestrebungen« unter seinen Schutz genommen.

Das Geflecht der Macht ist zerrissen.

Cesars Sohn, seit 1869 im Vorstand des Hamburger Renn-Clubs, muß dort ausscheiden.

Adolph wird von der *Hapag* verabschiedet. Nur Albrecht O'Swald drängt ihn zum Rücktritt, doch er fühlt den gesellschaftlichen Druck der übrigen Herren. Die Aktionäre sagen untereinander, Adolph sei doch alt geworden, seine Augen lassen wohl auch nach – eine Anspielung auf seinen Bruder Cesar. Der Geschäftsgang der letzten beiden Jahre war gut und ruhig, 1879 hat es 6,5 % Dividende gegeben, 1880 gibt es 10 %. Doch Adolph Godeffroy muß gehen.

Sobald sein Rücktritt bekannt ist, ändert sich das Klima. 33 Jahre hat er der *Hapag* vorgestanden, hat sie zu einer Institution gemacht. Zwanzig Dampfer transportieren jetzt 60 000 Passagiere jährlich. Der Verwaltungsrat gibt ihm ein Festmahl an Bord des Dampfers WESTPHALIA, am 11. Dezember 1880, und überreicht ihm einen silbernen Tafelaufsatz, die Festgesellschaft applaudiert lebhaft.

Oscar Ruperti, *H. J. Merck & Co.*, übernimmt an Adolphs Stelle den Vorsitz in der Direktion, sein Stellvertreter wird Albrecht O'Swald – beide sind Direktoren nur im Nebenberuf. Adolph sieht schlimme Zeiten auf die Gesellschaft zukommen und beginnt, seine Hapag-Aktien zu verkaufen.

Gustav, nun der reichste der Brüder Godeffroy, behält seine Aufsichtsratsposten, bleibt Präsident des Hamburger Renn-Clubs und Vizepräsident des Berliner Union-Clubs. Er wandelt mit Ferdinand Beit die Reiherstiegwerft in eine Aktiengesellschaft um.

Cesar hat alles verloren. Die Administratoren versuchen, Landhaus und Park an der Elbchaussee zu verkaufen, aber der Park ist zur Zeit für einen vernünftigen Preis unverkäuflich. Die Gläubiger Schröder, Gossler, Bolten, Adolph Woermann und Etatsrat Donner übernehmen den Park gegen Forderungen an die Firma Godeffroy. Sie schließen einen Vertrag mit Cesar: Er und Emmy dürfen noch zehn Jahre dort bleiben. Diese Männer können sich das Elbufer nicht ohne einen Johan Cesar Godeffroy vorstellen. Besonders John Gossler will Cesar schonen. Aber sie sind auch Kaufleute: Sie berechnen Zinsen für den Park, und Cesar muß ihn pflegen lassen.

Landhaus und Park müssen bis zum 1. Oktober 1891 verkauft und geräumt sein.

Cesar ist jetzt 68 Jahre alt.

Max Schinckel, der Direktor der Norddeutschen Bank, ist von nun an immer darauf gefaßt, daß große Leute jäh zu Fall kommen können, Männer, die auf ihr Glück und auf ihr Besserwissen bauen und sich zu weit verschulden, weil sie die ganze Welt erobern wollen.

»Das Funkeln im Licht
nur ein Traum«

Die Kontorräume von *Joh. Ces. Godeffroy & Sohn* sind vermietet. In den ehemaligen Salons tagt der Verwaltungsrat der neuen Plantagengesellschaft. Cesar und Emmy wohnen nun auch im Winter an der Elbe.

Im Landhaus ist es still geworden. Die Enkelkinder verbringen weiter einige Sommerwochen bei den Großeltern, aber die älteren sind sich einig: Es ist nicht mehr dasselbe. Der großartige Zug ist weg.

Cesar und Emmy leben von der Rente aus Emmys Kapital, das ihr erhalten geblieben ist, und Einkünften aus etwas Grundbesitz, den Cesar ihr einmal geschenkt hat. Seine Brüder Adolph und Gustav geben Zuschüsse zur Pflege des Parks.

Der Verkauf der Vermögenswerte von *Joh. Ces. Godeffroy & Sohn* zieht sich über Jahre hin. Die großen Gläubiger haben sich für 8,6 Millionen Mark Pfänder gesichert, daneben gibt es ungedeckte Schulden in Höhe von etwa 3,3 Millionen. Die Administratoren haben einen Buchhalter eingestellt, der die Verkäufe abwickelt.

Nur die Aktien der Osnabrücker Werke gehen schnell weg – der *Georgs-Marien-Bergwerks- und Hütten-Verein* kauft sie, Hütte und Stahlwerk sollen jetzt fusionieren. Die Grundstückspreise in Holstein und Hamburg sind so schlecht, daß die Administratoren zögern, die Grundstücke zu verschleudern. Der Kohlenpreis fällt und mit ihm der Preis für Cesars Kuxe. Auch der Koprapreis ist so niedrig, daß niemand die Godeffroyschen Aktien der neuen Plantagengesellschaft haben will. Die Schiffe verkaufen die Administratoren, wie sie von der Südsee her die Elbe heraufkommen.

Cesar und Emmy sitzen am Fenster im ovalen Gartensaal.

Er kann die Elbe nicht mehr sehen, sie muß ihm sagen, was sie sieht.

1880 gehen sechs Schiffe weg: die fünf jüngsten und größten – unter ihnen die ELISABETH, die eine Firma Torjusen in Kragerö, Norwegen, kauft – und das älteste von allen, der JOHAN CESAR, der fast dreißig Jahre alt ist. Er geht nach Simrisham, Schweden, an eine Firma Björkegren.

Der CESAR GODEFFROY strandet am 25. November 1880 in der Nordsee, bei Juist.

1881 kommen drei Schiffe die Elbe herauf: WANDRAHM aus Vavau, der im goldenen Jahr der Brüder Godeffroy, 1854, vom Stapel lief, LA ROCHELLE aus Apia und GODEFFROY aus Tongatabu – alle drei gehen an Reeder in Ostseestädten. Den Dampfer CHINA verkaufen die Administratoren an das Hamburger Chinahaus Dircks, das ihn in Asien läßt.

Als letzte kommt aus der Südsee die kleine Brigg ADOLPH. Sie hat ihre Kopraladung in Rotterdam gelöscht. Kapitän Levisohn war mit ihr in New Ireland und ist dort von einem Halbtongaer erschlagen worden. Die Brigg geht an einen Reeder auf der Ostseeinsel Hangö, Schweden.

Cesar junior muß die Liquidation mit abwickeln. Er erweckt nie den Eindruck, als gehe es um seine Firma, sondern als erfülle er nur eine Pflicht seinem Vater gegenüber. Er bleibt sorglos, jedenfalls nach außen. Sogar seine Onkel wundern sich.

Er und Betty müssen sich mit knapp 20 000 Reichsmark Jahresgehalt einrichten – eine Summe immerhin, die die meisten Hamburger in ihrem ganzen Leben nicht zu sehen bekommen: Ein Hafenarbeiter bringt nach einem zwölfstündigen Arbeitstag zwischen drei Mark und vier Mark zwanzig nach Hause. Cesar junior und Betty mieten ein 11-Zimmer-Haus an der Grossen Fontenay N° 2, für 4 500 Mark im Jahr, und ziehen mit sechs Kindern und vier Dienstboten ein. Betty gilt von nun an als häuslich und sparsam – Häuslichkeit und Sparsamkeit der Mutter sind die Tugenden, hinter denen eine bürgerliche Familie finanzielle Probleme versteckt. Das Geld geht in die

Berufsausbildung und Ausstattung der Söhne, an den Töchtern wird gespart. Das ist so verbreitet, daß wenige Frauen es als diskriminierend empfinden. »Elsa und ich haben uns manches Jahr alle unsere Kleider selbst gemacht«, erzählt Cesars älteste Enkelin Emmy, »und das war etwas in den Jahren, da die Sachen fest mit Fischbein etc. verarbeitet wurden – man wollte ja auch eine schlanke Taille haben.« Abends sitzen die Schwestern mit den Eltern zusammen, lesen, handarbeiten oder spielen Skat mit ihnen. Sie bekommen oft Theater- und Konzertkarten von Verwandten und Bekannten geschenkt – Karten können ihre Eltern sich in diesen Jahren nicht leisten. Doch Emmy erinnert sich ihr Leben lang an schöne, fröhliche Jugendjahre im Vettern- und Kusinenkreis Gossler.

Ihr Vater ist stets heiter und bleibt außergewöhnlich beliebt. Er wird weiter auf die großen herbstlichen Treibjagden eingeladen, die sich über mehrere Tage hinziehen, zu Baron Charles von Schröder nach Berne, zu Heinrich von Ohlendorff nach Volksdorf. Abends nach dem Essen geht es hoch her, und wenn allen die Augen vor Müdigkeit zufallen wollen, sitzen Cesar Godeffroy junior, Graf Alfred Waldersee und Friedrich Loesener zusammen – einer der fünf Schwiegersöhne und Teilhaber von Sloman – und spielen Lomber und trinken Arrak-Grog.

Cesar leidet unter seiner Untätigkeit. Cesar junior muß ihm von Geschäften und Konkurrenten in der Südsee erzählen.

Kapitän Eduard Hernsheim, der mit einer Häuptlingstochter und Geliebten an Bord segelt, die ihn einmal vor Haien und einmal vor Kopfjägern rettete, spielt sich jetzt als hanseatischer Kaufmann auf. Er hat sich auf Matupi ein Haus gebaut, im Schatten alter Bäume mit einem Ausblick auf das tiefe blaue Wasser der Blanche Bay. Er beschäftigt dreizehn Agenten in New Britain und New Ireland und exportiert im Jahr zwischen 500 und 800 Tonnen Kopra.

Die neue Plantagengesellschaft hat als Manager der Station in Mioko den Briten Thomas Farrell eingestellt, aber in Wirklichkeit leitet wohl seine Geliebte Emma sie – die frühere

Geliebte des flotten Colonel Albert Steinberger, die nun überall Queen Emma heißt, Königin der Südsee.

Cesars Forschungsreisender Theodor Kleinschmidt ist mit zwei seiner Assistenten erschlagen worden, als sie schwarze Jungs zum Gehorsam zwingen wollten und deshalb ihre Häuser verbrannten und ihre Kanus zerhackten. Tom Farrell mußte wegen Kleinschmidts Tod eine Strafexpedition der ansässigen Europäer organisieren. Sie erschossen fünfzehn natives. Die natives überfielen daraufhin mehrere Handelsstationen und erschossen die Händler. Die Besatzung von Seiner Majestät Schiff HABICHT wiederum erschoß zehn natives, um den schwarzen Jungs zu zeigen, daß Weiße sich nichts gefallen lassen.

Die Briten haben ihren Untertanen verboten, Waffen an Insulaner zu verkaufen. Das wird den Handel ruinieren, denn die natives machen Kopra nur für Waffen, sonst wollen sie nichts von den Europäern. Farrell will Amerikaner werden.

Aus Apia erhält Cesar eine Nachricht, die ihn erschüttert und vor den Verwaltungsräten beschämt. Sein Sohn August ist, ohne Urlaub zu nehmen, nach Australien gereist und hat dort die Haushälterin der Plantagengesellschaft geheiratet, Mrs. Guppy, am 17. Juni 1881. August hat die Agentur, die der Verwaltungsrat ihm anvertraute, vier Monate in Stich gelassen und den *Namen* aufgegeben.

Mrs. Alida Guppy geb. Wigger ist die Tochter eines Standesbeamten in Hamburg. Die Direktion hat sie nach Apia geschickt, weil sie Ordnung und Schicklichkeit in dem Haus wünscht, in dem die unverheirateten Angestellten wohnen. Die Frau ist sieben Jahre älter als August, Mutter zweier Söhne, die schon für sich sorgen, und Witwe von Dr. Henry Guppy, der in Venezuela die Guppies entdeckte, kleine Zahnkarpfen. Sie ist tüchtig, und die jungen Herren in Apia klagten, daß sie die »German Firm« mit eiserner Hand regiere, und spotteten, sie sei zuvor in London eine stadtbekannte Hellseherin gewesen: Sie duldete keine alkoholischen und sexuellen Aktivitäten im Haus und ließ sich nicht hinters Licht führen. Cesar und Emmy sollen jetzt also mit der Familie des kleinen Beamten Wigger verkehren.

Cesar kommt einer Entlassung Augusts zuvor: Söhne, die dem *Namen* nicht dienen, werden aus der Familie ausgestoßen. August muß aus der Plantagengesellschaft ausscheiden und darf nicht mehr nach Hamburg zurückkehren. Direktor Cesar Godeffroy junior gibt in der nächsten Verwaltungsratssitzung zu Protokoll, »daß Herr August Godeffroy auf aerztliche Anordnung vom Mai bis August eine Erholungsreise nach Australien habe machen müssen«. Sein bisheriger Kontrakt laufe mit Ende des Jahres ab, und man werde bald hören, ob er trotz einiger Veränderungen in seiner Stellung zu bleiben geneigt sei. »Eine neue Vollmacht sei ihm vorläufig noch nicht hinausgesandt.« Augusts Nachfolger in Apia wird Eduard Weber, der Halbbruder von Theodor Weber. Später muß Weber wiederholt nach Samoa reisen, weil sein Bruder der Leitung der Agentur nicht gewachsen ist.

Emmy sieht ihren jüngsten Sohn nie wieder.

Cesar junior sagt seinen ältesten Söhnen, Onkel August stehe unter dem verderblichen Einfluß seiner Haushälterin und bereite der Familie nur Kummer und Sorgen.

Der Speicher am Alten Wandrahm N° 29 hat einen Käufer gefunden, und Cesars Museum ist ganz in N° 26 umgezogen. Die Wohn- und Kontorhäuser N° 25 und N° 26 an der Nordseite der Straße sind zur Zeit unverkäuflich: Niemand weiß, ob sie stehenbleiben oder abgerissen werden.

Senats- und Bürgerschaftskommissionen, Bürgervereine, Zeitungen diskutieren seit Herbst 1881 über den Standort für den neuen Freihafen. Wenn die Kehrwieder-Wandrahm-Insel zum Freihafenbezirk gehören soll, müssen über tausend Häuser abgerissen, über 24 000 Menschen umgesiedelt werden. Der Bürgerschaftsabgeordnete Robert Miles Sloman fragt, ob es denn zulässig sei, Tausende umzusiedeln mit allen sich daran knüpfenden moralischen und materiellen Leiden und ein altehrwürdiges Wohnviertel zu demolieren, um neue Bauten dafür hochzuziehen, die »in erster Linie doch nur für unseren Stand gefordert und betrieben würden«.

Ergebnis langer Diskussionen: Die Insel soll zum Freihafen

gehören. Der Staat wird eine Speicherstadt aus rotem Backstein bauen und sie einer Gesellschaft verpachten, die Speicherraum an Kaufleute vermietet. Die Finanzierung der Speicherstadt übernimmt die Norddeutsche Bank.

Die Stadt kauft Grundstücke auf. Der Abbruch des Viertels beginnt im November 1883 bei St. Annae und am Dovenfleth. Im Februar 1884 ist der westliche Teil des Kehrwieder ein Trümmerhaufen. Abbrucharbeiter finden auf einem Grundstück einen Schatz, 140 kg Silbermünzen – Produkte einer Falschmünzerei, wie sich herausstellt. Sie finden Gerippe und Schädel unter Häusern, die über einem Friedhof standen.

Adolph Godeffroy und seine zweite Frau Harriet geb. Schröder pflegen den Herbst und den frühen Winter in ihrer Villa an der Außenalster zu verbringen. In Hamburg ist bekannt, daß Madame Godeffroy ihren Haushalt streng nach englischem Muster leitet. Täglich, auch wenn sie und ihr Mann allein in der Villa an der Außenalster sind – Klopstock-, später Warburgstraße –, nehmen sie im großen dunklen Eßsaal am langen Mahagonitisch zum Diner Platz, er im Frack und sie im Abendkleid. Im Spätwinter sind sie in Italien, im Frühjahr einige Wochen in Karlsbad, im Sommer auf Harriets Gut in Schleswig, bei Eckernförde.

Sie ziehen im Mai nach Hohenstein und bleiben bis Oktober. Freunde kommen zu Besuch, »was ja immer freundliche Abwechslung zu bringen pflegt«, wie Adolph sagt, Cesar und Emmy kommen und Helene Brancker, die Schwester in Wales, die seit einigen Jahren verwitwet ist. Die dunkelhaarige Harriet ist eine tätige Natur, schwungvoll und neugierig. Sie fängt Sätze gern mit »Haben-Sie-schon-gehört« an und interessiert sich brennend für andere.

Sie und Adolph beschäftigen sich damit, Hohenstein zu verschönern und wohnlicher zu machen. Harriet und ihr erster Mann haben das Gutshaus im Schweizer Stil gebaut, der in den 1860ern modern war, hellgeputzt mit zierlichen Holzschnitzereien. Gemütlich ist nun Adolphs Lieblingswort. Er und seine

Frau freuen sich an ihren Souvenirs aus Italien – Aquarelle für den Gartensaal, Majoliken, und einmal muß Cesar zwei lebensgroße wolfshundähnliche Marmorhunde aus Carrara am Fuß der Treppe in den Park bewundern.

Cesar und Adolph durchwandern an hellen Sommerabenden den Park, den Adolph und Harriet anlegen lassen, begutachten junge Bäume und besprechen Adolphs Landschaftspläne. Es gibt eine Lindenallee seitlich vom Haus wie im Park an der Elbchaussee. Die Brüder überlegen, welche Fische in den Teichen am besten gedeihen könnten, und Adolph entscheidet sich versuchweise für Karpfen.

Auf dem Gutshof arbeiten 78 Leute. Es gibt 130 Kühe und 20 Pferde, und Adolph und Harriet lassen neue Ställe bauen. Anfangs verpachten sie die Landwirtschaft, später bewirtschaften sie das Gut mit einem Inspektor und zerbrechen sich die Köpfe, wie sie die Rentabilität steigern könnten, was schwierig ist, denn Hohenstein ist als Lustgut eines Kaufmanns aus einem ehemaligen Vorwerk entstanden.

Adolph und Gustav Godeffroy halten den Lebensstil großer Herren und Gentlemen aufrecht, obwohl nun auch Gustav Einbußen hinnehmen muß: *Blohm & Voß* überflügelt die Reiherstiegwerft, und er hat Verluste in russischen Eisenbahnpapieren. Aber Sparen wäre das Ende der Zugehörigkeit zur Gesellschaft und damit das Ende für Kinder und Enkel, ihre Berufschancen und ihre Heiraten, das Aufgeben der Hoffnung, den *Namen* wiederherzustellen.

Erst viele Jahrzehnte später überlegen sich die Nachkommen von Cesar Godeffroy, daß die Urgroßonkel Adolph und Gustav vom Kapital gelebt und es weitgehend aufgebraucht haben müssen. Dr. med. Johann Diederich Hahn-Godeffroy in Blankenese hat mir erzählt, die alten Onkel der Familie hätten ihm über Adolph gesagt, das große Vermögen seiner zweiten Frau habe ihm gestattet, das Leben eines Grandseigneurs zu führen. Frau Annemarie von Gerlach-Parsow dagegen, die Urenkelin von Harriet Godeffroy, sagte mir in Hohenstein, in ihrer Familie glaube man bis heute, die

Urgroßmutter sei verarmt gewesen, als sie Adolph Godeffroy heiratete, und nur sein großes Vermögen habe ihr den gewohnten Lebensstil gerettet.

Adolph ist sehr fromm geworden, und in Hamburg sehen manche Leute ihn oft und lange in der Petrikirche beten.

1884 kommt Alfred Godeffroy, der jüngste der vier Brüder, aus San Francisco nach Hamburg zurück. Er ist unverändert mit seiner Gesundheit beschäftigt – ein kleiner, zarter, sehr liebenswürdiger Mann. Die kraftvolle Ausstrahlung der älteren Brüder hat er nicht. Aber er hat Geld.

Er wohnt im Winter mit seinem Diener im Hotel Hamburger Hof am Jungfernstieg, im Sommer an der Riviera, wenn er seine Gesundheit nicht in Baden-Baden oder einem anderen Kurort pflegt. Er ist unverheiratet geblieben und gerührt, daß Cesar junior einen Sohn nach ihm genannt hat, den elfjährigen Carl Alfred.

Alle vier Brüder Godeffroy trinken nun im Landhaus an der Elbchaussee Tee aus großen Tassen. Nur Gustav steht noch im Geschäftsleben, und die anderen vermuten, daß er hart um sein Vermögen kämpfen muß. Das alte Glück der Godeffroys, von dem Adolph so gerne und so wehmütig spricht, hat auch Gustav verlassen.

Bismarck glaubt vor den Reichstagswahlen 1884, die öffentliche Meinung verlange Kolonien. England ist in schwere Konflikte mit Frankreich um den Sudan und mit Rußland um Afghanistan verstrickt. Das Reich nimmt Südwestafrika in Besitz, Togo, Kamerun, Ostafrika. In der Südsee wird der nordöstliche Teil Neu-Guineas zum Kaiser-Wilhelm-Land und die vorgelagerten Inseln werden zum Bismarck-Archipel: New Britain heißt nun Neu-Pommern, New Ireland Neu-Mecklenburg und die Duke of Yorks sind jetzt Neu-Lauenburg.

»Die ganze Kolonialgeschichte ist ja Schwindel, aber wir brauchen sie für die Wahlen«, sagt Bismarck zu einem Mitarbeiter im Auswärtigen Amt.

Hinter der Annexion auf Neu-Guinea steht Adolph von

Hansemann. Der Bankier hat im Mai 1884 von Baring Brothers die Aktien der *Deutschen Handels- und Plantagengesellschaft* gekauft, die die Bank als Pfand für ihre Kredite an Godeffroys bekommen hat – Aktien im Nennwert von zwei Millionen Reichsmark zum Preis von 380 000 Reichsmark. Hansemann gründet eine Neu-Guinea-Kompagnie und zwingt die Plantagengesellschaft, ihr Interessengebiet auf Neu-Guinea der Kompagnie zu überlassen. Hansemann will Neu-Guinea mit deutschen Siedlern erschließen und rechnet damit, daß die Aktien der Kompagnie rasant steigen, wenn Bismarck nun Kolonien annektiert.

In Apia warten Konsulatsverweser Oscar Stübel und Eduard Weber auf Anweisung aus Berlin. Sie reden viel vom »Deutschtum«, das sie bewahren müßten – zur Verwirrung der Briten. Die Plantagengesellschaft schüttet in einer großen Anstrengung 1884 eine Dividende von 4 % für Vorzugsaktien aus. Es ist die erste Dividende überhaupt, und die letzte für vierzehn Jahre. Diese Jahre werden die schlimmsten für die Kontraktarbeiter. Die Gesellschaft bringt sie nach Ablauf ihrer Kontrakte nicht mehr wie vereinbart auf ihre Inseln zurück. Das Gebot: Kosten senken, egal wie.

Im Januar 1885 läßt Stübel, bei dem immer noch keine Anweisung aus Berlin eingetroffen ist, die Matrosen von SMS Albatros Apia besetzen und die deutsche Fahne hissen.

London und Washington protestieren sofort in Berlin. Bismarck erklärt, das Reich habe die Flaggenhissung nicht angeordnet. Stübel muß nach Hause fahren.

Die Reichstagswahlen sind vorbei, das Kolonialthema hat kaum Wähler mobilisiert, und Bismarck läßt es wieder fallen, das außenpolitische Risiko ist ihm zu hoch. Er verständigt sich mit London auf einen Interessenausgleich im Pazifik: Auf Samoa sind Deutschland und England gleichberechtigt, die Karolinen- und die Marshallinseln sind deutsches, die Gilbert- und Ellice-Inseln englisches Interessengebiet.

Die Salomoninseln können keine Männer mehr für die ehemaligen Godeffroy-Plantagen in Samoa liefern. Doch nun darf die Plantagengesellschaft Arbeiter aus Neu-Guinea holen. Das

Reichskolonialamt teilt ihr jährlich Quoten zu – wie Fangquoten.

»Ich bereue auch nicht einen Pfennig, den ich ausgegeben habe«, soll Cesar Godeffroy zu Alfred Kayser gesagt haben.
Der junge Mann von *Scharf & Kayser* ist mit Cesars Enkelin Emmy Schön verheiratet, der Ältesten seiner Tochter Charlotte. Cesars Worte sind die einzigen über das Ende von *Joh. Ces. Godeffroy & Sohn*, die aus dem Landhaus an der Elbchaussee dringen.
Möglich, daß er sie aus Starrsinn, Hochmut und Rechthaberei sagte. Möglich auch, daß sie eine Schutzbehauptung sind, mit der er das Mitleid eines jungen Kaufmanns abwehrt. Cesar muß sein Haus bald räumen und weiß nicht, was dann werden soll.

Cesar VIII., sechzehn Jahre alt, will Berufssoldat werden und geht auf die Königlich Preussische Haupt-Kadettenanstalt in Berlin-Lichterfelde. Früher haben die Godeffroys und ihre Freunde über Offiziere gelacht: Wer zu dumm ist, um Kaufmann zu werden, geht zum Militär und lebt müßig, hieß es. Nun verteidigt Adolph Godeffroy den Großneffen, schreibt »die Zeiten sind längst vorüber, wo unsere Officiere zumeist Müßiggänger waren«, an Adolphito, Orange County, New York: »Jetzt sind sie vielmehr die Erzieher unserer Volksmassen während deren 3jährigen Dienstzeit und haben von morgens bis abends vollauf zu thun.«
Sie erziehen die Volksmassen, die sonst zu den Sozialdemokraten laufen würden, und sie sind jederzeit bereit, für des Vaterlands Ehre und Sicherheit einzutreten: »Die Armee ist's, welche uns die hohe Stellung errungen hat, welche Deutschland jetzt in der Welt einnimmt und welche uns nur gewahrt werden kann, wenn jene, wie heute, allgemein respectiert und <u>gefürchtet</u> wird.«
Der Bürger Adolph Godeffroy denkt nicht mehr daran, daß preußisches Militär unter dem späteren Kaiser Wilhelm I. die demokratisch gewählte Nationalversammlung von 1848 end-

gültig zerschlug, daß preußisches Militär eine Verfassung in Hamburg verhinderte und die norddeutschen Länder ab 1866 in ein erweitertes Preußen zwang. Er stellt sich auf die Seite der Sieger, wobei er sie mit bürgerlichen Tugenden ausstaffiert: Tätigkeit und Leistung. Bislang meinten Hamburger Kaufleute, ihre Handelserfolge in Übersee beruhten gerade auf ihrer unbewaffneten Neutralität. Nun ist für Adolph Furcht eine Kategorie im Zusammenleben von Staaten geworden: Die deutsche Armee muß in der Welt gefürchtet sein.

Doch der alte Bürger Adolph Godeffroy kommt noch zum Vorschein: Was wirklich zähle bei der Entscheidung über die Zukunft des jungen Cesar, sei seine mangelnde Befähigung zum Kaufmann. Der Junge habe den Nachkommen des alten Faerber, des Freundes seines Urgroßvaters, beerbt, und er wäre ein Tor, »wenn er diese Mittel als Kaufmann riskieren wollte, ohne besonderen Beruf dazu zu fühlen, zumal den Godeffroy's das Glück in Geschäften nicht mehr hold zu sein scheint, denn wem von uns allen hat es denn gelächelt«.

Cesars ältester Enkel ist nach Adolphs Urteil zwar nicht begabt, »aber ein netter gewissenhafter Junge, der jetzt im Cadettenhaus zu Lichterfelde in einer strammen Schule ist, wo die Jungens etwas lernen und sich stramme Haltung, Disciplin, Muth und Ehrenhaftigkeit aneignen, was für's ganze Leben verzweifelt viel werth ist«.

Das Militär beginnt, eine wachsende Rolle in den Elbchaussee-Kreisen zu spielen. Noch vor zehn Jahren verheiratete *man* seine Töchter nicht an Offiziere – arm, adlig und geschlechtskrank, hieß es geringschätzig – und wenn es doch einmal geschah, sprach die ganze Stadt darüber. Cesars Enkelin Emmy geht nun auf Bälle: »Mein erster Ball war bei General v. Tresckow in Altona. Ich hatte ein Tarlatankleid an mit lauter Fallen und durfte mich in der Droschke nicht hinsetzen, um nicht zerknittert anzukommen. Der ganz militärische Ball in herrlichen Räumen machte mir großen Eindruck, auch ein Prinzenpaar aus Mecklenburg war dabei, und musste die Gesellschaft mit Tanzen aufhören, während sie tanzten. Von dem bunten Bild der Offiziere in den verschiedensten Uniformen kann man sich keine Vorstellung mehr machen: Blaue Schleswiger und Wandsbecker Husaren, Dragoner aus Lüneburg, Artilleristen, Infanteristen, auch Reitschüler aus Hannover.«

Cesar wird schwach, liegt lange, leidet so sehr, daß Emmy und seine Brüder über Monate mit seinem Tod rechnen. Adolph besucht ihn oft. Das sind Cesars beste Stunden, wenn Adolph erzählend neben dem alten Himmelbett sitzt im Schlafzimmer der Eltern und Großeltern mit Blick zum Park.

Cesar stirbt am 9. Februar 1885, mittags um zwölf Uhr, im Alter von 71 Jahren.

Emmy sieht es als große Gnade Gottes an, daß ihr teurer Cesar seine armen, fast erblindeten Augen im lieben Dockenhuden schließen durfte.

Die Bestattung ist am 13. Februar. Der schwarzverhängte Leichenwagen fährt über die Elbchaussee den Fluß entlang, Bäume und Büsche sind kahl und auf dem Wasser liegen die weißen Farben eines Wintermorgens. Eine lange Reihe von Equipagen folgt dem Leichenconduct. Freunde und Bekannte drücken dem Toten und seiner Familie ihre Verehrung aus.

Als der Trauerzug Ottensen erreicht, fangen die Glocken der Christianskirche an zu läuten. Er fährt durch Altona, durch St. Pauli, durch Hamburg zum Friedhof der Reformierten vor dem Dammtor – im Tode gilt der alte Außenseiterstatus immer noch. Aber während der Feier am Grab läuten die Glocken der Hauptkirche St. Petri über die Binnenalster herüber.

In seiner Grabrede spricht der französisch-reformierte Pfarrer über die »forte et noble race de Hugenotte«, die vor 200 Jahren ins Exil gehen mußte und eine großartige Legende erfand, mit der sie ihren Außenseiterstatus zu einer Empfehlung machte. Der Name Hugenotte, sagt der Pfarrer, sei bedeutungsgleich mit »conscience, énergie, fermeté, travail, persévérance et foi«, Gewissenhaftigkeit, Energie, Entschlossenheit, Arbeit, Ausdauer und Glauben. Aus diesem Charakter der Rasse – »race« – erkläre sich vielleicht am besten die arbeitsame und erfolgreiche Laufbahn des Verstorbenen. Der Verstorbene hatte ein ehrenhaftes und gutes Herz. Man habe ihn »un génie commercial« genannt, einen genialen Kaufmann.

Die Bestattung ist um 10.20 Uhr.

Vor vierzig Jahren haben Cesar und Adolph den Weinkeller ihres Vaters im Landhaus an der Elbchaussee geteilt. Nun kann weder Adolph noch Gustav es sich leisten, die Weine zu kaufen, und Alfred mit seinem Hotelleben hat keinen Platz für sie. Der Weinmakler Cordes nimmt sie in Kommission – Sherry, Madeira, Champagner der Marke *Mumm & Co.*, schwere Rotweine, alles in allem 1520 Flaschen. Die teuersten: 80 Flaschen 1865er Château Yquem, 55 Flaschen 1865er Château Lafite und 39 Flaschen 1865er Château Margaux – Weine aus den glücklichen Jahren der Godeffroys.

Emmy fährt Ende Februar zu ihrer Tochter Charlotte nach Schlesien. Sie habe Cesars Tod erwartet, schreibt sie Adolphito nach New York, doch dann »traf mich sein Ende doch zu schwer und schmerzlich und ist und bleibt sein Verlust für mich unersetzlich und ich werde ihn nie überwinden«. Vier Wochen später kehrt sie an die Elbchaussee zurück, »wohin ich muß und wo ich in aller Stille in Erinnerungen leben will«. Sie glaubt, daß auch sie bald sterben wird.

Adolph vermißt Cesar, der Bruder fehle ihm »sehr peinlich«, schreibt er seinem Sohn im Juni aus Hohenstein. »Das Dockenhudener Capitel betrachte ich nun auch seit des Onkel's Tode als abgeschlossen und kann, so traurig es mir auch ist, jetzt doch nur für baldigen Verkauf stimmen, denn es ist ja Niemand in der Familie, der es früher oder später übernehmen könnte, und für Tante Emmy mutterseelenallein ist der Aufenthalt doch zu einsam, zu schwierig und auch zu kostspielig.«

*

Cesar junior wurde mit 47 Jahren Chef von *Joh. Ces. Godeffroy & Sohn*.

Nach dem Tod seines Vaters entließ ihn der Verwaltungsrat der Plantagengesellschaft. Die Herren zahlten ihm nur noch eine Ehrenpension auf zehn Jahre. Er blieb vorerst Mitglied des Verwaltungsrats, blieb auch Aufsichtsratsvorsitzender der *Société Commerciale de l'Océanie*, die noch einen kleinen Dampfer zwischen Tahiti und San Francisco laufen ließ. Sein angeheirateter Neffe Alfred Kayser, *Scharf & Kayser*, stellte ihn im August 1885 als Prokurist ein. Kayser wurde nach dem Tod von Senator Tesdorpf Administrator der Firma Godeffroy.

Die Liquidation der Firma ergab bis zum 31.12.1886 einen Verlust von 1,7 Millionen Mark. Die Administratoren hatten für die Kuxe schlechte Preise bekommen, aber die Gläubiger wollten endlich Geld sehen. Der *Schalker Gruben- und Hütten-Verein* hatte die Zechen Wolfsbank und Neu-Wesel gekauft.

Die Administratoren konnten Aktien der Plantagengesellschaft im Nennwert von 1 925 000 Mark nicht verkaufen. Man wartete auf Dividende. Insgesamt waren immer noch für 5,5 Millionen Aktien und Grundstücke verpfändet.

Die Firma *Stucken & Andresen* kaufte 1887 den Falkenstein in Blankenese und zahlte 140 000 Mark für eine Million Quadratmeter – 14 Pfennig pro Quadratmeter.

Die Firma Godeffroy zahlte von den 3 338 682 Mark und 23 Pfennig ungedeckten Schulden letztlich 20,5 % zurück.

»Ich bin des Klagens satt und müde«, schrieb Adolph seinem Sohn. Er hoffte verzweifelt, daß der Sohn oder einer der Söhne seiner Brüder dem *Namen* den alten Glanz zurückgab. »Tüchtig, thätig, ehrenhaft, liebenswert« – das waren sie in seinen Augen alle nicht.

Adolphito war beim Eisenbahnbau zu unsicherem Wohlstand gelangt und lebte in seinem Haus Neversink Lodge im Ort Godeffroy, Orange County, New York. Als er sich im März 1886 wieder einmal fallit erklärte, warf Adolph ihm bodenlosen Leichtsinn vor und vermißte Zerknirschung im Angesicht von Gottes strafender Hand.

Gustav junior verließ Tahiti, die *Société Commerciale de l'Océanie* stand vor der Liquidation – ein Säufer, der von nun an unbeständig durch die Welt irrte.

Adolph: »August ist schon to the dogs gegangen und Peter und Etienne verschwinden auch mehr und mehr von der Bühne. Raffe doch all' Deinen Ehrgeiz, Deine Kraft und Deine besseren Gefühle zusammen, um noch in der elften Stunde Dich zu Ansehen und Respectabilität empor zu arbeiten. Die Aufgabe ist wohl der höchsten Anstrengung werth!«

Das Herz war ihm »voll und wund«.

Emmy blieb im Landhaus an der Elbchaussee. Die verblüffte Familie erlebte, wie sie scheinbar jünger wurde, staunte über ihre Rüstigkeit. Sie hielt Haus und Park für ihre Enkel. Die Kinder waren öfter und länger bei ihr als früher, als der Großpapa so lange krank war, und erlebten zeitlose Sommerferien an der Elbe – wie vor Jahren Emmy und Cesar und die Jeunesse dorée.

Cesar junior fuhr sonnabends mit den Söhnen Carl Alfred und Oscar auf dem Pferdewagen oder mit Fahrrädern hinaus nach Rissen – Oscar war stolz auf sein hohes Bycicle. Cesar junior hatte zwei Zimmer beim Förster in Wedel. Er und die Söhne konnten dort übernachten und frühmorgens zur Pirsch in Rissen, Wedel, Sülldorf und Schulau fahren. Er erwarb Waldgrundstücke aus dem Landbesitz seines Vaters.

Emmys Enkel spielten mit den Söhnen der Münchmeyers, Vorwerks und Schröders. Die Jungen badeten in der schmutzigen Elbe, angelten oder schossen mit Kleinkalibergewehren Möwen von den Elbstacks, die Blankeneser Fischerjungen sich herausholten, um sie zu Hause zu essen.

Für die Enkelkinder war das Landhaus an der Elbchaussee ihr wahres Zuhause. Sie fanden es mit Möbeln überladen, die Halle mit dem Wachstuchsofa ungemütlich, aber sie liebten es. Ihre Eltern feierten hier im Mai 1890 silberne Hochzeit. Dies war der letzte ungestörte Sommer an der Elbe. Mehr konnte Emmy für die Kinder nicht tun.

Sie verkaufte Haus und Park für 540 000 Reichsmark an den Altonaer Kaufmann Kommerzienrat Ernst August Wriedt. Oscar noch fünfzig Jahre später: »Ich werde nie das Frühstück bei meiner Großmutter mit dem neuen Besitzer vergessen, das trotz der Godeffroyschen Lebendigkeit fast lautlos verlief, so haßten wir diesen neuen Besitzer.« Oscar war damals 15, Emmy 23, Cesar 22, Elsa 20, Carl Alfred 18, Clara elf und Ernst sechs. Wie der neue Besitzer sich bei diesem Frühstück fühlte, ist nicht überliefert.

Emmy, nun 76 Jahre alt, zog mit ihrer Jungfer Amanda in eine Wohnung in der Heimhuderstraße 84, eine der neuen Straßen hinter den Villen am Außenalsterufer.

Die Stadt kaufte die Häuser am Alten Wandrahm N° 25 und N° 26 im Frühjahr 1886 zum Abriß.

Wilhelm Godeffroy bot Cesars Museum der Stadt erst zum Kauf an, dann als Geschenk, wenn sie ein Haus dafür baute – vergeblich. Das Naturhistorische Museum zu Hamburg übernahm die zoologische Sammlung für 140 000 Mark, später auch die Mineralien und die Schädel und Skelette. Waffen, Geräte, Kanus kaufte das Museum für Völkerkunde Leipzig.

Johannes Schmeltz arbeitete seit 1882 am Ethnographischen Reichsmuseum in Leiden, Holland. Er begründete die Zeitschrift Internationales Archiv für Ethnographie und gab das Journal des Museum Godeffroy weiter heraus.

Amalie Dietrich zog in ein städtisches Stift. Das Botanische Museum stellte sie als Kustodin ein. Doch als sie zu einem Kongreß der Anthropologischen Gesellschaft in Berlin fuhr, ließ der Pförtner sie nicht ins Gebäude – für Frauen verboten. Sie blieb am Eingang, gab nicht nach, schließlich holte er den Vorsitzenden der Gesellschaft. Die Forscher feierten sie stehend mit Ovationen. Sie starb 1891. Ihr Werk ist die größte naturkundliche Sammlung, die je ein einzelner Mensch zusammengetragen hat. Ihren Namen sucht man bis heute in großen deutschen Lexika vergeblich.

Die stadtwärtige Grenze des Freihafens verläuft an der Rückseite der alten Godeffroyschen Grundstücke. Der größte Teil des Freihafens liegt südlich der Elbe. Die Stadt ließ damals auf den alten Elbinseln Hafenbecken und Kanäle und kilometerlange Kais mit Schuppen und Eisenbahnschienen bauen, und bald konnte niemand mehr erkennen, wie es hier einmal ausgesehen hat.

Hamburg trat dem Zollverein am 15. Oktober 1888 bei. Doch der Freihafen wurde noch mehrfach erweitert. Die Stadt kaufte 1892 den Speicher Alter Wandrahm N° 29 zum Abriß. Das Reich beteiligte sich mit 40 Millionen an den Baukosten des Freihafens, die schließlich 126 Millionen betrugen.

Bismarcks Dank an Cesar juniors Schwager John Gossler, der öffentlich für den Zollanschluß eingetreten war, kam Anfang 1889: der erbliche preußische Adel. In der Familie hieß es, Gosslers Schwester Susanne Amsinck habe entsetzt ausgerufen: »Aber John, unser guter Name!« John von Gossler wurde 1908 Senator, vier Jahre später Freiherr von Berenberg-Gossler.

Hamburg gab mit dem Zollanschluß seine Opposition gegen das preußische Deutsche Reich auf. Die Kaufleute betrieben ihre wirtschaftlichen Interessen in Berlin, hielten sich aber aus der Reichspolitik heraus. *Man* kümmerte sich nur noch um sein Geschäft.

Die Idee des plebejischen Rittertums, das in Deutschland die politische Führung vom Adel übernimmt, war tot. Die bürgerliche Utopie eines Conrad Matthiessen, seiner Schwester Antoinette Godeffroy und eines Karl Sieveking wurde zur verklärten Vergangenheit, zur Legende: Damals, als Hamburg noch frei und selbständig war, in der guten alten Zeit, war das Ideal des Bürgers, der bei allem, was er für sich tut, auch dem Gemeinwohl nutzt, Wirklichkeit.

Symbol der Legende: das Rathaus. Fast vierzig Jahre lang hatte man einen Neubau nach dem Brand der Stadt unnötig und zu teuer gefunden. Nun, als Hamburg in dem neuen, von Berlin regierten Nationalstaat an Bedeutung verlor, sollte ein neues Rathaus die Kraft der Bürger und ihre Freiheit verherrlichen.

Grundsteinlegung war am 6. Mai 1886, Richtfest am 7. Mai 1892, Einweihung fünf Jahre später: Ein riesiger Renaissancebau mit imponierenden Festräumen beweist die glorreiche Vergangenheit und den Reichtum einer freien Republik der hanseatischen Kaufleute – die sich während der Bauzeit allerdings mehr und mehr mit den Verdienstmöglichkeiten des Reichs aussöhnten.

Über dem Hauptportal steht »Libertatem quam peperere majores – digne studeat servare posteritas«, die Freiheit, die die Väter geschaffen haben, möge die Nachwelt mit ernsthaftem Bemühen erhalten. Doch das aktive Interesse der Kaufleute an der Politik schwand weiter, selbst an Hamburgs Politik. 1859 waren zwei Drittel der Bürgerschaftsabgeordneten Kaufleute gewesen, 1913 nur noch ein Drittel.

Der Abriß des alten Kaufmannsviertels auf der Kehrwieder-Wandrahm-Insel war auch ein äußeres Zeichen dafür, daß die Blütezeit eines Kaufmannstyps vorüber war. Bis dahin waren Kontor, Speicher und Wohnung – Familie und Firma – eine architektonische Einheit. Nun lag der Speicher im Freihafen, das Kontor in der Innenstadt und die Wohnung des Chefs in einer Vorortvilla.

Die Brüder Hertz wollten sich der neuen Zeit nicht anpassen. Sie sahen überall um sich her Versuche, fremde Kapitalien heranzuziehen, erkannten, daß sie ihre Kaufmannsreederei in eine Kapitalgesellschaft verwandeln müßten, wenn sie eine der bedeutendsten der Stadt bleiben sollte. Woermann und Laeisz waren nun die führenden Reeder, und Woermann gliederte die Reederei 1886 aus seiner Firma aus und wandelte sie in eine Aktiengesellschaft um, an der Laeisz sich beteiligte. Aber die Brüder Hertz wollten alleinige Herren in ihrer Firma bleiben. Es gab keinen jungen Mann in der Familie, und als die Stadt ihr Haus am Holländischen Brook, einer Parallelstraße des Alten Wandrahm, zum Abriß kaufte, fingen die Brüder an, ihre Firma zu liquidieren. Sie liquidierten in aller Ruhe sechs Jahre lang und sicherten ihr Vermögen. Die Kaufmannsreederei *Adolph Jac. Hertz Söhne* wurde 1892 im Handelsregister gelöscht.

In den 1890ern setzte ein wirtschaftlicher Aufschwung ein. Hamburg wurde zur führenden Industriestadt Deutschlands. In Deutschland gewann eine kleine Gruppe Industrieller und Bankiers durch Großbetriebe, durch Zusammenschlüsse von Gesellschaften und Banken eine wirtschaftliche Macht nie gekannter Größe. Doch die Führung in der Politik behaupteten der Kaiser und seine adligen Freunde: Eine feudale Oberschicht regierte einen modernen Industriestaat.

Gustav Godeffroy hatte in einem Vortrag vor schutzzöllnerischen Industriellen im Februar 1879 in Berlin gesagt, er wolle sich lieber mit »oben« verbünden als mit »unten«.

Er war empört, als H. H. Meier in Bremen 1887 nicht wieder als Reichstagskandidat aufgestellt wurde, weil die Freisinnigen – ein neuer linksliberaler Parteienzusammenschluß – dem Kaufmann und Reeder Meier den Lehrer Bulle vorzogen. Gustav wünschte ein Berufsverbot für den linken Lehrer, man sollte ihn »je eher je lieber von seinem Posten entfernen«.

Adolph Woermann war der letzte Hamburger Kaufmann im Reichstag. Die Sozialdemokraten gewannen 1890 alle drei Hamburger Wahlkreise. Immer noch lebten 70 % der Einwohner unterhalb der offiziellen Armutsgrenze. Im Reichstag wurden Sozialdemokraten und Linksliberale stärker. Die Abgeordneten verlängerten das Verbot der Sozialdemokratischen Partei 1890 nicht mehr.

Gustav und Adolph Godeffroy, ehemalige Säulen des nationalliberalen Bürgertums, vergaßen ihre freiheitlichen Ideale. Großbürgertum und Adel schlossen sich zusammen gegen die sozialen und demokratischen Forderungen der Arbeiter und linksliberalen Bürger und verteidigten die Monarchie. Der hanseatische Kaufmann Adolph Godeffroy trat jetzt für eine Militärdiktatur ein.

Adolph rechnete im April 1893 mit Neuwahlen. Im Reichstag stehe eine neue Militärvorlage an, erklärte er seinem Sohn, und da die demokratischen Abgeordneten sie ablehnen würden, müsse Kaiser Wilhelm II. den Reichstag auflösen und Neuwahlen anordnen. Wenn auch das nichts helfe, müsse man das »für unsern Reichstag leider bestehende allgemeine gleiche Wahlrecht« abschaffen: »Und das ist eben unmöglich, weil es dem allgemeinen Ruin gleichkommen würde, und unser Kaiser wird es nach meinem Dafürhalten lieber auf einen Staatsstreich ankommen lassen, der jetzt noch ohne Zweifel unschwer durchzuführen sein würde, denn auf unsere Armee ist mit Sicherheit zu rechnen und alle Welt wünscht lieber jetzt wie später die doch einmal nothwendig werdende Abrechnung mit der Sozialdemocratie vorgenommen zu sehen.«

Der Kaiser hatte gerade die Soldaten aufgefordert, zur Not auf die eigenen Brüder und Eltern zu schießen. Er sah sich als Erwählten Gottes und hielt militaristische und imperialistische Reden. Seine Mutter – die Kronprinzessin, der die kleine Emmy Godeffroy die Rose ihres Großpapas gebracht hatte – schrieb ihrer Mutter Queen Victoria nach London, sie wünsche, sie könne ihrem Sohn ein Schloß vor den Mund hängen. Aber Bürger wie Adolph Godeffroy liefen lieber mit den Herrschenden mit, als mit Arbeitern über Löhne zu verhandeln.

Das alte Honoratiorenbürgertum scheiterte auch an seiner Gier, reich zu sein. Senat und Bürgerschaft in Hamburg hatten die Steuern für die Besitzenden stets sehr niedrig gehalten und öffentliche Ausgaben – wie zum Beispiel für eine moderne Trinkwasserversorgung – ebenfalls. Im Sommer 1892 starben 10 000 Hamburger an Cholera. Als Robert Koch, Entdecker des Choleraerregers und Direktor des Hygienischen Instituts der Universität Berlin, mit Hamburger Medizinalbeamten durch das Gängeviertel ging, die mit Arbeiterwohnungen zugebauten Hinterhöfe, rief er aus: »Meine Herren, ich vergesse, daß ich in Europa bin!«

Von nun an erhielt Hamburg eine professionelle Verwaltung.

Gustav Godeffroy führte ein arbeitsames und sorgenvolles Leben, reiste oft nach Wien oder Berlin. Doch nur sein Bruder Adolph ahnte etwas von dem Kampf um sein Vermögen. Heinrich Merck: »Den zierlichen und eleganten Senator Gustav Godeffroy sehe ich in der Erinnerung mit weißen Bartkoteletten in Tropenjacke und Panamahut im Garten um sein burgenähnliches Haus bei den Blumen hantieren.«

Die großen Feste an der Elbchaussee fanden jetzt bei Robert Miles Sloman statt, und auch der Enkel des Syndikus Carl

Merck ging dahin, wenn alt und jung zur Teestunde geladen waren. Riesige weißgedeckte Tafeln standen auf dem weiten Rasen, Diener flitzten hin und her, die Alten saßen in bequemen Stühlen in der Sonne, ein Orchester der Mailänder Scala spielte. »Der greise Gastgeber wurde im Rollstuhl umhergefahren, schmunzelte über den Genuß, den er groß und klein bereitete, und hatte für jeden ein freundliches Wort.«

Gustav junior starb im April 1890 in San Francisco an der Trunksucht, 39 Jahre alt, es hieß, man habe ihn tot in der Gosse gefunden. Sein Vater machte sich Vorwürfe, seine Erziehung vernachlässigt zu haben.

Über August kam nur selten ein Gerücht nach Hamburg. Er und Alida hatten in Buenos Aires einen Sohn bekommen, am 11. Dezember 1885, Robert James August, Cesars letzten Enkel. Sechs Jahre später siedelte August mit seiner Familie nach Mexiko über. Er erkrankte kurz vor der Ankunft in Veracruz an Scharlach, seine Frau erkrankte an Influenza und blieb lange schwach, sein Sohn hustete Blut und war in Lebensgefahr. August wußte nicht, wie es beruflich weitergehen sollte, suchte eine Stellung, bat seinen Cousin Adolphito in New York um Hilfe. Er hatte Angst vor der Zukunft.

Sechs Monate später schickte er dem Cousin eine Todesanzeige. Alida Godeffroy war im Juni 1891 in Mexico City gestorben, 48 Jahre alt, in Armut und Elend. Adolph an seinen Sohn: »Nun, da er diesen Klotz vom Bein los ist, ist doch wieder eine Chance da, daß er sich nach und nach, wenn er sich durch eine Reihe von Jahren ehrenhaft und verständig führt, wieder rehabilitiert, was geradezu unmöglich war, solange diese Person ihm anhaftete.«

Eines Tages stand Augusts kleiner Sohn bei der Großmutter in der Heimhuderstraße vor der Wohnungstür, wurde abgegeben wie ein Postpaket. Emmys resolute Jungfer Amanda kümmerte sich um den Jungen, der sich ihr anschloß. Die Großmama schickte ihn schließlich auf das Katharineum nach Lübeck, wo er bei einer Familie Hase in Pension lebte. Emmy schrieb ihm manchmal ein kleines Billet mit zittriger Schrift, versuchte in ihrer armseligen Ausdrucksweise Späße zu machen, erzählte ihm von Jungfer Amanda. Der kleine Junge hob ihre Billets auf. Niemand wußte, wo sein Vater war.

Im Frühjahr 1893 ging es allen aus der älteren Generation gesundheitlich schlecht. Helene, die fast jeden Sommer aus Wales nach Hohenstein gekommen war, konnte nicht mehr reisen. Gustav hatte einen Schlaganfall. Es ging ihm bald besser, aber er war doch »entschieden geistig gelähmt«, auch wenn er wieder den Vorsitz im Aufsichtsrat der Norddeutschen Bank antrat. Adolph meinte von sich, »daß ich mich geistig, Gottlob, ganz nett erhalte, aber sonst gehe ich doch merklich zurück«. Nur Emmy ging es trotz ihrer 78 Jahre eigenartig gut. Sie zog für einige Zeit zu Adolph und Harriet in die Klopstockstraße, um von dort aus ihren Umzug in eine neue Wohnung in der Magdalenenstraße zu betreiben. Die Sommer verbrachte sie nun in Hohenstein, bei Peter in Weisin und bei Charlotte in Brestau, Schlesien.

Gustav Godeffroy starb am 7. August 1893 in seinem Haus an der Elbchaussee, morgens um sieben Uhr, 76 Jahre alt. Drei Tage später wurde er in der neuen Familiengruft auf dem Friedhof Nienstedten bestattet, in die später auch sein Bruder Cesar überführt wurde. Zahlreiche Trauergäste, Bankiers, Kaufleute, Senatoren, Wissenschaftler, kamen zur Beerdigung. Das Hamburger Fremdenblatt nannte ihn »eine der bekanntesten und populärsten Persönlichkeiten unserer Stadt«.

Julie konnte Beausite und das Stadthaus in der Büschstraße am Gänsemarkt nicht halten und suchte sich mit ihrer zwanzigjährigen Tochter Olga eine Wohnung vor dem Dammtor. Gustavs Elbschloß war ein Jahr am Markt. In einer öffentlichen Auktion ging zum Aufruf von 295 000 Reichsmark – der hypothekarischen Belastung – kein Gebot ein. Schließlich erwarb Hermann Wiebe Petersen Schloß und Park für Wilhelm Godeffroy, auf den auch eine der drei Hypotheken eingetragen war. Er verkaufte Beausite ein Jahr später an den Haiti-Kaufmann Timoleon Ludovic Pagenstecher, der 300 000 bezahlte und Kanalisation, Wasserleitung und elektrisches Licht legen ließ.

Im Herbst 1893 verlobte sich Cesars Enkelin Elsa mit Robert Loesener, einem Enkel von Robert Miles Sloman. Der junge Mann trat als Associé in die Reederei seines Großvaters ein und war finanziell sehr gut gestellt.

Über Elsa, das Wundermädchen, wußte Adolph seinem Sohn nichts zu erzählen. Selbstverständlich heiratete sie unter Stand, aber: »Dieser lift der Familie Cesar ist nach all dem vielen Malheur und dem Zusammenbruch des einstigen Standing denn doch im hohen Grade willkommen. Mit der ehemaligen Exclusivität, die in den Familien Godeffroy, Parish, Jenisch, Henry Schröder gipfelte, ist es doch schon lange vorbei und neue Namen, wie Ohlendorff, Sloman etc. sind jetzt an die Oberfläche gekommen – Darüber muß man sich keine Illusionen machen, und das ist am Ende auch der gewöhnliche Lauf der Dinge ...«

Adolph Godeffroy starb am 13. Dezember 1893 mittags um Viertel vor vier in seinem Haus an der Außenalster, 78 Jahre alt. Sein Sohn erbte 250 000 Reichsmark und den Tafelaufsatz der *Hapag*. Er schenkte ihn dem Senat, der ihn zum Ratssilberschatz nahm – Inventarnr. 72.

Emmys letzter erhaltener Brief ist an ihren Enkel August in Lübeck gerichtet. Sie starb am 6. Mai 1894. Cesar junior übernahm den unerwünschten Neffen. Der kleine Junge bekam jetzt manchmal von seinem Vater einen sehnsüchtigen, herzzerreißenden Brief, was er den feindseligen Verwandten verschwieg.

Alfred Godeffroy bewohnte jeden Winter dasselbe Logis im Hamburger Hof am Jungfernstieg. Er ging viel auf Diners und lud die Familie zu sich ein, gab am zweiten Weihnachtstag 1897 ein großes Familiendiner bei Pfordte am Plan, einem berühmten Restaurateur, dem das Hotel Atlantic gehörte. Alfred war etwas asthmatisch und klagte viel, aber seine Schwägerin Harriet fand, es ginge ihm blendend. Sie war ihm zugetan und stritt sich manchmal mit ihm – sie war sehr kaisertreu, er offenbar ein demokratischer Amerikaner. Er starb am 23. März 1898. Er hinterließ 512 580 Reichsmark. 100 000 bekam sein Großneffe Alfred, der Rest wurde unter die übrigen Großnichten und Großneffen verteilt.

Cesars älteste Enkelin Emmy lebte bei Tante Harriet als

Gesellschafterin. Ihr Bruder Alfred war kaufmännischer Angestellter in Guatemala, ihr Bruder Oscar ging nach Singapur. »Cesar's« hatten ein Haus in der Heimhuderstraße bezogen. Es war und blieb Harriet ein Rätsel, wie sie Adolphito schrieb, woher Cesar junior das Geld zu seinem Leben hatte, »er arbeitet noch immer bei Kayser, lebt sehr gut in einem hübschen Hause und allen ist es unerklärlich, woher er das Alles nimmt«.

Harriet versuchte, über Finanzen und Personalien unterrichtet zu bleiben, doch ihre intimen Kenntnisse der guten Familien zählten nicht mehr: »Wie würden Sie es hier verändert finden in jeder Beziehung – die Gesellschaft ist viel weniger vornehm, viele Juden und Parvenues – und wie viele – ganze Familien sind ausgestorben od. herabgekommen, ich gehe gar nicht in Gesellschaft außer meiner Familie.«

Antisemitismus war hoffähig.

Großneffe Alfred verließ Guatemala, um in das Geschäft von Sloman einzutreten, und Harriet nannte seinen Schwager Robert Loesener »eine Vorsehung« für die ganze Cesarsche Familie. Aber: »Ich muß mir oft mit einem gewissen Schmerz am Herzen sagen, wer hätte das vor Jahren gedacht, daß Godeffroys von Slomans protegiert würden! Der ganze Glanz ist dahin, und meiner Meinung nach ist unter Cesar's Kindern, od. vielmehr Söhnen, *keiner*, der ihn neu beleben wird, Cesar selbst am wenigsten!«

Harriet Godeffroy starb im Sommer 1899 in Hohenstein.

August Godeffroy starb am 6. Juli 1900 in Kapstadt, 48 Jahre alt, arm und einsam. Sein Neffe Oscar nannte noch 35 Jahre später Onkel Augusts frühen Tod eine »Erlösung für alle, die seinen Namen trugen«.

Die Kaufmannstochter Marion Godeffroy geb. Brander, Gustav juniors Witwe, war mit ihren beiden Töchtern von Tahiti nach Hamburg gezogen. Sophie heiratete 1902 Johannes Ruperti, Mitinhaber von *H. J. Merck & Co.*, und Tochter Marion heiratete 1903 Henry O'Swald, *Wm. O'Swald & Co.*

In diesem Jahr begann Cesar junior, sich zum Kolonialpionier hochzustilisieren.

Cesar junior hatte stetig so viele Aktien der *Deutschen Handels- und Plantagengesellschaft* gekauft, wie er sich nur leisten konnte. Die Gesellschaft warf zwar keine Gewinne ab, rodete und bepflanzte jedoch mit den Kontraktarbeitern immer mehr Land, bis die Plantagen insgesamt fast 3000 Hektar groß waren. Ein neuer Direktor stellte nach dem Tod von Theodor Weber 1889 die Gesellschaft mit Hilfe der Deutschen Bank auf eine solide finanzielle Basis.

Der Kaufmann Otto Riedel leitete das Geschäft in Apia ab 1897. Er arbeitete später viele Jahre lang mit Cesar junior zusammen: »Er war für mich eine mir bis dahin noch nicht bekannte Art des hamburgischen Kaufmanns, ein Grandseigneur, der auch Geschäfte machte. Nicht, daß er übertrieben elegant gewesen wäre. Er hatte im Anzug die legere Art, die sich früher manche Leute unsres preußischen Hochadels oder englische Lords erlaubten. Sein kluges Gesicht mit dem grauen Spitzbart konnte gut auch einem Diplomaten gehören. Man brauchte nur zwei Sätze mit ihm zu reden und war im Bann seiner Liebenswürdigkeit. Diese persönlichen Vorzüge sicherten seine geschäftlichen Erfolge. Er konnte glänzend verhandeln, faszinierte die Menschen, vertraute seinem guten Stern.«

Riedel verehrte den verstorbenen Cesar Godeffroy und beneidete ihn um die Zeit, die er als Kaufmann erlebt hatte. Die kaufmännischen Fähigkeiten seines Sohnes beurteilte Riedel äußerst nüchtern, bewahrte ihm aber trotzdem immer eine besondere Liebe: »Für mich war er der Sohn des großen Mannes, der das alte Kaufmannsschicksal erfahren hatte, von der Welle des Glücks hochgetragen zu werden und dann wieder zurücksinken zu müssen, als sei das Funkeln im Licht nur ein Traum gewesen.«

1898 begann der Koprapreis zu steigen. Die Plantagengesellschaft zahlte ihre zweite Dividende.

Das Deutsche Reich vergrößerte jetzt seine Flotte. Kaiser Wilhelm wollte Weltmachtpolitik treiben, um in Deutschland glänzen und die Erinnerung an Bismarck auslöschen zu können, wollte zeigen, daß er seiner Ahnen würdig war, eines von Gott erwählten Geschlechts, und Bismarck bloß ein Handlanger der Hohenzollern. Er trompetete jede kleine territoriale Neuerwerbung aus als großen Zuwachs für das Deutsche Reich auf seinem Weg zur Weltmacht, Vorherrschaft und ewigen Größe. Das Reichsmarineamt trieb den Kaiser an. Staatssekretär Alfred Tirpitz – seit 1900 *von* Tirpitz – wünschte deutsche Stützpunkte im Pazifik.

Ab 1. März 1900 wehte die deutsche Flagge über Apia. England hatte nach langen Verhandlungen und unter dem Druck des drohenden Burenkrieges nachgegeben. Deutschland bekam die Inseln Upolu und Savaii, Amerika Tutuila mit Pago-Pago, England Tonga als Einflußgebiet sowie zwei Salomoninseln.

Samoa sei einer der schönsten Brillanten in unserem kolonialen Diadem, meinte Bernhard von Bülow, Staatssekretär im Auswärtigen Amt wie sein Vater Ernst. Für den Kaiser war Samoa eine Perle: Als Dank für »dieses Perlenjuwel meiner Krone« machte er Bülow zum Grafen. Der neue Graf wurde im Oktober 1900 preußischer Ministerpräsident und Reichskanzler. Militarismus und Nationalismus waren für ihn die Fundamente des Deutschen Reichs.

Der Koprapreis verdoppelte sich zwischen 1900 und 1913. Zwei Drittel des Kopraexports der Plantagengesellschaft kam aus den Dörfern, ein Drittel aus den eigenen Pflanzungen. Die Dividende stieg von 5 % im Jahre 1898 auf 12 % in den ersten Jahren des neuen Jahrhunderts, 1909 auf 28 % und 1911 auf 36 %. Andere deutsche Firmen auf Samoa kamen nicht so gut voran: Die Kontraktarbeiter aus Neu-Guinea waren für die Plantagengesellschaft reserviert.

Noch größeren Profit machte Cesar junior mit seinen Aktien der Jaluit-Gesellschaft.

Cesar Godeffroy junior, *Deutsche Handels- und Plantagengesellschaft*, und Eduard Hernsheim, *Robertson & Hernsheim*, hatten sich 1886 an der Elbchaussee im Restaurant Jacob getroffen. Beim Essen hatten sie sich darauf geeinigt, ihre erbitterte Konkurrenz auf den Marshallinseln zu beenden und gemeinsam eine Aktiengesellschaft zu gründen, die *Jaluit-Gesellschaft zu Hamburg*. Die Jaluit-Gesellschaft übernahm die Kosten der Verwaltung auf den Marshalls und bekam dafür von Bismarck Exklusivrechte: unbebautes Land in Besitz zu nehmen, Phosphat abzubauen und Steuern in der Form von Kopra zu erheben. Die Gesellschaft stützte sich auf die kaiserlichen Kriegsschiffe und diktierte die Einkaufspreise für Kopra, die Höhe der Steuern und der Arbeitslöhne.

Sie erzielte von Anfang an Gewinne. Eduard Hernsheim wurde bei einem kurzen Anstieg des Koprapreises in Europa seine Schulden mit einem Schlag los. Er war müde von den Tropen und ihren Krankheiten. Nach einem Schlaganfall Anfang 1892 kehrte er im Mai nach Hamburg zurück. Er heiratete, kaufte eine Villa am Mittelweg, zog Kinder groß und erzählte ihnen von der fernen Insel Matupi.

Die Jaluit-Gesellschaft drängte das Auswärtige Amt, die Karolinen und die Marianen zu annektieren. Das Reich kaufte die Inselgruppen von Spanien für 16 598 373 Reichsmark und 14 Pfennig. Kurz vor dem Kauf schwammen die deutschen Kolonialenthusiasten auf einer Welle öffentlicher Begeisterung über diese bedeutende Neuerwerbung für das Deutschtum. Niemand glaubte einem Marinekapitän, der auf allen Inseln zusammen nur neun Deutsche gezählt haben wollte. Kurz nach dem Kauf war die Öffentlichkeit ernüchtert. Ein anderer Kapitän hatte noch mal nachgezählt und war auf nicht mehr als 24 Deutsche gekommen. Dafür waren die Inseln doch sehr teuer.

Die Jaluit-Gesellschaft konnte 1900 eine Dividende von 12 % zahlen. 1905 wurde Cesar junior Aufsichtsratsvorsitzender. 1906 zahlte sie 20 % Dividende. Noch mehr verdiente sie von nun an am Phosphatabbau auf Nauru, der ihr auch vorbehalten war.

Das Deutsche Reich hatte Pleasant-Island oder Nauru 1888 annektiert, als Waffenhändler seinen Schutz geradezu erflehten: Je mehr Gewehre sie gegen Kopra eintauschten, um so tödlicher wurden die Kriege zwischen den Clans auch für Händler. Als das Kanonenboot EBER nach Nauru kam, war die Insel ein Schlachtfeld. Die Matrosen hielten die zwölf Häuptlinge so lange gefangen, bis alle Schußwaffen abgeliefert waren:

765 Stück – bei 1 300 Einwohnern, davon 300 Kindern. Es gab 30 % mehr Frauen als Männer. Die Matrosen hatten gerade auf dem Atoll Tarawa in den Gilberts 500 Gewehre eingesammelt: Jagdgewehre, Zündnadelgewehre, Winchester, Magazingewehre, Snidergewehre, Vorderlader, Pistolen, Revolver.

Die *Pacific Phosphate Company*, Sydney, begann 1906, auf Nauru Phosphat abzubauen, Dünger für die Landwirtschaft. Die Jaluit-Gesellschaft besaß Anteile der Company und bekam außerdem für jede Tonne Phosphat eine Lizenzgebühr. Kontraktarbeiter von den Karolinen und aus China kamen nach Nauru. Einige brachten Dysenterie, Kinderlähmung, Tuberkulose mit. Zahlreiche Nauruaner starben. Die Company brachte in sechs Jahren 630 000 Tonnen Phosphat nach Australien. Die Dividende der Jaluit-Gesellschaft stieg auf 84 % – rechnerisch, die Aktien waren längst geteilt worden.

Cesar juniors zunehmende Einkünfte brachten ihm zunehmende Anerkennung: Der Autor Adolf Coppius, der ein Buch über Hamburgs Bedeutung auf dem Gebiete der deutschen Kolonialpolitik plante, besuchte ihn. Coppius war tief beeindruckt von dem dekorativen alten Herrn. Cesar junior stellte sich als kriegerischen Kolonialpionier dar, ganz im Sinn der kaiserlichen Reden. Nach dem Gespräch nannte Coppius *Joh. Ces. Godeffroy & Sohn* ein geniales und tatkräftiges Unternehmen.

Der Glanz der Godeffroys kehrte, dunkel glimmend, in der wachsenden Kolonialliteratur zurück. Problem für Autoren: das Scheitern des genialen Hauses. Sie entwickelten gleich zwei Lösungen.

Erstens: Die Ursache des Scheiterns lag nicht im Südseegeschäft, sondern in der Krise des Steinkohlenbergbaus. Verwunderlich auch: Die Autoren vergaßen Godeffroys maßgebliche Beteiligung an den Osnabrücker Werken, denen es inzwischen sehr gut ging.

Zweitens: Dr. Wilhelm von Godeffroy hatte Schuld, er, ein »Träger des Namens«, hätte das Ende der Firma abwenden müssen, dem im Grunde nur eine Art finanzieller Unpäßlichkeit vorausgegangen sei.

Schon kurz nach der Zahlungseinstellung wies der Hamburger Korrespondent der Frankfurter Zeitung auf verwandtschaftliche Beziehungen des Hauses Godeffroy hin mit dem Vorwurf, daß man es Fremden überlasse, die fehlenden Gelder zur Rettung der Firma aufzubringen. Cesar und Gustav oder Cesar junior machten über die Öffentlichkeit Druck auf den reichen Vetter. Der sprang gutmütig mehrfach ein, obwohl sein Onkel Gottlieb Jenisch ihn gewarnt hatte – mit dem Kredit, für den er das Museum als Pfand bekam, oder mit dem Kauf von Beausite, das Gustavs Witwe nicht los wurde. Als er 1904 starb, besaß er 50 Millionen Reichsmark und hinterließ seinem Neffen, Reichskanzler Bernhard von Bülow, fünf Millionen, worauf der Kaiser den Kanzler zum Fürsten ernannte. Neffe Bülow hatte geerbt, und Neffe Cesar junior und seine Söhne nicht, und sie ahnten auch, warum: Das Selbstbewußte, Liebenswürdige des Südseekönigs, seiner Brüder und Söhne habe den absonderlichen Vetter mit der krächzenden Stimme immer schon geärgert. Der arme Willy sei nur neidisch gewesen auf die erfolgreichen Godeffroys.

Cesar junior konnte sich 1907 ein Landhaus in Rissen bauen, ein Doppelhaus: eine Hälfte für seinen Förster und dessen Familie, die andere für die Sommer- und Jagdaufenthalte der eigenen Familie. 1910, nach dem Tod von Direktor Viktor Koch, Deutsche Bank, wurde Cesar junior wieder in den Aufsichtsrat der *Deutschen Handels- und Plantagengesellschaft der Südsee-Inseln zu Hamburg* gewählt.

Die Seedampfer trugen nun gewaltige Namen. Mit dem anhaltenden Konjunkturaufschwung wuchsen posthum auch die deutschen Kaiser. Auf Wunsch von Wilhelm II. hatte der *Norddeutsche Lloyd* in Bremen einen Dampfer KAISER WILHELM DER GROSSE genannt. Der Kaiser selbst taufte im Mai 1912 in Hamburg einen *Hapag*-Dampfer IMPERATOR. Er war der größte Passagierdampfer der Welt – 4600 Passagiere, 1180 Besatzungsmitglieder – und die *Hapag* unter Generaldirektor Albert Ballin die größte Reederei der Welt.

Laut Statistik blieb das deutsche Kolonialreich wirtschaftlich bedeutungslos. 1893 kamen 0,1 % der deutschen Einfuhren aus den eigenen Kolonien, 1912 waren es 0,4 %. 1893 gingen 0,2 % der deutschen Ausfuhren in die eigenen Kolonien, 1912 waren es 0,5 %. 50 % der Kopra importierte Deutschland aus britischen Kolonien, 40 % aus Indonesien.

Bankiers hatten an den Kolonien kein Interesse. Max von Schinckel meinte, es sei immer klar gewesen, daß Erträgnisse in Samoa irgendwann kommen mußten, doch in Hinblick auf das investierte Kapital wären sie äußerst bescheiden.

Das Auswärtige Amt veranschlagte allein für Kriegsschiffe im Pazifik bis 1900 schon 25 Millionen Reichsmark. 192 Deutsche lebten 1905 auf Samoa. Im selben Jahr lebten in allen deutschen Kolonien insgesamt 5 951 Deutsche – ein Drittel von ihnen Beamte und Soldaten. 1912 lag die Zahl der Deutschen in ihren Kolonien unter 20 000.

Doch einzelne Firmen ohne Konkurrenten konnten reich werden. Sie strichen indirekt das Geld der Steuerzahler zu Hause ein. Die Kolonialpolitik war auch eine Umverteilung von unten nach oben.

Im Pazifik veränderte sie das Leben. Inselbewohner verloren ihr Land, mußten sich als Kontraktarbeiter und Kontraktarbeiterinnen verpflichten, sich von Kriegsschiffkommandanten und fremden Beamten regieren, sich zu unmündigen Kindern degradieren lassen. Von 1908 bis 1914 sind im gesamten Pazifik über 40 000 Menschen von ihren Inseln weggeholt worden und arbeiteten für Löhne von unter sechs Mark im Monat.

Ein neuer Kaufmannstyp breitete sich im Kaiserreich in Festschriften und Memoiren aus, ging zahlenmäßig während der Weimarer Republik offenbar zurück und nahm unter den Nationalsozialisten wieder zu: der königliche Kaufmann.

»Johann (sic) Cesar Godeffroy war ein glühender deutscher Patriot und ein wahrhaft königlicher Kaufmann«, stand 1935 in Wassersport, der Zeitschrift des Hamburger Ruder-Clubs.

»Johan Cesar Godeffroy war eben wirklich das, was man einen königlichen Kaufmann nennt«, meinte Otto Riedel,

Generaldirektor der Plantagengesellschaft, in seinen Memoiren 1938. Über Cesar junior schrieb Riedel: »Er besaß noch wirklich etwas vom königlichen Kaufmann, der sich zwar darauf verstehen muß, Geld wichtig, aber nicht zu wichtig zu nehmen.«

Was charakterisiert den königlichen Kaufmann und woher kommt er?

Er nimmt Geld wichtig, aber nicht zu wichtig – laut Riedel.

Er will allein das Kommando führen – Max von Schinckel über Robert Miles Sloman jun. und Adolph Woermann.

Er vereint Geist und Leben – Friedrich Reuter, Lehrer am Christianeum in Altona, über Johann Carl Semper, Wollgarnfabrikant.

Seine vermutlich frühste Erwähnung in Deutschland führt in den Reichstag, wo er sich in einem Wortgeplänkel zwischen Bismarck und dem Zentrumsabgeordneten Ludwig Windthorst zeigte. Bismarck wollte am Sonnabend, dem 10. Januar 1885, vom Reichstag Geld haben für einen Gouverneur in Kamerun – Woermann hatte abgelehnt, die Verwaltung dort zu bezahlen – und für die Barkasse dieses Gouverneurs. Er sprach von Hamburger Firmen in Afrika als diesen »fürstlichen Kaufhäusern« und von der »kaufmännischen Aristokratie« Hamburgs. Windthorst spielte in seiner Entgegnung auf Kaufleute an, die mit angeblich ganz sicheren Geschäften erst reich werden und dann Bankrott machen wie der Eisenbahnkönig Strousberg und sagte: »Es ist nur wunderbar, daß mit einem Male alle diese ›großen Könige‹ aus der Erde zu wachsen scheinen, und zwar aus der Sandwüste in Afrika, während wir vorher, ehe die Kolonisationspolitik hier in diesem Umfang sich entwickelt hat, von ihnen gar nichts wußten.«

Einen königlichen Kaufmann hat es nie gegeben. Es gab königlich privilegierte Kaufleute und Hoflieferanten – und gibt sie noch –, und sie galten unter hanseatischen Kaufleuten als Krämer: Wer einen Laden hatte, war Kleinbürger und zählte nicht in der Politik.

Otto Riedel beschrieb eine weitere Spielart des hanseatischen Kaufmanns, und es ist unklar, ob Kaiser Wilhelm II. ihn mehr beeinflußt hat oder Hitler: »Wir standen als Soldaten unseres Volkes in hartem Kampf, und nur das Bewußtsein, der Sache unseres Vaterlandes zu dienen, hat uns den Kampf schließlich gewinnen lassen.«

Kaufmännische Angestellte in Übersee wurden zu Soldaten. Theodor Weber wurde zum Kämpfer um Lebensraum. Der Bankier Dr. Ludwig Bamberger wurde zum Juden Bamberger. Cesar Godeffroy wurde zum königlichen Kaufmann.

Soldaten, Juden, Könige – das war scheinbar biblisch-archaisch und meilenweit von der Welt bürgerlicher Vernunft entfernt.

Cesar junior wurde wieder Millionär. Er stand mit 2,9 Millionen Reichsmark in einer nicht ganz zuverlässigen Liste der reichsten Hamburger 1912 etwa an 150. Stelle, vor seiner Tante Julie Godeffroy. Robert Loesener, Ehemann seiner Tochter Elsa und Slomans Enkel, stand an zweiter Stelle.

Die *Hamburger Hafen-Dampfschiffahrts AG* nannte 1912 einen Personendampfer GODEFFROY. Seit 1970 liegt er als Restaurantschiff ALTE LIEBE in Berlin.

Frau Senator Julie Godeffroy, wohnhaft Mittelweg 143, kam am Sonnabend, dem 28. September 1912, um zehn Minuten nach elf Uhr abends bei einem Autounfall auf dem Heimweg vom Theater ums Leben. Ihr Taxi stieß an der Ecke Alte Rabenstraße/Fontenay mit einem Wagen der Straßenbahnlinie 19 zusammen. Der Zusammenprall schleuderte sie gegen die Spiegelscheibe des Autos, Glassplitter zerschnitten die Halsschlagader, sie verblutete. Das Taxi war in zwei Teile zerbrochen, die Straßenbahn aus den Schienen gehoben.

Cesar Godeffroy junior starb am 6. November 1912. Er hatte seinen Kindern nie vom Ende der Firma erzählt.

Geschäftsunterlagen gibt es nicht mehr. In der Familie heißt es, sie seien in den letzten Tagen des 2. Weltkriegs beim Einmarsch der Russen in Boitzenburg, wohin sie ausgelagert waren, verbrannt. Andere Familienmitglieder erzählen, Cesar VII. habe verfügt, ihm alle Akten und Geschäftsbücher, die er noch nicht selbst vernichtet hatte, mit ins Grab zu geben. Bei der Beerdigung habe es geheißen: Halt, Sarg zurück, Deckel auf, die Akten müssen mit.

Die Firma *Joh. Ces. Godeffroy & Sohn* wurde 1913 im Handelsregister gelöscht. Hundert Jahre zuvor hat ein Johan Cesar Godeffroy die Silberbarren aus der Bank geholt und ist mit seiner schwangeren Frau vor Napoleons Soldaten nach Kiel geflohen, wo sein Sohn, der König der Südsee, zur Welt kam.

Erhalten blieb, womit die Geschichte der Godeffroys begann: das Hansen-Haus an der Elbchaussee, mit dem der Bauherr zum ersten Mal Sensation machte.

Die Gemeinde Blankenese und die Stadt Altona fingen in den 1920er Jahren in weisem Entschluß an, die letzten großen, noch nicht parzellierten Parks zu kaufen. Die oberen Teile an der Elbchaussee verkauften sie als Villengrundstücke, die unteren an den Hängen des Elbufers öffneten sie der Allgemeinheit. Der Erfolg: Herrliche Parks mit weiten Ausblicken über den Fluß sind erhalten und stehen jedem offen – wie in der Zeit, als Kaufleute und Bürger sie anlegten und ihre Schönheit die Mitmenschen moralisch bessern sollte.

Das Landhaus Elbchaussee 499, das Hirschparkhaus, kaufte die Gemeinde Blankenese 1924, heute gehört es der Freien und Hansestadt Hamburg. Die Anbauten des 19. Jahrhunderts sind wieder abgerissen, das Haus ist an eine Tanzschule vermietet. Im Kavaliershaus können Spaziergänger Tee trinken.

Das Weiße Haus, das Hansen für Pierre Godeffroy baute, gehört der Reederfamilie Eßberger-von Rantzau. Sitz der Firma ist das Haus an der Palmaille, das Hansen für den Altonaer Etats- und Konferenzrat Baur baute. Gustav Godeffroys Beausite ist 1935 abgebrochen worden. Jenisch-Haus und Jenisch-Park gehören dem Staat Hamburg, der Senat gibt hier manchmal Empfänge. An anderen Tagen können Besucher durch die Räume wandern und sich ansehen, wie große Kaufleute in der ersten Hälfte des vorigen Jahrhunderts lebten.

Wo früher Cesar Godeffroy und seine Freunde mit der »Dame Blanche« in bunten Fräcken morgens ins Comptoir fuhren, bewegt sich heute zwischen acht und neun Uhr eine lange Schlange dunkler Wagen in die Stadt. In jedem sitzt ein Herr in gedecktem Anzug – Besitzer eines mittelständischen Betriebes oder leitender Angestellter einer großen Kapitalgesellschaft.

Die »Beaumonde von Blankenese« gibt es noch, und immer noch fragt *man* sich: Wieso der, wieso nicht ich?

Anhang

Notizen für Historiker

Zwei Monographien sind bislang über die Firma Godeffroy erschienen. Beide verherrlichen Cesar Godeffroy als Kolonialpionier. Die erste erschien 1922, als mit dem Ersten Weltkrieg auch die deutschen Kolonien verloren waren. Ihr Verfasser Richard Hertz überbetont die Größe der Godeffroyschen Plantagen im Pazifik, um mit der Größe des Verlustes seine Ungerechtfertigkeit zu beklagen. Der Verfasser der zweiten und schwächeren, die 1938 erschien, Kurt Schmack, gehörte zu denen, die unter Hitler den Kolonialgedanken wiederbeleben wollten: Hier sollte die Größe der Godeffroyschen Leistung die Wiedereroberung der Kolonien rechtfertigen.

Das Etikett Kolonialpionier verdeckt den Blick auf den Kaufmann und Bürger. Beide Bücher lassen die Wirtschaftsentwicklung des 19. Jahrhunderts weitgehend außer acht – als ob Cesar Godeffroy im luftleeren Raum agiert hätte.

Nach 1945 haben Autoren erstaunlich arglos unzulängliche Angaben und Fehler von Hertz und Schmack übernommen. Ein Autor wie Skřivan, 1995, scheint zu glauben, wenn er die Sprache der Kolonialpropagandisten und Imperialisten einfach wegläßt, habe er die nackten Tatsachen, und übersieht, daß die Propagandasprache von deutscher Ehre und Größe Tatsachen verdreht oder sogar erst erfunden hat.

Das Familienarchiv Godeffroy, das in der Forschung bislang als verloren galt und das seit sechzig Jahren kein Historiker und keine Historikerin mehr benutzt hat, löst viele, aber nicht alle Fragen. Die Geschäftsbücher der Firma existieren nicht mehr, zahlreiche Fakten sind offensichtlich verloren – ich konnte nicht einmal klären, wie die Geschäftsaufteilung unter den Teilhabern im Kontor war oder auch nur, wie viele Personen am Alten Wandrahm arbeiteten. Andererseits sind die Geschäfte der Godeffroys auf der ganzen Welt so umfangreich gewesen, daß ich Einzelheiten in zahlreichen Büchern und Aufsätzen fand.

Kaum zwei Autoren schreiben den Namen der Firma gleich und kaum zwei referieren auch nur die zeitliche Reihenfolge von Ereignissen übereinstimmend. Ich habe mich in Fragen der Hamburger Reedereigeschichte – von Spezialarbeiten abgesehen – an das alte, aber, wie ich finde, noch nicht überholte Buch von Otto Mathies gehalten. Bei allen Differenzen der Angaben über Godeffroysche Schiffe und damit auch über Handelsrouten habe ich mich an Walter Kresse orientiert – der Umgang mit seinen Arbeiten hat mir großes Vergnügen bereitet.

Das Zusammentragen von Details und ihr Vergleich ergab oft eine neue chronologische Folge der Ereignisse. Dies führte dann zwangsläufig zu neuen Interpretationen. Vollkommen vergessen war, daß Cesar Godeffroy 70 % der Anteile des Stahlwerks Osnabrück, seine Elbchaussee-Freunde 20 % besaßen. Es gibt eine »Industrieliteratur«, deren Verfasser nichts von Cesar Godeffroy als Kaufmann und Reeder und von Senator Gustav Godeffroy als Aufsichtsratsvorsitzenden der Norddeutschen Bank wissen, und eine »Seefahrtsliteratur«, deren Verfassern die Industriebeteiligungen des Reeders und die Verbindungen seines Bruders zur *Gelsenkirchener Bergwerks-AG* und zum Centralverband deutscher Industrieller unbekannt sind. Doch gerade die Rolle, die Cesar Godeffroy und sein Bruder Gustav im Dreieck Hamburg–Berlin–Ruhrgebiet oder Großhandel-Banken-Industrie spielten, ist besonders aufschlußreich, wenn man wie ich fragt, was ein hanseatischer Kaufmann war und wie er sich in vier Generationen veränderte – vom außerhalb der Hansestädte verachteten Zwischenhändler im 18. Jahrhundert über den merchant banker und den Kaufmannsreeder bis zum vielbewunderten Kapitalisten – Bismarck wollte Gustav Godeffroy zum preußischen Finanzminister machen – und zum angestellten Unternehmer einer großen Kapitalgesellschaft, wie Adolph Godeffroy ihn repräsentierte, der mittlere Bruder und Direktor der Hapag.

Für die Laien unter den Leserinnen und Lesern erschien es mir thematisch zu weitreichend, das Buch über Cesar Godeffroy und seine Brüder mit einem Vorwort in die Erforschung des Bürgertums einzuordnen. Für Historiker ist die Einordnung schnell geschehen. Lothar Galls Einleitung zu seinem Buch »Bürgertum in Deutschland« sollte in ihren Grundgedanken auch für mein Buch gelten. Die Fragestellung ist hier wie dort die gleiche: Warum war das deutsche Bürgertum »im Eigentlichen« gescheitert, in seinem politischen und gesellschaftlichen Zukunftsideal – »Warum war die bürgerliche Welt schließlich nur ein Zerrbild dessen geworden, was ihre Propheten und Wortführer seit dem 18. Jahrhundert mit dem Begriff beschworen hatten?«

Die Antwort sieht Gall in einer Entwicklung, in der sich die unterschiedlichsten Faktoren und Konstellationen verbanden »in nur konkret, historisch-individuell und nicht abstrakt aufzulösender Weise«.

Mein Buch über die Familie Godeffroy ist ein Beitrag zu dieser Antwort, ebenso wie seines über die Familie Bassermann in Mannheim – Kaufleute ganz anderer Art als die tonangebenden Kaufleute in den Hansestädten an der Küste. Der zwanzigjährige Binnenländer Friedrich Ludwig Bassermann fuhr Anfang des 19. Jahrhunderts nach Hamburg. Gall: »Wo der Handel den lokalen beziehungsweise den eng begrenzten regionalen Rahmen überschritt, wo er über mehrere Länder ging, europäische Dimensionen erreichte, da nahm er sozusagen andere Gestalt an, wurde selbst zu einem großen Abenteuer, dem nur ein bestimmter Typus gewachsen war.«

Diesen Typus beschreibe ich. Ich erzähle von Bürgern, die sich selbst mit dem plebejischen Rittertum Roms verglichen: Eine neue Elite, die sich zwischen Adel und Bürgertum plazierte, wollte in Deutschland die Führung vom Adel übernehmen – »in Krieg und Frieden, in Kunst und Wissenschaft«.

Ich bin nicht die erste, die von einer Familie aus dem Stadtstaat Hamburg erzählt: Percy E. Schramm hat 1963/64 ein Buch über neun Generationen seiner Familie – in Fa. *H. J. Merck & Co.* – herausgebracht. Ich habe das Buch vor Jahren gelesen und fand es auch jetzt bei erneutem Lesen – von Einzelheiten abgesehen – insgesamt langweilig: Schramm harmonisiert. Für ihn sind alle Hamburger Männer Bürger und alle Bürger gleich. Er nimmt die Ideale der Aufklärung für die Wirklichkeit des 19. Jahrhunderts. Er verpackt und verknotet eine Legende, die ich aufschnüre: Die Legende blockiert die richtigen Antworten auf die Frage nach dem Scheitern dieser tatkräftigen und durchsetzungsfähigen Oberschicht. Auch Schramms Schilderung des Berufsethos der hanseatischen Kaufleute ist nach den Arbeiten von Gerhard Ahrens zur ersten Weltwirtschaftskrise 1857 und über die Ansichten der Zeitgenossen, ob und wieweit der Staat für die Geschäftsverluste von Kaufleuten und Unternehmern einstehen soll, inzwischen unzureichend.

Ein Ergebnis meiner Typusbeschreibung:
Die wirtschaftlich, politisch und gesellschaftlich prägende Bürgerschicht in Hamburg hat sich vehement gegen »unten«, wie Gustav Godeffroy sagte, abgegrenzt. Das normsetzende ehemalige Großbürgertum – ehemalig seit der Verfassungsänderung von 1860, nach der es die Bürgereide nicht mehr gab – stieß bisherige Kleinbürger, Gesellen und Arbeiter verachtungsvoll zurück, die die aufklärerischen und demokratischen Ideen der alten Oberschicht übernommen hatten und mit ihrer Interpretation maßgebend zu werden begannen. Gustav Godeffroy wollte ihnen sogar das eingeschränkte Wahlrecht zur Bürgerschaft, das sie seit 1859 besaßen, wieder nehmen: In der Oberschicht der Kaufleute und Bürger waren die aufklärerischen Ideale – Leistungsprinzip als Anspruchsgrundlage, Demokratie, Verantwortlichkeit für das Gemeinwohl, Verpflichtung des Eigentums – nur für ihresgleichen gedacht und gültig. Aus den bis zur Verfassungsänderung tonangebenden Kaufleuten und Bürgern wurde eine sich selbst isolierende kleine Gruppe, die ihren Einfluß auf den Staat nur durch ein Dreiklassenwahlrecht halten konnte, was ab 1871 jede Reichstagswahl klar zeigte. Das alte Honoratiorenbürgertum ging auch an seiner Gier, reich zu sein, zugrunde. Die Angst eines Musterbürgers wie Adolph Godeffroy vor seinen besitzlosen

Mitbürgern – »diesen Kerlen« – war schließlich größer als die vor dem preußischen Militarismus und der Diktatur.

Ich stand, wie wohl jede Sachbuchautorin, jeder Sachbuchautor, vor dem Problem des Apparats in einem für ein breiteres Publikum gedachten Buch: Eine durchweg belegte Geschichte Cesar Godeffroys und seiner Brüder würde fast für jeden Satz Anmerkungen erfordern und das Buch zur Unhandlichkeit aufblähen und auch zu teuer werden lassen. Daher habe ich einen Kompromiß gewählt. Zitatnachweise und Bibliographie werden jeden Geübten schnell die Quellen finden lassen, die ich benutzt habe, und die Darstellungen, deren Autoren ich verpflichtet bin. Dem Ungeübten dagegen werden sie einen kleinen, nicht allzu verwirrenden Einblick in die Arbeitsweise einer Biographin geben.

Zahlreiche Leute haben mit ihrem Fachwissen und ihrer Geduld zum Gelingen dieses Buches beigetragen. Ich habe immer wieder Kaufleuten aus meinem Freundes- und Bekanntenkreis in Hamburg und Bremen Fragen gestellt, und viele von ihnen haben das Entstehen des Buches lange begleitet, mich vor Fallen bewahrt und mir Mut gemacht: Sie fanden meine Frage »Was ist eigentlich ein hanseatischer Kaufmann?« keineswegs banal, sondern höchst spannend. Ganz besonders für Rat und Tat danke ich:

meiner Freundin Ingeborg Rücker-Embden-Jonasch, die mich mit einem alten Onkel ihrer Familie und seinen Freunden zusammenbrachte und mir so die Tür zum Familienarchiv Godeffroy zeigte;

Herrn Dr. Johann Diederich Hahn-Godeffroy, Besitzer des Archivs, der mich auf großzügigste Weise in seinem Haus arbeiten und meinen Gedanken nachgehen ließ und stets bemüht war, Antworten auf meine vielen Fragen zu finden;

Frau Annemarie von Gerlach-Parsow, die mit mir Kisten und Kasten in der Bibliothek ihres Gutes Hohenstein durchsuchte und mit mir silberne Teelöffel, Haarlocken und Familienporträts betrachtete;

Herrn Harald Ehlers, Oberstudienrat am Katharineum zu

Lübeck, der mir die Censuren- und Conduitenlisten der Brüder Godeffroy erschloß;

Frau Dr. Evelyn Kroker vom Deutschen Bergbau-Museum in Bochum, die mir geradezu ein Geschenk machte: Ihre damalige Praktikantin, Frau Susanne Lippold, M A, recherchierte für mich im Bergbau-Archiv, transkribierte Briefe an Gustav Godeffroy und stellte Literatur für mich zusammen. Ganz wichtig für mich: Ich versuchte damals, die Angaben in der Literatur, Cesar Godeffroy sei an der Krise im Steinkohlenbergbau gescheitert, zu präzisieren, und Frau Kroker nahm sich die Zeit, mich mit einer Interpretation der Befunde von dieser These zu befreien. Ich mußte Godeffroys verlorene Millionen woanders suchen;

Herrn Rolf Spilker, Leiter des Museums Industriekultur in Osnabrück, und

Frau Dr. Susanne Meyer, Leiterin des Tuchmachermuseums in Bramsche, die sich Zeit für lange Telefongespräche nahmen und meine zahlreichen Fragen zum Stahlwerk Osnabrück und dem Georgs-Marien-Bergwerks- und Hüttenverein beantworteten, mir Interpretationshilfen gaben und Literatur nannten und mir Umwege und Sucherei ersparten.

Alle haben mir geholfen und mich ermuntert, weiterzuarbeiten.

Meiner Freundin Dietmut Schulz-Degenhardt und meinem Freund Dr. Gerhard Knoll, Universität Bremen, danke ich dafür, daß sie sich als »Testleser« durch eine ziemlich lange Vorfassung dieses Manuskripts kämpften und mir entscheidende Ratschläge zum Kürzen gaben.

Besonderen Dank schulde ich den Archivaren der Staatsarchive in Hamburg, Bremen und Washington, ohne deren professionelle Neugier und Hartnäckigkeit meine Besuche in den Archiven niemals so erfolgreich gewesen wären.

Mein Hauptdank zum Schluß aber gilt, wie könnte es anders sein, meinem Mann Per Hoffmann. Wir haben lange gemeinsam gerätselt, wo Cesar Godeffroy seine Millionen gelassen haben könnte, bis wir einige schließlich an einem regnerischen Nachmittag in Osnabrück fanden.

Anmerkungen

StAB = Staatsarchiv Bremen
Sta HH = Staatsarchiv Hamburg
FaG = Familienarchiv Godeffroy, Hamburg-Blankenese
NAW = National Archives, Washington, D. C.

S. 7 »Welch Leben ...« Krogmann, S. 208.
S. 8 »bi Goodefroo« Kresse, Reiherstieg, S. 24.
S. 9 »eigentliche Repräsentant ...« R. Hertz, S. 56.
S. 13 »Mögest Du das Vorbild ...« FaG (8). Antoinette Godeffroy an ihren Sohn Johan César Godeffroy, 15.10.1806, Typoskript, Original französisch.
»Ich ziehe vor ...« Napoleon am 9. Juli 1813, Heskel, Hamburgs Schicksale, S. 274.
S. 14 »peuble rebelle« Schramm, Neun Generationen, I., S. 384.
S. 15 »Canaille« Pierre Godeffroy an seine Tochter Charlotte, 15.4.1814, Nirrnheim, Briefe, S. 154.
»Scheusahl« wie oben, 22.4.1814, S. 156.
»meine unterste Etage ...« wie oben, 4.3.1814, S. 149.
»daß mein Bruder ...« wie oben, 29.3.1814, S. 152.
»Gottlob, daß man ...« Johan Cesar Godeffroy an Eichborn & Co., 3.4.1814, Moriz-Eichborn, S. 276.
»Gott sei ewig ...« Pierre Godeffroy an seine Tochter Charlotte, 29.4.1814, Nirrnheim, Briefe, S. 156.
S. 16 »ohne Leinenzeug« FaG (17). S. 17.
»zur Erinnerung an ...« R. Hertz, S. 15, Anm. 54.
S. 17 »Handlungs Geschäfte zu beendigen« und
»Im Namen Gottes« FaG (8). Testament von Johan César Godeffroy, 13. März 1811.
»hier ist die Freude ...« Johan César Godeffroy an Eichborn & Co., 30.6.1815, Moriz-Eichborn, S. 281.
S. 18 »den Höchsten um ...« R. Hertz, S. 15, Anm. 54.
S. 19 »auf unbestimmte Zeit« und »ist meine goldene ...« FaG (8). Ergänzung des Testaments, 3.4.1817.
S. 22 »Eine Treppe mit ...« FaG (19).
S. 24 »Mahagony Lenstuhl ...« Marchtaler, Senatorenhäuser, S. 39.
»Fleetenkieker« P. Hertz, S. 73.
S. 25 »Lüd von de Eck« Rabe, S. 21.

S. 27 »Laquai« R. Hertz, S. 11.

S. 28 »mercantilische Handlungen« FaG (2). »Meinem lieben Sohne Johan Cesar bey meiner Abreise im Juny 1838«.

S. 30 »Credit«: Jonas Ludwig von Hess, Hamburg, topographisch, politisch und historisch beschrieben. Hamburg 1797, S. 187, nach Böhme, Goldloch, S. 245; Conversations-Lexicon oder encyclopädisches Handwörterbuch für gebildete Stände. In zehn Bänden. 4. Aufl. Altenburg und Leipzig: F.A. Brockhaus, 1817. – Der Credit ist die Seele des Handels, die Ehre des Kaufmanns besteht im Credit: Brockhaus, 8. Aufl. von 1833/34; Universal-Lexikon der Gegenwart und Vergangenheit oder neuestes encyclopädisches Wörterbuch der Wissenschaften, Künste und Gewerbe, hg. von H. A. Pierer, 2. völlig umgearb. Aufl., Altenburg 1841. – John Parish zum Credit: Ehrenberg, Das Haus Parish, S. 46, S. 61, S. 97 und S. 127: »Ich habe den Verlust von Millionen ohne Murren ertragen, aber das Entsetzen, das ich empfand, wenn der Kredit meines Hauses gefährdet war und ich jeden Nerv anspannte, um ihn zu retten, dieses Gefühl ist mir noch frisch im Gedächtnis.« – Der Begriff des »Credits« wandelt sich mit der Entwicklung des Kapitalismus. Für den älteren Begriff benutze ich die Schreibweise mit C, für den neueren ab 1857 mit K.

S. 32 »Gesellschaft muthiger Rosse« FaG (23). Sophie Godeffroy an ihren Bruder Fritz Meyer, 23.5.1823.

S. 34 »daß man in den …« Riesbeck, S. 192.

S. 37 Der Senat mußte seine Anträge an die Bürgerschaft erst mit den Kollegien abklären. In diesen Kollegien saßen Diakone und Subdiakone: die von den Gläubigen gewählten Vertreter der fünf Kirchspiele St. Katharinen, St. Petri, St. Nikolai, St. Jakobi, St. Michaelis. Diakone und Subdiakone traten zu verschieden großen Kollegien mit unterschiedlichen Zuständigkeiten zusammen: den Hundertachtzigern, den Sechzigern, den Oberalten – das waren nur fünfzehn. Die Mitgliedschaft bei den Hundertachtzigern war Eingangsstufe in die Politik, meist Voraussetzung für die Wahl in eine Deputation. In den Deputationen, die Hamburg verwalteten und regierten, saßen Mitglieder von Rat und Bürgerschaft. Deputationen sind eine Behördenform der ehrenamtlichen Selbstverwaltung, sind seit Jahrhunderten gewachsen und gewuchert. Damals, als Cesars Großonkel Conrad Matthiessen so sehr darunter litt, daß er kein Ehrenamt ausüben durfte, gab es über 650 Ämter in den Deputationen und 200 Ämter in der Allgemeinen Armenanstalt. Etwa ein Zehntel der Bürger mit politischen Rechten verwaltete und regierte den Stadtstaat, rund 300 Männer, die oft in mehreren Kollegien und Deputationen saßen. Die meisten Bürger engagierten sich nicht aktiv für die Politik.

S. 38 »Ich suche nichts ...« Conrad Matthiessen an Caspar Voght, 24.6.1791, Sillem, S. 306.

»der Wunsch ...« Georg Hermann Sieveking, Kleine Studien über Caspar von Voght VI., S. 396.

S. 39 »ornamented farm« siehe dazu neben der Literatur über Voght auch Girouard. – Ich habe bei dieser Skizze der Aufklärung sehr profitiert von Franklin Kopitzsch, Zwischen Hauptrezeß und Franzosenzeit.

»Wenn ich gleich ...« Conrad Matthiessen an Johanna Sieveking, 1801, Sillem, S. 312.

»Es sind Palläste ...« Ausgabe vom 5.10.1807, R. Hertz, S. 8.

S. 40 »mögest Du das ...« = »möge die Zahl Deiner Tugenden im Verhältnis mit Deinen Jahren zunehmen, mögest Du das Vorbild ...« FaG (8). Der Brief ist von dritter Hand auf 1804 datiert, aber es geht aus ihm hervor, daß Antoinette Godeffroy ihn ihrem Sohn Cesar geschrieben hat, als er 25 Jahre alt wurde: 15.10.1806.

S. 41 »Stand gehört zu ...« s. Anm. zu S. 30.

»Manuscript« und »allgemeines Interesse« Ahrens, Franzosenzeit, S. 443.

S. 43 »in Ladung« Kresse, Windjammer, S. 3.

»Tief gebeugt ...« FaG (17). S. 18.

S. 44 »Er war nie ...« Voght, Teil 1, S. 112, an Madame Pauli 1818.

»Möge Gott auch ...«Eintragung vom 31.12.1818, Schmack, S. 24.

S. 47 »die Jugend nicht ...« Magnus, S. 32.

Censuren u. Conduitenlisten im Katharineum zu Lübeck, 1822–1832.

S. 51 »Lehrlinge ...« Wachsmuth & Krogmann, Jubiläumsschrift.

S. 55 »Kontobuch 1815–1829« FaG (2).

S. 57 »Schwarze Brett« Benrath, S. 25.

»fallit« und

»excludiret« Böhme, Goldloch, S. 66.

S. 58 »Juden raus!« Stümke, S. 49.

»Zu den sieben Sternen« Treu, S. 182.

S. 59 »Nie ist ein Haus ...« Johanna Sieveking an ihren Sohn Karl, Frühjahr 1832. Heinrich Sieveking: Karl Sieveking, 3. Teil, S. 213.

»der größte Fonds-Speculant ...« Baasch, Geschichte I, S. 304, Anm. 3.

S. 60 »Arbeitet der Deutsche ...« Cesar Godeffroy an Eichborn & Co., 27.6.1820, Moriz-Eichborn, S. 301 und Anm. 1.

»de la Glace ...« Hauschild-Thiessen, Hamburg im Mai 1835, S. 75.

S. 64 »Wir Freistädter ...« Heinrich Sieveking: Karl Sieveking, 3. Teil, S. 324.

S. 65 »Wohnen nun an ...« Smidt, Bd. I, S. 179.

S. 66 »Weiblichen Verein ...« Ahrens, Franzosenzeit bis Verfassung, S. 454.

S. 67 »merkwürdige Aufschlüsse ...« Karl Sieveking an Caspar Voght, 11.8.1834, Heinrich Sieveking: Karl Sieveking, 3. Teil, S. 228f.

S. 68 »Von dem Wagen ...« Smidt, Bd. I., S. 181 f.

S. 69 »Schottländerinn« FaG (23). Sophie Godeffroy an Fritz Meyer, 28.10.1830.

»decenten Entfernung« Hamburg und Hamburgs Umgegenden, 1839.

»Man darf wohl dreist ...« Schramm, Hamburg, Deutschland und die Welt, S. 336.

S. 71 »Instructionen für meinen Sohn Cesar bey meiner Abreise aus Hamburg October 1835.« FaG (2).

S. 76 »aus des guten ...« FaG (24). 20.8.1836.

»Ick lave und ...« FaG (4). Bürgereid Cesar Godeffroy, 18.8.1836. – Zu »truw und hold«: Brunner, Souveränitätsproblem und Sozialstruktur, S. 352.

»Für meine liebe Sophie. Diese Uebersicht habe ich während meiner Krankheit in Genua im August 1836 entworfen.« FaG (2). Außerdem s. R. Hertz, S. 27.

S. 77 »Ich war der <u>erste</u> ...« G. H. Sieveking, Kleine Studien über Caspar Voght VI., S. 396.

»paßlich« Schmack, S. 28.

S. 79 »Emilie«, Polterabendgedicht. FaG (4).

»war alles gemütlich ...«, 1894 geschrieben: Hieke, Sloman jr., S. 192.

S. 80 »Zur Ehre ...« R. Hertz, S. 26, und Schmack, S. 66.

»O, Adolph ...« und

»Euer Haus muß ...« und

S. 81 »Welche Pläne ...« R. Hertz, S. 26.

»poetische Ausdrücke« Schmack, S. 29.

»und mußte diese ...« Schmack, S. 33.

S. 82 »Zwischen Mitte und ...« Schmack, S. 34.
 der ALFRED: s. Anm. zu S. 114
S. 84 »Mag sie beschränkt ...« und »Du kannst ...« Schmack, S. 42.
S. 85 »Meinem lieben Sohne ...« FaG (2).
 »eine kleine italiänische ...« Schmack, S. 40.
S. 87 »Ich freue mich ...« (FaG (23). Cesar Godeffroy an Fritz Meyer, Dresden, 10. Mai 1839.
S. 88 »insbesondere aber mit ...« FaG (24). Havanna, 7.8.1840.
S. 89 »ist ungewöhnlich klein ...« (FaG (23). Sophie Godeffroy an ihre Schwägerin Franziska Meyer, Dockenhuden, 14.11.1840.
 »Dame Blanche« Krogmann, S. 213.
 »mehr wie ich ...« wie Anm. 1 zu S. 89.
 »man kann viel ...« FaG (23). Sophie Godeffroy an ihren Bruder Fritz Meyer, 17.11.1823.
S. 90 »Waurikauri«, auch »Waurekauri« Heinrich Sieveking: Karl Sieveking, 3. Teil, S. 517.
S. 91 »Eine hamburgische Colonie ...« Sta HH (3). Cesar Godeffroy an Carl Godeffroy, 28. Januar 1842.
 »God save the Sieveking« von Wilhelm Hocker: Poetische Schriften politischen und unpolitischen Inhalts. Kiel 1844, S. 281, zitiert nach Schmack, S. 51, R. Hertz S. 20 f, Anm. 67.
S. 92f. »wird Ihnen nun ...« wie Anm. zu S. 90, S. 532.
 »unserer« und »nationalen Sache«, Hieke, Sloman, S. 97.
S. 94 »überhaupt mag ich ...« R. Hertz, S. 25.
 »Die Zukunft liegt ...« Sta HH(3). Adolph Godeffroy an seinen Onkel Carl Godeffroy, Havanna, 14.1.1842.
S. 95 »Der geliebte Papa« Sta HH (3). Cesar Godeffroy an seinen Onkel Carl Godeffroy, 1.12.1842.
 »Ehe Du diese Zeilen ...« FaG (23). Cesar Godeffroy an seinen Schwager Fritz Meyer, 6.5.1842.
S. 96 »Fü-er!« Feldtmann, S. 111.
S. 97 »Wir wissen nichts ...« Marchtaler, Senatorenhäuser, S. 195 f.
S. 100 »Man hofft ...« FaG (23). 6. Mai 1842.
 »Ob der neue Jungfernstieg ...« wie oben.
S. 101 »in Spirit erhalten«, Marchtaler, Senatorenhäuser, S. 197.
S. 103 »Dem Feuer ist ...« FaG (23). 10. Mai 1842.
S. 104 »Versammlung der Kaufmannschaft Montag, d. 9. May 1842, um 8 Uhr Morgens im Hause des Herrn Präsidis Schroeder«. Handelskammer, Dokumente, S. 90.
 »Sophiens Zustand ...« FaG (23). 10.5.1842.
S. 105 »ich habe einige Mühe ...« FaG (23). 14.5.1842.
S. 106 »nahm Gott ...« FaG (23). 20.5.1842.

»Zum Andenken für ...« Auf das Einwickelpapier hat der Vater geschrieben: »Andenken der unvergeßlichen Mutter für ihre Kinder. Meinem ältesten Sohne zur Aufbewahrung übergeben. Sontag den 22 May 1842 zu Dockenhuden.« FaG (3). Die Biographie von Theodor Hagemann heißt: »Biographie Johann Friedrich Meyer's. Königlich Großbritannischen und Churfürstl. Braunschweig-Lüneburgischen Ober-Landes-öconomie-Commissair's, Mitgliedes der Königlichen Landwirtschafts-Gesellschaft zu Zelle.« Auch das Buch des Großvaters liegt unter Sophies Papieren: Johann Friedrich Meyer: Von der Gemeinheits-Aufhebung und Verkoppelung in den Braunschweig-Lüneburgischen Ländern. Göttingen 1784.

S. 107 »Mein Begräbnis vor ...« FaG (23). 25. Mai 1842.
»mit Sophies Tod ...« FaG (23). 1.6.1842.
»Ich bin in ...« FaG (23). 28.7.1842.

S. 108 »jakobinischen Kram« Reincke, Stadtgeschichte, S. 224.
»vorlauten Anmaßung« Tagebuch von Gustav Kirchenpauer, in: Marchtaler, Senatorenhäuser, S. 201.

S. 109 »Cesar sieht ...« FaG (23). 28.7.1842.

S. 110 »Dieses Jahr ist ...« wie oben.
»Seine Aussichten ...« wie oben.
»unverändert, heiter ...« FaG (23). 5.9.1842.
»ich bin zu ...« FaG (23), 12.12.1842.
»Sie haben einen ...« FaG (23). Weihnachten 1842.

S. 111 »deren Erledigung ...« und
»wo so vieles ...« FaG (23). Weihnachten 1842.
»Geraubt hat mir ...« FaG (2). Aufzeichnung 1.1.1843.

S. 112 »die Trennung ...« FaG (23). 14.11.1842.
»Endlich, mein guter ...« Cesar Godeffroy an seinen Bruder Gustav, 4.9.1845, Schmack, S. 66.

S. 113 »ordentlich Sensation« FaG (23). Cesar Godeffroy an Fritz Meyer, 25.12.1843.

S. 114 »Laß uns, mein ...« 29.3.1844, Schmack, S. 55.
»Deinen Kopf ...« und
»Alle Exporteure ...« R. Hertz, S. 26.
»Er ist scharf ...« 23.4.1844, Schmack S. 56.

Der Schoner CHARLOTTE mag harmloser, weil eindeutiger Anlaß sein für eine Bemerkung zum Geschlecht von Schiffen – später, wenn Godeffroys erst von *dem* JOHAN CESAR sprechen, hätte ich nicht mehr den Mut dazu. Ich bin in zeitgenössischen Seglerkreisen auf einen wütenden Fanatismus gestoßen: Alle Schiffe sind weiblich, auch wenn sie Hans und Franz heißen!

Diesen Fanatismus hatte man früher nicht, ein Reeder wie Cesar Godeffroy fühlte sich offenbar unabhängig von den Bräuchen in der englischen Kriegsmarine.

S. 115 »Machen wir alle ...« Ende 1844, Schmack, S. 57.
»daß es stets ...« Cesar Godeffroy an John Freundt, Frühjahr 1845, Schmack, S. 57.
»Metalle verdienen ...« Juni 1844, Schmack, S. 64.

S. 116 »übergroß« 24.5.1844, R. Hertz, S. 29.
»fatalen Runkelrüben« Sta HH (3). Adolph Godeffroy an seinen Onkel Carl Godeffroy, 30.11.1842.
»Ich kam sehr ...« Sta HH (3). Brief v. 26.11.1857, zit. nach Ahrens, Schriftwechsel, S. 35.

S. 117 »die Existenz zu ...« FaG (23). Cesar Godeffroy an seinen Schwager Fritz Meyer, 17.8.1844.
»Neue Schiffe ...« Schmack, S. 61.
»Ihre Beweggründe ...« Schmack, S. 63.

S. 118 »erster Credit ...« Geheime Aufzeichnungen, 10.2.1845, Böhme, Goldloch, S. 202, Anm. 86.
»Wir eilen mit ...« Ausgabe vom 23.10.1845, nach Ahrens, Ringen um eine Notenbank, S. 238.

S. 119 »in den natürlichen ...« Protokoll der Generalversammlung der Disconto-Bank vom 30.3.1846, Ahrens, wie oben, S. 250.

S. 120 »Endlich, mein guter ...« 4.9.1845, Schmack, S. 66.
»stehenbleiben dürfen wir ...« R. Hertz, S. 26, vermutlich aus demselben Brief, aus dem Schmack, wie oben, auch und anders zitiert – die Originale sind verloren.
»Zur Gründung Deines ...« Cesar Godeffroy an seinen Bruder Alfred, Schmack, S. 73.
»selbst auszufahren ...« R. Hertz, S. 25.

S. 121 »Zur Gründung ...« Schmack, S. 73.
S. 122 »a hard pushing man« Schmack, S. 70.
S. 123 »Sollten andere Häuser ...« Cesar Godeffroy an J. Freundt & Co., 8.1.1847, Schmack S. 76 f.
S. 126 »eine gewisse gesellschaftliche ...« Schmack, S. 56..
S. 127 »bal costumé« und
»Es war ein ...« H. Sieveking, K. Sieveking, 3. Teil, S. 706.
»die regelmäßige ...« Mathies, Reederei, S. 39.
S. 128 »Herbeischaffung der ...« Protokoll der Generalversammlung vom 21.12.1847, nach Wätjen, Nordatlantik, S. 48.
S. 129 »Water Closet« Illustrirte Zeitung, Leipzig, 2.3.1850, nach Kresse, Windjammer, S. 5.
»Patent-Ventilator« und

	»mittels dessen ...« wie oben.
	»viel Spectakel« Gallois, Chronik V, S. 213.
S. 132	»Beaumonde«: Elise Meier geb. Klünder an ihren Sohn Otto, 18.4.1848, Paul Th. Hoffmann, S. 276.
	»Auf denn, Deutsche ...« im Hamburgischen Correspondenten vom 5.5.1848, Schmack, S. 80; R. Hertz, S. 22; Hieke, Sloman, S. 115.
S. 133	»ewich tosamende ungedelt« aus Henning von Rumohr, Schlösser und Herrenhäuser in Ostholstein, Frankfurt am Main (1973), S. 63.
	»warmer Schleswig-Holsteiner« Adolph Godeffroy an seinen Onkel Carl Godeffroy, Sta HH (3), 27.4.1848.
S. 133 f.	»Committee« und »Aufforderung« Hieke, Sloman, S. 118.
	»Frauenverein« und
	»Hamburger Flotille« Valentin, S. 26 und Deutsche Marine. Die erste deutsche Flotte, Bremerhaven 1979.
S. 136	»Kennst du die Stadt?« R. Hertz, S. 23, Anm. 79.
	»honetten Demokratie« Valentin, S. 386.
	»Ordnung und Freiheit mit Maaß« Gallois, Chronik V, S. 259.
S. 138	»Bedenkt Hamburger ...« aus dem Handzettel »Mitbürger«, in dem es auch heißt: »Die süddeutschen Capitalisten bedrohen unsere freie Handels-Bewegung mit Schutzzöllen.« FaG (11).
S. 139	»unanständig« Robert von Mohl, Lebenserinnerungen II, nach Klein, Vorkampf, S. 61.
	»Österreicher«, Schramm, Hamburg, Deutschland und die Welt, S. 219.
	»Gesetz, den Schutz ...« 186. Sitzung der Nationalversammlung. Protokolle (2) S. 5717 f. Dazu: Pahl, S. 196 ff.
S. 140	»Er ist es noch ...« Schramm, Hamburg, Deutschland und die Welt, S. 233.
	»einer von denen ...« wie oben, S. 626.
S. 141	»Jubel und Freude ...« Heskel, Hamburgische Stimmen aus der Paulskirche, S. 207.
S. 142	»Wurstbrezel« und
	»Dreck und Letten ...« Valentin, Bd. II, S. 380, nach Gall, Bürgertum, S. 321.
S. 144	»Niemand mehr als ...« Heinrich E. Hansen: Hannibal Fischer und das Ende der ersten deutschen Kriegsflotte. In: Deutsche Marine, S. 61 f.
S. 146	»in einer auch ...« Cesar Godeffroy an die
	»Löbliche Kämmerey« im Juni 1848. Schmack, S. 84, abweichend: Hertz, S. 32.

	»Godeffroys Werfte Reiherstieg«: Kresse, Reiherstieg, S. 25.
S. 147	»Verdienste um ...« Artikel vom 29. Juni 1850. Hieke, Sloman, S. 60.
S. 148	»nackte Geldmacherei« und »keineswegs eine ...« Marchtaler, Sloman, S. 101. Material über die Konkurrenten aus: Mathies, Reederei.
S. 152	»Klüttenflagg« und alles weitere: Mathies, Kontorflaggen. »Gesellschaft für ...« Zur Chile-Auswanderung: die Aufsätze von Clasen.
S. 154	»unvorhergesehene Umstände« Mein Kapitel über den Goldrausch in San Francisco ist in enger Anlehnung an Altrocchi und Hauschild-Thiessen, Die ersten Hamburger im Goldland Kalifornien, geschrieben. Hauschild-Thiessen hat Akten im Staatsarchiv Hamburg und in der Commerzbibliothek ausgewertet. Zitat oben: S. 11.
S. 156	»storeships«: Konsul Alfred Godeffroy, Jahresbericht für 1850. Hauschild-Thiessen, Goldland, S. 22. »immer ihre Sendungen« wie oben. »französische Karten ...« Hauschild-Thiessen, Goldland, S. 24. »Regelmäßige Packetfahrt ...« Faksimile der Anzeige bei Hauschild-Thiessen, Goldland, S. 13.
S. 157	»angenehmen Pflicht« Hauschild-Thiessen, Goldland, S. 6. »Alle sind hierher ...« und »Die Landstraßen ...« Hauschild-Thiessen, Goldland, S. 4.
S. 158	»Der ganze Handel ...« Wätjen, Westküste, S. 67.
S. 159	»Sie scheinen nie ...« Hauschild-Thiessen, Goldland, S. 32. »ein sicheres Zeichen ...« Hauschild-Thiessen, Goldland, S. 19.
S. 160	»The Seasons« und alles weitere: Altrocchi, S. 97 f.
S. 162	»Praktischer Rathgeber ...« Seereisetagebuch von Hamburg nach Sidney in Australien im Jahre 1852 mit dem Schiffe »César Godeffroy«. Potsdam 1854. Kresse, Reiherstieg, S. 27 f; Einzelheiten: Hävernick, Hollertz, S. 27, und Schmack, S. 93 f; Hieke, Sloman, S. 77.
S. 170	»gentleman's agreement« Hieke, Sloman, S. 68.
S. 171 ff.	»in jeder Beziehung ...« Sta HH (5).
S. 172	»daß sein Haus ...« Heinrich Sieveking in der Besprechung von Hermann Wätjen: Der deutsche Anteil am Wirtschaftsaufbau der Westküste Amerikas, in: ZHG 40, 1949, S. 216.
S. 173	»Staltrock« Hauschild-Thiessen, Die Habitfrage, S. 33.
S. 174	»Erwählung des Ehrb...« Gallois, Chronik V, S. 510. »Wohlweisheit« oder Hoch- und Wohlweisheit: Schramm, Biedermeier, S. 50.

S. 175 »Ich hatte Dersau …« und alles Weitere aus Petersens Brief: Wülfken. S. 164.
zur Atmosphäre: Dirksen, Senatorenwahl vor 1860, S. 375.
S. 177 »der kleine Senator« FaG (11). Handschriftliche Ergänzung auf S. 62 des folgenden Manuskripts: Frau Elisabeth Fischer schickte am 7.11.1966 Herrn Carl Alfred Godeffroy die Niederschriften ihres Vaters Johannes Wesselhoeft.
»Ja, groß ist …« Spottgedicht von Adolph Schramm, Schramm, Neun Generationen, Bd. II., S. 151.
S. 178 »Gentleman's seat …« Paul Th. Hoffmann, S. 216.
»upper class« und »middle class« Girouard, S. 268 und 270, zur Gotik: S. 242 ff. Wichtig: Cassis.
S. 179 »in a position of …« Girouard, S. 274.
S. 180 »Rowdies« Clifford, S. 427.
»Leichenweg« Paul Th. Hoffmann, S. 201.
S. 181 »griesen Foß« Gustav Kirsten, Allerlei Interessantes aus Blankenese, S. 45.
»Butterberg« und »Plumpsmühlen« Hahn-Godeffroy, S. 28.
S. 182 »plât de mènage« nach Merck, Vom gewesenen Hamburg, S. 14.
S. 183 Magnetblume und Salutierblume: Magnus Hollertz aus Stockholm hat 1853 auch die Elbchaussee und das Jenischhaus besucht: Hävernick, S. 50. Er war sogar im Toilettenzimmer von Mademoiselle Jenisch: »Die Vorhänge an den Fenstern wurden von freischwebenden, an Drähten hängenden Marmorputten getragen.« – S. 51. Leider war er nicht bei Cesar Godeffroy, er hat mit Senator Jenisch und Familie gegessen: »… über die Gerichte jedoch möchte ich mich nicht äußern. Sie waren kompliziert, befremdlich und seltsam.«
S. 184 »Du hast Diamanten …« FaG (11), »27. Sept. 1854 Gedicht von Sophie«.
S. 185 »in seiner Eigenschaft …« Leesenberg hat das vielleicht noch mit Adolph Godeffroy besprochen, S. 272. 1. Ausgabe zwischen 1880 und 1885.
S. 186 »als Einem von …« Leesenberg, S. 281.
»einwandfrei« FaG (2).
S. 188 »Die glatte Oberfläche …« Hävernick, Hollertz, S. 17. Ich habe viele Beobachtungen von Hollertz übernommen.
S. 189 »fashionabelsten« und »articles du luxe« wie oben S. 24 f.
»Bazar« und
»Comestibles« Hauschild-Thiessen, Domfahrt, S. 147.
S. 190 »weitere« Hauschild-Thiessen, Mohrentaufe, S. 11: Bericht der Hamburger Nachrichten vom 26.11.1855.

S. 192	»Chinesische Küstenfahrt« Kresse, Fahrtgebiet 1850–70, S. 177.
S. 194	»Die in Apia ...« Schmack, S. 102.
	»Jedes Jahr 800 ...« R. Hertz, S. 45, Anm. 137, 8.5.1856.
S. 195	»70 % Nutzen« FaG (17). S. 124.
	»schicken Sie aber ...« FaG (17). S. 132, v. 2.8.1857.
	»Die innere Einrichtung ...« Hertz, S. 45, Anm. 137 v. 23.11.1857.
S. 199	»Packet- und Passagierfahrt« und »Prospectus« Schmidt-Pretoria, S. 95.
S. 203	»Die ganze Geschichte ...« Engels an Marx, 7.12.1857, Marx/Engels, Werke, Bd. 29, Berlin 1963, S. 221, zit. nach Ahrens, Überwindung, S. 8. – Für das Kapitel über die Krise 1857 habe ich den Arbeiten von Ahrens und Böhme viel zu verdanken.
	»Geldverlegenheit«, Ahrens, Krisenmanagement, S. 27.
S. 204	»einer zwecklosen ...« FaG (15). Gottlieb Jenisch an seine Schwester Marianne Godeffroy, 10.8.1854, Typoskript.
	»Ich werde sehen ...« Sta HH (3). Gustav Godeffroy an Marianne Godeffroy, 25.12.1857.
	»in dem zuversichtlichen ...« Ahrens, Krisenmanagement, S. 27, Entwurf, vermutlich erste Novemberhälfte 1857.
S. 205	»Affen-Jenisch« Schramm, Biedermeier, S. 43.
	»Börsenmatador« Rede von Edgar Roß in der Bürgerschaft, Hamburger Nachrichten vom 10.8.1859, zit. nach Wiegand, S. 41, Anm. 127.
S. 206	»Das Geschäft ist ...« Ahrens, Krisenmanagement, S. 29, vermutl. vom 14.11.1857.
	»Liebe Madame Godeffroy! ...« Ahrens, Krisenmanagement, S. 28, v. 14.11.1857.
S. 207	»die verfassungsmäßige Vertreterin ...« Ahrens, Krisenmanagement S. 10.
	»Verbreitung nachtheiliger ...« Ahrens, Überwindung, S. 9, Protokolle der Commerz-Deputation vom 11. und 13.11.1857.
	»Gräßlich rächt sich ...« Böhme, Goldloch, S. 250.
	»daß ihre Rückwirkung ...« Ahrens, Überwindung, S. 10, Senatsprotokoll v. 23.11.1857.
S. 208	»da es den ...« Böhme, Goldloch, S. 251f, Testa an Buol, 24.11.1857 (Haus-, Hof- und Staatsarchiv Wien, PA VII,Nr. 93).
	»und somit das ganze ...« Ahrens, Überwindung, S. 12, Senatsprotokoll v. 26.11.1857.
S. 209	»in hübschen Schwung« und
	»Der Gedanke ...« Ahrens, Krisenmanagement, S. 34 f, v. 26.11.1857.

	»Als Sicherheit für ...« Ahrens, Krisenmanagement, S. 38 f, vermutl. 27.11.1857.
	»Ich öffnete sie ...« Ahrens, Krisenmanagement, S. 39, v. 27.11.1857.
S. 210	»Gott wird meinem ...« Ahrens, Krisenmanagement, S. 43 f, v. 29.11.1857.
	»Verzeihen Sie ...« Ahrens, Krisenmanagement, S. 47 f, v. 1.12.1857.
S. 211	»Zopftum« und »Timeo ...« Ahrens, Krisenmanagement, S. 37 f.
S. 213	»wenn nicht für ...« Ahrens, Überwindung, S. 22, Senatsprotokoll v. 7.12.1857.
S. 214	»welche die Handelsgröße ...« Ahrens, Überwindung, S. 22, Suplik von A. J. Schön und Consorten an den Senat, 9.12.1857. »zu äußerst warmen Debatten« und »Gemütsbewegung mehr ...« Heskel, Bürgermeister Lutteroth, 5. Teil, S. 376 f.
S. 215	»Das Vertrauen ...« Böhme, Wirtschaftskrise, S. 116, v. 16.12.1857. »Godeffroys haben doch ...« Ahrens, Krisenmanagement, S. 56 v. 14.12.1857.
S. 216	»wodurch alle Ehre ...« Ahrens, Krisenmanagement, S. 61, v. 16.12.1857.
S. 219	»furchtbaren Stunden und ...« Ahrens, Krisenmanagement, S. 80 f, v. 25.12.1857. »mit Muth und ...« Ahrens, Krisenmanagement, 78 f., v. 25.12.1857.
S. 220	»Ich glaube wohl ...« Ahrens, Krisenmanagement, S. 82 f, v. 28.12.1857.
S. 221	»Läßt sich da noch ...« Böhme, Wirtschaftskrise, S. 118, v. 26.12.1857.
S. 222	»durch eine direkte ...« Ahrens, Überwindung, S. 28, Protokoll der Commerz-Deputation v. 19.7.1858. »einen höchst gefährlichen ...« Adolph Wagner war Professor für Nationalökonomie und Finanzwissenschaft. In: Die Geld und Credittheorie der Peel'schen Bankacte. Wien 1862, zit. nach Ahrens, Überwindung, S. 4. »auf dem Wege ...« Ahrens, Überwindung, S. 25.
S. 223	»der auf der ganzen ...« Senatsprotokoll vom 8.7.1858 nach Böhme, Wirtschaftskrise, S. 106.
S. 224 f.	»Volk wäre hier ...« und »Souveränität des ...« Böhme, Stadtregiment, S. 143.

S. 226	»Bürger Wahl-Comite« und »Liberales Wahl-Comite« – alles nach Wiegand, hier S. 102.
	»nur im langsamen ...« Bolland, S. 39.
S. 228	»Ihr Ehrenhaus« FaG (25). 20.5.1862.
S. 229	»Nervenfieber« nach Wätjen, Westküste, S. 100.
S. 230	»für die über jede ...« Dankadresse im Hafen zu East London am 8. Juli 1858, Schmidt-Pretoria, S. 103.
	»Gundlage zum Siechtum« Erklärung der Firma J. C. Godeffroy u. Sohn, Hamburg, 21. März 1859, Wätjen, S. 100.
S. 233	»beladen mit Waren ...« FaG (19).
S. 234	»Ihrem Ehrenhaus« FaG (25). 20.5.1862.
	»little Cairo«, »hell of the Pacific« Gilson, S. 179.
S. 235	»Es muß schon ...« R. Hertz, S. 51. – Cesar Godeffroys Forschungsreisender Theodor Kleinschmidt dagegen schrieb Anfang der 1870er Jahre an das Museum Godeffroy: »Man gewöhnt sich indess daran unter dieser Mörder- und Menschenfresser-Bande ganz gemütlich zu fühlen und sich Abends von ihren Kriegsfehden und Thaten (denn als solche betrachten diese Leute ihre oft scheußlichen Meuchelmorde), erzählen zu lassen.« Katalog des Museum Godeffroy, 1880, S. 139.
S. 238	»wir haben dich ...« FaG (4). v. 15.11.1860.
	»um Erteilung des ...« Suchan-Galow, S. 21.
S. 239	»auch noch 2 Dtz. gute ...« FaG (25). 20.5.1862.
	»Mein lieber Herr ...« FaG (25). 26.12.1861.
S. 241	»Ein von Ihnen ...« FaG (25). 3.3.1862.
	»das große Vertrauen ...« FaG (25). 20.5.1862.
	»sehr zähe kleine ...« FaG (25). 20.5.1862 und alle weiteren Zitate bis »daß solche Landverkäufe ...« aus diesem Brief.
S. 243	»Welche dem Ehrennamen ...« FaG (25). 10.1.1863.
	»die Musketen, Pulver, Flinten ...« FaG (25). 25.6.1863.
	»Die eisernen Bänder ...« FaG (25). 25.6.1863.
S. 244	»Copprah« FaG (25). 12.8.1863.
S. 245	»wenn Ihr directer ...« FaG (25). 12.8.1863.
	»d. h. solidere ...« FaG (25), undatiert, zw. 12.8. u. 31.10.1863.
	»Geehrtester Herr Godeffroy ...« FaG (25). 30.1.1864.
S. 247	»die Directoren ...« Rat- und Bürgerschluß vom 25.9.1856, Handelskammer, Dokumente, S. 102: »Mitglieder E. Ehrb. Kaufmannes sind die hiesigen Kaufleute und Fabrikbesitzer, welche Geschäfte im Großen betreiben. Solcher Geschäftsbetrieb wird ohne Weiteres bei denjenigen Kaufleuten und Fabrikanten angenommen, welche die Börse besuchen und eine eigene Bank-Conto haben oder berechtigt sind, eine solche zu

besitzen. Nicht minder sind die Directoren oder Bevollmächtigten großer commerzieller Unternehmungen zum Besuche der Versammlungen E. Ehrb. Kaufmannes berechtigt.«

S. 249 »und möchte so gerne ...« FaG (6). Cesar Godeffroy an Theodor Weber in Apia, 25.1.1867.

»Dr. Graeffe ist ...« FaG (25). 20.5.1862.

S. 250 »welches auf der ...« FaG (25). 12.8.1863.

S. 252 »Meinen Sie, daß ...« Bischoff, S. 218.

S. 253 »Kontor« und alles Weitere: Bischoff, S. 221 ff.

S. 254 »Frau Dietrich aus ...« Bischoff, S. 226.

S. 255 »Die Unbequemlichkeiten ...« Bischoff, S. 281.

»Wir können uns ...« 20.1.1865, Bischoff, S. 312.

»Arbeiten, die ...« und »Wir freuen uns ...« wie oben.

S. 256 »Orchideen hätten ...« Schmeltz an Dietrich, 12.6.1865, Bischoff, S. 327.

»Känguruhs wollen Sie ...« Schmeltz an Dietrich, 8.4.1866, Bischoff, S. 344.

S. 257 »ich gebe das Fest ...« FaG (4). Zeitungsausschnitt, vermutlich Hamburger Nachrichten vom 4. oder 5.2.1862.

S. 259 »Auf meinem Landsitze ...« FaG (4). Emilie Godeffroys »Neues Hamburgisches Gesangbuch« von 1829.

»Ein verehrter ...« wie Anm. zu S. 257.

»Kinder und Aufführungen« FaG (4). Festprogramm »Am Vorabend der silbernen Hochzeit den 1. Februar 1862«.

S. 260 »liebenswürdige, immer noch ...« wie Anm. zu S. 257.

S. 261 »Und möchte auch ...« FaG (25). 20.5.1862.

S. 262 »Er ist sehr ...« FaG (26). 18.4.1865.

S. 264 »Die Jungfer muss ...« FaG (26). 10.5.1873.

»Godeffroy meint ...« FaG (26). 26.8.1864.

S. 265 »crin«: alles über die Mode nach Dölp, hier S. 76.

S. 266 »Ach, daß der ...« Schramm, Hamburg, Deutschland und die Welt, S. 430.

S. 267 »Guten Morgen, Großmama« FaG (19).

S. 268 »amüsiert euch ...« und

»Papa wird sich ...« FaG (15). Beausite, 9.6.1865.

S. 270 »grossen Haus« FaG (19).

S. 271 »fabelhaft« FaG (19).

S. 272 »jede Jahreszeit ...« FaG (4). »Central-Blatt für die Gesamt-Interessen des Deutschen Sport. Officielles Organ Nord- und Mitteldeutscher Renn-Vereine.« Nr. 7, 3. Jg., 16.2.1865, S. 37 f.

S. 273 »Hamburg ist die ...« Eckardt, Bd. I., S. 204 f.

»Herren des Staats« Eckardt, Bd. I., S. 200.

S. 274	»Er erkannte seine Zeit ...« Schramm, wie Anm. 314, S. 442.
	»niemals seine Privat ...« Schramm, wie oben, S. 479.
S. 277	»Allah ist groß ...« Laufenberg, S. 254. – Zum Kampf zwischen Senat und Commerzdeputation: Wiegand, ebenso zu Gustav Godeffroys Bestrebungen.
	»verhängnisvolle Lusttouren«, alles nach Laufenberg, hier S. 264.
S. 279	»Grassiren der ...« Wiegand, Notabeln, S. 71 ff.
S. 280	»Liste« nach den Steuer- und Erbschaftsakten im Staatsarchiv Hamburg von Stein, S. 79 ff.
S. 282	»sehr hübsche Gewinne« Sta HH (3). Adolph Godeffroy an Marianne Godeffroy, 13.5.1866.
S. 283	»Machwerk«, Böhm, Weg, S. 499 und 500.
S. 284	»Eisen- und Stahlwerk zu Osnabrück« Müller, S. 68. Meine Kapitel über die Osnabrücker Werke beruhen auf den Arbeiten von Ott und Meyer und auf Gesprächen mit Rolf Spilker, Osnabrück.
S. 286	»J. C. Godeffroy« Ott, S. 403 f.
	»Am Montag erblickte ...« FaG (26). 15.8.1868.
S. 287	»Vice-König ...« Tetens, S. 188.
S. 288	»im Dunkel über ...« Die Instruktionen sind vom 27.6.1865 und vom 24.7.1865, Tetens, S. 195-202.
S. 289	»1866. Queensland. Legislative Assembly. Ships »La Rochelle« and »Wandrahm«. (Reports relating to). Ordered by the Legislative Assembly to be Printed 11. April, 1866« und Bericht des Schiffsarztes, Brisbane, 9.4.1866.
S. 290	»Sloman's Todtenschiffe« Gelberg, S. 44.
S. 292	»Freihäfler« und »Anschlüßler« Stein, S. 55.
S. 293	»ein gelegentliches ...« Weber an Merck, 1.2.1868, und Cesar Godeffroy an Merck, 14.7.1868: Suchan-Galow mit überholter Interpretation, S. 48 ff.
	»das Verständnis für ...« Kamptz an Bismarck, 23.3.1868, Baasch, Geschichte, Bd. II., S. 142.
S. 294	»Lübeck nähert sich ...« und die gesamte Szene: Hauschild-Thiessen, Habitfrage, S. 50 f.
S. 295	»Localität« und alles weitere: Hauschild-Thiessen, Staatsbesuch 1868. Die beiden Menükarten in FaG (4). Auf der Menükarte Altona, 21.9.1868, sind leider keine Getränke angegeben.
S. 297	»im Übergang zu ...« 16.11.1868, Suchan-Galow, S. 52.
	»allmähliche Aussaugung« Böhm, Weg, S. 538.
	»Glauben Sie, daß ...« Kamptz an Bismarck, 12.3.1869, Baasch, Geschichte, Bd. II., S. 141.

	»Glaube ich ...« wie oben, S. 141, Anm. 4.
S. 299	»53 Skelette ...« Die Lieferungen aller Forschungsreisender und Kapitäne des Hauses hat zusammengezählt Rudolf Krause: Verzeichnis der Schädel und Skelete (sic). In: Katalog des Museum Godeffroy 1880, S. 546.
	»denn die Leichen ...« Amalie Dietrich an ihre Tochter Charitas, Bowen, 20.9.1869, Bischoff, S. 389 f.
S. 300	»Sie thun uns ...« FaG (6). Cesar Godeffroy an Theodor Weber in Apia, Hamburg, 25.1.1867.
S. 301	»schwarze Jungs« Riedel, S. 84.
S. 303	»Hamburger Sportsmen« Düsterdiek, S. 20.
S. 306	»Wo es gilt ...« Hauschild-Thiessen, Hamburg im Kriege, S. 1.
	»Der Lärm an ...« 17.7.1870, wie oben, S. 2, Anm. 6.
S. 307	»Ich fuhr nach ...« FaG (14).
S. 308	»Brief von August« FaG (14).
S. 309	»Jeder Prinz ...« Merck an Krüger, 7.12.1870, Hauschild-Thiessen, Hamburg im Kriege, S. 28.
S. 310	»Der Krieg ist ...« FaG (15). 28.12.1870.
S. 311	»Ich will überhaupt ...« nach Washausen, S. 20, Anm. 58.
	»eine Saat des Hasses« und
	»unsere Unabhängigkeit ...« Merck an Krüger, 19.4.1871, und
	»Der Republikanismus ...« Merck an Krüger, 2.2.1871, alles Hauschild-Thiessen, Hamburg im Kriege, S. 35 ff.
S. 312	»Unionspartei« und »Laupepa-Partei« nach Gilson, ab S. 272.
S. 316	»Misi Ueba« Stevenson, A Footnote to History.
S. 317	»Zug ins Große ...« Ott, S. 248.
S. 320	»Bitte, wir können ...« Sperling, S. 75 ff. – Dr. Erich Sperling war ab 1920 Syndikus des Georgsmarienvereins mit seinen Werken in Georgsmarienhütte und Osnabrück. Sie gehörten vom Dezember 1920 bis 1993 zum Klöckner-Konzern. Sperling hat die Geschichte der Werke in romanhafter Form erzählt. Sie hat nach Meyers Urteil in großen Teilen der Verlaufsbeschreibung sowie in der Atmosphäre Quellenwert: Meyer, S. 12. Möglicherweise hat Generaldirektor Allan Haarmann Sperling erzählt, was er von seinem Vater August Haarmann wußte und erfahren hat. Für Sperlings Buch, einer Quelle mit großem Vorbehalt, gilt das gleiche wie für das von Charitas Bischoff: Näher als über dieses Buch kommen wir im Augenblick nicht an Cesar Godeffroy und, in diesem Fall, die Osnabrücker Werke heran.
S. 322	»Goldener Stern« Kludas, S. 156.
	»Comité für ...« Mathies, Reederei, S. 140.
	»Eisbär« Kresse, Reiherstieg, S. 92.

S. 323	»gegen welche wir ...« Eckardt, Bd.I., S. 256.
S. 327	»Ich fühle sehr ...« FaG (11). 15.6.1872, Duplikat.
	»Die Republik ...« Tagebuch 30.6.1872, nach Bollandt, Senat und Bürgerschaft, S.58.
S. 328	»vielleicht etwas ...« Schinckel, S. 212.
	»die Zuführung ...« Schinckel, S. 218.
	»Hamburger bei der ...« und »Es blieb uns ...« Schinckel, S. 216.
S. 331	»ten thousand pounds ...« FaG (12). Meiggs an Sillem, 20.11.1871.
S. 332	»zur Ehre ...« R. Hertz, S. 26.
	»Sein erhebliches ...« Schinckel, S. 218.
S. 335	Joh. Ces. Godeffroy & Son – »The South Sea Kings« so Cooper, S. 231.
S. 336	»küstern« und Pacific Islanders Protection Act: Burmester, S. 72.
	»Sie kommen schmutzig ...« R. Hertz, S. 52, Anm. 151. Das Elend in diesen Zeilen ist Sterndale überhaupt nicht bewußt, im Gegenteil: »Die Herren Godeffroy & Sohn zählen verdientermaßen zu den einsichtsvollsten Kaufleuten Europas.«
S. 337	»Räubereien und ...« Gustav Godeffroy an Friedrich Krüger, den hanseatischen Ministerresidenten in Berlin, 3.4.1873, Böhm, Überseehandel, S. 29 f.
S. 338	»die mir in ihrer ...« FaG (19).
S. 339	»Sonne der europäischen ...« Katalog des Museum Godeffroy 1880, S. 206.
	»den Eingeborenen höchst ...« wie oben, S. 231 und 239.
	»scheint im engeren ...« wie oben, S. 408 f.
	»Emmy, bist du ...« FaG (19).
S. 340	»beachtenswerten Erfahrungen ...« Meyer, S. 94.
S. 341	»Wenngleich ich ...« FaG (11). Gottlieb Jenisch an Wilhelm Godeffroy, im Oktober 1873.
S. 342	»furor consularis«, Kennedy, Samoan Tangle, S. 51.
S. 344	»The National Treasury of Samoa« NAW (3). Aus dem Vertrag zwischen Cesar Godeffroy und Colonel Steinberger, »United States Commissioner«, wie es im Vertrag heißt, unter dem Datum 18.3.1876: Foster schickte die Papiere, die er beim Arrest von Steinberger beschlagnahmt hatte, nach Washington. – Meine Darstellung der Steinberger-Affäre fußt auf Gilson. Gilson betrachtet die innenpolitischen Aspekte der Affäre in Samoa weit intensiver, als ich es für meine Godeffroy-Biographie brauche. Umgekehrt vernachlässigt er – verständlicherweise – Ein-

zelheiten zur Geschichte Cesar Godeffroys, die in den Quellen enthalten sind. Wer also Genaueres über die Politik der Samoaner und Steinberger wissen will, muß bei Gilson nachlesen: S. 296–331. – Wichtig auch: Kennedy, The Samoan Tangle.

S. 345 »elevated and ...« und »to give dignity ...« NAW (4,2). Steinberger an Fish, Baltimore, 19.11.1874.

»time is money« NAW (3). Godeffroy an Steinberger in San Francisco, Hamburg, 7.1.1875.

»special agent« NAW (4,2), Fish an Grant, 1. Mai 1876.

S. 347 »Ich wollte vor ...« Sperling, S. 87.

S. 348 »Vatter Grausam« und »Knochenmühle« Ott, S. 257. – Die Werksentwicklung beschreibe ich nach Ott, s. insbes. S. 201 ff, 249 ff, 427.

»Ich arbeite nicht ...« Sperling, S. 87 ff.

S. 349 »My duties ...« NAW (4,2). Steinberger an Fish, Apia, 4.7.1875.

S. 352 »morbus consularis« Kennedy, Samoan Tangle, S. 94.

»furor consularis« Kennedy, wie oben, S. 51.

S. 353 Die erste Reise: nach Burmester, S. 74 ff. – Einzelheiten über die Brüder Meier erschloß ich aus Kresse, Seeschiffs-Verzeichnis.

S. 355 Tagebücher, Erinnerungen und Aufsätze von Eduard Hernsheim liegen im Staatsarchiv Hamburg. Sack und Clark haben sie auf englisch herausgegeben, nach diesem Buch habe ich gearbeitet. Die Geschichte von Levisohns Verletzung bei Glüsing: Kapitän Johann Gebhard Hoyer aus Flensburg übernahm die Bark ETIENNE.

Beschreibung von Apia nach Moors. Er war ein amerikanischer Händler, der 1876 zum ersten Mal nach Apia kam und in den 1920er Jahren, nun Oberhaupt einer samoanischen Großfamilie, seine Erinnerungen erzählte. Beschreibung der Niederlassung von Godeffroy nach Riedel.

S. 360 »go« alles nach Moors, hier S. 24 f.

»am wenigsten ...« Moors, S. 14.

S. 362 f. »Was wird unter ...« Marginale zum Promemoria betr. den Schutz der deutschen Interessen in der Südsee vom 2.7.1876, in der Kölnischen Zeitung vom 31.8.1906, zit. nach Stolberg-Wernigerode, S. 250, Anm. 7.

S. 364 »Linie« FaG (13). Menükarte vom 19.4.1877.

»rußigste« Evans, S. 167.

»daß sich dieselbe ...« Hauschild-Thiessen, Bürgerstolz, S. 72.

S. 365 »wir alle wurden ...« FaG (14). Tagebuch von Elisabeth Donner, 20.4.1877.

S. 368 »unter massloser ...« FaG (19).

	Die zweite Reise: Burmester ab S. 76.
S. 369	Cesar Godeffroy sicherte sich das Kirchengrundstück für den Konkursfall: mündliche Mitteilung von Susanne Meyer, 25.2.1994.
S. 370	»Zeche Wolfsbank ...« R. Hertz, S. 61, Anm. 171. – Über den Ausstieg der Mutzenbecher und die steigende Belastung für seinen Vater berichtet Wesselhoeft – erstaunlich uninformiert und unklar für einen Kaufmann.
	»Kohlenausstellung Hamburg 1877« dazu: Kroker, S. 90 ff.
	zur Gründung der Gesellschaft: Sta HH (6).
S. 371	»Daß der geliebte ...« FaG (26). 16.5.1878.
S. 372	»in Hitze und Hetze« und alles Weitere StAB. Nachlaß H. H. Meier (1) Hugo Wolff an Meier, Apia, 13. Juli 1878, 12 Seiten. Nur »Natürlich mußte ich ...wie Anm. zu S. 383.
S. 376	»an die Elbe« nach Merck, S. 66–69.
S. 378	»Die Productenpreise ...« StAB. Nachlaß H. H. Meier (1) Hugo Wolff an H. H. Meier & Co., Sydney, 30.9.1878.
	»hat einen kleinen ...« wie oben, Sydney, 18.10.1878.
S. 379	Die ARIADNE dampft ... Einzelheiten aus Feldkamp, Kanonenboot EBER.
S. 381	»King Dick« Sack & Clark, S. 50.
S. 382	Zahlen: FaG (17).
S. 383	»dagegen kann ich ...« und alles weitere StAB, Nachlaß H. H. Meier (1) Hugo Wolff, Bremen, 10.2.1879, Herrn H. H. Meier & Co., Bremen.
S. 384	»Extremer Freihandel« Gustav Godeffroy, Volkswirtschaftliche Aphorismen, S. 4.
S. 385	»Audiatur et ...« wie oben, S. 4.
	»Vermögensconfiscationen« wie oben, S. 8.– Zum Kampf zwischen Hamburg und dem Deutschen Reich: Böhm, Wirtschaft und Politik; Böhme, Bismarcks Schutzzollpolitik sowie Deutschlands Weg zur Großmacht; Stern. Zu Gustav Godeffroy und seinen Freunden im Centralverband deutscher Industrieller: Born, Strukturwandel sowie Wirtschafts- und Sozialgeschichte.
S. 386	»schrankenlose Pressefreiheit« Godeffroy, Aphorismen, S. 36.
	»den Pflichten gegen ...« wie oben, S. 41.
S. 387	»ein alter Freihändler« und »Animam meam ...« wie oben, S. 63.
	»Frisch die Steuern her ...« Schmack, S. 242.
S. 388	»innenpolitischen ...« am 18.6.1878, nach Böhme, Großmacht, S. 504.
	»unbedingte Treue ...« Böhme, Großmacht, S. 504, ebenso:

	»Erhaltung der heilsamen ...« bis »Verdrängung des Ausländers ...«
S. 390	»widerwärtigen Eindruck ...«: FaG (11). »An Ein Wohllöbliches Strafgericht. Privat-Anklage abseiten Gustav Godeffroy vorm. Senator, Privatankläger, gegen 1) Gerhard Busch, Adr.: grosse Bleichen 31, 2) Dr. A. Lindwurm, Adrs. kl. Bornstr. 114 III Privatangeklagten. Mit Anlagen 1–25, Hamburg 1878« Anlage 1, S. 12 »Was gemacht werden kann wird gemacht«. »Zur Stanislaus ...« bei Hauschild-Thiessen, Bürgerstolz, S. 101.
S. 391 f.	»Dekorationen« und »Hundemarke« Hauschild-Thiessen, wie oben, S. 105.
S. 392	»Gustav's Pech« wie oben, S. 102.
S. 393	»überhaupt und zur ... und »uns fehlt ...« R. Hertz, S. 60.
S. 394	Die dritte Reise, Burmester, ab S. 79.
S. 396	»Die Anmeldung ...« R. Hertz, S. 60. – Stern zitiert ebenfalls aus den Akten des Auswärtigen Amtes, gibt aber manchmal abweichende Daten an, hier den 9. März: S. 552.
S. 397	»Bei allem Interesse ...« und »Es werde sich ...« R. Hertz, S. 60. »potenten Associés« R. Hertz, S. 60.
S. 398	»Mein August ...« FaG (26). 2.4.1879.
S. 399	»Zuckerbrot ...« Böhm, Wirtschaft und Politik, S. 49. »Wir bedürfen des ...« Himer, S. 61. »Wenn wir unsere ...« FaG (26). 25.4.1879.
S. 401	»Dabei ist ferner ...« Bericht des Korvettenkapitäns Bartholomäus von Werner an die Admiralität in Berlin vom 3.2.1879, nach Schmack, S. 244. Der Bericht wird ins Weißbuch 1879 aufgenommen, S. 181, s. Reichstagsvorlage Nr. 239 nebst Anlagen zur Reichstagssitzung am 13. Juni 1879.
S. 402	»Cheer up ...« August Godeffroy an William Hennings, 4.8.1879, Spoehr, S. 33: Sie hat den Brief in einem Artikel von Elizabeth Hennings im Pacific Islands Monthly, November 1948 gefunden. Ich konnte die Zeitschrift leider nicht beschaffen. Der Matrose Johann Christian Hoyer schreibt am 20.11.1879 aus Cheribon, Java, an seine Mutter in Flensburg: Glüsing. Der Kapitän des PETER GODEFFROY hieß H. W. Wendt und ist ein Vorfahr des samoanischen Schriftstellers Albert Wendt, dessen Romane ich allen empfehle, die mehr über Samoa wissen wollen, als historische Bücher vermitteln können.

S. 403	»Trommelschlag und …« s. Anm. zu S. 487.
	»dieses alten angesehenen …« Stern, S. 552.
	»Ich bedauere Ihre …« Bergbau-Archiv 55/2850, Emil Kirdorf an Gustav Godeffroy, 6.12.1879.
	»für mich tief …« Bleichröder-Archiv: Stern, S. 553.
S. 404	»Sollten seine Durchlaucht …« Stern, S. 553.
S. 405	»bindende Verpflichtungen …« Schmack, S. 264 f.
	»Es wäre ein …« Sta HH (4). Syndikus Carl Merck schickt den Bericht am 10.12.1879 an den hanseatischen Ministerresidenten Krüger nach Berlin und bemerkt dazu, der Verfasser sei sehr gut informiert.
	»ein so treuer …« Stern, S. 553.
S. 406	Sta HH (2). Freihandels-Correspondenz, 10.12.1879.
S. 407	»allgemeine Wohl …« Berliner Tageblatt vom 11.12.1879, nach Wehler, Bismarck und der Imperialismus, S. 217.
	»in den bisherigen …« R. Hertz, S. 62 f.
	»Voraussetzung …« Fürst Otto zu Stolberg-Wernigerode an Bismarck, 17.12.1879, nach Stern, S. 554 – dort auch die Angaben zu den Akten des Auswärtigen Amtes im Deutschen Zentralarchiv Potsdam.
S. 409	»Also kein Colonial Unsinn …« etc. Münster an Bleichröder, 16., 20., 25., 31.12.1879, Stern, S. 555.
	»Sehr traurige …« FaG (26). 29.12.1879.
	»aus Gründen, deren …« Der Erlaß ist Anlage 5 zum Gesetzentwurf, s. Anm. zu S. 411.
	»die Umfänge ihrer …« Reform vom 6.1.1880, nach Strohschneider, S. 27.
S. 410	»Viel Geld …« R. Hertz, S. 64, Anm. 176.
	»Godeffroy hatte …« Hamburgische Börsenhalle vom 16.2.1880, nach Strohschneider, S. 33.
S. 411	»eine schwer zu …« und alles Weitere: »Entwurf eines Gesetzes …« Nr. 101, Reichstag, 4. Legislaturperiode, III. Session 1880, mit Anlagen. – In der Anlage 5 zum Gesetzentwurf schreibt Bismarck – S. 69 – »Nachdem eine bekannte Hamburger Firma aus Gründen … glaubte ich im Interesse unseres überseeischen Handels …« Zahlreiche Verfasser zerbrechen sich die Köpfe über Bismarcks Absicht bei der Samoa-Vorlage. Für viele Stern: Samoa sei ein Testfall für Berlins zunehmenden Appetit auf imperiale Expansion, S. 557. Aber wer ist denn 1880 »Berlin« – Heinrich von Kusserow? Das Verhältnis zwischen Bismarck und den hanseatischen Kaufleuten zeigt, daß Bismarcks Absicht genau die war, die er selbst angab: Er wollte dem Han-

	del Rückhalt geben. Über die Wende zu einer interventionistischen Wirtschaftspolitik: Schinzinger, S. 15 f.
S. 412	Protokolle (2): 1. Lesung, Donnerstag, 22. April 1880, S. 861–866; 2. Lesung, Freitag, 23. April 1880, S. 881–884; 3. Lesung, Dienstag, 27. April 1880, S. 946–959.
S. 415	»undeutsch« Stein, S. 57. – Für große Teile der Bevölkerung war der Brief der 32 »unhamburgisch«, Stein, S. 68.
S. 416	»den vaterländischen ...« Stern, S. 557.
S. 417	»Keine Annexion ...« Wehler, Bismarck und der Imperialismus, S. 222.
	»reichsfeindliche Bestrebung«, Wehler, wie oben, S. 220.
S. 420	»Das Funkeln ...« Riedel, S. 23.
S. 422	»Elsa und ich ...« FaG (19).
S. 423	»German Firm« Moors, S. 21.
S. 424	»daß Herr August ...« Sta HH (6).
	»in erster Linie ...« Kludas, Maass & Sabisch, S. 39.
S. 425	»was ja immer ...« FaG (27). Adolph Godeffroy an seinen Sohn Adolph(ito) in New York, 10.6.1885.
S. 427	»Die ganze Kolonialgeschichte ...« Gründer, S. 58.
S. 428	»Deutschtum« Kennedy, Samoan Tangle, S. 31.
S. 429	»Ich bereue auch ...« R. Hertz, S. 62.
	»die Zeiten sind ...« FaG (27). 9.8.1884.
S. 430	»Mein erster Ball ...« FaG (19).
S. 431	»forte et noble ...« FaG (4). »Au Tombeau«, Grabrede am 13.2.1885.
S. 432	»traf mich sein ...« FaG (27). Emilie Godeffroy an ihren Neffen Adolph(ito) Godeffroy, Gut Brestau, 26.3.1885.
	»sehr peinlich« und
	»Das Dockenhudener ...« FaG (27). 10.6.1885.
S. 433	»Ich bin des Klagens ...« FaG (27). 10.6.1885.
S. 434	»August ist schon ...« FaG (27). 13.3.1886.
	»Ich werde nie das ...« FaG (18).
S. 436	»Aber John ...« Hauschild-Thiessen, Bürgerstolz, S. 97.
S. 438	»oben« und »unten« Gustav Godeffroy, Schutzzoll und Freihandel.
	»je eher je lieber ...« StAB. Nachlaß H. H. Meier (3). Gustav Godeffroy an H. H. Meier, 7.3.1886.
	»für unsern Reichstag ...« FaG (27). 19.4.1893.
S. 439	»Meine Herren ...« Evans, S. 398.
	»Den zierlichen und ...« Merck, S. 102.
S. 440	»Der greise Gastgeber ...« auch Merck, S. 102.
	»Nun, da er diesen Klotz ...« FaG (27). Hohenstein, 26.7.1892.

	Eine »Person« war eine Geliebte aus kleinen Verhältnissen: Edith Oppens, Hamburg zu Kaisers Zeiten, Hamburg 1976, S. 112.
S. 441	»entschieden geistig ...« und »daß ich mich ...« FaG (27). 19.4.1893.
	»eine der bekanntesten ...« FaG (11). Zeitungsausschnitt v. 7.8.1893.
S. 442	»dieser lift der Familie ...« FaG (27). 23.10.1893.
S. 443	»Cesar's« und »er arbeitet noch ...« FaG (27). Harriet Godeffroy an Adolph(ito) Godeffroy, 11.12.1897 und 26.2.1898.
	»Wie würden Sie es ...« FaG (27). 26.2.1898.
	»eine Vorsehung« und »Ich muß mir oft ...« FaG (27). 22.4.1898.
	»Erlösung für alle ...« FaG (17). S. 63.
S. 444	»Er war für mich ...« Riedel, S. 22.
	»Für mich war er ...« Riedel, S. 23.
S. 445	»dieses Perlenjuwel ...« Hardich, S. 60.
S. 446	Kanonenboot EBER: nach Feldkamp.
S. 447	»Träger des Namens« FaG (17).
S. 448 f.	Statistik und Beurteilung: Schinzinger, S. 120 ff und Born, Wirtschafts- und Sozialgeschichte, S. 149.
S. 449	»Johan Cesar Godeffroy war eben ...« Riedel, S. 39.
S. 450	»fürstlichen Kaufhäusern« Protokolle (2), 21. Sitzung, Sonnabend, 10.1.1885, S. 534, Windthorst: S. 539.
S. 451	»Wir standen als Soldaten ...« Riedel, S. 68.
	der Jude Bamberger: FaG (17). – Washausen, S. 70, behauptet, Bismarck habe sich im Reichstag auf den »königlichen Kaufmann« Woermann berufen und belegt das mit Poschinger, Fürst Bismarck und seine Hamburger Freunde – ich konnte nichts finden.
S. 453	»Beaumonde von Blankenese« Elise Meier geb. Klünder an ihren Sohn Otto, 18.4.1848, Paul Th. Hoffmann, S. 276.
S. 456	»im Eigentlichen« Gall, S. 19, dort auch: »Warum war die ...« und »in nur konkret ...«.
	»Wo der Handel ...« Gall, S. 110.
	»in Krieg und ...« Heinrich Sieveking: Karl Sieveking, 3. Teil, S. 324.

Archivalien und Literatur

1. Archivalien

Deutsches Bergbau-Museum, Bochum
DMT-Forschungsinstitut für Montangeschichte
(DMT = Deutsche MontanTechnologie)
Bestand 47 Dortmunder Bergbau AG
Bestand 55 Gelsenkirchener Bergwerks-AG, Essen

Staatsarchiv Bremen
Nachlaß H(ermann) H(einrich) Meier
- (1) 32/7 XXVI Samoa- und Südseehandel. 1878–1880
- (2) 47/9 XXXII 4) Bamberger, Ludwig
- (3) 53/10 XXXIV Korrespondenz

Staatsarchiv Hamburg
- (1) Zeitungsausschnitt-Sammlung Gustav Godeffroy
- (2) Zeitungsausschnitt-Sammlung Johann Cesar Godeffroy
- (3) 622-1 Familie Carl Godeffroy VII B 1-6
- (4) 132 – 5/2 Hanseatische Gesandtschaft Berlin
  Ältere Reg. N 1 s, Fallissement von Godeffroy 1879
- (5) Georg Bendixen: Lebenserinnerungen für die Familie im Jahre 1899 aufgezeichnet
- (6) 621 – HandelsGesellschaft.
  Sitzungs-Protocolle der Deutschen Handels- und Plantagen-Gesellschaft der Südsee-Inseln zu Hamburg.

Familienarchiv Godeffroy, Hamburg-Blankenese
Sammlungskästen:
- (1) Kasten »Cesar IV.«
- (2) Kasten »Cesar V.«
- (3) Kasten »Sophie, geb. Meyer«
- (4) Kasten »Cesar VI., vorwiegend privat«
- (5) Kasten »Cesar VI., Sport, Ausstellungen«
- (6) Kasten »Cesar VI., Firma«
- (7) Kasten »Cesar VI., Firma: Museum, Schiffe«
- (8) Kasten »Wandrahm, Hirschpark, Rissen«
- (9) Kasten »Emmy, geb. Hanbury«
- (10) Kasten »Adolph«

(11) Kasten »Gustav u. Nachkommen«
(12) Kasten »Alfred«
(13) Kasten »Cesar VII.«
(14) Kasten »Betty, geb. Donner«
(15) Sonderkasten

Manuskripte:
(16) Aufzeichnungen von Charles (Carl) Godeffroy, 1829
(17) Oscar Godeffroy: Geschichte der Familie Godeffroy. Hamburg, 1935
(18) Lebenserinnerungen von Oscar Godeffroy
(19) Jugenderinnerungen von Emmy Wehl, geb. Godeffroy, niedergeschrieben im Jahre 1936
(20) Carl Alfred Godeffroy: Familie Godeffroy. Hamburg 1947 (= Stammbaum)
(21) Hahn-Godeffroy, Johann Diederich:
   1. Gustav Godeffroy. Biographischer Abriß. 1991
   2. Dr. Wilhelm Martin von Godeffroy. Lebenslauf. 1991
   3. Carl (Charles) Godeffroy. 1991
   4. Charlotte Thierry, geb. Godeffroy. 1991
   5. August Godeffroy. 1991
(22) Gustav Kirsten: Allerlei Interessantes aus Blankenese. (Auszüge aus einem gedruckten Buch)

Briefe:
(23) Johan Cesar und Sophie Godeffroy. Briefe aus den Jahren 1823 bis 1845 (an Sophies Bruder Fritz Meyer). Masch.-schr. Abschrift
(24) Briefe von Adolph Godeffroy an seinen Onkel Rittmeister Fritz Meyer in Lüchow. 1836–1843. Masch.-schr. Abschrift
(25) Briefe von August Unshelm 1861–1864. An Cesar Godeffroy jr., Alfred Poppe, Doris Unshelm u. a. Masch.-schr. Abschrift
(26) Briefe von Emmy Godeffroy geb. Hanbury an Ida Müller geb. Meyer in Hannover. 1864–1879. Masch.-schr. Abschrift
(27) Adolph Godeffroy und seine Frau Harriet an den Sohn in New York, 1884–1899.

Gut Hohenstein bei Eckernförde: Sammlungskästen

Kunstakademiets Bibliotek Kopenhagen
Samling af Arkitekturtegninger
Landhaus Johan Cesar Godeffroy, Nienstedten, Elbchaussee 499, Inv. Nr. 9309 a-b-c und 1671 A, a-b-c-d

Katharineum zu Lübeck
Censuren u. Conduitenlisten 1822–1832

National Archives, Washington, DC
(1) RG 84 Records of Foreign Service Posts. Consular Posts. Apia, Samoa. Volume 0012 (= Kopierbuch: Correspondence American Consulate April 1875 to Aug. 11, 1882)
(2) RG 84 Records of Foreign Service Posts. Consular Posts. Apia, Samoa. Volume 0013 (= Kopierbuch: Miscellaneous Letters. U.S. Consulate Apia, Samoa, Dec. 14, 1875 – Sept. 5, 1879)
(3) United States Consular Despatches. Microfilm T 27 Roll 4. Despatches from U. S. Consuls in Apia, Samoa, 1843–1906
(4) United States Congressional Papers (Drucksachen)
   1. USCP, 43.C., 1. S. House Ex. Doc. 45
   2. USCP, 44.C., 1. S. House Ex. Doc. 161
   3. USCP, 44.C., 2. S. House Ex. Doc. 44

2. Protokolle

(1) Reden für die deutsche Nation 1848/49.
Stenographische Berichte über die Verhandlungen der Deutschen Constituirenden Nationalversammlung zu Frankfurt am Main. Herausgegeben auf Beschluss der Nationalversammlung durch die Redactions-Commission und in deren Auftrag von Franz Wigard. Vollständige Ausgabe in 9 Bänden (Nachdruck) / neu vorgelegt und mit einer Einführung versehen von Christoph Stoll. München 1988

(2) Stenographische Berichte über die Verhandlungen des Reichstags.
   4. Legislaturperiode, III. Session 1880.
      Zweiter Band: 15. April bis 10. Mai 1880
   6. Legislaturperiode. I. Session 1884/85.
      Erster Band: 20. November 1884 bis 16. Januar 1885
      Zweiter Band: 17. Januar bis 18. Februar 1885
      Dritter Band: 19. Februar bis 17. April 1885
   Nebst Anlagen zu den Stenographischen Berichten

3. Gedruckte Quellen (Bücher) und Darstellungen

Ich habe gedruckte Quellen und Darstellungen nicht getrennt, damit alle, die Anmerkungen lesen, einen interessierenden Titel auf Anhieb finden können.

HGH: Hamburgische Geschichts- und Heimatblätter
MHG: Mitteilungen des Vereins für Hamburgische Geschichte
ZHG: Zeitschrift des Vereins für Hamburgische Geschichte

Ahrens, Gerhard: Caspar Vogt und sein Mustergut Flottbek. Englische Landwirtschaft in Deutschland am Ende des 18. Jahrhunderts. Hamburg 1969
- Vorgeschichte und Gründung der ersten Aktienbanken in Hamburg. In: Kredit und Kapital, 5. Jg., 1972, S. 316–335
- Das Ringen um eine Notenbank in Hamburg um die Mitte des 19. Jahrhunderts. In: Kredit und Kapital, 7. Jg., 1974, S. 233–255
- Die Überwindung der hamburgischen Wirtschaftskrise von 1857 im Spannungsfeld von Privatinitiative und Staatsintervention. In: ZHG 64, 1978, S. 1–29
- Krisenmanagement 1857. – Im Schriftwechsel der Geschwister Jenisch und Godeffroy widergespiegelte Weltwirtschaftskrise 1857. Hamburg 1980
- Unser Großelternhaus im Wandrahm. Jugenderinnerungen von Anna Eimer, geb. Lutteroth. In: HGH, Bd. 10, 1981, S. 103–118
- Von der Franzosenzeit bis zur Verabschiedung der neuen Verfassung 1806–1860. In: Jochmann-Loose, S. 415–490
- Die Hanseaten und der Reichsgedanke seit dem frühen 19. Jahrhundert. In: Bremisches Jahrbuch, Bd. 67, 1989, S. 17–28
- und Renate Hauschild-Thiessen: Die Reeder: Laeisz/Ballin. Hamburgische Lebensbilder. Hamburg 1989

Altonaer Museum: Die Sammlung der Schiffsporträts. Hamburg 1971
Altrocchi, Julia Cooley: The Spectacular San Franciscans. New York 1949
»... nach Amerika!« Auswanderung in die Vereinigten Staaten. Ausstellung aus Anlaß der Unabhängigkeitserklärung der Vereinigten Staaten von Amerika am 4. Juli 1776 im Museum für Hamburgische Geschichte, 4.7.–26.9.1976. Hamburg 1976
Aydelotte, William O.: Wollte Bismarck Kolonien? In: Deutschland und Europa. Festschrift für Hans Rothfels, hg. von W. Conze, Düsseldorf 1951, S. 41–68

Baasch, Ernst: Hamburgs Handel und Verkehr im 19. Jahrhundert. Hamburg 1901
- Der Einfluß des Handels auf das Geistesleben Hamburgs. Leipzig 1909
- Die Handelskammer zu Hamburg 1665–1915. Hamburg 1915
- Der Verein für Handelsfreiheit in Hamburg 1848–1868. In: ZHG 24, 1921, S. 32–60
- Geschichte Hamburgs 1814–1918. 2 Bde., Gotha-Stuttgart 1924/25
- Ein Prozeß des hamburgischen Handlungshauses Godeffroy mit der preußischen Regierung. In: Nordelbingen. Beiträge zur Heimatforschung in Schleswig-Holstein, Hamburg und Lübeck, 4. Bd., 1925, S. 30–41

Bauche, Ulrich: Die Hamburger Bilder des Malers Georg Emanuel Opiz (1775–1841). In: Jungraithmayr, S. 75–95

Bavendamm, Dirk: Von der Revolution zur Reform. Die Verfassungspolitik des hamburgischen Senats 1849/50. Berlin 1969
- »Keine Freiheit ohne Maß« Hamburg in der Revolution von 1848/9. In: Berlin, S. 69–92

Becker, Felix: Die Hansestädte und Mexiko 1825–1867. Ein Kapitel hanseatischer Vertragsdiplomatie und Handelsgeschichte. In: ZHG 69, 1983, S. 83–102

Beheim-Schwarzbach, Martin: Die Insel Matupi. Geschichte einer Kindheit. Sigmaringen 1985

Benrath, H.: Das Stadtbild im Jahre 1800. In: Hamburg um die Jahrhundertwende 1800. Hamburg 1900, S. 1–35

Berckemeyer, Eduard Wilhelm: Tagebuch der Reise von Hamburg nach Valparaiso. 2. Aufl. Hamburg 1955

Berghaus, Peter: Hamburg im Jahre 1820 von Nord. In: HGH, Bd. 9, 1976, S. 167–177

Berlin, Jörg (Hg.): Das andere Hamburg. Freiheitliche Bestrebungen in der Hansestadt seit dem Spätmittelalter. Köln 1981

Bertheau, Franz R.: Kleine Chronologie zur Geschichte des Zeitungswesens in Hamburg von 1616 bis 1913. Mit einer Einleitung über die Vorläufer der Zeitungen und die Handhabung der Zensur in Hamburg. Hamburg 1914

Best, Heinrich: Interessenpolitik und nationale Integration. Göttingen 1980

Beurmann, Eduard: Skizzen aus den Hanse-Städten. Hanau 1836

Bischoff, Charitas: Amalie Dietrich. Berlin 1910

Böhm, Ekkehard: Überseehandel und Flottenbau. Hanseatische Kaufmannschaft und deutsche Seerüstung 1879–1902. Düsseldorf, 1972

- Wirtschaft und Politik in Hamburg zur Zeit der Reichsgründung. In: ZHG 64, 1978, S. 31–53
- Der Weg ins Deutsche Reich 1860–1888. In: Jochmann-Loose, S. 491–540

Böhme, Helmut: Wirtschaftskrise, Merchant Bankers und Verfassungsreform. Zur Bedeutung der Weltwirtschaftskrise von 1857 in Hamburg (Mit einem Aktenanhang). In: ZHG 54, 1968, S. 77–127
- (Hg.): Probleme der Reichsgründungszeit 1848–1879. Köln-Berlin 1968. Darin von ihm: Verfassungskonflikt und Handelspolitik: Die Frage der Kontinuität im Jahre 1862, S. 195–225. Sowie: Bismarcks Schutzpolitik und die Festigung des konservativen Staates. S. 328–352
- Frankfurt und Hamburg. Des Deutschen Reiches Silber- und Goldloch und die allerenglischste Stadt des Kontinents. Frankfurt 1968
- Stadtregiment, Repräsentativverfassung und Wirtschaftskonjunktur in Frankfurt am Main und Hamburg im 19. Jahrhundert. In: Jahrbuch für Geschichte der Oberdeutschen Reichsstädte. Esslinger Studien, Bd. 15, 1969, S. 75–146
- Deutschlands Weg zur Großmacht. Studien zum Verhältnis von Wirtschaft und Staat während der Reichsgründungszeit. 2. Aufl. Köln 1972

Boehmer, Joachim: Die Norddeutsche Allgemeine Zeitung. In: Zeitungswissenschaft, 1, 1926, S. 56 ff, 73 ff, 92 ff, 103 ff

Boelcke, Willi: So kam das Meer zu uns. Die preußisch-deutsche Kriegsmarine in Übersee, 1822–1914. Frankfurt-Berlin 1981

Böttiger, Theodor: Hamburgs Patrioten 1800–1814. Berlin und Leipzig 1926

Bohn, Gottfried Christian: (Der) wohlerfahrene Kaufmann. Teil I–III, 5. Aufl. Hamburg 1789 (Nachdruck Wiesbaden 1977)

Bohner, Theodor: Die Woermanns. Vom Werden deutscher Grösse. Berlin 1935

Bolland, Jürgen: Die hamburgische Bürgerschaft in alter und neuer Zeit. Aus Anlaß des 100jährigen Jubiläums der gewählten Bürgerschaft in ihrem Auftrag verfaßt im Staatsarchiv. Hamburg 1959
- Senat und Bürgerschaft. Über das Verhältnis zwischen Bürger und Stadtregiment im alten Hamburg. 2. Aufl. Hamburg 1977

Born, Karl-Erich: Wirtschafts- und Sozialgeschichte des Deutschen Kaiserreichs (1867/71–1914). Stuttgart 1985
- Der soziale und wirtschaftliche Strukturwandel Deutschlands am Ende des 19. Jahrhunderts. In: Hans-Ulrich Wehler (Hg.): Moderne deutsche Sozialgeschichte. 5. Aufl. Köln 1976, S. 271–284

Brackmann, Karl: Die Hamburger Krise von 1799 – und wie es dazu kam. In: HGH, 7. Jg., 1933, S. 56–61

- Wie Kamerun erworben wurde – und was Hamburg dazu tat. In: HGH, 9. Jg., 1935, S. 201–205

Brookes, Jean Ingram: International Rivalry in the Pacific Islands 1800–1875. New York 1972 (1. Aufl. 1942)

Brunner, Otto: Souveränitätsproblem und Sozialstruktur in den deutschen Reichsstädten der frühen Neuzeit. In: Vierteljahrschrift für Sozial- und Wirtschaftsgeschichte, Bd. 50, 1963, S. 329–360

- Die Patriotische Gesellschaft in Hamburg im Wandel von Staat und Gesellschaft (1965). In: Ders.: Neue Wege der Verfassungs- und Sozialgeschichte. 2. Aufl. Göttingen 1968, S. 335–344
- Werner Conze und Reinhart Koselleck (g. Hg.): Geschichtliche Grundbegriffe: historisches Lexikon zur politisch-sozialen Sprache in Deutschland. Bd. 1–6. Stuttgart 1972–1990

Büsch, Johann Georg: Die politische Wichtigkeit der Freiheit Hamburgs und ihrer Schwesterstädte Lübeck und Bremen für das ganze handelnde Europa in ein neues Licht gestellt. Hamburg 1797

Burmester, Heinz: Kapitän Meyer und die Godeffroysche Bark »Elisabeth« auf ihren letzten Südsee-Reisen. In: Deutsches Schiffahrtsarchiv 6, 1983, S. 65–89

Cassis, Youssef: Wirtschaftselite und Bürgertum. England, Frankreich und Deutschland um 1900. In: Jürgen Kocka (Hg.): Bürgertum Vergleich, Bd. 2, S. 9–34

Catalog der Internationalen Gartenbau-Ausstellung in Hamburg vom 2. bis 12. September 1869. Hamburg 1869

Cipolla, Carlo (Hg.): Europäische Wirtschaftsgeschichte.
  Teil 3: Die industrielle Revolution. Stuttgart-New York 1976
  Teil 4: Die Entwicklung der industriellen Gesellschaften. Stuttgart-New York 1977

Clasen, Arnim: Deutsche Auswanderung nach Chile 1853–1856 (= Schreckensfahrt der »Reiherstieg«). In: Zeitschrift für Niedersächsische Familienkunde, 33. Jg., 1958, S. 86–101

- Die Schiffe der Chile-Auswanderung 1850–1875 und die Schiffbauerfamilie von Somm. In: Zeitschrift für Niedersächsische Familienkunde, 38. Jg., 1963, S. 1–7

Clifford, Derek: Geschichte der Gartenkunst. Reutlingen 1966

Conze, Werner: Vom »Pöbel« zum »Proletariat«. Sozialgeschichtliche Voraussetzungen für den Sozialismus in Deutschland. In: Vierteljahrschrift für Sozial- und Wirtschaftsgeschichte, Bd. 41, 1954, S. 333–364

Cooper, H. Stonehewer: The Coral Lands of the Pacific. London 1882

Coppius, Adolf: Hamburgs Bedeutung auf dem Gebiete der deutschen Kolonialpolitik. Berlin 1905

The Cyclopedia of Samoa. A complete Review of the History and Traditions and the Commercial Development of the Islands, with Statistics and Data never before compiled in a single publication. Sydney 1907. (3. Neudruck Western Samoa 1985)

Däbritz, Walther: Grillo als Wirtschaftsführer. In: Beiträge zur Geschichte von Stadt und Stift Essen 43, 1926, S. 319–333
Deutelmoser, Mechthild, und Birgit Ebert: »Leichte Mädchen«, hohe Herren und energische Frauen. Die Hamburger Frauenbewegung im Kampf gegen Prostitution und Doppelmoral 1896–1906. In: Berlin, S. 140–161
Deutsche Handels- und Plantagen-Gesellschaft (Hg.): Ländereien und Pflanzungen der Deutschen Handels- und Plantagen- Gesellschaft der Südsee-Inseln zu Hamburg in Samoa. Zwei Broschüren: 1. Text, 2. Übersichtskarten und Ansichten. Hamburg 1888
Deutsche Marine. Die erste deutsche Flotte. Führer des Deutschen Schiffahrtsmuseums Nr. 10. Bremerhaven 1979
Dirksen, Victor: Ein Jahrhundert Hamburg 1800–1900. Zeitgenössische Bilder und Dokumente. 1935 (Reprint Frankfurt 1977)
Dölp, Waltraud: Ein Hauch von Eleganz. 200 Jahre Mode in Bremen. Hefte des Focke-Museums Nr. 65. Bremen 1984
Duckwitz, Arnold: Denkwürdigkeiten aus meinem öffentlichen Leben 1841–1866. Bremen 1877
Düsterdieck, Carl: 100 Jahre Derby. Ein Streifzug durch die Geschichte des großen Rennens. Festschrift des Hamburger Renn-Clubs. Hg. im 100. Jahr des Deutschen Derby. Hamburg 1969

Eckardt, Hans Wilhelm: Privilegien und Parlamente. Die Auseinandersetzungen um das allgemeine und gleiche Wahlrecht in Hamburg. Hamburg 1980
Eckardt, Julius von: Lebenserinnerungen. 2 Bde. Leipzig 1910
Ehrenberg, Richard: Die Anfänge des Hamburger Freihafens. Hamburg-Leipzig 1888
– Aus der Vorzeit von Blankenese. Hamburg 1897
– Das Haus Parish in Hamburg. Jena 1905
Eichbaum, Gerda: Deutsche Siedlung in Neuseeland. Ein Hamburger Kolonisationsversuch im 19. Jahrhundert. In: Geschichtliche Landeskunde und Universalgeschichte. Festgabe für Hermann Aubin zum 23. Dezember 1950. Hamburg (1950), S. 259–269
Ellerholz, P.: Handbuch des Grundbesitzes im Deutschen Reich. I. Königreich Preußen. 8. Lieferung: Provinz Schleswig-Holstein. Berlin 1881

Engels, Hans-Werner: »Wo ein St. Paulianer hinhaut, wächst so leicht kein Gras wieder.« St. Pauli und die Revolution von 1848/49. In: Berlin, S. 93–115
Engelsing, Rolf: Schlesische Leinenindustrie und Hanseatischer Überseehandel im 19. Jahrhundert. In: Jahrbuch der schlesischen Friedrich-Wilhelm-Universität zu Breslau, IV, Würzburg, 1959, S. 207–231
Erbe, Albert, und Christian Ranck: Das Hamburger Bürgerhaus. Seine Bau- und Kunstgeschichte. Hamburg 1911
Erskine, John Elphinstone: Journal of a cruise among the islands of the western Pacific including the Feejees and others inhabited by the Polynesian negro races. London 1853
Evans, Richard J.: Tod in Hamburg. Stadt, Gesellschaft und Politik in den Cholera-Jahren 1830–1910. Hamburg 1990

Fabri, Friedrich: Bedarf Deutschland der Colonien? Gotha 1879
Faulwasser, Julius: Der große Brand und der Wiederaufbau von Hamburg. Hamburg 1892
Feldkamp, Ursula (Hg.): Samoa – eine Reise in den Tod. Die Briefe des Obermatrosen Adolph Tamm S. M. Kanonenboot EBER 1887–1889. Eingeleitet und kommentiert von Karl-Theo Beer. Hamburg 1994
Feldtmann, Eduard: Geschichte Hamburgs und Altonas. Hamburg 1902
Fenske, Hans: Die deutsche Auswanderung in der Mitte des 19. Jahrhunderts – Öffentliche Meinung und amtliche Politik. In: Geschichte in Wissenschaft und Unterricht, 24, 1973, S. 221–236
– Imperialistische Tendenzen in Deutschland vor 1866. Auswanderung, überseeische Bestrebungen, Weltmachtträume. In: Historisches Jahrbuch 97/98, 1978, S. 336–383
Firth, Stewart G.: German Firms in the Pacific Islands, 1857– 1914. In: Moses & Kennedy, S. 3–25
Fischer, Fritz: Bündnis der Eliten. Zur Kontinuität der Machtstrukturen in Deutschland 1871–1945. Düsseldorf 1979
Fischer, Wolfram: Unternehmensgeschichte und Wirtschaftsgeschichte. Über die Schwierigkeiten mikro- und makroökonomische Ansätze zu vereinen. In: Hermann Kellenbenz und Hans Pohl (Hg.): Historia Socialis Oeconomica. Festschrift für Wolfgang Zorn zum 65. Geburtstag. Stuttgart 1987, S. 61–71
Fremdes Geld. Tauschmittel und Wertmesser außereuropäischer Gesellschaften. Eine Ausstellung der Commerzbank zusammen mit dem Museum für Völkerkunde, Frankfurt. Text Ute I. Greifenstein. Frankfurt (1993)
Freudenthal, Herbert: Vereine in Hamburg. Ein Beitrag zur Geschichte und Volkskunde der Geselligkeit. Hamburg 1968

Frevert, Ute: Frauen-Geschichte. Zwischen Bürgerlicher Verbesserung und Neuer Weiblichkeit. Frankfurt 1986

Führer durch das Museum Godeffroy. Hamburg 1882

Gabe, Wilhelm: Hamburg in der Bewegung von 1848/49. Heidelberg 1911 (Reprint 1977)

Gaedechens, Cipriano Francisco: Historische Topographie der Freien und Hansestadt Hamburg und ihrer nächsten Umgebung von der Entstehung bis auf die Gegenwart. 2. Aufl. Hamburg 1880

Gärten, Landhäuser und Villen des hamburgischen Bürgertums. Kunst, Kultur und gesellschaftliches Leben in vier Jahrhunderten. Katalog: Ausstellung 29. Mai – 26. Oktober 1975 im Museum für Hamburgische Geschichte

Gall, Lothar: »... ich wünschte ein Bürger zu sein.« Zum Selbstverständnis des deutschen Bürgertums im 19. Jahrhundert. In: Historische Zeitschrift 245, 1987, S. 601–623

– Bürgertum in Deutschland. Berlin 1989

– (Hg.): Stadt und Bürgertum im 19. Jahrhundert. München 1990

Gallois, Johann Gustav: Geschichte der Stadt Hamburg. 3 Bde. Hamburg 1853–56

– Hamburgische Chronik von den ältesten Zeiten bis auf die Jetztzeit. Bd. IV. Von der Vollendung des Hauptrecesses 1713 bis zum großen Brande im Mai 1842. Hamburg 1863. – Bd. V. Hamburgs neueste Zeit. 1843 bis 1860. Hamburg 1864

Gebhardt, Gerhard: Ruhrbergbau. Geschichte, Aufbau und Verflechtung seiner Gesellschaften und Organisationen. Essen 1957

Gelberg, Birgit: Auswanderung nach Übersee. Soziale Probleme der Auswandererbeförderung von der Mitte des 19. Jahrhunderts bis zum Ersten Weltkrieg. Hamburg 1973

Gerhard, Ute: Die Rechtsstellung der Frau in der bürgerlichen Gesellschaft des 19. Jahrhunderts. Frankreich und Deutschland im Vergleich.
In: Kocka, Bürgertum Vergleich, Bd. 3, S. 439–468

Gilson, Richard Phillip: Samoa 1830 to 1900. The Politics of a Multi-Cultural Community. Oxford 1970

Girouard, Mark: Life in the English Country House. Yale University Press 1978

Glüsing, Jutta: Verschollen. In: Deutsches Schiffahrtsarchiv 11, 1988, S. 103–108

Godeffroy, Gustav: Volkswirtschaftliche Aphorismen. 2. Aufl. Hamburg 1877/78

– Schutzzoll und Freihandel. Berlin 1879

Johann Cesar Godeffroy zu seinem 50. Todestage. In: Wassersport Nr. 9/1935, S. 137

Goos, Berend: Erinnerungen aus meiner Jugend. Hamburg 1907

Gothsch, Manfred: Die deutsche Völkerkunde und ihr Verhältnis zum Kolonialismus. Ein Beitrag zur kolonialideologischen und kolonialpraktischen Bedeutung der deutschen Völkerkunde in der Zeit von 1870 bis 1875. Baden-Baden 1983

Goverts, Ernst F.: Die Mitglieder der Tischgesellschaft »Einigkeit« in Hamburg. Hamburg 1911

Grolle, Joist: Percy Ernst Schramm – ein Sonderfall in der Geschichte Hamburgs. In: ZHG 81, 1995, S. 23–60

Gründer, Horst: Geschichte der deutschen Kolonien. Paderborn-München-Wien-Zürich 1985

Grüttner, Michael: Arbeitswelt an der Wasserkante. Sozialgeschichte der Hamburger Hafenarbeiter 1886–1914. Göttingen 1984

Grundmann, Günther: Hamburg gestern und heute. Gesammelte Vorträge und Ansprachen zur Architektur, Kunst und Kulturgeschichte der Hansestadt. Hamburg 1972

– (Hg.) und Renate Klée-Gobert (Bearb.): Die Bau- und Kunstdenkmale der Freien und Hansestadt Hamburg, Bd. 2, Altona- Elbvororte. Hamburg 1959

Hävernick, Walter: Hamburgs erste Eisenbahn (1842–1846). In: HGH, 5. Jg., 1930, S. 153–157

– (Hg.): Hamburg von einem Fremden gesehen. 1853. Auszüge aus dem Reisebericht des Magnus Hollertz aus Stockholm. Hamburg 1968

Hagen, Maximilian von: Bismarcks Kolonialpolitik. Stuttgart-Berlin 1923

Hahn-Godeffroy, Johann Diederich: Als der Falkenstein noch Teil der Godeffroy'schen Forsten war. Sonderdruck aus »Blankenese«, Zeitschrift des Blankeneser Bürger-Vereins, Hamburg 1984, S. 21–32

Hamburg wie es rennt und reitet oder Wandsbeck's glorreiche Julitage während des ersten Pferderennens daselbst. In einem humoristischen Briefe dargestellt von Paul Hippodromus. Hamburg 1835

Hamburg und seine Bauten. Architekten- und Ingenieur Verein Hamburg 1890

Hamburg und Hamburgs Umgegenden. Ein Handbuch für Freunde. 5. Aufl. Hamburg (1839)

Hamburgischer Garten-Almanach. Almanach aller um Hamburg liegenden Gärten und Gegenden. Hamburg 1796ff

Hamburgisches Geschlechterbuch, bearb. von Hildegard von Marchta-

ler. 9. Hamburger Band (Teil A bis H des Doppelbandes 127 und 128 des Deutschen Geschlechterbuches) Limburg/Lahn 1961
Hamburger Geschlechterbuch. Hg. von Bernhard Koerner. Bearb. in Gemeinschaft mit Ascan W. Lutteroth u. a., 3. Bd. Görlitz 1912
Von Hamburg nach Helgoland. Kunst und Kultur im 19. Jahrhundert. Ausstellungskatalog des Altonaer Museums in Hamburg, 1967
Hampe, Peter: Sozioökonomische und psychische Hintergründe der bildungsbürgerlichen Imperialbegeisterung. In: Klaus Vondung (Hg.): Das wilhelminische Bildungsbürgertum. Zur Sozialgeschichte seiner Ideen. Göttingen 1976, S. 67–79
Handelskammer Hamburg (Hg.): Dokumente zur Geschichte der Handelskammer Hamburg. Zu ihrem 300jährigen Jubiläum am 19. Januar 1965
– Repräsentanten der Hamburger Wirtschaft 1850–1950. Hamburg 1984
Die Hansestädte Hamburg, Lübeck und Bremen oder welche Vortheile entstanden dem Gesamthandel durch deren Unabhängigkeit? Von einem Hanseaten. Hamburg 1807
Hardach, Gerd: König Kopra. Die Marianen unter deutscher Herrschaft 1899–1914. Stuttgart 1990
Hardegen, Friedrich: H. H. Meier, der Gründer des Norddeutschen Lloyd. Lebensbild eines Bremer Kaufmanns 1809–1898, fortgeführt und abgeschlossen von Käthi Smidt. Berlin und Leipzig 1920
Ein Hauch von Eleganz ... s. Dölp
Hauschild-Thiessen, Renate: Die ersten Hamburger im Goldland Kalifornien. Hamburg 1969
– Hamburg im Kriege 1870/71. In: ZHG 57, 1971, S. 1–45
– Die Eröffnung des ersten Deutschen Reichstages am 21. März 1871. Ein Bericht von Bürgermeister Kirchenpauer aus Berlin, mitgeteilt in: HGH, Bd. 9, 1971, S. 17–20
– Hamburg um die Wende vom 18. zum 19. Jahrhundert. Tagebuchaufzeichnungen Ferdinand Benekes, zusammengestellt in: HGH, Bd. 9, Heft 8, 1974, S. 195 f
– Staatsbesuch 1868: Wilhelm I. von Preussen in Hamburg. In: HGH, Bd. 9 Heft 9, 1975, S. 209–217
– Bürgerstolz und Kaisertreue. Hamburg und das Deutsche Reich von 1871. Hamburg 1979
– Eine »Mohrentaufe« im Michel 1855. in: HGH, Bd. 11, Heft 1, 1982, S. 11 f
– Hamburg im Mai 1835. Ein Brief von Bertha Frauenknecht, geb. Mayr, an ihre Schwestern in Memmingen. In: HGH, Bd. 11, Heft 3, Oktober 1983, S. 70–76
– Eine Domfahrt im Jahre 1864 und Sillems Bazaar. Aus den Erinne-

rungen von Martin Haller. In: HGH, Bd. 11, Heft 6, Dez. 1984, S. 146–149

Heine, Heinrich: Erinnerungen aus Krähwinkels Schreckenstagen (1853). In: Berlin, S. 116f

Hempenstall, Peter J.: Native Resistance and German Control Policy in the Pacific: the Case of Samoa and Ponape. In: Moses & Kennedy, S. 209–233

– Pacific Islanders under German Rule: a study in the meaning of colonial resistance. Canberra-Norwalk, Conn. 1978

Henning, Hansjoachim: Bismarcks Kolonialpolitik – Export einer Krise? In: K. E. Born (Hg.): Gegenwartsprobleme der Wirtschaft und der Wirtschaftswissenschaften. Tübingen 1978, S. 53–83

– Soziale Verflechtung der Unternehmer in Westfalen 1860–1914. Zeitschrift für Unternehmensgeschichte 23, 1978, S. 1–30

Hernsheim, Franz: Südsee-Erinnerungen (1875–1880). Berlin (1883)

Hertz, Paul: Unser Elternhaus. Hamburg 1904

Hertz, Richard: Das Hamburger Seehandelshaus J. C. Godeffroy & Sohn Hamburg 1922

Herzig, Arnold (Hg.): Das alte Hamburg (1500–1848/49). Vergleiche – Beziehungen. Berlin 1989

–, Dieter Langewiesche und Arnold Sywottek (Hg.): Arbeiter in Hamburg. Unterschichten, Arbeiter und Arbeiterbewegung seit dem ausgehenden 18. Jahrhundert. Hamburg 1983

Heskel, Alexander: Ein Brief aus den ersten Monaten des Jahres 1813. In: MHG, 24. Jg., 1904, S. 449–468

– Hamburgische Stimmen aus der Paulskirche. In: MHG, 26. Jg., 1906, S. 200–211

– Hamburgs Schicksale während der Jahre 1813 und 1814. In: ZHG 18, 1914, S. 245–279

– Bürgermeister Ascan Wilh. Lutteroth Legat (22. September 1783 bis 20. Dezember 1867) zum Gedächtnis. 1. Teil in: HGH, 2. Jg., 1927, S. 225–246. 2. Teil in: HGH, 3. Jg., 1928, S. 257–285; 3. Teil S. 297–306; 4. Teil S. 329–353; 5. Teil S. 361–381

Hess, Jonas Ludwig von: Ueber den Werth und die Wichtigkeit der Freiheit der Hanse-Städte. London 1814

Heyden, Wilhelm: Die Mitglieder der Hamburger Bürgerschaft 1859–1862. Hamburg 1909

Hieke, Ernst: Rob. M. Sloman jr. Hamburg 1968

Himer, Kurt: 75 Jahre Hamburg-Amerika Linie. Teil I: Adolph Godeffroy und seine Nachfolger bis 1886. Hamburg (1922)

Hoffmann, Gabriele: Wirtschaftsspionage in der Südsee: H. H. Meier und Joh. Ces. Godeffroy. In: Bremisches Jahrbuch 76, 1997, S. 101–114

Hoffmann, Paul Th(eodor): Die Elbe. Strom deutschen Schicksals und deutscher Kultur. Hamburg 1939
- Die Elbchaussee: ihre Landsitze, Menschen und Schicksale. 9. Aufl. Hamburg 1982

Horn, Walter: Die Anfänge der Deutschen Seewarte. In: ZHG 58, 1972, S. 45–81

Hunt, Freeman: Lives of American Merchants. Bd. 1. New York 1856, Bd. 2. New York 1858 (Nachdruck New York 1969)

Huske, Joachim: Die Steinkohlenzechen im Ruhrrevier. Daten und Fakten von den Anfängen bis 1986. Bochum 1986

Inder, Stuart (Hg.): Pacific Islands Year Book, 13. Aufl. Sydney-New York 1978

Zur Jahrhundertfeier der Landung deutscher Einwanderer für Kaffraria am 7. Juli 1858. In: Afrika-Post, 5. Jg., Heft 4, Juli 1958, S. 3–6

Jakstein, Werner: C. F. Hansens Landhaus Godeffroy. In: Bau-Rundschau 1917, Nr. 22–26
- Landesbaumeister Christian Friedrich Hansen. Der nordische Klassizist. Neumünster 1937

Jancke, Albert David: Die Finanzen der HAPAG unter Adolf Godeffroy. Rostock 1928

Jochmann, Werner: Hamburgisch-schlesische Handelsbeziehungen. Ein Beitrag zur abendländischen Wirtschaftsgeschichte. Festgabe für Hermann Aubin, Hamburg (1950), S. 217–228
- und Hans-Dieter Loose (Hg.): Hamburg. Geschichte der Stadt und ihrer Bewohner. 2 Bde. Hamburg 1982/86

Journal des Museum Godeffroy. Geographische und naturwissenschaftliche Mitteilungen. Bd. 1–6. Hamburg 1873–1910

Jungraithmayr, Wilhelmine: Das historische Museum als Aufgabe. Forschungen und Berichte aus dem Museum für Hamburgische Geschichte 1946–1972. Hamburg 1972

Katalog zur Ausstellung Westfälischer Steinkohlen im Hamburgischen Museum für Kunst und Gewerbe. Bochum 1877

Katalog des Museum Godeffroy. Hamburg 1880

Kayser, Rudolf: Henri Merle d'Aubigné und die Anfänge der Erweckung in Hamburg. In: ZHG 30, 1929, S. 106–135

Kellenbenz, Hermann: Phasen des hanseatisch-nordeuropäischen Südamerikahandels. In: Hansische Geschichtsblätter, 78. Jg., 1960, S. 87–120
- Deutsche Plantagenbesitzer und Kaufleute in Surinam vom Ende des

18. bis zur Mitte des 19. Jahrhunderts. In: Jahrbuch für Geschichte Lateinamerikas 3, 1966, S. 141–163

Kennedy, Paul M.: Bismarck's Imperialism: The Case of Samoa, 1880–1890. In: The Historical Journal 15, 1972, S. 261–283

– The Samoan Tangle: A Study in Anglo-German-American Relations, 1878–1900. Dublin 1974

– Germany and the Samoan Tridominium, 1898–99: A Study in Frustrated Imperialism. In: Moses & Kennedy, S. 89–114

Klein, Tim (Hg.): 1848. Der Vorkampf deutscher Einheit und Freiheit. Erinnerungen, Urkunden, Berichte, Briefe. München und Leipzig 1914

Kleßmann, Eckart: Geschichte der Stadt Hamburg. Hamburg 1981

– (Hg.): Hamburg. Ein Städte-Lesebuch. Frankfurt/Main 1991

Klindworth, Wilhelm: Die hamburgische Verfassungsfrage in der Reform-Deputation vom 13. März 1848. In: ZHG 33, 1933, S. 1–142

Klopfer, P.: C. F. Hansen's Landhaus Godeffroy. In: Bau-Rundschau 1918, Nr. 10/13, S. 38–41

Kludas, Arnold: Die Geschichte der deutschen Passagierschiffahrt. Bd. I.: Die Pionierjahre von 1850 bis 1890. Hamburg 1986

– Dieter Maass und Susanne Sabisch: Hafen Hamburg. Die Geschichte des Hamburger Freihafens von den Anfängen bis zur Gegenwart. Hamburg 1988

Knight, Martin P.: Britain, Germany and the Pacific, 1880–1887. In: Moses & Kennedy, S. 61–88

Kocka, Jürgen: Bürgertum und bürgerliche Gesellschaft im 19. Jahrhundert. Europäische Entwicklungen und deutsche Eigenarten. In: Kocka, Bürgertum Vergleich. Bd. 1. München 1988, S. 11–76

– (Hg.): Bürgertum im 19. Jahrhundert. Deutschland im europäischen Vergleich. 3 Bde. München 1988

Köhnke, M. C.: Erinnerungen aus meinem Leben. Ottensen 1839

Köppen, Heinrich Ernst: Die Handelsbeziehungen Hamburgs zu den Vereinigten Staaten von Nordamerika bis zur Mitte des 19. Jahrhunderts. Köln 1973

Kopitzsch, Franklin: Zwischen Hauptrezeß und Franzosenzeit. In: Jochmann-Loose, S. 351–414

Kortmann, Marie: Emilie Wüstenfeld. Hamburg 1927

Koschitzky, Max von: Deutsche Colonialgeschichte. Teil I. Leipzig 1887; Teil II. Leipzig 1888

Kramer, Gerhard F., und Erich Lüth: Salomon Heine in seiner Zeit. Gedenkreden zu seinem 200. Geburtstag. Hamburg 1968

Kraus, Antje: Die Unterschichten Hamburgs in der ersten Hälfte des 19.

Jahrhunderts. Entstehung, Struktur und Lebensverhältnisse. Eine historisch-statistische Untersuchung. Stuttgart 1965
Kresse, Walter: Aus der Vergangenheit der Reiherstiegwerft in Hamburg. Hamburg (1961)
– Materialien zur Entwicklungsgeschichte der Hamburger Handelsflotte 1765–1823. Hamburg 1966
– Seeschiffs-Verzeichnis der Hamburger Reedereien 1824–1888. 3 Teile. Hamburg 1969
– Die Entwicklung der Eigentumsformen in Hamburgs Schiffahrt. In: Jungraithmayr, S. 213–245
– Die Fahrtgebiete der Hamburger Handelsflotte 1824–1888. Hamburg 1972
– Die Auswirkungen der Handelsverträge der Hansestädte mit amerikanischen Staaten auf die Hamburger Schiffahrt. In: ZHG 60, 1974, S. 139–146
– Die hanseatische Reederei im 18. und 19. Jahrhundert. In: Hansische Geschichtsblätter, 93. Jg., 1975, S. 89–99
– Windjammer von Hamburg. Schnellsegler um 1850. Heft 3/76 der Reihe »Hamburg Porträt« des Museums für Hamburgische Geschichte. Hamburg (1976)
– Die Heuern Hamburger Seeleute 1760–1860. In: ZHG 70, 1984, S. 167–178
Krogmann, Carl Vincent: Geliebtes Hamburg. Vom Werden meiner Vaterstadt. 2. erw. Aufl. Hamburg 1963
Kroker, Evelyn: Die Weltausstellungen im 19. Jahrhundert. Industrieller Leistungsnachweis, Konkurrenzverhalten und Kommunikationsfunktion unter Berücksichtigung der Montanindustrie des Ruhrgebiets zwischen 1851 und 1880. Göttingen 1975
Kruse, Joseph A.: Heines Hamburger Zeit. Hamburg 1972
Kuke, Herbert: Kurs Helgoland. Eine Geschichte des Seebades, des Seebäderdienstes und der Seebäderschiffe seit 1829. Oldenburg 1974
Kulenkampff, Angela: Caspar Voght und Flottbek. Ein Beitrag zum Thema »Aufklärung und Empfindsamkeit«. In: ZHG 78, 1992, S. 67–101
Kutz-Bauer, Helga: Arbeiterschaft, Arbeiterbewegung und bürgerlicher Staat in der Zeit der Großen Depression. Eine regional- und sozialgeschichtliche Studie zur Geschichte der Arbeiterbewegung im Großraum Hamburg 1873–1890. Bonn 1988

Lambi, Ivo N.: Die Schutzzoll-Interessen der deutschen Eisen- und Stahlindustrie 1873–1879. In: Böhme (Hg.), Probleme Reichsgründungszeit, S. 317–327

Landerer, R.: Geschichte der Hamburg-Amerikanischen Packetfahrt-Aktien-Gesellschaft. Hamburg 1897

Langewiesche, Dieter: Liberalismus und Bürgertum in Europa. In: Kocka, Bürgertum Vergleich. Bd. 3. München 1988, S. 360–394

Laufenberg, Heinrich: Geschichte der Arbeiterbewegung in Hamburg, Altona und Umgegend. Hamburg 1911

Leesenberg-Penzlin, A.: Genealogie der Familie Godeffroy in Hamburg. o. J. (Hamburger Familiengeschichte 6)

Lichtwark, A.: Das alte Hamburger Haus. In: Jahrbuch der Gesellschaft Hamburger Kunstfreunde, Jg. 1897, S. 61–63

Lieboldt, J.: F. de Schickler, L'église réformée française de Hambourg. In: MHG, 25. Jg., 1905, S. 163–168

Loewenfeld, Kurt: Vom Badeschiff am Jungfernstieg. In: HGH, 7. Jg., 1932, S. 36–40

Lorenz-Meyer, Eduard, und O. L. Tesdorpf: Hamburgische Wappen und Genealogien. Hamburg 1896

Lüthy, Herbert: Nochmals: »Calvinismus und Kapitalismus«. Über die Irrwege einer sozialhistorischen Diskussion. In: Gesellschaft in der industriellen Revolution. Hg. von Rudolf Braun, Wolfram Fischer, Helmut Großkreutz, Heinrich Volkmann. Köln 1973, S. 18–36

Lund, Hakon, und Christian L. Küster: Architekt Christian Frederik Hansen 1756–1845. Ausstellungskatalog Altonaer Museum in Hamburg, 1968

Mackensen, Götz: Zum Beispiel: Samoa. Der sozio-ökonomische Wandel Samoas vom Beginn der kolonialen Penetration im Jahre 1830 bis zur Gründung des unabhängigen Staates im Jahre 1962 mit einem Exkurs. Bremen 1974

Magnus, F.: Das Katharineum in der Zeit von 1763 bis 1854. In: Festschrift zur 440-Jahr-Feier des Katharineums. Lübeck (1931), S. 29–52

Mai, Joachim: Das deutsche Kapital in Rußland 1850–1894. Berlin 1970

Marchtaler, Hildegard von: Die Slomans. Geschichte einer Hamburger Reeder- und Kaufmannsfamilie. 2. Aufl. Hamburg 1939

– (Text): Hundert Jahre Stülcken-Werft 1840–1940

– Der soziale Aufstieg Hamburger Familien. In: Zeitschrift für Niedersächsische Familienkunde 24, 1949, S. 33–38

– Aus Alt-Hamburger Senatorenhäusern. Familienschicksale im 18. und 19. Jahrhundert. Hamburg, 1959

(Marston, James Edward): Des Hamburgischen Dampf-Boots Gefährte, bei Lustfahrten auf der Nieder-Elbe. Hamburg 1834

Martin, Rudolf: Jahrbuch des Vermögens und Einkommens der Mil-

lionäre in den drei Hansastädten (Hamburg, Bremen, Lübeck). Berlin 1912
Mathies, Otto: Hamburgs Reederei 1814–1914. Hamburg 1924
- Die Namen der Hamburger Schiffe seit dem 19. Jahrhundert. In: HGH, 1. Jg., 1926, S. 20–30
- Die Kontorflaggen der Hamburger Reedereien. In: HGH, 1. Jg.,1926, S. 81–88
- Das Leben der Hamburger Kaufleute in Valparaiso im dritten Viertel des 19. Jahrhunderts. Hamburg 1927
Mauersberg, Hans: Wirtschafts- und Sozialgeschichte zentraleuropäischer Städte in neuerer Zeit. Dargestellt an den Beispielen von Basel, Frankfurt a. M., Hamburg, Hannover und München. Göttingen 1960
Mayer, Arno J.: Adelsmacht und Bürgertum. Die Krise der europäischen Gesellschaft 1848–1914. München 1984
Meisner, Robert: Ein hamburgisches Hausportal aus dem 17. Jahrhundert. In: MHG, 22. Jg., 1902, S. 75–77
- Nachtrag zu dem Aufsatze »Ein hamburgisches Hausportal aus dem 17. Jahrhundert.« In: MHG, 22. Jg., 1902, S. 184
Melhop, Wilhelm: Historische Topographie der Freien und Hansestadt Hamburg von 1880 bis 1895. Hamburg 1895
Merck, Heinrich: Erinnerungen und Aufzeichnungen. In: Mercksche Familien-Zeitschrift, Bd. 18, Heft 2, Darmstadt 1951, S. 69–81
- Vom gewesenen Hamburg. Hamburg 1953
Mews, Karl: Ernst Waldthausen. Ein Beitrag zur rheinisch-westfälischen Wirtschaftsgeschichte. In: Beiträge zur Geschichte von Stadt und Stift Essen 41, 1923, S. 40–52
Meyer, Susanne: Schwerindustrielle Insel und ländliche Lebenswelt: Georgsmarienhütte 1856–1933. Münster 1991
Mönckeberg, Carl: Geschichte der Freien und Hansestadt Hamburg. Hamburg 1885
Möring, Maria: Rudersport und berufliche Leistung. Beispiele aus dem Leben früherer Clubmitglieder. Der Hamburger und Germania Ruderclub 1836. Festschrift zum 80. Geburtstag seines Ehrenvorsitzenden Dr. Oskar Ruperti am 16.8.1957
- Joh. Berenberg, Gossler & Co. Hamburg 1962
- Die Hugenottenfamilie Godeffroy. Hamburger Wirtschafts-Chronik Band XII. Hamburg (1990)
Molsen, Käthe: Godeffroy. In: Neue Deutsche Biographie. Hg. v. d. Historischen Kommission bei der Bayerischen Akademie der Wissenschaften, 6. Bd., 1964, S. 494f
Mommsen, Wolfgang J.: Imperialismustheorien. Ein Überblick über die neueren Imperialismustheorien. Göttingen 1977

- Der europäische Imperialismus. Aufsätze und Abhandlungen. Göttingen 1979
Moors, H. J.: Some Recollections of Early Samoa. Apia 1986 (=Neudruck)
Moriz-Eichborn, Kurt: Das Soll und Haben von Eichborn & Co., in 175 Jahren. Breslau 1903
Moses, John A.: The Coolie Labour Question and German Colonial Policy in Samoa, 1900–1914. In: Moses & Kennedy, S. 234–261
–, Paul M. Kennedy: Germany in the Pacific and Far East, 1870–1914. St. Lucia, Queensland 1977
Mosse, Werner: Adel und Bürgertum des 19. Jahrhunderts. Eine vergleichende Betrachtung. In: Kocka, Bürgertum Vergleich. 2. Bd. S. 276–314
Müller, Hermann: Der Georgs-Marien-Bergwerks- und Hütten-Verein. 1. Bd. Osnabrück 1896. 2. Bd. Osnabrück 1906
Münch, Hermann: Adolph von Hansemann. Berlin 1932

Nipperdey, Thomas: Interessenverbände und Parteien in Deutschland vor dem Ersten Weltkrieg. In: Hans-Ulrich Wehler (Hg.): Moderne deutsche Sozialgeschichte. Köln-Berlin 1966. S. 369–388
- Deutsche Geschichte 1800–1866. Bürgerwelt und starker Staat. 3. überarb. Aufl. München 1985
- Deutsche Geschichte 1866–1918. 1. Bd. Arbeitswelt und Bürgergeist. München 1990
Nirrnheim, Hans: Briefe von Peter Godeffroy und George Parish 1813/14. In: ZHG 18, 1913, S. 115–160
- John Parish' und Richard Parish' Flucht nach England 1807 und 1813. In: MHG, 33. Jg., 1913, S. 406 f
- Die Hamburgische Verfassungsfrage von 1814–1848. In: ZHG 25, 1924, S. 128–148
- Hamburg als Träger der deutschen Kolonialverwaltung. Ein Plan des Fürsten Bismarck. In: ZHG 34, 1934, S. 184–195
Nussbaum, M.: Vom Kolonialenthusiasmus zur Kolonialpolitik der Monopole. Berlin 1962

Wm. O'Swald & Co. Hamburg 1831–1931. Jubiläumsschrift
Ott, René: Kohle, Stahl und Klassenkampf. Montanindustrie, Arbeiterschaft und Arbeiterbewegung im Osnabrücker Land 1857–1878. Frankfurt 1982

Pahl, Hans: Hamburg und das Problem einer deutschen Wirtschaftseinheit im Frankfurter Parlament 1848–49. Hamburg 1930

Parkinson, Richard: Dreißig Jahre in der Südsee. Land und Leute, Sitten und Gebräuche im Bismarckarchipel und auf den deutschen Salomoinseln. Stuttgart 1907

Pawlik, Peter-Michael: Von der Weser in die Welt. Die Geschichte der Segelschiffe von Weser und Lesum und ihrer Bauwerften 1770 bis 1893. Hamburg 1993

Plagemann, Volker (Hg.): Industriekultur in Hamburg. Des Deutschen Reiches Tor zur Welt. München 1984

Pogge von Strandmann, Hartmut: Deutscher Imperialismus nach 1918. In: D. Stegmann, B.-J. Wendt, P. Chr. Witt (Hg.): Deutscher Konservativismus im 19. und 20. Jahrhundert. Festschrift für Fritz Fischer zum 75. Geburtstag. Bonn 1983, S. 281–293

Pohl, Hans: Betrachtungen zum wissenschaftlichen Standort von Wirtschafts- und Unternehmensgeschichte. In: Vierteljahrschrift für Sozial- und Wirtschaftsgeschichte, 78. Bd., 1991, Heft 3, S. 326–343

Pohl, Manfred: Hamburger Bankengeschichte. Mainz 1986

Prior, Karl, und Eugen van Erkelens: 100 Jahre Norddeutsche Affinerie. Hamburg 1966

Rabe, Johannes E.: Das Speicherbuch. 4. überarb. Aufl. des Buches »Von alten hamburgischen Speichern und ihren Leuten«. Hamburg 1922

Rege et Steineck: Pittoresken aus Niedersachsen. Gezeichnet und gestochen von Rege et Steineck; mit begleitendem Text von Ludwig Wesselmann. Erstes Heft, vier Darstellungen aus der Gegend um Hamburg enthaltend. Hamburg (1806)

Reincke, Heinrich: Aus dem Briefwechsel von Karl und Diederich Gries 1796–1819. In: ZHG 25, 1924, S. 226–277

– Die Kämpfe um die hamburgische Verfassung 1848 bis 1860. In: ZHG 25, 1924, S. 149–168

– Hamburg, ein kurzer Abriß der Stadtgeschichte von den Anfängen bis zur Gegenwart. Bremen 1925

Reißmann, Martin: Die hamburgische Kaufmannschaft des 17. Jahrhunderts in sozialgeschichtlicher Sicht. Hamburg 1975

Riedel, Manfred: Artikel »Bürger, Staatsbürger, Bürgertum« in: Brunner-Conze-Kosselleck: Geschichtliche Grundbegriffe. Bd. 2. Stuttgart 1972, S. 672 ff

Riedel, Otto: Der Kampf um Deutsch-Samoa. Berlin 1938

Riesbeck, Johann Kaspar: Briefe eines reisenden Franzosen über Deutschland an seinen Bruder in Paris. 3. Ausgabe. Mit Anmerkungen und Nachträgen des französischen Verfassers, welche eine Schilderung Deutschlands im Jahre 1804 enthalten. 2. Bd. 1805 (1. Aufl. 1. Bd. 1783, 2. Bd. 1785)

Rudhard, Wolfgang: Das Bürgerhaus in Hamburg. Tübingen 1975

Sack, Peter, und Dymphna Clark (Hg.): Eduard Hernsheim. South Sea Merchant. Institute of Papua New Guinea Studies. Boroko 1983

Samling af forskjellige offentlige og private Bygninger, tegnede og udförte under specielt Opsyn af Christian Frederik Hansen, Conferentsraad og Over-Bygningsdirecteur i Danmark, Storkors af Dannebrogen og Dannebrogsmand. Kjöbenhavn 1921

Schellenberg, Carl: Eine bisher unbekannte Reisebeschreibung von Hamburg. In: HGH, 5. Jg., 1930, S. 129–134

– Schönes altes Hamburg. Hamburgensien des vergangenen Jahrhunderts. Hamburg 1968

– Das alte Hamburg. Eine Geschichte der Stadtentwicklung und Baukunst, dargestellt in Gemälden, Zeichnungen, Stichen und Photos zeitgenössischer Künstler. Hamburg 1975

Scheurmann, Erich (Hg.): Samoa. Ein Bilderwerk. Konstanz 1927

Schilling, Heinz: Vergleichende Betrachtungen zur Geschichte der bürgerlichen Eliten in Nordwestdeutschland und in den Niederlanden. In: Heinz Schilling und Herman Diederiks (Hg.): Bürgerliche Eliten in den Niederlanden und in Nordwestdeutschland. Studien zur Sozialgeschichte des europäischen Bürgertums im Mittelalter und in der Neuzeit. Köln/Wien 1985, S. 1–35

Schinckel, Max von: Lebenserinnerungen. Hamburg (1929)

Schindler, Hanns Michael: Die deutschen Kolonien. Geschichte der deutschen Schutzgebiete. München 1982

Schindler, Renate: Zur Frage der hamburgischen Auswanderergesetzgebung vor 1837. In: Jungraithmayr, S. 247–258

Schinzinger, Francesca: Die Kolonien und das Deutsche Reich. Die wirtschaftliche Bedeutung der deutschen Besitzungen in Übersee. Stuttgart 1984

Schleiden, H.: Versuch einer Geschichte des großen Brandes in Hamburg vom 5.–8. Mai 1842. Hamburg 1843

Schmack, Kurt: J. C. Godeffroy & Sohn, Kaufleute zu Hamburg, Leistung und Schicksal eines Welthandelshauses. Hamburg 1938

Schmalix, Adolf: Die Millionen von Surinam und ihre Erben. Erfurt 1936 (nur der Vollständigkeit halber: ein unglaubwürdiges Buch)

Schmeltz, J. D. E., und R. Krause: Die ethnographisch-anthropologische Abtheilung des Museum Godeffroy in Hamburg. Ein Beitrag zur Kunde der Südseevölker. Hamburg 1881

In Memoriam: Johannes Diedrich Eduard Schmeltz. 1839–1909. In: Internationales Archiv für Ethnographie, Bd. 19, 1910

Schmidt, Wolfgang: Die demokratische Bewegung in Hamburg in der Revolution von 1848/49. Hamburg 1983
Schmidt-Pretoria, Werner: Deutsche Wanderung nach Südafrika im 19. Jahrhundert. Berlin 1959
Schnee, Heinrich: Die deutschen Kolonien vor, in und nach dem Weltkrieg. Leipzig 1939
Schramm, Percy Ernst: Hamburg, Deutschland und die Welt. Leistung und Grenzen hanseatischen Bürgertums in der Zeit zwischen Napoleon I. und Bismarck. Ein Kapitel deutscher Geschichte. 2. Aufl. Hamburg 1943
– Hamburger Kaufleute in der 2. Hälfte des 18. Jahrhunderts. In: Tradition 4, 1957, S. 307–332
– Kaufleute zu Haus und über See. Hamburgische Zeugnisse des 17., 18. und 19. Jahrhunderts. Hamburg 1949
– Deutschland und Übersee. Braunschweig 1950
– Hamburger Biedermeier. Hamburg 1962
– Neun Generationen. Dreihundert Jahre deutscher »Kulturgeschichte« im Lichte der Schicksale einer Hamburger Bürgerfamilie (1648–1948). 2 Bde. Göttingen 1963/64
– Hamburg. Ein Sonderfall in der Geschichte Deutschlands. Hamburg 1964
– Die deutschen Überseekaufleute im Rahmen der Sozialgeschichte. In: Bremisches Jahrbuch 49, 1964, S. 31–54
Schulz, Andreas: Weltbürger und Geldaristokraten. Hanseatisches Bürgertum im 19. Jahrhundert. In: Historische Zeitschrift 259, 1994, S. 637–670
Schumacher, Fritz: Wie das Kunstwerk Hamburg nach dem großen Brande entstand. Berlin 1920
Schwarz, J. L.: Hamburgs Handel im Jahre 1856. Hamburg 1857
Schwarz, Wolfgang: Hamburgische Verfassungskämpfe in der Reaktionszeit (1850–1852). Karlsruhe 1974
Schwindrazheim, Hildamarie: Die Landungsbrücke in St. Pauli, gezeichnet von Jeß Bundsen. In: Jungraithmayr, S. 97–103
Semper, Karl: Die Palau-Inseln im Stillen Ocean. Leipzig 1873
Amalie Sieveking. In: HGH, 8. Jg., 1934, S. 137 f
Sieveking, Georg Heinrich: An meine Mitbürger. Hamburg 1793
Sieveking, Georg Hermann: Kleine Studien über Caspar von Vogt.VI.: Selbstbekenntnisse Caspars von Vogt. In: MHG, 20. Jg., 1900, S. 394–397
– Aus der Geschichte der Familien Gabe und Schwartz. In: ZHG 21, 1916, S. 168–202
Sieveking, Heinrich: Hamburger Kolonisationspläne 1840–1842. In:

Preußische Jahrbücher 86, 1896, S. 149–170
- Das Handlungshaus Vogt und Sieveking. In: ZHG 17, 1912, S. 54–128
- Georg Heinrich Sieveking. Lebensbild eines hamburgischen Kaufmanns aus dem Zeitalter der Französischen Revolution. Berlin 1913
- Karl Sieveking. 1787–1847. Lebensbild eines hamburgischen Diplomaten aus dem Zeitalter der Romantik. 3 Bde. Hamburg 1923, 1926, 1928
- Die Hamburger Bank 1619–1875. Festschrift für Werner von Melle. Hamburg 1933, S. 21–110

Sillem, Wilhelm: Conr. Joh. Matthiessen. In: MHG, 14. Jg., 1891, S. 303–312 und S. 319–325. Außerdem kleine Mitteilungen zu Matthiessen: MHG 7. Jg. S. 16 und S. 53 f; sowie 8. Jg., S. 126

Skřivan, Aleš: Das hamburgische Handelshaus Johann Cesar Godeffroy & Sohn und die Frage der deutschen Handelsinteressen in der Südsee. In: ZHG 81, 1995, S. 129–155

Smidt, Heinrich: Hamburger Bilder. Wirklichkeit im romantischen Gewande. 3 Bde. Hamburg 1836/37

Smith, Woodruff D.: The Ideology of German Colonialism 1840–1914. In: The Journal of Modern History 46, 1974, S. 641–662

Soetbeer, Adolph: Ueber Hamburgs Handel. 3 Bde. Hamburg 1840–1846
- Beiträge und Materialien zur Beurtheilung von Geld- und Bankfragen mit besonderer Rücksicht auf Hamburg. Hamburg 1855
- Bestrebungen und Wirksamkeit der Commerz-Deputation während der fünfundzwanzig Jahre 1840–1864. Hamburg 1865

Sombart, Werner: Der Bourgeois. Zur Geistesgeschichte des modernen Wirtschaftsmenschen. München-Leipzig 1913

Sorge-Genthe, Irmgard: Hammonias Gärten. Geschichte des Hamburger Gartenbaues in den letzten drei Jahrhunderten. Hamburg 1973

Sperling, Erich: Alles um Stahl. – Wirtschaftsgeschichtliche Erzählung um die Klöckner-Georgsmarienwerke AG, Osnabrück. Bremen-Horn 1956

Spoehr, Florence Mann: White Falcon. The house of Godeffroy and its commercial and scientific role in the Pacific. Pablo Alto, Calif. 1963

Stadelmann, Rudolf: Soziale Ursachen der Revolution von 1848. In: Hans-Ulrich Wehler (Hg.): Moderne deutsche Sozialgeschichte. 5. Aufl. Köln 1976, S. 137–155

Stein, Hans-Konrad: Interessenkonflikt zwischen Großkaufleuten, Handelskammer und Senat in der Frage des Zollanschlusses Hamburgs an das Reich 1866–1881. In: ZHG 64, 1978, S. 55–89

Steinhausen, Georg: Kaufleute und Handelsherren in alten Zeiten. Leipzig 1899 (Nachdruck Düsseldorf-Köln 1970)

Steinsdorfer, Helmut: Edgar Daniel Ross (1807–1885). Ein deutsch-briti-

scher Liberaler aus der Freien und Hansestadt Hamburg. Zum 100. Todestag am 23. März 1985. In: HGH, Bd. 11, Heft 8, Dezember 1985
Stern, Fritz: Gold und Eisen. Bismarck und sein Bankier Bleichröder. Frankfurt /M., Berlin 1978
Stevenson, Robert Louis: A Footnote to History: Eight Years of Trouble in Samoa. London 1892
Stolberg-Wernigerode, Otto zu: Deutschland und die Vereinigten Staaten von Amerika im Zeitalter Bismarcks. Berlin, Leipzig 1939
Strohschneider, Gottfried: Die Stellungnahme der Hamburger Presse als Ausdruck der öffentlichen Meinung zu den Anfängen der Bismarckschen Kolonialpolitik. Diss. phil. Hamburg 1955, Manuskript
Stühmke, Hans-Georg: »Wo nix is, hett de Kaiser sien Recht verlor'n« oder »Der Stein auf dem Sofa der Frau Senatorin«. Die Hamburger Unruhen vom 31. August bis 5. September 1830. In: Berlin, S. 48–68
Suchan-Galow, Erika: Die deutsche Wirtschaftstätigkeit in der Südsee vor der ersten Besitzergreifung 1884. Hamburg 1940
Supan, Alexander: Die territoriale Entwicklung der europäischen Kolonien. Gotha 1906

Tetens, Alfred: Vom Schiffsjungen zum Wasserschout. Erinnerungen aus dem Leben des Capitäns Alfred Tetens, gegenwärtig Wasserschout und Vorstand des Seemannsamtes der Freien und Hansestadt Hamburg. Nach seinen Aufzeichnungen verfaßt von S. Steinberg. 2. Aufl., Hamburg 1889
Thiessen, Renate: Hamburg vor 100 Jahren (Nach den »Hamburger Nachrichten« von 1860). In: HGH, 18. Jg., 1960, S. 294–306
Tilly, Richard: Unternehmermoral und -verhalten im 19. Jahrhundert. Indizien deutscher Bürgerlichkeit. In: Kocka, Bürgertum Vergleich. 2. Bd., S. 35–64
Treu, Max: Die Hamburger Unruhen im September 1830. In: HGH, 5. Jg., 1930, S. 178–184

Valentin, Veit: Geschichte der deutschen Revolution von 1848–49. Berlin 1931 (Neudruck Aalen 1968)
Vitzthum, Karl-Heinz: Die soziale Herkunft der Abgeordneten der Hamburger Konstituante 1848. In: ZHG 54, 1968, S. 51–76
Voght, Caspar: Caspar Voght und sein Hamburger Freundeskreis. Briefe aus einem tätigen Leben. Teil I: Briefe aus den Jahren 1792 bis 1821 an Magdalena Pauli, geb. Poel. Bearb. von Kurt Detlev Möller. Aus seinem Nachlaß hg. v. Annelise Tecke. Hamburg 1959. – Teil II: Briefe aus den Jahren 1785 bis 1812 an Johanna Margaretha Sieveking, geb. Reimarus. Bearb. v. Annelise Tecke. Hamburg 1964

Voigt, Johann Friedrich: Geschichtliches über die Gärten um Hamburg. Hamburg 1869
Voigt, J. Friedrich: Zu Peter Godeffroys Briefen aus Dockenhuden vom Anfang des Jahres 1814. In: MHG, 33. Jg., 1913, S. 407 f
Voss-Louis, Angelika: Hamburgs Arbeiterbewegung im Wandel der Gesellschaft. Eine Chronik. Bd. 1, 1842–1890. Hamburg 1987

Wachsmuth & Krogmann established 1797. Jubiläumsschrift Hamburg 1972
Wätjen, Hermann: Aus der Frühzeit des Nordatlantikverkehrs. Studien zur Geschichte der deutschen Schiffahrt und deutschen Auswanderung nach den Vereinigten Staaten bis zum Ende des amerikanischen Bürgerkriegs. Leipzig 1932
– Die Weltwirtschaftskrise des Jahres 1857. In: Weltwirtschaftliches Archiv 38, 1933, S. 356–367
– Der deutsche Anteil am Wirtschaftsaufbau der Westküste Amerikas. Leipzig 1942
– Deutschland und Australien vor der Reichsgründung. In: Hansische Geschichtsblätter, 69. Jg., 1950, S. 64–89
Ward, John Manning: British Policy in the South Pacific 1786–1893. Sydney 1948
Washausen, Helmut: Hamburg und die Kolonialpolitik des Deutschen Reiches 1880 bis 1890. Hamburg 1968
Weber, Max: Die protestantische Ethik. 2 Bde. Hg. v. Johannes Winkelmann. Hamburg 1973
Weck, Alfred: Deutschlands Politik in der Samoafrage. Leipzig 1933
Wehler, Hans-Ulrich: 1889: Wendepunkt der amerikanischen Außenpolitik. Die Anfänge des modernen Panamerikanismus – Die Samoakrise. In: Historische Zeitschrift 201, 1965, S. 57–109
– Bismarck und der Imperialismus. Köln-Berlin 1969
– (Hg.): Imperialismus. Köln 1970
– Das Deutsche Kaiserreich 1871–1918. 5. Aufl. Göttingen 1983
– Deutsche Gesellschaftsgeschichte. 2 Bde. München 1987
Weidner, Herbert: Festvortrag: 125 Jahre Naturhistorisches Museum zu Hamburg. In: Abhandlungen und Verhandlungen des Naturwissenschaftlichen Vereins in Hamburg, N. F. XIII, 1969, S. 5–30
Werner, B(artholomäus) von: Die erste Kreuzung deutscher und amerikanischer Interessen auf Samoa. In: Unsere Zeit, Deutsche Revue der Gegenwart, Bd. 1, Heft 2, 1889, S. 162–176
Wesselhoeft, Johannes: Carl Johannes Wesselhoeft und seine Verwandtschaft. Hamburg 1969 (Privatdruck)
Wiederkehr, Karl-Heinrich: Hamburgs patriotische Bürger und die Göt-

tinger Sieben. Vom Kampf der hamburgischen Presse gegen die Zensur. In: HGH, 21. Jg., 1964, S. 197–208
- Die Hamburgische Seefahrt und die Einführung der meteorologisch-geophysikalischen Navigation. Eine Dokumentation. In: ZHG 73, 1987, S. 1–26

Wiegand, Frank-Michael: Die Notabeln. Untersuchungen zur Geschichte des Wahlrechts und der gewählten Bürgerschaft in Hamburg 1859–1919. Hamburg 1987
- Einführung der Einkommensteuer in Hamburg 1866. In: ZHG 73, 1987, S. 27–59

Wietek, Gerhard (Hg.): Maler sehen Blankenese und die Elbe. Hamburg (1971)
- (Hg.): C. F. Hansen, 1756–1845, und seine Bauten in Schleswig-Holstein. Neumünster 1982

Wiskemann, Erwin: Hamburg und die Welthandelspolitik von den Anfängen bis zur Gegenwart. Hamburg 1929

Witthöft, Hans Jürgen: Hapag. Hamburg-Amerika Linie. Herford 1973

Woermann, Karl: Lebenserinnerungen eines Achtzigjährigen. 2 Bde. Leipzig 1924

Wohlwill, Adolf: Aus drei Jahrhunderten der Hamburgischen Geschichte. Hamburg 1897
- Beiträge zu einer Lebensgeschichte Christian Friedrich Wurms. In: ZHG 22, 1918, S. 21–122

Wülfken, Siegmund: Bürden des jüngsten Ratsherrn in alter Zeit. In: HGH, 20. Jg., 1964, S. 162–164

Wulff, Henry: Norddeutsche Bank in Hamburg 1856–1906. Hamburg (1906)

Zimmermann, Mosche: Hamburgischer Patriotismus und deutscher Nationalismus. Die Emanzipation der Juden in Hamburg 1830–1865. Hamburg 1979

Zorn, Wolfgang: Wirtschafts- und sozialgeschichtliche Zusammenhänge der deutschen Reichsgründungszeit (1850–1879). In: Böhme, Probleme Reichsgründungszeit, 1968, S. 296–316

Zunkel, Friedrich: Industriebürgertum in Westdeutschland. Der Kampf um gesellschaftlichen Aufstieg und soziale Emanzipation. In: Hans-Ulrich Wehler (Hg.): Moderne deutsche Sozialgeschichte. Köln-Berlin 1966, S. 309–341
- Das rheinisch-westfälische Unternehmertum 1834–1879. In: Böhme, Probleme Reichsgründungszeit, 1968, S. 104–113
- Ehre, Reputation. In: Brunner-Conze-Koselleck. Bd. 2, S. 1–63

Personen- und Firmenregister

Abbéma, Balthasar Elias 37
Ahrentscheid, Franziska von, verh. Meyer 68
Albrecht & Dill 118
Amsinck (Familie) 152, 262, 347, 351, 436
Andresen, A. P., Kapitän 162
Anstatt, C. E. F., Kapitän 190
Arenbergsche A.-G. 323
Aube, Théophile 302
Augusta, deutsche Kaiserin 365
Augustenburg, Herzog Christian August von 183, 188, 217f
Augustenburg, Herzog Friedrich von 266

Backenberg, Obergärtner 304
Ballin, Albert 448
Bamberger, Ludwig 412–414
Baring, Brüder 383, 397f, 402f, 405, 407f, 411
Barth, Heinrich 190
Bastian, Adolf 270
Bates & Eggers 221
Baumeister, Hermann 136
Baur (Familie) 37, 42, 149
Beaumont, Eduard 153
L. R. Beit & Co. 123
Beit, Ferdinand 123, 188, 246, 397, 418
Beit, Liepman Raphael 123
Behn, August 152, 347, 351
Behn, Kapitän 56
Bennigsen, Rudolf von 14
Joh. Berenberg, Gossler & Co. 77, 216, 219, 262, 371, 390, 400, 415, 418

Berckemeyer, Kaufmann 27
Berg, Wilhelm 198, 228, 230
Bessemer, Henry 284f, 317
Bieber, Oberspritzenmeister 96, 97
Bischoff, Charitas 252
Bismarck, Herbert von 404
Bismarck, Otto von 283, 293f, 297, 305f, 311, 328, 352, 362, 365, 370, 377, 384, 386ff, 397, 399f, 403, 406, 419, 427f, 444, 450
Blacker, John 36
Blanc, Korvettenkapitän von 337
Bleichröder, Gerson (von) 321, 326, 328f, 401, 403f, 405, 407f, 411, 416
Blohm & Voss 397, 426
Blumenthal, Abraham Lucas 156f
Blumenthal, Martin 154, 157
Böhl, Johann Friedrich 37
Bochumer Verein 316
Bolten, August 127, 128, 418
Boots, Billy 160
Boué, Marie Emilie, verh. Godeffroy 26
Boué, Pierre 25
Brandt, Wilhelm 41, 377
Brancker, Helene, geb. Godeffroy 62, 425
Brancker, William 62, 107, 110, 172
Brancker, Godeffroy & Co. 81, 110
Brander, Marion, verh. Godeffroy 375
Brehm, Alfred 251

Brown, George 380f
Bruhns, H., Kapitän 243
Bülow, Bernhard von 445, 448
Bülow, Ernst von 386, 393f, 396f, 401, 407
Bulle, Konstantin 438
Buol-Schauenstein, Karl Ferdinand von 208, 215
Burchard, Emil von 411
Burns, Philp & Co. 358
Busch, Gerhard 390

Caird & Co. 165, 170
Chateauneuf, Alexis de 65, 109
Cobden, Richard 129
Coe, Emma 346, 422
Coe, Jonas 291, 313, 346
Collie, George 313
Cook, James 193
Cordes, Weinmakler 432
Cunard Line 147
Curti, Sophie, geb. Godeffroy 258
Curtius, Theodor 294

Dämel, Eduard 339
Darwin, Charles 251
Davout, Louis Nicolas, Fürst von Eckmühl 14
Decken, von der, Forschungsreisender 246
Deinhard, Kapitän 412
Dersau, Reitendiener 175f
Deutsche Dampfschiffs-Rhederei zu Hamburg 322
Deutsche transatlantische Dampfschifffahrts-Gesellschaft 322
Dieseldorff & Co. 199
Dietrich, Amalie 251–257, 268, 299–301, 310f, 338, 435
Dill, Theodor 102, 108
Doelcke, Polier 98, 101

Donner, Bernhard 178, 216, 418
Donner, Conrad Hinrich 41
Donner, Elisabeth 261f
Donner, Johann Julius 262
Donner, Juliane, geb. Storjohann 262
Donner, Juliane Amalie, verh. Gossler (von) 262
Doormann, Lucas Heinrich, Kapitän 43
Dreyer, Julie, verh. Godeffroy 268
Duckwitz, Arnold 128, 135

Eichborn & Co. 15, 17, 187
Ehlers & Feuerherd 52
Eisen- und Stahlwerk zu Osnabrück 286
Eisenstuck, Gottlob 139f
Elbhütten-Affinir- und Handelsgesellschaft 196, 246
Engels, Friedrich 203
Erichsen, M. E., Kapitän 194
Erskine, John Elphinstone 193

Faerber, Eduard 55, 83, 430
Faerber & Sillem 59, 86
Farrell, Thomas 422f
Favre, Jules 308
Fehlandt, John 229
Fischer, Hannibal 144
Fish, Hamilton 343–346, 349–352
Forsmann, Franz Gustav 65
Foster, Samuel Simpson 346, 350f
Freundt, John 153, 155, 171, 331
J. Freundt & Co. 122
Freytag, Gustav 187
Friedrich Wilhelm, Kronprinz, später Kaiser Friedrich III. 363, 407
Friedrich Wilhelm IV., König von Preußen 130, 142

Friedrichsen, Pumpenmacher 190
Früchtenicht & Breck 200

Garrett, Andrew 300, 338f
Geffcken, Heinrich 214
Gelsenkirchener Bergwerks-AG 370, 403, 455
Georg V., König von Hannover 284
George I., König von Tonga 237, 363
Georgs-Marien-Bergwerks- und Hütten-Verein 284, 316f, 420
Godeffroy & Co. 80, 86, 116
Godeffroys Werfte Reiherstieg 146
Godeffroy, Sillem & Co. 155, 160, 171
Gordon, Arthur 351
Gossler, Ernst 400, 406, 417
Gossler, Johann Hinrich 16
Gossler, Johann (John Bi) (von) 220, 262, 280, 406f, 436
Gossler, Juliane Amalie, geb. Donner 262, 303
Gossler, Susanne, verh. Amsinck 436
Graefe, Albrecht 177, 191, 200, 208
Graeffe, Eduard 249f, 300
Graepel, Gerhard 27
Grant, Ulysses Simpson 313, 343
Grasmeyer, Makler 28
Gresser, Friedrich 316ff
Grey, George 197ff
Griffith, Schiffbaumeister 168
Gröger, Friedrich 18
Groth, Zimmermann 291
Günther, Albert 301
Guppy, Henry 423

Haas, Denghusen & Co. 117

Haarmann, August 320, 342, 347
Haeckel, Ernst 270
Hagemann, Theodor 106
Hager, Judge 160
Hamburger Dampfschifffahrts-Compagnie 92
Hanbury, Anna Adelheid, geb. Kruse 78
– Caroline, geb. Bohn 33, 71
– Emily (Emmy), verh. Godeffroy 78
– Frederic (Neffe von Emmy) 260
– Frederick (Vater von Emmy) 33, 78
– Sophie, verh. Godeffroy 126
Hanseatische Dampfschifffahrts-Gesellschaft 92
Hansemann, Adolph (von) 247, 321, 326, 328, 397, 405ff, 408, 411, 416f, 428
Hansemann, David 211, 247
Hansen, Christian Frederik 35–37, 183
Hansen, Matthias 41
Hapag 127, 128, 147, 151f, 169f, 187, 200, 247f, 276, 283, 295, 322, 366, 370, 393, 399, 418, 442, 448
Hargreaves, Edward 162
Harkort, Friedrich 324
Hassenpflug, Kapitän 365
Haverbeck, Georg 229
Hayn, Max Theodor 174, 286, 296, 320
Heckmann, Commis 74
Heckscher, Bankier M. A. 41, 65
Heckscher, Gustav (sein Sohn) 131, 132, 135, 139, 141, 212, 214
F. C. Hedemann & Co. 337, 354, 378

Heine, Carl 212, 280, 377
Heine, Heinrich 68, 109, 377
Heine, Salomon 41, 68, 100, 104, 212, 377
Henner, Heinrich 69
Hennings, Frederic, in Levuka 235
Hennings, Gustav, am Reva-River 235
Hennings, William, in Loma-Loma 235, 402
F. u. W. Hennings 244, 378
Henschel, Dr. med., Valparaiso 230
Hernsheim, Eduard 355–357, 379–382, 409, 422, 445f
Hernsheim, Franz 356
Hernsheim & Co. 356
Hertz, Adolph Ferdinand 87, 327, 347, 351, 437
Hertz, Adolph Jacob 148f, 150, 292
Hertz, Hartwig Samson 279
Hess, Ludwig von 38
Heußler, Johann Christian 230, 255
Heyn, Friedrich 122
Hirsekorn, Rudolf 326
Hocker, Wilhelm 91
Hödel, Max 388
Hoyer, Johann Christian, Kapitän 402
Hudtwalcker, Martin 214
Hübner, Franz 339

Jaluit Gesellschaft 445
Janssen, Kapitän 56
Jenisch, Gottlieb (Bruder von Marianne) 204f, 210, 215–217, 280, 340f
– Marianne, verh. Godeffroy 45
– Martin (Bruder von Marianne) 65, 183, 204
– Martin Johann (Vater von Marianne) 45
John, Johannes 180
Jordan, Heinrich 183, 270
Jürgens, Obergärtner 376

Kamptz, von, Gesandter 293, 297
Kayler, Lehrling 74
Kayser, Alfred 429, 433
Kayser, Robert 196, 225, 246, 286
Kirchenpauer, Gustav Heinrich 96, 97, 98, 101, 108, 135, 143, 283, 293f, 295, 306, 311, 390, 400, 414f
Kirchhoff, Carl 171
Kirdorf, Emil 370, 403
Kleinschmidt, Theodor 339, 423
Knaack, J. H., Kapitän 56
Knauth, Johann Carl 225
Knorr, Kapitän 363
Koch, Robert 439
Koch, Viktor 448
Kohfahl, Henriette, verh. Godeffroy 259, 262, 368
Kost & Brander 357
Koyemann, Carl 306
Krüger, Friedrich 384, 411
Krupp, Alfred 284, 323
Kubary, Jan Stanislaus 300, 339
Kusserow, Heinrich von 397, 405ff, 412–414

Laeisz, Ferdinand 127, 128, 280, 292, 306, 347, 351, 437
Lafrentz, J., Kapitän 56
Joh. Lange Sohn'S Wwe & Co. 77, 152
Latrobe, John H. B. 345
Laupepa, Malietoa 351, 399

Lawaetz, Johann Daniel 37
Lengercke, Andreas von 204f
Levisohn, G., Kapitän 335, 355–357
Lindley, William 95, 98, 109
Lindwurm, Dr. A. 390
Liszt, Franz 105
Loesener, Elisabeth (Elsa), geb. Godeffroy 441
Loesener, Friedrich 422
Loesener, Robert 441, 443, 451
Lühdorf, Friedrich August 231
Lutteroth, Ascan Wilhelm 59, 118
Lyons, brit. Kapitän 243, 372

Maack, Nicolaus 296f
Mann, Thomas 48
Marbs, Johannes 152
Marshall, James 154
Marx, Karl 203
Matthiessen, Antoinette Magdalena, verh. Godeffroy 436
– Conrad Johann 27, 37–39, 178, 436
Matthiessen, Sillem & Co. 26
McAllister, Cutler 160
McAllister, Hall 160
McKay, Donald 166
McKay, Laughlin 166
Meade, Commander 313
Mee, Arthur Patrick 65
Meier, Hermann Heinrich 142, 367, 374ff, 383, 411–413, 438
Meiggs, Henry 171, 331
Merck, Carl 70, 126, 156f, 188, 212, 214, 216, 293, 295, 304, 306, 309, 311, 327, 384, 391, 406
– Ernst (von) 69, 70, 101, 127, 128, 131, 132, 138, 139, 141f, 182, 227, 251, 274
– Heinrich Johann 16

– Louise, geb. Godeffroy 126, 188, 201, 264
H. J. Merck & Co. 69, 77, 87, 104, 128, 182, 219f, 266
Merle D'Aubigné, Henri 66, 88
Mendocino Lumber Co. 330
Meuron, Auguste de 178
Meyer, Adolph 252
– Friedrich (Fritz) 63, 68, 88, 95
– Ida, verh. Müller 18
– Joachim, Kapitän, 353, 368, 394f
– Johann Friedrich 18, 106
– Johann Hinrich, Kapitän, 353, 396
– Johann Jacob, Kapitän, 353, 396
– Johann Lorenz 173, 175
– Siegmund 284, 286, 338
– Wilhelm 18, 47, 54, 55
Milberg, P. A. 128
Militzer, Gottlieb 182
Möller, P., Kapitän 395f
Peter Hinrich Mohrmann 52f, 77, 87
Moltke, Helmuth von 311
Müller, Hermann 285f, 319
Müller, Ida, geb. Meyer 262, 264, 267, 372, 398f, 409
Münchmeyer (Familie) 280
J. D. Mutzenbecher Söhne 219
Mutzenbecher, Gustav (von) 280
Mutzenbecher, Johannes Eduard (von) 257, 286, 317ff, 325, 369

Napoleon I. 13–15, 17
Napoleon III. 282, 305, 308
Neumayer, Georg 250
Nobiling, Karl 388
Norddeutsche Affinerie 246
Norddeutscher Lloyd 248, 448

Oertzen, Ulrich von 303
- Susette von, verh. Godeffroy 33
Ohlendorff, Albert (von) 328, 415f
Ohlendorff, Heinrich (von) 308, 422
O'Keefe, amerik. Kapitän 356
Olesen, O. C., Steuermann 394
O'swald, Albrecht 394, 416ff
- Henry 443
- Marion, geb. Godeffroy 443
- Wilhelm – William 69, 118, 130, 150f, 246, 257, 333
Otto, Louise 266

Pacific Phosphate Compagny 447
Pagenstecher, Ludovic Timoleon 441
Palladio, Andreas 35
Parish & Co. 51, 151
Parish, Auguste, geb. Godeffroy 126, 141
- Charles 33, 70, 126, 210
- George 33, 330, 366
- John 29
- Oscar 33
- Richard 33, 59, 95
- Susanne (Susette), geb. Godeffroy 14
Pençol, Mlle. 250
Perrini & Josti 60
Peters, Wilhelm 301
Petersen, A. K., Kapitän 240
Petersen, Carl 136, 143, 174, 225f
Petersen, Hermann Wiebe 441
Pini, Jacob 154, 286
Pinni, Lehrling 74
Poel, Piter 39
Poppe, Alfred 193, 241f, 337, 343ff, 350f

Preußen, Carl von 69
Prins, M., Kapitän 231f
W. Pustau & Co. 231

Quell, Gärtner 376

Rachau, C., Kapitän 194, 240, 300
Rambach, Johann Jacob 154
Reibnitz, Kapitän von 337
Reichenbach, Heinrich 301
Reiherstieg Schiffswerfte und Kesselschmiede 200, 246, 329
Reimarus, Hermann Samuel 33
- Johanna, verh. Sieveking 33
Repsold, Adolph 96, 97
Riedel, Otto 444, 449f
Riedt, Buchhalter 233, 300
Riesser, Gabriel 67, 141f, 280
Rive, J. 370
Robertson, Henry 355ff, 379ff
Robertson & Hernsheim 445
Robinow, Siegmund 123, 191f, 205, 218, 296
Rodde, Berend Johann 35
Roessingh & Laun 144
Roon, Albrecht Theodor Emil von 293
Roosen (Familie) 77, 87, 146, 366
Ross, Daniel 41
- Edgar Daniel 70, 108, 131, 132, 137, 225, 294
Roß, Vidal & Co. 91, 132
Rücker, Emilie, geb. Jenisch 257
H. M. Ruge & Co. 354
Ruge, Hedemann & Co. 354, 358, 361, 373, 409
Ruperti, Johannes 443
- Justus 104, 182
- Oscar 416
- Pauline, geb. Merck 266
- Sophie, geb. Godeffroy 443

Schäffle, Albert 222
Schalker Gruben- und Hütten-Verein 433
Scharf, Carl 371, 417
Schinckel, Max (von) 328ff, 332, 419, 449
Schleinitz, Georg von 352, 404
Schmeltz, Johannes 250, 254–257, 300, 435
Schneider, Robert 124
Schön, Anton Matthias 258
- August Joseph 187, 214, 225, 258, 292
- Charlotte, geb. Godeffroy 258
- Emmy, verh. Kayser 429
Scholz, Adolf von 407f
Schröder, Harriet, verw. Milberg, verh. Godeffroy 398
- Henry 286, 418
- Johann Heinrich 65
Schroeder, Octavio Rudolph 101, 104, 108, 286
J. H. Schröder & Co., London 341
Schuback (Familie) 262
Schwarz, Mitarbeiter in Chile 113, 122
Scott, Gilbert 179
Semper, Gottfried 109, 288
- Karl 287
Siemsen, Peter 59, 173
Sieveking, Amalie 66
- Georg Heinrich 27, 39
- Johanna, geb. Reimarus 33, 58, 71
- Karl 41, 47, 64, 66, 67, 90, 91, 111, 127, 156, 295f, 436
Sillem, Hermann 62
- Martin 65
- Wilhelm 58, 83
- William 155, 172, 331, 344f
Simonsen, J., Kapitän 193

Simpson, Agent 298
Sloman, Gundalena 266
- Robert Miles sen. 87, 92, 147f, 167, 169f, 220, 227, 273, 280
- Robert Miles jun. 79, 87, 91, 93, 258, 273f, 280, 322, 325, 424, 439
Rob. M. Sloman 132, 229, 290, 292, 302, 347, 351
Smidt, Johan 127
Smith, John C. 54
Société Commerciale de l'Océanie 357, 402, 433
Soetbeer, Adolph 101, 222, 275
Somm, Friedrich Heinrich von 87, 145
Somm, Joachim Eduard von 87, 145, 146
Spreckelsen, von, Commis 74, 80, 82, 94
Steinberger, Albert 349–352, 363
Stevens, brit. Kapitän 350ff
Stevenson, Robert Louis 315f
Stinnes, Matthias 324
Störtenbecker, Nicolaus, Kapitän 228, 231f
Stolberg-Wernigerode, Otto zu 407
Stosch, Albrecht von 337
Streit, Hotelier 266
Stucken & Andresen 433
Stübel, Oscar 428
Süwerkrop, Albert Eduard 154
Sutter, Johann August 154

Tamasese, Häuptling auf Upolu 314
Tesdorpf, Adolph 366, 416
Testa, Baron, Gesandter 207, 215, 221
Tetens, Alfred 287f, 297–299

Thornton, Catharina, verh. Godeffroy 36
– John (ihr Bruder) 37, 41
Tiburtius, Dr., Lehrer 47, 49
Tirpitz, Alfred (von) 445

Unshelm, August 193–195, 233–250, 261, 291
Unshelm, Doris 194, 233

Versmann, Johannes 227, 311, 327, 415
Victoria, deutsche Kronprinzessin 339, 364, 439
Vidal (Familie) 96
Virchow, Rudolf 270
Vogel, Julius 367, 372
Vogel von Falkenstein, Eduard 307
Voght, Caspar (von) 27, 33, 38, 39, 44, 65, 67, 77
Volkmann, Commis 194f, 291
Vorwerk, Georg Friedrich 280
– Susanne, geb. Godeffroy 330
– Wilhelm 330

Wachsmuth & Krogmann 51, 152, 354
Wagner, Adolph 222
Waldersee, Alfred von 422
Waldthausen, Ernst 323ff
Wallich, Deutsche Bank 411
Wappäus (Familie) 77, 87
Warnecke, Conrad 51
Webb, William H. 313, 343
Weber, Eduard 424, 428
Weber, Theodor 243f, 291ff, 312ff, 337, 352, 358, 361ff, 365f, 379–382, 395, 399f, 401, 417, 424, 444
Wencke, Bernhard 148
Wendt, H. W., Kapitän 358
Werner, Bartholomäus von 375, 379–382, 401
Wesselhoeft, Carl Johannes 188, 257, 280, 286, 304, 323, 325, 369
Wesselhoeft, Therese 184, 257
Wichern, Johann Hinrich 66, 113
Wigger, Alida, verh. Godeffroy 423
Wilhelm, Prinz von Preußen, König von Preußen & Kaiser Wilhelm I. 130, 227, 305f, 388, 408, 429
Wilhelm, Prinz von Preußen, später Kaiser Wilhelm II. 364, 438, 444f, 448
Wilkens & Co. 335, 357
Williams, John C. 291, 313, 351
Wimmel, Ludwig 78
Windthorst, Ludwig 450
Winkelmann, Ernst 96
Wintzer, Carl 284–286, 316ff
Witzendorff, Adolph August Hieronymus von 19
– Sophie Lucie, geb. Meyer, 2. Ehe Godeffroy 19
Woermann, Adolph 333, 418, 437f
Woermann, Carl 151, 187, 280
Wolff, Hugo 367, 372–375, 378–383, 412f
Wriedt, Ernst August 434
Wüstenfeld, Emilie 266, 339
Wurm, Christian Friedrich 141

Ziegenfuß, Förster 270

Schoner

Brigg

Bark

Vollschiff

Die Godeffroys und ihre Heiratskreise

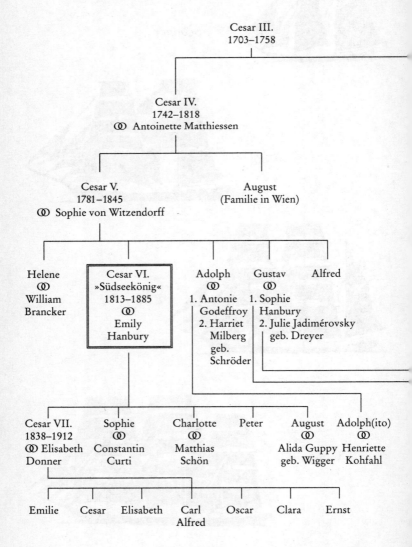

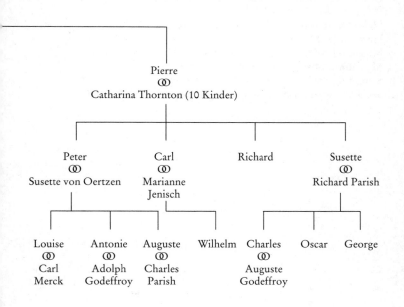
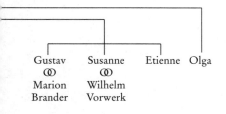

Abbildungsnachweis

Altonaer Museum in Hamburg: 2, 3, 4, 5, 13, 14, 15, 16
Deutsches Schiffahrtsmuseum, Bremerhaven: 8, 9, 11, 12, 17, 18, 19, 20, 24, 25, 26, 27, 29, 30, 31, 33
Heimatmuseum Schloß Schönebeck, Bremen: 6
Hamburger Kunsthalle: 32
Museum für Hamburgische Geschichte, Hamburg: 1, 10
Museum Industriekultur Osnabrück: 22, 23
Sammlung Pawlik, Bremen: 7
See-Berufsgenossenschaft, Hamburg: 28

SERIE PIPER

Hannah Arendt

Rahel Varnhagen
Lebensgeschichte einer deutschen Jüdin aus der Romantik.
298 Seiten. SP 230

»Was mich interessierte, Rahels Lebensgeschichte so nachzuerzählen, wie sie selbst sie hätte erzählen können, warum sie selbst sich, im Unterschied zu dem, was andere über sie sagten, für außerordentlich hielt, hat sie in nahezu jeder Epoche ihres Lebens in sich gleichbleibenden Wendungen und Bildern, die alle das umschreiben sollten, was sie unter Schicksal verstand, zum Ausdruck gebracht. Worauf es ihr ankam, war, sich dem Leben so zu exponieren, daß es nie treffen konnte ›wie Wetter ohne Schirm‹...«

Diesem Interesse folgend ist es Hannah Arendt gelungen, die Lebensgeschichte dieser ungewöhnlichen Frau nach den unverfälschten Quellen, die Varnhagen nach ihrem Tode bekanntlich eigenmächtig stilisiert hatte, ebenso einfühlsam wie erhellend nachzuvollziehen. Dabei ist eine große »innere Biographie« entstanden, eine genau dokumentierte und zugleich romanhaft spannende Darstellung einer der bedeutendsten Frauen der ausgehenden Goethe-Zeit, deren Geist und Persönlichkeit das kulturelle Leben stark beeinflußten. Ihr Berliner Salon war Treffpunkt der Romantiker und der Anhänger des Vormärz, geistiges Zentrum für bedeutende Zeitgenossen wie Clemens von Brentano, Achim von Arnim, Carl Maria von Weber ebenso wie für Alexander von Humboldt, Ferdinand Lassalle und nicht zuletzt Heinrich Heine. Hannah Arendt stellt neben das persönliche Leben Rahels als Frau das exemplarische Schicksal der Jüdin, die die Erfahrung des Andersseins immer wieder belastend und stimulierend in seiner ganzen Ambivalenz – Judentum als Makel und Auszeichnung – erlebt.

»Diese Biographie ist das Produkt eines brillant abstrahierenden Geistes, eine adäquate Darstellung ihres Gegenstandes und darüber hinaus eine Gesellschaftsstudie von überragendem Wert.«
Der Tagesspiegel

Martin Green

Else und Frieda
Die Richthofen-Schwestern.
Aus dem Amerikanischen von
Edwin Ortmann.
416 Seiten. SP 2323

Die Schwestern Else und Frieda von Richthofen, Töchter aus altem preußischem Offiziersadel, imposante Schönheiten von hoher Intelligenz und rebellischem Freiheitsdrang, stehen für zwei entgegengesetzte Ausbruchsversuche aus der patriarchalischen Welt ihrer Zeit. Else, Muse der kritischen Intelligenz, lebte ihre verschwiegene Liebesgeschichte mit Max Weber als geistige Partnerschaft aus. Frieda, Idol erotischer Imagination, heiratete D. H. Lawrence. Und für beide war der radikale Freud-Schüler Otto Groß, der gegen die bürgerliche Sexualität, Ehe und Monogamie zu Felde zog, der erste befreiende Liebhaber gewesen. Vor dem Hintergrund der Lebens- und Emanzipationsgeschichte der Richthofen-Schwestern gelingt Martin Green eine der »scharfsinnigsten Analysen der deutschen Sozial- und Geistesgeschichte der letzten hundert Jahre.«
Merkur

Wolfgang Leppmann

Rilke
Sein Leben, seine Welt, sein Werk.
484 Seiten mit 20 Abbildungen.
SP 2394

Rilkes Leben war lange in ein fast mystisches Dunkel gehüllt. Mit seinem Hang zur Isolation und gleichzeitig seinem Umgang mit Fürstinnen, Gräfinnen, Herzoginnen, die ihn auf ihre Schlösser einluden und aushielten, gab der »unbehauste Salondichter« viele Rätsel auf. Wolfgang Leppmann verbindet die Stationen und Ereignisse von Rilkes Leben zu einem fast romanhaftem Fresko und ergründet auch seine viel beredten Schwächen, darunter seinen pubertären Snobismus, seinen Mutterkomplex, verbunden mit der Fälschung der Vaterfigur, sein Versagen als Ehemann und Vater, seine Schnorrer-Allüren.

»Farbigkeit und Anschaulichkeit der Darstellung, die breite und stets sorgfältige Wiedergabe des Zeithintergrunds und nicht zuletzt die hohe Lesbarkeit zeichnen das Buch dieses gelehrten, aber gelassenen Erzählers aus.«
Marcel Reich-Ranicki

SERIE PIPER

Susanna Agnelli

Wir trugen immer Matrosenkleider
Aus dem Italienischen von Ragni Maria Gschwend.
244 Seiten. SP 726

Fünf Geschwister, meist in Matrosenkleidern (blau im Winter, weiß im Sommer), in einem goldenen Käfig, umgeben von Kindermädchen und Gouvernanten – wir blättern in einem Familienalbum der Fiat-Dynastie im Italien Mussolinis – und erfahren doch mehr: die ungewöhnliche Lebensgeschichte einer höchst ungewöhnlichen Frau. Susanna Agnelli erzählt von rauschenden Festen mit Galaroben und Ordensgepränge und der High Society der damaligen Zeit, von einer behüteten Kindheit voller Verbote und Ängste, von dem strengen patriarchalischen Großvater, dem Fiat-Gründer, der schönen, lebenslustigen Mutter, dem Vater, der früh bei einem Flugzeugunglück starb, von den Verbindungen zu Mussolini, Ciano – und zum Widerstand; von der Freundschaft der Mutter mit Malaparte, ihrem Kampf um die Kinder, von Familienstreitigkeiten und Freundschaften.

Obwohl der Name Agnelli auch in der Zeit des Faschismus und während des Zweiten Weltkriegs dafür sorgte, daß das Leben beinahe ungestört weitergehen konnte, emanzipierte Susanna sich von den Privilegien, die ihre Herkunft mit sich brachte. Sie wird zunächst Rot-Kreuz-Schwester an der vordersten Front des Krieges am Mittelmeer, dann macht sie das Abitur nach und studiert in Lausanne Medizin, bis ihr Bruder Gianni sie 1945 nach Italien zurückruft.

»Ein gescheites und bezauberndes Buch, knapp und genau die Zeit damals schildernd, das Highlife der schönen Mutter, die Leere der römischen Gesellschaft, die Schrecken des Faschismus, das ziemlich arme Leben reicher Kinder.«
Stern

»Ein überragendes, köstliches Buch mit einer ganz eigenen Vielfalt von Stimmungen, in dem Partien von duftiger Leichtigkeit mit dunklen, satten Pinselstrichen abwechseln.«
The New York Times Book Review

Klaus von Bismarck

Aufbruch aus Pommern
Erinnerungen und Perspektiven.
336 Seiten mit 27 Abbildungen
und 10 Vignetten. SP 2272

Klaus von Bismarck gehört zu den Männern, die die Bundesrepublik geprägt haben. In mancher Hinsicht steht sein Lebenslauf beispielhaft für eine ganze Generation: aufgewachsen in der Weimarer Republik, das Dritte Reich bewußt miterlebt, im Zweiten Weltkrieg Soldat und dann der Neuanfang in und mit der Bundesrepublik. Das Neu-Beginnen, das Lernen, die Herausforderung – das alles zieht sich wie ein Leitmotiv des Aufbruchs durch die Beschreibung dieses Lebens.

»Ein Leben lang ist er aufgebrochen zu neuen Ufern. Das macht die ›Erinnerungen und Perspektiven‹ so interessant und lesenswert. Es ist der Erfahrungs- und Lebensbericht eines Deutschen, der in Irrtümern und Erkenntnissen exemplarisch ist für unser Jahrhundert.«
Berliner Zeitung

Stéphane Hessel

Tanz mit dem Jahrhundert
Erinnerungen. Aus dem
Französischen von Roseli und
Saskia Bontjes van Beek.
404 Seiten. SP 2852

Stéphane Hessel ist Sohn prominenter Eltern: des Schriftstellers Franz Hessel und der Modejournalistin Helen Grund, deren offene Dreiecksbeziehung mit dem französischen Literaten Henri-Pierre Roché dem Regisseur François Truffaut als Vorbild seines berühmten Films »Jules und Jim« diente. 1941 floh Stéphane Hessel von Paris nach London, war Mitarbeiter der französischen Résistance und wurde 1944 in Paris verhaftet. Kurz vor Kriegsende verschleppte man ihn nach Buchenwald, wo er dem sicheren Tod wie durch ein Wunder entging, weil ihm sein Freund Eugen Kogon zu einer neuen Identität verhalf. Nach dem Krieg begann er eine glänzende Karriere als französischer Diplomat bei der UNO in New York und Genf, Algier und Saigon.

SERIE PIPER

SERIE PIPER

Hannah Arendt
Heinrich Blücher

Briefe
1936–1968. Herausgegeben und mit einer Einführung von Lotte Köhler. 597 Seiten. SP 2835

Die Briefe zwischen Hannah Arendt und ihrem Mann Heinrich Blücher gehören zu den intimsten und offensten Gesprächen, die von zwei Liebenden in diesem Jahrhundert dokumentiert sind. Als Arendt und Blücher sich im Frühjahr 1936 in Paris begegneten und sich ziemlich Hals über Kopf ineinander verliebten, wagte Hannah zum ersten Mal nach den traumatischen Liebesbeziehungen ihrer frühen Jahre, Vertrauen zu haben, erst tastend, dann sicherer. Sind sich die beiden Heimatlosen in finsteren Zeiten zunächst gegenseitig zum schützenden Zuhause geworden, so wird im Laufe der Jahre immer deutlicher, daß Blücher Arendts wichtigster Gesprächspartner wird. Diese Briefe sind das persönliche Dokument aus dem Nachlaß der Philosophin, und zeigen eine bisher unbekannte Hannah Arendt: verletzbar, anhänglich, zärtlich.

Hannah Arendt
Mary McCarthy

Im Vertrauen
Briefwechsel 1949–1975.
Herausgegeben und mit einer Einführung von Carol Brightman.
Aus dem Amerikanischen von Ursula Ludz und Hans Moll.
583 Seiten. SP 2475

In diesen Briefen der deutschen Philosophin Hannah Arendt und der amerikanischen Schriftstellerin Mary McCarthy sprechen zwei kluge, aufgeklärte und unvoreingenommene Frauen über alles, über Politik, Ideen und Moral, ihre Bücher, ihre Männer, über sich und ihre persönlichen Erlebnisse: Briefe, die sich spannend wie ein Roman lesen.

»Daß zum Wesen solcher Freundschaft das Ineinander von vertrauender Intimität und räsonierender Öffentlichkeit gehört, daß Freundschaft der Raum einer vertrauensvollen Schärfe des Urteils ist, beweist diese Korrespondenz Hannah Arendts mit der amerikanischen Freundin.«
Frankfurter Allgemeine

Diana Menuhin
Durch Dur und Moll
Mein Leben mit Yehudi Menuhin. Mit einen Vorwort von Yehudi Menuhin. Aus dem Englischen von Helmut Viebrock. 339 Seiten mit 26 Abbildungen. SP 8296

Diana Menuhin, mit Yehudi Menuhin von 1947 bis zu seinem Tod verheiratet, erzählt mit dem gelassenen Humor, der es ihr die ganzen Jahre über ermöglicht hat, nicht nur das ruhelose Leben an der Seite des von Konzertsaal zu Konzertsaal hetzenden Geigers und Dirigenten zu ertragen, sondern ihrem Mann auch noch Rückhalt in allen Krisensituationen zu sein. Ohne ihr unbeirrbar heiteres Naturell wäre sie wohl nie dieser ununterbrochenen Hektik gewachsen gewesen. Ohne Bitterkeit und ohne Selbstlob breitet sie das Panorama einer Künstlerehe aus – erfüllt von dem Glück, das sie in dieser einzigartigen Beziehung zu finden wußte.

»Mit Witz und Geist schildert sie Bernard Berenson, Benjamin Britten, Jawaharlal Nehru und andere Berühmtheiten, die zu Bewunderern, ja Freunden wurden. Für Musikliebhaber ein unwiderstehliches Buch.«
Publishers Weekly

Yehudi Menuhin
Unvollendete Reise
Lebenserinnerungen. Aus dem Englischen von Isabella Nadolny und Albrecht Roeseler. 461 Seiten. SP 2472

»Die Geschichte dieser geradezu fabulösen Künstlerkarriere ist den Enthusiasten bekannt: seine Konzerte unter Toscanini, Busch, Bruno Walter und Furtwängler, seine Begegnungen mit Bartók und Enesco, seine Freundschaft mit Oistrach und Casals, seine Tourneen mit Benjamin Britten, Wilhelm Kempff, Gerald Moore und Schwester Hephzibah, seine Zusammenarbeit mit Karajan und Pierre Boulez, seine Betätigung als Dirigent und als Leiter der Festivals in Gstaad, Bath und Windsor. Aber vom Privatleben dieses Künstlers, seinen jugendlichen Träumen, ›der Menschheit Frieden zu bringen‹, den Illusionen, die Völker durch Musik zu versöhnen, von seiner großen Begabung zur Freundschaft wußte man bislang zu wenig. Was Menuhin den meisten Lebenserinnerungen voraushat, ist die hohe Intelligenz und sein erzählerischer Charme.«
Frankfurter Allgemeine

Mort Rosenblum
Oliven
Kulturgeschichte einer göttlichen Frucht.
336 Seiten. Geb. Aus dem Amerikanischen
von Michael Windgassen.

Als Mort Rosenblum ein Grundstück in der Provence erwarb und damit stolzer Besitzer von zweihundert Olivenbäumen wurde, wußte er, wie wohl die meisten von uns, wenig über Oliven: daß sie sich hervorragend auf dem Grund eines Martini Cocktail machen, auch in Knoblauch eingelegt ganz phantastisch schmecken und sich zu herrlichem goldgrünen Öl verarbeiten lassen.

Er begann, mehr über die göttliche Frucht herauszufinden, und seine Neugier wurde zur Liebhaberei: Rosenblum bereiste die Welt, besuchte Olivenbauern in Griechenland und der Toskana, in Andalusien und Marokko ebenso wie in Tunesien und im Heiligen Land. Er erforschte die Bedeutung der Olive als Nahrungs-, Schönheits- und Heilmittel, als delikate Zutat in Küche und Literatur, Politik und Wirtschaft, vor allem aber im Leben der Menschen, wo sie sich stetig wachsender Beliebtheit erfreut.

Das Ergebnis seiner passionierten Recherchen ist ein gehaltvolles, kurzweiliges und anregendes Lesebuch mit verführerischen Rezepten, ein besonderes Geschenk für Genießer und Liebhaber mediterraner Lebensart, das durch seinen Anekdotenreichtum verblüfft.

KABEL